高等学校信息管理与信息系统专业系列教材

丛书主编：陈国青

信息检索与信息素养

刘海梅　刘莉　寇志敏　编著

清华大学出版社
北京

内容简介

信息检索与利用能力是信息素养的主要构成要素。本书以提升信息检索实践能力为目标，在基本知识论述的基础上，注重检索案例的操作演示。主要内容包括信息素养概述、信息检索基础、馆藏目录检索、中文数据库检索、外文数据库检索、专利标准与数据检索、搜索引擎、开放存取资源、信息管理利用和综合性课题检索案例。本书知识系统，内容新颖，案例丰富，注重实践，具有很强的实用性。

本书可作为高等学校本科生、研究生信息素养教育类课程教材，也可作为信息检索类竞赛指导资料，还可供其他读者用作相关学习、工作的参考书。

图书在版编目(CIP)数据

信息检索与信息素养/刘海梅，刘莉，寇志敏编著. —北京：清华大学出版社，2022.8
高等学校信息管理与信息系统专业系列教材
ISBN 978-7-302-60976-6

Ⅰ.①信… Ⅱ.①刘… ②刘… ③寇… Ⅲ.①信息检索－高等学校－教材 ②信息学－高等学校－教材 Ⅳ.①G252.7 ②G201

中国版本图书馆 CIP 数据核字(2022)第 089516 号

责任编辑：贾　斌
封面设计：常雪影
责任校对：郝美丽
责任印制：沈　露

出版发行：清华大学出版社
网　　址：http://www.tup.com.cn，http://www.wqbook.com
地　　址：北京清华大学学研大厦 A 座　　**邮　　编**：100084
社 总 机：010-83470000　　**邮　　购**：010-62786544
投稿与读者服务：010-62776969，c-service@tup.tsinghua.edu.cn
质量反馈：010-62772015，zhiliang@tup.tsinghua.edu.cn
课件下载：http://www.tup.com.cn，010-83470236
印 装 者：三河市铭诚印务有限公司
经　　销：全国新华书店
开　　本：185mm×260mm　　**印　　张**：26.5　　**字　　数**：632 千字
版　　次：2022 年 9 月第 1 版　　**印　　次**：2022 年 9 月第 1 次印刷
印　　数：1～1500
定　　价：69.00 元

产品编号：097248-01

前　言

信息时代，信息作为与物质、能量并列的客观世界三大要素之一，已成为社会发展的决定性力量和主导因素。对信息的获取能力成为衡量一个国家、一个组织综合实力和竞争力的重要标准，也是影响人们成功的重要因素。信息是一个无穷的宝库，而信息素养就是通向宝库的必由之路。信息素养是信息时代每个人必备的基本生存能力，也是信息社会终身学习的核心能力。作为一种适应社会的基本能力和参与社会的先决条件，信息素养渗透到人们的学习、工作和生活的方方面面，更是影响到人类社会的政治、经济、文化、科技等领域，成为人们争夺的重要经济资源、战略资源和社会资源。但是，海量信息在带给人们资源和便利的同时，也因为信息过载、分散无序、良莠不齐等问题，常常让人们费时费力地筛选，有时人们面对众多信息无所适从，甚至陷入信息迷局或上当受骗，因此，学会信息检索、评价、分析和利用，从庞杂信息中快速准确地获取所需的信息，是每个“现代人”必备的信息素养。大学生是未来的栋梁之才，具备良好的信息素养既是课程学习和学术研究的基础，也是时代发展、创新能力培养和终身学习核心能力培养的需要。

尽管目前全国范围的信息素养教育体系还不很完善，但信息素养教育在高校越来越受到重视，以不同规模纳入了各类学校的课程教育体系，已经走过了近40年历程。从1984年国家教委印发《关于在高等学校开设文献检索与利用的意见》开始，文献检索课程在高校作为通识课或必修课广泛开设。1998年，在教育部颁布的《普通高等学校本科专业目录和专业介绍》中，对每个本科专业的培养目标都提出“掌握文献检索、资料查询的基本方法，具有独立获取知识信息的能力”这项要求。2018年，《教育信息化2.0行动计划》提出从提升师生信息技术应用能力向全面提升其信息素养转变，将“信息素养全面提升行动”列为八大行动计划之一。教育部《普通高校图书馆规程》明确赋予了高校图书馆推动高等学校大学生信息素养教育的职责，指出“图书馆应重视开展信息素质教育，采用现代教育技术，加强信息素质课程体系建设”。

随着对课程认识的提高，课程名称也逐渐发展为信息检索、信息素养等，课程的目标是提升学生的信息素养，课程内容也以信息素养内容为主。随着时代的发展，信息素养教学的方方面面发生了很大的变化。教学内容从纸本检索工具的手工使用，向计算机检索、网络数据库和网络信息检索转变；教学模式不断创新，从传统课堂教学，到嵌入式教学、翻转课堂、网络公开课及大型开放式网络课（MOOC）、小规模限制性在线课程（SPOC）、微课等新的教学模式；教学方法灵活多样，从讲授教学到指导教学、课堂讨论、小组讨论、同伴教学、项目开发、角色扮演、竞赛游戏、检索竞赛等。

本书编写团队成员都是有多年教学经验的信息素养教育课教师，近几年在指导学生竞赛中积累了丰富的经验，曾指导学生获得湖北省学术搜索竞赛特等奖的好成绩，但缺少较为系统完整的指导资料。因此，融合教学和竞赛需求，编写一部指导性和实用性较强的教材，就成为团队的心愿。2021年上半年，团队独立完成了SPOC“信息素养：学术研究必修课程”的制作和上线，课程内容有了较大更新，下半年团队又组织参加了第三届“学术搜索挑战赛”。比赛后，团队决定将编写教材的愿望付诸实施。于是紧锣密鼓，着手教材框架的拟定和原始资料的搜集。经过精心的构架调整，日夜勤耕不辍，时至今日终于成稿。

本书以提升学生信息检索实践能力为目标，在基本知识论述的基础上，着重于中外各类数据库检索案例的操作演示，并注重利用文献管理工具来提升信息管理、分析和利用的效率。在利用信息撰写论文时，强调遵守学术规范，避免学术不端。实践性强是本书的突出特点。本书共有100多个大小案例，小案例如叙词的查询，大案例如综合性课题检索，并融入了诺贝尔获奖主题案例、近年热点研究案例等。主要的数据库都有检索案例，手把手地指导学生检索，还有120多道配套的思考与练习题，让学生巩固知识和强化实践操作能力。总之，本书知识系统，内容新颖，案例丰富，注重实践，具有很强的实用性。本书兼具信息素养教育类课程教材和信息检索类竞赛指导资料的功能。

全书共10章。第1～3章、第9章和第10章由刘海梅编写，第4章和第6章由刘莉编写，第5章、第7章和第8章由寇志敏编写。全书由刘海梅策划、统筹、拟定内容框架、定稿并撰写前言和内容简介，刘莉负责汇编参考文献，寇志敏负责整理全稿和编制目录。

本书在编写过程中参考了相关专著、论文、网站等资料，谨在此表示衷心的感谢。本书是湖北省高校图工委科研基金项目(2021-YB-01)的研究成果之一，在此一并表示感谢。本书得到清华大学出版社的鼎力支持，在此诚表谢意。

编　者

2022年5月

目　　录

案例目录

第1章 信息素养概述

本章目标：

1. 了解信息素养的概念和构成；
2. 了解信息素养教育的意义和标准；
3. 了解信息、知识、情报、文献及它们之间的关系；
4. 熟悉信息源的类型及识别方法；
5. 掌握信息源的评价方法。

1.1 信息素养

1.1.1 信息素养的概念

信息素养(information literacy)也称信息素质，随着社会信息化程度的提高和信息技术的飞速发展，信息素养的内涵和外延在不断发展变化，对信息素养概念的界定也不尽相同，但其重要性得到了世界各国的普遍认可。

1974年，美国信息产业协会主席保罗·泽考斯基(Paul Zurkowski)在向美国国家图书馆与信息科学委员会提交的《信息服务环境、关系与优先》报告中首次提出“信息素养”概念，认为信息素养是利用大量的信息工具和主要的信息源解决具体问题的技能。

1987年，信息学专家帕特里夏·布莱维克(Patrieia Breivik)将信息素养概括为检索技巧、检索工具和信息资源知识的集合，是解决问题的一种形式。

1989年，美国图书馆协会(American Libraries Association，ALA)将信息素养定义为能够意识到何时需要信息，并且能发现、检索、评价和利用所需信息的能力。

2003年，联合国教科文组织发布《布拉格宣言：迈向信息素养社会》，将信息素养定义为确定、查找、评估、组织与有效地生产、使用和交流信息来解决问题的能力。

2005年，国际图书馆协会联合会发布《信息社会灯塔：关于信息素养和终身学习的亚历山大宣言》，宣称信息素养和终身学习是信息社会的灯塔，照亮了通向发展繁荣和自由的道路，信息素养是终身学习的核心，它能够使人们有效地寻找、评估、使用、创造信息，以达到个人、社会、职业与教育的目标，是数字世界的一项基本人权。

2011年，英国修订的七大支柱标准指出，信息素养是一个总称，包含数字、视觉、媒介素养、学术素养、信息处理、信息技术、数据管理等概念。

2015年，美国大学与研究图书馆协会(The Association of College and Research Libraries，ACRL)发布的《高等教育信息素养框架》，将信息素养界定为包括反思性地发现信息，了解信息的产生与评价，以及利用信息创造新知识并合理参与学习社群的一组综合能力。

2018 年,英国图书馆和信息专业协会(The Chartered Institute of Library an Information Professionals)指出,信息素养是对人们所发现和使用的任何信息进行批判性思考并做出平衡判断的能力。它包含了每个人在进行信息相关活动时所需的一组技能和能力,例如发现、获取、解释、分析、管理、创新、交流、存储和共享信息等。

在系统梳理信息素养起源和发展的前提下,在汲取国内外信息素养研究成果的基础上,综合来看,信息素养就是具有信息需求意识,具备信息相关知识,能发现、检索、评价、利用和创造信息,并遵守信息道德的能力。具有敏锐的信息意识、丰富的信息知识、较高的信息能力和良好的信息道德的个体,就是拥有较高信息素养的人。

1.1.2 信息素养的构成

信息素养是一种适应信息社会的基本能力,也是一种涉及多方面的综合能力,由信息意识、信息知识、信息能力和信息道德 4 方面构成。

1. 信息意识

信息意识是指个人对各种信息的自觉心理反应,包括对信息的感受力、注意力、判断力和洞察力等,即对信息的敏感程度,是人们对自然界和社会的各种现象、行为、理论观点等从信息的角度去理解、感受和评价。信息意识是人们产生信息需求,形成信息动机,进而自觉寻求信息、利用信息、形成信息兴趣的动力和源泉。具备信息意识的人,面对不懂的东西能积极主动地去寻找答案,并知道到哪里、用什么方法去寻求答案。信息意识的强弱决定着人们捕捉、判断和利用信息的自觉程度,对能否挖掘出有价值的信息和文献获取能力的提高起着关键的作用。

2. 信息知识

信息知识就是关于信息的基本知识,是支撑一切信息活动的基础,包括信息基础知识和信息技术知识。信息基础知识主要包括信息的概念与内涵、信息源的类型与特点、信息组织的基本理论与方法、信息交流的形式与类型、信息分析方法与原则等;信息技术知识,主要包括运用信息技术的基础技能、了解信息系统的结构与工作原理等。信息知识是信息素养的基础,具备信息知识的人知道什么是信息,如何查找信息。

3. 信息能力

信息能力是指理解、获取、利用信息及利用信息技术的能力,包括信息理解能力、信息发现能力、信息检索能力、信息获取能力、信息组织能力、信息分析能力、信息评价能力、信息利用能力、信息创造能力、信息交流能力等。理解信息即对信息进行分析、评价和决策,具体指分析信息内容和信息来源,鉴别信息质量和评价信息价值,决定信息取舍以及分析信息成本的能力。获取信息就是通过各种途径和方法,发现、检索、获得、组织和存储信息的能力。利用信息即有目的地将信息用于解决实际问题或用于学习和科学研究之中,通过已知信息挖掘信息的潜在价值并综合运用,以创造新信息的能力。利用信息技术即利用计算机网络、多媒体及文献管理等工具搜集信息、处理信息、传递信息、发布信息和表达信息的能力。信息能力是信息素养的核心,信息素养的高低取决于信息能力的高低。

4. 信息道德

信息道德也称信息伦理,是指人们在信息活动中应遵循的道德规范,它是信息时代规范人们的社会信息行为的伦理准则。信息道德所调节的是信息创造者和信息使用者之间的相互关系,包括信息交流和传递目标要与社会整体目标相一致,保证自己所传播的是符合人类的道德规范、促进人类文化发展的信息,而不是有害于人类文化健康发展的信息;各种信息活动都需要遵循信息法律法规,自觉抵制信息污染、信息违规、信息犯罪,自觉尊重知识产权和个人隐私,不得剽窃他人的研究成果,在引用他人成果时要标明来源,未经别人同意不得随意下载、传播他人的信息等。

信息素养的四个构成要素形成一个不可分割的统一整体。信息意识是动机,信息知识是基础,信息能力是核心,信息道德是保障。信息意识决定个人是否能想到利用信息和信息技术来解决问题,信息知识和能力决定能不能所需即能所得,信息道德决定在实施具体信息行为中能不能自觉遵守信息道德规范、合乎信息伦理。信息知识和信息能力是信息素养的基本内容和核心,信息意识是信息能力的基础和前提,并渗透到信息利用的全过程,信息道德是信息意识和信息能力正确应用的保证,它关系到信息社会的稳定和健康发展。

1.1.3 信息素养教育

1. 信息素养教育的必要性

信息素养教育是指围绕信息素养构成的几方面开展的系列教育和培训活动,目的是让被教育者的信息意识得到增强,信息知识得到增长,信息能力得到提高,信息道德得到提升,从而实现培养终身学习能力的目标。

随着信息社会的快速发展,个人必须具备较强的信息素养才能适应外部环境的变化,社会的发展与进步也离不开全民信息素养的提高。因此,无论是对整个社会的教育体系,还是对个人的发展规划,信息素养教育都是十分必要的。

联合国教科文组织(UNESCO)是最重要的引领和指导全球信息素养教育的国际组织,它与国际图书馆协会联合会(International Federation of Library Associations and Institutions,IFLA,以下简称“国际图联”)等机构在全球持续倡导提升公众信息素养的行动。早期UNESCO重点关注通过媒介教育保障每个人获取信息的权利。2002年,UNESCO开始重视通过信息素养教育保障公民信息获取的权利,并与国际图联、欧盟委员会等众多合作伙伴联合推出了一系列倡导社会各界关注公众信息素养教育的宣言,如表1.1.1所示。

表 1.1.1 UNESCO 等机构发布的信息素养教育系列宣言

名称	发布时间	发布者	与信息素养相关的表述
《布拉格宣言：迈向信息素养社会》	2003 年 9 月	UNESCO 等	各国政府应制订强有力的跨学科计划，在全国范围促进信息素养；信息素养应成为全民教育的组成部分
《信息社会灯塔：关于信息素养和终生学习的亚历山大宣言》	2005 年 11 月	国际图联	信息素养和终身学习是信息社会的灯塔；信息素养是终身学习的核心；信息素养是数字时代的一项基本人权，能促进社会对所有国家和民族的包容
《媒介与信息素养的菲斯宣言》	2011 年 6 月	UNESCO、联合国文明联盟等	将媒介与信息素养纳入正式教育与非正式教育体系，确保每个公民有权接受新的公民教育；使教师和学习者都具备媒介与信息素养能力，从而建立一个媒介与信息素养社会
《国际图联媒介和信息素养建议书》	2011 年 12 月	国际图联	通过实施媒介与信息素养项目提高女性和弱势群体的就业与创业能力
《哈瓦那宣言：15 项信息素养行动》	2012 年 4 月	国际图联	制订不同背景下的教育计划；探索开展适应公众特定信息需求的技能培训
《媒介与信息素养的莫斯科宣言》	2012 年 6 月	UNESCO、国际图联、俄罗斯全民信息计划委员会等	将媒介与信息素养纳入所有课程体系，包括各级教育的评估系统，尤其是终身学习、工作场所的学习及教师培训
《数字时代媒介与信息素养的巴黎宣言》	2014 年 5 月	UNESCO 等	确保图书馆和其他文化机构定期更新其媒介与信息素养策略和教育规定，培养图书馆和文化机构专业人员必要的能力
《信息获取与发展里昂宣言》	2014 年 8 月	国际图联等	呼吁联合国成员国认可信息获取与有效利用信息能力是可持续发展之需
《关于不断变化中的媒介与信息背景下媒介与信息素养的里加建议》	2016 年 6 月	UNESCO、欧盟委员会等	在所有教育层次的课程中建立媒介与信息素养标准
《关于媒介与信息素养的青年宣言》	2016 年 6 月	UNESCO 等	将媒介与信息素养纳入课程体系；媒体和图书馆对媒介与信息素养发展的作用不容忽视

这些宣言强调公众信息素养教育是终身学习、全民教育的关键领域，政府、教育系统、图书馆等各利益相关者应承担相应的教育责任，在正式和非正式教育中培养公众的信息素养及在不同领域和特定场景中利用信息的相关能力。

2. 信息素质教育的层次

3. 信息素质教育的形式

4. 大学生信息素养教育的意义

1）信息素养教育是时代发展的需要

当今时代，高等教育正在经历着重大变革，信息素养教育是其改革的重要组成部分。信息已经成为社会发展的决定力量和主导因素，信息素养是人们在信息社会中生存与立足的必备条件。大学生是祖国的栋梁之才，肩负着建设祖国的重任，接受信息素养教育，培养良好的信息意识，具有扎实的信息知识，拥有较强的信息能力和良好的信息道德，才能适应这个时代的发展。

在信息社会里，信息素养教育作为学校教育和终身教育的基本构成，是科学技术和知识经济发展的基础。信息素养教育直接关系到人们如何立足于社会，建设信息社会这一基本点。只有加强信息素养教育，教育的职能才能充分发挥，信息社会才能得以全面的实现。

2）信息素养教育是大学生必备和终身学习的需要

在信息时代，知识和信息的产出急剧增长，信息产生较快，但传递周期很短，大学生所学基础知识很快就会过时。因此，大学生在校期间，除了强化自己的课堂知识外，还应不断开阔视野，拓宽自己的知识面，吸收和发掘大量的课外信息。灵活地掌握和运用现代化的知识信息，有较强的实践操作能力，才能在激烈的竞争中立于不败之地。正因如此，我国的高等教育将信息素养教育作为其重要组成部分，要求变“授人之鱼”为“授人以渔”，使大学生变“学会知识”为“会学知识”，提高大学生的信息分析和信息利用等综合能力，使其成为一种终身学习的能力。

3）信息素养教育有利于大学生创新能力的培养

要培养大学生的创新意识，必须将信息素养教育作为高等教育的重要组成部分，改变传统的教育模式，培养学生良好的信息素养。良好的信息素养是科研创新的基础。据研究统计，科研工作者在完成科研活动时，情报收集和信息加工工作在整个研究工作中所占的时间比例分别为理工科30%、社会科学50%以上，可见查阅文献资料是科学研究的重要基础。具有良好的信息素养就等于“站在了巨人的肩膀上”，培养学生获取信息的能力，实际上等于提高了他们未来的科研效率，同时可以避免大量重复劳动和科研经费的严重浪费。拥有良好的信息素养，才能成为具有创新能力的高素质人才。

1.1.4 信息素养标准

信息素养是公民的基本人权和生存能力，国内外相关机构和组织分别提出了各自的信息素养标准，以提升公民的信息素养水平和指导信息素养教育。

1. 美国高等教育信息素养标准

1)《高等教育信息素养能力标准》

2000 年，美国大学与研究图书馆协会发布了《高等教育信息素养能力标准》(*Information Literacy Competency Standards for Higher Education*)，分为 5 项标准和 22 项具体指标。5 项标准是：

(1) 具有信息素养能力的学生能确定所需要的信息种类和程度。

(2) 具有信息素养能力的学生能有效而又高效地获取所需要的信息。

(3) 具有信息素养能力的学生能批判性地评价信息及其来源，并能把所遴选出的信息与原有的知识背景和评价系统结合起来。

(4) 具有信息素养能力的学生，无论是个体还是团体的一员，能有效地利用信息达到某一特定的目的。

(5) 具有信息素养能力的学生懂得有关信息技术的使用所产生的经济、法律和社会问题，并能在获取和使用中遵守公德和法律。

2)《高等教育信息素养框架》

2015 年，美国大学与研究图书馆协会对上述标准进行了修订，发布了《高等教育信息素养框架》(*Framework for Information Literacy for Higher Education*，以下简称《框架》)，作为 2000 年制订的《高等教育信息素养能力标准》(以下简称《标准》)的更新文件。

《框架》对信息素养进行了扩展定义：信息素养是一组综合能力，包括对信息的反思性发现，对信息如何产生和评价的理解，以及运用信息创造新知识并合理参与社群学习。相比《标准》对信息素养的界定，这个定义更强调其动态性和灵活性，突出个人成长和社群学习。

《框架》引入了两个关键概念，即“元素养”和“阈”。元素养是“催生其他素养的素养”，是具有基础性地位的一个核心概念，具体指学生作为信息消费者及成功参与合作的信息创建者应具备的一组综合能力，其培养目标包括行为、情感、认知、元认知 4 方面。《框架》特别重视“元认知”，元认知即对认知的认知，是一种批判性自我反思能力。具备元认知能力的人会更加自主，对于如今生活在一个快速变化的生态系统中的人来说，这一点至关重要。阈即临界值，属于学科领域中那些能够将学生引入学科大门的关键性概念，对于增进理解、思考和实践起着门户或通道的作用。

《框架》正是建立在一组相互关联的核心概念的基础上，将许多与信息、研究和学术相关的概念和理念组织成为一个整体的概念性认识。《框架》被组织为 6 个子框，每个子框包括一个信息素养核心概念、一组知识技能、一组行为方式。知识技能体现出学习者增进对信息素养概念理解的方式，行为方式描述学习的情感、态度和价值观。代表子框的 6 个核心概念按英文字母顺序排列，不代表重要性次序或结构顺序。

（1）权威的构建性与情境性。信息资源反映了创建者的专业水平和可信度，人们基于信息需求和使用情境对其进行评估。权威的构建性取决于不同团体对不同类型权威的认可。权威适应于一定的情境，因为信息需求有助于决定所需的权威水平。

（2）信息创建的过程性。任何形式的信息都是为了传递某个消息而生成的，并通过特定的传送方式实现共享。研究、创造、修改和传播信息的迭代过程不同，最终的信息产品也会有差异。

（3）信息的价值属性。信息拥有多方面的价值，可以是商品、教育手段、影响方式以及谈判和认知世界的途径。法律和社会经济利益影响信息的产生与传播。

（4）探究式研究。在任何领域，研究都是永无止境的，它依赖于越来越复杂的或新的问题的提出，而获得的答案反过来又会衍生出更多问题或探究思路。

（5）对话式学术研究。由于视角和理解各异，不同的学者、研究人员或专业团体会不断地带着新见解和新发现参与到持续的学术对话中。

（6）策略探索式检索。信息检索往往是非线性并且迭代反复的，需要对广泛的信息源进行评估，并随着新认识的形成，灵活寻求其他途径。

具体内容见如下二维码。

2. 英国信息素养标准

2011年，英国国立图书馆与大学图书馆学会发布《英国国立图书馆与大学图书馆学会信息素养七大支柱：高等教育核心模型》（*The SCONUL Seven Pillars of Information Literacy: Core Model for Higher Education*），其中提到信息素养7大支柱：

（1）识别，具有识别个人信息需求的能力；

（2）审视，能获取现有知识并发现差距；

（3）规划，建立定位信息与数据的策略；

（4）搜集，定位与获取个人所需要的信息与数据；

（5）评价，回顾检索过程，对比与评价信息与数据的能力；

（6）管理，将信息合理地组织起来；

（7）发布，能应用获取知识的能力展现研究结果，整合新旧信息和数据来创造新的知识，并通过各种方式传播出去。

3. 澳大利亚与新西兰信息素养标准

2004年，澳大利亚和新西兰信息素养研究所发布《澳大利亚和新西兰的信息素养标准框架：原则、标准及实践（第二版）》（*Australian and New Zealand Information Literacy*

Framework: Principles, Standards and Practice, Second Edition),提出信息素养6个核心标准:

(1) 意识到信息需求并决定所需信息的性质和程度;

(2) 有效、高效地发现所需信息;

(3) 批判性地评价信息及其查找过程;

(4) 管理所收集或生成的信息;

(5) 应用原有的和新的信息来构建新的概念或创造新的理解;

(6) 利用信息时需要理解和承认围绕信息利用的文化、伦理、经济、法律和社会问题,从文化、道德、经济、法律角度和社会议题的角度来合理使用信息。

4. 日本高等教育信息素养标准

2014年7月,日本国立大学图书馆协会和教育学习支援检讨特别委员会联合发布了日本的《高等教育信息素养标准》。该标准具体包括高等教育中信息素养应该掌握的知识、技能以及实践过程。同时,从学生、教师、大学经营者和图书馆员的角度对该标准又分别做出了规定。该标准规定了本科生和研究生应该掌握的信息素养能力和技能。可作为信息收集、论文的写作以及发表过程环节中的评判标准。根据学生信息素养基础的不同又分为初级、中级和高级3个层次、6个阶段,对各层次各阶段提出了不同的要求。

第1阶段是认识信息需求和所面临的课题。能够明确认识信息需求,能够具体确定所需要的信息范围。

第2阶段是计划对所需要的信息进行合适的、有效的探索。对所需要的信息从经济、法律、道德规范的角度出发,并且制订有效的探索计划。

第3阶段是准确、有效地获取信息。能够利用所掌握的获取信息的手段,准确、有效地获取所需要的信息。

第4阶段是对所收集的信息进行评价、分析、整理和组织。能够评价和分析所需要的信息,使用恰当的工具处理和组织信息。

第5阶段是知识体系的重新构建。对所需要的信息能够批判性地整合到自身的知识体系当中,重新构建知识体系。

第6阶段是对所获取的信息进行创造性的运用和发布。能够对所获取的信息在符合法律、道德规范的前提下进行有效且创造性的利用、发布和交流。

5. 北京地区高校信息素质能力指标体系

2005年,北京市高等教育学会图书馆工作研究会提出了《北京地区高校信息素质能力指标体系》。这个指标体系从信息意识、信息知识、信息能力、信息伦理四方面提出了高校学生应具有的信息素质要求,具体由7个一级指标、19个二级指标、61个三级指标组成。

维度一:具备信息素质的学生能够了解信息以及信息素质能力在现代社会中的作用、价值与力量。

指标：

(1) 具备信息素质的学生具有强烈的信息意识；

(2) 具备信息素质的学生了解信息素质的内涵。

维度二：具备信息素质的学生能够确定所需信息的性质与范围。

指标：

(1) 具备信息素质的学生能够识别不同的信息源并了解其特点；

(2) 具备信息素质的学生能够明确地表达信息需求；

(3) 具备信息素质的学生能够考虑到影响信息获取的因素。

维度三：具备信息素质的学生能够有效地获取所需要的信息。

指标：

(1) 具备信息素质的学生能够了解多种信息检索系统，并使用最恰当的信息检索系统进行信息检索；

(2) 具备信息素质的学生能够组织与实施有效的检索策略；

(3) 具备信息素质的学生能够根据需要利用恰当的信息服务获取信息；

(4) 具备信息素质的学生能够关注常用的信息源与信息检索系统的变化。

维度四：具备信息素质的学生能够正确地评价信息及其信息源，并且把选择的信息融入自身的知识体系中，重构新的知识体系。

指标：

(1) 具备信息素质的学生能够应用评价标准评价信息及其信息源；

(2) 具备信息素质的学生能够将选择的信息融入自身的知识体系中，重构新的知识体系。

维度五：具备信息素质的学生能够有效地管理、组织与交流信息。

指标：

(1) 具备信息素质的学生能够有效地管理、组织信息；

(2) 具备信息素质的学生能够有效地与他人交流信息。

维度六：具备信息素质的学生作为个人或群体的一员能够有效地利用信息来完成一项具体的任务。

指标：

(1) 具备信息素质的学生能够制订一个独立或与他人合作完成具体任务的计划；

(2) 具备信息素质的学生能够确定完成任务所需要的信息；

(3) 具备信息素质的学生能够通过讨论、交流等方式，将获得的信息应用到解决任务的过程中；

(4) 具备信息素质的学生能够提供某种形式的信息产品（如综述报告、学术论文、项目申请、项目汇报等）。

维度七：具备信息素质的学生了解与信息检索、利用相关的法律、伦理和社会经济问题，能够合理、合法地检索和利用信息。

指标：

（1）具备信息素质的学生了解与信息相关的法律、伦理和社会经济问题；

（2）具备信息素质的学生能够遵循在获得、存储、交流、利用信息过程中的法律和道德规范。

1.2 相关概念

1.2.1 信息

1. 信息的含义

信息时代，信息无处不在。世间万物的运动，人间万象的更迭，多种媒体的并存，无不向我们传播信息，我们通过感官接收外界各种各样的信息，然后又通过语言、手势、文字、图画等多种手段向外传递、交流信息。信息是我们生活中不可或缺的组成部分，信息也成为当今社会的高频词，例如，信息科学、信息传播学、信息资源、信息系统、信息安全、信息工程、信息技术、信息产业、信息经济、信息时代、信息社会等。

汉语中的"信息"一词，"信"与"息"两字的意思相近，前者侧重于消息、征兆，后者强调情况、音讯。唐朝诗人杜牧在《寄远》一诗中喟叹"塞外音书无信息，道傍车马起尘埃"；南唐诗人李中在《碧云集·暮春怀故人》中也写下"梦断美人沈信息，目穿长路倚楼台"的佳句。这里的"信息"是指消息、音讯。

英文 information 一词，有情报、资料、消息、报道之意，我国曾译为情报或信息，后经国家有关部门核准，建议该词一律译成信息。

20 世纪中叶以后，信息的本质被揭示，并被引入哲学、信息论、系统论、控制论、传播学、情报学、管理学、通信、计算机科学等领域，因此，不同角度对信息的定义有所不同。

哲学家认为信息是事物普遍联系的方式，信息既是客观存在的，又是人的主观认识的产物。

信息论的创立者申农(Shannon)在其经典论著中定义"信息是用来消除不确定性的东西"。

控制论的创立者维纳(Wiener)对信息的定义是："信息是我们用于适应外部世界，并且在使这种适应为外部世界所感知的过程中，同外部世界进行交换的内容的名称。"

图书情报学家认为信息可以定义为事物或记录(record)，记录所包含的信息是读者通过阅读或其他认知方法处理而获得的。

信息资源管理学家和计算机专家认为，信息是数据处理的最终产品，是经过收集、记录、处理，以能检索的形式储存的事实或数据。原始数据中产生信息，信息中产生知识。

《辞海》对信息的解释是：①音讯、消息；②对观察对象形态、运行状态和方式的反映，是事物的一种普遍属性，在通信和信息系统中是采集、传输、存储和处理的对象，通常须通过处理和分析来提取。

《汉语大辞典》对信息的定义是：现代科学指事物发出的消息、指令、数据、符号所包含的内容。

《中国大百科全书(图书馆学·情报学·档案学)》对信息的定义如下："一般来说，信息是关于事物运动的状态和规律的表征，也是关于事物运动的知识。它用符号、信号或消息所包含的内容，来消除对客观事物认识的不确定性。”

我国国家标准对信息的定义如下：信息是物质存在的一种方式、形态或运动状态，也是事物的一种普遍属性，一般指数据、消息中所包含的意义，可以使消息中所描述事件的不确定性减少。这一定义涵盖了信息的属性（客观存在性）、信息的作用（消除不确定性）、信息的形式（数据、消息等事实）三方面的内容。

总之，信息普遍存在于自然界与人类社会，是事物属性的再现，是客观事物各种表现的反映。现代社会被称为信息社会，信息与物质、能源一起被视为社会经济发展的三大支柱，信息已成为促进社会经济发展的重要战略资源。

2. 信息的特征

（1）客观性。信息是客观存在的事物，它可以被人们感知、获取、传递和利用，是现实世界中各种事物运动与状态的反映，其存在不以人的意志为转移，客观、真实是信息最重要的本质特征。

（2）普遍性。信息是事物运动的状态和方式，只要有事物存在，就会有其运动的状态和方式，就存在着信息。信息是普遍存在着的。

（3）时效性。信息的价值实现取决于对其及时地把握和运用。如果不能及时地利用最新信息，信息就会贬值甚至毫无价值，这就是信息的时效性，即时间与效能的统一性。它既表明了信息的时间价值，也表明了信息的经济价值。

（4）传递性。信息依附于一定的物质载体，不同载体的信息可以通过计算机、人际交流、文献交流或大众传媒等手段传递给信息用户，这种跨越时空的传递特性是实现信息资源共享的基础，是将信息最大化利用的保证。

（5）共享性。共享性是指同一信息可以同时或不同时被多个用户使用，而信息的提供者并不因此失去信息内容和信息量。信息的共享性可以提高信息的利用率，人们可以利用他人的研究成果进一步创造，避免重复研究，节约资源。

（6）增值性。信息通过人脑思维或人工技术的综合、加工和处理，不断积累丰富，提高其质量和利用价值。信息交换的结果是信息的增值。

3. 信息的类型

（1）按信息记录方式，信息可以分为文字信息、图像信息和语音信息。

（2）按信息载体形态，信息可以分为文献信息、实物信息、口头信息和电子信息。

（3）按信息的加工层次，信息可以分为零次信息、一次信息、二次信息和三次信息。

（4）按信息内容，信息可分为政治信息、经济信息、文化信息、科技信息和军事信息等。

1.2.2 知识

1. 知识的含义

知识是人类社会实践的总结，是人的主观世界对客观世界的概括和如实反映。知识是人类对自然界、人类社会以及思维方式与运动规律的认识，再通过大脑重新组合的系统化的信息的集合。因此人类不仅通过信息感知世界、认识世界和改造世界，还根据所获得的信息组成多种多样的知识。知识是信息的一部分，是由信息提炼、转化而成的，是经过人类认识、挑选、系统和深化的信息。

2. 知识的特征

（1）实践性。知识来源于实践，又指导实践。任何知识都离不开人类的实践活动，即使从书本上获得的知识，也是前人实践经验的总结。

（2）继承性。任何知识，既是实践经验的总结，又是对前人知识的继承和发展，知识是一种实践—认识—再实践—再认识，无限循环的发展过程。知识可以世代相传并被利用。

（3）科学性。知识的本质就是对客观事物运动规律的科学概括。离开对事物运动规律认识的科学是一种伪科学，不能称其为知识；对事物运动规律的认识过程，是知识不断完善、不断更新的过程。只有对客观事物有了完全科学的认识，才算是真正的知识。

3. 知识的分类

（1）显性知识。也称作客观知识，指用文字、图形、符号、音频、视频等技术手段记录在一定载体上的知识，通常人们把这类知识称作文献信息。显性知识通过一定载体表现出来，便于传播，易被他人掌握。例如，存在于纸质文献或电子文献中的各种知识。

（2）隐性知识。也称作主观知识，是存在于大脑记忆中的知识，如个人的经验诀窍、判断联想、思维方法等。隐性知识存在于大脑中，不易被认识到，不易被其他人所理解和掌握，难以衡量其价值。例如，高水平的艺术家或厨师可能达到世界水平，却很难将自己的技术或技巧表达出来并将其传授给别人或与别人共享。

1.2.3 情报

1. 情报的含义

情报是情报学中一个最基本的概念，它是构建情报学理论体系的基石，是情报学科建设的基础，对情报工作产生直接的影响。国内外对情报定义众说纷纭，主要有3种情报观。

（1）军事情报观。认为情报特指战时关于敌情的报告。例如，“军中集种种报告，并预见之机兆，定敌情如何，而报于上官者”（1915年版《辞源》），“战时关于敌情之报告，曰情报”（1939年版《辞海》），“获得的他方有关情况以及对其分析研究的成果”（1989年版《辞海》），情报是“以侦察的手段或其他方式获取有关对方的机密情况”（光明日报出版社现代汉语《辞海》）。

（2）信息情报观。认为情报是指满足特定需要的信息。如情报是“被人们所利用的信息”“被人们感受并可交流的信息”“情报是指含有最新知识的信息”“某一特定对象所需要的信息，叫作这一特定对象的情报”等。

（3）知识情报观。认为情报是运动着的知识。例如，《牛津英语词典》把情报定义为“有教益的知识的传达”“被传递的有关情报特殊事实、问题或事情的知识”；英国的情报学家布鲁克斯认为“情报是使人原有的知识结构发生变化的那一小部分知识”；苏联情报学家米哈依洛夫所采用的情报定义为“情报——作为存储、传递和转换的对象的知识”；日本《情报组织概论》一书的定义为“情报是人与人之间传播着的一切符号系列化的知识”。我国情报学界也提出了类似的定义,代表性的有“情报是运动着的知识。这种知识是使用者在得到知识之前是不知道的”“情报是传播中的知识”“情报就是作为人们传递交流对象的知识”。

此外,还有许多从不同的社会功能、不同的角度、不同的层面对情报作出的定义。被普遍接受的情报定义是:情报是为实现主体某种特定目的,有意识地对有关的事实、数据、信息、知识等要素进行劳动加工的产物。

2. 情报的特征

(1) 针对性。情报是为了满足特定目的,是针对某一特定需求的,情报对有需求的用户才有效用。

(2) 加工性。情报是在搜集、整理、加工、分析信息的基础上形成的信息产品,不是原始的信息,是经过加工的信息。

(3) 保密性。情报涉及用户的商业秘密、研究秘密、私人信息、学术信息、人际网络信息等方面的内容,用户一般需要保密而不愿意让他人了解到这些信息。

(4) 竞争性。情报一般用于有特定目的用户之间的竞争,谁先获得情报就占有先机和优势。

(5) 时效性。情报有一定保密期限,过了保密期限就有可能公开化;情报可能在一定期限内有效,过了有效期限,就可能失去了之前的特定效用。

3. 情报的分类

(1) 根据应用范围,情报可分为科学情报、经济情报、技术情报、军事情报、政治情报等。

(2) 根据重要性,情报可分为重要情报、一般情报等。

(3) 根据内容及作用,情报可分为战略性情报、战术性情报。战略性情报一般是指对解决全局或某一特定领域中(如制订能源政策、城市发展规划等)一些带有方向性、政策性问题所需要的活化了的知识,其中包括科学依据、论证和方案等。战略情报的形成需要经过高度的逻辑思维过程并具有较明显的预测性质。战术性情报则是指对解决局部或某一学科领域中的一些具体问题所提供的情报。战略性情报与战术性情报是相互作用、密切关联的,战术性情报是构成战略性情报的基础,战略性情报则可以为战术性情报指明方向。

1.2.4 文献

1. 文献的含义

在我国,文献一词最早见于《论语·八佾》:“夏礼,吾能言之,杞不足徵也;殷礼,吾能言之,宋不足徵也。文献不足故也。”这里的文献是指资料。随着人类的进步和科学技术的发展,文献的含义也在不断扩展。

我国国家标准《信息与文献资源描述》(GB/T 3792—2021)对文献的定义是:包含知识内容和/或艺术内容的有形的或无形的实体,它作为一个单元被构想、制作和/或发行,形成单一书目描述的基础。

国际标准化组织《文献情报术语国际标准》(ISO/DIS5217)对文献的定义是:存储、检索、利用或传递记录信息过程中,可作为一个单元处理的,在载体上或依附载体而存储有信息或数据的载体。

因此,文献有三个基本要素:知识信息、载体和记录。知识信息是文献的内容,没有知识信息的物质不能成为文献;载体是文献的外部形式即材质,它在人类文明进程中不断地演变,包括早期的龟甲、兽骨、石碑、青铜器、竹简、帛书、纸张,现代的缩微胶片、磁带、磁盘、光盘、网络等,是知识信息的传播和交流媒介,没有记录在物质载体上的知识信息不能称为文献;记录是知识信息的表达方式,通过文字、图形、符号、代码、声频、视频等编码系统和技术形态,形成各种载体的文献类型。

2. 文献的特征

(1) 系统性。文献所记载的信息内容往往是经过人脑加工的知识型信息,是人类在认识世界、改造世界的过程中所形成的认知成果,经过选择、比较、评价、分析、归纳、概括等一系列思维的信息加工活动,并以人类特有的符号系统表述出来。因此大多比较系统深入、易于表达抽象的概念和理论,更能反映事物的本质和规律。

(2) 稳定性。文献信息是通过文字、图形、音像或其他代码符号固化在纸张、化学材料或磁性材料等物质载体上的,在传播使用过程中具有较强的稳定性,不易变形,不失真,从而为人们认识与决策活动提供了准确可靠的依据。

(3) 易用性。利用文献信息不受时空的局限,利用过程也比较简单。用户可根据个人需要随意选择自己感兴趣的内容,决定自己利用文献的时间、地点和方式,遇到问题可以有充分的时间反复思考,并可对照其他文献进行补充印证。

(4) 可控性。文献信息的管理和控制比较方便。信息内容一旦被编辑出版成各种文献,就很容易对其进行加工整理,控制其数量和质量、流速和流向,达到文献信息有序流动的目的。

(5) 时滞性。由于文献生产需要花费一定的时间,因而出现了文献时滞问题。文献时滞过长将导致文献内容老旧过时,丧失其作为信息的使用价值。

1.2.5 信息、知识、情报、文献的关系

信息、知识、情报、文献之间存在着内在的必然联系。信息是物质的属性,是物质的一种存在形式,它以物质的属性或运动状态为内容,并且总是借助一定的物质载体进行存储和传递。知识的产生离不开信息和信息的传递,知识包含在信息之中,是系统化的信息。情报是特殊的信息,是在一定时间内为达到一定目的而传递给特定对象的、有用的知识或信息,是运动着的知识或信息。在人类社会的实践过程中,各种现象及经验等相关知识信息不断地积累,为了便于记忆、交流和传播,于是产生了文献。信息、知识、情报、文献的关系如图 1.2.1 所示。

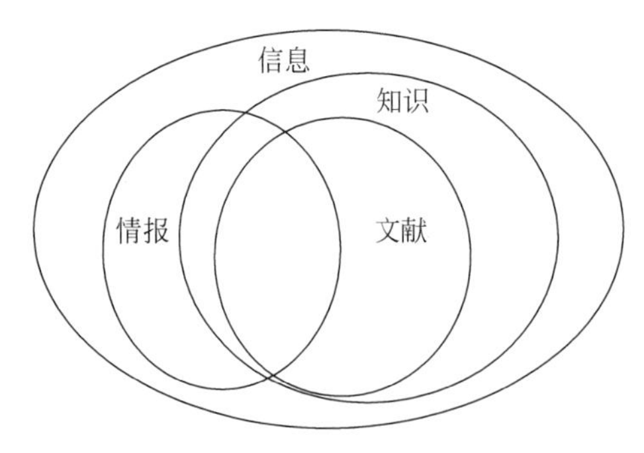

图 1.2.1 信息、知识、情报、文献的关系

因此，信息是起源和基础，它包含了知识和情报。文献则是信息、知识、情报的存储载体和传播工具，是重要的信息源。信息一般要经过选择、分析、研究等加工过程才成为情报；知识是经过总结、提炼和系统化后的信息。信息、知识、情报的主要部分被包含在文献之中，但远非全部。文献和情报的关系非常密切，并且有交叉。

1.3 信 息 源

1.3.1 信息源的含义

信息源就是信息的来源。信息是物质的普遍属性，一切事物的存在方式和运动状态都会产生某种信息，因此，自然界和人类社会实践活动都是信息的来源，即万物皆是信息源。UNESCO 在其出版的《文献术语》中将信息源定义为“个人为满足其信息需要而获得信息的来源。”这是从信息使用者的角度来说的。从信息采集的角度出发，信息源一般是指在信息采集工作中借以获取信息的来源，通常包括个人信息源、实物信息源、文献信息源、网络信息源等。

1. 个人信息源

人是信息的创造者，是最富活力的信息源。人类具有功能独特的信息感知、传递、处理与存储器官，并且在长期的社会实践活动中形成了独有的信息交流方式，借助表情、姿势、语言等表达方式，能不断地创造与传播各种最新信息。参与社会信息交流活动的每个人都是一个独立的信息源，因为个人信息源的信息获取方式主要是口头交流，故亦称其口头信息源。个人信息源在社会信息交流系统中具有重要的地位和作用。个人信息源具有及时性、新颖性、感知性、随意性、瞬时性等特点。

2. 实物信息源

一切物质实体都蕴含着丰富的信息，一切事物的发展变化都与其存在的场所密切相关。无论是自然物质如动物、植物、山川、河流、日月、星辰等，还是人工制品如产品、样品、模型、设备、建筑物等，抑或事物发生的现场如运动会、演出会、交通事故等，均可视为实物信息源，实物信息源给人们提供了充分认识事物的物质条件。实物信息源具有直观性、真实性、隐蔽性、零散性等特点。

3. 文献信息源

文献信息源是指用一定的记录手段将系统化的信息内容存储在某种物质载体上而形成的一类信息源。文献的基本功能是存储和传播信息。文献是社会信息交流系统中最重要的部分，它是社会文明发展历史的客观记录，是人类思想成果的存在形式，也是科学与文化传播的主要手段。正是借助于文献，科学研究才得以继承和发展，社会文明才得以发扬和光大，个人知识才能变成社会知识。作为现代社会最常用的、最重要的信息源，文献信息源具有系统性、稳定性、易用性、可控性、时滞性等特点。

4. 网络信息源

网络信息源是指通过计算机网络可以获取利用的各种信息源的总和。它是以数字化形式记录，以多媒体形式表达，存储在网络计算机磁、光介质以及各类通信介质上，并通过计算机网络通信方式进行传递的信息内容的集合，是一切进入互联网的电子化信息源的统称，是一种新型数字化信息源。在范围上它不仅包括互联网上的信息源，也包括各种局域网和广域网上的信息源。网络信息源具有广泛性、无序性、动态性、多样性、混杂性等特点。

1.3.2 信息源的类型

文献信息源和网络信息源，是人们在学习、工作和研究中使用最多的信息源，它们存在交叉关系。即使网络信息源发展迅速，部分网络信息源也是电子化或数字化的文献信息源，因此，常以文献信息源代替信息源。下面分别是按照载体形式、加工程度和出版类型划分的文献信息源类型。

1. 按载体形式划分

1）印刷型文献

印刷型文献是以纸张为载体，以印刷技术为记录手段，将信息记录在纸张上形成的文献。它是传统的文献形式，也是现代文献信息资源的主要形式之一，如图书馆的纸本藏书、学生的课本、教学参考书等。其优点是便于阅读与传播，符合传统的阅读习惯；缺点是存储的信息密度低，占用的空间大，不易收藏和管理。

2）缩微型文献

缩微型文献是以感光材料为载体，采用光学缩微技术将文字或图像记录在感光材料上而形成的文献，如缩微胶卷、缩微胶片等。其优点是存储密度高，便于保存和传递；缺点是使用不便，需要借助专门的阅读机才能阅读。

3）声像型文献

声像型文献是以光学材料、磁性材料为载体，采用磁录技术和光录技术手段，将声音、图像等多媒体信息记录在光学材料、磁性材料上形成的文献，如唱片、录音带、录像带、电影胶片、幻灯片及激光视盘等。其主要优点是存储信息密度高，内容直观，表达力强，易于接受和理解，尤其适用于难以用文字、符号描述的复杂信息和自然现象；缺点是需要专门设备对其进行制作和阅读。

4）机读型文献

机读型文献又称电子型文献、数字资源。它是一种通过编码和程序设计，把信息转化成机器可读语言，并以磁性材料为载体，采用计算机等高新技术为记录手段，将信息存储在磁盘、磁带、光盘等载体上而形成的文献，如数据库、网络信息资源等。其优点是存储密度高，存取速度快，查找方便；不足之处是必须配备计算机、移动设备等才能使用。机读型文献又可分为联机型文献、光盘型文献和网络型文献。网络型文献是机读型文献中非常重要的一种文献类型，是当前增长最为迅速的信息源。

2. 按文献的加工程度划分

1）零次文献

零次文献又称灰色文献，它是指非正式出版物或非正式渠道交流的文献。如个人书信、论著草稿、私人笔记、会议记录、实验报告、设计初稿和口头言论等。零次文献内容新颖，能在文献正式公开之前提前获取信息，但成熟度不够，甚至有的处于保密状态。

2）一次文献

一次文献又称原始文献，它是以作者本人的研究工作为基础而撰写的经公开发表或出版的原始文献。如专著、期刊论文、研究报告、会议文献、学位论文、专利说明书、技术标准、技术档案等。一次文献具有创造性，是作者根据工作和科研中的成果而撰写的具有创造性劳动的结晶，它包含着新观点、新发明、新技术、新成果。一次文献论述系统详尽，有观点、有事实、有结论，学术价值高。一次文献是文献的主体，是最基本的信息源，是文献检索的对象。

3）二次文献

二次文献又称检索工具，它是信息工作者将那些分散的、无组织的一次文献，用一定的方法加工、整理、归纳、简化，把文献的外表特征和内容特征著录下来，形成的一类有组织、有系统的文献。如目录、题录、文摘、索引等。二次文献具有汇集性、系统性和检索性的特点，是对一次文献的浓缩和有序化，主要作用是存储和报道一次文献的线索，提供查找一次文献的途径。因此，它是用于查找一次文献的检索工具，是重要的指示性信息源，利用它可以大大减少查找一次文献信息所花费的时间。

4）三次文献

三次文献又称参考性文献，它是在二次文献的基础上选用一次文献的内容进行分析、概括、综合研究和评价而编写出来的文献。它可以分为综述研究和参考工具两种类型，前者如动态综述、学科总结、专题述评、进展报告等；后者如年鉴、手册、大全、词典、百科全书等。三次文献具有创造性、综合性、价值性和针对性的特点。三次文献源于一次文献又高于一次文献，属于一种再创造性文献。三次文献主要是信息研究的产物和成果，是一次文献的浓缩，它是在大量有关文献的基础上，经过综合、分析、研究而形成的，它把大量分散的有关特定课题的文献、事实和数据进行综合、分析、评价、筛选等，以简练的文字叙述出来，其内容十分概括。三次文献将大量的有关特定课题的文献中所包含的知识、素材、事实和数据进行综合、分析、研究后编写出来，可以直接提供使用、参考、借鉴，有很高的使用价值。三次文献大多是为特定的目的而编写的，在通常情况下，它是信息部门受用户的委托而从事信息研究的成果，具有针对性。

综上所述，零次文献和一次文献是最基本的信息源，零次文献是一次文献的素材，一次文献是主要的检索对象；二次文献是一次文献的集中提炼和有序化，是文献信息的检索工具；三次文献是把分散的零次文献、一次文献、二次文献，按照专题或知识的门类进行综合加工而成的成果，是高度浓缩的文献信息，它既是文献信息检索的对象，又可作为检索文献信息的工具。

3. 按文献的出版形式划分

1）图书

（1）含义。图书是对已有研究成果、技术、经验等进行系统总结，或对某领域的知识进行系统阐述的文献。UNESCO 对图书的定义是：凡由出版社（商）出版的不包括封面和封底在内 49 页以上的印刷品，具有特定的书名和著者名，编有国际标准书号，有定价并取得版权保护的出版物。

（2）特点。图书的优点是内容系统、全面、成熟、可靠，从图书中可以系统地学习知识，可以得到某个具体问题的解答，还可获取各种数据、事实等重要信息。图书的缺点是出版周期较长，内容更新较慢。图书从立项到撰写、审校、出版、发行一般需要一个比较长的周期，内容更新较慢，容易陈旧过时。

（3）分类。图书的分类有多种标准。按照用途，可分为普通图书和工具书。普通图书的功能主要是提供阅读，包括专著、教科书、科普与通俗读物、文艺作品等，工具书的功能主要是提供检索和参考，包括书目、文摘、索引等检索工具书，以及字典、词典、百科全书、年鉴、手册、类书、表谱、图录等参考工具书。按照学科，可分为社会科学图书和自然科学图书。按照语种，可分为中文图书和外文图书等。

（4）ISBN。国际标准书号（International Standard Book Number，ISBN），是每一种正式出版的图书的唯一代码标识。根据国际标准化组织的决定，从 2007 年起，ISBN 号由原来的 10 位数字升至 13 位，分成 5 段：前缀码-地区号-出版者号-书序号-校验码。例如，由清华大学出版社出版的《信息检索与利用》（第 2 版）的 ISBN 为 978-7-302-46224-6。

2）连续出版物

（1）含义。连续出版物是有固定的名称和统一形式，定期或不定期地连续出版的文献，包括期刊和报纸等。

（2）特点。期刊又称杂志，期刊上刊登的论文大多数是原始文献，包含有许多新成果、新水平、新动向。其特点是出版周期短，报道速度快，内容新颖，连续性强，发行面广，能及时传递国内外最新科研信息，是交流学术思想最基本的文献形式。据统计，科研人员所用科研信息的 70％来源于期刊，世界上 90％的检索工具和学术数据库都以期刊为其主要对象。

（3）分类。期刊有多种分类形式。按出版周期，可分为周刊、旬刊、半月刊、月刊、双月刊、季刊、年刊等。按内容，可分为学术性期刊、通俗性期刊。按功能，可分为阅读性期刊、检索性期刊。按质量，可分为核心期刊、一般期刊等。期刊的多种英文写法，意义有所不同，例如，periodical 是最广义的概念，journal 则强调所刊载文章的学术性，magazine 指通俗的、大众娱乐及消遣的杂志。

（4）核心期刊。指发表某学科论文数量较多、质量较高、影响力较大，代表该学科现有水平和发展方向的期刊。国内外核心期刊遴选体系有《中文核心期刊要目总览》、中文社会科学引文索引（CSSCI）、中国科学引文数据库（CSCD）、Web of Science、EI 等。

（5）ISSN。期刊也有唯一代码标识，即国际标准刊号（International Standard Serial Number，ISSN），由 8 位数字组成，前后两段各 4 位，中间用连接号相连。前 7 位为顺序号，最后一位是校验码。国内期刊有 ISSN 和 CN（国内统一刊号或内部准印证）。例如，期刊

《中国机械工程》ISSN 为 1004-132X,CN 为 42-1294/TH。只有 ISSN 而无 CN 的期刊,不能在国内发行。

(6) 报纸。报纸以报道新闻为主要内容,每期汇编多篇文章、报道、资料、消息等。但它出版的周期更短,时间更快,常常当天发生的事情都可以见到消息。报纸可分日报、早报、晚报、双日报、周报、旬报等。其特点是涉及范围较广、出版周期较短、散装折叠形式、文字通俗、提供最新信息快。

3) 会议文献

(1) 含义。会议文献是在各种会议上宣读和交流的论文、报告、会议记录、会议纪要等有关资料。

(2) 特点。其特点是专业性强、内容新颖、学术水平高、传递速度快。会议文献代表某学科领域的最新成就,反映该学科领域的发展趋势。各种学术会议是科学交流的重要渠道,也是科研工作者了解学科发展动态,获取学科最新信息的窗口。

(3) 类型。会议文献的类型很多。依照会议召开的范围,可分为国际会议、全国会议和地区性会议文献等。依照会议文献形成的时间,可分为会前文献、会间文献和会后文献。会前文献主要指论文预印本和论文摘要;会间文献主要指开会过程中形成的会议记录、会议纪要、会议录音录像等;会后文献主要指会议结束后出版的会议录。约 40%的会后文献以期刊形式出版(如特辑、专辑等),也有以图书形式出版的专题论文集,还有以连续性会议文献的形式定期或不定期出版的如丛书、丛刊等。

4) 学位论文

学位论文是高等院校或科研机构的毕业生为获得学位所撰写的学术论文。可分为学士论文、硕士论文和博士论文。学位论文内容系统完整,尤其是硕士、博士学位论文所探讨的问题比较专业,在某些方面往往提出了独到的见解和观点,对相关研究工作有较大的学术参考价值。它一般不公开出版,获得原件比较困难,有的还具有一定期限的保密性。

5) 专利文献

(1) 含义。专利文献是指在专利形成过程中产生的一系列官方文件和有关出版物的总称。广义的专利文献是指专利局出版的与专利有关的各种文献,如专利公报、专利文摘、专利分类表、专利索引、专利说明书以及与专利有关的法律文件等;狭义专利文献仅指专利说明书,专利说明书是申请人为获得专利权而向专利局提交的技术说明,通过它可以了解一项专利的技术细节。

(2) 类型。我国的专利分为发明专利、实用新型专利、外观设计专利三种类型。

(3) 特点。专利文献集技术信息、经济信息、法律信息为一体,数量庞大,报道速度快,涉及学科领域广,内容具有新颖性、创造性和实用性等特点。据统计,全世界新技术的 90%～95%是通过专利文献公之于世的,并且大部分发明创造只通过专利说明书公开。据说,只要系统地搜集美、日、英、法、德五国专利,就可以了解西方科技发展情况的 60%～90%。尽管专利文献只占期刊文献的 10%左右,却能提供 40%左右的新技术新产品信息,因此,专利文献是非常重要的信息源。

6) 标准文献

(1) 含义。标准文献是经权威机构批准的有关工农业新产品、工程建设、对外贸易和文化教育等领域的质量、规格、参数、生产过程及检验方法等方面的技术性文件，具有一定的法律约束力，有一定的适用范围。

（2）特点。标准文献能较全面地反映标准制定国的经济和技术政策，技术、生产及工艺水平，自然条件及资源情况等；能提供许多其他文献不可能包含的特殊技术信息。它具有严肃性、法律性、时效性和滞后性等特点。

（3）分类。按适用范围，标准可分为国际标准、区域标准、国家标准、行业标准、企业标准等。按标准性质，可分为基本标准、产品标准、方法标准、组织管理标准等。按标准效力，可分为强制标准、推荐标准等。

7）科技报告

（1）含义。科技报告是在科研活动的各个阶段，由科技人员按照有关规定和格式撰写的能完整真实地反映其所从事科研活动的技术内容和经验的文献。

（2）类型。一般包括某项科研成果的立项报告、中期阶段性报告、结题报告或鉴定报告，是关于某项研究的阶段性进展总结报告或研究成果的正式报告。

（3）特点。科技报告有具体的报告名称、机构名称和统一的报告号，一般单独成册。其内容专业新颖，数据详尽可靠，及时反映新技术新学科，是获取最新技术成果的重要信息源。科技报告具有保密性，仅有小部分可以公开发表。科技报告的种类有技术报告、札记、论文、备忘录、通报等。在我国，国家图书馆、国防科技信息研究所和上海图书馆保存的科技报告相对完整。

世界著名的科技报告有美国政府的 AD、PB、NASA、DOE 四大报告；英国的 ARC 报告；法国的 CEA 报告；德国的 DVR 报告等。

8）政府出版物

政府出版物是指各国政府部门及其专设机构所出版的文献。政府部门及其专设机构，包括国际组织（如联合国、国际联盟、欧洲联盟、世界贸易组织等）和各国中央政府及省或州、市、乡等地方政府组织，以及它们所拥有的官方或半官方机构及其所属的专门机构。其内容可以分为行政性文件（如政治法律文件、政府决议报告等）和科技文件（如统计资料、科普资料等）两大类。该类文献具有正式性和权威性等特点，对于了解各国的政策与演变、科学技术发展情况具有独特的参考价值。

9）产品资料

产品资料主要是指各国厂商为了推销产品而出版发行的一种商业性宣传资料，包括厂商介绍、产品目录、产品样本和产品说明书等，其特点在于技术上比较成熟，数据比较可靠，有较多的外观照片和结构图，直观性强，它对科技人员进行造型和设计，引进国外设备仪器都有参考价值。产品资料一般都要涉及产品的性能、结构、原理、用途、用法、维修、保管等各方面的技术问题，具有一定的技术信息价值。

10）技术档案

技术档案是指在生产建设和科研活动中形成的针对具体工程对象的技术文件，如任务书、协议书、技术指标、审批文件、研究计划、方案大纲、技术措施、工艺规程、试验记录、设计图纸、施工记录、研究总结、交接验收文件等。其内容真实可靠、详尽具体，具有重要的参考价值，有较强的保密性和内部控制使用的特点，一般不公开。

1.3.3 信息源的选择

1. 信息源的功能

信息源数量庞大，种类丰富，想要确定所需信息源，首先需要了解每一类信息源的功能，才能有目的地选择所需要的一类或多类主要信息源。

图书一般用来系统地学习某领域的知识，查找某个概念的解释或某个具体问题的答案等。通过期刊可以了解与自己研究课题相关的研究状况，了解某学科的发展水平、动态和趋势；通过报纸可以了解某方面的新闻动态等。通过专利文献，可以了解某领域的技术水平及发展动态，申请专利前确定该项发明创造是否能被授予专利权，开发新产品、投入新项目前寻找技术方案并避免侵权，利用专利情报从事商务活动，专利诉讼时帮助寻找证据和处理专利纠纷等。标准文献，作为产品设计、生产、检验的依据，工程设计、施工、验收的标准，进出口贸易依据，写作、参考文献著录依据等。学位论文适用于进行科学研究开题前的文献调研和供毕业生撰写开题报告时参考等。科技报告适用于了解与自己的研究课题相关的研究状况和查找参考文献，研究尖端学科或某学科的最新课题等。产品资料用来了解某产品的技术、工艺，作为产品订购依据，设计新产品参考等。技术档案，作为从事相近或相似专业的研究活动参考，了解科研工作、生产建设的经验和教训等。十大信息源的功能如表1.3.1所示。

表1.3.1 十大信息源的功能

信息源	功能
图书	系统地学习某领域知识； 查找某概念的解释； 获取具体问题的答案等
连续出版物	通过期刊了解与自己研究课题相关的研究状况； 通过期刊了解某学科的发展水平、动态和趋势； 通过报纸了解某方面的新闻动态等
专利文献	了解某领域的技术水平及发展动态； 申请专利前，确定该项发明创造是否能被授予专利权； 开发新产品、投入新项目，寻找技术方案，并避免侵权； 利用专利情报从事商务活动； 专利诉讼时，帮助寻找证据，处理专利纠纷等
标准文献	产品设计、生产、检验； 工程设计、施工、验收； 进出口贸易依据； 写作、参考文献著录等
学位论文	科学研究开题前的文献调研； 毕业论文撰写开题报告参考等
会议文献	了解某领域发展水平和发展动态； 了解与自己科研方向相关的研究状况等

续表

信 息 源	功 能
科技报告	了解与自己的研究课题相关的研究状况，查找参考文献； 研究尖端学科或某学科的最新课题等
政府出版物	了解一个国家或地区的形势政策、科技战略、经济发展、统计数据等
产品资料	了解某产品的技术、工艺； 产品订购依据； 设计新产品参考等
技术档案	从事相近或相似专业的研究活动参考； 了解科研工作、生产建设的经验和教训等

2. 信息源的识别

在信息检索中，我们通过检索工具检索到的是文献线索，还需要根据线索进一步查找原文。要找到原文，首先要根据文献线索正确识别文献类型，才能准确地获取文献原文。

识别文献类型，可以根据参考文献标识代码，还可以根据文献线索的特征识别项来识别。

1）根据参考文献标识代码识别

参考文献是指作者为撰写或编辑论著而阅读过、引用的信息资源，又称为引文。

（1）标识代码。中国国家标准《信息与文献 参考文献著录规则》(GB/T 7714—2015)规定的参考文献的标识代码，如表 1.3.2 和表 1.3.3 所示。

表 1.3.2 文献类型和标识代码

参考文献类型	标 识 代 码	参考文献类型	标 识 代 码
普通图书	M	专利	P
会议录	C	数据库	DB
汇编	G	计算机程序	CP
报纸	N	电子公告	EB
期刊	J	档案	A
学位论文	D	舆图	CM
报告	R	数据集	DS
标准	S	其他	Z

表 1.3.3 电子资源载体和标识代码

载 体 类 型	标 识 代 码	载 体 类 型	标 识 代 码
磁带(magnetic tape)	MT	光盘(CD-ROM)	CD
磁盘(disk)	DK	联机网络(online)	OL

（2）纸质文献识别。通过这些参考文献类型标识代码，我们很容易识别参考文献的类型。例如，[M]表示专著，[J]表示期刊论文，[C]表示会议论文，[D]表示学位论文，[P]表示

专利，[S]表示标准，[R]表示科技报告，[N]表示报纸等，这些标识代码都是文献名称英文单词的首字母。

【案例 1.3.1】 根据参考文献标识代码识别信息源。

[1] 陈氢，陈梅花，刘海梅，等. 信息检索与利用[M]. 2 版. 北京：清华大学出版社，2017.

[2] 吴淑娟. 通识教育背景下的信息素养慕课调查与思考[J]. 高校图书馆工作，2020，40(5)：53-56.

[3] 雷光春. 综合湿地管理：综合湿地管理国际研讨会论文集[C]. 北京：海洋出版社，2012.

[4] 张志祥. 间断动力系统的随机扰动及其在守恒律方程中的应用[D]. 北京：北京大学，1998.

[5] 邓一刚. 全智能节电器：200610171314.3[P]. 2006-12-13.

[6] 全国信息与文献标准化技术委员会. 信息与文献 都柏林核心元数据元素集：GB/T 25100—2010[S]. 北京：中国标准出版社，2010：2-3.

[7] World Health Organization. Factors regulating the immune response: report of WHO Scientific Group[R]. Geneva: WHO，1970.

[8] 谢希德. 创造学习的思路[N]. 人民日报，1998-12-25(10).

(3) 电子文献识别。电子文献以双字母标识。例如，[DB]表示数据库，[CP]表示计算机程序，[EB]表示电子公告。非纸质载体的电子文献，在参考文献标识中同时标明其载体类型，例如，[DB/OL]表示联机网络数据库，[DB/MT]表示磁带数据库，[M/CD]表示光盘图书，[CP/DK]表示磁盘软件，[J/OL]表示网上期刊，[N/OL]表示网上报纸，[P/OL]表示网上专利，[EB/OL]表示网上电子公告。

【案例 1.3.2】 根据参考文献标识代码识别电子信息源。

[1] 李炳穆. 韩国图书馆法[J/OL]. 图书情报工作，2008，52(6)：6-12[2013-10-25]. http://www.docin.com/p0-400265742.html.

[2] 余建斌. 我们的科技一直在追赶：访中国工程院院长周济[N/OL]. 人民日报，2013-01-12(2)[2013-03-20]. http://paper.people.com.cn/rmrb/html/2013-01/12/nw.D110000renmrb_20130112_5-02.htm.

[3] 西安电子科技大学. 光折变自适应光外差探测方法：01128777.2[P/OL]. 2002-03-06[2002-05-28]. http://211.1.52.9.47/sipoasp/zljs/hyjs-yx-new.asp? recid=01128777.2 &Ieixin=0.

[4]李强. 化解医患矛盾需釜底抽薪[EB/OL]. (2012-05-03)[2013-03-25]. http://wenku.baidu.com/view/47e4f206b52acfc789ebc92f.html.

电子参考文献著录，一般是参考文献没有其他公开发表形式，而是直接以电子形式发布，如某人的博文，某个信息门户网站上面的通知公告等。若参考文献有其他公开发表形式，一定要著录它的原始出处。电子文献著录格式中，链接地址前的方括号中的日期是访问或引用日期，这个日期一定要标示清楚，因为可能过一段时间，这个链接就被删除了或者内容更新了。

2）根据文献线索特征标识项识别

参考文献标识代码，是我国国家标准的规定，其他国家的其他著录格式不一定按这个规则来著录，所以我们还需要学习根据文献线索特征识别项来识别文献类型。文献线索是指文献全文以外的线索，如文献的目录、题录、文摘、索引等。目录著录的对象是一本书或其他整本文献，题录著录的对象是一篇文章或者是某本书的某一个章节，文摘著录对象是题录内容加上摘要，索引著录对象是文献的某一个内容特征或外表特征，题录是文献线索出现的主要形式。

（1）图书的识别。

图书的著录项目，一般有书名、责任者、出版地、出版社、出版时间、图书总页数以及ISBN等。图书识别项主要有出版项（出版地、出版社、出版年）、总页码（pp或p）、ISBN等。

【案例1.3.3】 根据文献线索特征标识项识别图书。

【子例1】 ①Big data and visual analytics. ②Suh，Sang C.（Department of Computer Science，Texas A and M University-Commerce，Commerce；TX，United States）；Anthony，Thomas. ③p1-263. ④January 15，2018.

注释：①书名；②作者（作者单位）；③总页码；④出版项（出版时间）。

【子例2】 ①An annotated bibliography of OSI. ②B. C. Burrows（Future Inf. Assoc.，Milton Keynes，UK）. ③In book：Open systems interconnection：state of the art report. ④B. C. Burrows，A. J. Mayne［Ed］. ⑤p311-326. ⑥Maidenhead，UK：Pergamon Infotech（2001）. ⑦341pp. ⑧［0 08 0341152］.

注释：①文章篇名；②文章作者（工作单位）；③书名；④图书编者；⑤该篇文章在书中页码；⑥出版项（出版地：出版社（出版时间））；⑦全书总页码；⑧ISBN。

（2）期刊论文的识别。

期刊论文的著录项目，一般有论文题名、作者、期刊名、年、卷、期、页码、ISSN等。期刊论文识别项主要有刊名（缩写）、年、卷（vol.或v.）、期（no或n）、页码、ISSN等。

【案例1.3.4】 根据文献线索特征标识项识别期刊论文。

【子例1】 ①Big Data Applications in Guangzhou Restaurants Analysis. ②Chang，Victor（Artificial Intelligence and Information Systems Research Group，School of Computing and Digital Technologies，Teesside University，G1. 20，Greig Building，Middlesbrough；TS1 3BX，United Kingdom）；Ji，Ziyang；Xu，Qianwen Ariel. ③Big Data. ④v 9，n 5. ⑤p 358-372. ⑥October 2021.

注释：①论文题名；②作者（工作单位）；③期刊名；④卷，期；⑤起止页码；⑥出版时间。

【子例2】 ①Document Storage System. ②P. Bray. ③Which Comput.（UK）④Vol. 14. No 5. ⑤p. 37-42. ⑥（Sept. 2019）. ⑦ISSN 0924-2715.

注释：①论文题名；②作者；③刊名缩写；④卷，期；⑤起止页码；⑥出版时间；⑦ISSN。

（3）会议文献的识别。

会议文献的著录项目，一般有会议论文题名、作者及工作单位、会议录名称、会议届次、会议地点、会议时间、会议录出版情况等。会议文献的识别项主要有会议录名称（如conference、proceeding、congress、convention、workshop、seminar、colloquium、symposium

等)、会议届次等。

【案例 1.3.5】 根据文献线索特征标识项识别会议文献。

【子例 1】 ①Motivational factors for big data analytics continued use. ②Javdan, Mohsen (McMaster University, Canada); Ghasemaghaei, Maryam. ③27th Annual Americas Conference on Information Systems, AMCIS 2021. ④2021.

注释:①论文题名;②作者(工作单位);③会议名称;④会议时间。

【子例 2】 ①CAD of waveguide low-pass filters for statellite application. ②W. Hauth, R. (ANT Nachrichtentech. GmbH, Backnang, West Germmany). ③Conference Proceeding 17th European Microwave Conference-MLCROWAVE 87. ④Rome, Italy, 7-11 Sept 2011. ⑤(Tunbridge Wells, UK: Microwave Exhibitions & Publishers 2011). ⑥P. 135-147.

注释:①论文题名;②作者(工作单位);③会议录名称;④会议地点,会议时间;⑤会议录出版项(出版地:出版社,出版时间);⑥起止页码。

(4) 学位论文的识别。

学位论文的著录项目,一般有论文名称、作者、学位、学位授予单位及地址、学位授予时间等。学位论文的识别项主要有学位、学位授予单位、学位授予时间、dissertation、thesis 等词。

【案例 1.3.6】 根据文献线索特征标识项识别学位论文。

【子例 1】 ①Applications of Deep Learning in Seismology. ②Zhu Weiqiang. ③(Stanford University). ④2021.

注释:①论文名称;②论文作者;③学位授予单位;④学位授予时间。

【子例 2】 ①Gulf of Maine sea Surface Topography from GEOSAT Altimeery. ②Lambert, Steven R. ③Ph. D. ④University of Maine. ⑤1989. ⑥217pp. ⑦Adviser: AlfredLeick.

注释:①论文名称;②论文作者;③学位;④学位授予单位;⑤学位授予时间;⑥论文页码;⑦导师名。

(5) 专利文献的识别。

专利文献的著录项目,一般有专利名称、专利申请者、专利权人、专利号、专利优先日期(公开日期)等。专利文献的识别项主要有专利号、patent 等词。

【案例 1.3.7】 根据文献线索特征标识项识别专利文献。

① SILVER HALIDE PHOTOGRAPHIC MATERIAL. ② Takeshi Habu, Japan. ③assignor to Konishiroku photo industry Co. Ltd., May 15, 1984, 93. ④ U. S. Patent 4,581,327.

注释:①专利名称;②专利的申请者和国别;③专利受让情况;④专利号。

(6) 标准文献的识别。

标准文献的著录项目,一般有标准名称、标准号、标准提出单位、审批单位、标准时间等。标准文献的识别项主要有标准号、standard 等词。

【案例 1.3.8】 根据文献线索特征标识项识别标准文献。

【子例 1】 ①IEEE Standard for Biometric Open Protocol-Redline. ②IEEE Std 2410-2017 (Revision of IEEE 2410-2015)-Redline. ③p 1-144. ④October 20, 2017.

注释：①标准名称；②标准号；③ 页码；④标准时间。

【子例 2】 ①American National Standards Institute Integrated services digital network (ISDN) basic access interface for use on metallic loops for application on the network side of the NT (Layer 1 specification). ②ANSI TI-601-1988. ③Sept. 1988.

注释：①标准名称；②标准号；③ 标准时间。

(7) 科技报告的识别。

科技报告的著录项目，一般有报告名称、报告作者、报告类型、报告号、报告时间等。科技报告的识别项主要有报告号、report、PR(progress report)、AR(annual report)、FR(final report)、CR(contract report)、TR(technical report)等词。

【案例 1.3.9】 根据文献线索特征标识项识别科技报告。

【子例 1】 ①Internet based inter-business process management: A federated approach. ②Piccinelli, Giacomo (Hewlett-Packard Lab, Bristol, United Kingdom); Marcello, Floriana; Zugliani, Gabriele. ③HP Laboratories Technical Report, n 98-87, p 1-8. ④Apr 1998.

注释：①报告名称；②作者(工作单位)；③ 报告类型名称；④报告时间。

【子例 2】 ①Some approaches to the design of high integrity. ② software. D. J. Marttin, R. B. Smith (Combat Controls Div. GEC Avionics Ltd. Rochester, UK). ③Report AGARD-TR 2584. ④July 2001.

注释：①报告名称；②作者(工作单位)；③ 报告号；④报告时间。

1.3.4 信息源的评价

前面介绍了各类信息源及其功能，以及正确识别某类信息源的方法，要想从海量信息源中获取高质量的准确信息，还必须依据一定的标准，对信息源进行进一步的评价和筛选。

对于信息源的评价，可以概括为五性标准，即客观性、相关性、权威性、时效性、易获取性。

1. 客观性

客观性是指信息源不以人的意志为转移，是客观存在的，不是主观形成的，是真实发生的，不是有意杜撰的，信息完整不是断章取义，信息准确没有掺杂水分，观点中立没有偏好，利益公正没有冲突。评价信息源的客观性，主要看信息源本身所属类型是学术研究、知识普及或商业宣传，信息源的传播媒介是正式出版物还是非正式出版物等。一般来说，学术研究的客观性较强，正式出版物的客观性较强，例如，学术研究比网络日志、博客、论坛、广告的客观性强，官方平台比各种自媒体的客观性强。总之，客观性要求信息源真实可靠，准确完整。

2. 相关性

相关性是指信息源中各信息元素之间，以及信息源与用户需求之间的关联程度。关联程度有正相关、负相关、不相关。如果双方的关联对应就是正相关，如果双方的关联不对应就是负相关，如果双方没有关联就是不相关。评价信息源的相关性，主要看信息源的用户对象，是否属于用户的需求范围，是否有利于解决当前面临的问题，是否适用于当前环境和条件等。一般地，信息源的范围能满足用户的需求，专业性优于综合性信息源，专题型优于一般型信息源，权威机构、核心作者产生的信息源优于一般机构、一般作者产生的信息源等。相关性要求信息源各信息元素之间、信息源与用户需求之间是正相关。

3. 权威性

权威性是指信息源质量高，让人信服，不会对其产生怀疑。评价信息源的权威性，要看信息源作者的水平，信息源出版机构和所有者的知名度，该信息源的社会评价等。信息源的作者，一般来说有名望的作者，他们可能是著名大学的教授、高级研究员或著名科研机构的研究人员，他们的写作态度比较严谨，文章具有较高可信度和权威性。信息源出版机构，著名的学术团体、研究机构、出版机构、国际组织等机构出版的文献资料，质量较好，可信度较高。社会的评价，包括文章发表时的编者按语，文章发表后的读者评论，以及文献的被引率等。

通常，信息源的权威性，用核心期刊、同行评审、影响因子和被引频次等指标来评价。

(1) 核心期刊。核心期刊是指发表某学科论文数量较多、质量较高、学术影响力较大，能够代表该学科现有水平和发展方向的期刊。核心期刊发表基金论文数量相对较多，被读者引用和网络点击次数较多，二次文献转稿篇数较多，被国内外重要数据库收录较多。因此，核心期刊及论文具有相对权威性。

(2) 同行评审(peer review)。同行评审也叫同行评议，即同一学科或领域的专家学者对学术成果进行的评价活动。目前，研究项目的评审、学术论文评奖、期刊社稿件录用等以同行评审的方式来决定。同行评审的信息源，一定程度反映信息源的质量和权威性。

(3) 影响因子(impact factor，IF)。即某期刊前两年发表的论文在该报告年份中被引用总次数除以该期刊在这两年内发表的论文总数。一般来说，期刊的影响因子越大，它的影响力和学术作用也越大，其质量相对越高。

【案例 1.3.10】 查找期刊的影响因子。

【子例 1】 查询新冠疫情中最有影响力的期刊《柳叶刀》的影响因子。

步骤 1：在 JCR 搜索框中输入期刊《柳叶刀》英文名称 lancet，如图 1.3.1 所示。

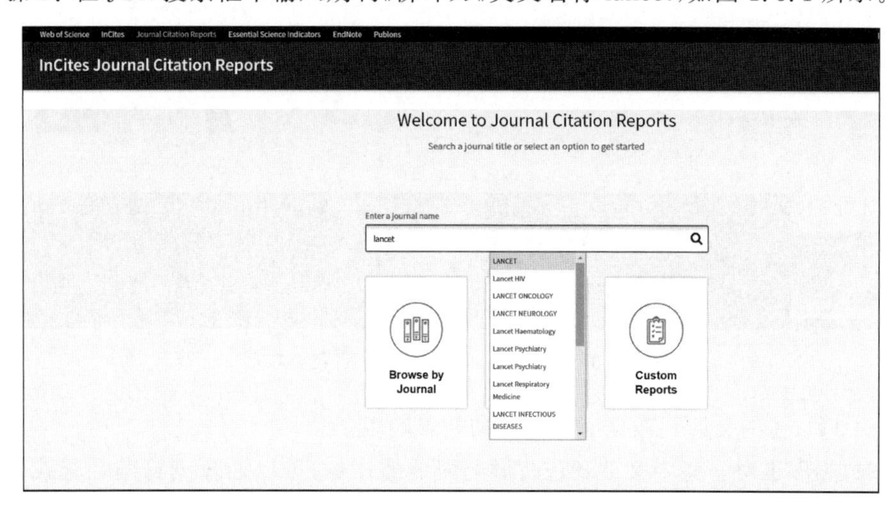

图 1.3.1　输入期刊名称

步骤 2：单击“搜索”按钮，即可进入该期刊的详情页。可看到该期刊历年的影响因子和其他一些参数，例如，2019 年《柳叶刀》JCR 影响因子为 60.39，论文被引中位数为 30，综述被引中位数为 35 等，如图 1.3.2 所示。

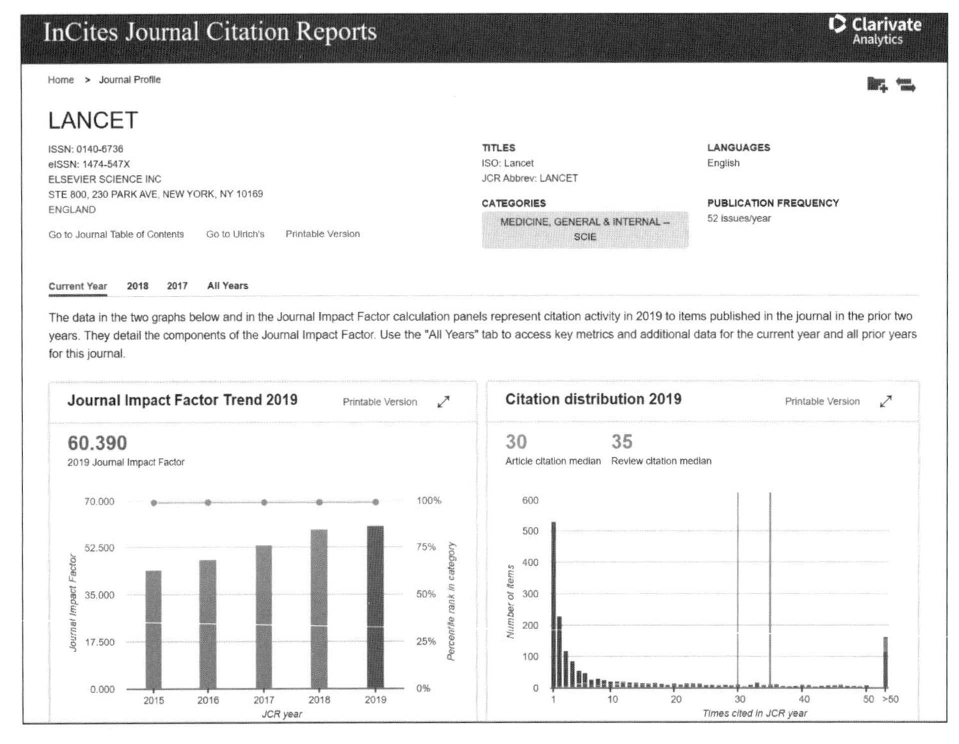

图 1.3.2　查找期刊影响因子

【子例 2】　在外文期刊数据库中查看期刊影响因子。

外文期刊数据库常常在期刊介绍上标注了期刊的 JCR 影响因子，可以通过浏览期刊查找其影响因子。例如，通过在 Elsevier 数据库中浏览期刊 polymer，就可以看到该刊的影响因子，如图 1.3.3 所示。

图 1.3.3　在外文数据库中查看期刊影响因子

【子例 3】　在中文期刊数据库中查看期刊影响因子。

中文数据库也对一些中文期刊进行影响因子的评价，可以通过浏览期刊查找其影响因子。例如，在 CNKI 里查看核心期刊《中国机械工程》的影响因子，如图 1.3.4 所示。

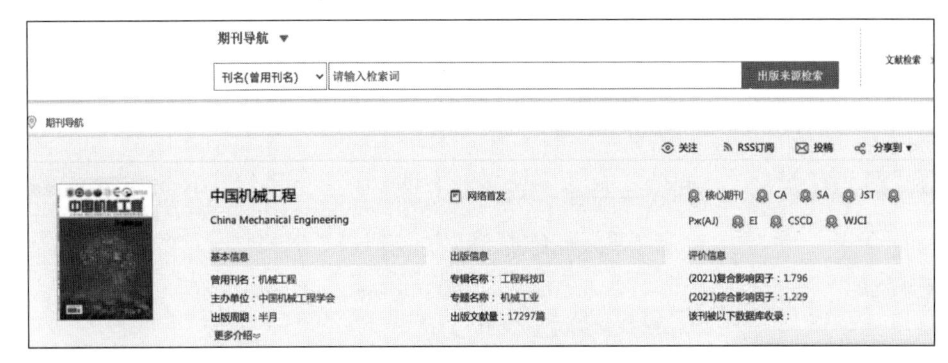

图 1.3.4　在中文数据库中查看期刊影响因子

(4) 被引频次。一篇论文被某论文作为一篇参考文献，该论文即被引用 1 次，文章被引频次越高，反映出该文章在该领域被关注的程度越高，该文章的价值也越高。

【案例 1.3.11】 在数据库中查看论文的被引频次。

【子例 1】 在 Web of Science 数据库中查找有关新冠病毒研究被引次数较高的论文。

步骤 1：在 Web of Science 数据库检索框中输入新冠病毒的标准名称“COVID-19”，如图 1.3.5 所示。

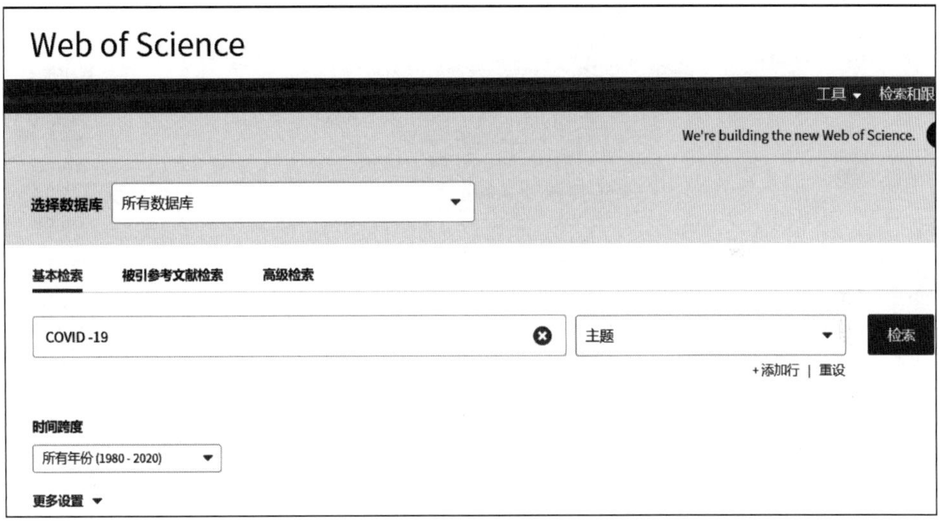

图 1.3.5　输入检索词

步骤 2：单击“检索”按钮，可在右边看到被引次数列表，由于系统默认的是按日期排序，在数据库页面左下角有一个“领域中的高被引论文”选项，如图 1.3.6 所示。

步骤 3：单击“领域中的高被引论文”选项，选择按被引频次排列，即可得到根据被引频次从高到低排列的文献列表。第一篇文章被引频次最高，高达 9141 次，如图 1.3.7 所示。

【子例 2】 在中国知网中查找有关新冠病毒研究被引次数较高的论文。

在中国知网中输入主题词“新冠病毒”，检索结果按“被引”排序，如图 1.3.8 所示。

需要注意的是，被引频次均取决于在该数据库系统内的论文间的引证关系。由于各系

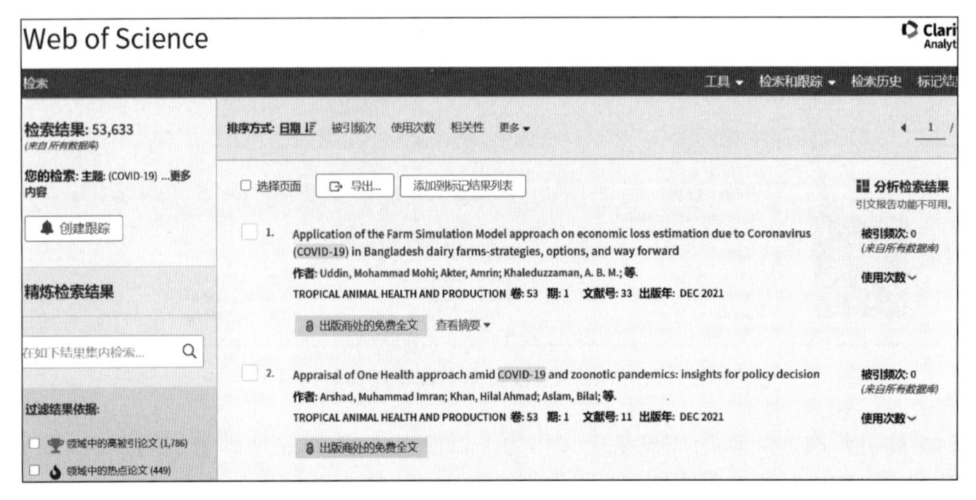

图 1.3.6　选择高被引论文

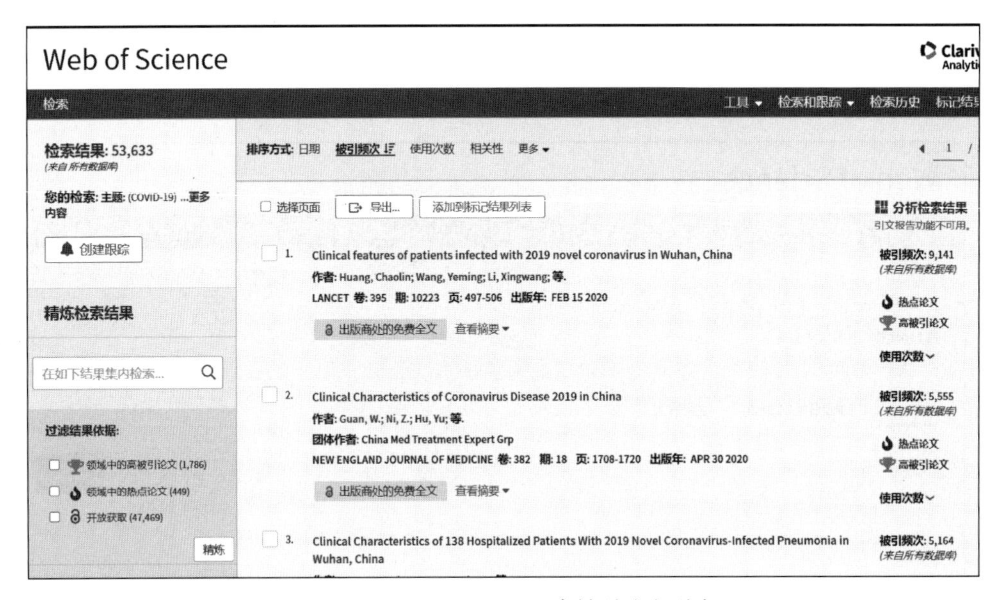

图 1.3.7　Web of Science 高被引论文列表

统资源的信息量不同，很难得到一个全面准确的被引频次，被引频次也只能在某系统内作为参考。

4. 时效性

时效性是指信息源的新颖性和及时性。信息源发送的信息，被利用的时间间隔越短，利用信息越及时，利用程度越高，时效性越强，其价值越高。因此，应该尽可能缩短信息被利用的时间间隔，提高信息的价值。从某种使用目的来看，信息的价值会随着时间的推移而降低。评价信息源的时效性，从发表时间看，一般新近发表的论文等文献，具有较强的新颖性；从类型看，一般刚出版的期刊论文、专利文献、学位论文、会议录等载有的信息相对新颖先

图 1.3.8　中国知网高被引论文列表

进，而图书的内容相对成熟，成书时间较长，因此时效性较差；网络信息源，需要经常或定期维护和及时更新，才能保持较强的时效性。

5. 易获取性

易获取性是指信息源获取容易程度与使用受限制程度。评价信息源的易获取性，可以从获取信息源的途径、费用、时间来看是否在可行范围内，是否需要特殊许可才能使用等。在满足信息需求的前提下，优先选择节省人力、物力、经费和时间的信息源。

思考与练习题

1. 什么是信息素养？由哪些部分构成？它们之间的关系如何？
2. 选取信息素养标准对照，你认为需要从哪些方面提高？
3. 举例说明信息素养对你的学习、工作或生活的影响。
4. 你的生活中信息无处不在，请举例说明。
5. 什么是知识？举例说明显性知识和隐性知识。
6. 举例说明情报的竞争性。
7. 什么是文献？它由哪些要素构成？
8. 什么是信息源？有哪些类型？
9. 识别以下信息源：

[1] 王飞，张科，全坤. 高级驾驶辅助系统热仿真[J]. 电子机械工程，2021，37(5)：44-47.

[2] 姜阳. 基于 ADAS 实验平台的自适应巡航系统全速域控制研究[D]. 锦州：辽宁工业大学，2021.

[3] 何班本，罗婵，文翊. 高级驾驶辅助系统状态机人机交互设计：2021 中国汽车工程学会年会暨展览会[C]. 中国上海，2021.

[4] 知行汽车科技(苏州)有限公司. 一种基于环境模型的汽车高级辅助驾驶系统：中

国,202110480419[P]. 2021-07-16.
[5] HAKOBYAN G, YANG B. High-Performance Automotive Radar-A review of signal processing algorithms and modulation schemes[J]. IEEE SIGNAL PROCESSING MAGAZINE,2019,36(5): 32-44.
[6] MILANES V, SHLADOVER S E. Modeling cooperative and autonomous adaptive cruise control dynamic responses using experimental data[J]. TRANSPORTATION RESEARCH PART C-EMERGING TECHNOLOGIES,2014,48: 285-300.
[7] VOLKSWAGEN AG (DE). ADVANCED DRIVER ASSISTANCE SYSTEM AND MANIPULATION ASSEMBLYTHEREOF: EP3919308A1 [P]. 2021-12-08.

10. 信息源的权威性如何体现？举例说明。

第2章　信息检索基础

本章目标：

1. 了解信息检索的原理及分类；
2. 熟悉信息检索语言和检索途径；
3. 了解信息检索系统和方法；
4. 掌握信息检索技术；
5. 了解信息检索步骤和效果评价。

2.1　信息检索原理

2.1.1　信息检索的概念

信息检索起源于图书馆的参考咨询和文摘索引工作，从19世纪下半叶开始发展，至20世纪40年代，索引和检索已成为图书馆独立的工具和读者服务项目。随着1946年世界上第一台电子计算机问世，计算机技术逐步进入信息检索领域，并与信息检索理论紧密结合起来，脱机批量情报检索系统、联机实时情报检索系统相继研制成功并商业化。20世纪60—80年代，在信息处理技术、通信技术、计算机和数据库技术的推动下，信息检索在教育、军事和商业等各领域高速发展，并得到了广泛的应用。DIALOG国际联机情报检索系统是这一时期的信息检索领域的代表，至今仍是世界上最著名的检索系统之一。

“信息检索”(information retrieval，IR)概念最早由美国学者穆尔斯(C. N. Mooers)于1948年提出并使用。信息检索有广义和狭义之分。

广义的信息检索，包括信息的存储和检索两个过程。信息存储，是将信息源中大量无序的信息集中，根据信息的外部特征和内容特征，按照一定的方式组织成检索系统。信息检索，就是从检索系统中查找出满足用户需求的特定信息。

狭义的信息检索，仅指检索过程，即从信息集合中找出所需信息的过程，相当于我们通常所说的信息查询。信息集合，通常指关于文献或信息的线索，得到检索结果后一般还要获取原始文献或信息。

2.1.2　信息检索的原理

信息存储与信息检索是密不可分的两个过程。存储是为了检索，而检索必须先要存储，没有存储检索就无从谈起。这是存储与检索相辅相成、相互依存的辩证关系。

信息的存储过程：信息标引人员将收集到的大量分散无序的原始信息进行分析，找出能代表文献信息的特征，对文献信息进行标引，即按照检索语言规定的原则和方法将信息的外表特征和内容特征转换为一定的信息标引标识(如题名、著者、分类号、主题词等)，再将这些标识按一定的顺序编排后存储在检索系统中，并提供多种检索途径。

信息的检索过程：检索人员对用户的信息需求进行全面的分析，找到其特征标识，形成检索提问，即根据检索语言规定的格式和要求编制检索提问，形成检索提问标识，根据存储所提供的检索途径，将检索提问标识与存储在检索系统中的信息标引标识进行比较，与检索提问标识相符的信息作为检索结果从检索系统中输出。

信息的存储与检索过程中最关键的是两者必须采用相同的特征标识，即信息检索语言。只要标引人员和检索人员采用同一种检索语言，来标引要存储的信息特征和要查找的检索提问，使它们变成相符的标识形式，信息的存储与检索就具备了相符性，存储的信息就可通过检索系统检索出来。检索提问标识与信息特征标识相符，指两者一致或信息特征标识包含检索提问标识。

信息检索的原理，就是将检索提问标识与检索系统中的信息标引标识进行比较，两者一致或信息标引标识包含检索提问标识，则具有该标识的信息就从检索系统中输出，输出的信息就是检索命中的结果。用户的信息需求多种多样，检索系统也各具特色，但信息检索的原理却是相同的，如图 2.1.1 所示。

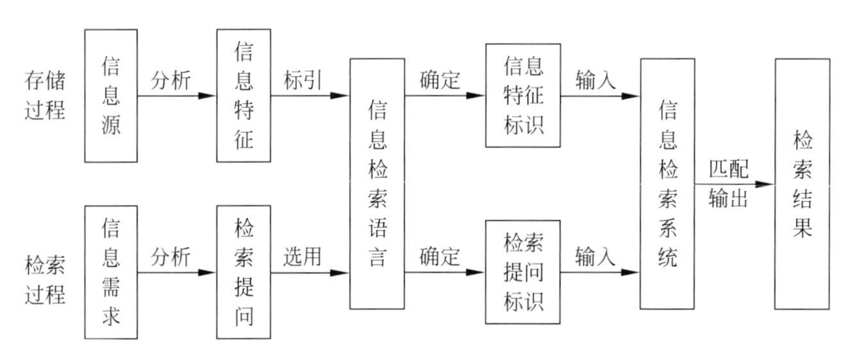

图 2.1.1　信息检索原理示意图

2.1.3　信息检索的类型

信息检索按不同的标准可以划分为不同的类型。

1. 按检索内容划分

1）文献检索

文献检索(document retrieval)是指以文献为检索对象的信息检索，包括文献线索检索和文献全文检索。文献线索检索，是指利用检索工具或检索系统查找文献的出处，检索结果是文献线索，包括书名或论文题目、著者、出版社、出版地、出版时间等文献外部特征，用于检索文献线索的检索工具有书目、题录、文摘、索引及书目型数据库、题录型数据库等，例如，在图书馆馆藏目录中可以检索图书馆收藏信息检索类图书情况和收藏地点。文献全文检索，是以文献所含的全部信息作为检索内容，即检索系统存储的是整篇文章或整部图书的全部内容，检索时可以查到原文及有关章、节、段、句、词等内容，并可进行各种统计和内容分析，例如，在万方数据库中可以检索近五年来信息素养类的学位论文等。文献全文检索发展迅速，很多数据库都是全文型的，是当前计算机信息检索的发展方向之一。

2）数据检索

数据检索(data retrieval)是以数值或图表形式表示的数据为检索对象的信息检索，又称“数值检索”。其检索系统中存储的是大量的数据，这些数据既包括物质的各种参数、观测数据、统计数据、商务数据等数字数据，也包括图表、图谱、公式、市场行情、化学分子式、物质的各种特性等非数字数据。数据检索，可利用年鉴、手册、数值数据库、统计数据库等。例如，在EPS数据平台中查找2018—2021年武汉市高校在校学生数(万)最多的是哪一年。数据检索结果是经过核实、整理的数据信息，可以直接利用。数据检索是一种确定性检索。

3）事实检索

事实检索(fact retrieval)是以特定客观事实为检索对象的信息检索，其检索结果为基本事实。例如，字、词、句、诗词的查找，时间、地名、人物、机构、事件、法规、制度的查找，图像、数据、参数、公式或化学分子式的查找等。一般来说，事实检索多利用参考工具书或数据库，包括字典、词典、百科全书、类书政书、年鉴、手册、名录、表谱、图录等。也可利用某些检索工具或数据库，如索引、文摘、书目，以及利用学科史著作、科普读物等。例如，可以从图书馆学辞典上查“图书馆管理”的含义，从化工手册上查找某一化合物的化学分子式等。事实检索既包括文献检索中相关内容的提取，也涉及数据检索中相关数据的获得，还包括相关的运算、对比、推理、判断、评价等过程，事实检索是信息检索中最复杂的一种，要求检索系统必须具有一定的逻辑推理能力和自然语言理解功能。事实检索也是一种确定性检索。

2. 按信息组织方式划分

1）全文检索

全文检索(full text retrieval)是将存储于检索系统中的整本书、整篇文章或其任意内容查找出来的检索。它可以根据需要获得全文中有关章、节、段、句、词等的信息，也可以进行各种统计和分析。

2）超文本检索

超文本检索(hyper text retrieval)是对检索系统中每个节点中所存信息及信息链构成的网络中信息的检索。它强调中心节点之间的语义连接结构，靠系统提供的复杂工具进行图示穿行和节点展示，提供浏览式查询，可以进行跨库检索。

3）超媒体检索

超媒体检索(hyper media retrieval)是对检索系统中存储的文本、图像、声音等多种媒体信息的检索。它是多维存储结构，有向地链接，与超文本检索一样，可以提供浏览式查询和跨库检索。

3. 按检索方式划分

1）手工检索

手工检索简称“手检”，是指人们通过手工的方式检索信息，其使用的检索工具主要是书本型、卡片式的信息系统，即目录、题录、索引、文摘和各类工具书。检索过程是由人以手工的方式完成的。其优点是直观、灵活、方便，无须特殊设备，可随时修改检索策略，查准率高；缺点是费时费力，查全率低，容易漏检。

2）计算机检索

计算机检索简称“机检”，是指人们利用数据库、计算机软件技术、计算机网络及通信系统进行的信息检索，其检索过程是在人机的协同作用下完成的。其优点是速度快，效率高，查全率高，不受时空限制，结果输出方式多样；不足是对设备和技术的要求高，查准率不高。随着社会信息化的发展和科学技术的不断进步，计算机检索成为获取信息的主要手段。

3）综合检索

由于手工检索和计算机检索各有优缺点，在信息检索的过程中，有时既使用手工检索方式，又使用计算机检索方式，也就是同时使用两种检索方式。在计算机检索成为主流的当下，手工检索也可以作为必要的补充。

2.1.4 信息检索的意义

1. 信息检索是获取知识的捷径

大学生在校期间，已经掌握了一定的基础知识和专业知识。但是，“授之以鱼”只能让其享用一时。如果掌握了信息检索的技能便可以无师自通，找到一条吸收和利用大量新知识的捷径，把大学生引导到更广阔的知识领域中，对未知世界进行探索，“授之以渔”可以令其终身受用。

【案例 2.1.1】 信息检索是获取知识的捷径。

美国普林斯顿大学物理系一名年轻大学生——约翰·菲利普(John Philip)，在图书馆里借阅有关公开资料，仅用四个月时间，就画出一张制造原子弹的设计图。他设计的原子弹，体积小(棒球大小)、质量轻(7.5kg)、威力大(相当广岛原子弹 3/4 的威力)，造价低(当时仅需 2000 美元)，致使一些国家如法国、巴基斯坦等纷纷致函美国大使馆，争相购买他的设计。

2. 信息检索能节省时间与费用

科学技术的迅猛发展加速了信息的增长，加重了信息用户搜集信息的负担。信息检索是研究工作的基础和必要环节，成功的信息检索无疑会节省大量时间，使研究人员能用更多的时间和精力进行科学研究。一般来说，公信度高的、较准确的信息才会被收集、组织和存储在检索工具或数据库中，以供检索和利用。有目的地使用检索工具或数据库所获得的必要信息比直接广泛阅读信息要快得多，因此，信息检索可以帮助用户在信息的海洋中尽快找到所需信息，以节省人力和物力。

【案例 2.1.2】 信息检索能节省时间与费用。

王选院士发明计算机汉字激光照排系统。

中国科学院院士、中国工程院院士、北京大学计算机研究所原所长王选教授，在 1980 年，用一年的时间检索和研究了大量国外专利信息，发现这个照排技术有四个阶段，从“手动式”“光学机械式”“阴极射线管式”发展到“激光照排”。他敏锐地感受到这个“激光照排”是一个发展前沿，他跳过了“阴极射线管式”阶段，果断地进行“汉字激光照排”系统的发明，实现跨越式发展,从而节约了大量科研经费和时间。

3. 信息检索能避免重复研究或走弯路

科学技术的发展具有连续性和继承性,闭门造车只会重复别人的劳动或者走弯路。研究人员在选题开始时就必须进行信息检索,了解别人在该项目上已经做了哪些工作,哪些工作目前正在做,谁在做,进展情况如何等。这样,研究人员就可以在他人研究的基础上进行再创造,从而避免重复研究,少走或不走弯路。在科研领域里,重复劳动在世界各国都不同程度地存在。据统计,美国每年由于重复研究所造成的损失,约占全年研究经费的38%,达20亿美元之巨。日本有关化学化工方面的研究课题与国外重复的,大学占40%、民间占47%、国家研究机构占40%,平均重复率在40%。我国的重复率则更高。

【案例2.1.3】 信息检索能避免重复研究或走弯路。

美国阿波罗登月应力腐蚀问题。

美国在实施阿波罗登月计划中,对阿波罗飞船燃料箱进行压力实验时,发现甲醇会引起金属钛应力腐蚀,为此付出了数百万美元研究解决这一问题。事后查明,早在10多年前就有人研究出来,方法非常简单,只需要在甲醇中加入2%的水。检索这篇文献的时间大概是10分钟,而当时美国政府却白白浪费了数百万美元进行重复研究,也浪费了大量的人力和时间。

4. 信息检索是终身学习的基础

学校培养学生的目标是学生的智能,包括自学能力、研究能力、思维能力、表达能力和组织管理能力等。我国的高等教育法明确要求大学生具备信息素养。通过信息检索课程的学习,以增强信息意识,掌握检索技巧,从而有利于专业知识的学习,加速成才成人。UNESCO提出,教育已扩大到一个人的一生,认为唯有全面的终身教育才能够培养完善的人,可以防止知识老化,不断更新知识,适应当代信息社会发展的需求。

2.2 检索语言与检索途径

2.2.1 检索语言

语言是人类最重要的交流工具,人们之间的沟通交流,需要借助语言来实现。同样,在信息检索的存储与检索过程中,信息标引人员和信息检索人员之间,也需要有共同的约定语言才能实现信息检索,这种约定语言就是信息检索语言即检索语言。

1. 检索语言的概念

检索语言,又称为标引语言、索引语言,是根据信息检索的需要而创立的专供信息存储和信息检索使用的一种人工语言。

检索语言由一整套概念及其相应的符号表示的标识系统构成。从组成要素来看,检索语言由字符、词汇和语法规则3部分构成。字符包含字母、数字、符号,词汇有分类号、主题词、代码等,而语法规则是一整套正确描述记录和有效检索记录的规则,例如,主题词表或分类表的编制原则、组合排列次序，以及在存储和检索的过程中如何根据词汇进行标引和查找的一整套规则和细则等。

检索语言在信息标引者和检索者之间发挥桥梁和纽带作用，具有标引、集中、组织信息以及使信息一致的功能。检索语言标引信息，是对信息的内容特征及外表特征加以标引，保证不同标引人员表达信息的一致性。内容特征，指反映信息内容的主题概念，如主题词、关键词、标题词、分类号等。外表特征，指反映信息外表特征的标识，如书名、篇名、著者、文献类型、编号、序号、出版年、卷、期、页码等。检索语言集中信息，即对内容相同及相关的信息加以集中或揭示其相关性。检索语言采用等级结构等方法显示概念之间的关系，将内容相同或相关的信息集中起来或揭示它们之间的相关性；检索语言组织信息，使信息存储集中化、系统化与组织化，便于检索人员按照一定的排列次序进行有序检索；检索语言使信息一致，便于将标引用语和检索用语进行相符性比较，保证不同检索人员表述相同信息内容的一致性，以及检索人员与标引人员对相同信息内容表述的一致性。

检索语言的使用，保证检索者按不同需求检索信息时，都能获得较高查全率。但是，检索语言也存在词汇管理成本高、维护和更新难度大、标引负担重、结构复杂、易用性不强、存在一定的滞后性等问题。

2. 检索语言的类型

按照所描述的信息特征的内容，检索语言可以分为描述外表特征的语言和描述内容特征的语言。描述外表特征的语言，如题名语言、著者语言、代码语言、引文语言等；描述内容特征的语言，如分类语言、主题语言、分类主题语言等。

按照规范化程度，检索语言可以分为规范化语言和非规范化语言。规范化语言，又称受控语言，是指人为地对标引词和检索词的词义进行控制和管理的语言，如主题语言中的标题词、叙词和单元词。非规范化语言，又称自然语言，是指直接从原始信息中抽取出来的未经规范化处理，用以揭示信息主题概念的自由词，如关键词。

检索语言的类型如表 2.2.1 所示。

表 2.2.1　检索语言的类型

<table>
<tr><th>检索语言的类型</th><th>检索语言</th><th>举　例</th><th>备　注</th></tr>
<tr><td rowspan="5">描述外表特征的语言</td><td>题名语言</td><td>书名、刊名、篇名、专利名称、标准名称等</td><td></td></tr>
<tr><td>著者语言</td><td>著者、编者、译者、申请人、发明人、专利权人等</td><td></td></tr>
<tr><td>代码语言</td><td>ISBN、ISSN、专利号、标准号、报告号、化学分子式等</td><td></td></tr>
<tr><td>引文语言</td><td>引文</td><td></td></tr>
<tr><td>其他语言</td><td>文献来源、机构、基金、出版时间等</td><td></td></tr>
<tr><td rowspan="6">描述内容特征的语言</td><td>分类语言</td><td>中图法、科图法、人大法、DDC、UDC、LCC 等</td><td></td></tr>
<tr><td rowspan="4">主题语言</td><td>关键词语言</td><td>自然语言</td></tr>
<tr><td>标题词语言</td><td rowspan="3">受控语言</td></tr>
<tr><td>叙词语言</td></tr>
<tr><td>单元词语言</td></tr>
<tr><td>分类主题语言</td><td>《中国分类主题词表》</td><td></td></tr>
</table>

检索语言中，分类语言与主题语言是常用的检索语言，是检索语言的主体。

1）分类语言

分类语言是用分类号来表达文献信息的主题概念，并将各种概念按学科体系进行分类和系统排列的语言。分类语言的具体表现形式是分类法，包括等级体系分类法/体系分类法、组配分类法和混合式分类法。

（1）体系分类法。体系分类法是当前应用最为广泛的一种分类法。它将各种概念按照学科性质进行分类和系统排列，以分类表的形式将全部的类目列举出来，并按照特定的等级系统对信息进行组织。体系分类法最突出的优点是能体现学科知识的系统性，便于人们从学科分类的角度检索文献。目前，我国图书情报机构大多采用的是体系分类法，它是世界上各种图书馆组织和检索藏书的主要依据。比较有影响的体系分类法有《中国图书馆分类法》（《中图法》）、《中国人民大学图书馆图书分类法》（《人大法》）、《中国科学院图书馆图书分类法》（《科图法》）、《杜威十进制分类法》（*Dewey Decimal Classification*，DDC）、《美国国会图书馆图书分类法》（*Library of Congress Classification*，LCC）等。

《中图法》是一种典型的体系分类法，是国内使用最广泛的分类法，不仅应用于图书情报部门，各类数据库以及互联网也广泛应用。《中图法》以科学分类为基础，按照从总到分、从一般到具体、从低级到高级、从简单到复杂的原则，将全部知识逐级分类，如表 2.2.2 所示，由 5 个基本部类、22 个基本大类、简表、详表和通用复分表组成。5 个基本部类是马克思主义、列宁主义、毛泽东思想、邓小平理论；哲学；社会科学；自然科学；综合性图书。在 5 个基本部类的基础上，又分为 22 个基本大类，作为分类法的一级类目。

表 2.2.2 《中图法》基本部类和基本大类

5 个基本部类	22 个基本大类
马克思主义、列宁主义、毛泽东思想、邓小平理论	A　马克思主义、列宁主义、毛泽东思想、邓小平理论
哲学	B　哲学、宗教
社会科学	C　社会科学总论
	D　政治、法律
	E　军事
	F　经济
	G　文化、科学、教育、体育
	H　语言、文字
	I　文学
	J　艺术
	K　历史、地理
自然科学	N　自然科学总论
	O　数理科学和化学
	P　天文学、地球科学
	Q　生物科学
	R　医药、卫生
	S　农业科学
	T　工业技术

续表

5个基本部类	22个基本大类
自然科学	U　交通运输
	V　航空、航天
	X　环境科学、安全科学
综合性图书	Z　综合性图书

《中图法》在22个基本大类的基础上逐层扩展形成简表，由简表展开的各种不同等级的类目组成详表，作为图书分类的依据，从而形成完整的《中图法》分类体系。

《中图法》的分类号，采用拉丁字母与阿拉伯数字相结合的混合小数层累制标记符号。以大写拉丁字母标记22个基本大类，以大写双字母标记T大类下的16个二级类目，以拉丁字母与阿拉伯数字组合形式标记大类扩展的不同等级类目，每三位数字以小数点分隔。

《中图法》类目细分举例如图2.2.1所示。

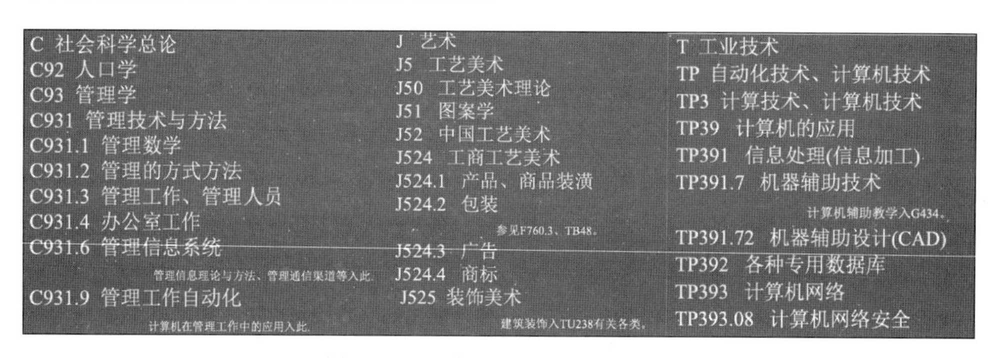

图2.2.1　《中图法》类目细分举例

【案例2.2.1】　查找《中图法》分类号。

查找图书《网络安全防御》的《中图法》分类号。

步骤1：先查找大类，网络安全属于计算机技术大类，大类号为TP。

步骤2：继续一级级往下查，查到TP3—TP39—TP393—TP393.08计算机网络安全；TP393.08即为图书《网络安全防御》的《中图法》分类号。

(2) 组配分类法。组配分类法是指利用概念分析与概念综合的原理，将简单概念组合成复杂概念的方法，或将概念因素组合成整体概念的过程，整个分类表全部由复分表组成。在具体进行信息归类和分类检索时，只要通过若干由基本概念划分而产生的子项进行组配，便可以在任意专指度上创建出适宜的信息类目。《国际十进分类法》(*Universal Decimal Classification*，UDC)采用的就是组配分类方式。

(3) 混合式分类法。混合式分类法介于上述两种分类法之间，是在等级分类体系的基础上又采用分面组配的方法，其目的是细分主题，满足检索的需要。目前一些比较知名的网站，如新浪、网易等都采用了这种混合式的分类体系。

2) 主题语言

主题语言是用主题词来表达文献信息的主题概念，并按字顺编排的一种检索语言。

“主题”是文献信息的主要内容，“主题词”是表达文献信息主题内容的词语。根据选词原则、词语规范、编制方法和使用规则的不同，主题语言分为关键词语言、单元词语言、标题词语言和叙词语言。

(1) 关键词语言。关键词是指从文献的题名、摘要或正文中抽取的表达文献主题内容的词语。关键词语言是以关键词为标识的检索语言。关键词属于自然语言，是自由词汇或称非受控词，它没有经过规范化处理，不受词表控制，可自由组合使用。但是，关键词无法显示词间的等级关系和相关关系，易造成同义词、多义词的标引与检索之间的误差。

关键词语言的最大优点是适用于计算机自动抽取词汇进行标引，编制各种类型的关键词索引。如中国知网、万方、维普、科学引文索引(SCI)、Science Direct(SD)等很多数据库都编有关键词索引。随着科学技术的飞速发展，新理论、新观点、新技术层出不穷，受词表控制的检索词有滞后等困难，而关键词语言则没有这种情况。

【案例 2.2.2】 用关键词语言检索。

在中国知网中检索“高校图书馆与大学生信息素养教育”文献。

步骤 1：选取关键词。可选“高校图书馆”“大学生”“信息素养教育”作为关键词。

步骤 2：将选出的关键词输入中国知网关键词字段检索框进行检索。

步骤 3：实施检索，获取所需文献，如图 2.2.2 所示。

图 2.2.2 关键词语言检索

(2) 单元词语言。单元词是指从文献的题名、摘要或正文中抽取的、最基本的、其概念不可再分的词语。单元词语言是以单元词为标识的检索语言。单元词也被称为元词，经过了规范化处理，代表一个独立的概念，且不能再分解，否则不能表达完整的概念。例如，“知识经济”可分解为“知识”与“经济”，但“知识产权”不能再分解，否则含义就变了。单元词语言的应用，如《美国化学专利单元词索引》等。单元词语言目前已基本被叙词语言所取代。

(3) 标题词语言。标题词是指从文献的题名、摘要或正文中抽取的表达文献主题内容的、经过规范化处理的词语。标题词语言就是用标题词作为标识的语言。标题词语言的表现形式是标题词表，如著名的《工程索引》在1990年前的《工程主题词表》(*Subject Headings for Engineering*，SHE)等。

标题词由主标题词和副标题词组成，它们在标题词表中按照某种固定的方式组合排列，形象直观，含义明确，但不能随意调整，灵活性差，无法满足从多个因素和多个途径进行检索。目前，已经较少使用或者被叙词语言代替。

(4) 叙词语言。叙词是经过规范化处理的，以基本概念为基础的表达文献内容的语词，也叫受控词，常被称为主题词。叙词语言就是用叙词作为标识的检索语言。叙词语言是在体系分类语言、标题词语言、单元词语言和关键词语言的基础上发展起来的，是当前应用最多的一种语言，也是主题语言的高级形式，特别适用于计算机检索。

叙词语言吸收了体系分类语言的等级关系，编制了词族表；吸收了标题词语言的规范化处理方法和参照系统，做到了一词一义，发展了词与词之间的逻辑关系，编制了叙词表；吸收了单元词语言的组配原理，并取代了单元词语言；吸收了关键词语言的轮排方法，编制了各种叙词索引。因此，叙词语言在直观性、专指性、组配性、语义关联性、手检与机检的兼容性等方面，都比其他检索语言更完善和优越。

用叙词语言编制的叙词表，国内常用的如《汉语主题词表》《化工汉语主题词表》《电子技术汉语主题词表》《国防科学技术主题词典》等。国外如《工程索引叙词表》《INSPEC叙词表》《工程与科学主题词表》《医学主题词表》《ERIC叙词表》等。

在文献标引时，对文献中的同义词、近义词、多义词、学名和俗名等加以严格的控制和规范，使同一主题概念的文献相对集中在一个主题词下。被规范化的词也叫受控词，如叙词；未被规范化的词也叫非受控词，如关键词。

受控词在系统匹配时是一种概念匹配。例如，在系统输入“计算机”这个词，系统就把与“计算机”这个词概念匹配的词都给找出来，会输出含有“计算机”“电脑”“微机”“PC”等词的文献。

非受控词是一种文字匹配，也就是说，如果你向系统输入“计算机”这个词，它就只能严格按照文字来匹配，只输出有“计算机”这个词的文献。例如，要表达“奔驰轿车”这个概念，必须用“奔驰牌产品”和“轿车”两个概念，不能直接用“奔驰”和“轿车”来表达，前者是概念组配，后者为字面组配。

受控词在实际检索中主要有以下作用：受控词是经过规范化处理的人工语言，能更加准确全面地表达主题内容，深入挖掘信息需求中的潜在概念；可扩充检索词，数据库中的词表可以利用一个主题词找出一连串与其相关的检索词。

在国内一般把受控词叫主题词，在国外一般受控词指叙词或标题词，现在主要是指叙词。

叙词的语义参照关系有三种，即等同关系、等级关系和相关关系，如表2.2.3所示。

表2.2.3 叙词的语义参照关系

等同关系		等级关系		相关关系	
命令	符号(含义)	命令	符号(含义)	命令	符号(含义)
Use	Y(用)	BT(broad term)	S(属)	RT(relate term)	C(参)
UF(use for)	D(代)	NT(narrow term)	F(分)		

在等同关系里，用 Use 命令或 Y 符号，可以由非叙词找到叙词；用 UF 命令或 D 符号，可以由叙词找到非叙词。

在等级关系里，用 BT 命令或 S 符号，可以由下位词找到它的上位词；用 NT 命令或 F 符号，可以由上位词找到它的下位词。

在相关关系里，用 RT 命令或 C 符号，可以找到它的相关主题词。

【案例 2.2.3】 在叙词表中查找相关主题词。

在 EI 叙词表中查找人工智能(artificial inteligence)的相关主题词。

步骤 1：进入 EI 数据库，在 Search 菜单下找到叙词表 Thesaurus，单击显示导航栏。

步骤 2：将 artificial inteligence 输入检索框，单击 Search 按钮。

步骤 3：artificial inteligence 本身就是一个规范化词，单击链接，它的相关关键词：关键词 AI、Computational intelligence，上位主题词 Cybernetics，下位主题词 Artificial life、Fuzzy control 等，相关主题词 Adaptive systems、Ambient intelligence 等，如图 2.2.3 所示。

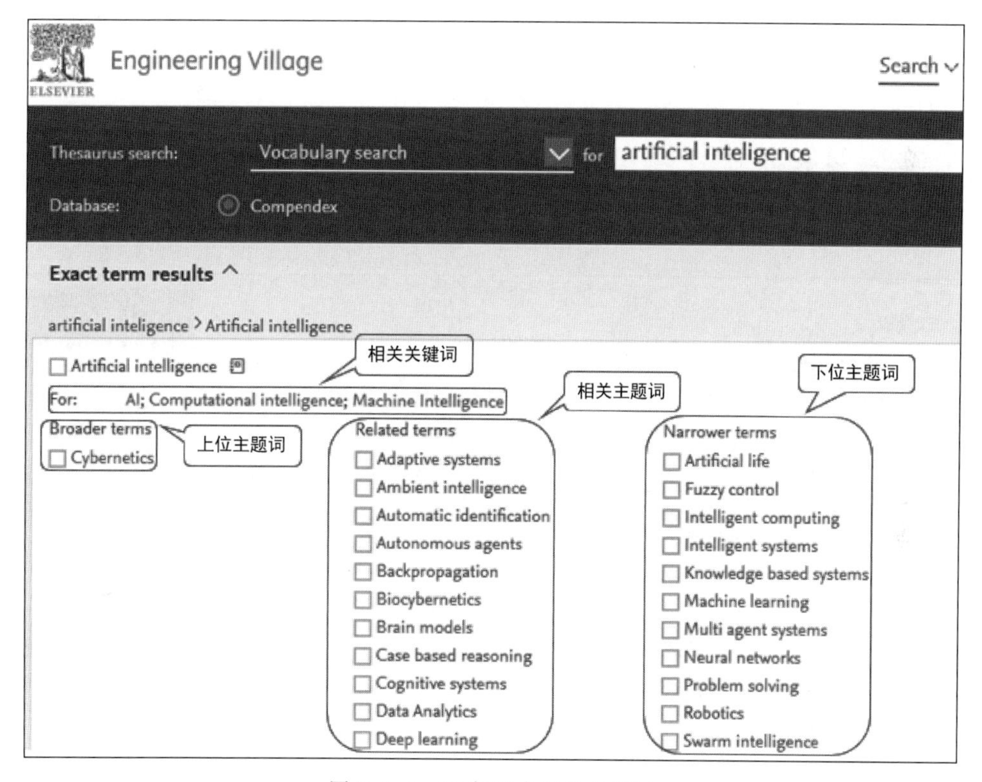

图 2.2.3 EI 叙词表查找主题词

分类语言的主要优点是将概念逐级划分，具有等级结构，便于扩大和缩小检索范围，适合族性检索，查全率较高；便于组织检索工具和检索系统，不受语种限制。不足是将分类号作为检索标识，不能直接表达概念；分类法不能经常修订，类目不可能详尽列举一切事物概念，反映新生事物也不及时，查准率不高。

主题语言的主要优点是主题词简单、直接，能形成专指度高的检索标识，适合特性检索，可以提高查准率；不足是分散了文献学科体系，词表收词有限，词表更新速度较慢，表达概念受限，查全率低。

两种语言各有优势与不足，可以互相取长补短。分类主题一体化语言便是两者的有机结合。

3）分类主题一体化语言

分类主题一体化语言是指具有分类与主题两种标引和检索功能的检索语言。分类主题一体化，就是对分类表和叙词表的术语、标识、参照、索引等实行统一的控制，并根据相应的转换规则建立起一一对应的关系，将分类表和叙词表融合成一体化词表，发挥两种检索语言的优势。从标引来说，利用一体化词表可同时完成文献信息的分类标引和主题标引，提高标引质量和效率；从检索来说，可以提高检索效率，可同时进行分类和主题两种方式的检索，实现分类检索和主题检索的互补。

《中国分类主题词表》（《中分表》）就是使用分类主题一体化语言编制的。《中分表》是在《中图法》和《汉语主题词表》（《汉表》）的基础上，将分类法与主题法、先组与后组融为一体的文献标引和检索工具，可实现分类检索语言和主题检索语言的兼容互换。可以同时进行分类主题的标引和检索，简化操作程序，降低标引难度，提升标引和检索的质量。除收入原有的叙词外，还包括新增的叙词，是《汉表》叙词较为完整的版本。采用音序和字形结合排序，符合人们的查找习惯，使得编排紧凑，便于查找，易于使用。

2.2.2 检索途径

检索途径就是检索的路径、检索入口，数据库中称为检索字段，如图 2.2.4 所示。

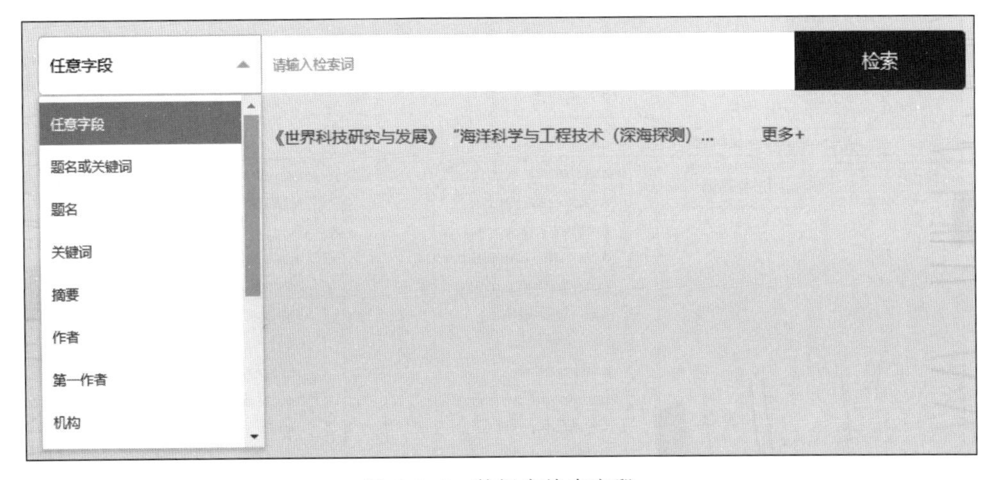

图 2.2.4　数据库检索字段

检索途径与文献信息的特征和检索标识相关。文献的基本特征由文献的外部特征和内容特征两部分组成。文献外部特征包括题名、著者、代码等；文献内容特征主要是指文献内容所属学科范围及所包含的主题，常用分类号、主题词等来描述。根据文献外部特征和内容特征，信息检索途径分为两大类。

1. 外部特征检索途径

文献的外部特征，如题名（书名、刊名、篇名）、责任者（著者、编者、译者、专利权人等）、代码(标准号、专利号、报告号、入藏号、ISBN、ISSN等)、机构、文献来源等,适合用来检索已知这些线索的文献。

1)题名途径

题名途径是通过书刊名称或论文篇名来检索文献的途径。如果已知书名、刊名、篇名等,可以此作为检索点,利用检索工具中的书名索引、会议名称索引、书目索引、刊名索引等来检索文献。

提供题名途径的各种索引一般按字顺编排。题名途径多用于查找图书、期刊、单篇文献等。

2)著者途径

著者途径是根据已知文献著者的名称来检索文献的途径。文献的著者包括个人著者、团体著者、专利发明人、专利权人、合同户和学术会议主办单位等。利用著者途径检索文献,主要利用著者索引、著者目录、个人著者索引、团体著者索引、专利权人索引等。

著者途径的特点是:专业研究人员一般各有所长,尤其是某些领域的知名学者、专家,他们发表的作品具有相当的水平或代表该领域发展的方向,通过著者线索,可以系统地发现和掌握他们研究的发展状况,可以查找某一著者的最新论著。在使用著者途径检索文献时,要了解著者索引编排的规则并熟悉著者姓名的一般知识,如欧美国家的习惯是名在前、姓在后等。

3)代码途径

代码途径就是依据文献信息出版时所编的代码来检索文献信息的途径。很多文献因其本身特点有特定序号,如科技报告号、专利号、标准号、入藏号、ISBN、ISSN等。这些代码往往具有唯一性,可以据此检索特定的文献信息。利用化合物的分子式索引检索的途径也属代码途径。

4)引文途径

从被引论文检索引用论文的途径。

5)其他途径

从文献外部特征检索的途径,如文献来源、机构、基金、时间等。

2. 内容特征检索途径

文献的内容特征是指从文献所载的知识信息中隐含的、潜在的特征,如分类、主题等,内容特征作为检索途径更适宜检索未知线索的文献。

1)分类途径

分类途径是按照文献所属学科类别来检索文献的途径。分类途径是以课题的学科属性为出发点,按学科分类体系来查找文献信息,以分类作为检索点,利用学科分类表、分类目录、分类索引等按学科体系编排的检索工具,来查找有关某一学科或相关学科领域的文献信息。它能将同一学科的文献集中在一起,满足族性检索的需求。分类途径的不足是,新兴学科、边缘学科在分类时往往难以处理,查找不便。另外,须了解学科分类体系,否则在将概念变换为分类号的过程中容易发生差错,造成漏检或误检。

2)主题途径

主题途径是按照文献的主题内容来检索文献的途径。即利用从自然语言中抽象出来的，或者经过人工规范化的、能够代表信息内容的主题词来检索。以主题词、关键词、叙词作为检索点，使用检索系统中的主题索引、关键词索引、叙词索引等。主题途径以主题词作检索标识，索引按照主题词或关键词的字顺排列，检索时就像查字典一样，不必考虑学科体系。用主题途径检索的优点是用主题词作检索标识，表达概念准确、灵活，能把同一主题内容的文献集中在一起，便于特性检索。

2.3 检索系统与检索方法

2.3.1 检索工具

1. 检索工具的概念

检索工具是用来报道、存储和查找各类信息的工具。它是按照一定的学科或主题范围，将所收录的信息条目和检索标识按照一定的规则排列的文献的集合，是供人们查找特定信息的工具。

检索工具具有存储和检索的基本功能。存储功能指检索工具把汇集的大量有关信息，按照其内容特征和外部特征完整描述出来，使之成为一条条信息线索，并将它们按一定的规则组织成一个有机体系，这就是信息存储过程。检索功能指检索工具提供一定的检索途径，让人们能够按照一定的检索标识，查找出所需信息或信息线索，这就是信息的检索过程。

2. 检索工具的类型

按照不同的划分标准，检索工具有不同的类型。

1）按检索手段划分

按检索手段划分分为手工检索工具、计算机检索工具、网络检索工具。

（1）手工检索工具主要指印刷型的检索工具书，它是传统的检索工具。在计算机检索快速发展的当下，手工检索工具仍起着一定的作用。

（2）计算机检索工具是指计算机检索系统中的各种数据库。根据数据库所收信息的类型分为全文数据库、文摘数据库、引文数据库、事实数据库、参考数据库等。

（3）网络检索工具是指互联网上的信息检索工具，如搜索引擎、主题指南等。

2）按收录范围划分

按收录范围划分分为综合性检索工具、专业性检索工具和单一性检索工具。

（1）综合性检索工具收录的文献是多学科领域的文献，如《科学引文索引》《工程索引》《全国报刊索引》等。

（2）专业性检索工具收录范围仅限于某一学科、专业领域，如《化学文摘》《生物学文摘》等。

（3）单一性检索工具收录的文献只限于某一特定类型的文献，如《中国专利索引》《中华人民共和国国家标准目录》等。

3）按照揭示文献的方式划分

按照揭示文献的方式划分分为检索工具书和参考工具书。

（1）检索工具书。检索工具书是在一次文献的基础上整理编制出的提供原文线索的二次文献，包括目录、题录、文摘、索引等。

① 目录。又称书目，是指著录一批相关文献，并按照一定次序编排而成的一种揭示与报道文献的工具。目录通常以一个完整的出版或收藏单位（如文献的种或册）为基本的著录对象，著录项目包括书名或刊名、著者、出版者等外部特征，不涉及内容特征，如国家书目、馆藏目录、联合目录、专题书目等。《七略》是我国第一部目录，《四库全书总目》是我国最有代表性的古代目录。

② 题录。是以单篇文献为基本著录单位，描述文献的外表特征，快速报道文献的工具。题录著录项目包括篇名、作者、出处等。题录与目录的主要区别在于著录的对象不同。目录著录的对象是一个完整的出版物，即一种或一册文献；题录著录的对象则是整册中的一个独立知识单元即单篇文献。如《全国报刊索引》，名称叫"索引"实际属题录。

③ 文摘。是在描述外表特征的题录的基础上，以简练的语言揭示文献的主要内容，并按一定方式编排起来的检索工具。由于具有题录和报道文献内容的双重功能，文摘的检索功能强于题录，是二次文献的核心。根据对文献内容揭示的深度和报道的详细程度，文摘可分为指示性文摘和报道性文摘，如《工程索引》《科学文摘》等。

④ 索引。是将特定范围内的某些文献中的有关知识单元，如篇名、著者、人名、地名、字、词等分别摘录出来，按照一定方法编排，并标注出处，为用户提供文献线索的检索工具。索引的主要功能是检索，多作为其他检索工具的辅助部分，提供多种检索途径。索引的类型多种多样，根据外表特征编制的索引有篇名索引、著者索引、号码索引、引文索引等，如《科学引文索引》；根据内容特征编制的索引有分类索引、主题索引、关键词索引。

（2）参考工具书。参考工具书是根据特定的需要，广泛汇集一定范围的事实、数据、知识，专供查找特定资料而编写的工具书，属于三次文献。如字词典、百科全书、年鉴、手册、名录、图录、表谱、类书、政书等。参考工具书提供的资料更具体，通常是信息本身，而不是文献线索，如查找某一名词解释、人物、事件、地名、某企业及其产品情况等。

① 字词典。是人们使用最广泛的一种参考工具书，以字和词语为收录单位，解释字、词、成语的词义、发音、概念、用法、拼写等，并按一定的次序编排。常用的如《辞海》《新华字典》《现代汉语词典》《韦氏国际词典》等。

② 百科全书。是概述人类一切知识门类或某一知识门类的大型参考工具书。它的最大特点是规模大，几乎囊括了各方面的知识。百科全书的主要作用是供人们查检必要的知识和事实资料，如概念、定义、原理、方法、历史及现状等，并反映学术上的最新成就，是一个国家或一个时代科学文化发展水平的标志。综合性百科全书如《不列颠百科全书》《中国大百科全书》等，专科性百科全书如《麦格劳-希尔科技百科全书》《化工百科全书》等。

③ 年鉴。是一种按年度连续出版的汇集上年度重要资料的工具书。它以固定专栏的编排形式，准确、精炼地报道有关知识信息，一般设有大事记、统计资料、人物传记、专题综述或述评等，可用来查找重大事件、统计数据、重要人物及学术活动、学科领域的新成果等。年鉴具有资料权威、反应及时、连续出版、功能齐全的特点，是信息密集型工具书。综合性的年鉴如《世界年鉴》《中国年鉴》等，专门性的年鉴如《中国出版年鉴》《中国教育年鉴》等，统计性的年鉴如《世界统计年鉴》《中国统计年鉴》等。

④ 手册。以简明扼要的方式提供专门领域内基本的既定知识和实用资料的工具书。常以叙述、列表或图解方式来表述内容，并针对某一学科、专题或部门，收集相关的事实、数据、公式、符号、术语以及操作规程等专门化的具体资料，如《联合国手册》《中华人民共和国资料手册》《机械工程手册》《溶剂手册》《世界姓名译名手册》等。

⑤ 名录。是提供人名、地名、机构名称等相关信息的工具书。名录以简洁和格式化的文字表达某一特定名称的基本情况。按收录内容不同，可分为人名录、地名录和机构名录等。人名录，收选各学科、领域知名人士的个人资料介绍，包括生卒年月、籍贯、学历、经历、主要贡献等，如《中国科学家人名录》《中国近现代人名大辞典》。地名录，收录经审定的规范化地方名称，一般包括地名来源、地理演变、地理环境、政治、经济、文化简况等资料，如《世界地名录》《中国地名词典》等。机构名录，是收录并介绍有关机构的名称、地址、邮政编码、电话、历史和现状等简要信息的组织机构名称一览表，如《中国工商企业名录大全》《中国政府机构名录》等。

⑥ 图录。是一种以图像、方案、符号等反映客观事物特征的工具书，包括地图、历史图录、人物图录、文物图录、艺术图录、科技图像等，如《世界地图》《中国交通地图册》《中国历史参考图谱》《中国动物图谱》《中国历代名人图鉴》《中国古青铜器选》《中国书法全集》《中国兵器》等。

⑦ 表谱。是一种以表格或其他较为整齐简洁的形式，附以简略的文字来记录史实、时间、地理等资料的工具书。包括年表、历表和表谱，用来查考历史年代、历史大事、换算时间、人物生平与官职、地理沿革及科技数据等，如《中外历史年表》《自然科学大事年表》《二千年中西历对照表》《历代名人表谱》《历代职官表》《物理学常用数表》等。

⑧ 类书。是一种将古籍资料汇集在一起的资料汇编，按门类、字韵等编排，是中国特有的工具书种类。类书在内容方面包罗万象，有些是古书中的资料片断，有些是整篇的内容。著名的类书有唐朝的《艺文类聚》，100 卷，引用 1400 多种古籍；宋朝的《太平御览》，全书 1000 卷，引用古书 1690 余种；明朝的《永乐大典》，22 937 卷，11 095 册，3.7 亿字，集中图书 8000 余种；清朝编制的《古今图书集成》，全书 10 000 卷，目录 40 卷，1.6 亿多字。与百科全书不同，类书重在原始资料的收集，对研究古代文化有重要的功用。百科全书则是对已有的资料的加工、整理和浓缩，反映编撰者自身的知识水平。

⑨ 政书。是记载历代典章制度的史书，是中国特有的工具书种类。主要搜集中国古代某一朝代政治、经济、文化、军事等史料，分门别类，按时代先后顺序编排，以论述历代典章制度的沿革和发展。政书可分为通史性质的“十通”和断代性质的“会典”“会要”等，有很高的学术价值和资料价值。

2.3.2 检索系统

1. 检索系统的概念

信息检索系统是为满足用户的信息检索需求而建立起来的信息存储与检索系统。信息检索系统要完成信息存储和检索功能，为用户提供信息服务，一般由信息资源、检索工具、相关设备和检索人员组成，是一个为特定需求建立的、有序化的信息资源和设备的集合体。

由于信息检索系统对所收录的全部信息的外部特征与内容特征进行了客观的描述，使所收录的全部信息处于一个有序化的组织体系中，因此它可为信息的使用者提供识别与确认某一信息是否符合需要的依据，提供从各种特征检索信息的入口。信息的特征在检索系统中是作为检索标识存在的，因而对特定信息而言具有唯一性。通过它，用户在特定检索方法的支持下，能快速对目标信息进行锁定。这样，信息检索系统就具有了检索性。

2. 检索系统的类型

从不同角度，可以将检索系统分为多种类型。

(1) 按载体形式不同，可分为卡片式、书本式、缩微式、机读式检索系统。

(2) 按著录格式不同，可分为目录、题录、文摘、索引、全文检索系统。目录、题录、文摘、索引检索系统以对应的检索工具为主，提供文献线索。全文检索系统是在目录、题录、文摘、索引检索系统的基础上，加上完整出版物的全部内容，按一定的方法著录、标引、组织起来的检索系统。这种检索系统往往对文献全文中的词、词组及其位置等做更深入的加工、处理，一般采用自然语言进行自动标引，不仅方便人们一次性获取文献全文，而且提供更多的检索途径，例如，用户可以用文中的句子、段落等进行检索，另外还方便人们对文献信息作更深层次的研究，如进行各种统计、分析等。

(3) 按照检索方式不同，可分为手工检索系统和计算机检索系统。

① 手工检索系统。是以手工检索工具为主构成的检索系统。手工检索工具主要是指二次文献，如目录、题录、文摘、索引等检索工具。手工检索系统的成本低，但是检索速度慢，检索效率低。随着计算机技术和互联网的发展，手工检索系统逐渐被计算机检索系统所取代。

② 计算机检索系统。是以计算机作为主要的信息处理工具的检索系统。随着计算机技术的发展，计算机检索系统经历了包括脱机检索系统、联机检索系统、光盘检索系统和网络检索系统四个阶段。

计算机检索系统一般包括硬件、软件、网络通信和数据库四部分。硬件是指具有一定性能的计算机、服务器、存储器、输入输出和数据处理等设备；软件是检索系统中有关程序和各种文件的总称，包括系统软件和应用软件；网络通信是连接计算机系统和终端的桥梁，可以远程、高速、准确地传输信息；数据库是计算机存储设备上按一定方式存储的相互关联的数据集合，是检索系统的基础。数据库通常由字段(field)、记录(record)和文档(file)构成。字段，是组成记录的基本信息单元，是一条完整记录中的每一个著录事项，反映信息的某一内容特征或外表特征。如论文的题名字段 TI，著者字段 AU，主题字段 SU 等。记录，是组成数据库的基本单元，是各字段的组合。一条记录是对某一信息的完整描述，如一本书、一本刊、一篇文章的外表特征或内容特征等，都可以称为一条记录，记录越多数据库的容量就越大。文档，是数据库中一部分记录的有序集合，如题名文档、作者文档、分类文档等。根据记录在文档内的组织方式和存取方法，可将文档分为顺排文档(也称主档)和倒排文档，分别相当于检索工具的正文部分和各种索引。数据库包括书目数据库如图书馆的馆藏查询系统、数值数据库如国家统计局数据库、事实数据库如裁判文书网、全文数据库如中国知网、超文本数据库如中国大学 MOOC 等。

随着智能手机的普及，很多检索行为也可以在手机 App 上完成，智能手机替代了计算机的部分功能。计算机检索系统检索范围广，检索效率高，成为信息检索系统的主流。

2.3.3 检索方法

信息检索方法就是查找信息的方法。选择检索方法，就是为了获得高效率的检索结果。信息检索的方法有多种，分别适用于不同的检索目的和检索要求。归纳起来，常用的信息检索方法有常用法、追溯法、循环法。

1. 常用法

常用法是利用检索工具查找信息的一种方法，因为这种方法是目前查找信息中最常使用的主要方法，故称常用法。常用法根据时间范围又分为顺查法、倒查法和抽查法。

(1) 顺查法。顺查法是指按年代由远及近的顺序进行查找的方法，如检索"网络文化"这一课题，首先要弄清起始时间，即"网络文化"产生的时间是哪一年，然后从这一年开始查起，一直查到当前"网络文化"方面的相关信息为止，这样，"网络文化"课题就检索完毕。这种方法的查全率和查准率都较高，但是检索整个课题较费时费力。

(2) 倒查法。倒查法是指按年代由近及远的逆时间查找方法，这种方法多用于新课题、新观点、新理论、新技术的检索，检索的重点在近期信息上，只需查到基本满足需要时为止。使用这种方法可以最快地获得新资料，而且近期资料总是既概括、引用前期的成果，又反映最新的水平和动向，因此这种方法比较省力，但查全率不高。

(3) 抽查法。抽查法是一种针对学科发展特点，抓住该学科发展迅速、信息发表较多的年代(信息的高峰期)，抽出一段时间(几年或十几年)，再进行逐年检索的方法。这种方法费时较少，获得信息较多，检索效率较高。但是这种方法的成功率和有效率必须建立在熟悉学科发展特点的基础上。也就是说，只有对该学科或课题的发展熟悉的情况下，才适合使用。

工具法主要依赖检索工具，而没有收入检索工具的信息显然就不能获取。所以利用此法的关键是选择好检索工具，否则会影响检索效果。

2. 追溯法

追溯法是一种跟踪查找的方法，即以文献后面所附的参考文献为线索，逐一追溯查找相关文献的方法。在没有检索工具或检索工具不齐全的情况下，利用此法能够获取一些所需要的文献资料。

因信息后所附的参考文献总是有限的，不可能列出所有的有关信息，且信息的引用具有随机性，因而相关信息的漏检和误检的可能性较大，检索效果不是很好，同时，在一般情况下，科研活动需要追溯的是较新的信息，所以采用此方法显然具有很大的局限性。

3. 循环法

循环法是常用法和追溯法的结合，检索时，先利用检索工具查出一批文献，然后选择出与检索课题针对性较强的文献，再按文献后所附的参考文献回溯查找，不断扩大检索线索，分期分段地交替进行，循环下去，直到满意为止。

上述各种检索方法各有优点，在什么情况下采用什么检索方法，主要由检索条件、检索要求以及检索课题的学科特点三方面来决定。

2.4 信息检索技术

信息检索技术是指利用信息检索系统或者信息检索工具，检索有关信息而采用的一系列技术。由于计算机检索的普及和手工检索的弱化，现在的信息检索技术主要是基于计算机检索系统的检索技术。

计算机检索技术是用户信息需求和文献信息集合之间的匹配比较技术。而在信息检索过程中，为了保证检索结果的快、全、准，仅靠一个检索词（如关键词、主题词等）组成的检索式进行检索，难以满足检索的需要，有时需要用各种运算符将若干检索词（如关键词、主题词等）组成检索式进行检索。所以检索式就是用户需求与信息集合之间匹配的依据，信息检索技术的实质就是构建检索式的技术。

根据信息的内容不同，信息检索技术可以分为文本检索技术、图像检索技术、音频检索技术、视频检索技术等。其中文本检索技术是目前比较成熟并得到广泛使用的技术，布尔逻辑检索、截词检索、字段限制检索、位置检索、短语检索和加权检索等，都属于文本检索技术的范畴。

2.4.1 布尔逻辑检索

布尔逻辑检索是一种比较成熟的、较为流行的检索技术。信息检索时，利用布尔逻辑算符进行检索词的逻辑组配，是大多数信息检索系统包括搜索引擎都支持的一种检索技术。布尔逻辑由英国数学家布尔（Boole）提出。布尔逻辑算符有三种，即逻辑“与”、逻辑“或”和逻辑“非”。布尔逻辑算符的作用是将代表单一概念的检索词组配在一起，组成一个具有复杂概念的检索式，以充分表达信息需求，可确保系统输出的检索结果更为准确。

1. 逻辑“与”

逻辑“与”，通常用“AND”“ * ”或空格算符表示，是一种概念之间交叉或限定关系的组配，表示它所连接的检索词必须同时出现在检索结果中。使用它可以缩小检索范围，减少输出结果，提高查准率。

逻辑“与”的表达式为“A AND B”，表示同时含有 A、B 两个检索项的才为检索结果。检索结果如图 2.4.1 所示的阴影部分。

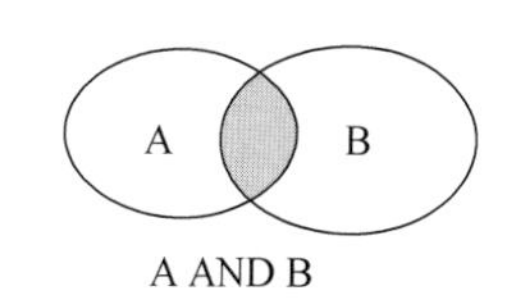

图 2.4.1 逻辑“与”图示

【案例 2.4.1】 逻辑“与”检索。

检索“太阳能模糊控制”方面的文献。

步骤 1：分析信息需求，选择检索词：太阳能、模糊控制。

步骤 2：构建检索式：“太阳能 AND 模糊控制”。

步骤 3：在数据库中检索，如图 2.4.2 所示。

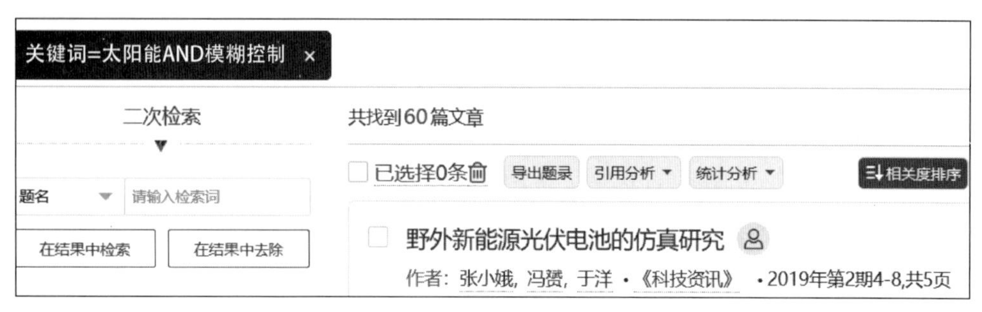

图 2.4.2　逻辑"与"检索

2. 逻辑"或"

逻辑"或"，通常用"OR""+"算符表示，是一种概念之间并列关系的组配，表示它所连接的两个检索词中，在检索结果里出现任意一个即可。使用它相当于增加检索词主题的同义词与近义词，可以扩大检索范围，增加输出结果，提高查全率。同时，可以去重。

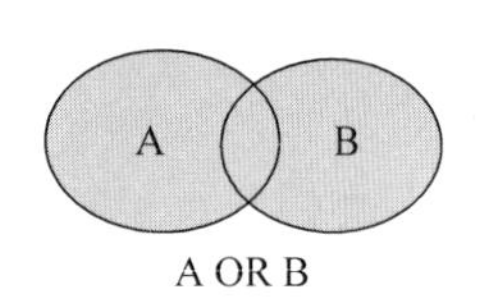

图 2.4.3　逻辑"或"图示

逻辑"或"的表达式为"A OR B"，表示凡含有检索词 A 或者检索词 B 或者同时含有检索词 A 和 B 的即为命中结果。检索结果如图 2.4.3 所示的阴影部分。

【案例 2.4.2】 逻辑"或"检索。

检索"自适应模糊控制或者神经模糊控制"方面的文献。

步骤 1：分析信息需求，选择检索词：自适应模糊控制、神经模糊控制。

步骤 2：构建检索式："自适应模糊控制 OR 神经模糊控制"。

步骤 3：在数据库中检索，如图 2.4.4 所示。

图 2.4.4　逻辑"或"检索

提示： 在逻辑"或"检索中，有些检索词表达的概念，存在整体与部分的关系。一般要针对具体情况分别列出每一个表达部分概念的检索词，否则将出现漏检。例如，检索关于欧洲能源问题的文献，检索逻辑式可表达为"Europe AND energy"，如果用这个提问式去检索，显然会出现相关文献大量漏检。因为，欧洲包括英国、法国、意大利、西班牙等国家，然而在检索式中，"欧洲"作为一个检索词，只代表它本身，无法代表这些国家。因此，如果要查全该课题的相关文献，检索式应改为"(Europe OR Britain OR France OR Italy OR Spain OR …) AND (energy OR coal OR petroleum OR…)"。

3. 逻辑“非”

逻辑“非”,通常用“NOT”“－”算符表示,是一种概念之间排除关系的组配,可以用来排除不希望出现的检索词。它与逻辑“与”的作用类似,能够缩小命中信息的范围,提高查准率。

逻辑“非”的表达式为“A NOT B”,表示从包含 A 的文献范围中去除含有 B 的内容。检索结果如图 2.4.5 所示的阴影部分。

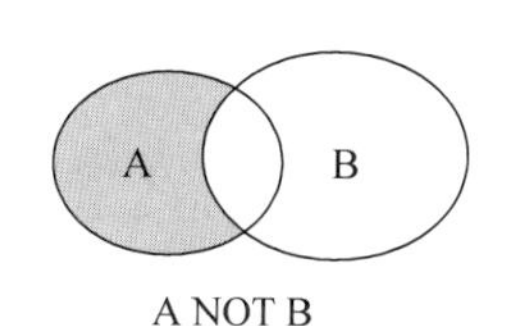

图 2.4.5 逻辑“非”图示

【案例 2.4.3】 逻辑“非”检索。

检索“能源但不含太阳能”的文献。

步骤 1:分析信息需求,选择检索词:能源、太阳能。

步骤 2:构建检索式:“能源 NOT 太阳能”。

步骤 3:在数据库中检索,如图 2.4.6 所示。

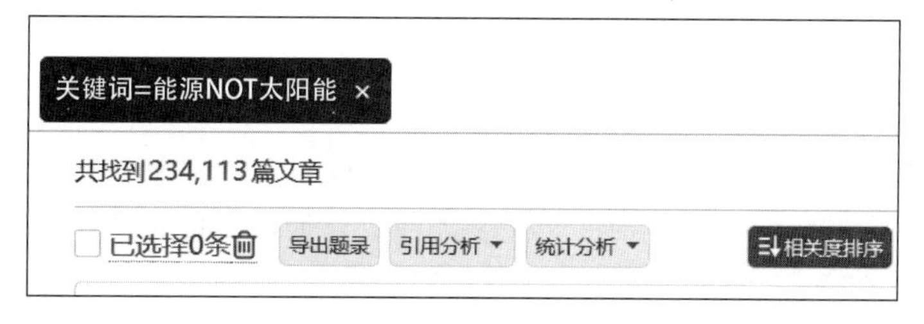

图 2.4.6 逻辑“非”检索

提示:在检索中使用 NOT,能排除含有由 NOT 指定的检索词的文献,协助检索出更准确的文献。但是,使用 NOT 必须慎重。因为,如果两个关系紧密的检索词同在一个检索式中,对其中一个使用 NOT 会导致含另一个词的文献也被排除。如检索“(computer AND software) NOT hardware”,检索计算机软件方面的文献是检索的主要目的,但由于使用了 NOT,将同时包含软件、硬件的相关文献排除了。

4. 布尔逻辑算符的运算规则

(1) 布尔逻辑算符的运算顺序。一般在没有括号的情况下,按 NOT、AND、OR 的先后顺序;在有括号的情况下,先执行括号内的逻辑运算;有多层括号时,先执行最内层括号的运算,逐层向外进行。例如,“(A OR B)AND C”,就应先处理“A OR B”,再将该次检索结果与 C 作逻辑“与”运算。

用布尔逻辑算符表达检索需求,既要考虑要检索的课题,也要熟悉算符本身的特点,不同的运算顺序会产生不同的检索结果。

(2) 布尔逻辑算符的写法。AND、OR、NOT 大小写均可;三个算符与检索词之间必须有一个空格;括号要用英文字符的括号,否则计算机不识别。

【案例 2.4.4】 布尔逻辑检索式检索。

检索“英美信息素养评价标准”方面的文献。

步骤 1：分析信息需求，选择检索词：英国、美国、信息素养、评价标准。

步骤 2：构建检索式："(英国 OR 美国) AND 信息素养 AND 评价标准"。

步骤 3：在数据库中检索，如图 2.4.7 所示。

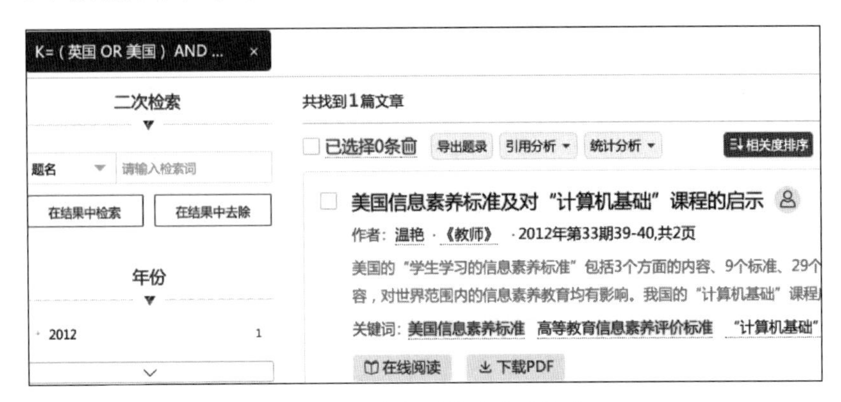

图 2.4.7　布尔逻辑检索式检索

5. 搜索引擎中的逻辑检索

在网络信息检索中，几乎所有的搜索引擎都会提供一定的逻辑运算功能，不过运算符以及空格的使用有很大的不同，使用时一定要多加注意才能起到应有的作用。例如逻辑"与"一般表示为"AND""&""+"；逻辑"或"往往用"OR""|"","或空格来表示；逻辑"非"表示为"NOT""!""-"等，也有一些系统不提供逻辑非功能。另外，各系统默认的组配方式也不相同，有的是逻辑"或"，有的是逻辑"与"，使用时要查看搜索引擎相关说明。

2.4.2　截词检索

截词检索是利用检索词的词干或局部进行的非精确匹配检索。凡含有检索词的局部的所有字符的文献信息，均被认为是命中结果。截词检索是一种常用的检索技术，特别在外文数据库检索中使用较多，可以减少检索词的输入量，节省检索时间，扩大检索范围，提高查全率。

不同的检索系统对截词符的规定有所不同，截词符有"*""?""/""!""#""$""%"等。

截词检索有不同分类。根据截断字符的数量，可分为有限截词和无限截词；根据截断的位置，可以分为前截词、中截词、后截词和前后截词。

1. 根据截断字符的数量分类

(1) 有限截词。指限制被截断的字符数量。一个有限截词符只代表一个字符，常用符号"?"表示，可以在检索词词干后加一个或多个的有限截词符。一般有限截词符的数量有限制，其数目表示在词干后最多允许变化的字符个数。例如，用"solut???"可检索到包含 solution、solute 和 soluting 等词的信息。

(2) 无限截词。指不限制被截断的字符数量。一个无限截词符可代表多个字符，表示在检索词的词干后可加任意多个字符或不加字符，常用于检索同根词。例如，使用"employ*"可检索到 employ、employer、employers、employment 等词的信息。

有时可以同时用两种截词方式,以取得需要的检索结果,如使用“psych???? ist * ”,可以检索到 psychologist、psychologists、psychiatrist、psychiatrists 等词的信息。

2. 根据截断的位置分类

(1) 前截词。即后方一致、左截断。将截词符置于字符串的前方,表示其前方截断,检索与后面字符串一致的信息。例如,用“ * ware”可查到 hardware、software 等词的信息。

(2) 中截词。即前后方一致、中截断。将截词符置于一个检索词中间,表示其中间截断,检索与前后字符串一致的信息。例如,用 “colo? r”可查到 color、colour 等词的信息; 用“wom? n”,可检出包 women、woman 等词的信息。

对于一些单、复数变化异常的词和英、美拼法不同的词,利用中截词可进行一次性选词,提高检索效率。

(3) 后截词。即前方一致、右截词,是最常用的。将截词符置于字符串之后,表示其后方截断,检索与前面字符串一致的信息。例如,用“physic * ”,可检出 physic、physical、physician、physicist、physics 等词的信息。

归纳起来,后截词主要使用在如下 4 方面: ①词的单复数,如 book?,potato??; ②年代,如 199?(90 年代),20??(21 世纪); ③作者,如用 Lancaster * 可检出所有姓 Lancaster 的作者; ④同根词,如用 biolog * ,可检出 biological、biologist、biology 等同根词。

(4) 前后截词。即中间一致。将截词符置于字符串的开头和结尾,表示其前后方截断,检索与中间字符串一致的信息。例如,用“ * computer * ”可查到 computer、microcomputer、minicomputer 等词的信息。

截词检索主要用于外文检索,中文检索中有时也用到,例如,“陈?”可用于检索陈姓作者的文献等; “20??” 用于检索年代等。有的检索系统设置的前方一致、后方一致实际是后截词、前截词。

2.4.3 限制检索

限制检索是指通过特定的限制符把检索词限定在规定的检索字段中的检索技术。检索时,在限定的字段内按照限定符的要求对检索词进行匹配运算,以提高检索效率和查准率。

1. 数据库中的限制检索

数据库中可供检索的字段,如题名(title)、作者(author)、主题词(subject)、关键词(keyword)、文摘(abstract)、文献类型(document type)、语种(language)、出版年份(publication year)等。

这些字段通常称为检索点、检索入口、检索项或者检索途径等。不同的数据库、不同的文献类型提供的检索字段的名称和数量不尽相同,不同的数据库中表示同一概念的检索字段名称也不相同。多数的数据库通过组合框的形式提供给用户,用户可以根据需要选择具体的检索字段。

检索词与检索字段的关系用限制符表示,最常见的限制符有“精确”和“模糊”,前者要求完全一致,后者则只要包含即可。除此之外,还有“包含、大于、小于、等于、大于或等于、小于或等于、不包含、不等于、介于、前方一致、后方一致”等限制符。

【案例 2.4.5】 数据库中限制检索。

在数据库检索:湖北工业大学刘德富教授发表的文章。

将“湖北工业大学”限制在“机构”字段,“刘德富”限制在“作者”字段,如图 2.4.8 所示。

图 2.4.8 数据库中限制检索

2. 搜索引擎中的限制检索

搜索引擎中的字段检索多表现为前缀符限制形式,其中,表示内容特征的主题字段有 title、keywords、subject、summary 等,表示外部特征的非主题字段限制有 image、text、applet 等。此外,搜索引擎还提供了带有典型网络检索特征的字段限制类型,如主机名限制(host)、URL 限制(url)、E-mail 限制(from)、域名限制(domain)、新闻组限制(newsgroups)、Link 限制(link)、网址限制(site)等。这些字段限定了检索词在记录中出现的位置,用来控制检索结果的相关性。

【案例 2.4.6】 搜索引擎限制检索。

在搜索引擎中检索标题含有“太阳能”的网页。

在百度检索框中输入“title:太阳能”,可以检出网页标题名称中含有“太阳能”的所有网页,如图 2.4.9 所示。

2.4.4 位置检索

位置检索也称词位检索、邻近检索,是用特定的位置算符来表达检索词之间邻近关系的检索技术。位置算符用于表示词与词之间的相互关系和前后的次序,通过对检索词之间位置关系的限定,进一步增强选词指令的灵活性,提高检索的查全率与查准率。

1. (W)算符

W 是 With 的缩写,通常写作“A(nW)B”,表示词 A、B 之间至多可以插入 n 个其他的词(包括系统禁用词),同时 A、B 保持前后顺序不变。允许词与词之间有一个空格、一个标点符号或一个连接符。

如“CD(W)ROM”,可检索到含 CD ROM 或 CD-ROM 等的内容。输入“computer

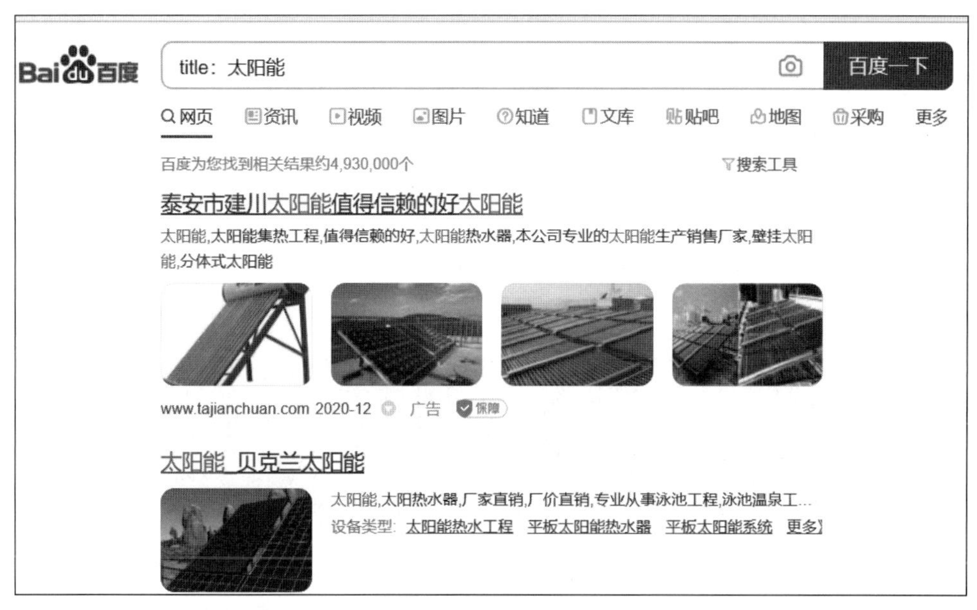

图 2.4.9　搜索引擎中限制检索

(1W)retrieval”可检索到含 computer retrieval、computer information retrieval、computer document retrieval 等内容的文献信息。

2. (N)算符

N 是 Near 的缩写,通常写作“A(nN)B”,表示词 A、B 之间至多可以插入 n 个其他的词,同时 A、B 不必保持前后顺序。

如“economi?(2N)recovery”,可检索出 economic recovery、recovery of the economy 等结果。

3. (F)算符

F 是 Field 的缩写,通常写作“A(F)B”,表示词 A、B 必须同时出现在记录的同一字段中,如出现在题名字段、文摘字段等中,两词次序和 A 与 B 间加词个数不限。

如“digital(F)library/TI,AB”,表示两词同时出现在题名和文摘字段中的均为命中文献。

4. (S)算符

S 是 Subfield 的缩写,通常写作“A(S)B”,表示词 A、B 必须同时出现在一个子字段即一个句子或短语中,但次序可随意变化,且各词间可加任意多个词。

如用“computer(S)design”检索,可得到 computer design、computer aided design 等结果。

不同的检索系统是否支持位置算符或者对其所采用的位置算符的规定,应注意参阅检索系统的使用说明。

2.4.5 短语检索

短语检索是以短语为检索内容的精确检索。将短语放在“ ”中，可检索出含有与“ ”中的短语完全一致的结果。短语检索可提高检索的精度和准确度，从而提高查准率。

【案例 2.4.7】 短语检索。

检索“GPS 全球定位系统”的文献。

在 IEL 数据库中输入短语检索式“global positioning system”，检索出的文献都是含有这个短语的文献，如图 2.4.10 所示。

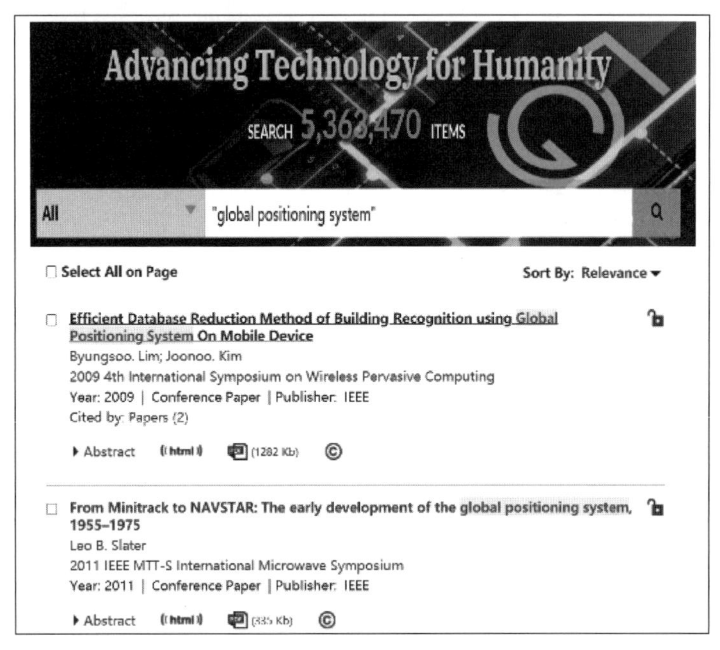

图 2.4.10 短语检索

2.4.6 加权检索

加权检索是指限定检索词在信息源中出现频次的检索技术，属于定量检索技术的范畴。尽管加权检索与布尔逻辑检索、截词检索等同属信息检索的基本检索技术，但加权检索不仅要关注检索词是否检出，而且要考虑出现的次数，以此限定命中信息与检索需求的相关程度。加权检索可缩小检索范围，从而提高查准率。

加权检索根据检索词对检索需求的重要程度，事先指定不同的权值。检索时，系统先查找这些检索词在数据库记录中是否存在，并计算存在的检索词的权值总和，在用户指定的临界值(阈值)之上者作为命中记录被检中。临界值可视命中记录的多少灵活地进行调整，临界值越高，命中记录越少。例如，中国知网的文摘字段、全文字段的词频限定就属于加权检索。

【案例 2.4.8】 加权检索。

检索：“信息素养”方面的文献，要求摘要中词频为 5 次。

选择中国知网高级检索；在摘要字段输入检索词“信息素养”，选择检索框后面的词频为“5”。检索结果，如图 2.4.11 所示。

图 2.4.11　加权检索

各种检索技术在检索中所起的作用各不相同，有时使用一种，有时多种结合使用。各检索系统是否支持或支持哪种检索技术或者对其所采用的检索算符都有自己的规定，请注意查看各检索系统及使用说明。

2.5　检索步骤与检索效果

2.5.1　检索步骤

一般情况下，信息检索包括分析检索课题、选择检索词、构建检索式、选择检索系统、检索及调整策略、获取原文 6 个步骤。

1. 分析检索课题

分析检索课题主要是了解课题的信息需求。信息需求是信息检索的动机和目的，是实施信息检索的基础和前提。信息需求分析，主要是分析课题的研究目的、主要内容、背景知识、概念术语、所属学科范围、所需文献类型、检索的时间范围、文种、数量等。

对课题有了真正了解，才能有的放矢，进行与课题信息需求相匹配的检索，获取正确的检索结果。信息需求不同，检索策略不同，检索效果也不同。

信息需求可分为普查型、攻关型、探索型等。

(1) 普查型信息需求。主要是科研立项、撰写综述、申请专利、编写教材等进行基础理论研究需要了解研究现状。这类需求需要进行某主题文献信息的全面检索，检索的全面性强，要求检索结果既要查准更要查全。信息检索范围是中外文期刊及会议论文、专利、科技报告、综述文献等。检索思路是制订并优化检索策略，用常用法、追溯法等多方法检索，然后对文献进行比较分析。

(2) 攻关型信息需求。主要是解决某种生产、科研或生活难题，例如，某种产品的制造方法以及生产工艺、某一科研中的关键问题等。这类需求需要进行特定的信息检索，检索的专指性强，要求检索结果的查准率高。信息检索范围重点是中外文专利、期刊和会议文献、产品资料及标准等。检索思路是先通过试检获得一批相关文献，从中找出核心分类号、主题词、作者等，然后正式检索。对于设备仿制，可先查产品目录获得主要的厂商，向其索取产品样本，寻找这些厂商的专利，查找相关标准等。

(3) 探索型信息需求。主要是研究、开发和应用新技术、新理论，需要了解和掌握某一领域的最新研究动态或研究成果。这类需求需要进行跟踪的信息检索，检索的及时性强，要求检索结果准确且新颖。信息检索范围重点是近期中外文期刊及会议论文。检索思路是利用数据库的个性化服务进行文献跟踪，也可定期浏览专业网站，以获取最新信息。

2. 选择检索词

检索词是指能表达检索课题主要内容的提问标识，包括题名、著者、代码等外表特征标识，以及主题词、分类号等内容特征标识。检索词是否恰当，将直接影响到检索结果，检索词的选择是信息检索的关键环节。其中，主题词或关键词是用得最多的检索词。

选择检索词，要对检索课题名称进行切分、删除、补充等处理。首先，要提取检索课题中表达主题内容的显性概念，将概念尽量切分成最小单元；然后删除检索意义不大的词、太宽泛的词；最后深入分析需求，用搜索引擎、主题词表、数据库功能等辅助工具挖掘潜在概念，找出上位词、下位词、同义词、近义词、相关词，补充检索词。

1) 切分

以自由词为单位，将课题名称拆分为最小单元。切分要保留词语的本来意义，如“知识产权”这个词，就不能切分成“知识”和“产权”，不然改变了原意。

2) 删除

对课题中具有以下特征的词语进行删除：

(1) 虚词，如介词、连词、副词等；

(2) 使用频率较低的词；

(3) 专指性太高或过于宽泛的词；

(4) 过于具体的限定词、禁用词；

(5) 不能表达课题实质的高频词；

(6) 存在蕴含关系可以合并的词等。

3) 补充

通过深入分析课题，用搜索引擎、主题词表、数据库功能等，挖掘课题中的潜在概念和相关概念，补充检索词。

4) 替换

对表达不清晰或容易造成检索误差的词予以替换。如“绿色包装”中的“绿色”应替换成“环保”“可降解”等表达明确、不易造成混淆的词。

【案例 2.5.1】 选择检索词。

选择课题“航空航天发动机的设计与制造研究”的检索词。

步骤 1：切分。课题名称切分：航空、航天、发动机、的、设计、与、制造、研究。

步骤 2：删除。删除虚词“的”“与”，删除不能表达课题实质的高频词“设计”“制造”“研究”，得到三个检索词：航空、航天、发动机。

步骤 3：补充。了解本课题相关知识，经查百度：航天航空发动机是一种高度复杂和精密的热力机械，作为飞机的心脏，是飞行器的动力系统，等等。可以将了解的要点输入万方数据库“推荐检索词”对话框中，利用数据库推荐功能帮我们提取检索词。但是，也不能过分依靠这些辅助工具，需要结合课题认真分析。经过分析：航空航天潜在概念有飞行器，发动机的潜在概念有推进器、推进系统。

经过补充，确定本课题检索词：航空、航天、飞行器、发动机、推进器、推进系统等。

3. 构建检索式

检索式是表达检索词之间逻辑关系的表达式。构建检索式就是对检索词之间的概念关系进行分析，使用布尔逻辑算符等运算符连接检索词，编制检索系统能够识别的提问表达式。一般情况下，不同意义的检索词间用逻辑“与”连接，同一检索词的同义词、近义词间用逻辑“或”连接。构建检索式的准确与否，直接影响检索效果和检索质量。

如案例 2.5.1，构建的检索式为“（航空 OR 航天 OR 飞行器）AND（发动机 OR 推进器 OR 推进系统）”。

4. 选择检索系统

选择检索系统主要依据信息需求与检索系统的特点，不同的检索系统适用于不同的信息检索。检索系统种类繁多，各具特色。只有了解常用检索系统所涉及的学科主题、收录的时间范围、文献类型、检索方式、检索途径、支持的检索技术以及系统检索界面操作的友好性等各个方面，检索时才能准确选用。

如果是基于学术研究的信息检索，主要选择学术数据库和网络学术搜索引擎。

（1）数据库按信息处理层次分，有书目数据库、文摘索引数据库、全文数据库等。书目数据库，如馆藏书目 OPAC；文摘索引数据库，如三大检索系统 SCI、EI、CPCI 等；全文数据库，如 CNKI、Elsevier 等。

（2）数据库按收录文献类型分，有期刊论文数据库、图书书目及全文数据库、专利数据库、学位论文数据库等。期刊论文数据库，如中国知网、万方、维普、SD 等；图书书目及全文数据库，如超星数字图书馆、Springer 电子图书等；专利数据库，如万方专利数据库、德温特专利数据库等；学位论文数据库，如各高校图书馆自建的本校博硕士论文库、以收藏北美高校博硕士论文为主的 PQDT 等。

（3）数据库按收录学科范围分，有综合性数据库、学科专业类数据库等。综合性数据库，如 CNKI、万方、Web of Science、EI 等；学科专业类数据库，如经济类数据库国泰安数据库、EPS 数据库、机电类信息类数据库 IEL 等。

网络学术搜索引擎，目前用得多的是谷歌学术与百度学术。

如果是事实或数据型检索，更多地选择参考工具书和事实、数据型检索系统；如果是科技查新等对查全率要求很高的文献检索，需要结合使用综合性、专业性以及特种文献的检索系统；如果与新工艺、新技术相关，可选择使用专利文献检索系统、科技成果检索系统等。

总之，在课题分析的基础上，根据课题的特点、信息需求、检索目的，选择专业对口、覆盖范围广、更新及时、内容准确权威、检索功能完备的检索系统。必要时可选择多个检索系统，以取长补短达到最佳检索效果。

当然，还要考虑检索系统的使用权限、自己的熟悉程度和水平能力等，选择合适的检索系统。

5. 检索及调整策略

在检索系统中输入检索词或检索式，选择合适的检索方式、检索途径后，执行检索，如果检索结果满意，就完成检索。如果检索结果不满意，需要调整检索策略，重点是调整检索词、修改检索式，有的可能是信息需求没有真正了解，这就要从课题分析开始，重新按检索步骤进行。检索结果过多或过少的情况，都必须通过缩检或扩检的手段，以缩小或扩大检索范围，直到检索结果满意，输出检索结果。

6. 获取原文

若使用全文数据库检索，可直接浏览或下载原文。

若使用题录或文摘数据库检索，得到的是文献线索，就要找出识别原文类型的标识，依此查找原文。获取原文的方法有：

(1) 利用超星发现等一站式检索平台查找或下载原文；

(2) 网上订购或搜索网上免费原文；

(3) 联系出版社或作者获取；

(4) 委托图书馆进行文献传递。

以上 6 个步骤是一般的检索步骤。具体的检索步骤与检索需求有关。有特定的信息检索需求，检索结果比较专指，可能不需要 6 步就得出了结果。有的综合性检索，可能还需要在阅读原文的基础上撰写综述等，会多于 6 步。

2.5.2 检索效果

检索效果是指利用检索系统或检索工具进行检索时产生的有效结果。检索效果情况，直接反映检索系统的性能，也是检索人员对检索技能的掌握和应用的综合测定。检索效果包括检索的技术效果和经济效果。技术效果由检索系统完成其功能的能力确定，主要指系统的性能和质量。经济效果由完成这些功能的价值确定，主要指检索系统服务的成本和时间，是否在最短的时间内既省钱又省力，而获得最满意的信息服务。

检索效果的评价，目的是准确地了解检索系统的各种功能、特点及其使用方法，找出影响检索效果的各种因素，以便改进系统的性能，调整检索策略，提高检索系统的质量，更好地满足用户信息检索的需求。

1. 检索效果评价

评价检索效果的指标，主要包括质量、费用和时间三方面的标准。质量标准主要有查全率、查准率、漏检率、误检率等；费用标准主要是指用户为检索需求所投入的费用；时间标准是指花费的时间，包括检索准备时间、检索过程时间、获取文献时间等。

查全率和查准率是判定检索效果的两个主要评价指标。查全率是评判用户是否得到了所需要的信息的指标，查准率是评判用户得到的信息是否全面而准确的指标。

有关检索效果的相关检索信息，如表 2.5.1 所示。

表 2.5.1 有关检索效果的相关检索信息表

系统判定	用户判定		
	相关信息	非相关信息	总　计
已检出信息	a	b	$a+b$
未检出信息	c	d	$c+d$
总计	$a+c$	$b+d$	$a+b+c+d$

其中：

a 表示检出的相关信息量；

b 表示检出的非相关信息量，为误检的信息；

c 表示未检出的相关信息量，为漏检的信息；

d 表示未检出的非相关信息量。

1）查全率（recall ratio，简称 R）

（1）查全率是指检索出的相关信息量与系统中的相关信息总量之比。计算公式：

$$R=\frac{\text{检索出的相关信息量}}{\text{检索系统中相关信息总量}}\times 100\%=\frac{a}{a+c}\times 100\%$$

例如，要利用某个检索系统检索人工智能方面的文献，假设该系统共有人工智能方面的相关文献为 1000 篇，而只检索出来了 700 篇，那么查全率就是 70%。

（2）漏检率是指未检索出的相关信息量与检索系统中相关信息总量之比。漏检率和查全率是一对互逆的检索指标，即查全率＋漏检率＝1。其计算公式：

$$\text{漏检率}=\frac{\text{未检索出的相关信息量}}{\text{系统中的相关信息总量}}\times 100\%$$

2）查准率（precision ratio，简称 P）

（1）查准率是指检索出的相关信息量与检索出的信息总量之比。计算公式：

$$P=\frac{\text{检索出的相关信息量}}{\text{检索出的信息总量}}\times 100\%=\frac{a}{a+b}\times 100\%$$

例如，系统检索出的文献总量为 60 篇，经审查确定其中与人工智能相关的只有 30 篇，另外 30 篇不相关，那么，这次检索的查准率就等于 50%。

（2）误检率是指检索出的非相关信息量与检索出的信息总量之比。误检率和查准率也是一对互逆的检索指标，即查准率＋误检率＝1。其计算公式：

$$误检率=\frac{检索出的非相关信息量}{检索出的信息总量}\times 100\%$$

用以上公式计算出的相关指标只是相对的，因为一个检索系统中共有多少相关信息难以精确统计。

3）查全率与查准率的关系

查全率是衡量系统检索出与课题相关信息的能力，查准率是衡量系统拒绝非相关信息的能力，两者结合起来，即表示信息系统的检索效率。对于检索而言，最理想的检索效果是查全率和查准率均为100％，但在具体的实践中很难做到。因为，查全率和查准率存在互逆关系：要提高查全率，就要扩展检索条件使检索出的相关信息量增加，但同时也导致检索出的信息中不相关信息量增加，使得查准率降低；同样，要提高查准率，就要增加检索限定条件，又使得查全率降低。因此，在检索实际中，要结合具体的信息需求，合理调节两者的关系，使两者达到相对的最佳状态。

2. 检索效果优化

1）影响检索效果的因素

影响检索效果的因素是多方面的，主要有检索系统的功能和检索人员的水平两方面。

（1）检索系统的功能方面，包括：

① 收录的文献信息不全或收录内容不适合信息需求；

② 标引不深或前后标引不一致，词间关系不准确，同一主题文献分散；

③ 词表结构不完善，索引词缺乏控制和专指性，不能准确表达文献信息主题；

④ 检索途径不完善，相关信息的检出受到限制；

⑤ 检索结果输出格式不理想，界面不友好，操作困难等。

（2）检索人员的水平方面，包括：

① 对检索系统了解不多，不能正确地选择合适的检索系统；

② 对检索知识掌握不够，不能准确地表达检索需求，不能选择合适的检索词；

③ 检索经验不足，不能灵活运用各种检索方式和检索途径；

④ 检索技能不高，不能制订科学合理的检索策略等。

2）检索效果的优化策略

检索效果的优化需要从检索系统、检索人员、检索策略等方面进行改进。

（1）选择合适的检索系统。了解检索系统收录信息的范围、信息量、信息类型及更新周期等，选择与信息检索需求相匹配的检索系统；系统词表体系完善，标引准确；著录详细精准，索引完备；操作界面友好，功能完善等。

（2）提高检索人员的信息素养。信息检索要靠人的大脑进行判断、选择、制订和优化检索策略，检索人员的水平能力、工作经验及检索技能等与检索效果密切相关。因此，检索人员需要加强学习和实践，提高自身信息素养，准确地表达检索要求，选择合适的检索系统，制订合理的检索策略，灵活运用各种检索方法和检索途径。

（3）制订优化的检索策略。尽量准确地表达检索要求，合理调整查全率和查准率。由于查全率和查准率是互逆的，所以，需要根据课题的具体要求来合理调整两者的比例关系。

如需了解某项研究的概况则要求查全率高，如需了解某项研究的最新进展则要求有较高的查准率。

① 提高查全率的方法。提高检索词的泛指度，使用上位词和相关词，多选同义词、近义词，多用截词符；少用逻辑“与”、逻辑“非”算符，多用逻辑“或”算符；取消某些限制符；在多字段或全文中检索；采用分类检索、模糊检索等。

② 提高查准率的方法。提高检索词的专指度，使用下位词及专指性较强的自由词，减少同义词、近义词；少用截词符；多用逻辑“与”、逻辑“非”算符，少用逻辑“或”算符；多用限制符或限制字段；用文献的外部特征限制检索；用二次检索、精炼检索、精确检索、限制检索、短语检索等。

思考与练习题

1. 通过检索，说明信息检索的类型：

(1) 在万方数据库中检索近五年信息素养类的学位论文；

(2) 在 EPS 数据平台查找 2018—2021 年武汉市高校在校学生数最多的是哪一年；

(3) 查找 ADAS 的含义。

2. 指出检索语言的类型：

(1)《中国机械工程》；

(2) 近十年我国研究生信息素养教育研究进展；

(3) 华为技术有限公司(某项专利所有者)；

(4) J524.3(选自《中图法》)；

(5) GB/T 7714—2015；

(6) 冰雪运动。

3. 用下列检索词检索，分别选择什么检索途径？

(1) 袁隆平(发表论文的人)；

(2)《信息检索》(黄如花主编图书)；

(3) H319.4(选自《中图法》)；

(4) 人工智能。

4. 在 EI 叙词表中查找“大数据”的相关主题词。

5. 用顺查法检索“网络文化”，了解其发展历史；用抽查法检索“人工智能”，了解其研究高峰；用倒查法检索“区块链技术”，了解其最新研究成果。

6. 编写布尔逻辑检索式：

(1) 大学生或研究生信息素养教育；

(2) 中南地区武汉市以外的省会城市中考或高考研究。

7. 编写截词检索式：

(1) construct、constructor、construction、constructive、reconstruct；

(2) 20 世纪 80 年代。

8. 在数据库检索：清华大学发表网络安全研究的论文。

9. 在搜索引擎中检索：标题含有“冰雪运动”的文献。

10. 在中国知网检索：摘要中出现“智慧城市”9 次以上的文献。

11. 选择检索词：

(1) 传统文化对我国工业设计的影响；

(2) 企业社会责任对消费者购买行为的影响；

(3) Transformer 在命名实体识别中的应用；

(4) 量子计算在安全多方计算中的应用；

(5) 基于数据驱动的滚动轴承寿命预测；

(6) 数字金融对中小企业融资的影响探究；

(7) SLAM 技术在机器人中的应用；

(8) 机器视觉技术在缺陷检测领域的应用；

(9) 基于 ROS 平台的 slam 智能小车设计；

(10) 工业机器人在智能制造中的应用。

12. 用习题 11 的检索词编写检索式并检索。

13. 某个检索系统有 10 000 篇文献，从中检索“智慧城市”方面的文献，输出检索结果 1300 篇。经分析评估，发现该系统共有“智慧城市”相关文献 1200 篇，检出的文献中“智慧城市”相关文献有 780 篇，计算查全率、查准率、漏检率、误检率。

第3章 馆藏目录检索

本章目标：

1. 了解馆藏目录检索系统的主要功能；
2. 掌握馆藏目录检索系统的书目检索方法；
3. 利用馆藏目录检索系统来解决具体问题。

3.1 概　　述

3.1.1 馆藏资源

1. 含义

图书馆馆藏资源，简称“馆藏”或“藏书”，指图书馆所收藏的各种文献的总称，是根据本馆的方针、任务和读者的信息需求，经过系统的选择、收集和加工、整序、组织及长期积累而形成的，具有不同学科内容、不同水平及多种信息载体形态的，便于读者检索利用的综合体系，是图书馆开展读者服务的基础。现代图书馆的馆藏，包括采用各种形式、各种渠道和各种方法，为读者搜集和提供的各种载体的文献信息资源。

2. 分类

从文献存在的形态上来说，馆藏资源是馆藏实体资源与网络虚拟资源、馆藏印刷型资源与电子型资源共存一体的多维资源；从文献类型上来说，馆藏资源包括图书、连续出版物、学位论文、会议文献、科技报告、专利文献、标准文献、政府出版物、产品资料、技术档案等；从文献载体形式划分，馆藏资源包括印刷型文献资源、缩微型文献资源、视听型（声像型）文献资源、机读型文献资源；从文献的加工程度上来划分，馆藏资源包括零次文献、一次文献、二次文献、三次文献。

馆藏实体资源，是指本馆在物理上所拥有的印刷文献资源、声像资料、缩微资料、光盘文献，以及装载在本馆服务器和存储设备上的各类文献数据库资源。

馆藏网络虚拟资源，是指本馆不具有所有权，但拥有使用权，即借助计算机系统、通信网络所使用的本馆以外的电子信息资源。

3.1.2 藏书整序

1. 含义

图书馆的文献资源浩如烟海，需要进行科学的整序后，才能便于利用和管理。

图书馆对藏书的整序是依据图书分类法进行的。图书分类，就是按照图书内容的学科属性及其他特征，将图书分门别类地、系统地进行组织的一种手段。它的主要特点是按学科、专业属性集中图书，并且从知识分类的角度揭示各种图书在内容上的区别和联系，提供从学科分类查找图书的途径。我国最常用的图书分类法是《中图法》。

2. 作用

图书分类工作是图书馆的一项重要基础业务工作。分类工作人员根据图书馆采用的分类法，对新采购的图书进行分析、归类、给分类号、配书次号、著录、加工，最后把图书典藏分流到各个书库提供给读者使用。分类工作主要作用在于组织分类排架、编制分类编目数据。

分类排架是将藏书按照图书分类法的组织体系进行排列的方法。它的最大优点是能将内容相同的书排在同一个书架上，内容相近的图书也能集中在相邻的书架上，这对于读者直接利用图书资料和图书馆的工作人员管理来说是比较方便的。尤其是开架书库中，读者可亲自在书架中查找自己所需要的书，甚至可以选择更适合自己的图书，这样读者不仅可以得其所需，而且可以扩大视野，了解各学科类目中有哪些图书。

图书馆的藏书，是按索书号(分类号＋书次号)排架的，即先按分类号排序，分类号相同再按书次号排序。图书馆通常把藏书的索书号贴在书脊的下方，如某种藏书的索书号为G254.97/118，其中，G254.97为分类号，118为种次号。种次号是书次号的其中一种，是按分到同一个分类号下的不同品种图书到馆先后顺序排序的，用阿拉伯数字表示。

3.1.3 馆藏目录

1. 含义

图书馆馆藏目录，是揭示、识别、检索图书馆入藏文献的工具。馆藏文献中，每一种文献都有各自的外部特征和内容特征，馆藏目录一般都是按照文献的特征进行加工整理而成的，如按文献外部特征形成的题名目录、责任者目录等，按文献内容特征形成的分类目录、主题目录等。馆藏目录具有揭示文献特征，提供识别文献的依据，指引检索文献的途径，并标识文献的馆藏信息的功能。

馆藏目录是宣传馆藏资源、指导阅读和利用馆藏的工具，读者学会利用图书馆的馆藏目录，是了解图书馆的藏书情况，也是方便、快捷地查找所需文献信息资源的重要手段。

2. 分类

馆藏目录的类型，可以从不同角度进行区分。

(1) 按目录的使用对象，分为读者目录和公务目录。读者目录又称公共目录，是专供读者使用的目录；公务目录又称工作目录，是专为图书馆员在工作中查询的目录。

(2) 按目录的组织方法，分为字顺目录和分类目录。字顺目录又分题名目录、责任者目录、主题目录等，题名目录又称书名目录，是将文献信息资源的题名(书名、刊名等)按字顺排列组织整理形成的目录；责任者目录又称为著者目录，是按文献责任者(著者、编者、辑者、译者、校订者、注释者、绘图者等；包括个人、机关团体或会议等)的姓名或名称字顺组织起来的目录；主题目录是按文献的主题字顺组织起来的目录，主题目录可以集中从不同学科角度来研究同一问题的文献。分类目录是按照文献的分类体系组织起来的目录,方便读者按类索书,全面检索某一知识门类的文献。

(3) 按目录的物质载体,分为卡片式目录、书本式目录、活页目录、缩微目录、机读目录。卡片式目录,是将文献的各种特征记录在卡片上并按一定规则组织而成的目录,起源于19世纪60年代,20世纪80年代开始被其他目录形式代替;缩微目录,一般指用照相的方法,将图书馆目录的内容缩小拍摄在缩微胶卷或缩微平片上,利用阅读机阅读的目录;机读目录(machine-readable catalogue,MARC),是以编码形式和特定的结构记录在计算机存储载体上,可以由计算机自动控制、处理和编辑输出的目录。

(4) 按目录反映的藏书范围,分为总目录、部门目录、特藏目录、联合目录。总目录,反映图书馆全部馆藏或某种文献全部馆藏的目录;部门目录,反映局部藏书的目录,如阅览室目录、分馆目录等;特藏目录,是在整个馆藏中具有特殊价值而单独保管的文献的目录;联合目录,是以综合性或专题性的形式,揭示若干图书馆的全部或部分馆藏的一种大型检索工具,它是通过馆际协作的方式编制而成的。

(5) 按目录反映的文献类型,分为图书目录、期刊目录、报纸目录、地图目录、视听资料目录等。

(6) 按目录的语言文字,分为中文目录、西文目录、俄文目录、日文目录等。

3.1.4 OPAC

1. 含义

联机公共查询目录(online public access catalogue,OPAC)是用计算机终端或任何一台可以访问互联网的计算机进行馆藏资源查询的系统。主要用于查询馆藏目录和读者个人借阅信息。通过各个图书馆或联合图书馆的OPAC系统,可以查询每个图书馆的藏书,是资源共享的有效途径。

OPAC于20世纪70年代初起源于美国大学和公共图书馆,通过联机查找提供馆藏文献资源线索的检索工具,属于书目数据库。OPAC早期局限于局域网,后来发展到互联网,现在是互联网与移动互联网并存阶段,而且,OPAC只是图书馆综合管理平台的一种功能。

2. 作用

OPAC的数据源自馆藏,包括实体的和虚拟的馆藏资源,形式多样,包括图书、连续出版物、特种文献、缩微品、视听资料、电子出版物等所有馆藏文献资源的目录。OPAC功能齐全,界面友好,操作简便,既能满足新手的简单操作,又能满足熟练者的高效要求。

OPAC的合理使用是减少书目检索时间的一条重要途径。用户随时可通过浏览器访问和查询世界各地的大学图书馆、公共图书馆、专业图书馆的馆藏资源,完全突破了以往利用图书馆的时空限制,有利于图书馆拓展读者信息服务。

下面分别介绍几种有代表性的馆藏目录检索系统。

3.2 汇文 OPAC 系统

3.2.1 主要功能

江苏汇文软件有限公司的汇文 OPAC 系统，自 1999 年起在全国范围推广，目前已有国内 900 多家知名高校和公共图书馆选用。

汇文 OPAC 系统具有书目检索、热门推荐、分类浏览、新书通报、期刊导航、读者荐购、学科参考、信息发布、我的图书馆等功能。主界面如图 3.2.1 所示。

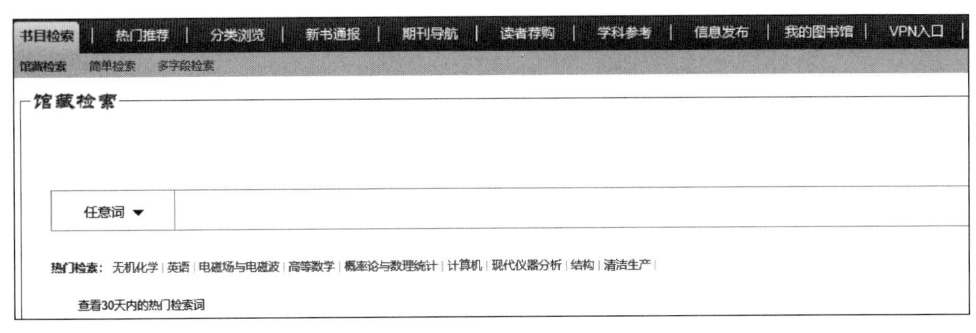

图 3.2.1 汇文 OPAC 系统主界面

1. 书目检索

1）馆藏检索

（1）普通检索。馆藏检索的普通检索字段有任意词、题名、责任者、主题词、ISBN、分类号、索书号、出版社、丛书名等，如图 3.2.2 所示。

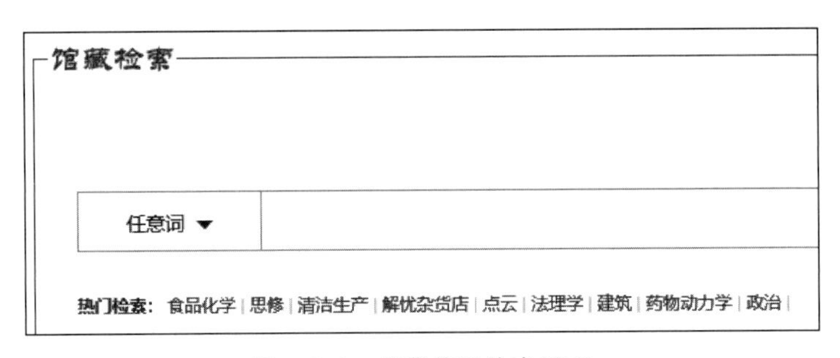

图 3.2.2 馆藏普通检索界面

（2）高级检索。馆藏检索的高级检索字段有任意词、题名、责任者、主题词、ISBN、分类号、索书号、出版社、丛书名等，可以增删字段，进行逻辑组配和设置限制检索条件，如图 3.2.3 所示。

2）馆藏书目简单检索

馆藏书目简单检索的检索字段有题名、责任者、主题词、ISBN/ISSN、订购号、分类号、索书号、出版社、丛书名、题名拼音、责任者拼音等，可设置限制检索条件，如图 3.2.4 所示。

图 3.2.3　馆藏高级检索界面

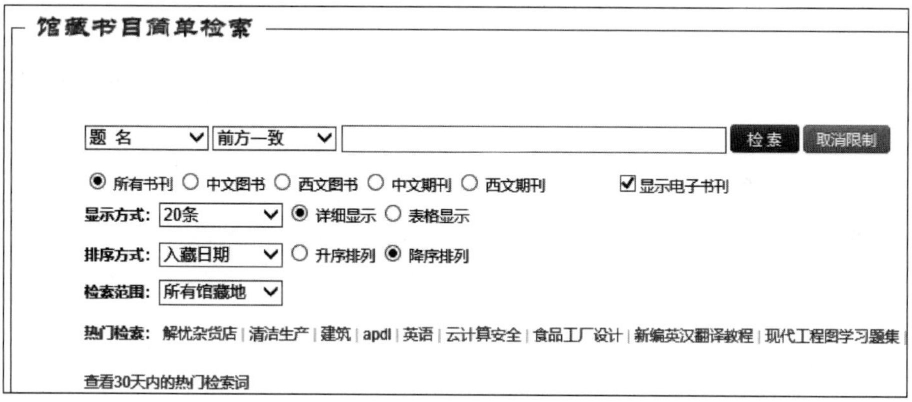

图 3.2.4　馆藏书目简单检索界面

3）馆藏书目多字段检索

馆藏书目多字段检索，可进行题名、出版社、责任者、ISBN/ISSN、丛书名、索书号、主题词、起始年代、文献类型、语种类别、每页显示、结果显示、结果排序、馆藏地等多字段组配和限制检索，如图 3.2.5 所示。

2. 热门推荐

热门推荐包括热门借阅、热门评分、热门收藏、热门图书、借阅关系图等。热门信息分别提供了总体排行和分类排行的前 100 名，可了解相关热门信息。如热门借阅，如图 3.2.6 所示。

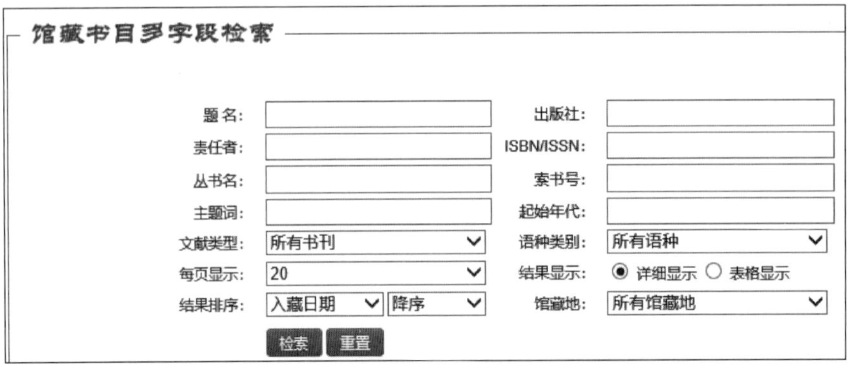

馆藏书目多字段检索

题名:		出版社:	
责任者:		ISBN/ISSN:	
丛书名:		索书号:	
主题词:		起始年代:	
文献类型:	所有书刊	语种类别:	所有语种
每页显示:	20	结果显示:	详细显示 表格显示
结果排序:	入藏日期 降序	馆藏地:	所有馆藏地

检索 重置

图 3.2.5 馆藏书目多字段检索界面

热门借阅 热门评分 热门收藏 热门图书 借阅关系图

热门借阅

统计范围: 1 个月 统计方式: 借阅次数 分类: 总体排行

A 马列主义、毛泽东思想、邓小平理论 B 哲学、宗教 C 社会科学总论
D 政治、法律 E 军事 F 经济
G 文化、科学、教育、体育 H 语言、文字 I 文学
J 艺术 K 历史、地理 N 自然科学总论
O 数理科学与化学 P 天文学、地球科学 Q 生物科学
R 医药、卫生 S 农业科学 T 工业技术
U 交通运输 V 航空、航天 X 环境科学,安全科学
Z 综合性图书 总体排行

	题名	责任者	出版信息	索书号	馆藏	借阅册次	借阅比
1	银河帝国	阿西莫夫著	江苏文艺出版社 2012	I712.45/1253	14	14	1
2	明朝那些事儿	当年明月著	中国友谊出版公司 2006	K248.09/5	40	9	0.23
3	魔戒	(英) 托尔金著	译林出版社 2009	I561.45/308	6	8	1.33
4	唐诗鉴赏辞典	俞平伯 ... 等撰写	上海辞书出版社 2017	I207.227.42-61/5	4	7	1.75
5	外国文学史	主编聂珍钊	华中师范大学出版社 2010	I109/57	8	6	0.75

图 3.2.6 热门借阅界面

3. 分类浏览

分类浏览是按《中图法》的分类来浏览馆藏文献,如图 3.2.7 所示。

4. 新书通报

新书通报是按《中图法》的分类来通报最近一天至半年入藏的各类文献,如图 3.2.8 所示。

5. 读者荐购

读者荐购包括荐购历史、读者荐购、新书目录推荐等。荐购历史可查看荐购情况,读者荐购是登录我的图书馆后可输入图书信息荐购,新书目录推荐可从新书目录中选择图书进行荐购。如荐购历史,如图 3.2.9 所示。

图 3.2.7 分类浏览界面

图 3.2.8 新书通报界面

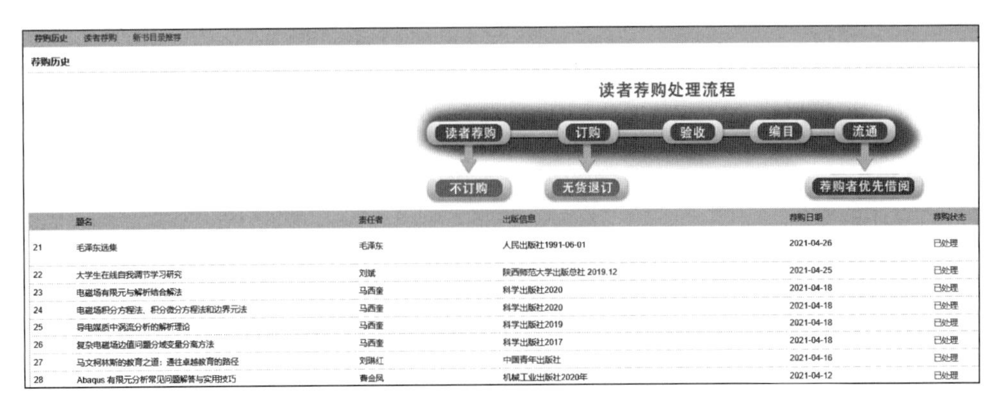

	题名	责任者	出版信息	荐购日期	荐购状态
21	毛泽东选集	毛泽东	人民出版社1991-06-01	2021-04-26	已处理
22	大学生在线自我调节学习研究	刘斌	陕西师范大学出版总社 2019.12	2021-04-25	已处理
23	电磁场有限元与解析结合解法	马西奎	科学出版社2020	2021-04-18	已处理
24	电磁场积分方程法、积分微分方程法和边界元法	马西奎	科学出版社2020	2021-04-18	已处理
25	导电媒质中涡流分析的解析理论	马西奎	科学出版社2019	2021-04-18	已处理
26	复杂电磁场边值问题分域变量分离方法	马西奎	科学出版社2017	2021-04-18	已处理
27	马文柯林斯的教育之道：通往卓越教育的路径	刘琳红	中国青年出版社	2021-04-16	已处理
28	Abaqus 有限元分析常见问题解答与实用技巧	曹金凤	机械工业出版社2020年	2021-04-12	已处理

图 3.2.9　读者荐购历史界面

6. 我的图书馆

我的图书馆通过身份认证进入，可以提供读者的证件信息、当前借阅、借阅历史、荐购历史、预约信息、委托信息、我的书架、书刊遗失、读者挂失、账目清单、违章缴款、我的书评、检索历史等。在我的首页还提供了借阅分类、借阅时间、借阅趋势等维度的可视化分析，如图 3.2.10 所示。

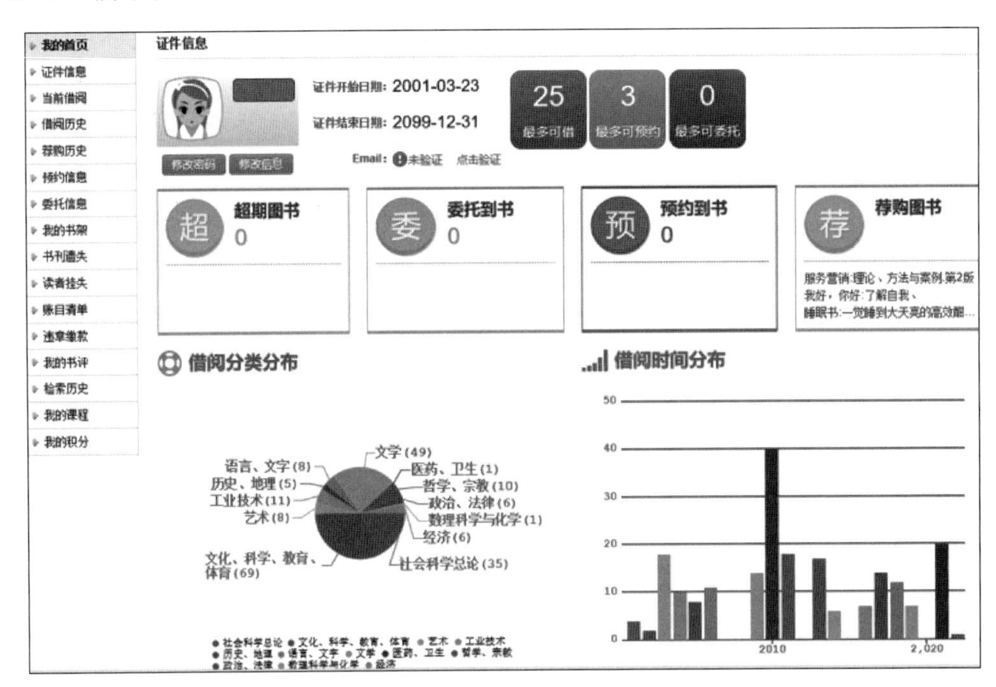

图 3.2.10　我的图书馆界面

7. 期刊导航

期刊导航包括刊名拼音导航、西文字母导航、期刊学科导航、年度订购期刊等。

8. 学科参考

学科参考包括课程参考书、公共书架、学科导航。课程参考书可以检索查看相应院系、课程、教师下的课程参考书并进行关注课程，关注后在我的图书馆下的我的课程可以查看到关注的课程书。公共书架用于显示图书馆的特色图书。学科导航可查看某个学科下的书刊几年内借阅排行前 100 的图书。

9. 信息发布

信息发布功能可发布预约到书、委托到书、超期欠款、超期催还等信息。

10. 预约、续借

读者通过馆藏检索到某种图书均外借出馆，则可以进行预约图书，单击“读者预约”按钮，即可办理预约手续，待有读者归还后到图书馆办理借阅手续即可。

如果读者所借图书已临近归还日期，则可以通过单击“我的图书馆”，进入“当前借阅”中，单击“续借”按钮，即可办理续借手续。

3.2.2 检索案例

【案例 3.2.1】 在汇文 OPAC 系统中查找图书信息。

有位毕业生参加求职考试需要参考以游戏程序设计为主题的图书《用户体验：筑梦之路・上善若水》，请检索这本书的出版情况和湖北工业大学图书馆收藏情况。

1. 分析信息需求，选择检索系统

登录湖北工业大学图书馆网站 https://lib.hbut.edu.cn/，进入书目检索系统。

2. 选择检索方式和确定检索途径

(1) 方式一：选择馆藏检索的普通检索，选择题名字段输入检索词“用户体验”，如图 3.2.11 所示。

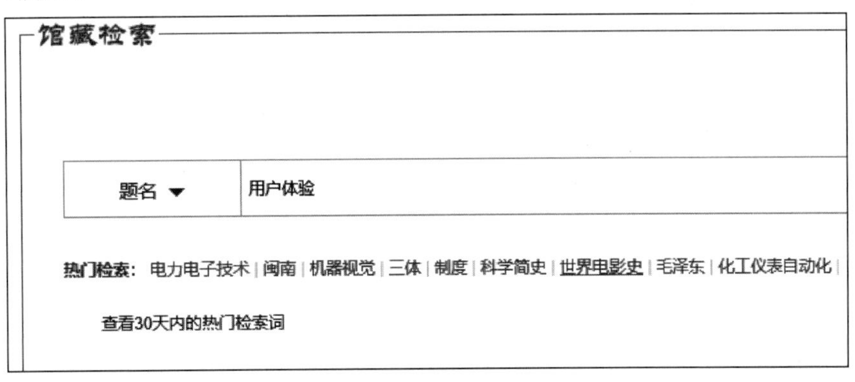

图 3.2.11 在普通检索中输入检索词

(2) 方式二：选择馆藏书目简单检索，在题名字段中输入检索词“用户体验”，如图 3.2.12 所示。

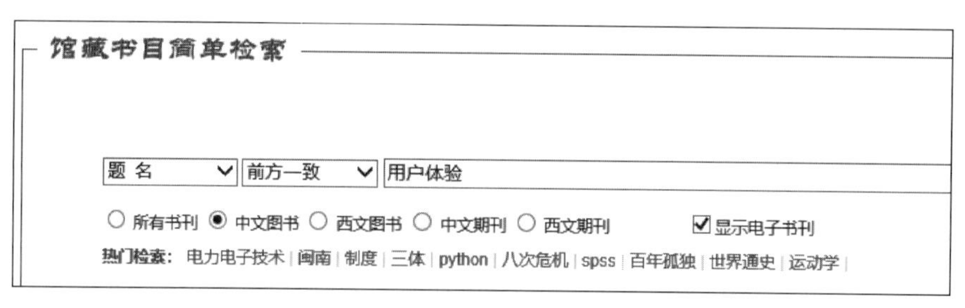

图 3.2.12　在简单检索中输入检索词

3. 实施检索，显示检索结果

经过检索，结果较多，在主题词字段输入检索词“游戏程序”，进行二次检索或者在结果中检索。结果显示，这本书是清华大学出版社 2020 年出版的，湖北工业大学图书馆参考阅览室收藏有 1 本，可以前往阅览，如图 3.2.13 所示。

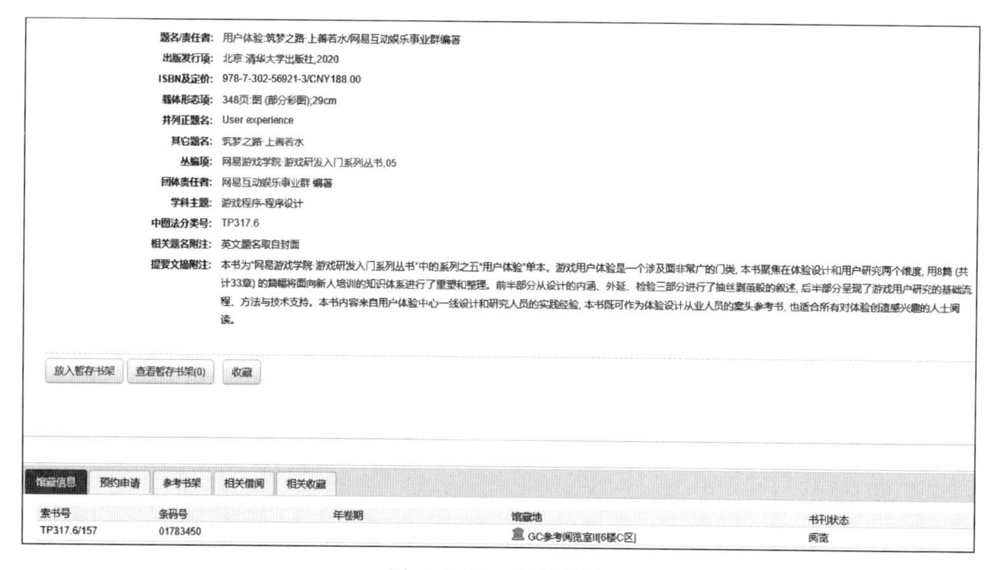

图 3.2.13　检索结果

【案例 3.2.2】　在汇文 OPAC 系统中查找图书馆藏信息。

查找湖北工业大学图书馆收藏有刘慈欣《三体》哪些版本？在哪个库室？可借否？

1. 分析信息需求，选择检索系统

登录湖北工业大学图书馆网站 https://lib.hbut.edu.cn/，进入书目检索系统。

2. 选择检索方式和确定检索途径

(1) 方式一：选择馆藏检索的高级检索，选择题名字段输入检索词“三体”，选择责任者字段输入检索词“刘慈欣”，选择逻辑组配 AND，如图 3.2.14 所示。

高级检索

题名 三体

AND OR 责任者 刘慈欣 + -

检索 清除内容

扩展与限制条件

文献类型: 所有书刊

语种: 所有语种

排序: 相关度 降序排列 升序排列

图 3.2.14 在高级检索中输入检索词

(2) 方式二：选择馆藏书目多字段检索，在题名字段中输入检索词“三体”，在责任者字段中输入检索词“刘慈欣”，如图 3.2.15 所示。

图 3.2.15 在多字段检索中输入检索词

3. 实施检索，显示检索结果

经过检索，湖北工业大学图书馆收藏刘慈欣《三体》有三个版本：重庆出版社 2008 年版，重庆出版社 2016 年典藏版，重庆出版社 2017 年纪念版，收藏地点均在文学馆，如图 3.2.16 所示。

重庆出版社 2008 年版有 1 本可借，重庆出版社 2016 年典藏版有 3 本可借，如图 3.2.17 所示。

【案例 3.2.3】 在汇文 OPAC 系统中查询读者借阅信息。

查询湖北工业大学读者个人借阅信息，若有临近超期的图书请办理网上续借手续。

1. 分析信息需求，选择检索系统

登录湖北工业大学图书馆网站 https://lib.hbut.edu.cn/，进入书目检索系统。

2. 登录“我的图书馆”

输入用户名、密码和验证码，如图 3.2.18 所示。

图 3.2.16　检索结果 1

检索到 2 条 题名=三体 责任者=刘慈欣 索书号=I 的结果

题 名　在结果中检索　重新检索

所有图书　可借图书

按照：入藏日期　降序　排列

1.三体:典藏版 I247.55/82
刘慈欣著
重庆出版社 2016
(3) 馆藏

中文图书
馆藏复本：6
可借复本：3

索书号	条码号	年卷期	馆藏地	书刊状态
I247.55/82	01621542	-	GC文学馆(人文社科V区)[5楼D区]	可借
I247.55/82	01621543	-	GC文学馆(人文社科V区)[5楼D区]	可借
I247.55/82	01621534	Ⅲ -	GC文学馆(人文社科V区)[5楼D区]	可借
I247.55/82	01621535	Ⅲ -	GC文学馆(人文社科V区)[5楼D区]	借出-应还日期：2021-12-12
I247.55/82	01621540	Ⅱ -	GC文学馆(人文社科V区)[5楼D区]	借出-应还日期：2021-11-20
I247.55/82	01621541	Ⅱ -	GC文学馆(人文社科V区)[5楼D区]	借出-应还日期：2021-11-21

2.三体 I247.55/69
刘慈欣著
重庆出版社 2008
(4) 馆藏

中文图书
馆藏复本：6
可借复本：1

图 3.2.17　检索结果 2

登录我的图书馆

用户名：

密码：

验证码：输入4位验证码　OYQM

◉证件号 ○条码号 ○Email

登录　密码重置

图 3.2.18　登录我的图书馆

3．查询书刊借阅信息

进入我的图书馆后，单击“当前借阅”按钮，显示所借图书信息，如图 3.2.19 所示。

当前借阅

当前借阅(12) / 最大借阅(25)

条码号	题名/责任者	借阅日期	应还日期	续借量	馆藏地	附件	续借
01473509	midas Civil桥梁工程实例精解 / 主编钟宏林	2021-10-19	2022-03-04	0	GC建筑馆(自然科学II区)[3楼C区]	无	续借
01602387	桥梁工程计算机辅助设计:Midas/Civil教程 / 主编许立英	2021-10-19	2022-03-04	0	GC建筑馆(自然科学II区)[3楼C区]	无	续借
01666997	midas Civil桥梁荷载试验实例精析 / 王伟编著	2021-10-19	2022-03-04	0	GC建筑馆(自然科学II区)[3楼C区]	无	续借
01254907	苦难的历程.第5版 / (苏) 阿·托尔斯泰著	2021-12-06	2022-03-06	0	文学馆(人文社科V区)[5楼D区]	无	续借
01321088	安娜·卡列宁娜.第2版 / (俄) 列夫·托尔斯泰著	2021-12-06	2022-03-06	0	文学馆(人文社科V区)[5楼D区]	无	续借
01380977	自由的声音:影响美国的17个演讲 / 李妍编译	2021-12-06	2022-03-06	0	语言馆(人文社科IV区)[5楼C区]	无	续借
01391235	希腊神话和传说 / (德) 古斯塔夫·斯威布著	2021-12-06	2022-03-06	0	文学馆(人文社科V区)[5楼D区]	无	续借
01449883	冷月诗魂: 徐志摩:新月"盟主" / 风再扬编著	2021-12-06	2022-03-06	0	GC语言馆(人文社科IV区)[5楼C区]	无	续借
01584679	希腊罗马神话故事.第2版 / 刘连青编译	2021-12-06	2022-03-06	0	GC文学馆(人文社科V区)[5楼D区]	无	续借

图 3.2.19　书刊借阅信息

4. 办理续借手续

单击“续借”按钮，应还日期延长，则网上办理续借手续成功。

3.3　CALIS 联合目录公共检索系统

中国高等教育文献保障系统(China Academic Library & Information System，CALIS，网址：http://opac.calis.edu.cn/)联合目录是 CALIS 联机合作编目形成的联合目录数据库。CALIS 联合目录公共检索系统目前收录书目数据 800 多万条、规范数据约 180 万条、1300 多家成员单位约 5000 万条馆藏信息，涵盖印刷型图书和连续出版物、古籍、部分电子资源及其他非书资料等多种文献类型，覆盖中、英、日、俄、法、德、意、西、拉丁、韩、阿拉伯文等百余语种，书目内容囊括教育部普通高校全部 71 个二级学科，226 个三级学科(占全部 249 个三级学科的 90%以上)，数据标准和检索标准与国际标准兼容。

3.3.1　主要功能

CALIS 联合目录公共检索系统(以下简称 CALIS 联合目录)采用 Web 方式提供查询与浏览，主要有目录检索、古籍浏览、馆际互借等功能。

1. 目录检索

1) 简单检索

简单检索字段有全面检索、题名、责任者、主题、分类号、所有标准号码、ISBN、ISSN 等，如图 3.3.1 所示。

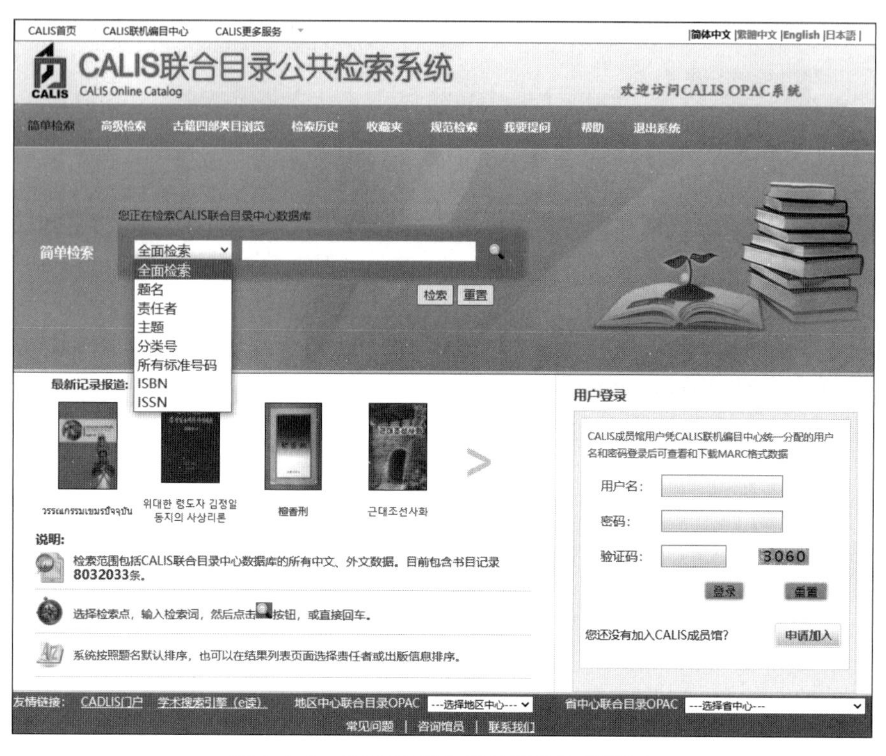

图 3.3.1　CALIS 联合目录简单检索界面

2）高级检索

高级检索字段有全面检索、题名、责任者、责任者模糊、主题、出版者、出版地、期刊题名、丛编题名、统一题名、个人责任者、团体责任者、会议名称、分类号、所有标准号码、ISBN、ISSN、ISRC 等，另有内容特征（包括全部、统计资料、字典词典、百科全书）、语种、出版时间、资源类型（包括普通图书、连续出版物、中文古籍、地图、乐谱、电子资源、视听资料）等限制检索，如图 3.3.2 所示。

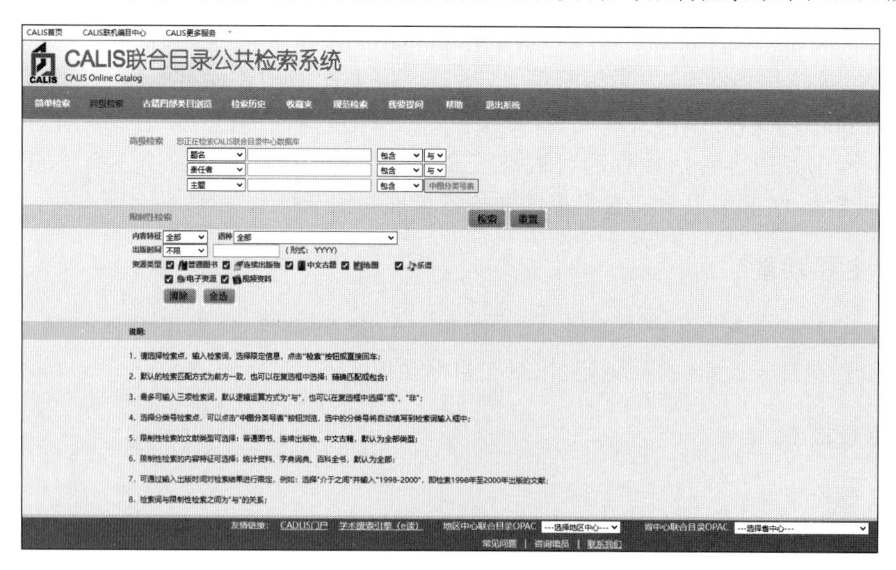

图 3.3.2　CALIS 联合目录高级检索界面

3）规范检索

CALIS 联合目录规范检索，目前可以检索/浏览个人名称、团体名称（包括会议）、统一题名（包括丛编题名）标目和规范记录信息，浏览西文名称/题名标目；有权限的用户可以下载多种格式的规范记录，如图 3.3.3 所示。

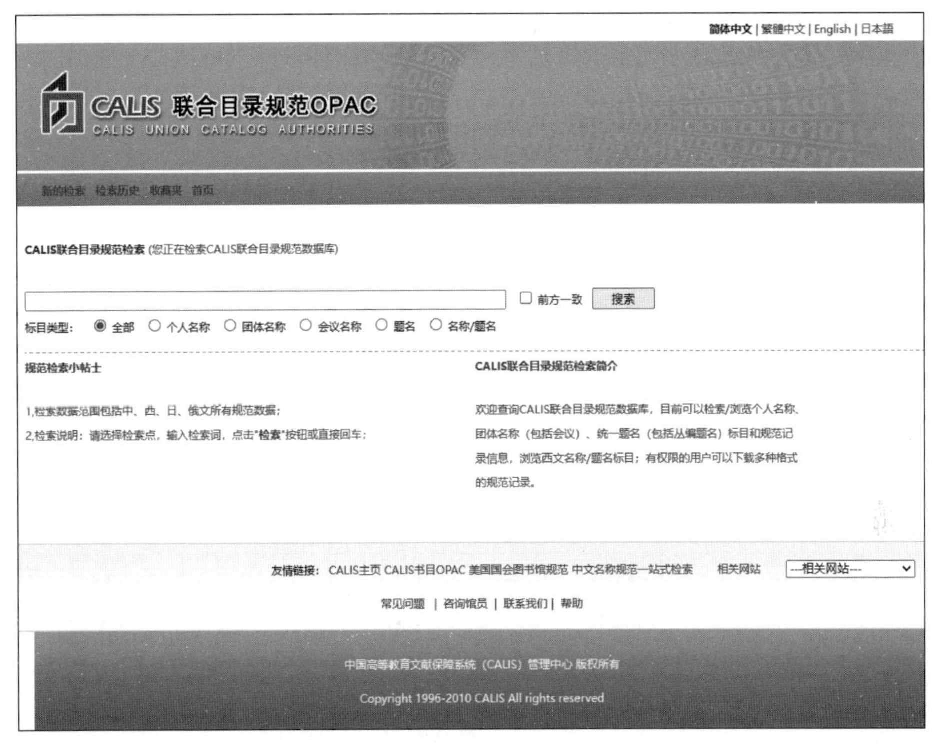

图 3.3.3　CALIS 联合目录规范检索界面

2. 古籍浏览

古籍四部类目浏览范围仅限 CALIS 联合目录中的古籍数据，目前共有 33 000 多条数据（经部 6000 多条、史部 9000 多条、子部 4000 多条、集部 14 000 多条），如图 3.3.4 所示。

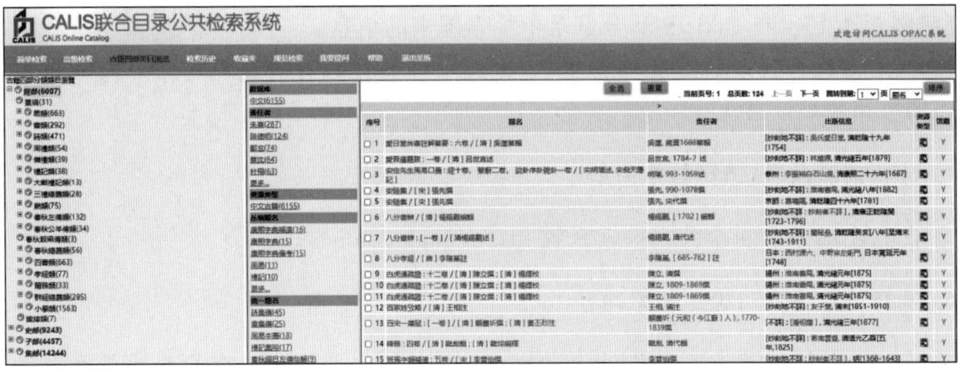

图 3.3.4　CALIS 联合目录古籍四部类目浏览界面

3. 馆际互借

所在馆为 CALIS 成员馆，可以向 CALIS 管理中心申请开通馆际互借云服务平台。申请馆际互借时，单击“请求馆际互借”按钮，将弹出“统一认证登录页面”，在相应的页面中选择要登录的高校，单击“去该馆登录”按钮，在新页面输入用户名和口令；对于直通车用户，直接输入用户名和口令。登录后进入申请信息页面，填写相应的信息后单击“提交”按钮即可发送馆际互借申请。如果所属馆没有安装 CALIS 馆际互借系统，无法实现系统之间的链接，可单击“发送 E-mail”按钮，采用 E-mail 方式向馆际互借员发出馆际互借申请，如图 3.3.5 所示。

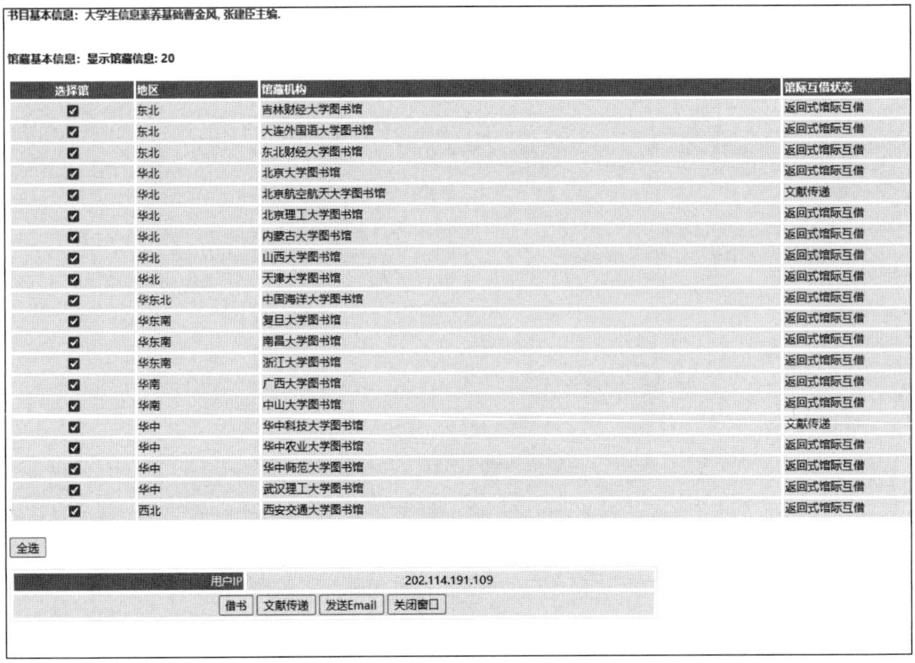

书目基本信息：大学生信息素养基础曹金风，张建臣主编.

馆藏基本信息：显示馆藏信息：20

选择馆	地区	馆藏机构	馆际互借状态
☑	东北	吉林财经大学图书馆	返回式馆际互借
☑	东北	大连外国语大学图书馆	返回式馆际互借
☑	东北	东北财经大学图书馆	返回式馆际互借
☑	华北	北京大学图书馆	返回式馆际互借
☑	华北	北京航空航天大学图书馆	文献传递
☑	华北	北京理工大学图书馆	返回式馆际互借
☑	华北	内蒙古大学图书馆	返回式馆际互借
☑	华北	山西大学图书馆	返回式馆际互借
☑	华北	天津大学图书馆	返回式馆际互借
☑	华东北	中国海洋大学图书馆	返回式馆际互借
☑	华东南	复旦大学图书馆	返回式馆际互借
☑	华东南	南昌大学图书馆	返回式馆际互借
☑	华东南	浙江大学图书馆	返回式馆际互借
☑	华南	广西大学图书馆	返回式馆际互借
☑	华南	中山大学图书馆	返回式馆际互借
☑	华中	华中科技大学图书馆	文献传递
☑	华中	华中农业大学图书馆	返回式馆际互借
☑	华中	华中师范大学图书馆	返回式馆际互借
☑	华中	武汉理工大学图书馆	返回式馆际互借
☑	西北	西安交通大学图书馆	返回式馆际互借

全选

用户IP 202.114.191.109

借书 文献传递 发送Email 关闭窗口

图 3.3.5 CALIS 馆际互借界面

3.3.2 检索案例

【案例 3.3.1】 在 CALIS 联合目录中检索图书的信息。

在 CALIS 联合目录中检索书名为“21 世纪中外文化教育的交流与融合发展”的图书，有哪些图书馆收藏该书？

1. 分析信息需求，选择检索系统

登录 CALIS 联合目录公共检索系统 http://opac.calis.edu.cn/。

2. 选择检索方式和确定检索途径

选择简单检索，在题名字段中输入检索词“21 世纪中外文化教育的交流与融合发展”，如图 3.3.6 所示。

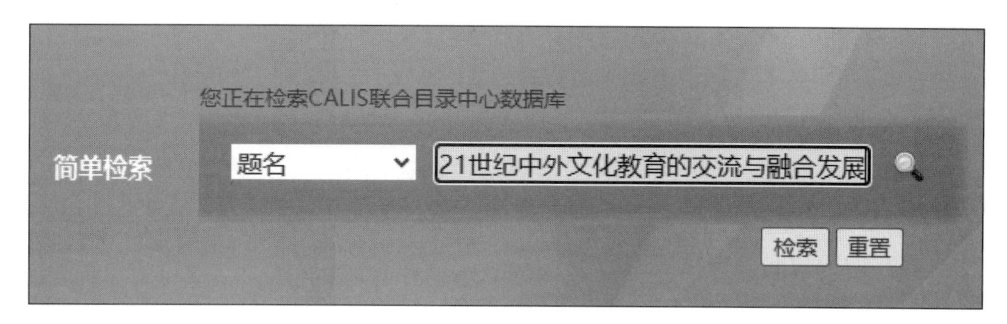

图 3.3.6　输入检索条件

3. 实施检索,显示检索结果

进行检索,选择资源类型为图书,检索结果如图 3.3.7 所示。

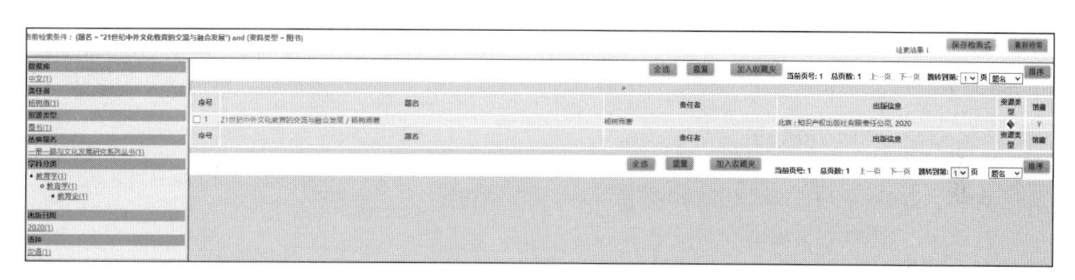

图 3.3.7　显示检索结果

单击“馆藏”中的 Y 按钮,显示收藏单位有大连外国语大学图书馆等 21 个图书馆,如图 3.3.8 所示。

书目基本信息: 21世纪中外文化教育的交流与融合发展杨树雨著.

馆藏基本信息: 显示馆藏信息: 21

选择馆	地区	馆藏机构	馆际互借状态
☑	东北	大连外国语大学图书馆	返回式馆际互借
☑	东北	延边大学图书馆	返回式馆际互借
☑	华北	北京大学图书馆	返回式馆际互借
☑	华北	北京师范大学图书馆	返回式馆际互借
☑	华北	南开大学图书馆	文献传递
☑	华北	清华大学图书馆	返回式馆际互借
☑	华北	天津大学图书馆	返回式馆际互借
☑	华东北	南京大学图书馆	返回式馆际互借
☑	华东北	山东大学图书馆	返回式馆际互借
☑	华东北	江苏师范大学图书馆	返回式馆际互借
☑	华东南	复旦大学图书馆	返回式馆际互借
☑	华东南	厦门大学图书馆	返回式馆际互借
☑	华东南	浙江大学图书馆	返回式馆际互借
☑	华南	广西大学图书馆	返回式馆际互借
☑	华南	华南师范大学图书馆	返回式馆际互借
☑	华南	暨南大学图书馆	返回式馆际互借
☑	华中	湖南理工学院图书馆	返回式馆际互借
☑	华中	华中科技大学图书馆	返回式馆际互借
☑	华中	华中师范大学图书馆	返回式馆际互借
☑	华中	武汉大学图书馆	返回式馆际互借
☑	东北	吉林外国语大学图书馆	返回式馆际互借

图 3.3.8　显示馆藏信息

【案例 3.3.2】 在 CALIS 联合目录中检索或浏览古籍信息。

在 CALIS 联合目录中查询朱熹章句集注、李日煜辑的《大学》的收藏单位。

1. 分析信息需求,选择检索系统

登录 CALIS 联合目录公共检索系统 http://opac.calis.edu.cn/。

2. 选择检索方式和确定检索途径

(1) 方式一:选择高级检索,在题名字段输入检索词“大学”、责任者字段输入检索词“朱熹”,逻辑组配选择“与”,资源类型选择“中文古籍”,如图 3.3.9 所示。

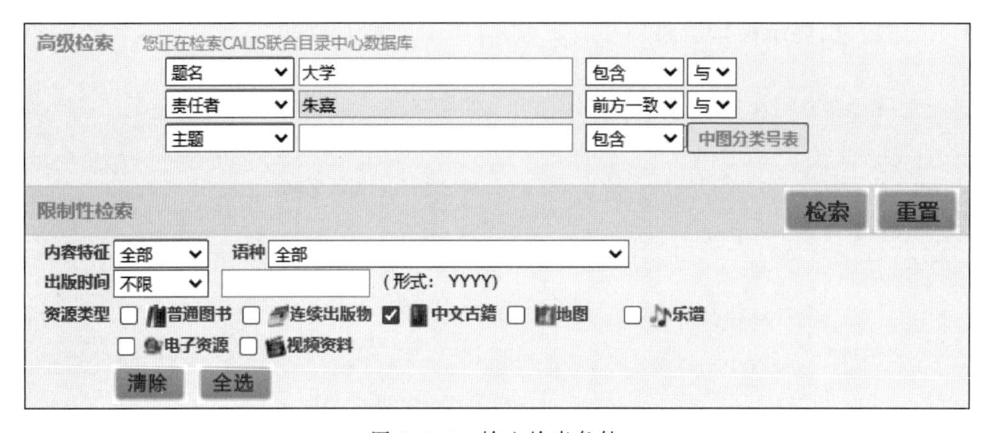

图 3.3.9 输入检索条件

(2) 方式二:通过古籍四部类目浏览。

3. 实施检索,显示检索结果

进行检索或浏览经部责任者朱熹下的书目,结果如图 3.3.10 所示。

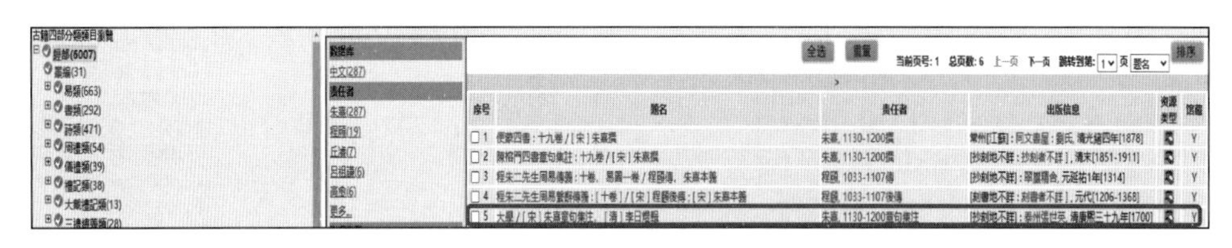

图 3.3.10 显示检索或浏览结果

单击“馆藏”中的 Y 按钮,显示收藏单位为北京大学图书馆,如图 3.3.11 所示。

书目基本信息: 大學朱熹章句集注.

馆藏基本信息: 显示馆藏信息: 1

选择馆	地区	馆藏机构
☐	华北	北京大学图书馆

图 3.3.11 显示馆藏信息

3.4　CASHL 开世览文

中国高校人文社会科学文献中心(China Academic Social Sciences and Humanities Library,CASHL,网址：http://www.cashl.edu.cn)是在教育部领导下,为我国哲学社会科学教学科研提供外文文献及相关信息服务的最终保障平台,其建设目标是“国家人文社会科学文献信息资源平台”。CASHL 人文社科类外文印本期刊近 6.2 万种,外文印本图书近 341.5 万种,大型特藏 246 种。CASHL 设置了 CASHL 资源、特色资源、文献服务、知识服务、我的 CASHL、馆员专栏和关于我们等栏目,可提供书刊、数据库检索和浏览、书刊馆际互借与原文传递、相关咨询等服务。主页如图 3.4.1 所示。

图 3.4.1　CASHL 主页

3.4.1　主要功能

3.4.2　检索案例

【案例 3.4.1】 在 CASHL 中检索图书信息。

在 CASHL 中检索书名为 Big Data Shocks: an Introduction to Big Data for Librarians and Information Professionals 的图书出版时间和收藏单位。

1. 分析信息需求,选择检索系统

登录 CASHL http://www.cashl.edu.cn。

2. 选择检索方式和确定检索途径

选择高级检索,在题名字段中输入检索词 Big Data Shocks: an Introduction to Big Data for Librarians and Information Professionals,文献类型选择图书,匹配类型为精确,如图 3.4.2 所示。

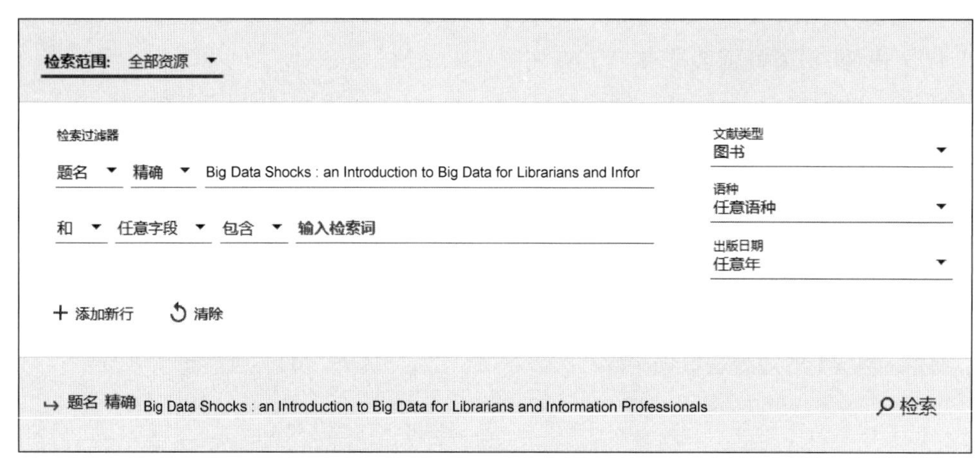

图 3.4.2　输入检索条件

3. 实施检索,显示检索结果

进行检索,检索结果如图 3.4.3 所示。

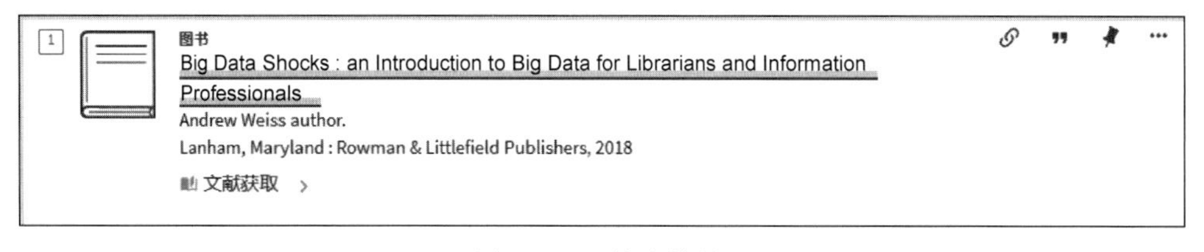

图 3.4.3　检索结果

单击“文献获取”按钮,可查看馆藏信息,有北京师范大学图书馆、华东师范大学图书馆、四川大学图书馆和武汉大学图书馆收藏该书,其出版时间为 2018 年,如图 3.4.4 所示。

【案例 3.4.2】 在 CASHL 中检索期刊信息。

在 CASHL 中检索期刊 Finite elements in analysis and design 的识别符。

1. 分析信息需求,选择检索系统

打开 http://www.cashl.edu.cn 登录 CASHL。

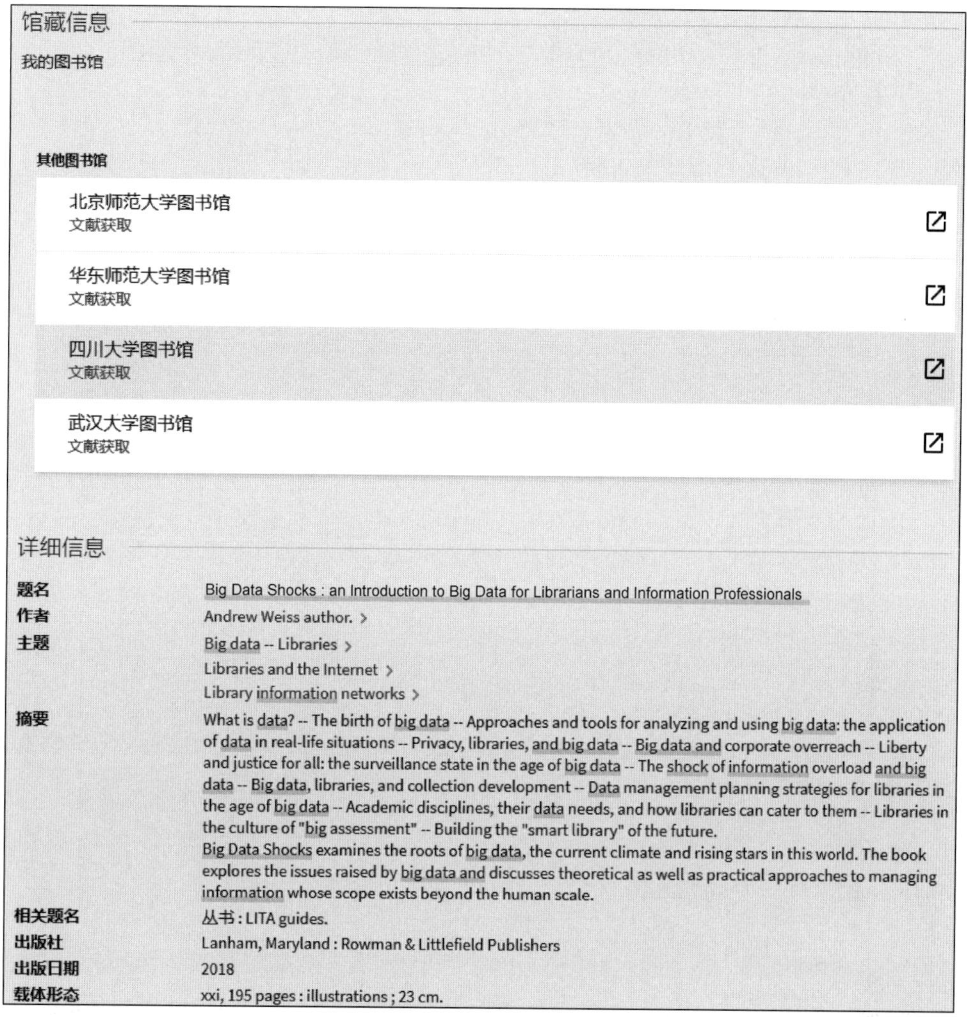

馆藏信息

我的图书馆

其他图书馆

北京师范大学图书馆
文献获取

华东师范大学图书馆
文献获取

四川大学图书馆
文献获取

武汉大学图书馆
文献获取

详细信息

题名	Big Data Shocks : an Introduction to Big Data for Librarians and Information Professionals
作者	Andrew Weiss author. >
主题	Big data -- Libraries > Libraries and the Internet > Library information networks >
摘要	What is data? -- The birth of big data -- Approaches and tools for analyzing and using big data: the application of data in real-life situations -- Privacy, libraries, and big data -- Big data and corporate overreach -- Liberty and justice for all: the surveillance state in the age of big data -- The shock of information overload and big data -- Big data, libraries, and collection development -- Data management planning strategies for libraries in the age of big data -- Academic disciplines, their data needs, and how libraries can cater to them -- Libraries in the culture of "big assessment" -- Building the "smart library" of the future. Big Data Shocks examines the roots of big data, the current climate and rising stars in this world. The book explores the issues raised by big data and discusses theoretical as well as practical approaches to managing information whose scope exists beyond the human scale.
相关题名	丛书 : LITA guides.
出版社	Lanham, Maryland : Rowman & Littlefield Publishers
出版日期	2018
载体形态	xxi, 195 pages : illustrations ; 23 cm.

图 3.4.4　馆藏和出版信息

2. 选择检索方式和确定检索途径

选择高级检索，在题名字段中输入检索词 Finite elements in analysis and design，文献类型选择期刊，匹配类型为精确，如图 3.4.5 所示。

3. 实施检索，显示检索结果

进行检索，单击题名，该期刊的识别符为 ISSN：0168-874X、ISSN：1872-6925，检索结果如图 3.4.6 所示。

【案例 3.4.3】 在 CASHL 中检索文献的数据库收录信息。

在 CASHL 中检索文献 China's New Pattern of Economic Opening-Up Led by the Belt and Road Initiative，该文献被哪个数据库收录？

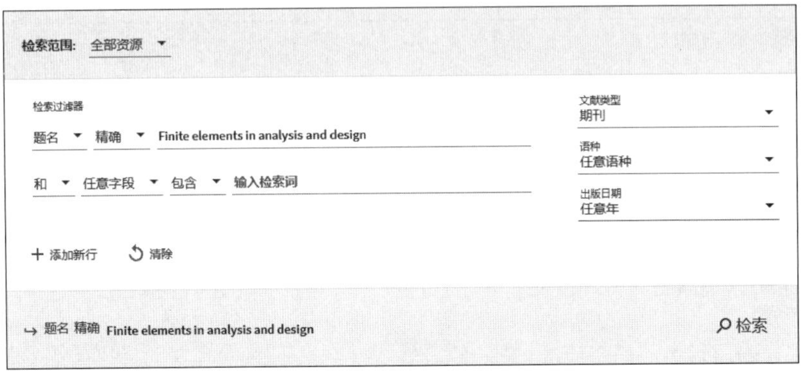

检索范围：全部资源

检索过滤器

题名　精确　Finite elements in analysis and design

和　任意字段　包含　输入检索词

文献类型 期刊

语种 任意语种

出版日期 任意年

+ 添加新行　清除

↪ 题名 精确 Finite elements in analysis and design　检索

图 3.4.5　输入检索条件

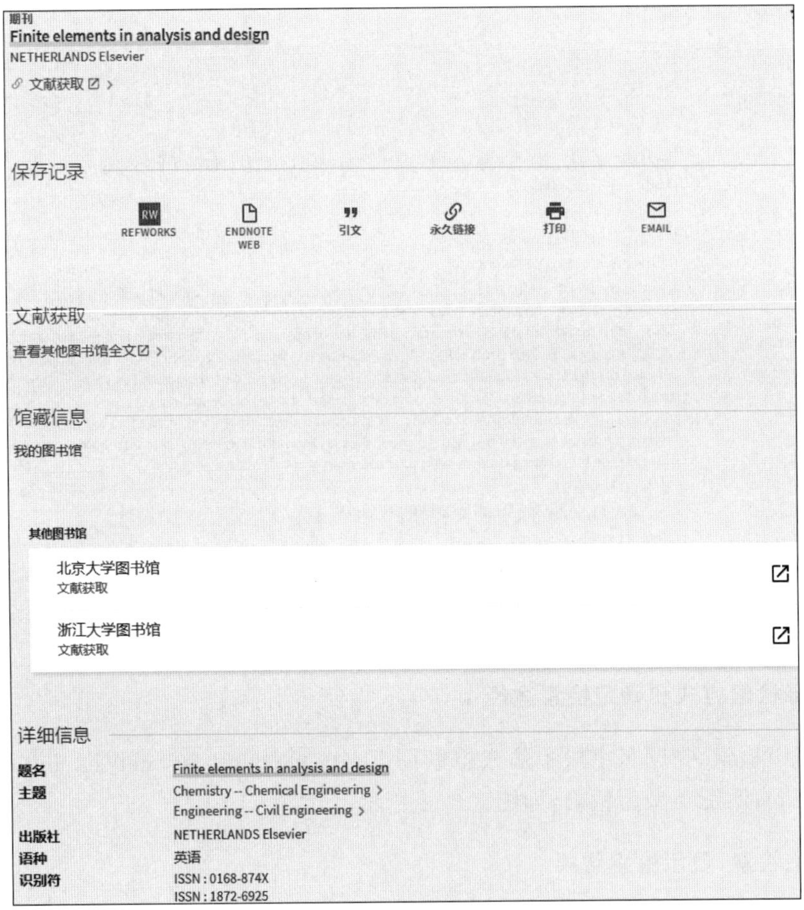

期刊

Finite elements in analysis and design

NETHERLANDS Elsevier

文献获取 >

保存记录

RW REFWORKS　ENDNOTE WEB　引文　永久链接　打印　EMAIL

文献获取

查看其他图书馆全文 >

馆藏信息

我的图书馆

其他图书馆

北京大学图书馆
文献获取

浙江大学图书馆
文献获取

详细信息

题名	Finite elements in analysis and design
主题	Chemistry -- Chemical Engineering >
	Engineering -- Civil Engineering >
出版社	NETHERLANDS Elsevier
语种	英语
识别符	ISSN : 0168-874X
	ISSN : 1872-6925

图 3.4.6　检索结果

1. 分析信息需求，选择检索系统

登录 CASHL http://www.cashl.edu.cn。

2. 选择检索方式和确定检索途径

选择基本检索，输入检索词 China's New Pattern of Economic Opening-Up Led by the Belt and Road Initiative，文献类型选择全部资源，如图 3.4.7 所示。

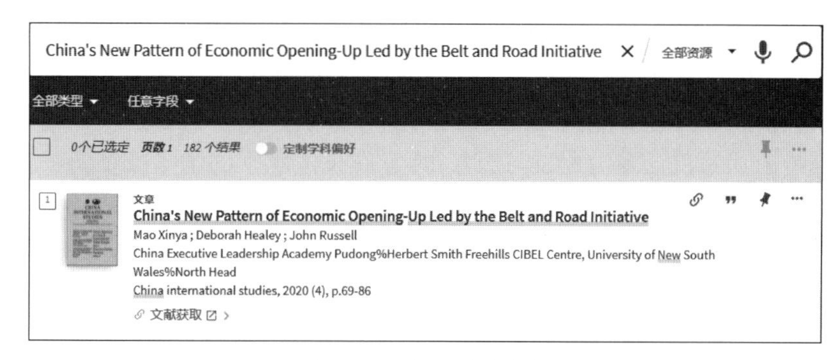

图 3.4.7 输入检索条件

3. 实施检索，显示检索结果

进行检索，单击题名，该文献来源即被收录数据库为国家哲学社会科学学术期刊数据库(National Social Sciences Database)，如图 3.4.8 所示。

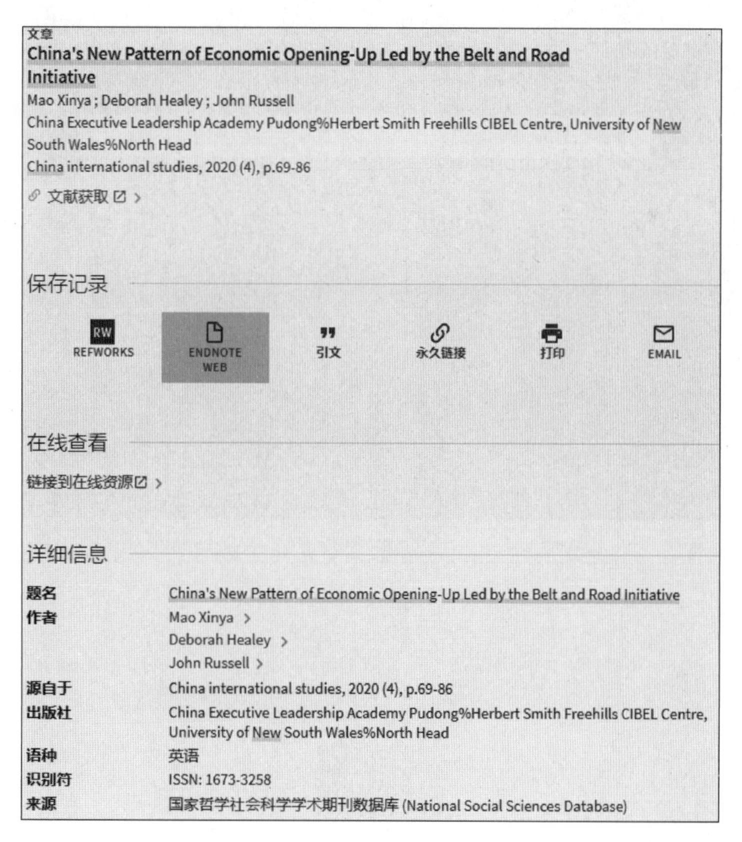

图 3.4.8 检索结果

3.5 CADAL 大学数字图书馆国际合作计划

大学数字图书馆国际合作计划(China Academic Digital Associative Library,CADAL,网址:http://cadal.edu.cn)由国家投资建设,作为教育部“211”重点工程,由浙江大学联合国内外的高等院校、科研机构共同构建,项目负责人为浙江大学潘云鹤院士。CADAL 项目建设的总体目标是:构建拥有多学科、多类型、多语种海量数字资源的,由国内外图书馆、学术组织、学科专业人员广泛参与建设与服务,具有高技术水平的学术数字图书馆,成为国家创新体系信息基础设施之一。CADAL 项目一期(2001—2006 年)完成 100 万册(件)图书数字化,提供便捷的全球可访问的图书浏览服务。CADAL 项目二期(2007—2012 年)新增 150 万册(件)图书数字化,构建了较完善的项目标准规范体系,初步建设分布全国的服务网络,CADAL 项目从单纯的数据收集向技术与服务升级发展转变。2013 年以后,CADAL 项目进入运维保障期,继续在资源、服务、技术、对外交流合作等方面推进工作。其主页如图 3.5.1 所示。

图 3.5.1 CADAL 主页

3.5.1 主要功能

3.5.2 检索案例

【案例 3.5.1】 在 CADAL 中检索民国图书信息。

在 CADAL 中检索开明书店出版《红楼梦》的时间。

1. 分析信息需求,选择检索系统

开明书店是 1926 年在我国上海成立的一个著名出版机构,1953 年与青年出版社合并改组为中国青年出版社。登录 CADAL http://cadal.edu.cn。

2. 选择检索方式和确定检索途径

在 CADAL 检索中,选择名称字段,输入检索词"《红楼梦》",如图 3.5.2 所示。

图 3.5.2 在 CADAL 名称字段检索

3. 实施检索,显示检索结果

进行检索,进一步在资源类型中选择民国图书,在标签中选择上海,如图 3.5.3 所示。

图 3.5.3 筛选检索结果

浏览记录，找到开明书店出版《红楼梦》的时间，如图 3.5.4 所示。

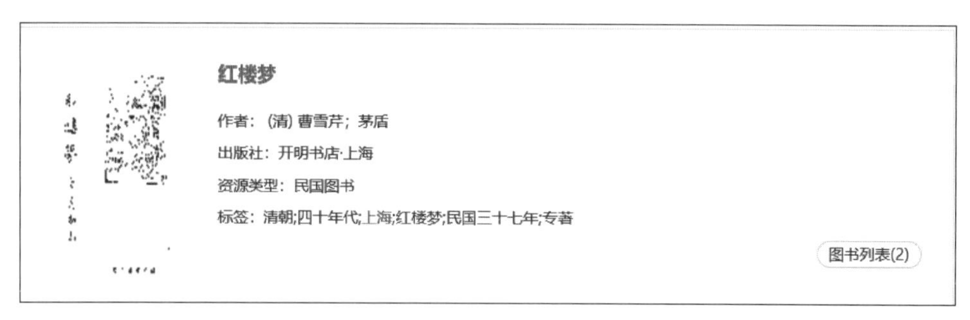

图 3.5.4　检索结果

【案例 3.5.2】 在 CADAL 中检索图书的出版信息。

在 CADAL 中检索作者为张友鹤的《聊斋志异》的出版社和出版时间。

1. 分析信息需求，选择检索系统

登录 CADAL http://cadal.edu.cn。

2. 选择检索方式和确定检索途径

在 CADAL 检索中，选择作者字段，输入检索词"张友鹤"，如图 3.5.5 所示。

图 3.5.5　在作者字段检索

3. 实施检索，显示检索结果

进行检索，在名称字段输入检索词"《聊斋志异》"，进行二次检索，出版社是中华书局，出版时间是 1962 年，如图 3.5.6 所示。

【案例 3.5.3】 在 CADAL 中检索民国期刊信息。

在 CADAL 中检索武汉大学收藏的最早的民国期刊及其出版时间。

1. 分析信息需求，选择检索系统

登录 CADAL http://cadal.edu.cn。

2. 选择检索方式和确定检索途径

在 CADAL 检索中，选择馆藏单位字段输入检索词"武汉大学"，如图 3.5.7 所示。

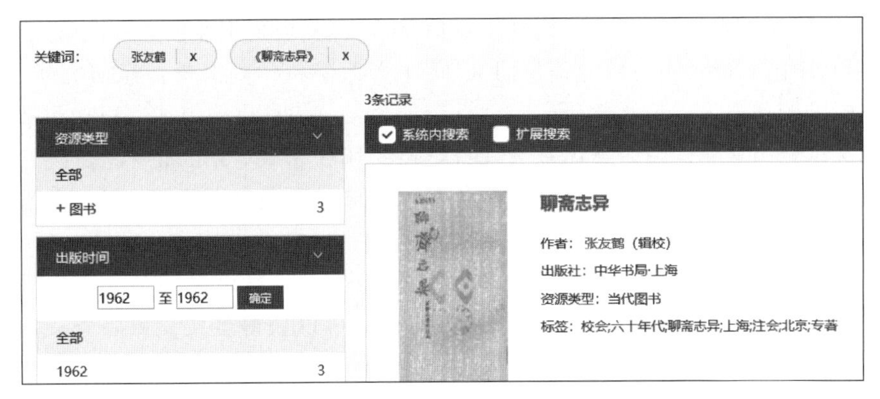

图 3.5.6　在名称字段二次检索

图 3.5.7　在馆藏单位字段检索

3. 实施检索，显示检索结果

进行检索，在资源类型中选择民国期刊，浏览出版时间，最早是 1903 年出版的期刊《新小说》，如图 3.5.8 所示。

图 3.5.8　检索结果

3.6　NSTL 国家科技图书文献中心

国家科技图书文献中心（National Science and Technology Library，NSTL，网址：https://www.nstl.gov.cn/）是科技部联合财政部等六部门，经国务院领导批准于 2000 年 6 月 12 日成立的一个基于网络环境的科技文献信息资源服务机构。由中国科学院文献情报中心、中国科学技术信息研究所、机械工业信息研究院、冶金工业信息标准研究院、中国化工信息中心、中国农业科学院农业信息研究所、中国医学科学院医学信息研究所、中国标准化研究院标准馆和中国计量科学研究院文献馆 9 个文献信息机构组成。以构建数字时代的国家科技文献资源战略保障服务体系为宗旨，按照“统一采购、规范加工、联合上网、资源共享”的机制，采集、收藏和开发理、工、农、医各学科领域的科技文献资源，面向全国提供公益的、普惠的科技文献信息服务。

NSTL 的文献服务包括文献检索、全文提供、目次浏览、目录查询等。非注册用户可以免费获得除全文提供以外的各项服务，注册用户同时可以获得全文提供服务。NSTL 文献类型包括期刊论文、会议论文、学位论文、科技报告、专利文献、文集、图书、标准文献和计量规程等，文种有中、西、日、俄等。主页如图 3.6.1 所示。

图 3.6.1　NSTL 主页

3.6.1　主要功能

3.6.2　检索案例

【案例 3.6.1】　在 NSTL 中检索科技文献信息。

在 NSTL 中检索自动驾驶方面的文献，查找 2020 年被引最高的文献的题名、语种、文献类型和馆藏单位。

1. 分析信息需求，选择检索系统

登录 NSTL https://www.nstl.gov.cn/。

2. 选择检索方式和确定检索途径

选择普通检索，选择所有文献类型，输入检索词"自动驾驶"，选择筛选条件出版年：2020，排序：被引排序，降序的第一篇即为目标文献，如图 3.6.2 所示。

图 3.6.2 在 NSTL 中检索目标文献

3. 实施检索，显示检索结果

单击目标文献题名，显示结果详细页面：题名为 AUTO-SAPIENS，AN EXPERIMENTAL AUTONOMOUS DRIVING SYSTEM，语种为英语，文献类型为会议文献，馆藏单位为冶金工业信息标准研究院，如图 3.6.3 所示。

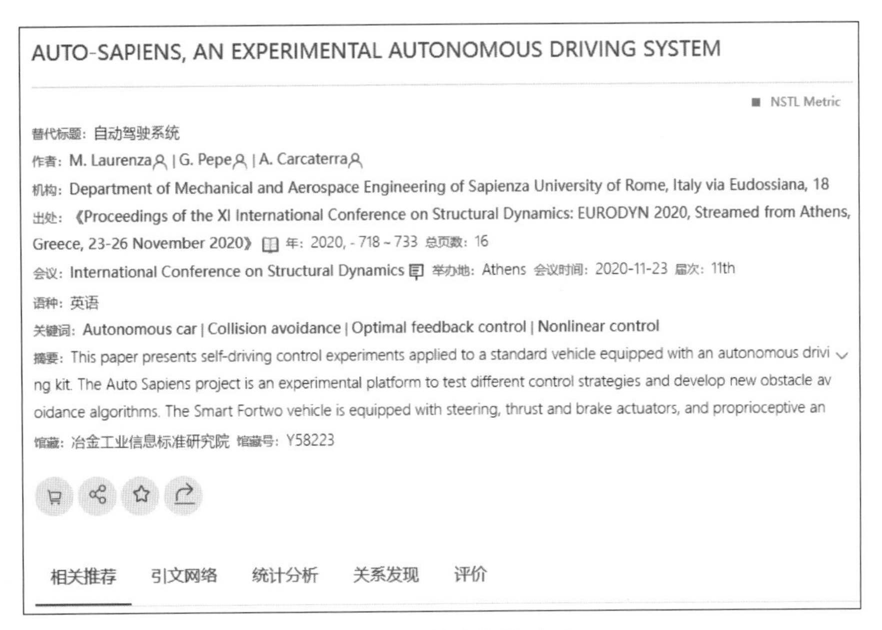

图 3.6.3 检索结果页面

【案例 3.6.2】 在 NSTL 中检索专利文献信息。

在 NSTL 中检索名称为“一种针对大型卡车的全景式辅助驾驶系统及方法”的有效专利的申请者、申请日期、公开日期和馆藏单位。

1. 分析信息需求，选择检索系统

登录 NSTL https://www.nstl.gov.cn/。

2. 选择检索方式和确定检索途径

选择普通检索，选择专利文献类型，输入检索词“一种针对大型卡车的全景式辅助驾驶系统及方法”，选择筛选条件法律状态：有效，得到目标文献，如图 3.6.4 所示。

图 3.6.4 在 NSTL 中检索目标专利文献

3. 实施检索，显示检索结果

单击目标文献题名，显示结果详细页面，申请者为湖北工业大学，申请日期为 2018-11-08，公开日期为 2021-11-02，馆藏单位为中国化工信息中心，如图 3.6.5 所示。

【案例 3.6.3】 在 NSTL 中检索标准文献信息。

在 NSTL 中检索智慧城市方面的标准，包括最早标准的名称、标准号、发布日期和馆藏单位。

1. 分析信息需求，选择检索系统

登录 NSTL https://www.nstl.gov.cn/。

2. 选择检索方式和确定检索途径

选择普通检索，选择标准文献类型，输入检索词“智慧城市”，得到智慧城市方面的标准文献，如图 3.6.6 所示。

图 3.6.5　检索结果页面

图 3.6.6　在 NSTL 中检索标准文献

3. 实施检索，显示检索结果

浏览检出的标准文献，按年筛选，选择最早 2016 年的标准文献。单击其题名，显示结果详细页面：标准名称是新型智慧城市评价指标，标准号是 GB/T 33356—2016，发布日期是 2016-12-13，馆藏单位是中国标准化研究院国家标准馆，如图 3.6.7 所示。

新型智慧城市评价指标

英文标题：Evaluation indicators for new-type smart cities

中文标题：新型智慧城市评价指标

标准号：GB/T 33356-2016

发布主体：CN-GB

起草单位：中国电子技术标准化研究院;中国信息通信研究院;山东省标准化研究院;中国城市科学研究会;北京航空航天大学;住房和城乡建设部信息中心;国家信息中心;中国电子科技集团公司;华为技术有限公司;北京世纪互联宽带数据中心有限公司;浙江省标准化研究院;交通运输部科学研究院;深圳市腾讯计算机系统有限公司;清华大学

发起人：山东省标准化研究院 | 深圳市腾讯计算机系统有限公司 | 住房和城乡建设部信息中心 | 中国电子科技集团公司 | 国家信息中心 | 浙江省标准化研究院 | 北京世纪互联宽带数据中心有限公司 | 华为技术有限公司 | 北京航空航天大学 | 中国信息通信研究院 | 清华大学 | 中国电子技术标准化研究院 | 中国城市科学研究会 | 交通运输部科学研究院

机构：清华大学 | 住房和城乡建设部信息中心 | 中国信息通信研究院 | 北京世纪互联宽带数据中心有限公司 | 中国电子技术标准化研究院 | 交通运输部科学研究院 | 浙江省标准化研究院 | 国家信息中心 | 中国城市科学研究会 | 华为技术有限公司 | 中国电子科技集团公司 | 深圳市腾讯计算机系统有限公司 | 北京航空航天大学 | 山东省标准化研究院 年：2016，总页数：21 发布日期：2016-12-13 生效日期：2016-12-13 国家：中国

分类号：L70 ISC分类号：35.240.01 中国标准CSS分类号：L70

馆藏：中国标准化研究院国家标准馆

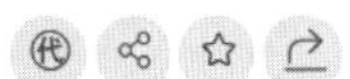

图 3.6.7 检索结果页面

3.7 国家图书馆联机公共目录查询系统

3.7.1 简介

1. 资源简介

中国国家图书馆（网址：http://www.nlc.cn/）是国家总书库、国家书目中心、国家古籍保护中心、国家典籍博物馆，全面收藏了我国国内正式出处物，是世界上收藏中文文献最多的图书馆，也是国内外文文献馆藏量最多的图书馆，同时编辑出版国家书目和联合书目，共建共享书目数据资源和文献资源。

中国国家图书馆馆藏资源雄厚，有图书、期刊、报纸、论文、古籍、音乐、影视、缩微资料等类型，而且特色馆藏丰富，有学位论文、善本特藏、国际组织和外国政府出版物、民国时期文献、少数民族语言文献、台港澳文献、地方文献、海外中国学文献等多类特色专藏。

（1）学位论文。中国国家图书馆是国务院学位委员会指定的全国唯一负责全面收藏和整理我国学位论文的专门机构，也是人事部专家司确定的唯一负责全面入藏博士后研究报告的专门机构。

（2）善本特藏。中国国家图书馆收藏了包含南宋以来等历代皇家藏书和传统的经、史、子、集等古籍近27.5万册，还收藏上起殷商、下至当代的重要稀世珍宝。

（3）国际组织和外国政府出版物。中国国家图书馆无论从收藏的历史、品种还是数量均为国内之最，是国内最早成立的联合国文献保存馆。

此外，中国国家图书馆还入藏了大量缩微资料、音像资料及其他数字资源，包罗万象，应有尽有。

2. 服务简介

中国国家图书馆可以为中央和国家机关、各级教育科研单位、图书馆业界以及社会公众提供全方位、多渠道的文献提供、馆际互借、科技查新、论文收引、检索证明、社科咨询、科技咨询、企业资讯、资料翻译等专业服务。

（1）文献提供。中国国家图书馆文献提供中心以国家图书馆宏富的馆藏资源和各类数据库为基础，以其他图书馆和各个情报机构为外延，由专业的图书馆员提供个性化的周到服务。文献提供中心的服务网络覆盖了全国各个地区，作为全球最大的中文文献保障基地及国内最大的外文文献查询中心，为国家重点教育科研生产单位、广大图书馆界及个人用户提供多层次、全方位的服务。文献提供中心的服务包括：

① 原文提供，根据用户提供的文献出处，获取原文；

② 定题服务，提供相关学科最新期刊、图书的篇名目次信息；

③ 补藏业务，根据用户特定的需求，提供有关文献的收集及复制服务。

用户可以通过登录中国国家图书馆馆际互借与文献传递系统（http://wxtgzx.nlc.cn:8111/gateway/login.jsf）直接提交网上申请，也可通过 E-mail、电话、传真、到馆委托等多种途径递交文献申请，文献提供中心将通过普通邮寄、挂号、EMS、中铁快运、E-mail、系统网上发送等形式将结果反馈给用户。

（2）馆际互借。作为全国馆际互借中心，中国国家图书馆早在 1927 年就开启了馆际互借业务。目前已与全国 34 个省市自治区的 600 余家图书馆建立了馆际互借关系，年受理借阅请求量达 3 万余册次。各地各级各类型图书馆，以及通过资格审核的非图书馆机构，可以签订馆际互借协议，与中心建立馆际互借关系。登录国家图书馆联机公共目录查询系统提交申请，中心会将所需资料邮寄到用户注册地址。

（3）国际互借。中国国家图书馆国际互借中心已与世界 63 个国家、500 多个图书馆建立了业务联系，并努力与世界各国家图书馆合作，逐步实现世界范围内的资源共享，让全世界的文献资源为我国科研、教育、生产等各类用户所用，提供优质、高效的服务。图书服务对象涵盖各类图书馆，电子文献服务则面向所有文献需求者。

中国国家图书馆的主页如图 3.7.1 所示。

在中国国家图书馆主页单击“馆藏目录检索”进入中国国家图书馆 OPAC（网址：http://opac.nlc.cn），如图 3.7.2 所示。

3.7.2 主要功能

3.7.3 检索案例

【案例 3.7.1】 在中国国家图书馆 OPAC 中检索学位论文信息。

机器学习是一门多领域交叉学科，其应用广泛。在中国国家图书馆 OPAC 中检索学位论文“机器学习在运动平衡数据中的应用与优化”的学位授予单位和馆藏地点。

图 3.7.1　中国国家图书馆主页

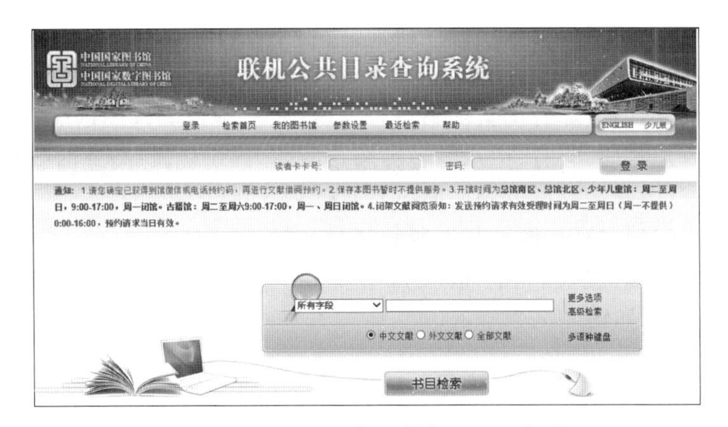

图 3.7.2　中国国家图书馆 OPAC 主页

1. 分析信息需求，选择检索系统

登录中国国家图书馆 OPAC http://opac.nlc.cn。

2. 选择检索方式和确定检索途径

选择基本检索，在正题名字段输入检索词“机器学习在运动平衡数据中的应用与优化”，选择中文文献，如图 3.7.3 所示。

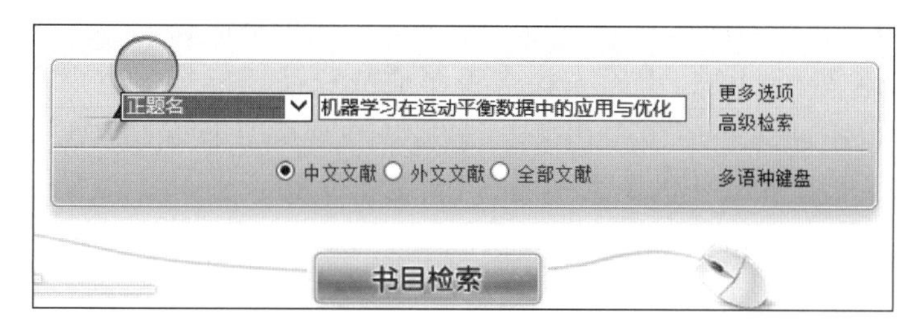

图 3.7.3　在基本检索输入检索词

3. 实施检索,显示检索结果

单击“书目检索”按钮,显示检索结果:学位授予单位为中国科学院大学,馆藏地点为北区学位论文阅览室,如图 3.7.4(a)和图 3.7.4(b)所示。

标准格式　文献索取

头标区	----nam0-22---- 450-
ID 号	010838820
通用数据	20200903d2020 k y0chiy50 ea
题名与责任	机器学习在运动平衡数据中的应用与优化 [硕士论文] / 刘旭辉著 ; 吴剑煌，胡庆茂指导
出版项	, 2020
载体形态项	45页 ; 30cm
语言	chi
一般附注	培养单位：中国科学院深圳先进技术研究院
著者	刘旭辉 著
附加款目	吴剑煌 指导
	胡庆茂 指导
	中国科学院大学 授予
所有单册	查看所有馆藏单册信息
馆藏	北区学位论文阅览室

(a) 检索结果1

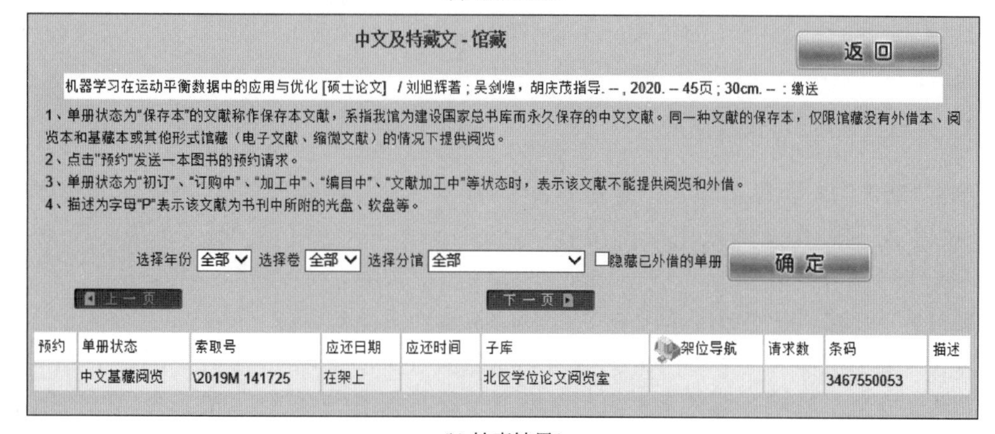

(b) 检索结果2

图 3.7.4　论文信息检索结果

【案例 3.7.2】 在中国国家图书馆 OPAC 检索中文图书信息。

随着电影《长津湖》的上映，中国人民志愿军血战长津湖的场面重现于世。其实，早在1951 年就有关于长津湖战斗的图书出版。请用中国国家图书馆 OPAC 检索人民出版社1951 年出版的有关长津湖战斗的图书书名、馆藏地和数量。

1. 分析信息需求，选择检索系统

登录中国国家图书馆 OPAC http://opac.nlc.cn。

2. 选择检索方式和确定检索途径

选择多字段检索，在题名字段输入检索词“长津湖”，在出版年字段输入检索词“1951”，在出版者字段输入检索词“人民出版社”，在资料类型选择图书，如图 3.7.5 所示。

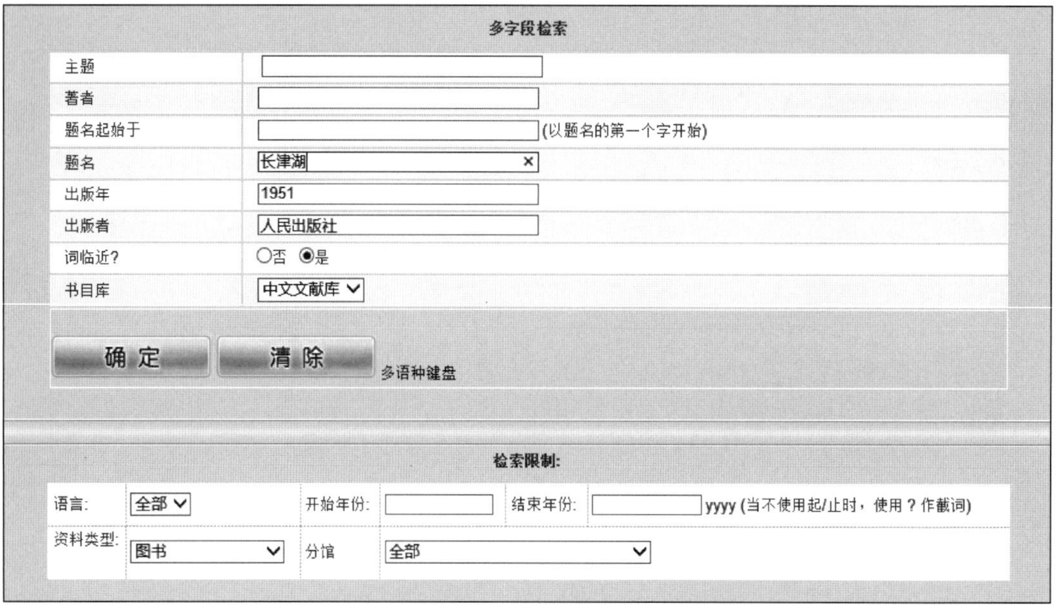

多字段检索

主题	
著者	
题名起始于	(以题名的第一个字开始)
题名	长津湖
出版年	1951
出版者	人民出版社
词临近?	○否 ◉是
书目库	中文文献库

确 定　清 除　多语种键盘

检索限制:

语言: 全部　开始年份:　结束年份:　yyyy (当不使用起/止时，使用？作截词)

资料类型: 图书　分馆 全部

图 3.7.5 在多字段检索中输入检索词

3. 实施检索，显示检索结果

单击“确定”按钮，显示检索结果：书名为《战斗在长津湖畔》，单击“查看所有馆藏单册信息”按钮，分别是中文基藏闭架库房有 2 册，书刊保存本库有 1 册。如图 3.7.6(a)和图 3.7.6(b)所示。

【案例 3.7.3】 在中国国家图书馆 OPAC 检索外文图书信息。

彼得·德鲁克(Peter F. Drucker)被誉为现代管理学之父，其思想对各国的学者和企业家们产生了深远的影响。请检索中国国家图书馆外文藏书中，彼得·德鲁克出版时间最早的一部著作、出版时间和馆藏地。

标准格式	文献索取
头标区	01084cam2 2200289 450
ID 号	0151000555
通用数据	19961205d1951 em y0chiy0110 ea
题名与责任	●战斗在长津湖畔 [专著] / 中国人民保卫世界和平反对美国侵略委员会辑
出版项	●北京：人民出版社，1951
载体形态项	92页：图；15cm
丛编项	●朝鲜前线通讯集. 第三辑
语言	chi
主题	●通讯 -- 中国 -- 现代 -- 选集
中图分类号	●I253
著者	●中国人民保卫世界和平反对美国侵略委员会 辑
所有单册	查看所有馆藏单册信息
馆藏	中文基藏
馆藏	书刊保存本库

(a) 检索结果1

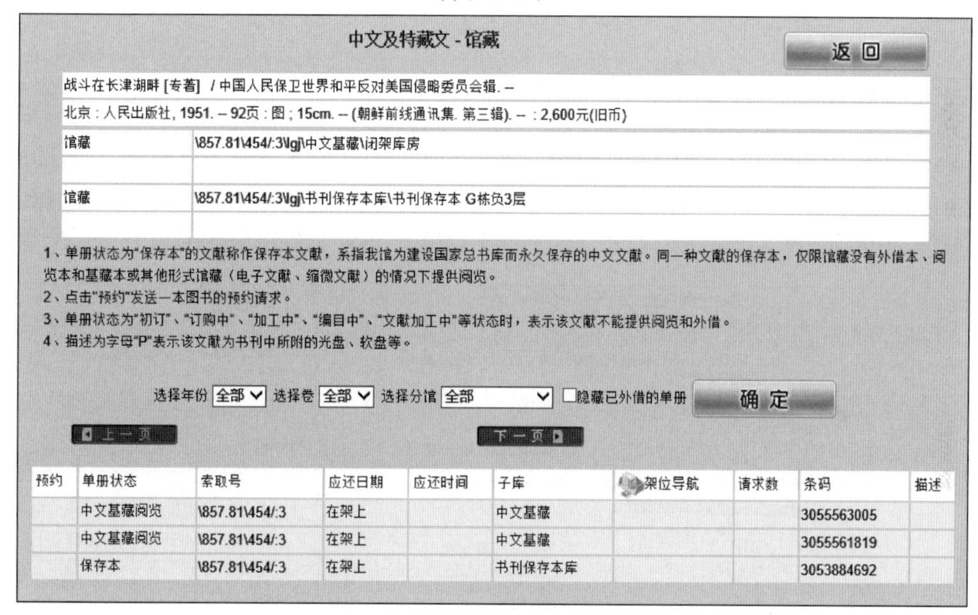
中文及特藏文 - 馆藏

返回

战斗在长津湖畔 [专著] / 中国人民保卫世界和平反对美国侵略委员会辑. --

北京：人民出版社, 1951. -- 92页：图；15cm. -- (朝鲜前线通讯集. 第三辑). -- : 2,600元(旧币)

馆藏	\857.81\454/:3\lgj\中文基藏\闭架库房
馆藏	\857.81\454/:3\lgj\书刊保存本库\书刊保存本 G栋负3层

1、单册状态为"保存本"的文献称作保存本文献，系指我馆为建设国家总书库而永久保存的中文文献。同一种文献的保存本，仅限馆藏没有外借本、阅览本和基藏本或其他形式馆藏（电子文献、缩微文献）的情况下提供阅览。
2、点击"预约"发送一本图书的预约请求。
3、单册状态为"初订"、"订购中"、"加工中"、"编目中"、"文献加工中"等状态时，表示该文献不能提供阅览和外借。
4、描述为字母"P"表示该文献为书刊中所附的光盘、软盘等。

选择年份 全部 选择卷 全部 选择分馆 全部 隐藏已外借的单册 确定

上一页 下一页

预约	单册状态	索取号	应还日期	应还时间	子库	架位导航	请求数	条码	描述
	中文基藏阅览	\857.81\454/:3	在架上		中文基藏			3055563005	
	中文基藏阅览	\857.81\454/:3	在架上		中文基藏			3055561819	
	保存本	\857.81\454/:3	在架上		书刊保存本库			3053884692	

(b) 检索结果2

图 3.7.6　图书检索结果

1. 分析信息需求，选择检索系统

彼得·德鲁克的英文名称为 Peter F. Drucker，登录中国国家图书馆 OPAC http://opac.nlc.cn。

2. 选择检索方式和确定检索途径

选择多库检索，按外文文献的作者姓名输入顺序为姓在前名在后，输入检索词 Drucker Peter F，选择著者字段，选择数据库外文图书，如图 3.7.7 所示。

多库检索

输入检索词或词组	Drucker Peter F	
检索字段	著者	
词邻近?	○否 ◉是	
	确 定　清 除	
选择数据库:		
□中文及特藏数据库		
□中文普通图书库	□音像制品和电子资源（含中外文）	□民语文献 全部
□中文期刊	□中文报纸	□中文缩微文献
□台港图书及海外出版的中文图书	□普通古籍（含新线装）	□善本古籍文献
□学位论文	□联合国资料	□地方志、家谱文献
□外文文献数据总库 语种 ALL		
☑外文图书	□外文善本	□外文缩微文献
□外文期刊	□外文报纸（含台港外文报纸）	□外文乐谱
□外文地图	□国际组织和外国政府出版物	

图 3.7.7　在多库检索中输入检索词

3. 实施检索,显示检索结果

单击“确定”按钮,在检索结果右侧缩小范围处,单击年份最早的 1967,显示书目信息:彼得·德鲁克出版时间最早的一部著作是《The effective executive》,出版时间是 1967 年;单击“所有单册”按钮得知馆藏地是外文藏书闭架库房。如图 3.7.8(a)～图 3.7.8(c)所示。

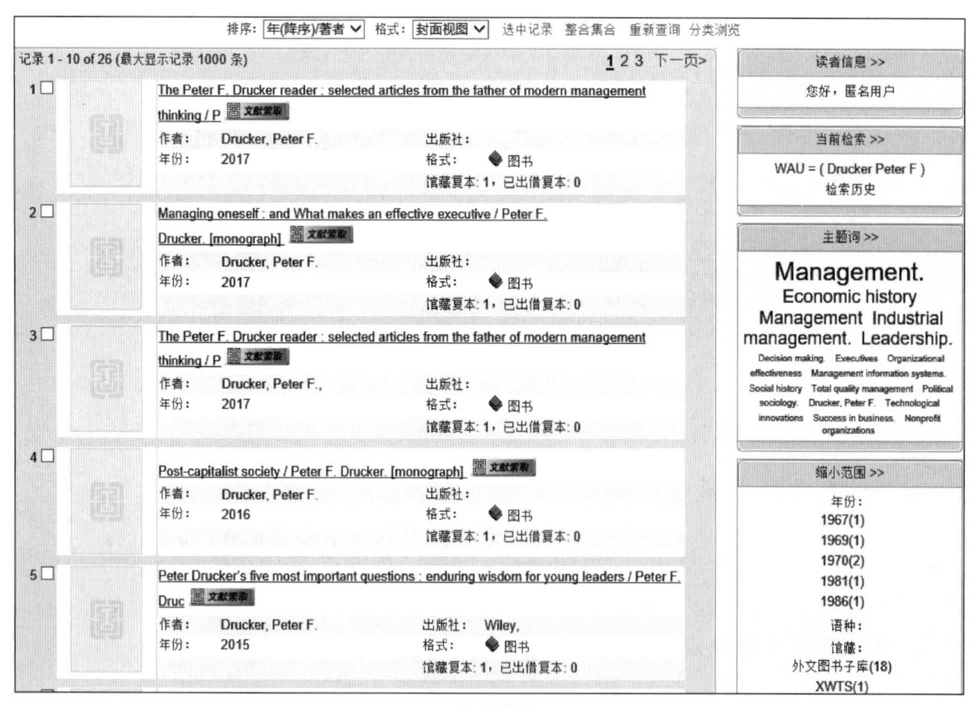

(a) 检索结果1

图 3.7.8　外文图书检索结果

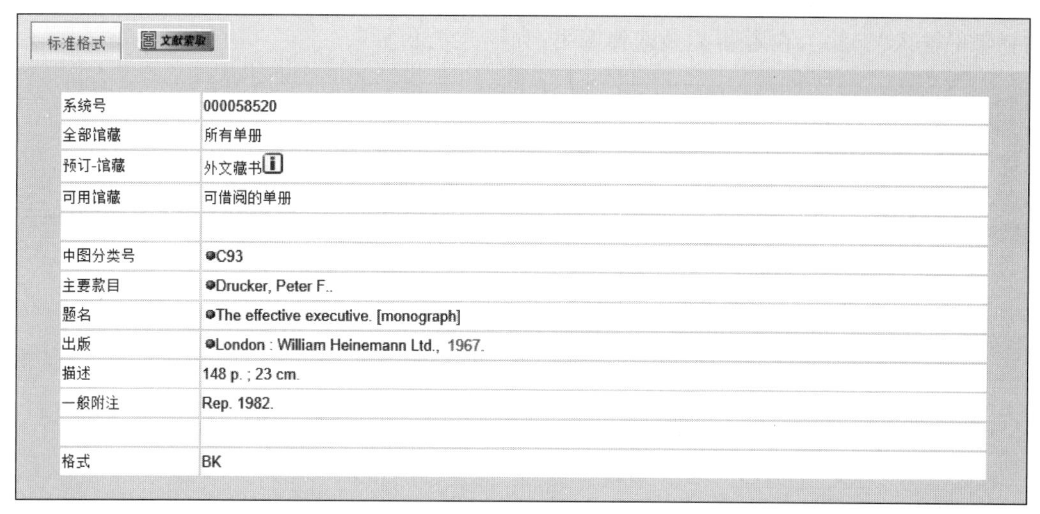

(b) 检索结果2

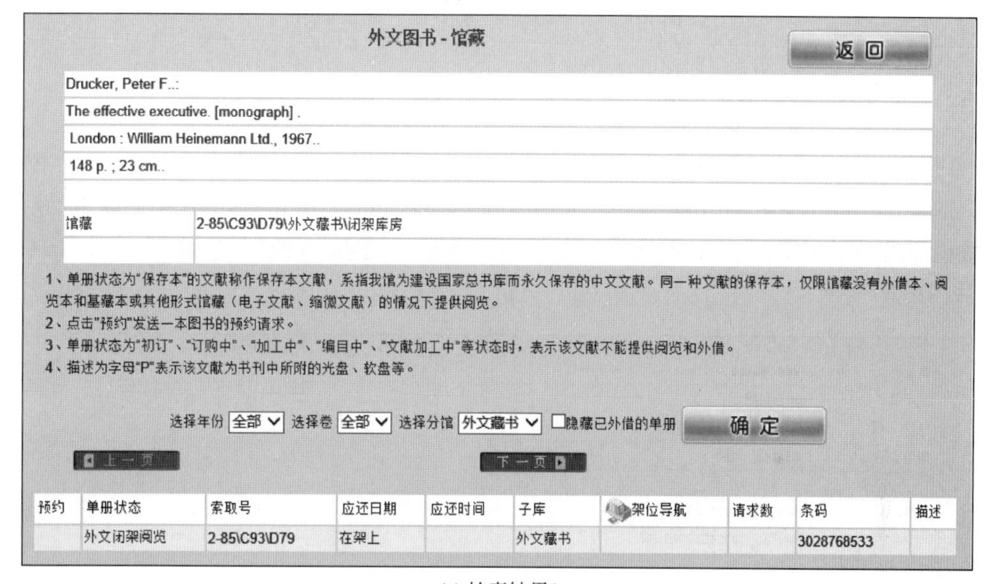

(c) 检索结果3

图 3.7.8 （续）

【案例 3.7.4】 在中国国家图书馆 OPAC 中检索外文会议文献。

某专家通过中国国家图书馆检索大数据与人工智能的外文文献，他找到的相关图书出版于 2020 年，是 2019 年相关主题的国际会议论文集。请在中国国家图书馆检索该书书名、馆藏地和单册状态。

1. 分析信息需求，选择检索系统

登录中国国家图书馆 OPAC http://opac.nlc.cn。

2. 选择检索方式和确定检索途径

选择组合检索，选择主题词字段，输入检索词 Big data and artificial intelligence，在检索

限制年份输入“2020”，在资料类型选择图书，如图 3.7.9 所示。

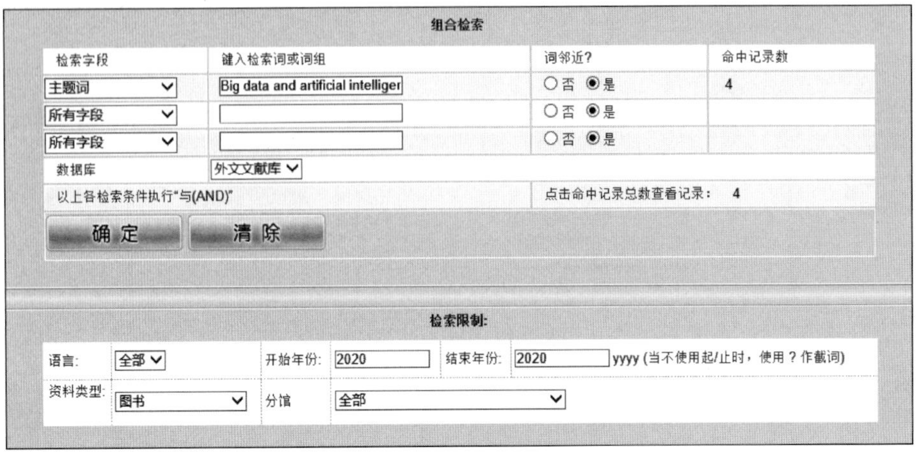

组合检索

检索字段	键入检索词或词组	词邻近?	命中记录数
主题词	Big data and artificial intelliger	○否 ◉是	4
所有字段		○否 ◉是	
所有字段		○否 ◉是	
数据库	外文文献库		
以上各检索条件执行“与(AND)”		点击命中记录总数查看记录： 4	

确 定　清 除

检索限制:

语言:	全部	开始年份:	2020	结束年份:	2020 yyyy (当不使用起/止时，使用？作截词)
资料类型:	图书	分馆	全部		

图 3.7.9　在组合检索中输入检索词

3. 实施检索，显示检索结果

单击“确定”按钮，显示 4 条检索结果。通过浏览找到符合需求的记录：书名为《Intelligent Computing，Information and Control Systems：ICICCS 2019》；单击“所有单册”按钮查看馆藏地，在外文文献第二阅览室，单册状态是开架阅览，如图 3.7.10(a)和图 3.7.10(b)所示。

系统号	004768180
全部馆藏	所有单册
预订-馆藏	外文文献第二阅览室
可用馆藏	可借阅的单册
ISBN	●9783030304645 paperback
	●9783030304652 eBook
中图分类号	●TP18-532
主要款目	●ICICCS (Conference) (2019 : Secunderābād, India)
题名	●Intelligent Computing, Information and Control Systems : ICICCS 2019 / A. Pasumpon Pandian, Klimis Ntalianis, Ram Palanisamy, editors. [monograph]
出版等说明	Cham, Switzerland : Springer, [2020]
	©2020
描述	xix, 732 pages : illustrations (some color) ; 24 cm.
内容类型	text txt rdacontent
媒介类型	unmediated n rdamedia
载体类型	volume nc rdacarrier
丛编	●(Advances in intelligent systems and computing ; ; v. 1039)
书目	Includes bibliographical references and index.
文摘	From past decades, Computational intelligence embraces a number of nature-inspired computational techniques which mainly encompasses fuzzy sets, genetic algorithms, artificial neural networks and hybrid neuro-fuzzy systems to address the computational complexities such as uncertainties, vagueness and stochastic nature of various computational problems practically. At the same time, Intelligent Control systems are emerging as an innovative methodology which is inspired by various computational in

(a) 检索结果1

图 3.7.10　外文会议检索结果

外文文献数据 - 馆藏

返 回

ICICCS (Conference) (2019 : Secunderābād, India):

Intelligent Computing, Information and Control Systems : ICICCS 2019 / A. Pasumpon Pandian, Klimis Ntalianis, Ram Palanisamy, editors. [monograph] .

xix, 732 pages : illustrations (some color) ; 24 cm..

馆藏	2-2020\TP18-532\I6131/2019\外文文献第二阅览室

1、单册状态为"保存本"的文献称作保存本文献，系指我馆为建设国家总书库而永久保存的中文文献。同一种文献的保存本，仅限馆藏没有外借本、阅览本和基藏本或其他形式馆藏（电子文献、缩微文献）的情况下提供阅览。
2、点击"预约"发送一本图书的预约请求。
3、单册状态为"初订"、"订购中"、"加工中"、"编目中"、"文献加工中"等状态时，表示该文献不能提供阅览和外借。
4、描述为字母"P"表示该文献为书刊中所附的光盘、软盘等。

选择年份 全部 选择卷 全部 选择分馆 全部 □隐藏已外借的单册 确 定

上一页 下一页

预约	单册状态	索取号	应还日期	应还时间	子库	架位导航	请求数	条码	描述
	外文开架阅览	2-2020\TP18-532\I6131/2019	在架上		外文文献第二阅览室			3475564377	

(b) 检索结果2

图 3.7.10 （续）

3.8 上海图书馆目录查询系统

思考与练习题

1. 根据图书分类排架原则，排列以下图书的顺序：

（1）K248.09/5；（2）D261.3/43；（3）H195/55；（4）TP311.13/158=3；（5）I247.57/5034；（6）F490.6/2；（7）TM71/3=3；（8）TU-092.44/13。

2. 请检索图书馆收藏有马克思《资本论》的哪些版本。

3. 请检索馆藏柏拉图《理想国》的最新版由哪个出版社出版？

4. 请检索图书《读大学，究竟读什么》的作者是谁，可以去哪里借阅？

5. 请查询你在图书馆近一年的借阅历史，并归还近期到期图书或者办理续借手续。

6. 检索CALIS联合目录中收录2019年一带一路哪些词典？任选一种查看馆藏情况。

7. 在CALIS联合目录中检索乐谱《黄梅戏经典唱段100首》的收藏单位。

8. 在CALIS联合目录中检索视听资料《与文明同行》的收藏单位。

9. 在CALIS联合目录中检索文献"Artificial Intelligence in Practice: How 50 Successful Companies Used AI and Machine Learning to Solve Problems"的作者和丛书名。

10. 在 CASHL 检索书名为 Data Science in Practice 的图书出版社和收藏单位。

11. 在 CASHL 检索文献 The Rising Impact on China-Eu Relations-The Belt and Road Initiative,该文献是什么类型？被哪个数据库收录？

12. 在 CASHL 检索大型特藏 A Glance at the History of Linguistics：With Particular Regard to the Historical Study of Phonology,是什么文献？被哪个图书馆收藏？

13. 在 CADAL 中检索《教育杂志》的最早出版时间和收藏单位。

14. 在 CADAL 中检索北京大学收藏的图书《三国演义》的最早出版时间。

15. 在 CADAL 中检索浙江大学收藏的图书 A First Course in Statistics 的最早版本的出版社。

16. 在 NSTL 中检索名称为"2019 冠状病毒"的文献,其出处、语种、文献类型和馆藏单位。

17. 在 NSTL 中检索学位论文《基于改进的端到端卷积神经网络的目标检测算法研究》的作者、导师、授予单位和馆藏单位。

18. 在 NSTL 中检索华为技术有限公司申请的人工智能方面的专利,其中最早专利的名称、申请日期、国际申请日期和馆藏单位。

19. 在 NSTL 中检索中国汽车技术研究中心起草的关于新能源汽车方面的标准,其为第一起草单位的最早的标准名称、标准号、发布日期和馆藏单位。

20. 在 NSTL 的开放资源集成获取系统中检索麻省理工学院机器学习的课件,其网址、讲师、适用层次和课程数。

21. 在中国国家图书馆 OPAC 中检索名称为 Journal of Engineering Design 的期刊的创刊时间和馆藏地点。

22. "献给 2020 年疫情防控阻击战的英雄们"是 2020 年新冠疫情发生后产生的某类文献的副题名,请在中国国家图书馆 OPAC 中检索该文献的题名、文献类型和馆藏地点。

23. 在中国国家图书馆 OPAC 中检索文献 Optimization Algorithms for Structured Machine Learning and Image Processing Problems,发现该文献是一本学位论文的缩微胶卷,请检索该学位论文的授予单位和时间。

24. 赵万里是北京图书馆(今中国国家图书馆)善本特藏部原主任,是中国古籍保护事业的先驱。请在中国国家图书馆 OPAC 中检索赵万里撰集的《国立北平图书馆善本书目总目》出版时间和收藏地点。

25.《永乐大典》是一部集中国古代典籍于大成的类书,是中国文化的一个重要符号。请在中国国家图书馆 OPAC 中检索姚广孝编的《永乐大典》相关文献中最早的版本和馆藏地点。

26. 请在上海图书馆目录查询系统中检索图书 Intelligent Connectivity：AI,IoT,and 5G 的出版社、出版时间、载体类型和馆藏地。

27. 请在上海图书馆目录查询系统中检索"【萧山】毛氏宗谱 专著"一书的丛书名、版本、索书号和馆藏地。

28. 请在上海图书馆目录查询系统中检索以篆刻艺术展庆祝建党一百周年的图书的书

名、作者、出版社和馆藏地。

29. 请在上海图书馆古籍目录中检索《红楼梦》最早的石印本的朝代、时间、DOI和分类。

30. 论文“催眠术谈”发表在民国时期某医学类期刊上，请在上海图书馆目录查询系统的近代文献期刊中检索这篇文献发表的期刊的刊名、创刊时间、出版周期和出版地。

第4章 中文数据库检索

本章目标：

1. 了解常见的中文数据库；
2. 了解中文数据库收录文献资源的类型；
3. 掌握中文数据库的使用方法。

4.1 中国知网

4.1.1 资源简介

中国知识基础设施工程(China National Knowledge Infrastructure，CNKI，网址为https://www.cnki.net)是以实现全社会知识资源传播共享与增值利用为目标的信息化建设项目，由清华大学、清华同方发起，始建于1999年6月。经过20多年的发展，中国知网已是世界上最大的连续动态更新的中国学术文献数据库。CNKI学术文献总库包括学术期刊、博硕士学位论文、会议论文、报纸、年鉴、专利、国内外标准、科技成果、经济统计数据、工具书、图片等中文资源以及Springer等外文资源。CNKI学术文献总库主要资源内容如表4.1.1所示。

表4.1.1 CNKI学术文献总库主要资源

主要资源	简要介绍
学术期刊	中国学术期刊(网络版)是第一部以全文数据库形式大规模集成出版学术期刊文献的电子期刊，是目前具有全球影响力的连续动态更新的中文学术期刊全文数据库。 出版内容以学术、工程技术、政策指导、高级科普、行业指导及教育类期刊为主，内容覆盖自然科学、工程技术、农业、哲学、医学、人文社会科学等各个领域。收录国内学术期刊8540余种，全文文献总量5860余万篇。因知网总库平台升级后提供中英文整合检索，该库默认的检索结果包含知网合作的国外期刊题录数据，只有“中文文献”分组项内的条目是本库全文数据。 产品分为十大专辑：基础科学、工程科技Ⅰ、工程科技Ⅱ、农业科技、医药卫生科技、哲学与人文科学、社会科学Ⅰ、社会科学Ⅱ、信息科技、经济与管理科学。十大专辑下分为168个专题。 收录自1915年至今出版的期刊，部分期刊回溯至创刊。可实现中、外文期刊整合检索
学位论文	包括《中国博士学位论文全文数据库》和《中国优秀硕士学位论文全文数据库》，是目前国内资源完备、质量上乘、连续动态更新的中国博硕士学位论文全文数据库。最早回溯至1984年，覆盖基础科学、工程技术、农业、医学、哲学、人文、社会科学等各个领域。 《中国博士学位论文全文数据库》收录全国985、211工程重点高校，中国科学院、社会科学院等研究院所的博士学位论文。《中国优秀硕士学位论文全文数据库》重点收录985、211高校、中国科学院、社会科学院等重点院校高校的优秀硕士论文、重要特色学科如通信、军事学、中医药等专业的优秀硕士论文

续表

主要资源	简要介绍
会议	包括《中国重要会议论文全文数据库》和《国际会议论文全文数据库》。重点收录1999年以来,中国科协系统及国家二级以上的学会、协会,高校、科研院所,政府机关举办的重要会议以及在国内召开的国际会议上发表的文献。 《中国重要会议论文全文数据库》重点收录1999年以来,中国科协、社科联系统及省级以上的学会、协会,高校、科研机构,政府机关等举办的重要会议上发表的文献。其中,全国性会议文献超过总量的80%,部分连续召开的重要会议论文回溯至1953年。 《国际会议论文全文数据库》重点收录1999年以来,中国科协系统及其他重要会议主办单位举办的在国内或国外召开的国际会议上发表的文献,部分重点会议文献回溯至1981年
报纸	以学术性、资料性报纸文献为出版内容的连续动态更新的报纸全文数据库。报纸库收录并持续更新2000年以来出版的各级重要党报、行业报及综合类报纸610余种
年鉴	中国年鉴网络出版总库是目前国内较大的连续更新的动态年鉴资源全文数据库。内容覆盖基本国情、地理历史、政治军事外交、法律、经济、科学技术、教育、文化体育事业、医疗卫生、社会生活、人物、统计资料、文件标准与法律法规等各个领域。 文献来源于我国国内的中央、地方、行业和企业等各类年鉴的全文文献。收录年限从1949年至今。镜像版每年6月、12月更新出版
专利	包括我国专利和海外专利。文献来源于国家知识产权局知识产权出版社。可以通过申请号、申请日、公开号、公开日、专利名称、关键词、分类号、申请人、发明人、优先权等检索项进行检索。 《中国专利全文数据库(知网版)》包含发明公开、发明授权、外观设计和实用新型四个子库,准确地反映我国最新的专利发明。可一次性下载专利说明书全文。收录从1985年至今的我国专利。 《海外专利摘要数据库(知网版)》包含美国、日本、英国、德国、法国、瑞士、世界知识产权组织、欧洲专利局、俄罗斯、韩国、加拿大、澳大利亚、我国香港及台湾地区十国两组织两地区的专利。专利说明书全文链接到欧洲专利局网站。收录从1970年至今的国外专利,少量回溯
标准	包括国家标准全文、行业标准全文、职业标准全文以及国内外标准题录数据库。 其中《国家标准全文数据库》收录了由中国标准出版社出版的,国家标准化管理委员会发布的所有国家标准,占国家标准总量的90%以上。标准的内容来源于中国标准出版社,相关的文献、专利、科技成果等信息来源于CNKI各大数据库。收录年限1950年至今,数据实时更新。 《中国行业标准全文数据库》收录了现行、废止、被代替以及即将实施的行业标准,全部标准均获得权利人的合法授权。目前,《中国行业标准全文数据库》收录了电子、轻工、黑色冶金、有色金属、稀土、中医药、卫生、医药、纺织、林业、煤炭、烟草等近40个行业标准的数据约3万项,收录年限1950年至今,数据实时更新。 《职业标准全文数据库》收录了由人力资源和社会保障部职业能力建设司编制,由中国劳动社会保障出版社出版的国家职业标准汇编本。每个职业标准都包括了职业概况、基本要求、工作要求和比重表等方面内容,对各职业的活动范围、工作内容、技能要求和知识水平作了明确规定,收录年限1999年至今。 《国内外标准题录数据库》是国内数据量较大、收录相对完整的标准数据库,收录了我国以及世界上先进国家、标准化组织制订与发布的标准题录数据。分为《中国标准题录数据库》(SCSD)和《国外标准题录数据库》(SOSD)。标准的内容来源于山东省标准化研究院,相关的文献、科技成果等信息来源于CNKI各大数据库,收录年限从1919年至今

续表

主要资源	简要介绍
成果	《中国科技项目创新成果鉴定意见数据库(知网版)》主要收录正式登记的中国科技成果,按行业、成果级别、学科领域分类。每条成果信息包含成果概况、立项、评价,知识产权状况及成果应用,成果完成单位、完成人等基本信息。核心数据为登记成果数据,具备正规的政府采集渠道,权威、准确。 数据来源于中国化工信息中心。成果分类按照《中国图书资料分类法》(第四版)和 GB/T 13745—2009《学科分类与代码》进行学科分类。收录年限从 1978 年至今的科技成果,部分成果回溯至 1920 年

4.1.2 主要功能

中国知网提供了多元化的检索方式,有一框式检索、高级检索、专业检索、作者发文检索、句子检索、知识元检索、引文检索、出版物检索等。

在中国知网平台可一次性检索到中外文多语种文献,实现一种语言输入获取全球知识,国际读者也可用英语发现中文内容。可从研究层次、主题、发表年度、文献来源、学科、作者、机构、基金、文献类型等多个维度揭示内容分布,分组细化,支持跨项组合。可限定检索范围,根据需要勾选单库检索或多库组合检索。中国知网首页如图 4.1.1 所示。

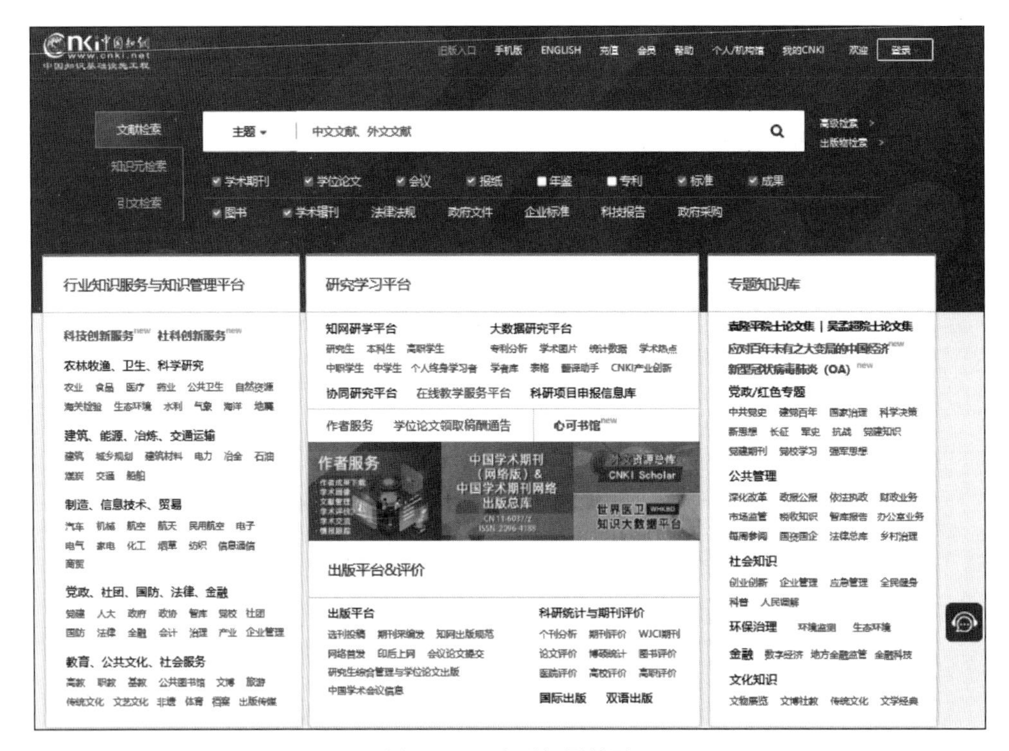

图 4.1.1 中国知网首页

1. 文献检索

1）一框式检索

一框式检索是中国知网最基本的检索方法。用户只需要在文本框中直接输入自然语言（或多个检索短语）即可检索，操作便捷。一框式检索适合已知目标文献的某些信息时的检索需求。通常不适合复杂主题的检索。一框式检索页面如图 4.1.2 所示。

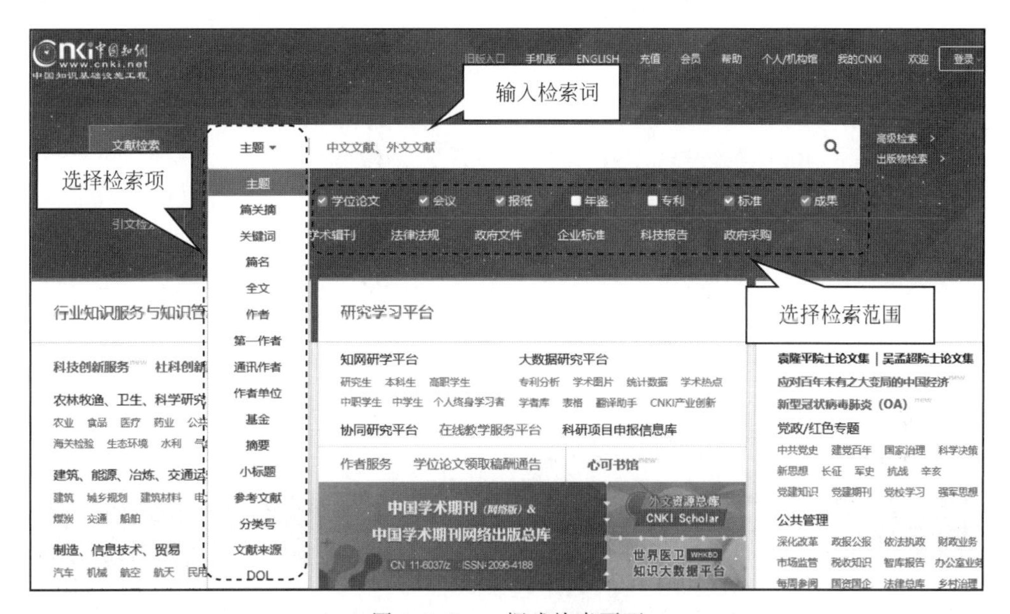

图 4.1.2 一框式检索页面

一框式检索的具体步骤如下。

（1）选择检索范围。在检索框的下方，选择要检索的文献数据库，根据需要进行勾选，可以勾选单库，也可以全选或多选。

（2）选择检索项。在检索字段下拉菜单中选取要进行检索的限定字段。提供的检索字段包括主题、篇关摘、关键词、篇名、全文、作者、第一作者、通讯作者、作者单位、基金、摘要、小标题、参考文献、分类号、文献来源、DOI 等。如果勾选某个单库检索，检索字段会有一些不同。

（3）输入检索词。在检索框中输入检索关键词。

【案例 4.1.1】 检索有关“智能制造”的论文，查看该主题的论文常发表在哪些中文期刊上？

步骤 1：打开中国知网首页，应用一框式检索方式。选择检索字段“主题”，检索栏输入“智能制造”，单击“检索”按钮，进入检索结果页面，如图 4.1.3 所示。

步骤 2：对检索结果进行筛选。在检索结果页面中文献类型单击“学术期刊”按钮，语种选择“中文”，初步筛选出有关“智能制造”中文学术期刊论文 2.2 万多篇。

步骤 3：在页面左侧“分组浏览”，单击“期刊”按钮，展开可见期刊名称及数量列表，也可单击“可视化图标查看”图标。浏览可见有关“智能制造”主题的学术论文常发表在《自动化

图 4.1.3　检索结果页面

博览》《智能制造》等期刊上。文献检索及筛选检索结果页面如图 4.1.4 所示。

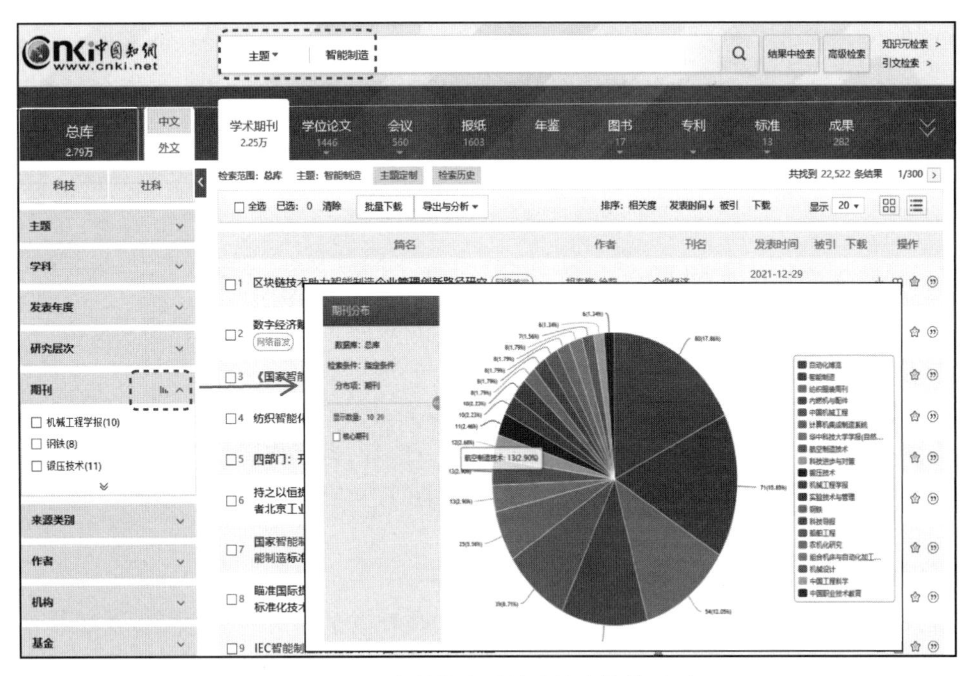

图 4.1.4　文献检索及筛选检索结果页面

2）高级检索

当遇到某些复杂的检索，可以利用高级检索方式，这种方式检索结果冗余少，命中率高。打开中国知网首页，再单击“高级检索”，直接进入高级检索页面，如图 4.1.5 所示。

检索项之间可以进行与（AND）、或（OR）、非（NOT）逻辑组配，用户可以根据页面上的“＋”和“－”来添加或减少检索项。高级检索可以进行时间范围和更新时间限定。

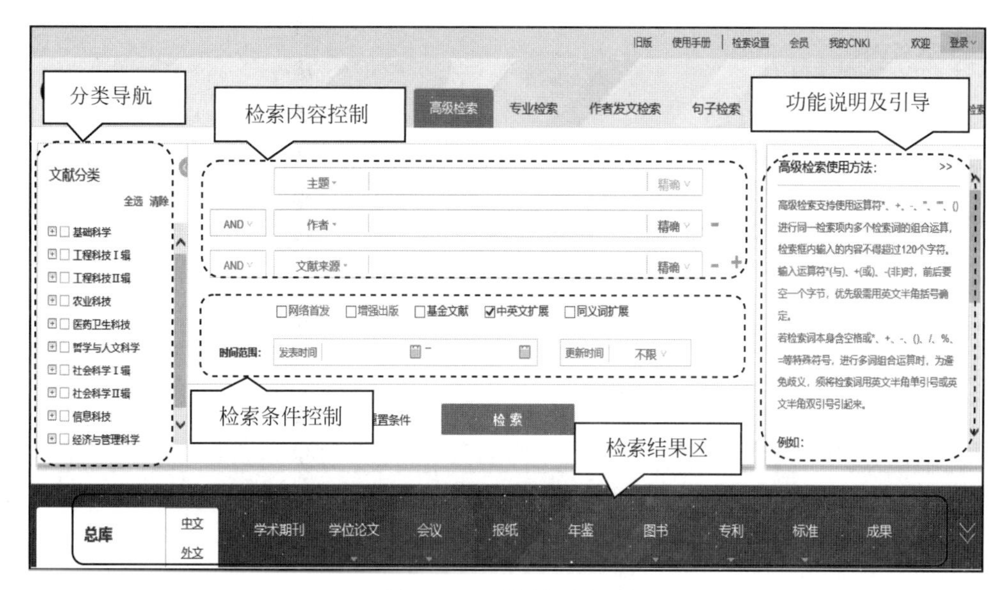

图 4.1.5　高级检索页面

高级检索具有智能推荐功能。用户在对应的检索框中输入检索词，根据对应的检索项在检索框的右侧会弹出相关推荐。例如，检索项为“主题”，检索词输入“信息素养”，右侧弹出该主题下的“相关词推荐”，如图 4.1.6 所示；同样，检索项为“作者”，检索词输入“黄如花”，右侧弹出“同名作者 / 所在机构”推荐；“文献来源”检索项下输入“图书馆”，右侧弹出文献来源的“相关文献”推荐。

图 4.1.6　高级检索之智能推荐页面

【案例 4.1.2】 在中国知网中查找“大学生就业”相关的期刊文献，并请检索出 2003—2020 年，被北大核心、CSSCI 收录的文献受哪个基金支持最多？

步骤 1：分析主题，提取检索词“大学生”“就业”。

步骤 2：打开中国知网首页进入高级检索页面，在检索条件输入区选择检索字段“关键词”，分别输入“大学生”“就业”，逻辑关系为 AND；数据库选择“学术期刊”；在检索控制区勾选“基金文献”，时间范围输入 2003—2020 年，来源类别勾选“北大核心”、CSSCI。检索条件输入页面如图 4.1.7 所示。

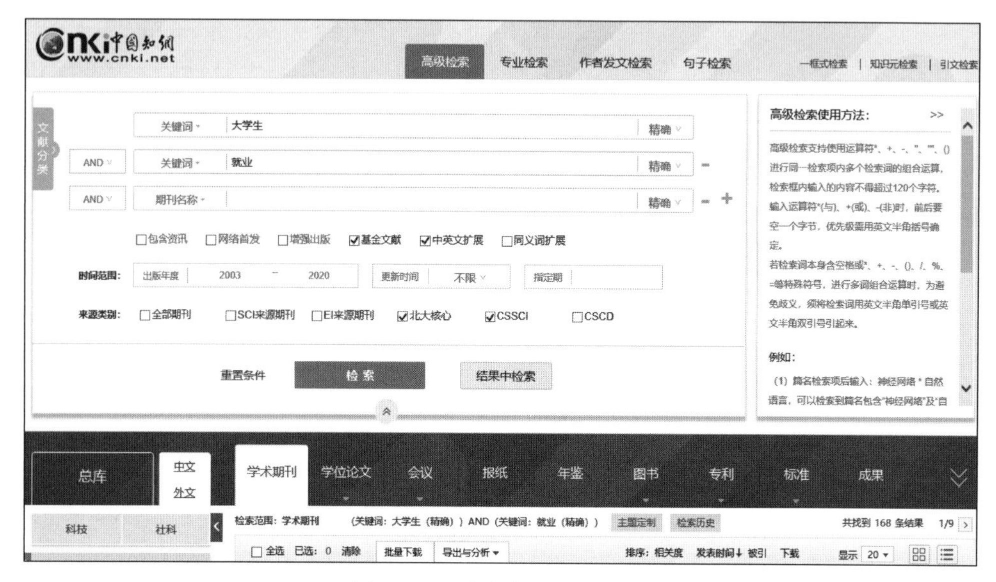
图 4.1.7　检索条件输入页面

步骤 3：单击“检索”按钮，检索出 168 条结果。在分组浏览单击“基金”项展开，可见支持最多的基金项目是“全国教育科学规划课题”。检索结果页面如图 4.1.8 所示。

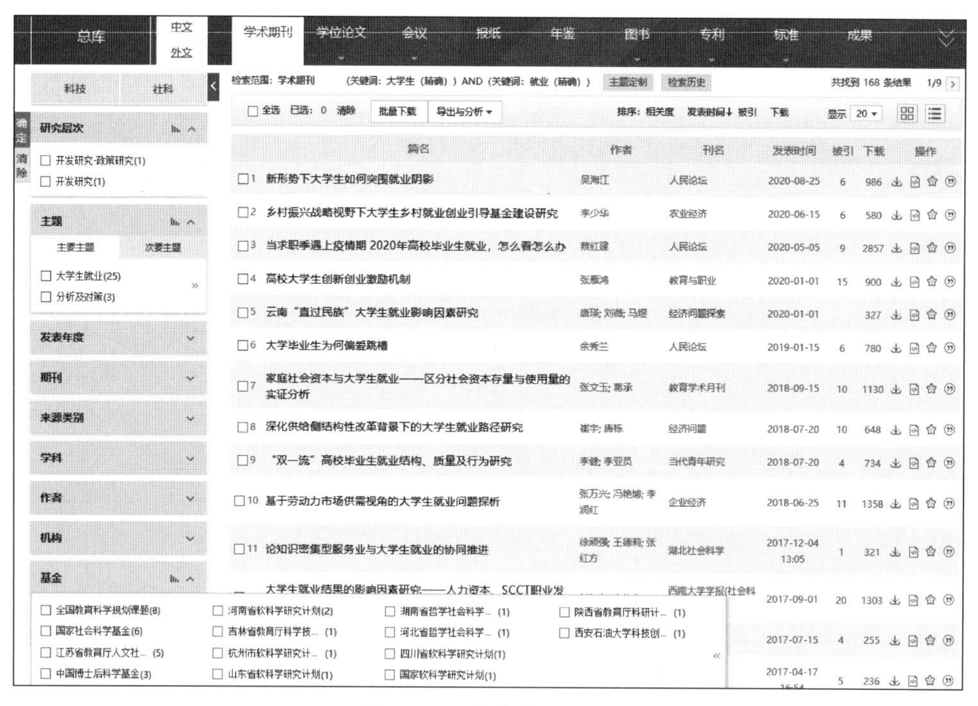
图 4.1.8　检索结果页面

3）专业检索

在高级检索页切换至“专业检索”标签，可进行专业检索。专业检索页面如图 4.1.9 所示。

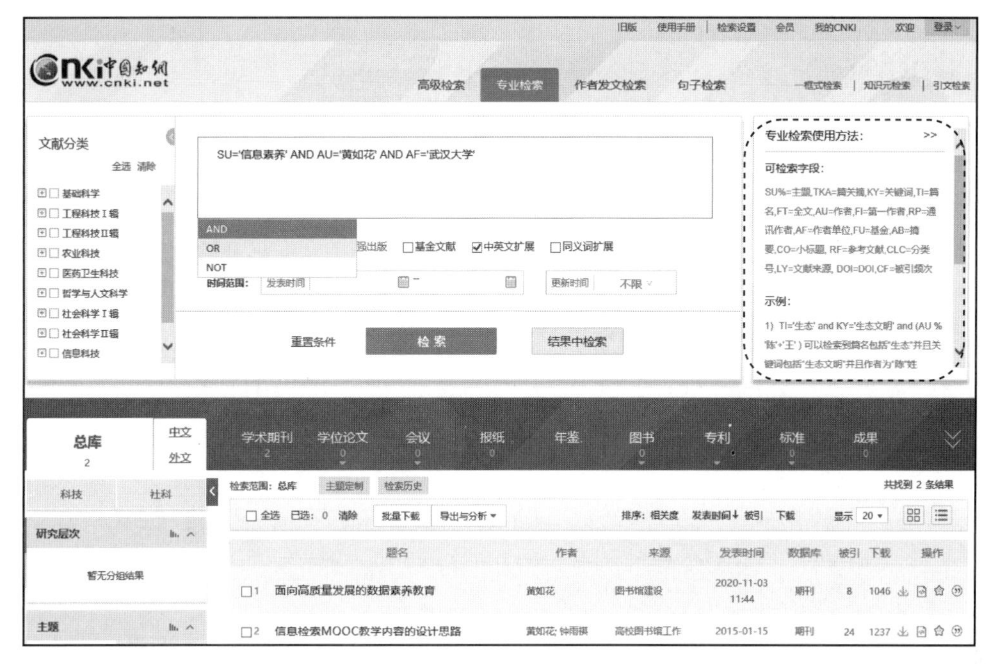

图 4.1.9　专业检索页面

专业检索需要使用运算符和检索词构造检索式进行检索。

专业检索的一般流程：确定检索字段构造一般检索式，借助字段间关系运算符和检索值限定运算符可以构造复杂的检索式。

专业检索表达式的一般式：〈字段代码〉〈匹配运算符〉〈检索值〉。

4）作者发文检索

在高级检索页切换至“作者发文检索”标签，可进行作者发文检索。作者发文检索页面如图 4.1.10 所示。

作者发文检索通过输入作者姓名及其单位信息，检索某作者发表的文献，功能及操作与高级检索基本相同。

5）句子检索

在高级检索页切换至“句子检索”标签，可进行句子检索。句子检索页面如图 4.1.11 所示。

句子检索是通过输入的两个检索词，在全文范围内查找同时包含这两个词的句子，找到有关事实的问题答案。句子检索不支持空检，同句、同段检索时必须输入两个检索词。

2. 检索结果

在中国知网，以检索主题为“信息素养”为例，检索结果如图 4.1.12 所示。用户可根据需要对检索结果进行文献类型切换、分组浏览、检索结果排序、批量下载、文献导出与分析、下载、阅读、收藏、引用等处理。

图 4.1.10　作者发文检索页面

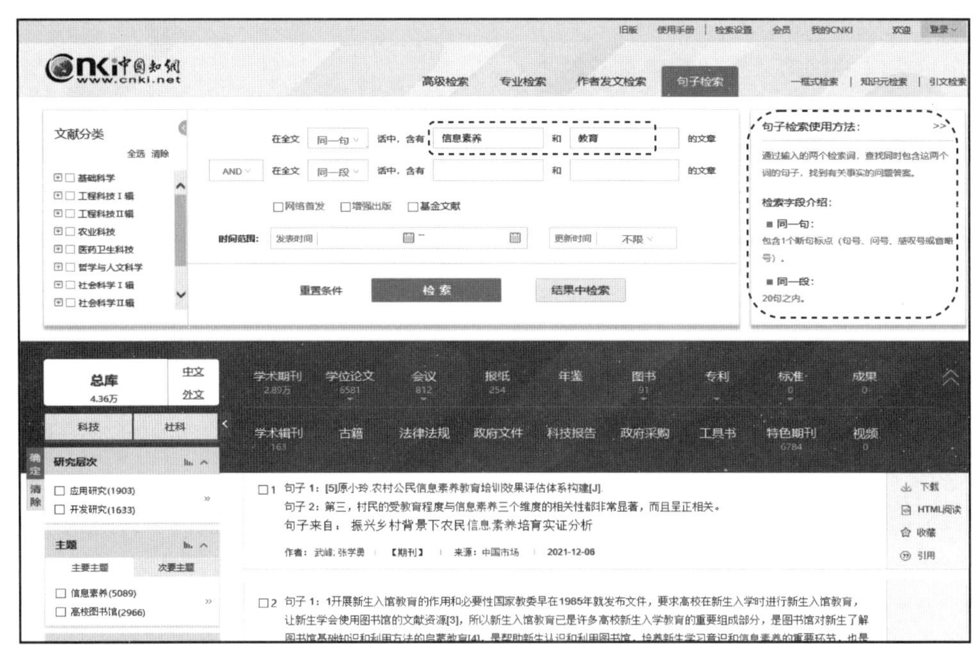

图 4.1.11　句子检索页面

(1) 文献类型切换：横向展示所有资源类型文献，各资源类型下显示符合检索条件的文献量，突显总库各资源的文献发布情况，可单击文献类型查看不同资源类型下的文献。

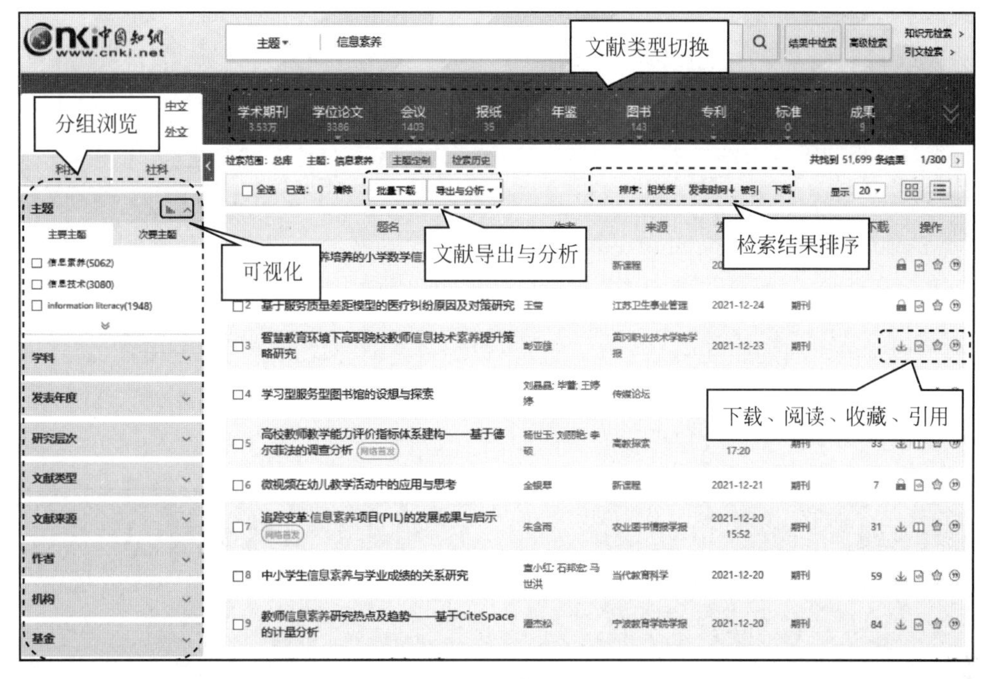

图 4.1.12　检索结果页面

(2) 分组浏览：针对来源数据库、所属学科、发表年度、研究层次、作者、机构、基金、文献来源及关键词对结果分组浏览，实现细化检索结果的目的。

(3) 检索结果排序：检索结果提供“相关度”“发表时间”“被引”“下载”“综合”5种排序方式，其中默认按照相关度排序。

(4) 文献导出与分析：数据库导出文献提供GB/T 7714—2015格式引文、CAJ-AD格式引文、查新引文格式、EndNote、NoteExpress等多种引文格式，可对全部检索结果或已选文献进行计量可视化分析，深层直观分析文献。

(5) 下载、阅读、收藏、引用：数据库提供批量下载、单篇下载；还有在线阅读、HTML阅读等多种阅读功能及收藏功能。

3. 知识元检索

知识元指不可再分的具有完备知识表达的知识单位。它包括概念知识元、事实知识元和数值型知识元等。在中国知网首页上，单击“知识元检索”，即进入知识元检索页面，如图4.1.13所示。目前中国知网提供的知识元检索包括知识问答、百科、词典、手册、工具书、图片、统计数据、指数、方法、概念等。

4. 引文检索

中国引文数据库是依据中国知网收录数据库及增补部分重要期刊文献的文后参考文献和文献注释为信息对象建立的、具有特殊检索功能的文献数据库。中国引文数据库通过揭

图 4.1.13　知识元检索页面

示各种类型文献之间的相互引证关系，不仅可以为科学研究提供新的交流模式，而且可以作为一种有效的科研管理及统计分析工具。在中国知网首页上单击“引文检索”选项进入“中国引文数据库”，中国引文数据库检索页面如图 4.1.14 所示。

图 4.1.14　中国引文数据库检索页面

在中国引文数据库中，用户可进行被引文献、被引作者、被引机构、被引期刊、被引基金、被引学科、被引地域、被引出版社等检索。检索方式有简单检索和高级检索。

5. 知网节

知网节对文献信息资源进行深度挖掘和加工，并通过概念相关、事实相关、参考引证等多种方法揭示知识之间的各种关联，将整个中国知网检索平台上的文献资源编织成纵横交错的文献网络和知识网络。知网节页面主要包括核心文献推荐、参考文献、引证文献、共引文献、同被引文献、二级参考文献、二级引证文献、相似文献、读者推荐、相关基金文献、关联作者、相关视频等连接点。被引文献的检索结果显示的引文网络如图 4.1.15 所示。

【案例 4.1.3】 在中国知网中检索武汉大学马费成教授发表的篇名为“新文科背景下我国图书情报学科的发展前景”一文被其他期刊文章引用的情况。

步骤 1：进入中国知网首页，单击“引文检索”按钮，进入中国引文数据库检索页面。

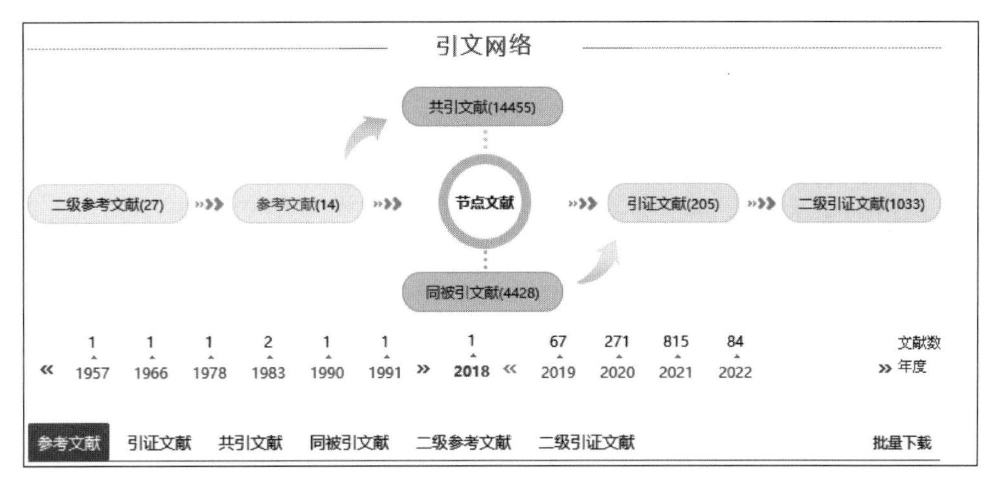

图 4.1.15　被引文献的检索结果——引文网络显示页面

步骤 2：单击“高级检索”按钮，进入中国引文数据库高级检索页面，在检索条件输入区分别选择“被引题名”和“被引作者”检索字段，在对应的检索框输入题名“新文科背景下我国图书情报学科的发展前景”和作者名“马费成”，单击“检索”按钮，即可查看该篇文章被引用的情况。被引文献的检索结果页面如图 4.1.16 所示。

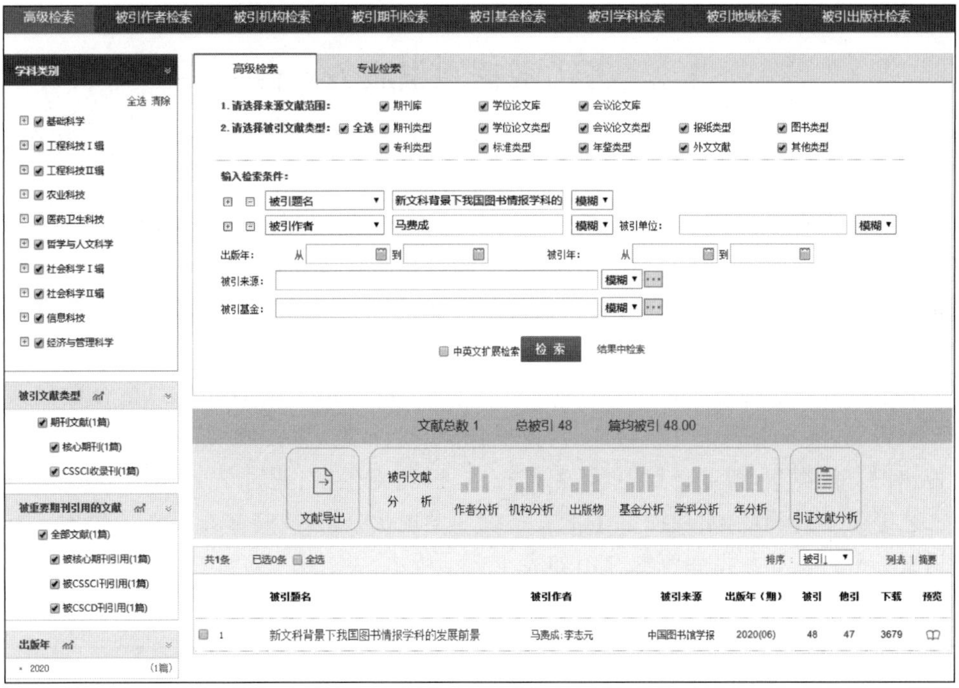

高级检索 被引作者检索 被引机构检索 被引期刊检索 被引基金检索 被引学科检索 被引地域检索 被引出版社检索

高级检索 专业检索

被引题名 新文科背景下我国图书情报学科的
被引作者 马费成

文献总数 1 总被引 48 篇均被引 48.00

	被引题名	被引作者	被引来源	出版年（期）	被引	他引	下载	预览
1	新文科背景下我国图书情报学科的发展前景	马费成;李志元	中国图书馆学报	2020(06)	48	47	3679	

图 4.1.16　被引文献的检索结果页面

步骤 3：单击“被引题名”后的“被引次数”，进入引证文献明细页面，即可查看全部引证文献。引证文献明细页面如图 4.1.17 所示。

CNKi 中国引文数据库 Chinese Citation Database 引证明细

欢迎：wh0118 | 退出系统 | CNKI首页 | 使用指南

《新文科背景下我国图书情报学科的发展前景》全部的引证文献：（总被引频次：48，总他引频次：47）

[1] 周毅．新文科背景下图情档专业教育的循证改革实践[J]．情报资料工作．2022(01) :23-31．

[2] 洪亮，马费成．面向大数据管理决策的知识关联分析与知识大图构建[J]．管理世界．2022(01) :207-219．

[3] 金波，杨鹏，王毅．“十四五”图书馆、情报与文献学学科发展态势与前瞻[J]．图书馆杂志．2022(01) :4-16．

[4] 冯雅，吴骞，李刚．论习近平红色资源观[J]．图书馆论坛．2022(01) :1-12．

[5] 穆晓敏．老年慢性病共病模式挖掘与防控策略研究[D]．吉林大学．2021．

[6] 李茵．面向医院管理的数据驱动决策研究[D]．吉林大学．2021．

[7] 柯平．新图情档——新文科建设中的图书情报与档案管理一级学科发展[J]．情报资料工作．2021(01) :15-20．

[8] 周文泓．新文科背景下我国档案学科的前景展望[J]．情报资料工作．2021(01) :37-41．

[9] 樊振佳．“新文科”语境下我国图书馆学学科建设：话语、逻辑与路径[J]．情报资料工作．2021(01) :28-36．

[10] 魏志鹏，杨克虎．循证社会科学视角下的新文科建设路径研究[J]．兰州大学学报(社会科学版)．2021(01) :142-150．

[11] 王莉娜，胡广伟，刘建霞．数据赋能视角下应急情报服务价值共创过程及能力提升——以新冠疫情防控为例[J]．图书情报知识．2021(01) :23-33．

[12] 饶权，克里斯汀·麦肯齐，杰拉德·莱特纳，陈超，吴建中，于良芝，阿曼达·里德，金·汤普森，肖珑，金武刚，吴丹，刘静．弥合数字鸿沟 促进数字包容：信息社会中图书馆的新使命[J]．图书馆杂志．2021(02) :4-19．

[13] 丁洁兰，任弢，龙艺璇，伊惠芳，刘细文，苏竣．信息资源管理领域发展态势研究——基于WoS论文的文献计量分析[J]．科学观察．2021(01) :42-62．

[14] 杨思洛，刘华玮，董嘉慧，肖敖夏．新时期图情档领域学术会议主题及分布特征分析——以“图情会”公众号报道为例[J]．知识管理论坛．2021(01) :66-75．

[15] 刘细文．情报学范式变革与数据驱动型情报工作发展趋势[J]．图书情报工作．2021(01) :4-11．

[16] 周文杰．从多元异构走向融合归———图情档新文科建设的趋向评析[J]．情报资料工作．2021(02) :14-21．

[17] 闫慧，高家擎，闫新战，于艺浩．2020年中国图书情报与档案管理领域研究热点回顾[J]．情报资料工作．2021(02) :8-13．

[18] 蔡迎春，姜小溪．数字内容创作：图书馆空间变革的新态势[J]．图书馆学研究．2021(06) :11-17．

[19] 孙曙光，张帆，郝爽．学科评估视域下图书情报与档案管理学科建设的问题与策略[J]．情报科学．2021(05) :163-168．

[20] 郑巧．社交情境下图书情报工作实践方向探究[J]．现代职业教育．2021(19) :180-181．

共48条 1 2 3 下一页

图 4.1.17 引证文献明细页面

4.2 万方数据知识服务平台

4.2.1 资源简介

万方数据成立于1993年。2000年，在原万方数据（集团）公司的基础上，由中国科学技术信息研究所联合中国文化产业投资基金、中国科技出版传媒有限公司、北京知金科技投资有限公司、四川省科技信息研究所和科技文献出版社等五家单位共同发起成立北京万方数据股份有限公司。

万方数据知识服务平台（网址：https://www.wanfangdata.com.cn）整合数亿条全球优质知识资源，集成期刊、学位、会议、科技报告、专利、标准、科技成果、法规、地方志、视频等十余种知识资源类型，覆盖自然科学、工程技术、医药卫生、农业科学、哲学政法、社会科学、科教文艺等全学科领域，实现海量学术文献统一发现及分析，支持多维度组合检索。万方数据知识服务平台主要数据库资源介绍如表4.2.1所示。

表 4.2.1 万方数据知识服务平台主要数据库资源

数据库名称	资源介绍
中国学术期刊数据库（China Online Journals，COJ）	收录始于1998年，包含8000余种期刊，其中包含北京大学、中国科学技术信息研究所、中国科学院文献情报中心、南京大学、中国社会科学院历年收录的核心期刊3300余种，年增300余万篇论文，周更新2次，涵盖自然科学、工程技术、医药卫生、农业科学、哲学政法、社会科学、科教文艺等各个学科

续表

数据库名称	资源介绍
中国学位论文全文数据库(China Dissertations Database)	收录始于1980年,年增30余万篇论文,涵盖基础科学、理学、工业技术、人文科学、社会科学、医药卫生、农业科学、交通运输、航空航天和环境科学等各学科领域
中国学术会议文献数据库(China Conference Proceedings Database)	会议资源包括中文会议和外文会议,中文会议收录始于1982年,年收集约3000个重要学术会议,年增20余万篇论文,每月更新。外文会议主要来源于NSTL外文文献数据库,收录了1985年以来世界各主要学协会、出版机构出版的学术会议论文共计900万篇全文(部分文献有少量回溯),每年增加论文约20余万篇,每月更新
中外专利数据库(Wanfang Patent Database,WFPD)	涵盖1.3余亿条国内外专利数据。其中,中国专利收录始于1985年,共收录3300余万条专利全文,可本地下载专利说明书,数据与国家知识产权局保持同步,包含发明专利、外观设计和实用新型三种类型,准确地反映我国最新的专利申请和授权状况,每月新增30余万条。国外专利1亿余条,均提供欧洲专利局网站的专利说明书全文链接,收录范围涉及中国、美国、日本、英国、德国、法国、瑞士、俄罗斯、韩国、加拿大、澳大利亚、世界知识产权组织、欧洲专利局等11国两组织数据,每年新增300余万条
中外科技报告数据库	包括中文科技报告和外文科技报告。中文科技报告收录始于1966年,源于中华人民共和国科学技术部,共计2.6余万份。外文科技报告收录始于1958年,涵盖美国政府四大科技报告(AD、DE、NASA、PB),共计110余万份
中国科技成果数据库(China Scientific & Technological Achievements Database)	收录了自1978年以来国家和地方主要科技计划、科技奖励成果,以及企业、高等院校和科研院所等单位的科技成果信息,涵盖新技术、新产品、新工艺、新材料、新设计等众多学科领域,共计90余万项。数据库每两月更新一次,年新增数据1万条以上
中外标准数据库(China Standards Database)	收录了所有中国国家标准(GB)、中国行业标准(HB)以及中外标准题录摘要数据,共计200余万条记录,其中中国国家标准全文数据内容来源于中国质检出版社,中国行业标准全文数据收录了机械、建材、地震、通信标准以及由中国质检出版社授权的部分行业标准
中国法律法规数据库(China Laws & Regulations Database)	收录始于1949年,涵盖国家法律法规、行政法规、地方性法规、国际条约及惯例、司法解释、合同范本等,权威、专业。每月更新,年新增量不低于8万条

4.2.2 主要功能

万方数据知识服务平台提供一框式检索、高级检索、专业检索、作者发文检索等多种检索方式。万方数据知识服务平台首页如图4.2.1所示。

1. 一框式检索

打开万方数据知识服务平台首页,系统默认一框式检索方式。用户可直接在首页选择题名、作者、作者单位、关键词、摘要等检索字段,在检索框中输入检索词进行检索。

图 4.2.1 万方数据知识服务平台首页

例如，在检索框中输入检索词“信息素养”，即可检索出多个数据库的检索结果，如图 4.2.2 所示。

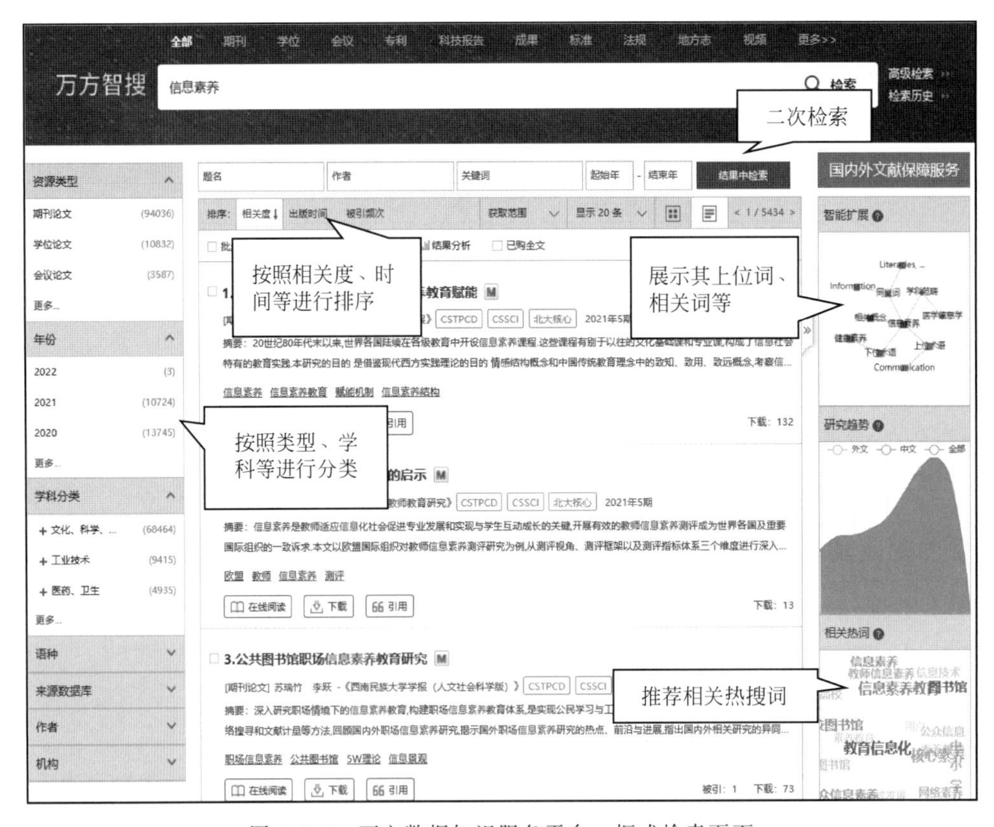

图 4.2.2 万方数据知识服务平台一框式检索页面

经过初步检索,发现检索结果太多,用户可以进行二次检索,或者对检索结果进一步筛选。用户可根据需要限定资源类型、年份、学科、语种、来源数据库、作者、机构等;可按照资源类型、年份、学科分类、语种、来源数据库、作者、机构等进行分类筛选;可按照相关度、出版时间、被引频次等进行排序。智能扩展可展示其上位词、下位词、相关词;相关热词推荐相关的热搜词。

2. 高级检索

万方数据知识服务平台高级检索支持跨库检索和单库检索。高级检索页面如图 4.2.3 所示。

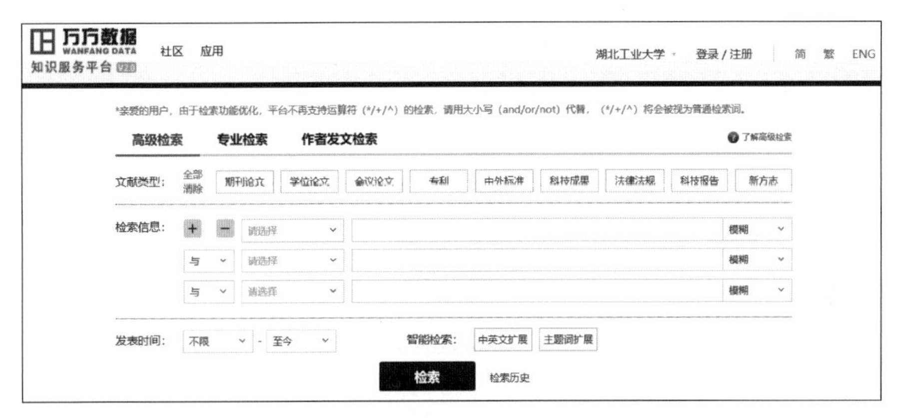

图 4.2.3 万方数据知识服务平台高级检索页面

选择不同的文献类型,系统的字段选择下拉菜单会相应变化,如文献类型选择期刊论文,字段选择将会显示主题、题名或关键词、作者、作者单位、关键词、摘要、中图分类号、DOI、期刊(基金/刊名/ISSN/期)等检索入口;若文献类型选择学位论文,字段选择显示主题、题名或关键词、作者、作者单位、关键词、摘要、中图分类号、DOI,还会显示学位(专业/学位授予单位/导师/学位)相关信息。

使用"主题"字段检索,主题字段包含题名、关键词、摘要;使用"题名或关键词"字段检索,即题名或者关键词。

万方智搜支持逻辑运算符(与、或、非)、双引号以及特定符号的限定检索。其运算符写法及检索含义如表 4.2.2 所示。

表 4.2.2 万方智搜支持的逻辑运算符的写法及检索含义

运 算 符	检 索 含 义
AND/and	逻辑与运算,同时出现在文献中
OR/or	逻辑或运算,其中一个或同时出现在文献中
NOT/not	逻辑非运算,后面的词不出现在文献中
“”	精确匹配,引号中词作为整体进行检索
()	限定检索顺序,括号内容作为一个子查询

备注:① 逻辑运算符存在优先级,优先级()> not > and > or。
② 运算符建议使用英文半角输入形式。

【**案例 4.2.1**】 请在万方数据知识服务平台查询初景利教授在 2017—2021 年发表在期刊《图书情报工作》上的所有文献。

步骤 1：打开万方数据知识服务平台，进入主页，系统默认文献类型为“期刊”，直接单击“高级检索”按钮，进入高级检索页面。

步骤 2：在检索信息输入区，选择检索字段“作者”，对应检索框中输入“初景利”；选择检索字段“期刊-刊名”，对应检索框中输入“图书情报工作”，逻辑运算选择逻辑“与”；发表时间范围输入 2017—2021 年，单击“检索”按钮，共找到 24 条检索结果，检索结果页面如图 4.2.4 所示。

图 4.2.4　检索结果页面

3. 专业检索

在万方数据知识服务平台首页，单击“高级检索”按钮，选择专业检索，如图 4.2.5 所示。

专业检索通用的检索字段有主题、题名或关键词、题名、第一作者、作者单位、作者、关键词、摘要、DOI。如选择检索文献类型是期刊论文，检索字段还包括基金、中图分类号、期刊名称/刊名、ISSN/CN、期等；若选择其他文献类型，检索字段会根据文献的特点稍有变化。检索需构建检索式，用户可根据专业检索页面上的“了解专业检索”“教你如何正确编写表达式”“推荐检索词”等帮助或提示构建正确的检索式进行检索，如图 4.2.5 所示。

4. 作者发文检索

在万方数据知识服务平台首页，单击“高级检索”按钮，选择作者发文检索，如图 4.2.6 所示。

在作者发文检索页面，用户可以输入作者名称和作者单位等字段来精确查找相关作者

图 4.2.5 专业检索页面

图 4.2.6 作者发文检索页面

的学术成果，系统默认精确匹配，可自行选择精确还是模糊匹配。同时，用户可以通过单击输入框前的“+”号来增加检索字段。若某一行未输入作者或作者单位，则系统默认作者单位为上一行的作者单位，如图 4.2.6 所示。

4.3 维普中文期刊服务平台

4.3.1 资源简介

维普中文期刊服务平台（网址：http://qikan.cqvip.com）是以中文期刊资源保障为核心基础，以数据检索应用为基础，以数据挖掘与分析为特色，面向教、学、产、研等多场景应用的期刊大数据服务平台。维普中文科技期刊数据库诞生于 1989 年，累计收录期刊 15 000 余种，现刊 9000 余种，文献总量 7000 余万篇，是我国数字图书馆建设的核心资源之一，是高校图书馆文献保障系统的重要组成部分，也是科研工作者进行科技查证和科技查新的必备数据库。资源涵盖医药卫生、农业科学、机械工程、自动化与计算机技术、化学工程、经济管理、政治法律、哲学宗教、文学艺术等 35 个学科大类，457 个学科小类。回溯年限至 1989 年，部分期刊回溯至创刊年，数据库中心网站每日更新。

4.3.2 主要功能

维普中文期刊服务平台采用了先进的大数据构架与云端服务模式，通过准确、完整的数据索引和知识本体分析，着力为用户及信息服务机构提供优质的知识服务解决方案和良好的使用体验功能特色。平台提供了包括一框式检索、高级检索、期刊导航、期刊评价报告、期刊开放获取等检索方式；还提供了基于检索结果的二次检索、分面聚类筛选、多种排序方式，方便用户快速找到目标文献。维普中文期刊服务平台首页如图 4.3.1 所示。

图 4.3.1　维普中文期刊服务平台首页

1. 文献检索

1）一框式检索

维普中文期刊服务平台默认使用一框式检索，用户在首页检索框中输入检索词，单击"检索"按钮即可获得检索结果。用户还可以通过设定检索命中字段，从而获取最佳检索结果。平台支持题名或关键词、题名、关键词、摘要、作者、第一作者、作者简介、机构、基金、分类号、参考文献、栏目信息、刊名等十余个检索字段。

【案例 4.3.1】 利用维普中文期刊服务平台，查找发表在期刊《计算机科学》上的以"人工智能"为题名或关键词的文章。

步骤 1：进入维普中文期刊服务平台首页，直接进入一框式检索页面。

步骤 2：选择"题名或关键词"选项，在检索框中输入"人工智能"，单击"检索"按钮。检索结果显示共找到 71 160 篇文章，检索结果页面如图 4.3.2 所示。

步骤 3：在检索结果页面左侧进行二次检索，选择检索字段"刊名"，输入"计算机科学"，二次检索后共找到 608 篇文章，二次检索结果页面如图 4.3.3 所示。

图 4.3.2　检索结果页面

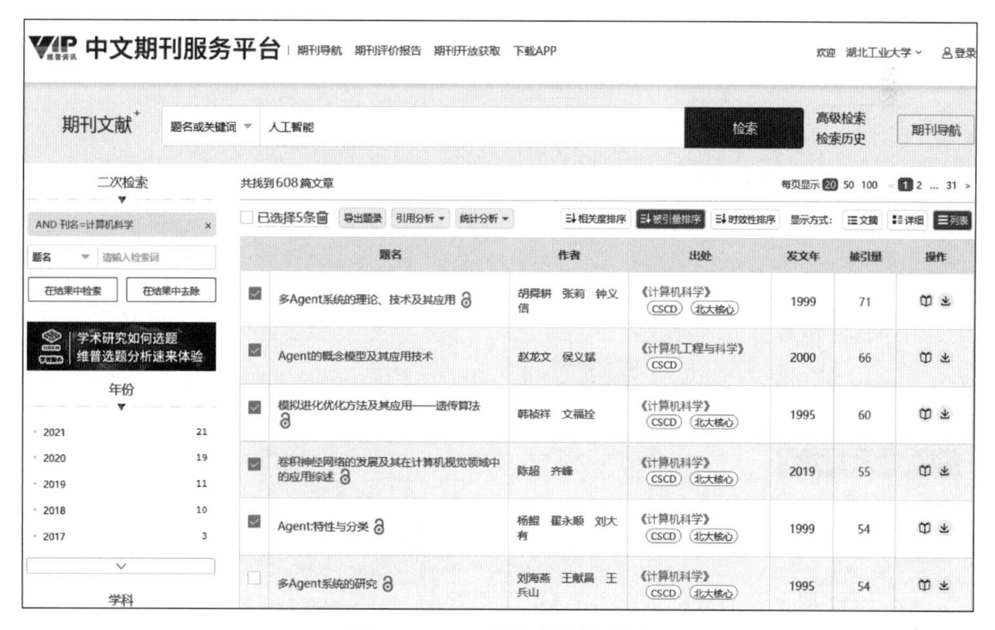

图 4.3.3　二次检索结果页面

2）高级检索

维普中文期刊服务平台高级检索提供向导式检索和检索式检索。

（1）向导式检索。向导式检索又称组栏式检索。用户可以运用“与”“或”“非”布尔逻辑运算，进行多条件组配检索，一步获取最优检索结果。可以对每个检索词分别设定检索命中字段，并且通过时间范围限定、期刊范围限定、学科范围限定来调整检索的数据范围；还可以选择“精确”和“模糊”两种匹配方式，选择是否进行“中英文扩展”和“同义词扩展”，通过更多的检索前条件限定，获得最佳的检索结果。

检索规则如下：检索框中可支持“与”（AND/and/＊）、“或”（OR/or/＋）、“非”（NOT/not/－）三种简单逻辑运算；逻辑运算符AND、OR、NOT，前后须空一格；逻辑运算符优先级为NOT＞AND＞OR，且可通过英文半角()进一步提高优先级；表达式中，检索内容包含AND/and、NOT/not、OR/or、＊、－等运算符或特殊字符检索时，需加半角引号单独处理。如"multi-display" "C++"；精确检索需使用检索框后方的“精确”选项。

【案例4.3.2】 在维普中文期刊服务平台中，检索北京大学王余光发表的题名或关键词中含有“阅读推广”的文章。

步骤1：进入维普中文期刊服务平台，在首页中单击“高级检索”按钮，进入高级检索页面。

步骤2：选择“题名或关键词”选项，在检索框中输入“阅读推广”；选择“机构”选项，在检索框输入“北京大学”；选择“作者”选项，在检索框中输入“王余光”；字段之间用逻辑“与”连接；单击“检索”按钮，共检索出符合条件的文章9篇。检索结果页面如图4.3.4所示。

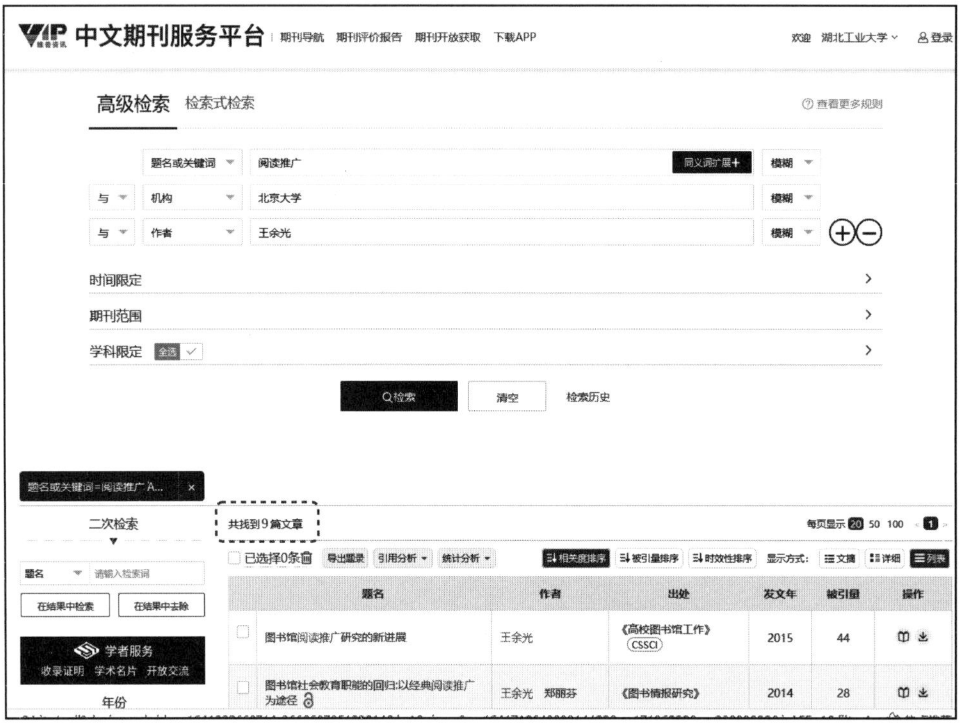

图4.3.4　检索结果页面

(2) 检索式检索。检索式检索是为专业级用户提供的数据库检索功能。用户可以在检索框中使用布尔逻辑运算符对多个检索词进行组配检索。执行检索前，还可以选择时间、期刊来源、学科等检索条件对检索范围进行限定。每次调整检索策略并执行检索后，均会在检索区下方生成一个新的检索结果列表，方便对多个检索策略的结果进行比对分析。

逻辑运算符书写规则：逻辑运算符AND、OR、NOT可兼容大小写，逻辑运算符优先级为()>NOT>AND>OR；所有运算符号必须在英文半角状态下输入，前后须空一格，英文半角“""”表示精确检索，检索词不做分词处理，作为整个词组进行检索，以提高准确性。逻辑运算符对照如表 4.3.1 所示。

表 4.3.1 逻辑运算符对照表

逻辑关系	与	或	非
运算符	AND/and/ *	OR/or/＋	NOT/not/－

字段标识符书写规则：字段标识符必须为大写字母，每种检索字段前，都须带有字段标识符，相同字段检索词可共用字段标识符，如 K＝CAD＋CAM。检索字段标识符对照如表 4.3.2 所示。

表 4.3.2 检索字段标识符对照表

符号	字段	符号	字段
U	任意字段	S	机构
M	题名或关键词	J	刊名
K	关键词	F	第一作者
A	作者	T	题名
C	分类号	R	摘要

【案例 4.3.3】 在维普中文期刊服务平台中，利用检索式查询清华大学王灿教授为第一作者发表的有关“碳中和”或“碳达峰”方面的文献。

步骤 1：分析检索课题，构建检索式：M＝(碳中和 OR 碳达峰) AND F＝王灿 AND S＝清华大学。

步骤 2：在检索框中输入检索式，单击“检索”按钮，共检索到符合条件的文章 4 篇，检索结果页面如图 4.3.5 所示。

3) 检索结果

维普中文期刊服务平台提供了基于检索结果的二次检索、分面聚类筛选、多种排序方式，方便用户快速找到目标文献。检索结果筛选与提炼功能显示页面如图 4.3.6 所示，其功能说明如下。

(1) 二次检索：在已有检索结果的基础上，通过“在结果中检索”选定特定检索内容，或者通过“在结果中去除”摒弃特定检索内容，缩小检索范围，进一步精炼检索结果。

(2) 检索结果聚类：平台提供基于检索结果的年份、所属学科、期刊收录、相关主题、期刊、发文作者和相关机构的分面聚类功能，各聚类项执行“与”的检索逻辑，用户可以通过单击相关聚类项，进行结果的聚类筛选。

(3) 文献选择：平台提供已选文献集合的文献管理功能，用户可以对已勾选内容进行题录导出和计量分析。

(4) 文献题录导出：平台支持文献题录信息的导出功能，支持的导出格式为文本、查新格式、参考文献、XML、NoteExpress、Refworks、EndNote、Note First、自定义导出、Excel 导出等。用户可以勾选目标文献，单击“导出”按钮后选择适当的导出格式实现此功能。

图 4.3.5 检索结果页面

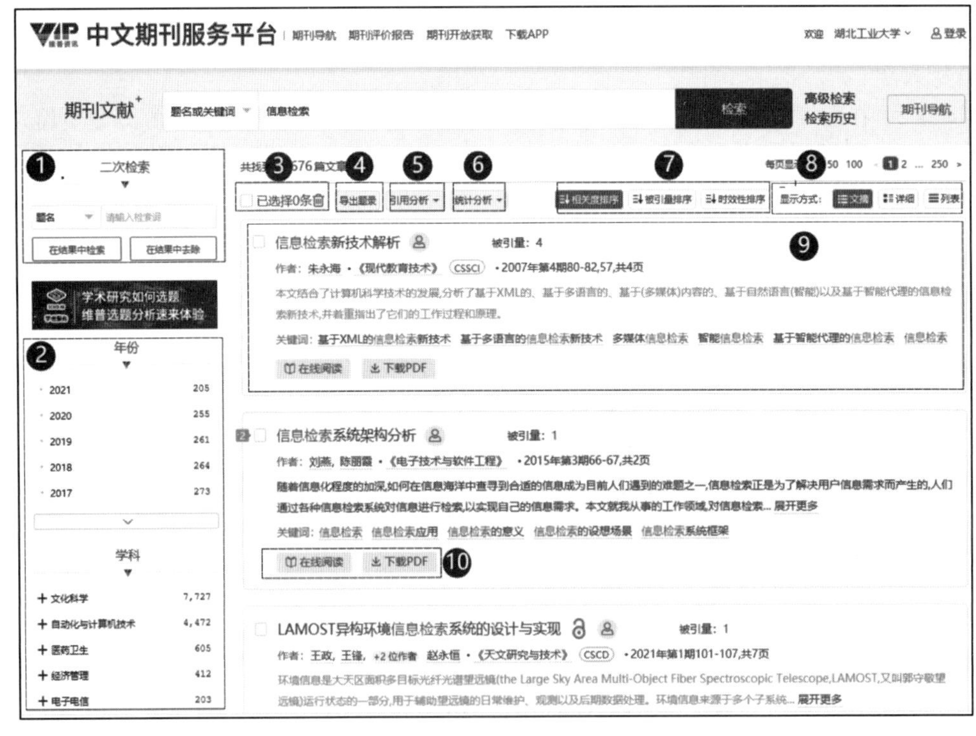

图 4.3.6 检索结果筛选与提炼功能显示页面

（5）引用分析：可对单篇或多篇文献题录的参考文献和引证文献进行汇总分析，同样以查询结果的形式返回具体数据，帮助用户有效梳理研究主题的来龙去脉。

（6）统计分析：提供对“检索结果”和“已选文献集合”的统计分析功能，分析文献集合的年份、发文作者、发文机构、发文期刊、发文领域等多维度的分布情况。

（7）检索结果排序：平台提供相关度排序、被引量排序和时效性排序 3 种排序方式，用户可以从不同维度对检索结果进行梳理。

（8）查看视图切换：平台支持文摘、详细和列表 3 种文献查看方式，用户可以按需进行视图切换。

（9）文献题录查看：可以在题录列表中详细浏览文献题录信息，根据显示方式的不同，文献题录显示详略不一，主要有题名、作者、机构、来源和期次等。

（10）全文保障服务：平台提供在线阅读、下载 PDF、原文传递、OA 全文链接等多途径的全文保障模式。

2. 期刊导航

打开维普中文期刊服务平台首页，单击页面顶部导航区的“期刊导航”链接或页面上方检索框后的“期刊导航”按钮，均可进入期刊导航页面。期刊导航分为期刊检索查找、期刊导航浏览两种方式。若已有明确的期刊查找对象，用户可用期刊检索的方式快速定位到该刊；若没有明确的期刊查找对象，用户可用期刊导航的方式自由浏览期刊。期刊导航功能显示页面如图 4.3.7 所示。

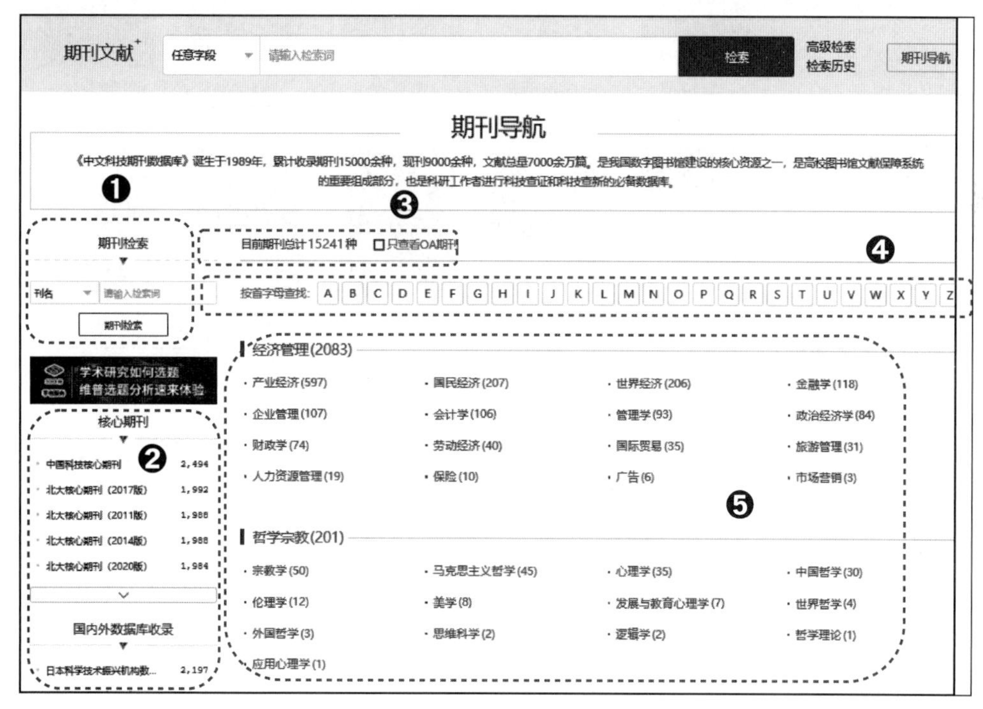

图 4.3.7 期刊导航功能显示页面

期刊导航功能页面说明如下。

(1) 期刊检索可以切换检索字段,实现期刊资源的检索;平台支持以下检索字段:刊名、ISSN、CN、主办单位、主编、邮发代号。

(2) 聚类筛选平台提供核心刊导航、国内外数据库收录导航、地区导航、主题导航等多种期刊聚类方式,方便用户按需进行切换。

(3) 期刊收录显示目前平台期刊收录种数。

(4) 按首字母查找可以通过期刊刊名首字母的方式查找期刊。

(5) 按学科浏览可以通过学科类别的方式浏览期刊。

【案例 4.3.4】 在维普中文期刊服务平台中,查找期刊《计算机应用》,查看该刊的相关各种信息。

步骤 1:打开维普中文期刊服务平台首页,单击"期刊导航"按钮,进入期刊导航页面。

步骤 2:在"期刊检索"检索框输入"计算机应用",检索字段选择"刊名",单击"检索"按钮。期刊检索结果页面如图 4.3.8 所示。

图 4.3.8 期刊检索结果页面

步骤 3:在期刊检索结果页面,找到目标期刊"计算机应用",单击期刊名链接,即可查看该期刊详细信息。期刊详情页面如图 4.3.9 所示。

步骤 4:若想了解该刊的更详细信息,可逐一单击查看封面目录、发文情况、期刊详情展示、期刊详情、收录汇总、发表作品、发文分析、评价报告等,还可关注期刊、分享期刊、导出分析报告。

3. 期刊评价报告

打开维普中文期刊服务平台,进入期刊评价报告页面。期刊评价报告页面如图 4.3.10 所示。

图 4.3.9 期刊详情页面

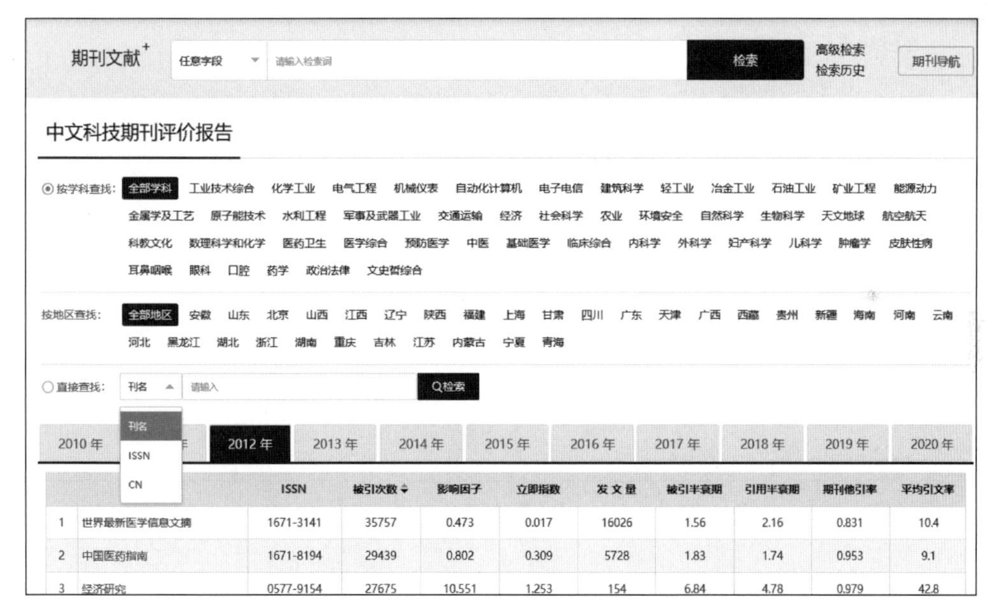

图 4.3.10 期刊评价报告页面

在期刊评价报告页面可见 2010—2020 年间各学科学术期刊的评价指标。如被引次数、影响因子、立即指数、发文量、被引半衰期、引用半衰期、期刊他引率、平均引文率等。用户可根据这些指标综合判断学术期刊的质量和水平。

在期刊评价报告页面除了可以在检索框输入刊名、ISSN 号等直接查找学术期刊,还可以按学科查找或按地区查找。

4. 期刊开放获取

打开维普中文期刊服务平台，单击“期刊开放获取”按钮，期刊开放获取页面如图 4.3.11 所示。维普中文期刊服务平台收录了数百种开放获取期刊，用户只需注册登录即可免费获取。该平台还提供了一些国内外期刊开放获取平台链接，方便用户快捷地获取学术资源。

图 4.3.11　期刊开放获取页面

4.4　超星数字图书馆与读秀数据库

4.4.1　超星数字图书馆

1. 资源简介

超星数字图书馆（网址：https://www.sslibrary.com）是目前国内规模最大，用户最多的数字图书馆，收录了自 1977 年至今的图书数字资源，涵盖了经济、法律、语言与文学、艺术、历史、地理、自然科学、工业技术、天文和地学、环境与安全等 22 个大类,100 多万种电子图书,数据每天更新。目前,用户可在计算机端通过浏览器访问超星数字图书馆网页版,还可以在移动端安装超星移动图书馆 App,在手机等移动端访问。超星汇雅电子书数据库(湖北工业大学镜像)首页如图 4.4.1 所示。

图 4.4.1 超星汇雅电子书数据库(湖北工业大学镜像)首页

2. 主要功能

超星数字图书馆提供简单检索、高级检索、图书分类查找三种图书检索方式。

1) 简单检索

超星数字图书馆简单检索页面在首页上方区域,在搜索框直接输入检索词,检索词可定位到书名、作者、目录或全文中,然后单击“检索”按钮,将为用户在海量的图书数据资源中进行查找。

2) 高级检索

超星数字图书馆高级检索提供了书名、作者、主题词、分类、中图分类号、年代等多个检索字段,支持多字段组合检索。超星数字图书馆高级检索页面如图 4.4.2 所示。

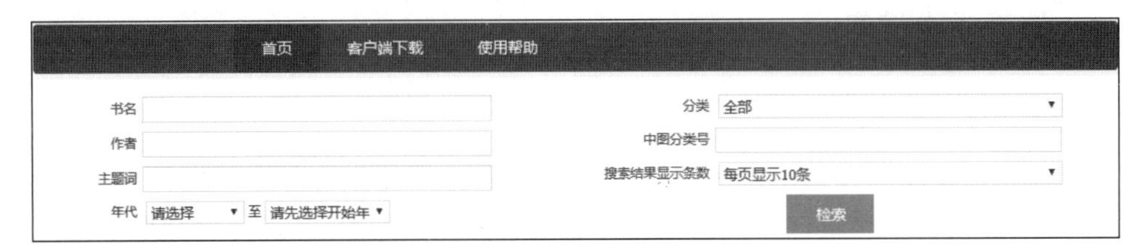

图 4.4.2 超星数字图书馆高级检索页面

3) 图书分类查找

超星数字图书馆的图书根据中图分类法分类,分为三级类目,用户可以逐级检索,其层级的多少视该类图书书目的多寡而定,单击到最后一级分类即可看到具体的书目,单击书名下方的“阅读器阅读”按钮即可进入阅读状态。图书分类查找结果页面如图 4.4.3 所示。

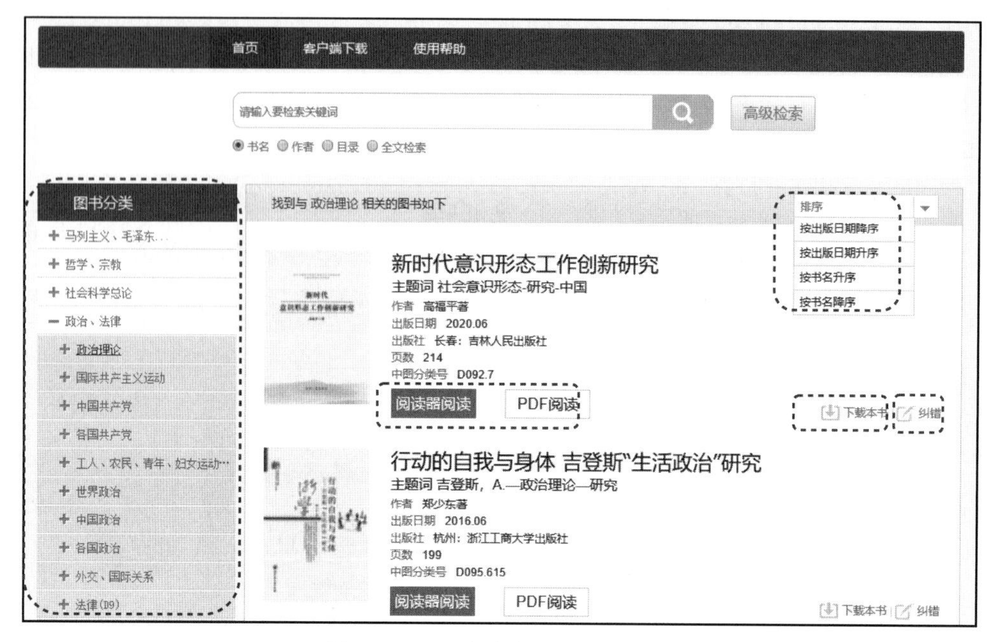

图 4.4.3　图书分类查找结果页面

图书分类浏览页面说明如下。

(1) 图书分类。用户可通过列表逐级对图书进行浏览。

(2) 图书排序。用户可根据需求按出版日期或书名进行排序直到找到所需图书。

(3) 阅读图书。超星数字图书馆的图书资源提供超星阅读器阅读、网页阅读、PDF 阅读三种在线阅读方式,可供用户自由选择。阅读器阅读需安装超星阅读器,超星阅读器可从超星数字图书馆网站免费下载安装。超星阅读器除了阅读功能,还有文字识别、复制、标注绘制等功能。

(4) 图书下载。通过"下载本书"或打开超星阅读器进行图书下载。

(5) 纠错。如果发现图书存在错误或有待改进的地方,可单击"纠错"按钮,提供用户为图书纠错的反馈窗口。

4.4.2 读秀学术搜索

1. 资源简介

读秀学术搜索(网址：https://www.duxiu.com)是由海量数据及资料基本信息组成的超大型数据库,为用户提供深入到图书章节和内容的知识点服务,部分文献的少量原文试读,以及高效查找、获取各种类型学术文献资料的一站式检索,是一个真正意义上的学术搜索引擎及文献资料服务平台。

读秀学术搜索可搜索知识、图书、期刊、报纸、学位论文、会议论文、音视频、文档、考试辅导、课程、词典、标准、专利、百科、讲座、政府信息等海量的学术资源。读秀学术搜索主页如图 4.4.4 所示。

图 4.4.4　读秀学术搜索主页

2. 主要功能

1）基本检索

打开读秀学术搜索主页，系统默认的检索界面即基本检索界面，用户只需要在检索框输入要查找的关键词，即可在知识、图书、期刊、报纸、学位论文、会议论文等多维频道进行搜索，用户可根据需要选择单一的频道检索。

【案例 4.4.1】　利用读秀学术搜索，查找 2021 年出版的书名为《信息检索》的中文图书。

步骤 1：打开“读秀”数据库，进入读秀学术搜索主页，在检索框输入“信息检索”，选择“图书”选项，检索字段选择“书名”，单击“中文检索”按钮。检索条件输入页面如图 4.4.5 所示。

图 4.4.5　检索条件输入页面

步骤 2：进入检索结果页面，可见有关“信息检索”的图书有 1579 种，根据题目要求，在检索结果页面右侧匹配选择“等于”选项，左侧的年代聚类选择“2021”，检索结果筛选页面如图 4.4.6 所示。

步骤 3：二次检索结果显示，符合条件的图书只有 1 种，如图 4.4.7 所示。

图 4.4.6　检索结果筛选页面

图 4.4.7　二次检索结果详细页面

2）高级检索

目前，读秀学术搜索只有图书、期刊、报纸、学位论文、会议论文、专利、标准频道提供高级检索。应用高级检索可同时实现有多个限定条件的检索，用户只需要在检索框中输入对应的信息，然后单击“高级搜索”按钮，就能又快又准地得到检索结果。

以中文图书的高级检索为例，单击图书频道首页检索框右侧的“高级搜索”按钮进入图书高级搜索页面。在这里提供了书名、作者、主题词、出版社、ISBN 号、分类、年代等多个检索项，读者根据需要完成一个或多个检索项的填写，还可以对检索结果显示的条数进行选择，完成之后单击“高级搜索”按钮即可。中文图书的高级检索页面如图 4.4.8 所示。

3）知识检索

读秀知识搜索是在图书资料的章节、内容中搜索包含有检索词内容的知识点，为读者提供了突破原有一本本图书翻找知识点的新的搜索体验，更有利于资料的收集和查找。

【案例 4.4.2】 利用读秀学术搜索查找有关“人机交互”的文献资料。

步骤 1：打开读秀学术搜索，进入首页，选择“知识”频道，在检索框中输入“人机交互”，单击“搜索”按钮，进入检索结果页面，如图 4.4.9 所示。

图 4.4.8　中文图书的高级检索页面

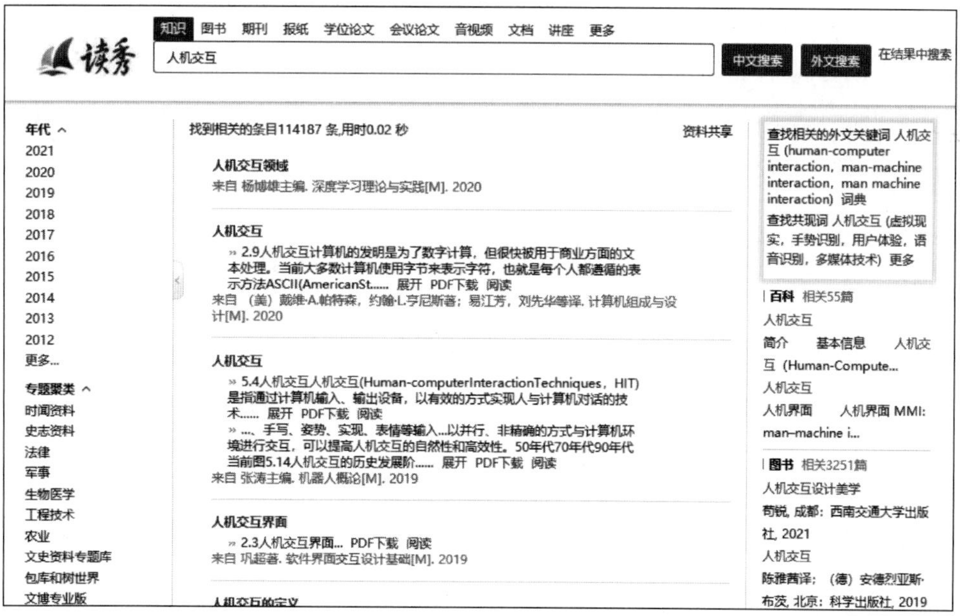

图 4.4.9　读秀知识检索结果页面

步骤 2：浏览检索结果页面，选择需要的章节，单击标题链接进入阅读页面，如图 4.4.10 所示。阅读页面可对包含检索关键词的显示内容进行翻页、放大、缩小、文字识别、资料来源查看等操作，还可下载保存和打印。

放大　缩小　文字识别　　资料来源　保存　打印

仅提供部分页试看，读全书推荐您到书店购买　上一页　下一页

76　第 2 章

2.9 人机交互

计算机的发明是为了数字计算，但很快被用于商业方面的文本处理。当前大多数计算机使用字节来表示字符，也就是每个人都遵循的表示方法 ASCII（American Standard Code for Information Interchange）。图 2-15 总结了 ASCII 码。

!(@ | = > (wow open tab at bar is great)
键盘诗 "Hatless Atlas" 的第 4 行，1991（一些对 ASCII 字符的命名："!" 是 wow，"(" 是 open，"|" 是 bar，等等）

ASIIC值	字符	ASCII值	字符	ASCII值	字符	ASCII值	字符	ASCII值	字符	ASCII值	字符
32	space	48	0	64	@	80	P	96	`	112	p
33	!	49	1	65	A	81	Q	97	a	113	q
34	"	50	2	66	B	82	R	98	b	114	r
35	#	51	3	67	C	83	S	99	c	115	s
36	$	52	4	68	D	84	T	100	d	116	t
37	%	53	5	69	E	85	U	101	e	117	u
38	&	54	6	70	F	86	V	102	f	118	v
39	'	55	7	71	G	87	W	103	g	119	w
40	(	56	8	72	H	88	X	104	h	120	x
41	)	57	9	73	I	89	Y	105	i	121	y
42	*	58	:	74	J	90	Z	106	j	122	z
43	+	59	;	75	K	91	[	107	k	123	{

图 4.4.10　读秀知识检索详细阅读页面

读秀知识检索的检索结果页面（见图 4.4.9）显示了所有包含检索词的章节、页码及相关图书信息。用户可根据需要进行“在结果中检索”，也可利用页面的左侧的年代、专题聚类，进一步缩小检索范围；页面右侧有对检索词相关的外文关键词、共现词进行扩展，有利于用户扩充检索词，深入了解相关领域。在页面右侧还显示读秀针对用户输入的关键词“人机交互”，同时检索了所有的文献类型，这种一站式检索可以扩大搜索范围。用户单击对应的文献类型，即可切换至对应频道查看。

4.5　多媒体学习与考试数据库

4.5.1　中科 VIPExam 考试学习资源数据库

中科软股教育科技（北京）股份有限公司（简称中科教育或中科软股）多年来专注于高等教育领域的多媒体知识信息资源的采集、挖掘、整合与服务，其教育产品与服务在全国已有高校机构用户 800 余所，遍布国内 28 个省市自治区、覆盖全国超过 2000 万的大学生、教师与社会公众读者群体。中科教育凭借其强大的技术研发力量已先后获得 ISO 9001 质量管理体系认证、高新技术企业认证、中关村高新技术企业认证、软件企业认证等 90 余项认证与资质。其中，中科 VIPExam 考试学习资源数据库和中科 UMajor 大学专业课学习数据库是中科教育的主要产品。

1. 系统简介

中科 VIPExam 考试学习资源数据库(网址: http://lib. vipexam. org)是一套集日常学习练习、考前模考自测、在线无纸化考试等功能于一体的教辅系统,涵盖外语类、计算机类、考研(含在职考研)类、公务员类、财经类、司法类、医学类、工程类、自考类、职业资格类、实用职业技能类等 12 大类 1700 小类考试科目。中科 VIPExam 考试学习资源数据库首页如图 4.5.1 所示。

图 4.5.1　中科 VIPExam 考试学习资源数据库首页

除传统的计算机 Web 页面之外,中科 VIPExam 考试学习资源数据库还提供了基于安卓和苹果系统的 App 软件,以及基于微信公众号的访问服务,以便于学生充分利用“碎片化”时间来学习。一个账号即可畅游所有应用端,数据互联互通个人资料自动关联更新。

中科 VIPExam 考试学习资源数据库为教师、学生、高校教辅部门提供学习、考试、高效管理的平台。

教师可以通过 VIPExam 考试学习资源数据库的各种辅助教学功能,查找试题编写试卷、组织在线无纸化考试、与学生互动教学,进而方便快捷地构建考试和教学平台系统,实现对教学、考试、学习的高效管理。

学生可以通过中科 VIPExam 考试学习资源数据库海量的试卷资源和高效的学习与练习功能,在平时根据自己的个性化需求来进行巩固学习,同时也可以在考前进行专项强化练习和模拟自测,从而帮助自己提高各种资格考试和能力测评考试成绩、进而为顺利就业打好基础。

高校教辅部门可以通过中科 VIPExam 考试学习资源数据库全面而灵活的后台管理及自建题库功能,可以将各种热门考试辅导书籍和习题集数字化后导入中科 VIPExam 考试学习资源数据库中,从而建成符合本校学生使用的特色题库,为学生进行日常自主性学习和考前练习提供一个优质的学习资源库和快捷高效的学习平台。

2. 主要功能

中科 VIPExam 考试学习资源数据库的检索功能全面而细致，首页“检索导航”提供快速检索、标准检索、高级检索、学科导航检索 4 种检索方式。在 VIPExam 数据库首页上部左侧的“视频课程导航”中，用户直接单击感兴趣的科目，可方便快捷地找到用户所需要的科目。

1）快速检索

中科 VIPExam 考试学习资源数据库的快速检索功能细分为“试卷相关检索”“试题相关检索”，其检索结果依次是试卷、试题。“试卷相关检索”检索字段设置有试卷名称、考试科目、试卷类型、试卷总分、考试时长；“试题相关检索”检索字段设置有题干内容、试题解析、知识点、知识模块。用户选择所需的检索字段，输入关键字即可立即检索。中科 VIPExam 考试学习资源数据库快速检索页面如图 4.5.2 所示。

图 4.5.2　中科 VIPExam 考试学习资源数据库快速检索页面

2）标准检索

中科 VIPExam 考试学习资源数据库的标准检索功能支持跨科目专辑检索、支持对不同类型的学习资源(真题试卷/模拟试卷)进行检索、支持对特定时间发布的资源进行检索。中科 VIPExam 考试学习资源数据库标准检索页面如图 4.5.3 所示。

图 4.5.3　中科 VIPExam 考试学习资源数据库标准检索页面

3）高级检索

中科 VIPExam 考试学习资源数据库的高级检索功能提供六种维度的检索策略项，分别为科目专辑、资源类型、发布时间、布尔逻辑组合检索、检索字段、匹配度。中科 VIPExam 考试学习资源数据库高级检索页面如图 4.5.4 所示。

图 4.5.4 中科 VIPExam 考试学习资源数据库高级检索页面

4）学科导航

中科 VIPExam 考试学习资源数据库的学科导航检索功能页面直观展示出本数据库现已收录的所有一级科目（专辑）、二级科目（科目）、三级科目（科目子类），通过 Ctrl＋F 键并输入科目关键字即可快速定位到您所感兴趣的科目。中科 VIPExam 考试学习资源数据库学科导航页面如图 4.5.5 所示。

5）错题自动记录与错题重新组卷

“错题记录”和“错题组卷”是中科 VIPExam 考试学习资源数据库的主要学习功能之一，具有较强的技术优势。学生在使用本系统答卷自测的过程中，凡是做错的试题（并非整套试卷）都将被自动保存下来，便于学生日后查看和分析总结。而且，学生还可以通过“错题组卷”将自己答错过的试题重新组成试卷、供自己再次答题练习，以检验自己对知识点和解题能力的掌握程度。

6）交互式学习

中科 VIPExam 考试学习资源数据库提供了“交互式学习”功能，学生可以参加不同的学习小组，也可以像写微博一样分享自己的学习感悟，还可以就学习中遇到的问题发布求助。该功能可以有效帮助学生交流学习方法技巧与心得体会，互相鼓励学习信心，消除个别化学习所带来的孤独感，在互帮互学中共同提高。

4.5.2 中科 UMajor 专业课学习数据库

1. 系统简介

中科 UMajor 专业课学习数据库（https://www.umajor.net）是一款专业性的、学科体系完备的、专为高校师生的专业课教学与学习提供教辅支撑的数据库系统，涵盖高等教育领域的理学、工学、经济学、管理学、教育学、医学、哲学、文学十二大学科门类专业课程。

图 4.5.5　中科 VIPExam 考试学习资源数据库学科导航页面

中科 UMajor 专业课学习数据库是一个功能完备的在线学习平台，为学生提供了自主学习、模拟练习、辅助学习、交互式学习等 16 项实用学习工具，有助于学生提高学习效率、夯实学习基础。除了提供面向学生的学习服务功能之外，中科 UMajor 专业课学习数据库还为教师提供了完备的教辅功能。教师可以查找试题编写试卷、组织在线无纸化考试、与学生互动教学，进而方便快捷地构建考试和教学平台系统，实现对教学、考试、学习的高效管理。中科 UMajor 专业课学习数据库首页如图 4.5.6 所示。

中科 UMajor 专业课学习数据库的访问机制、注册与登录方法与中科 VIPExam 考试学习资源数据库相似。用户还可以关注 UMajor 专业课学习数据库的微信公众号（微信搜索"中科 UMajor 大学专业课"），通过微信公众号直接访问本数据库的微信版。

2. 主要功能

1）快速检索

中科 UMajor 专业课学习数据库的快速检索功能细分为"课程检索""试卷检索""试题

图 4.5.6 中科 UMajor 专业课学习数据库首页

检索”，其检索结果依次是视频课程、试卷、试题资源。中科 UMajor 专业课学习数据库快速检索页面如图 4.5.7 所示。

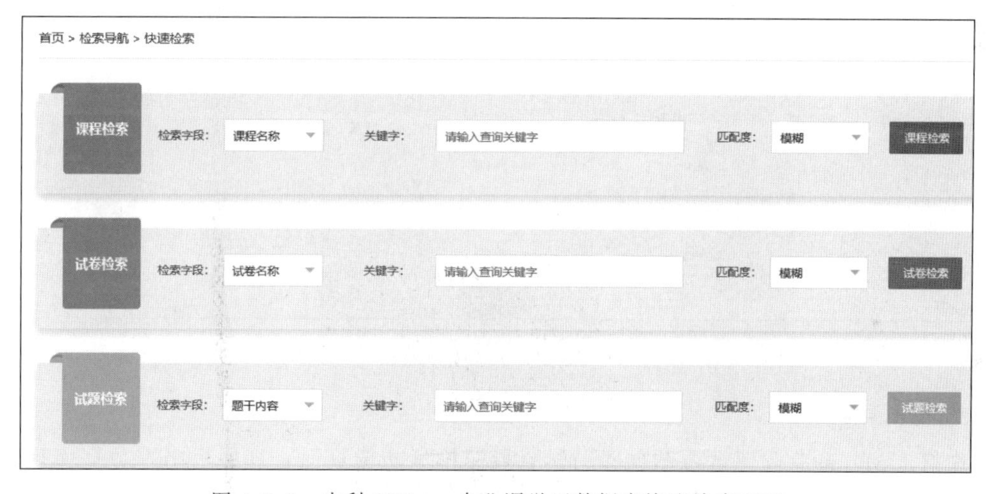

图 4.5.7 中科 UMajor 专业课学习数据库快速检索页面

2）标准检索

中科 UMajor 专业课学习数据库的标准检索功能支持跨专辑检索、支持对不同类型的学习资源（视频课程、真题试卷、模拟试卷、章节练习试卷）进行检索、支持对特定时间发布的资源进行检索。中科 UMajor 专业课学习数据库标准检索页面如图 4.5.8 所示。

3）高级检索

中科 UMajor 专业课学习数据库的高级检索功能同时提供六种维度的检索策略项，分别为学科门类、资源类型、发布时间、布尔逻辑组合检索、检索字段、匹配度。中科 UMajor 专业课学习数据库高级检索页面如图 4.5.9 所示。

图 4.5.8　中科 UMajor 专业课学习数据库标准检索页面

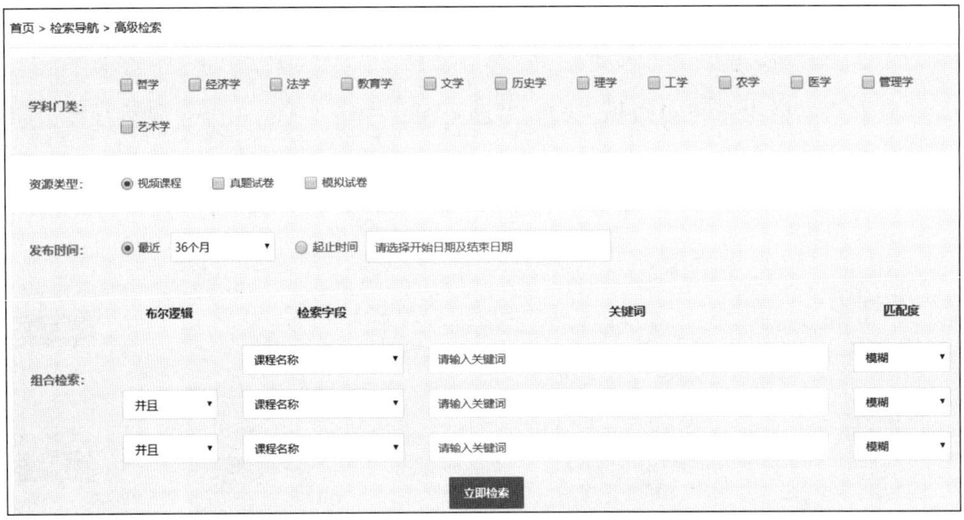

图 4.5.9　中科 UMajor 专业课学习数据库高级检索页面

4）学科导航

中科 UMajor 专业课学习数据库的学科导航检索功能页面直观展示出本数据库现已收录的所有一级科目(学科门类)、二级科目(专业科目)、三级科目(科目子类),通过 Ctrl+F 键并输入科目关键字即可快速定位到所感兴趣的专业课学习科目。中科 UMajor 专业课学习数据库学科导航页面如图 4.5.10 所示。

5）课程学习

供学生在课堂之外进行自主性的课程预习、课程复习和专业知识延伸扩展学习。除了可以查看专业课程的“学习指导”“教学课件”等学习资源之外,学生还可以查找当前章节的同步练习试卷并进行在线答卷练习,以检验自己对知识点的掌握程度。

6）错题记录

“错题记录”是中科 UMajor 专业课学习数据库所独有的学习功能,该功能可以对学生的日常学习提供非常实用的帮助,同时也是学生提高学习效率、提升学习质量、夯实学习基础的最重要手段。学生在使用中科 UMajor 专业课学习数据库进行答卷练习的过程中,凡

图 4.5.10　中科 UMajor 专业课学习数据库学科导航页面

是做错的试题（仅“试题”而非整套“试卷”）都将被自动保存到“错题记录”中，学生可以随时查看自己以往答错的试题、查看试题的正确答案和知识点解析，并可以向该题添加“解题心得”。

7）错题组卷

“错题组卷”也是中科 UMajor 专业课学习数据库所独有的学习功能。学生可以查看各门课程下自己全部做错过的试题统计信息，并可以抽选某一课程下的错题重新组成一套试卷供自己练习。因为试卷内的试题均为该学生以往做错过的试题，因此对于检验学生对知识点的掌握程度、验证学习效果将会有极大的帮助。

8）期中期末自测

为了便于学生在期中期末考试之前对所学课程进行系统性的复习和自测练习，学生可以选取多个章节（知识模块）的试题，以自测练习的方式来验证自己的学习成效和对各知识模块的掌握程度。自测练习答卷之后，系统将展现每一道试题的正确答案和知识点解析。

9）我的题库

学生在答卷过程中，如遇断网、断电、宕机等原因导致突然中断答题，则该套试卷会被自动保存在个人账号中。学生随时可以重新登录中科 UMajor 专业课学习数据库，并在“我的题库”中找出该套试卷并使用“继续答题”功能继续答题，这种情况下学生上一次的作答记录均被保留并显示在试卷上。

10）在线考试

教师可以通过中科 UMajor 专业课学习数据库的无纸化在线考试功能，组织学生参加各类随堂考试、作业考试或正式考试，有效减少传统纸笔考试的人力物力资源浪费。教师还可以对考试进行实时管理，包括考生管理、考场管理、监考管理等。考试结束后，中科

UMajor 专业课学习数据库将对所有考生的客观题自动判分，并自动计算该次考试的平均分、及格率、参考人数、名次等数据。

11）自建课程

包含课程设定、上传资源、批量导入试题等子功能。通过该功能，教师只需简单的鼠标操作即可将教学大纲、课程说明、教学计划、学习指导、教学课件、教学视频、教辅书籍、知识拓展等教学资源上传到中科 UMajor 专业课学习数据库中；同时教师无须编程和制作网页，使用中科 UMajor 专业课学习数据库自带的各种“课程模板”即可方便快捷地创建多媒体网络课程。

4.5.3 起点考试网

4.5.4 起点考研网

4.6 中文引文数据库

4.6.1 中国科学引文数据库(CSCD)

1. 资源简介

中国科学引文数据库(Chinese science citation database，CSCD，网址：http://sciencechina.cn/search_sou.jsp)创建于 1989 年，该数据库于 1995 年出版了我国的第一本印刷本《中国科学引文索引》，1998 年出版了我国第一张中国科学引文数据库检索光盘，1999 年出版了基于中国科学引文数据库和 SCI 数据，利用文献计量学原理制作的《中国科学计量指标：论文与引文统计》，2003 年 CSCD 推出了网络版，2005 年中国科学引文数据库出版了《中国科学计量指标：期刊引证报告》。2007 年中国科学引文数据库与美国 Thomson-Reuters Scientific 合作，中国科学引文数据库以 ISI Web of Knowledge 为平台，实现与 Web of Science 的跨库检索，中国科学引文数据库是 ISI Web of Knowledge 平台上第一个非英文语种的数据库。

中国科学引文数据库收录了我国数学、物理、化学、天文学、地学、生物学、农林科学、医药卫生、工程技术和环境科学等领域出版的中英文科技核心期刊和优秀期刊千余种，目前已积累从 1989 年到现在的论文记录 500 多万条，引文记录 8000 多万条。中国科学引文数据库内容丰富、结构科学、数据准确。系统除具备一般的检索功能外，还提供新型的索引关系——引文索引，使用该功能，用户可迅速从数百万条引文中查询到某篇科技文献被引用的详细情况，还可以从一篇早期的重要文献或著者姓名入手，检索到一批近期发表的相关文献，对交叉学科和新学科的发展研究具有十分重要的参考价值。中国科学引文数据库还提供了数据链接机制，支持用户获取全文。

中国科学引文数据库已在我国科研院所、高等学校的课题查新、基金资助、项目评估、成果申报、人才选拔以及文献计量与评价研究等多方面作为权威文献检索工具获得广泛应用。

2. 主要功能

在中国科学文献服务系统选择“中国科学引文数据库”，单击“进入检索”按钮，进入中国科学引文数据库检索页面，如图 4.6.1 所示。

图 4.6.1　中国科学引文数据库检索页面

1）简单检索

登录中国科学文献服务系统，进入 CSCD 中国科学引文数据库，系统默认进入“简单检索—来源文献检索”页面，如图 4.6.1 所示。简单检索—来源文献检索提供的检索字段包括作者、第一作者、题名、刊名、ISSN、文摘、机构、第一机构、关键词、基金名称、实验室、ORCID、DOI 等。可对论文发表时间、学科范围进行限定。

简单检索还提供“引文检索”方式，引文检索的检索字段包括被引作者、被引第一作者、被引来源、被引机构、被引实验室、被引出版社、被引主编等。限定条件为论文被引时间和论文发表时间。简单检索—引文检索页面如图 4.6.2 所示。

中国科学引文数据库简单检索提供的来源文献检索和引文检索都只需要用户根据下拉菜单，直接在选定的检索字段中输入检索词，选择与其他检索字段的关系，“与”或“或”进行检索，也可以进行多个检索字段的组合检索。

图 4.6.2　中国科学引文数据库简单检索—引文检索页面

【案例 4.6.1】 查找第一作者余传明 2019 年发表的"自动化技术、计算机技术"学科的论文。

步骤 1：打开中国科学引文数据库主页面，选择简单检索—来源文献检索。

步骤 2：在检索字段下拉框中选择"第一作者"选项，在文本框中输入"余传明"。

步骤 3：在限定条件"论文发表年"中输入"2019"，在限定条件"学科范围"中选择"工业技术，一般工业技术"，检索条件输入页面如图 4.6.3 所示。

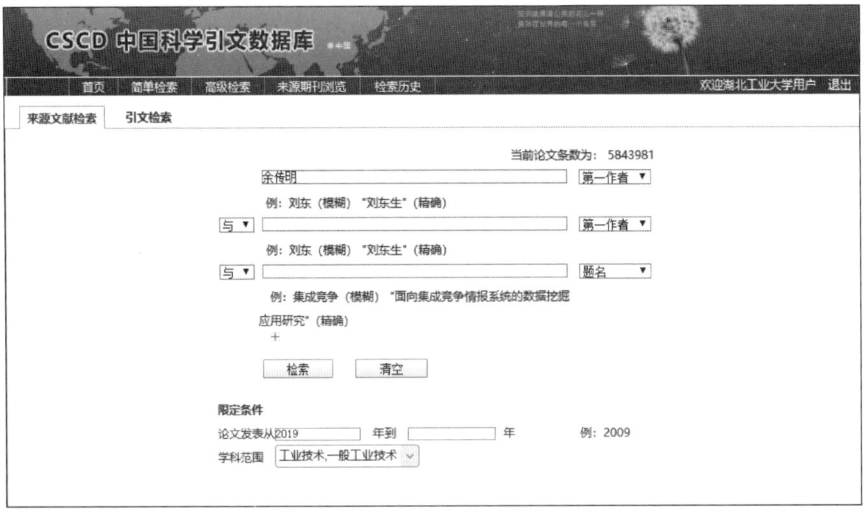

图 4.6.3　检索条件输入页面

步骤 4：单击"检索"按钮，进入检索结果概览页面，如图 4.6.4 所示，可见检索到符合条件的结果 1 条。

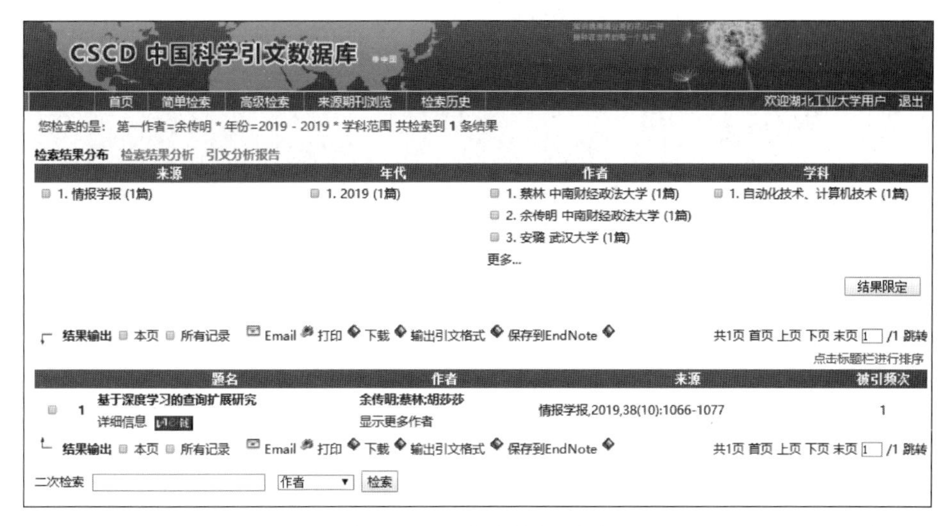

图 4.6.4　检索结果页面

2）高级检索

中国科学引文数据库高级检索也提供来源检索和引文检索。高级检索可以根据检索系统提供的检索点，任意组配检索式进行检索。用户在检索框中输入“字段名称”和“布尔连接符”以及检索内容构造检索式；也可以在最下方的检索框填入相应检索词，单击“增加”按钮，将自动生成检索语句。中国科学引文数据库高级检索页面如图 4.6.5 所示。

图 4.6.5　高级检索页面

3）检索结果

在中国科学引文数据库中检索出的结果，可进行结果限定、下载、打印、E-mail 发送，可查看检索结果的详细信息，包括该文献的关联信息等。现通过以下案例了解检索结果的处理方法。

【案例 4.6.2】 查找湖北工业大学近 5 年(2017—2021 年)被中国科学引文数据库收录的论文，并查看收录论文数量最多学科的论文情况。

步骤 1：打开中国科学引文数据库主页面，选择简单检索—来源文献检索。

步骤 2：选择检索字段“机构”，对应检索框输入“湖北工业大学”，在限定条件区输入论文发表时间范围“2017—2021 年”，检索条件输入页面如图 4.6.6 所示。

中国科学院文献情报中心
National Science Library, Chinese Academy of Sciences
简体中文 关于我们 帮助
CSCD 中国科学引文数据库
首页 简单检索 高级检索 来源期刊浏览 检索历史 欢迎湖北工业大学用户 退出
来源文献检索 引文检索
当前论文条数为：5865342
"湖北工业大学" 机构
例：中国科学院（模糊）"中国科学院物理研究所"（精确）
与 第一作者
例：刘东（模糊）"刘东生"（精确）
与 题名
例：集成竞争（模糊）"面向集成竞争情报系统的数据挖掘应用研究"（精确）
+
检索 清空
限定条件
论文发表从 2017 年到 2021 年 例：2009
学科范围

图 4.6.6　检索条件输入页面

步骤 3：单击"检索"，进入检索结果页面，如图 4.6.7 所示。

中国科学院文献情报中心
National Science Library, Chinese Academy of Sciences
简体中文 关于我们 帮助
CSCD 中国科学引文数据库
首页 简单检索 高级检索 来源期刊浏览 检索历史 欢迎湖北工业大学用户 退出
您检索的是：机构="湖北工业大学" * 年份=2017 - 2021 共检索到 1226 条结果
检索结果分布 检索结果分析 引文分析报告

来源	年代	作者	学科
□ 1. 食品科学 (39篇)	□ 1. 2020 (283篇)	□ 1. 刘德富 湖北工业大学 (35篇)	□ 1. 自动化技术、计算机技术 (177篇)
□ 2. 高分子材料科学与工程 (31篇)	□ 2. 2017 (247篇)	□ 2. 肖衡林 湖北工业大学 (28篇)	□ 2. 化学工业 (132篇)
□ 3. 岩土力学 (30篇)	□ 3. 2019 (240篇)	□ 3. 徐保明 湖北工业大学 (23篇)	□ 3. 建筑科学 (105篇)
更多...	更多...	更多...	更多...

结果限定
结果输出 □ 本页 □ 所有记录 Email 打印 下载 输出引文格式 保存到EndNote 共62页 首页 上页 下页 末页 1 /62 跳转
点击标题栏进行排序

		题名	作者	来源	被引频次
□	1	TiO_2掺杂石墨烯对SO_2气体的气敏特性研究 详细信息	桂铜刚;许文龙;张晓星 显示更多作者	电工技术学报,2021,36(21):4590-4597	0

图 4.6.7　检索结果页面

步骤 4：勾选收录论文最多的学科"自动化技术、计算机技术"，单击"结果限定"按钮，系统显示限定学科范围的检索结果页面，如图 4.6.8 所示。

在检索结果处理中，需要了解以下几点。

(1) 检索结果限定：来源检索和引文检索的检索结果可以通过"结果限定"来限定检索

图 4.6.8 限定学科范围的检索结果页面

结果。来源检索结果可以从来源、年代、作者和学科 4 方面来进行结果限定；引文检索结果可以从被引出处、年代和作者 3 方面来进行结果限定。

（2）检索结果排序：来源检索和引文检索的检索结果可以进行排序，单击结果输出列表中相应字段名称，可以实现相应字段的排序，来源检索结果可以按照题名、作者、来源和被引频次进行排序，引文检索可以按照作者、被引出处和被引频次进行排序。

（3）检索结果细览：单击结果列表中每条记录题名中的“详细信息”，可以查看该条记录的详细信息。结果详细信息页面可以查看该条记录的题名、作者、作者机构、文摘、来源、ISSN、关键词、基金、参考文献，引文文献、相关文献和其他链接。其中，作者、关键词、基金都可以进一步链接，进行检索。

通过结果概览页面的被引频次或者结果细览页面右侧的引证文献可以查看来源文献的引证文献。

相关文献包括作者相关、关键词相关和参考文献相关。

作者相关指与本文（来源文献）的作者共同发表的文献。可以在作者相关选项的弹出作者列表中选择作者，选择一个作者，表示检索所选择的作者发表的所有文献，选择两个或以上的作者，表示检索所选择的两个或以上作者共同发表的所有文献。

关键词相关指与本文（来源文献）的关键词共同出现的文献。可以在关键词相关选项的弹出关键词列表中选择关键词，选择一个关键词，表示检索所选择的关键词的所有文献，选择两个或以上的关键词，表示所选择的两个或以上关键词共同出现的所有文献。

参考文献相关指与本文（来源文献）具有共同参考文献的文献。直接单击提交查看与本文具有共同参考文献的文献即可进行查看。

（4）检索结果输出：检索结果提供三种输出方式：E-mail、打印和下载。检索结果可以通过勾选每条记录前的选择框或者直接选中“本页”或“所有记录”进行输出结果的选择，对选中的结果直接单击 E-mail、“打印”和“下载”按钮即可进行相应操作。

4）来源期刊浏览

中国科学引文数据库来源期刊浏览页面如图 4.6.9 所示。来源期刊浏览页面提供期刊名首字母的选择和刊名、ISSN 的检索。

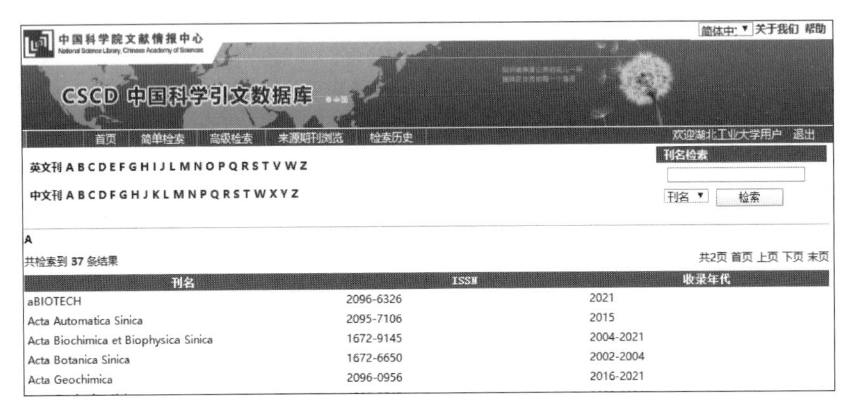

图 4.6.9　中国科学引文数据库来源期刊浏览

来源期刊的来源文献详细信息的细览页面显示信息包括题名、作者、机构、文摘、来源、ISSN、关键词、学科、基金、参考文献、引证文献和相关文献以及该文献的其他链接。

4.6.2　中文社会科学引文索引(CSSCI)

1. 资源简介

中文社会科学引文索引(Chinese social sciences citation index，CSSCI，网址：https://cssci.nju.edu.cn)是由南京大学投资建设、南京大学中国社会科学研究评价中心开发研制的人文社会科学引文数据库，用来检索中文人文社会科学领域的论文收录和被引用情况。CSSCI 遵循文献计量学规律，采取定量与定性相结合的方法从全国 2700 余种中文人文社会科学学术性期刊中精选出学术性强、编辑规范的期刊作为来源期刊。目前收录包括法学、管理学、经济学、历史学、政治学等在内的 25 大类的 500 多种学术期刊。2021—2022 年度 CSSCI 收录来源期刊 583 种，我国台湾地区期刊 30 种，报纸理论版 2 种，扩展版来源期刊 229 种。期刊更新频率为月更新。

CSSCI 作为我国人文社会科学主要文献信息查询的重要工具，为用户提供以下服务：对社会科学研究者，CSSCI 可以从来源文献和被引文献两方面向研究人员提供相关研究领域的前沿信息和各学科学术研究发展的脉搏，通过不同学科、领域的相关逻辑组配检索，挖掘学科新的生长点，展示实现知识创新的途径；对社会科学管理者，CSSCI 可以提供地区、机构、学科、学者等多种类型的统计分析数据，从而为制订科学研究发展规划、科研政策提供决策参考；对期刊研究与管理者，CSSCI 提供多种定量数据，如被引频次、影响因子、即年指标、期刊影响广度、地域分布、半衰期等，通过多种定量指标的分析统计，可为期刊评价、栏目设置、组稿选题等提供定量依据。CSSCI 也可为出版社与各学科著作的学术评价提供定量依据。

2. 主要功能

1) 来源文献检索

CSSCI 的首页为简单检索页面，CSSCI 简单检索提供来源文献检索和引文检索。简单检索页面提供 25 类学科期刊导航，可直接单击学科期刊名称，浏览该期刊信息，每种期刊下提供该刊的公众号二维码，用户扫描可在手机端了解该刊的详细信息。

来源文献的简单检索页面提供了多个检索入口，包括篇名、作者、第一作者、关键词、期刊名称、作者机构、中图类号、基金细节、所有字段、英文篇名等。来源文献的简单检索页面如图 4.6.10 所示。

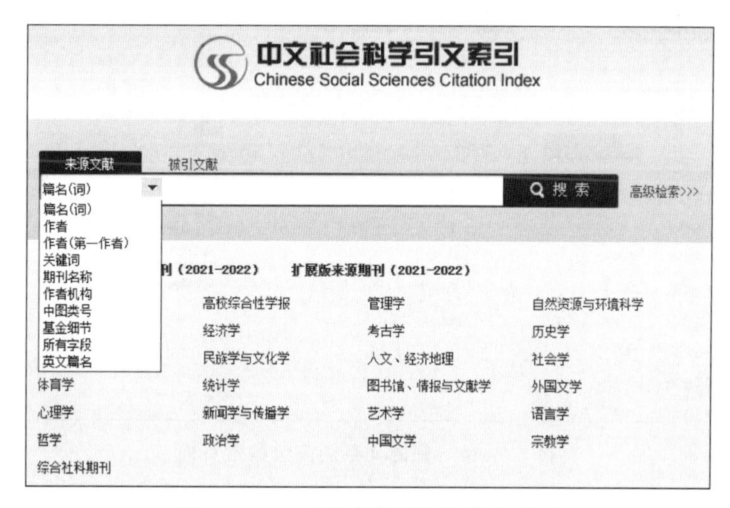

图 4.6.10　来源文献的简单检索页面

被引文献的简单检索页面可查找文献被引用的情况。被引文献的简单检索页面提供的检索字段有被引篇名、被引作者、被引作者(排除自引)、被引期刊名称、被引文献细节等。被引文献的简单检索页面如图 4.6.11 所示。

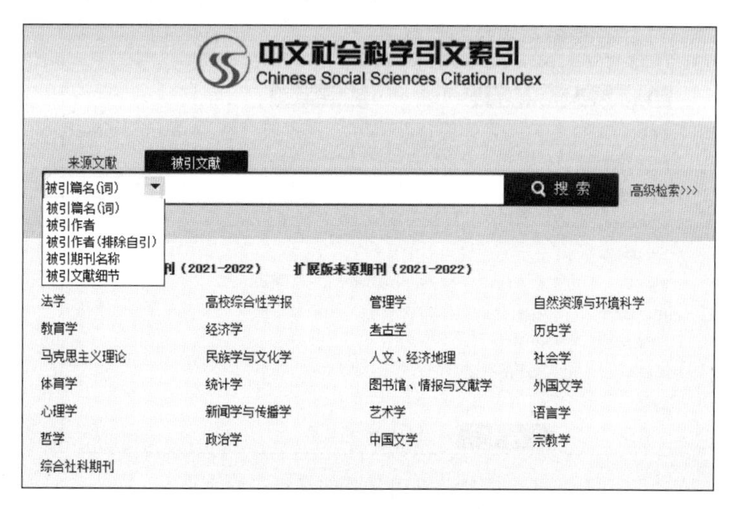

图 4.6.11　被引文献的简单检索页面

2）高级检索

CSSCI 高级检索提供来源文献检索、被引文献检索、来源期刊导航功能。

来源文献的高级检索页面提供多个检索框，用户在检索框中输入多个检索词时，可用逻辑关系进行组配。CSSCI 高级检索的来源文献检索提供的检索字段包括篇名、作者、关键词、期刊名称、作者机构、作者地区、中图类号、基金细节、所有字段、英文篇名等。检索还可以从发文年代、年代卷期、文献类型、学科类别、学位分类、基金类别等进行限定。可按年代、篇名、作者升序或降序方式排序。来源文献的高级检索页面如图 4.6.12 所示。

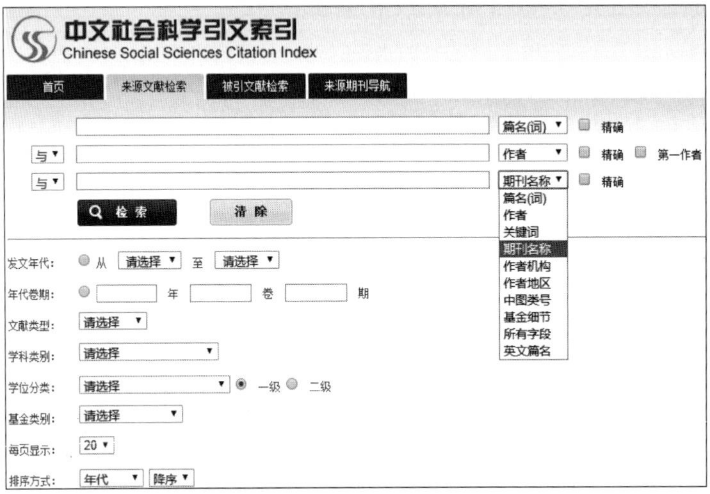

图 4.6.12　来源文献的高级检索页面

被引文献的高级检索页面提供了被引作者、被引文献篇名、被引文献期刊、被引文献细节、被引文献年代等多个检索框。被引年份、被引文献类型、检索逻辑关系提供多个选项供选择，检索可按被引次数、篇名、年代、被引作者进行排序。在被引作者检索框后设置"排除作者自引"选项，用户可根据需要勾选。被引文献的高级检索页面如图 4.6.13 所示。

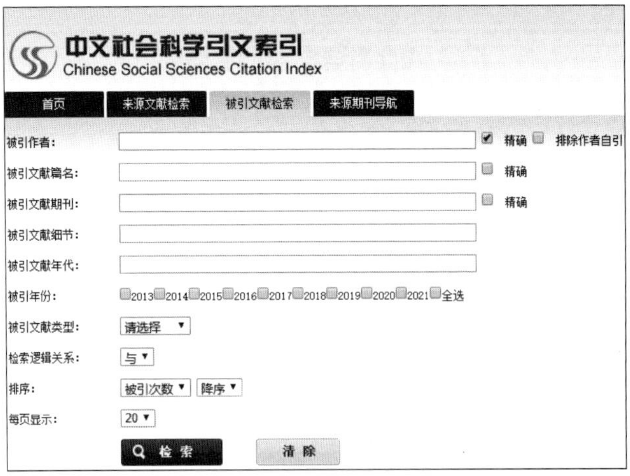

图 4.6.13　被引文献的高级检索页面

4.7 其他中文数据库

4.7.1 人大“复印报刊资料”

1. 资源简介

中国人民大学“复印报刊资料”库(网址：https：//www.rdfybk.com)，是人大数媒科技(北京)有限公司以中国人民大学书报资料中心的复印报刊资料系列数据库为内容基础，辅以先进的检索方式、优质的期刊、论文推荐而成的人文科学、社会科学资料库。

人大“复印报刊资料”系列数据库是国内最早的专业数据库产品之一，收录了中国人民大学书报资料中心 1978 年以来的人文社科学术文献。人大“复印报刊资料”是由规模化的专业编辑团队和学界专家队伍通过对海量文献进行精选、汇编形成的人文社科精品学术资源库。该数据库为用户提供优质、精准、高效的文献资源服务，填补了人文社会科学数字出版领域的空白，具有重要思想文化和科学研究价值。作为人文社科界的权威品牌，“复印报刊资料”的转载率被学界和期刊界普遍视为人文社科期刊领域中一个客观公正的评价标准。半个世纪以来，“复印报刊资料”在国内外人文社科学术研究领域一直占据崇高的学术地位，是人文社科领域最具影响力的学术品牌。

“复印报刊资料”系列数据库包含全文数据库、数字期刊库、专题研究库、报刊摘要库、报刊索引库、目录索引库。具体介绍如表 4.7.1 所示。

表 4.7.1 人大“复印报刊资料”系列数据库介绍

数据库名称	资 源 介 绍
全文数据库	全文数据库囊括了人文社会科学领域的各个学科，内容源于“复印报刊资料”系列纸质期刊。由专业编辑和学界专家依循严谨的学术标准，对海量学术信息进行精选整理、分类编辑，最终形成优中选优的精品成果库。 收录年限：1995 年至今，部分专题已回溯到创刊年
数字期刊库	数字期刊库以原刊原版方式作内容呈现，同时展示年份与期数，便于查看具体刊物及内容。按刊物类别，数字期刊库分为复印报刊资料系列、原发刊系列。 收录年限：1995 年至今
专题研究数据库	专题研究数据库内容涵盖人文社会科学领域中的理论前沿和社会热点问题，体现了“特色”与“精选”的结合。该库主要设有 29 种专题，其中包括中国立法、司法、政治、民族、社会等方面的问题研究，共收录 35 余万篇文章，每个专题里面又下设若干子库
中文报刊资料摘要数据库	中文报刊资料摘要数据库收集 16 种专题文摘。文摘内容是经高等院校和研究单位的专业人员提炼和浓缩的学术资料。数据量大，涵盖范围广，便于用户快速了解相关领域的研究状况，把握研究动态。 收录年限：1993 年至今
中文报刊资料索引数据库	中文报刊资料索引数据库为题录型数据库，在促进报刊文献资源的开发与利用方面发挥着关键作用，可让用户及时了解本专业的研究状况和热点问题。 收录年限：1978 年至今

续表

数据库名称	资源介绍
目录索引数据库	目录索引数据库汇集了“复印报刊资料”各刊的全部目录。每条数据包含多项信息,包括专题代号、类目、篇名、著者、原载报刊名称及刊期、选印在“复印报刊资料”上的刊期和页次等。 收录年限：1978年至今

2. 主要功能

1）检索功能

人大“复印报刊资料”数据库平台为用户提供多种检索模式,用户可通过不同检索模式,根据需求精准地查找到文献资源。检索模式包括一框式检索、高级检索、导航式检索。人大“复印报刊资料”数据库平台首页如图4.7.1所示。

图4.7.1 人大“复印报刊资料”数据库平台首页

人大“复印报刊资料”数据库平台首页有一框式检索、高级检索入口。

(1) 一框式检索。一框式检索提供的检索字段有主题词、标题、作者、作者简介、原文出处、全文、关键词、副标题等。用户根据需要选择检索字段,直接在检索框输入检索词即可检索。用户可在检索结果页进行二次筛选、排序,还可直接下载论文。系统支持输入繁体字检索。数据库平台首页默认为一框式检索页面。

(2) 高级检索。从人大“复印报刊资料”数据库平台首页高级检索入口进入高级检索页面。用户可以用“并且”“或者”“除非”三种逻辑连接词组合多个检索条件进行检索,并且可以选择“精确”或“模糊”检索。还可以在左侧学科导航选择学科进行条件限制。检索结果可进行相关度、时间、阅读量、下载量排序。

【案例4.7.1】 在“人大复印报刊资料”数据库中,查找2010年以来在期刊《中国外交》上发表的有关“中国外交话语权”的文章,并下载该篇论文。

步骤1：进入人大“复印报刊资料”数据库首页,单击“高级检索”,进入高级检索页面。

步骤2：在高级检索页面,时间范围选择2010—2022年；选择检索字段“期刊名称”,对应检索框输入“中国外交”；选择检索字段“主题词”,对应检索框输入“中国外交话语权”,检索词之间用“并且”连接，默认检索词为“精确”。单击“检索”按钮，显示检索结果，检索条件输入及检索结果页面如图 4.7.2 所示。

图 4.7.2　检索条件输入及检索结果页面

步骤 3：在检索结果页面选择按时间排序，显示最近的一篇是作者“叶淑兰”发表的题名为“中国外交话语权的历史演进、基本经验及生成逻辑”的文章。单击题名，进入论文详情页进行浏览和阅读，如图 4.7.3 所示。

步骤 4：在论文详情页“内容提要”下方有下载按钮，用户可下载为 Word 格式或 PDF 格式的文档。

2）转载查询

平台为用户提供“转载查询”功能，支持作者/期刊社/研究机构快速查询本人/机构历年被人大“复印报刊资料”系列期刊转载的论文，可以导出结果、打包成册。用户可以为自己的单篇文章申请转载证明。现可直接在线生成附有人大书报资料中心盖章的电子版转载证明，并可通过小程序查验真伪。

以查询作者“叶淑兰”的转载为例。作者转载查询结果页如图 4.7.4 所示。

3）选题分析

选择研究方向是学术科研活动中最重要的工作之一。平台将用户的选题从选题预判、合作参考、文献推荐三方面进行分析，帮助用户提升学术创新洞察能力。

以“人工智能”为例进行选题分析，其选题预判页面如图 4.7.5 所示。

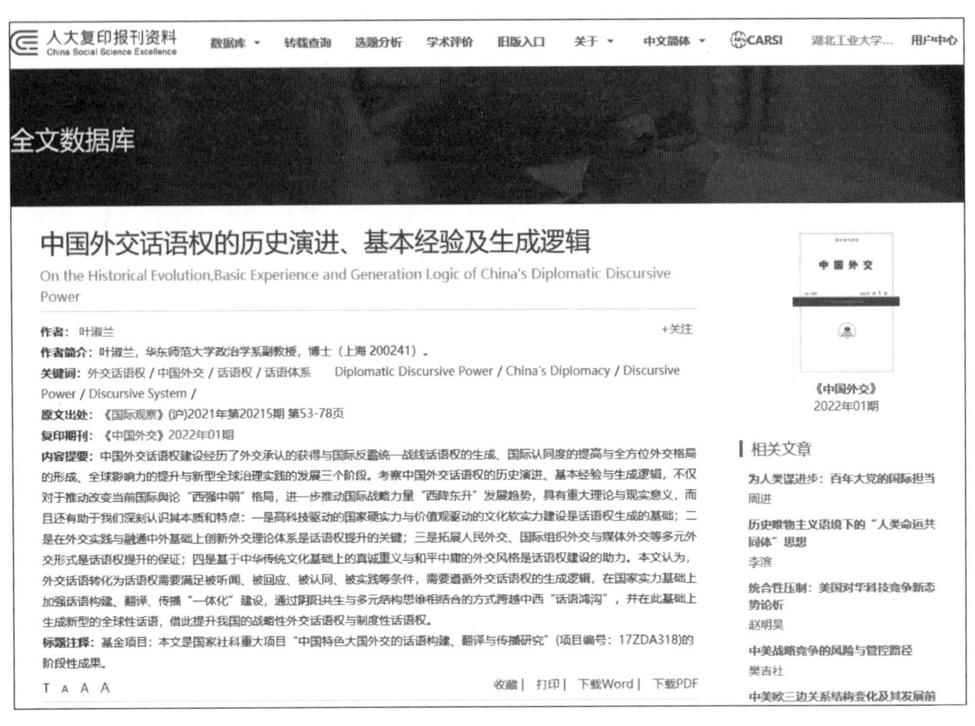

图 4.7.3　论文详情页面

图 4.7.4　作者转载查询结果页

选题分析从选题预判、合作参考、文献推荐三部分进行分析。其中选题预判可对研究热度分析、提供关联研究热点、尚少涉及的关联研究点供用户参考；合作参考可查看关键词学科分布、学者合作参考、指定单位学者合作参考；文献推荐可查看热门参考文献、最新参考文献。

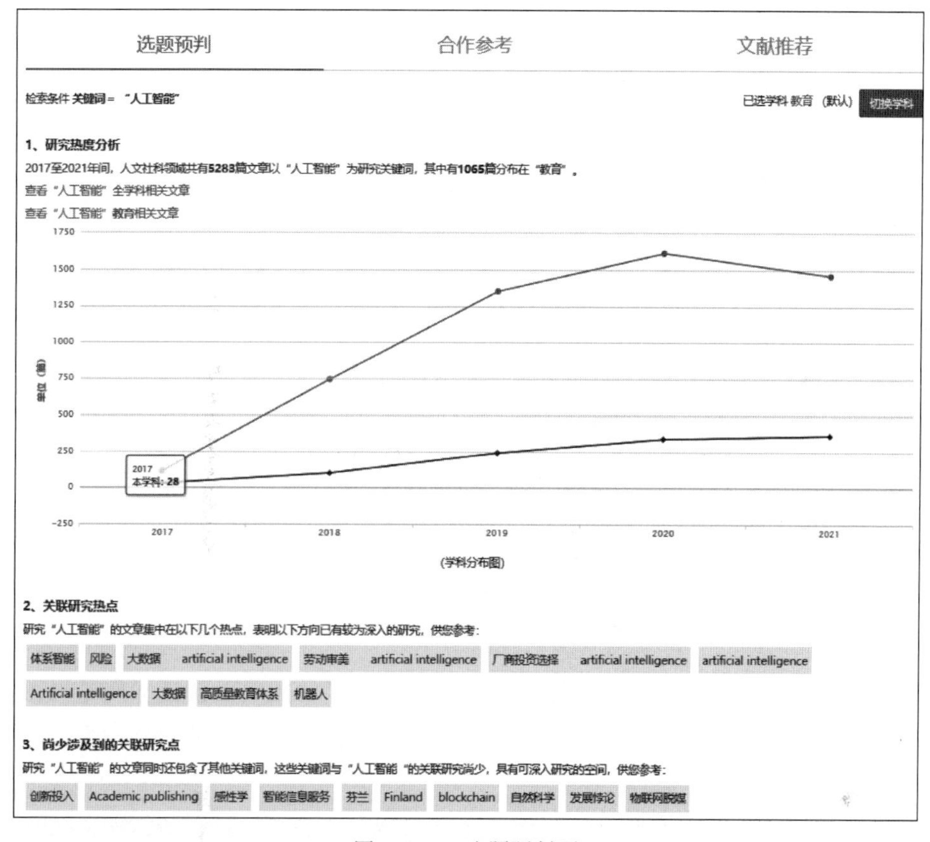

图 4.7.5 选题预判页

4.7.2 全球案例发现系统

1. 资源简介

全球案例发现系统(Global Cases Discovery System，GCDS)是由北京华图新天科技有限公司研发的大型案例文献数据库集群。GCDS 整合了世界众多知名案例研究机构的研究成果，定位于为从事案例开发和案例教学的用户提供一站式检索和传送服务。

GCDS 由工商管理专业类的《中国工商管理案例库》《工商管理案例素材库》《全球工商管理案例在线》以及公共管理专业类的《中国公共管理案例库》《公共管理案例素材库》《全球公共管理案例在线》等 6 个数据库组成，提供案例全文、案例素材和案例索引三种类型的文献数据，以满足用户在案例教学和案例开发中的全面需求。GCDS 能够为高等院校的案例开发和教学工作提供强有力的支持。

2. 主要功能

1）检索功能

GCDS 检索系统提供了简单检索和高级检索两种检索途径,并支持一定的检索技巧方法。

(1) 简单检索。简单检索是类似搜索引擎的检索方式,检索者只需要输入所要找的检索词,不限是标题、作者、关键字等内容,单击“检索”按钮进行检索,就可查到与检索词相关的文献。简单检索页面如图 4.7.6 所示。

图 4.7.6　全球案例发现系统简单检索页面

(2) 高级检索。高级检索可让用户使用多于简单检索的标准以便精炼您的检索。高级检索功能包括字段检索,布尔逻辑检索(与、或、非)等,实现精确查找数据的功能。高级检索页面如图 4.7.7 所示。

图 4.7.7　全球案例发现系统高级检索页面

2）其他功能

在 GCDS 首页,用户可使用数据库导航、案例教学、案例写作、案例大赛、案例投稿功能。

全球案例发现系统的数据库分成了工商管理、公共管理、图书情报三个大类共 7 个数据库,用户应用数据库导航功能可方便快捷地进行检索。

案例教学法是变革式的,它完全不同于传统的教学方式。全球案例发现系统为用户提供了案例教学、案例写作、案例大赛、案例投稿,满足多方位的学习和应用。

思考与练习题

1. 中国知网年鉴数据库中一共有多少个行业大类?

2. 在中国知网中查询《主动性战略视角下中国国际化企业网络构建机制研究——对 6 家中国企业的案例分析》发表于哪个会议?

3.《蒋介石与抗战初期国民党的对日和战态度——以名人日记为中心的比较研究》是复旦大学历史系吴景平老师发表于 2010 年的一篇文章。在中国知网的知网节页面中,其二级引证文献发表最早的是哪一篇?

4. 万方数据知识服务平台收录的哪个学科期刊数据最多?

5. 在万方数据知识服务平台查找《17 至 18 世纪中国园林文化对英国园林转型的影响》一文的参考文献有多少篇?

6. 在维普中文期刊服务平台期刊导航中,可通过哪些分类查询期刊?

7. 维普中文期刊服务平台期刊评价报告模块中,对一本期刊的评价指标有哪些?

8. 在读秀数据库中查找有关“智慧图书馆”的相关知识,并查看所选条目的资料来源。

9. 计算机一级试卷可在起点考试网中哪个学习系统的科目下找到?

10. 报考公务员的考生,可在起点考试网试卷库中那个类别下找到相关的公务员试卷?

11. 人大“复印报刊资料”库中,《中国外交》这本期刊存在于哪个学科分类里?

12. 哪些功能是人大“复印报刊资料”数据库学位论文不能实现的?

第5章 外文数据库检索

本章目标：

1. 了解常见的外文数据库；
2. 了解外文数据库收录文献的类型和学科特点；
3. 掌握外文数据库的使用方法。

5.1 Web of Science

5.1.1 Web of Science 简介

Web of Science(WOS)是全球高影响力的非出版机构综合性学术文献文摘索引数据库及独立的研究信息平台，也是世界知名学术出版机构科睿唯安(Clarivate Analytics)旗下核心品牌，不仅收录了大量学术信息，还提供各种文献工具和信息分析服务。

Web of Science 数据库平台包括以下3方面。

1. Web of Science 核心合集

Web of Science 核心合集包含了科学引文索引(Science Citation Index-Expanded,SCI)、社会科学引文索引(Social Sciences Citation Index,SSCI)和艺术与人文科学引文索引(Arts & Humanities Citation Index,A&HCI)三大引文索引。核心合集收录世界权威的、高影响力的学术期刊，内容涵盖自然科学、工程技术、生物医学、社会科学、艺术与人文等领域。还收录了期刊论文中所引用的参考文献，并按照被引作者、出处和出版年代编制成索引，研究人员能够从中探寻深度的跨学科综合学术信息，全球及具有区域代表性的研究成果，交叉前沿领域的相关研究成果，全世界学术群体之间的合作与交流，潜在的合作研究者和深造机会等。帮助科研人员能够轻松地找到世界范围内，自己研究领域最相关、最前沿的科技文献，激发科研人员的研究思想，获取更多的研究思路。

1）SCI

SCI 数据库是最知名且权威的科学发现和分析工具，目前收录自然科学8872种国际性、高影响力的学术期刊。包含化学与化工、材料科学、工程学、计算机科学、物理学、环境科学与工程、食品科学与技术、基因与遗传、动物学、植物学、微生物学等180多个自然科学、工程和生物技术领域，最早可以回溯到1900年。

2）SSCI

SSCI 数据库主要收录社会科学方面的学术期刊，是全球著名社会科学领域引文索引数据库，收录了社会科学的50多个核心学科领域的3500多种最具影响力的期刊文献信息，最早可以回溯到1900年。

3) A&HCI

A&HCI 数据库主要收录有哲学、文学、文学评论、语言学、音乐、艺术、舞蹈、建筑艺术、亚洲研究、历史及考古等 28 个人文艺术领域学科的 1800 多种国际性、高影响力的学术期刊文献信息，最早可以回溯到 1975 年。

2. 基本科学指标

基本科学指标(Essential Science Indicators,ESI)是科睿唯安公司在汇集和分析 Web of Science 核心合集(SCI/SSCI)近十年收录的科技文献及其所引用的参考文献的基础上建立起来的分析型数据库。数据库可以揭示在某个研究领域有影响力的国家、机构、论文和期刊以及研究前沿，并衡量具体研究领域内某研究成果的全球学术影响力，已成为决策制订者、管理者、分析师，以及政府部门、大学、管理者、情报分析人员和信息专家等必不可少的深度分析型研究工具。

3. InCites

InCites 数据库是在 Web of Science 核心合集高质量论文和引文数据的基础上建立起来的科研表现分析与对标工具。Incites 综合了丰富的计量指标和 1980 年以来各学科年度的全球基准数据，可以帮助用户从科研人员，机构，区域，研究方向，期刊，基金等六大维度展开分析，继而实现机构研究产出和引文影响力的实时跟踪，机构间研究绩效和影响力的横向纵向对比，潜力人才的精准定位，科研合作现状和潜在合作可能性的有效发现。

5.1.2 Web of Science 核心合集

1. 检索平台

Web of Science 是一个综合的数据库系统服务平台，整合了 Web of Science 核心合集(SCI/SSCI/A&HCI)、ESI、JCR、InCites、CSCD、Dll、Medline 等多个权威数据库，如图 5.1.1 所示为 Web of Science 检索平台主页(https://www.webofscience.com/)。在页面右上角可通过网页语言选项，选择平台以简体中文显示，输入检索词还是英文。在文献栏下方工具条“所有数据库”中可选择平台整合的数据库产品，以各单位订购为准。单击“Web of Science 核心合集”选项，进入检索页面。

2. 检索方式

1) 基本检索

Web of Science 核心合集检索页面默认基本检索，提供一个简单的检索框，可选择检索字段，输入对应的检索词或检索式进行检索，也可以单击“添加行”按钮添加检索框，进行多途径组配检索(AND、OR、NOT)。检索字段有：所有字段、主题、标题、作者、出版物、出版年、所属机构、基金资助机构、出版商等 25 种。单击“添加日期范围”按钮限定检索结果的出版日期和索引日期。

2) 高级检索

单击“高级检索”按钮，进入高级检索页面，如图 5.1.2 所示。高级检索仅提供一个检索

图 5.1.1　Web of Science 核心合集主页

对话框，用户可以根据需要在检索框内输入检索词或检索表达式，选择检索字段，进行逻辑AND、OR、NOT 的组配，然后单击“添加到检索式”按钮进行检索。也可以在检索式预览框中输入或编辑检索式进行检索。在页面右下方为用户提供了检索字段标识符列表。

图 5.1.2　高级检索页面

3）研究人员检索

平台提供了研究人员检索，也称作者检索，通过作者姓名和作者识别号两种途径进行检索，查看作者记录。作者姓名的形式为姓氏在前，名字首字母在后，姓氏可以包含连字号、空格或撇号。作者识别号检索是使用作者的 Web of Science Researcher ID 或 ORCID ID 查找作者记录。

4）被引参考文献检索

被引参考文献检索是 Web of Science 核心合集数据库独特的检索途径，也称引文检索，是从被引用文献的作者、被引著作、被引期刊、被引用文献的年代、被引标题作为检索词，进行检索。通过被引参考文核检索，可以了解研究领域的最新进展，了解某位作者发表文献的被引用情况。

5）化学结构检索

单击数据库主页“化学结构”进入化学结构检索页面。化学结构检索是提供对化学反应和化合物的检索。用户通过输入化学结构绘图或上传绘图、化合物名称、分子量、化合物活性、数据等检索信息，单击“检索”按钮进行检索。

3. 检索规则

(1) 布尔逻辑检索：系统支持布尔逻辑算符 AND、OR、NOT，检索词之间可进行布尔逻辑组配，提高查全率或查准率。

(2) 大小写区分：系统不区分大小写，可以使用大写，也可以使用小写或者大小写混合。

(3) 位置检索：位置算符包括 NEAR/x 和 SAME。NEAR/x 可查找由该运算符连接的检索词之间相隔指定数量 X 的单词的记录，如 financial NEAR/2 crises，表示两词间隔最多 3 个词；SAME 表示所连接的检索词出现在同一个句子中或者同一字段里。

(4) 通配符：系统支持 *、$、? 3 个通配符。其中 * 代表 0 到多个字母，用于后截断和中截断，例如 lib *，可以检索到 lib、library、libraries 等；? 表示任意一个字符，如 wom? n 可检索到 woman、women；$ 表示零个或一个字符，常用来检索同一单词的英式和美式拼写或包含空格、连字符等的作者姓氏。

(5) 词组检索：可以使用引号“”对一个特定的短语进行检索，如“Environmental protection”，这样可以精确检索结果；如果不使用引号，系统将会按照 Environmental AND protection 的方式进行检索。输入以连字符分隔的两个单词，则词语将视为精确短语。

(6) 禁用词：指无检索意义的词，如冠词(a、an、the)、介词(of、in、on)及代词等单独使用没有实际意义的词，系统将自动屏蔽禁用词。

(7) 括号检索：用()来确认检索词的优先顺序，括号内的表达式优先执行。系统中运算符的优先顺序是：括号()、NEAR/x、SAME、NOT、AND、OR。

4. 检索结果

1）显示

Web of Science 核心合集检索结果页面以题录列表形式显示，如图 5.1.3 所示。显示检索结果的数量，检索结果记录的题名、作者、刊名、出版年、摘要、被引频次、参考文献、相关记录等。检索结果默认按相关性排序，用户根据需求可通过排序方式选择被引频次、日期(降序、升序)、使用次数、最近添加、会议标题等对检索结果进行排序，快速定位高影响力文献和热点文献。在单条检索结果记录下方，单击“出版商处的全文”按钮，跳转至相应的出版商主页，如果所在机构具有该文献的全文下载权限，即可获取该文献全文。

图 5.1.3　检索结果页面

2）全记录格式

单击检索结果文献标题进入该文献的全记录页面，如图 5.1.4 所示。全记录页面显示该篇文献的完整信息，包括题名、作者、摘要、关键词、作者信息、来源文献、文章编号、文献类型、语种、作者地址、基金资助致谢、出版商、学科类别、IDS 编号、DOI、被引频次、参考文献、相关记录、期刊影响力等。在文献全记录页面，平台构建了由文献的被引频次、参考文献、相关记录组成的引文网络，这也是 Web of Science 平台的独特功能，用户可以通过文献的引用次数了解该研究的最新进展；通过参考文献反推该论文的研究依据和课题起源；通过相关记录扩展视野找到更多相关的文献（具有共被引参考文献的文章），将结果越查越深。

3）标记与输出

选择一组文献，点亮文献题名前的复选框，可以对检索结果进行标记。利用检索结果上部导出工具条，可以打印 HTML 文件、将所选记录导出到 EndNote Online、EndNote Desktop、RIS 等参考文献管理工具和 InCites 等。如果要将所需文献添加到标记结果列表，只需点亮复选框后，单击添加到标记结果列表即可，系统将该标记保持到退出检索系统。

4）精炼检索结果

在检索列表左侧精炼检索结果栏中，系统对检索结果按学科类别、文献类型、作者、来源出版物、出版年、会议标题、机构、基金资助机构、语种、国家/地区等字段进行了 18 种聚类分析；也可在“结果内检索”，也就是二次检索，过滤或精炼初始检索结果。

图 5.1.4 文献全记录页面

5）分析检索结果

单击检索结果页面上方“分析检索结果”，直接进入分析页面，如图 5.1.5 所示。系统提供出版年、文献类型、Web of Science 类别、作者、所属机构、出版物标题、出版商、基金资助机构、研究方向、语种等 19 种分析途径，对检索结果进行全方位分析。用户可以按照 Web of Science 类别或“研究方向”分析，了解某个课题的学科交叉情况或者所涉及的学科范围；按照“来源出版物”分析，关注该领域的研究论文都发表在哪些期刊上以便将来找到合适的发表途径；按照“作者”分析，了解某个研究领域的主要研究人员；按照“机构扩展”进行分析，了解从事同一研究的其他机构；按照“出版年”分析，了解某个研究领域的进展情况；按照“国家/地区”分析，了解该研究方向的高产出国家和地区，等等。

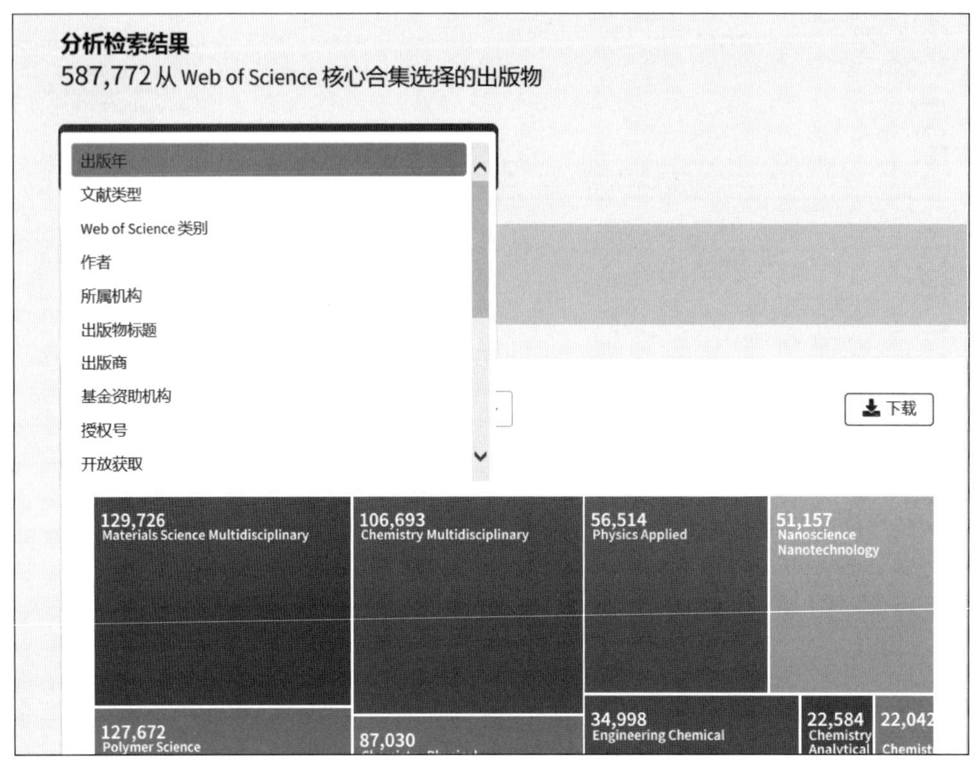

图 5.1.5　分析检索结果页面

5. 个性化功能

在 Web of Science 平台注册个人邮箱账户，可享用系统个性化服务功能。注册用户可根据需求，自定义跟踪选项，实时跟踪课题的最新发文情况和研究进展；保存检索历史在服务器或本地计算机上；订制定题服务，Web of Science 会定期向个人邮箱推送所关注课题的最新动态；创建“引文跟踪”，会在有人引用该论文时收到推送邮件，随时掌握引文动态；使用 EndNote Online 文献管理和写作工具；全文下载小插件 Endnote Click 等。

【案例 5.1.1】 了解近十年 CRISPR 基因编辑技术领域中高影响的论文。

1. 分析信息需求，选择检索系统

登录 Web of Science 核心合集数据库：https://www.webofscience.com/。

2. 选择检索方式和确定检索途径

进入检索界面，选择 Web of Science 核心合集数据库，在检索框中输入检索词 crispr *，选择主题字段，时间跨度为 2011-01-01 至 2021-12-31，如图 5.1.6 所示。

图 5.1.6　检索页面

3. 实施检索，显示检索结果

单击“检索”按钮，查看检索结果。从检索结果页面中我们可以看到，关于 crispr 基因编辑方面的文章 SCI 共收录近 3 万篇，文献默认按照相关性的方式排序，单击排序方式按钮选择被引频次降序排序，如图 5.1.7 所示，可以查看被引频次较高的论文，通过精炼筛选高被引论文和热点论文；选择近期使用次数降序的排序方式，锁定核心文献，了解课题领域内重要的研究成果。

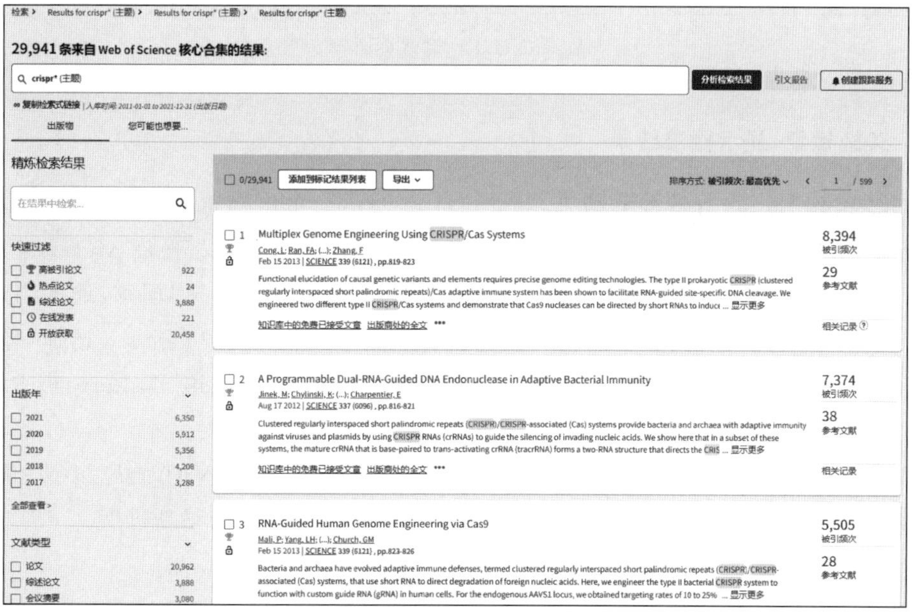

29,941 条来自 Web of Science 核心合集的结果:

crispr* (主题)　分析检索结果　引文报告　创建跟踪服务

精炼检索结果

快速过滤：高被引论文 922；热点论文 24；综述论文 3,888；在线发表 221；开放获取 20,458

出版年：2021 6,350；2020 5,912；2019 5,356；2018 4,208；2017 3,288

文献类型：论文 20,962；综述论文 3,888；会议摘要 3,080

0/29,941　添加到标记结果列表　导出　排序方式: 被引频次: 最高优先

1 Multiplex Genome Engineering Using CRISPR/Cas Systems — Cong, L; Ran, FA; (...); Zhang, F — Feb 15 2013 | SCIENCE 339 (6121), pp.819-823 — 8,394 被引频次；29 参考文献

2 A Programmable Dual-RNA-Guided DNA Endonuclease in Adaptive Bacterial Immunity — Jinek, M; Chylinski, K; (...); Charpentier, E — Aug 17 2012 | SCIENCE 337 (6096), pp.816-821 — 7,374 被引频次；38 参考文献

3 RNA-Guided Human Genome Engineering via Cas9 — Mali, P; Yang, LH; (...); Church, GM — Feb 15 2013 | SCIENCE 339 (6121), pp.823-826 — 5,505 被引频次；28 参考文献

图 5.1.7　高影响的论文

【案例 5.1.2】 近五年关于 ECMO 课题，全球呈现怎样的研究趋势？其中比较多的论文来自于哪些国家/地区？哪些研究人员在 ECMO 课题表现突出？

1. 分析信息需求，选择检索系统

登录 Web of Science 核心合集数据库：https://www.webofscience.com/。

2. 选择检索方式和确定检索途径

在 Web of Science 核心合集数据库页面选择“文献检索”，在主题字段输入 ECMO，限定出版日期“最近 5 年”，如图 5.1.8 所示。

图 5.1.8 检索页面

3. 实施检索，显示检索结果

单击“检索”按钮，查看检索结果，如图 5.1.9 所示。单击检索结果页面上方“分析检索结果”按钮进入分析页面；选择“出版年”选项，查看到近 5 年关于 ECMO 课题研究趋势，近 5 年共发表 4567 篇，逐年稳步上升，如图 5.1.10 所示；选择“国家/地区”选项，发现关于 ECMO 研究的发文较多的是美国，其次是德国，如图 5.1.11 所示；选择“作者”选项，可查看在 ECMO 研究领域表现突出的研究人员，如 Brodie D，Lorusso R 等，如图 5.1.12 所示。

【案例 5.1.3】 了解作者 Michio Inagaki 2014 年在 *JOURNAL OF MATERIALS CHEMISTRY A* 期刊上发表的有关石墨烯的论文被引用次数以及最新进展。

1. 分析信息需求，选择检索系统

登录 Web of Science 核心合集数据库：https://www.webofscience.com/。

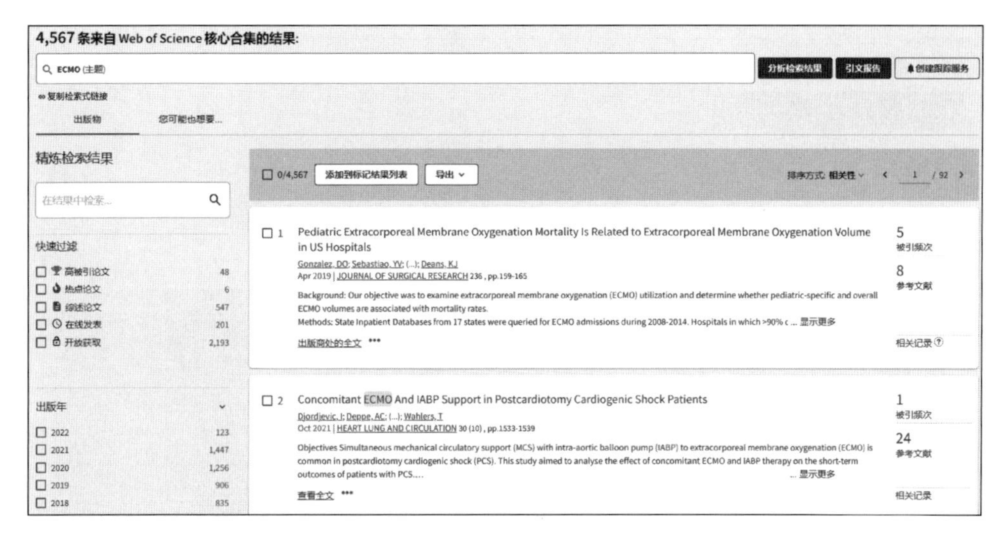

图 5.1.9　检索结果页面

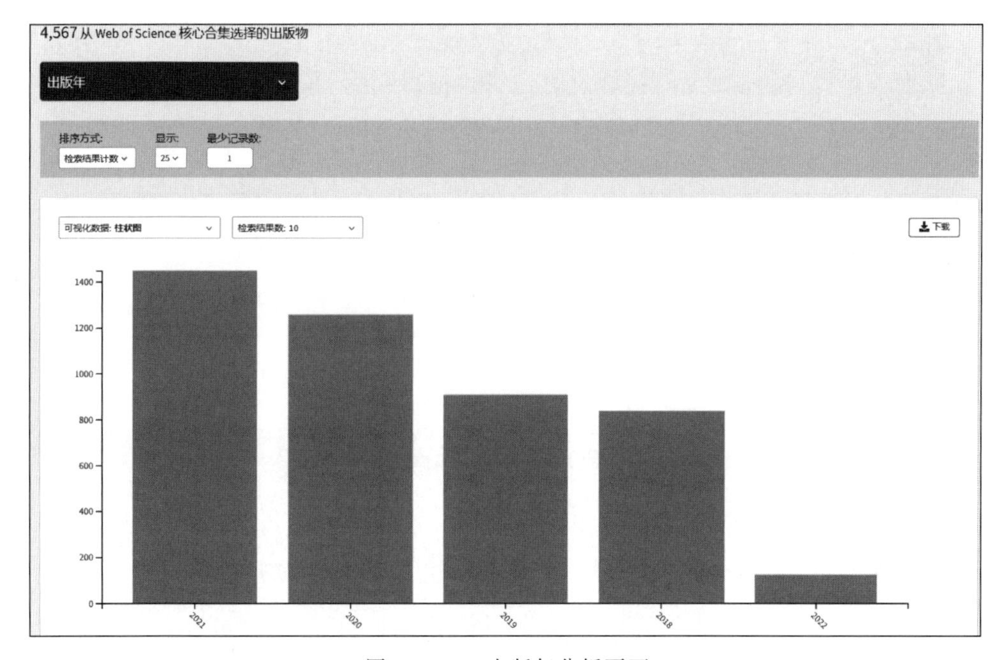

图 5.1.10　出版年分析页面

2. 选择检索方式和确定检索途径

在 Web of Science 核心合集数据库页面选择“被引参考文献检索”选项，在被引作者字段输入 Inagaki，M，在被引著作字段输入 JOURNAL OF MATERIALS CHEMISTRY A，被引年份字段输入“2014”，如图 5.1.13 所示。

3. 实施检索，显示检索结果

单击“检索”按钮，查看检索结果，如图 5.1.14 所示。作者 Inagaki，M 2014 年在 *JOURNAL*

图 5.1.11　国家/地区分析页面

图 5.1.12　作者分析页面

OF MATERIALS CHEMISTRY A 期刊上发表的有关石墨烯的论文被引用了 148 次。从检索结果列表中选择并标记文献记录，单击“查看结果”按钮，页面显示的将是所有引用了该研究论文的文章列表，按日期降序排序，可查看最新研究进展，如图 5.1.15 所示。

件中选择机构，输入机构名称；结果区首先显示该机构进入全球前1%的ESI学科的指标信息，所有领域(All Fields)包括已进入和未进入全球前1%的所有ESI学科的论文指标信息。

(2) 未知机构目前是否有学科进入全球前1%，但拥有高被引论文。在指标选项界面，选择研究领域；在结果区，选择一个学科，单击右边的Highly Cited Papers选项下的蓝色数字条框；进入Documents中的Papers by Research Field界面，单击Clear按钮清除条件后，将显示ESI数据库现在所有的高被引论文；在左边的Add Filter中单击Institutions选项，然后输入机构名称，在结果区显示高被引论文。

【案例5.1.4】 用ESI数据库查找湖北工业大学高被引论文数量情况。

1. 分析信息需求，选择检索系统

登录ESI数据库：https://esi.clarivate.com/。

2. 选择检索方式和确定检索途径

在指标选项页面，选择研究领域，筛选条件中选择机构输入机构名称hubei university of technology，Include Results For中选择高被引论文。

3. 实施检索，显示检索结果

结果区显示湖北工业大学进入全球前1%的ESI学科的指标信息，筛选条件包括已进入和未进入全球前1%的所有ESI学科的论文指标信息。湖北工业大学高被引论文共48篇，如图5.1.19所示，单击All Fields选项行条形图，可查看高被引论文详细信息，如图5.1.20所示。

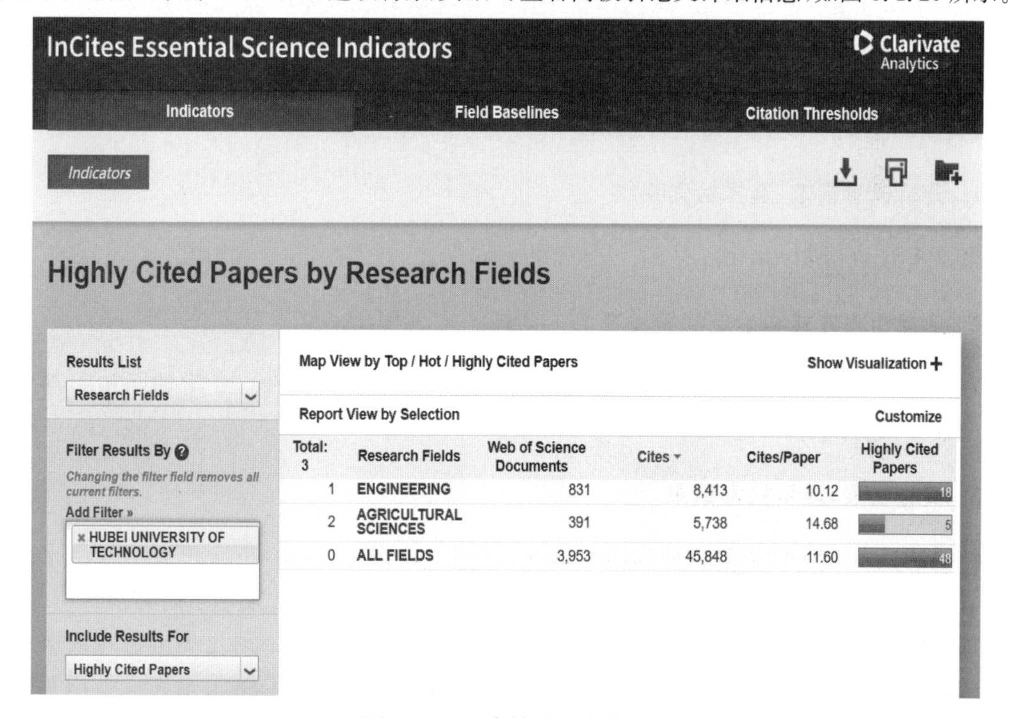

图5.1.19 高被引论文数量

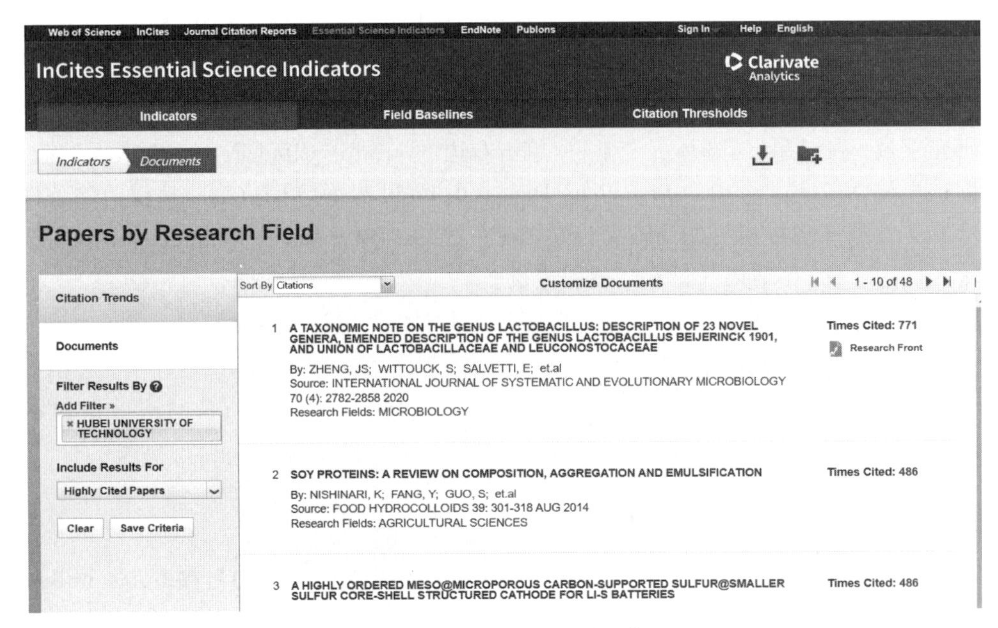

图 5.1.20　高被引论文详细信息

(3) 查找 ESI 各学科的研究前沿。在指标选项页面，选择研究前沿 (Research Fronts)，在增加筛选条件中选择研究领域，选择学科。如选择高被引论文为结果输出类型，在结果区从左至右依次显示了研究前沿的数量(total)、研究前沿的具体内容(Research Fronts)、高被引论文数和平均年(Mean Year)；可以通过单击包含高被引论文数的蓝色条形图，来获取每一篇高被引论文的详细信息；还可以通过单击高被引论文或平均年指标旁边的倒三角标识，来对结果进行排序。

【案例 5.1.5】 查找 ESI 化学(chemistry)学科的研究前沿。

1. 分析信息需求，选择检索系统

登录 ESI 数据库：https://esi.clarivate.com/。

2. 选择检索方式和确定检索途径

在指标选项页面，results list 中选择研究前沿(research fronts)，在增加筛选条件中选择研究领域，选择学科：化学。

3. 实施检索，显示检索结果

结果区显示 ESI 化学学科研究前沿情况，通过 Include Results For 可以选择结果输出类型。如选择高被引论文为结果输出类型，在结果区从左至右依次显示了研究前沿的数量、研究前沿的具体内容、高被引论文数和平均年，如图 5.1.21 所示；通过单击包含高被引论文数的蓝色条形图，来获取每一篇高被引论文的详细信息；单击高被引论文或平均年指标旁边的倒三角标识，来对结果进行排序。

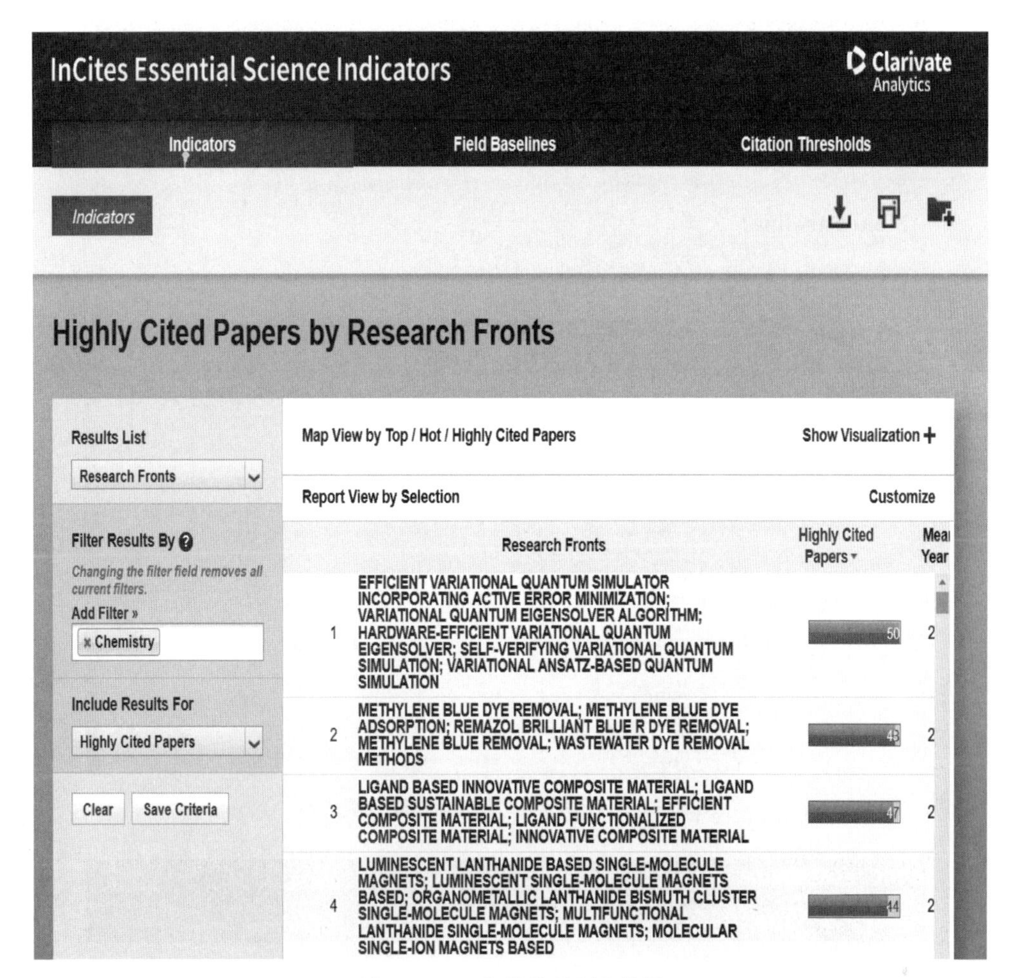

图 5.1.21　化学学科研究前沿

（4）确定 ESI 各学科的基准值。

单击进入学科基准值（field baselines）选项，可以分别选择篇均被引频次（Citation Rates）、百分位（Percentiles）或者学科排名（Field Rankings）；结果区第一栏为 ESI 的 22 个学科，分年度显示各学科论文的被引用全球平均值。如图 5.1.22 所示，为 ESI 各学科的篇均被引基准值。

（5）了解 ESI 各学科的阈值。单击进入引用阈值选项，可以分别选 ESI 学科阈值、高被引论文阈值或者热点论文阈值；结果区以 ESI 的 22 个学科为出发点，分别从作者、机构、期刊、国家等不同层次来给出被引阈值。如图 5.1.23 所示，为 ESI 的 22 个学科阈值。

5.1.4　InCites

1. 检索平台

InCites 数据库集合了 Web of Science 核心合集七大索引数据库 1980 年至今客观、权威的数据，涵盖全球 1.3 万多所名称规范化的机构信息，囊括 1980 年以来所有文献的题录和

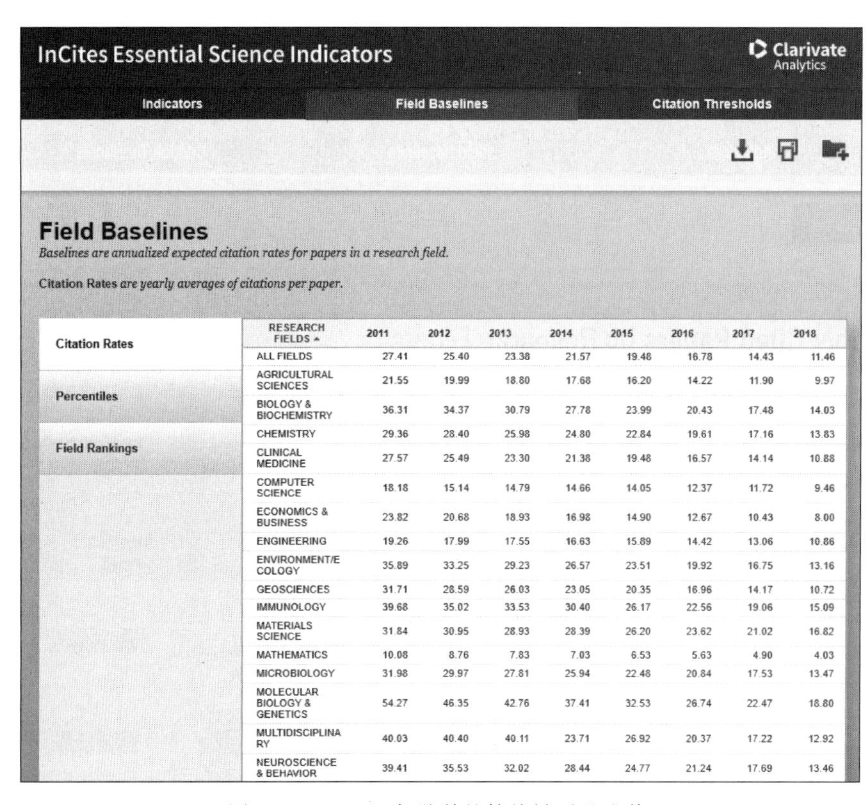

InCites Essential Science Indicators

Clarivate Analytics

Indicators | Field Baselines | Citation Thresholds

Field Baselines

Baselines are annualized expected citation rates for papers in a research field.

Citation Rates *are yearly averages of citations per paper.*

Citation Rates

Percentiles

Field Rankings

RESEARCH FIELDS	2011	2012	2013	2014	2015	2016	2017	2018
ALL FIELDS	27.41	25.40	23.38	21.57	19.48	16.78	14.43	11.46
AGRICULTURAL SCIENCES	21.55	19.99	18.80	17.68	16.20	14.22	11.90	9.97
BIOLOGY & BIOCHEMISTRY	36.31	34.37	30.79	27.78	23.99	20.43	17.48	14.03
CHEMISTRY	29.36	28.40	25.98	24.80	22.84	19.61	17.16	13.83
CLINICAL MEDICINE	27.57	25.49	23.30	21.38	19.48	16.57	14.14	10.88
COMPUTER SCIENCE	18.18	15.14	14.79	14.66	14.05	12.37	11.72	9.46
ECONOMICS & BUSINESS	23.82	20.68	18.93	16.98	14.90	12.67	10.43	8.00
ENGINEERING	19.26	17.99	17.55	16.63	15.89	14.42	13.06	10.86
ENVIRONMENT/ECOLOGY	35.89	33.25	29.23	26.57	23.51	19.92	16.75	13.16
GEOSCIENCES	31.71	28.59	26.03	23.05	20.35	16.96	14.17	10.72
IMMUNOLOGY	39.68	35.02	33.53	30.40	26.17	22.56	19.06	15.09
MATERIALS SCIENCE	31.84	30.95	28.93	28.39	26.20	23.62	21.02	16.82
MATHEMATICS	10.08	8.76	7.83	7.03	6.53	5.63	4.90	4.03
MICROBIOLOGY	31.98	29.97	27.81	25.94	22.48	20.84	17.53	13.47
MOLECULAR BIOLOGY & GENETICS	54.27	46.35	42.76	37.41	32.53	26.74	22.47	18.80
MULTIDISCIPLINARY	40.03	40.40	40.11	23.71	26.92	20.37	17.22	12.92
NEUROSCIENCE & BEHAVIOR	39.41	35.53	32.02	28.44	24.77	21.24	17.69	13.46

图 5.1.22　ESI 各学科的篇均被引基准值

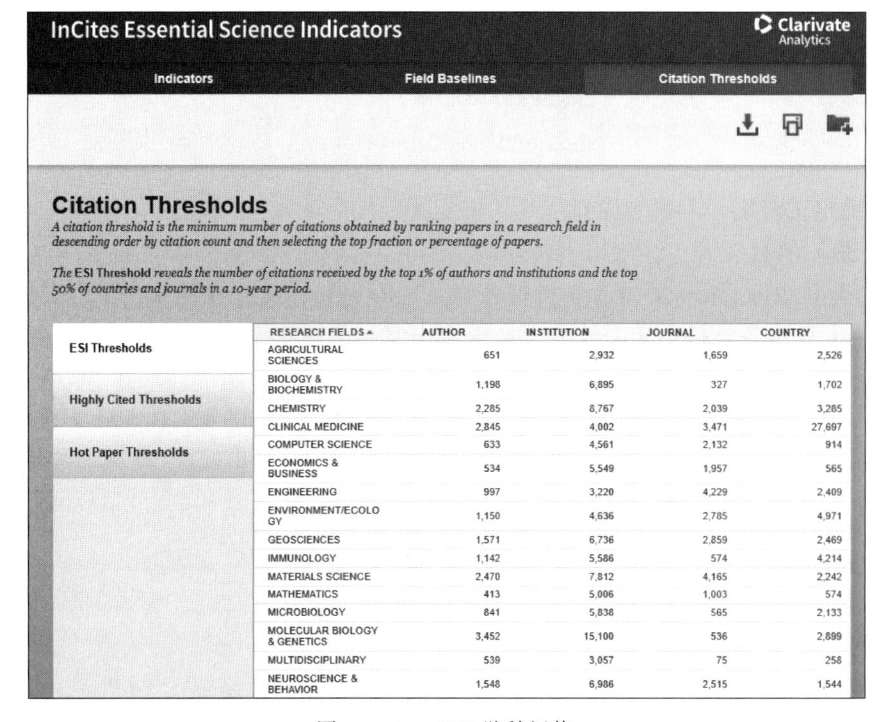

InCites Essential Science Indicators

Clarivate Analytics

Indicators | Field Baselines | Citation Thresholds

Citation Thresholds

A citation threshold is the minimum number of citations obtained by ranking papers in a research field in descending order by citation count and then selecting the top fraction or percentage of papers.

The ESI Threshold *reveals the number of citations received by the top 1% of authors and institutions and the top 50% of countries and journals in a 10-year period.*

ESI Thresholds

Highly Cited Thresholds

Hot Paper Thresholds

RESEARCH FIELDS	AUTHOR	INSTITUTION	JOURNAL	COUNTRY
AGRICULTURAL SCIENCES	651	2,932	1,659	2,526
BIOLOGY & BIOCHEMISTRY	1,198	6,895	327	1,702
CHEMISTRY	2,285	8,767	2,039	3,285
CLINICAL MEDICINE	2,845	4,002	3,471	27,697
COMPUTER SCIENCE	633	4,561	2,132	914
ECONOMICS & BUSINESS	534	5,549	1,957	565
ENGINEERING	997	3,220	4,229	2,409
ENVIRONMENT/ECOLOGY	1,150	4,636	2,785	4,971
GEOSCIENCES	1,571	6,736	2,859	2,469
IMMUNOLOGY	1,142	5,586	574	4,214
MATERIALS SCIENCE	2,470	7,812	4,165	2,242
MATHEMATICS	413	5,006	1,003	574
MICROBIOLOGY	841	5,838	565	2,133
MOLECULAR BIOLOGY & GENETICS	3,452	15,100	536	2,899
MULTIDISCIPLINARY	539	3,057	75	258
NEUROSCIENCE & BEHAVIOR	1,548	6,986	2,515	1,544

图 5.1.23　ESI 学科阈值

指标信息,包含了基于中华人民共和国国务院学位委员会和教育部颁布的《学位授予和人才培养学科目录(2018 年 4 月更新)》的学科分类。平台采用更加清晰、准确的可视化方式来呈现数据,用户可以更加轻松地创建、存储并导出报告,每 2 个月更新一次。

访问 InCites 数据库需登录,首次访问需注册邮箱后才能登录。InCites 整合在 Web of Science 平台上,进入 Web of Science 页面,单击右上角“产品”选项,选择 InCites Benchmarking & Analytics 选项(如图 5.1.24 所示)或直接输入网址: https://incites.clarivate.com,进入登录页面,如图 5.1.25 所示。

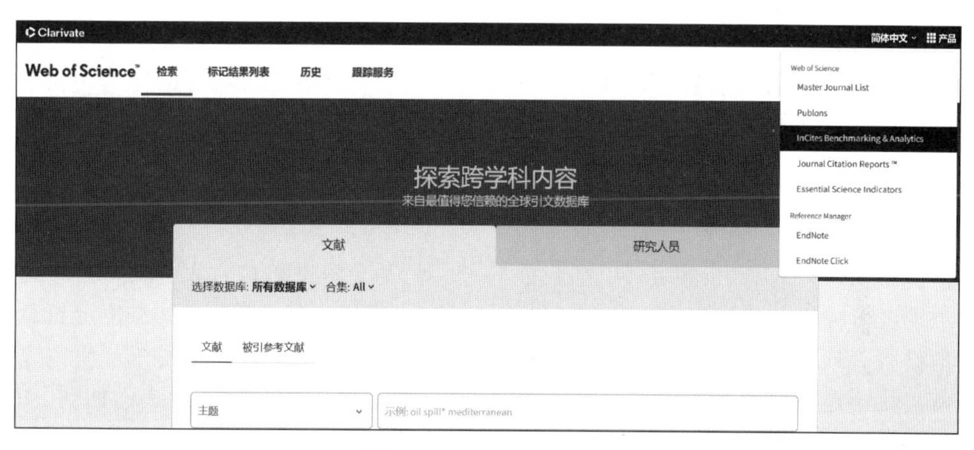

图 5.1.24 InCites 入口

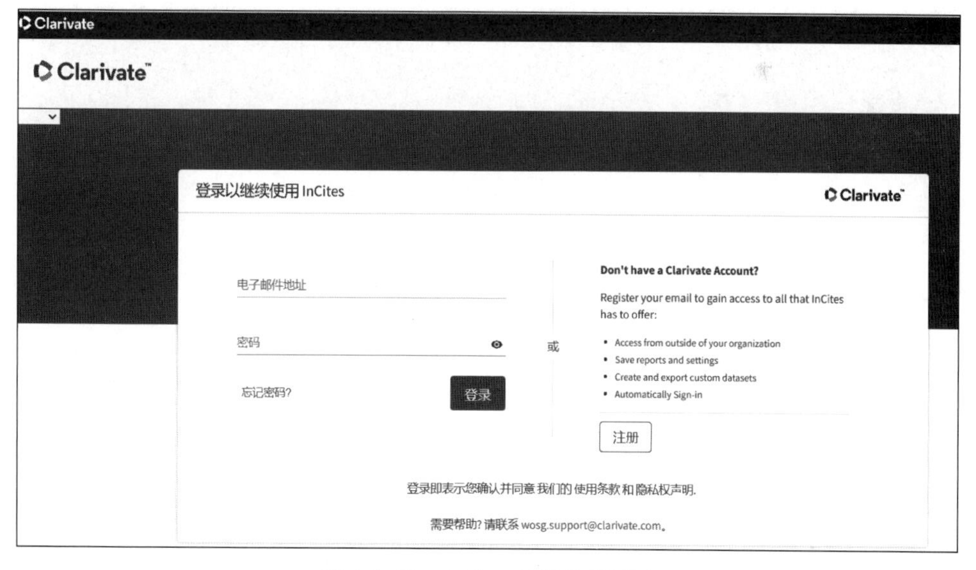

图 5.1.25 InCites 注册登录页面

2. 功能模块

InCites 数据库主页面分析栏目下有 3 个模块及系统报告,如图 5.1.26 所示。

图 5.1.26　InCites 主页面

1）分析

快速启动研究人员、机构、区域、研究方向、期刊、基金资助机构六大分析维度。通过研究人员维度可分析各机构研究人员和科研团体的产出力和表现力等；机构维度分析全球各机构的科研表现，进行同行对标；区域维度分析各机构的国际合作区域分布；研究方向维度分析机构在不同学科分类体系中的学科布局；期刊维度分析文献所发表的期刊、图书和会议录分布；基金资助机构维度分析不同基金资助机构的论文资助情况。用户选择需要分析的角度，根据提示步骤，一步步完成分析，如图 5.1.27 所示。

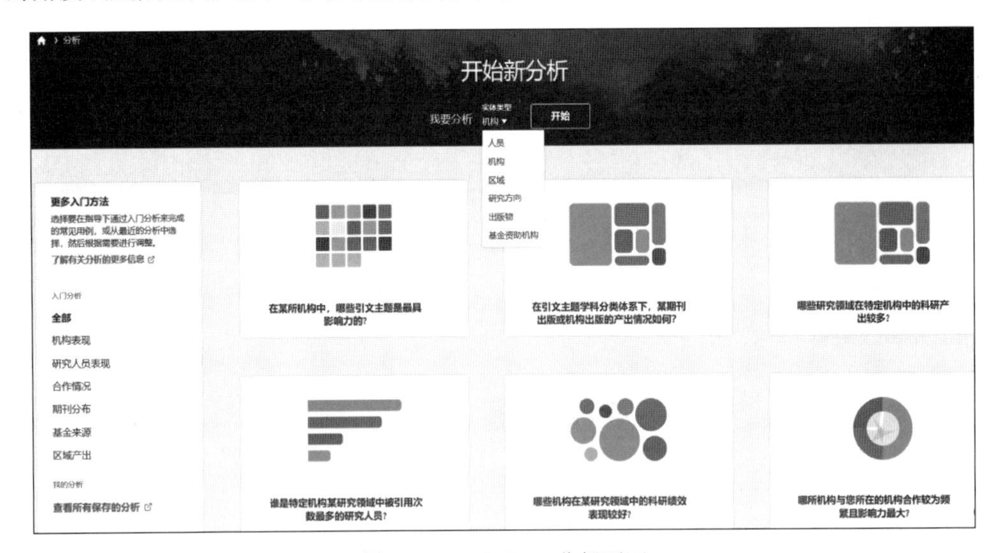

图 5.1.27　InCites 分析页面

2）报告

快速创建数据库内置的报告模板，展现机构、人员、部门的科研表现、期刊利用率、合作等情况，同时支持创建自定义分析报告。用户可选择报告模板类型，如“机构报告”，单击“转到”选项即可进入机构报告模板；也可以根据需要创建自己的报告模板，在“机构报告”中输入目标机构名称，选择分析的维度，如“期刊利用情况”。

3）组织

管理和使用已保存的工作。单击“我的机构”选项进入全新模块 my organization，实现院系、个人科研数据的精确度量和精准追踪。

3. 主要指标

（1）学科规范化的引文影响力：排除了出版年、学科领域与文献类型作用的无偏影响力指标，可以进行不同规模、不同学科混合的论文集的比较。

（2）期刊规范化的引文影响力：某出版物实际被引频次与其发表期刊同出版年、同文献类型论文的平均被引频次的比值，这个指标能够回答，如“我的论文在所发表期刊上表现如何”之类的问题。

（3）平均百分位：一篇论文的百分位体现了其在同学科、同出版年、同文献类型的论文集中的相对被引表现，因此百分位是一个规范化的指标。

（4）被引次数排名前 10％的论文百分比：这是反映机构中优秀科研成果的指标之一。

（5）期刊分区：对 Journal Citation Reports 数据库中每个 Web of Science 学科中的期刊按其影响因子值从高到低排序，若期刊的影响因子位于前 25％则将其划分到 Q1 区间，若一期刊的影响因子位于 26％～50％则将其划分到 Q2 区间，以此类推。

（6）各个分区（Q1～Q4）期刊的论文：期刊分区与每篇论文关联，在没有限定学科的情况下，InCites 会默认取某 JCR 年中该期刊排名最靠前的分区，使用本指标可以得到在给定年份内某学科各分区的期刊发表的论文数量。

（7）第一作者百分比（2008—2020 年）：在 2008 年之后发表的论文中，该机构所属作者为第一作者的论文百分比。

【案例 5.1.6】 请以湖北工业大学为例，利用 InCites 本地期刊利用率报告，分析湖北工业大学发表论文较多的期刊、引用较多的期刊。

1. 分析信息需求，选择检索系统

登录 InCites 数据库：https://incites.clarivate.com，输入用户名和密码登录。

2. 选择检索方式和确定检索途径

单击 InCites 主页的“分析”选项，进入后在“我要分析”中选择“出版物”选项，单击“开始”按钮进入出版物分析页面，左侧筛选条件中选择机构名称，输入 hubei university of technology，系统会自动提示近似名称。

3. 实施检索，显示检索结果

单击“更新结果”按钮，在分析页面中间显示相关检索结果数据图示。在数据表中选择按“Web of Science 论文数”排序，单击可视化，显示图上方选择“Web of Science 论文数”，得到湖北工业大学发表论文较多的期刊情况，如图 5.1.28 所示；更换排序方式，在数据表中选择按“被引频次”排序，并按被引频次可视化图呈现，得到的是湖北工业大学引用较多的期

刊,如图 5.1.29 所示;单击“选择其他可视化效果”选择不同的图像呈现方式,可选择作图的指标,单击检索结果图示旁的下载图标,可以很方便地下载和打印。

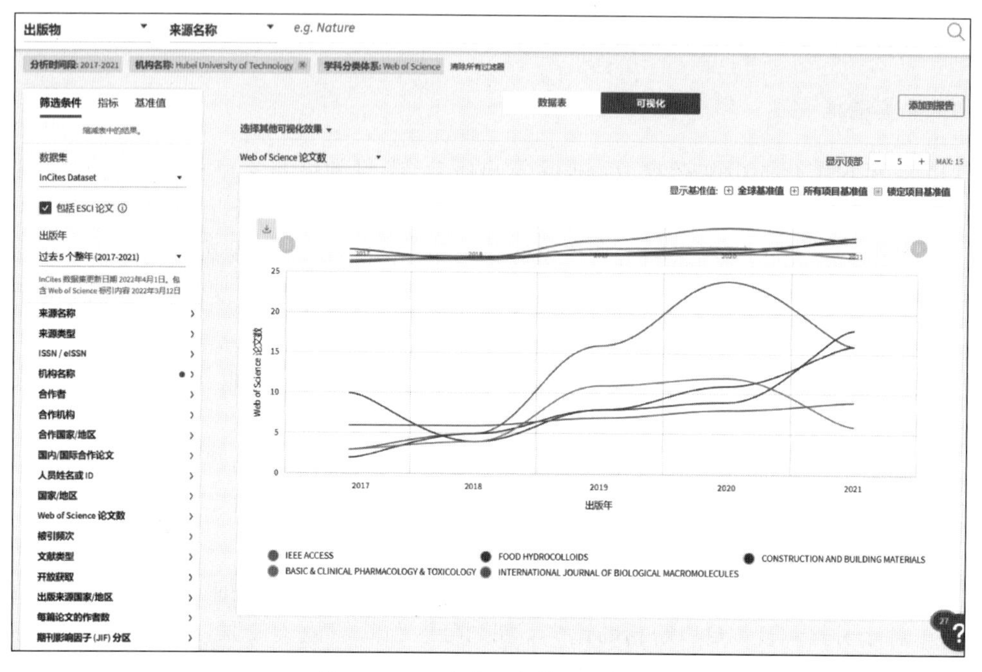

图 5.1.28 发表论文较多的期刊

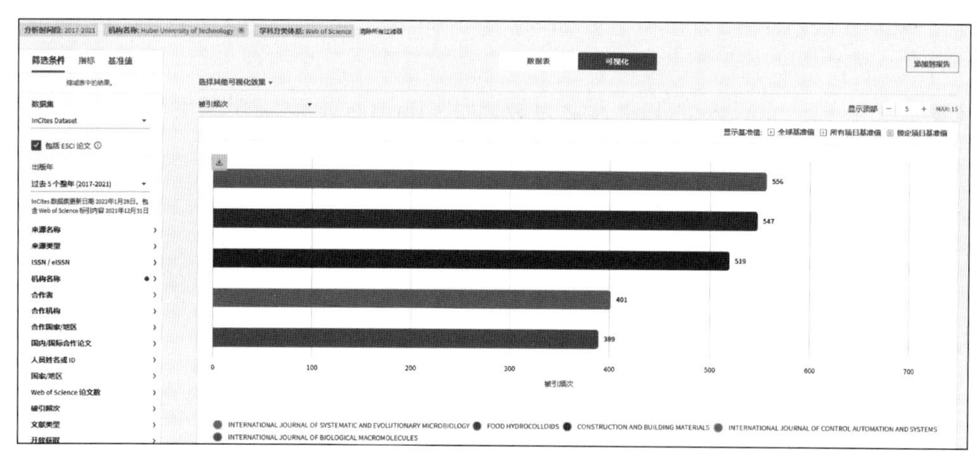

图 5.1.29 引用较多的期刊

【案例 5.1.7】 用 InCites 数据库查询华中科技大学合作发文量最多的前 5 家国内机构,用可视化图呈现(学科分类体系:Web of Science;文献类型:不限)。

1. 分析信息需求,选择检索系统

登录 InCites 数据库:https://incites.clarivate.com/,输入用户名和密码登录。

2. 选择检索方式和确定检索途径

单击 InCites 主页的“分析”选项，进入后在“我要分析”中选择“机构”选项，单击“开始”按钮进入机构分析页面。页面上方直接呈现机构检索途径，在检索框中输入华中科技大学英文名称 Huazhong University of Science & Technology，系统也会在你输入信息进行自动提示近似名称，进入华中科技大学分析页面。在页面左侧筛选框出版年中选择“所有年份(1980—2021 年)”，页面中间结果区显示华中科技大学发文总量，选择“与此实体合作的组织”重新聚焦以查看结果，如图 5.1.30 所示。

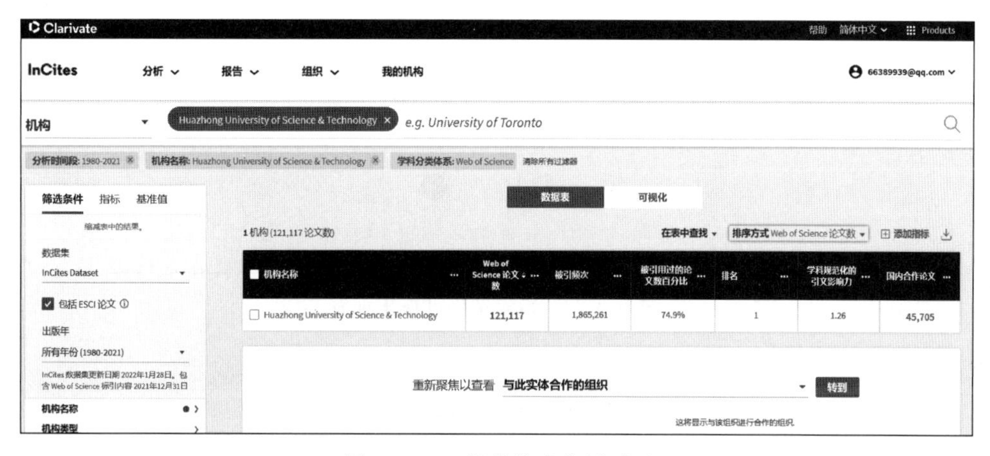

图 5.1.30　机构检索分析页面

3. 实施检索，显示检索结果

单击转到与华中科技大学合作的组织数据表，选择按 Web of Science 论文数从高到低排序查看检索结果，发文量在前五位的分别是中国科学院(Chinese Academy of Sciences)、武汉大学(Wuhan University)、中山大学(Sun Yat Sen University)、上海交通大学(Shanghai Jiao Tong University)和北京大学(Peking University)如图 5.1.31 所示；单击数据表旁的可视化按钮，

5,348 机构 (65,228 论文数)

机构名称	Web of Science 论文数	被引频次	被引用过的论文数百分比	排名	学科规范化的引文影响力	国内合作论文
Chinese Academy of Sciences	5,648	131,378	83.39%	1	1.71	3,996
Wuhan University	4,572	113,296	81.19%	2	2.11	3,541
Sun Yat Sen University	1,985	60,973	76.07%	3	2.73	1,330
Shanghai Jiao Tong University	1,925	47,365	76.99%	4	2.62	1,302
Peking University	1,852	54,470	79.21%	5	3	1,198
Zhejiang University	1,617	49,021	76.25%	6	2.78	1,102
Wuhan University of Technology	1,587	25,724	76.81%	7	1.18	1,272

图 5.1.31　检索结果页面

进入检索结果可视化页面，通过选择其他可视化效果选择感兴趣的可视化图来呈现检索结果，右上方显示顶部可选择图中呈现检索结果数量，这里选择 5，单击 ⤓ 下载可视化图，如图 5.1.32 所示。

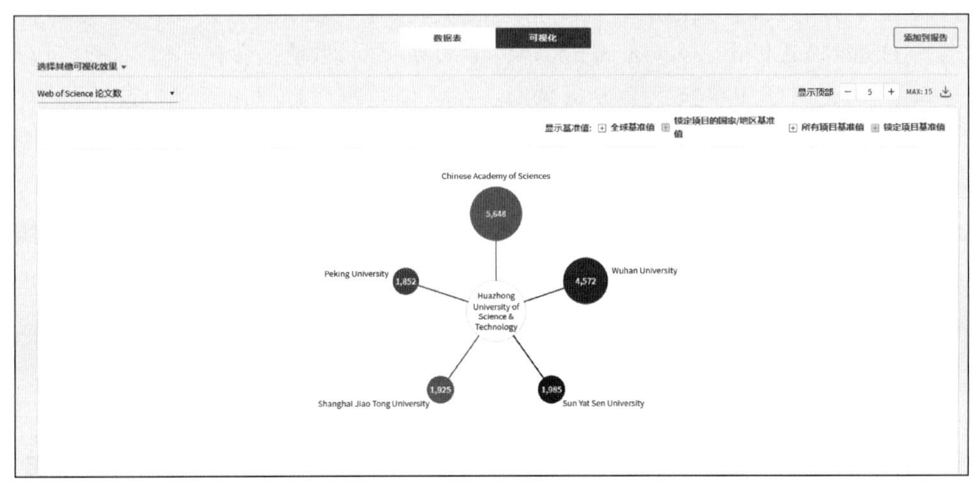

图 5.1.32　检索结果可视化页面

5.2　EI 数据库

5.2.1　简介

工程索引(The Engineering Index，EI)是由美国工程师学会联合会于 1884 年创办的历史上最悠久的一部大型综合性检索工具，在全球的学术界、工程界、信息界中享有盛誉，是科技界共同认可的重要检索工具。早期出版形式有印刷型、缩微胶卷、机读磁带、联机检索等，1969 年开始提供 EI Compendex 网络版服务。

EI Compendex 是我们常说的美国工程索引 EI 数据库，是科学和技术工程研究方面最为全面的文摘数据库。它提供了真正的整体和全球视野同行评审和索引的出版物，有超过 2900 万条记录，来自 76 个国家的 190 个工程学科。EI Compendex 收录年代自 1969 年起，涵盖 175 种专业工程学科，目前包含 1100 多万条记录，每年新增的 50 万条文摘索引信息分别来自 5100 种工程期刊、会议文集和技术报告。EI Compendex 收录的文献涵盖了所有的工程领域，其中大约 22%为会议文献，90%的文献语种是英文。EI 从 1992 年开始收录我国期刊。1998 年 EI 在清华大学图书馆建立了 EI 中国镜像站。

EI Compendex 网络数据库采用的检索平台是 Engineering Village2(简称 EV2，https://www.engineeringvillage.com)，为工程师、工科学生、科研人员以及相关信息从业人员专门设计的、功能强大的信息文献检索平台。

5.2.2　检索方式

EV2 检索平台提供多种检索方式，包括快速检索、专家检索、叙词检索、作者检索和机构检索，满足不同检索需求。

1. 快速检索

进入 EI 数据库主页，数据库呈现的检索页面就是快速检索(Quick Search)，如图 5.2.1 所示。快速检索默认提供一个检索途径，用户可根据检索需求选择检索字段，输入检索词，限制检索条件进行检索。快速检索简单易操作，也可通过单击检索框下方 Add search field 按钮，添加检索途径，执行检索途径的逻辑组配。提供有文献类型、特殊主题类型、语言、日期等特定字段进行有针对性的限制检索。

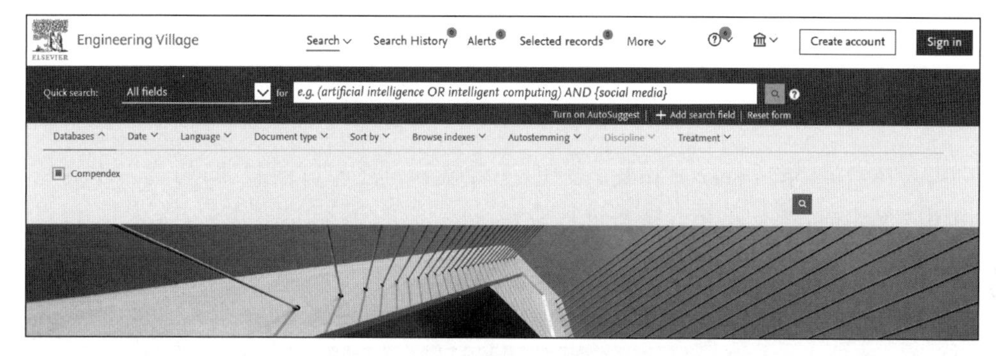

图 5.2.1 快速检索页面

检索字段包括全部字段(All fields)、主题词/标题/文摘(Subject/Title/Abstracts)、文摘(Abstracts)、作者(Author)、第一作者机构(Author affiliations)、标题(Title)、EI 分类代码(EI Classification Code)、期刊代码(CODEN)、会议信息(Conference Information)、会议代码(Conference Code)、ISSN、EI 主标题词(EI Main Heading)、出版者(Publisher)、来源出版物名称(Source title)、EI 受控词(EI controlled term)、原始国家(Country of origin)等。

2. 专家检索

EI 数据库提供专家检索(Expert Search)，让用户可以使用更复杂的检索表达式进行精确检索。进入 EI 数据库主页，在页面上方导航条 Search 中选择 Expert Search 选项，即可进入专家检索界面，如图 5.2.2 所示。专家检索中提供一个独立的检索框，用户可将检索词限定在某一特定字段进行检索(字段代码见专家检索页面的字段表)，检索词和检索字段代码须采用 within 命令(缩写：WN)连接。书写格式为(检索词或词组) WN 检索字段代码。检索框下方 Search codes 中用检索字段代码提示。专家检索中用户既可用单一字段进行检索，也可以通过逻辑运算符对多个字段进行组合检索。如((polymer) WN KY) AND (JA WN DT)。

3. 叙词检索

EI 数据库拥有自己的叙词表，数据库中收录的每篇文献都有多个受控词来展现文献内容，在文献全记录的 Controlled terms 中显示。单击数据库主页上方导航条 Search 中 thesaurus search 选项，即可进入叙词检索(Thesaurus Search)页面，如图 5.2.3 所示。在检

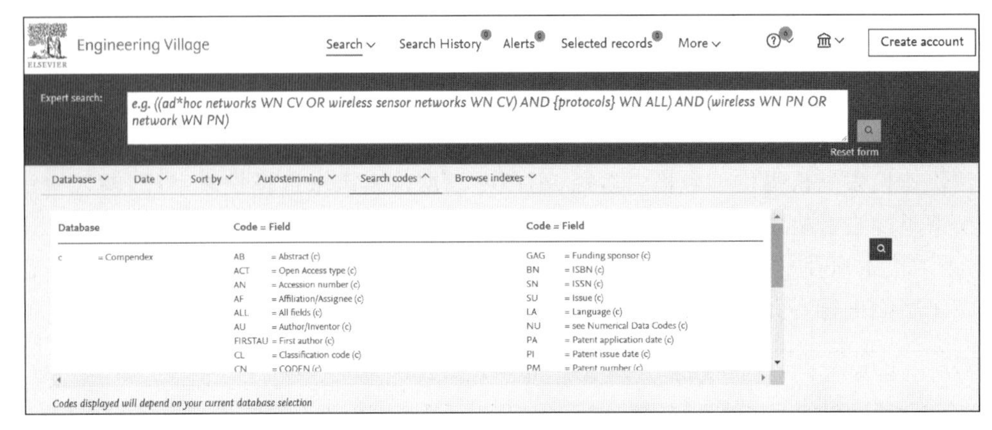

图 5.2.2　专家检索页面

索框中输入检索词，单击 search index 按钮，平台显示与之相应的叙词，勾选后平台将所选的叙词调入检索框，单击 search 按钮进行检索。

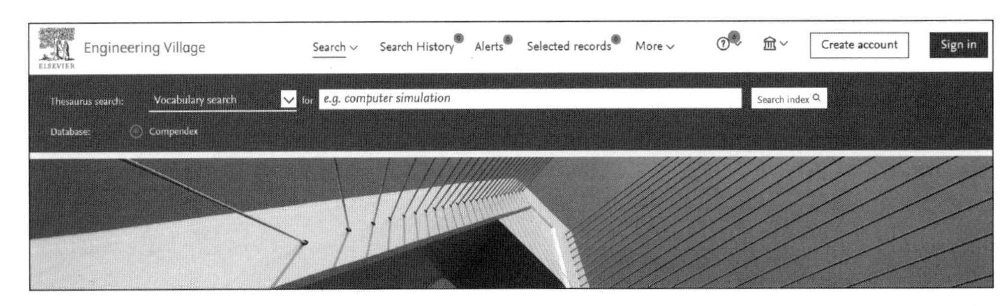

图 5.2.3　叙词检索页面

4. 作者检索

EI 提供作者索引，查询时需注意作者姓名排列顺序为姓在前、名在后。对于名在前、姓在后的外国作者，应调整后再进行查询；或者直接输入作者 ORCID 进行检索，提升查准率，如图 5.2.4 所示。

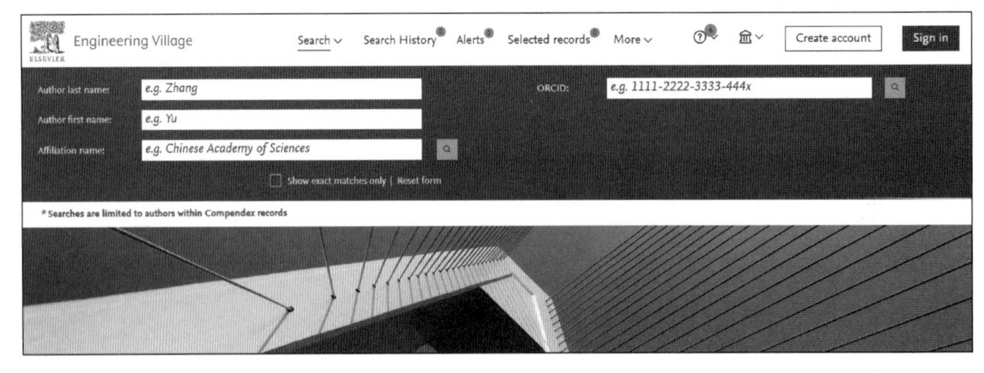

图 5.2.4　作者检索页面

5. 机构检索

EI 提供的机构检索是基于 Institution ID 的检索。用户直接在检索框中输入机构英文名，即可完成检索，如图 5.2.5 所示。

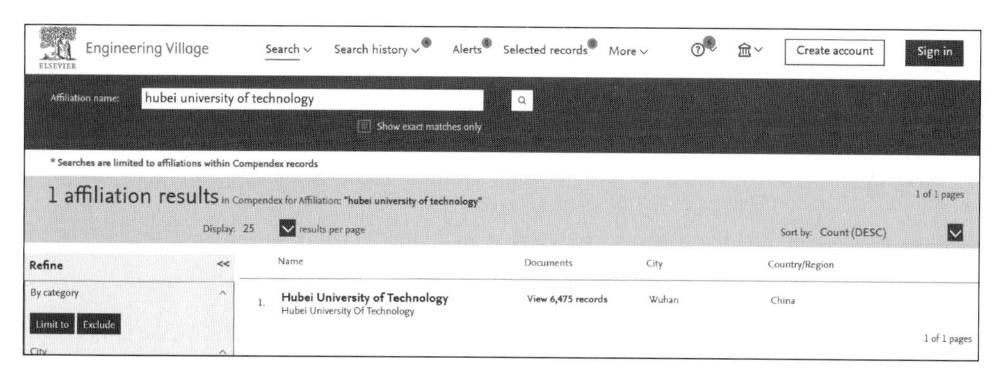

图 5.2.5　机构检索页面

6. 数值检索

EV2 平台支持 Compendex 数值检索，打破计量单位限制，提高查全率。数值数据通常是描述工程文献中最重要的方面，通过数字数据索引，用户可以访问可能未通过纯文本搜索发现的文档。Compendex 数据库中可用于交叉搜索的记录超过 650 万条，有 46 万种不同的数字数据写入方式：匹配，转换和标准化。数值检索嵌入在二次检索中，如图 5.2.6 所示。

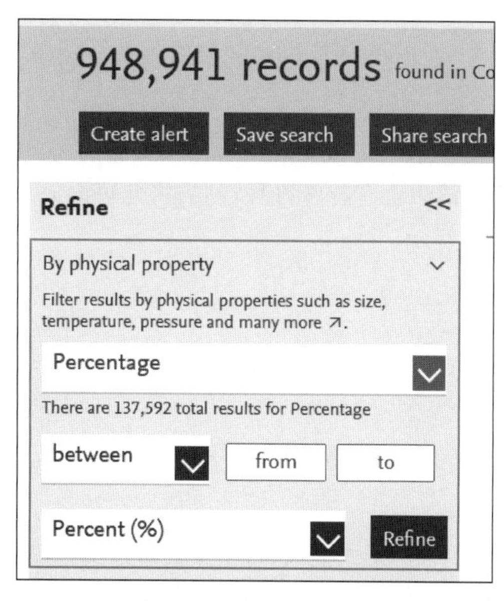

图 5.2.6　数值检索页面

5.2.3 检索规则

1. 逻辑算符

支持布尔逻辑运算符 AND、OR、NOT。

2. 大小写

检索词不区分大小写，使用大写、小写或大小写混合都可以。

3. 优先算符

优先算符为()，表示括号中的检索式将优先执行。

4. 截词符

* 为右截词符，指命中检索词起始部分相同的记录。例如，Learn * 命中 learn，learns，learning，learned，learner's 等。

5. 位置算符

NEAR/n 表示两个词之间可插入 0～n 个词，词序不限；ONEAR/n 表示两个词之间可插入 0～n 个词，词序不能调换。例如，distance near/3 learning 表示 distance 与 learning 之间可以插入 0～3 个词，词序可以调换。

6. 词组精确检索

进行词组精确检索时，使用引号“”或大括号{ }将词组锁定，表示词组间不能插入词，词序不能颠倒。如“neural networks”。

7. 特殊符号

除 a～z、A～Z、0～9、?、*、#、()或{ }等字符外，其他符号均视为特殊符号，执行检索时将被忽略。如果检索的短语中含有特殊符号，则需将此短语放入括号或引号中，此时系统将特殊字符按照空格处理。如{n>7}。

8. 词根运算

系统自动进行词根运算，单击 Autostemming off 按钮，可选择关闭。

5.2.4 检索结果

1. 显示与浏览

命中的检索结果以题录列表的形式显示，每个页面可以选择显示 25 条、50 条或 100 条记录，单击文章标题可以进入到文章摘要(Abstract)页面或者详细信息(Detailed)页面，可以更详细地显示文章信息。对于检索结果的排序，数据库平台提供了五种选择方式：按相关度排序(Relevance)、按日期(Date)、按作者(Author)、按来源(Source)、按出版者(Publisher)等。

2. 精炼检索结果

如果检索结果偏多,还可以通过页面左侧的检索框进行精炼检索。在检索结果页面左侧的工具栏(Refine Results),利用二次输入框(Add to term)或者通过工具栏里的受控词表(Controlled vocabulary)、作者(Author)、作者单位(Author affiliation)、分类码(classification code)、国家(Country)、文献类型(Document type)、语种(Language)、年代(Year),来源期刊(Source title)、出版商(Publisher)、基金支持(Funding sponsor)等栏目精炼检索结果,使用限制(Include)按钮或者排除(Exclude)按钮达到优化或调整检索结果的目的。Refine Results 提供了一个强大的分析工具,用户可以从中获得大量的情报信息,如通过年代分析,了解课题所处的生命周期,通过出版项分析了解论文的质量等。

3. 标记输出

在检索结果列表显示页面,单击记录前的复选框或者 select all on page 选项,选择页面上的记录,进行记录标记。在检索结果列表页面,可以对已标记的记录直接输出:单击 print 图标,可以打印标记的检索结果;单击 download 图标,可以下载标记的检索结果,同时可以选择输出文件的格式,如 PDF、Excel、RTF 等;单击 E-mail 图标,可以将检索结果通过电子邮件发送出去。

5.2.5 个性化功能

EI 数据库为用户提供了个性化服务功能。用户通过平台注册,可以保存 125 个检索策略;建立 E-mail Alert 数据库内容更新提醒;建立用户个人文件夹,允许设定 3 个文件夹,每个文件夹可储存 50 篇记录;修改个人资料、更改密码、查看/更新已储存的检索结果及邮件提醒、查看/更新文件夹及移除账号等。

【案例 5.2.1】 在 EI 数据库中查找 2011—2021 年有关“云计算”方面的文献,呈现怎样的研究趋势,哪个机构对这方面研究最多?

1. 分析信息需求,选择检索系统

登录 EI 数据库:https://www.engineeringvillage.com/。

2. 选择检索方式和确定检索途径

选择快速检索,在快速检索页面 Subject/Title/Abstract 字段中,输入检索词“cloud computing ”,这里检索词是词组,用双引号将两个词限定在一起,进行精确检索。单击检索框下方 Date 按钮,限定出版时间 2011—2021 年,如图 5.2.7 所示。

3. 实施检索,显示检索结果

单击 🔍 按钮,得到检索结果,如图 5.2.8 所示。2011—2021 年有关“云计算”方面的文献共检索到 75 796 篇文献,检索结果按相关性排序。在检索结果左侧精炼检索结果中,选

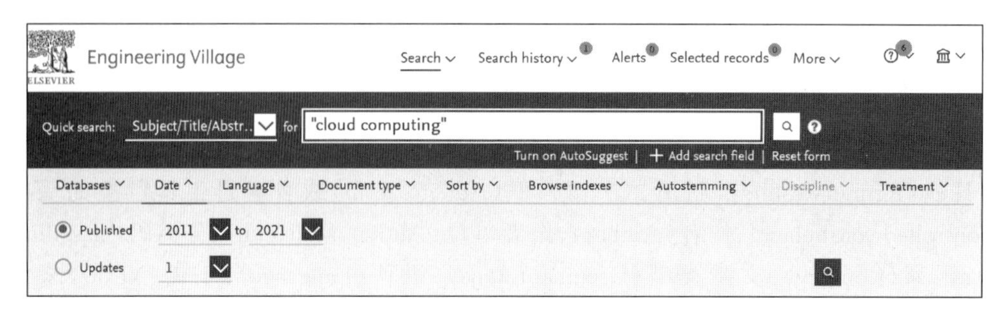

图 5.2.7　检索页面

择对出版时间(Year)进行聚类分析,单击 按钮,可以看到“云计算”研究课题 2011—2021 年呈逐年增长趋势,2018 年研究成果最多,随后研究趋势有所下降,如图 5.2.9 所示。选择对研究机构(Author Affiliation)聚类分析,发现北京邮电大学网络与交换技术国家重点实验室(State Key Laboratory Of Networking And Switching Technology,Beijing Univers)研究成果排在第一位,说明该机构在云计算方面研究最多,如图 5.2.10 所示。

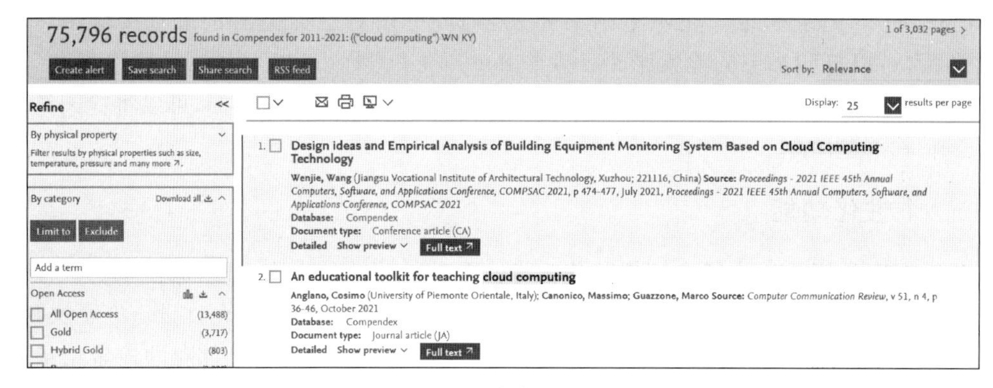

图 5.2.8　检索结果页面

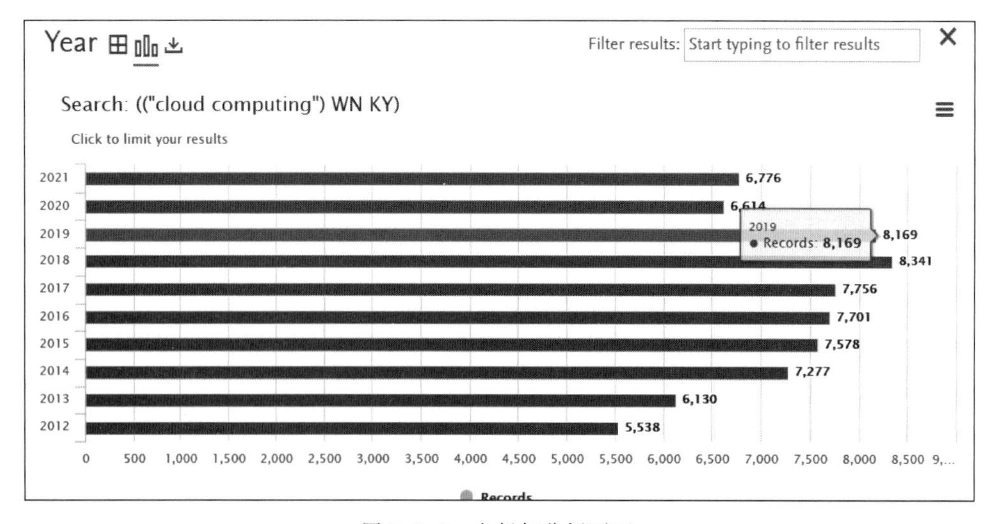

图 5.2.9　出版年分析页面

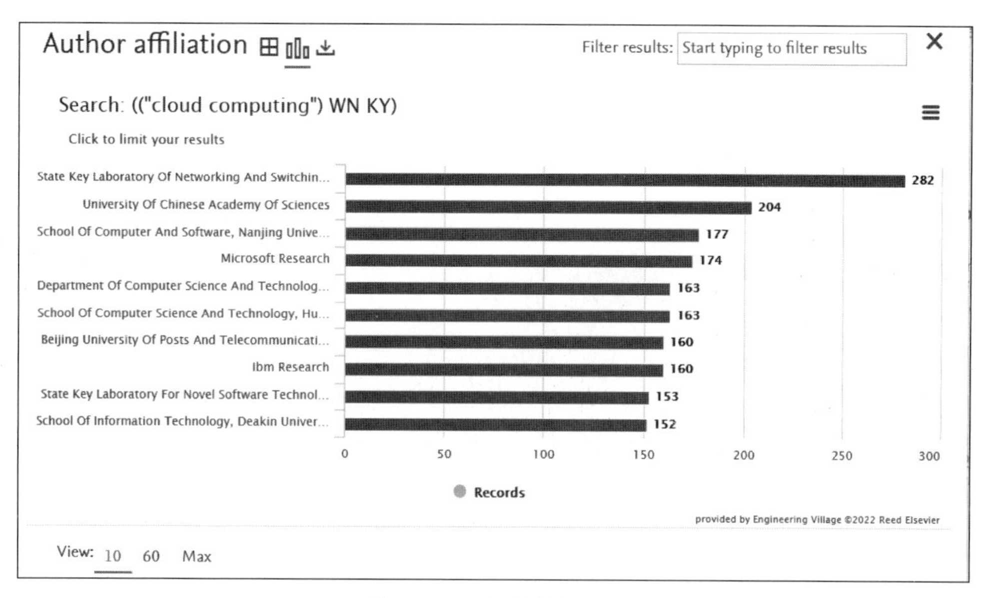

图 5.2.10 机构分析页面

5.3 Elsevier SD 全文数据库

5.3.1 简介

荷兰爱思唯尔(Elsevier)公司是全球最大的科技与医学文献出版商之一,是全球性信息分析公司,主要帮助机构和专业人士推进医疗保健、开放科学并提高绩效。

Elsevier Science Direct 数据库(简称 SD)是 Elsevier 出版集团的核心产品,是世界著名的学术文献全文数据库之一。资源包括四大学科领域:物理学与工程、生命科学、健康科学、社会科学与人文科学;涵盖了 24 个学科,包括化学工程,化学,计算机科学,地球与行星学,工程,能源,材料科学,数学,物理学与天文学,农业与生物学,生物化学、遗传学和分子生物学,环境科学,免疫学和微生物学,神经系统科学,医学与口腔学,护理与健康,药理学、毒理学和药物学、兽医科学、艺术与人文科学、商业、管理和财会、决策科学、经济学、计量经济学和金融、心理学、社会科学等。数据库平台通过一个简单直观的页面,可以浏览 2500 多种同行评审期刊,1300 多万篇 HTML 格式和 PDF 格式的文章全文,最早回溯至 1823 年,每年下载量高达 10 亿多篇。SD 检索平台主页(https://www.sciencedirect.com/)如图 5.3.1 所示。SD 数据库还支持微信小程序检索和查看分享全文,通过微信 App 扫描下方的二维码即可使用,如图 5.3.2 和图 5.3.3 所示。

5.3.2 检索方式

1. 快速检索

进入平台主页,默认快速检索。按照检索需求在检索框中输入关键词(Keywords)、作

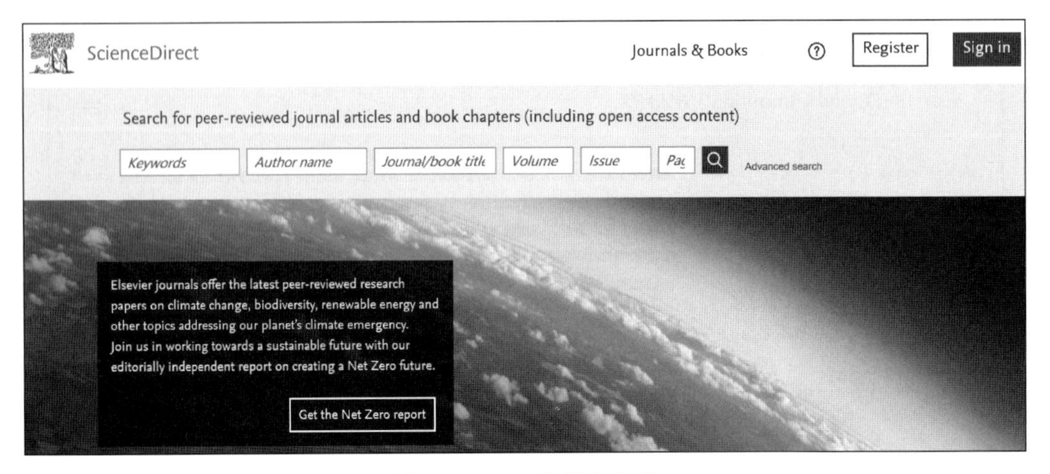

图 5.3.1　SD 数据库首页

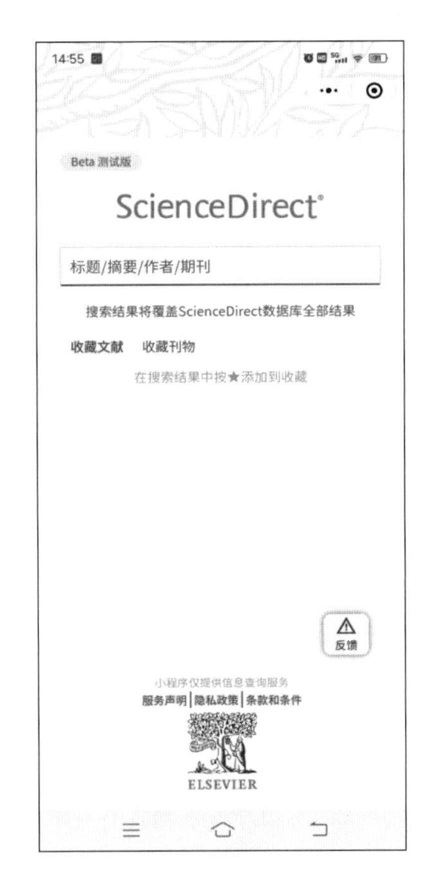

图 5.3.2　SD 微信小程序二维码

图 5.3.3　SD 微信版首页

者(Author name)、出版物名称(Journal/Book title)、卷(Volume)、期(Issue)、页(Page)进行检索。在关键词检索框中可输入多个检索词,平台将默认检索词用 and 连接。作者检索时,要求名在前,姓在后,姓为全称,名为首字母缩写或全称,姓与名字之间用空格分隔。

2. 高级检索

单击平台主页 Advanced Search 按钮进入高级检索页面。高级检索提供开放式表单设计，用户可输入一条或多条检索信息(检索词或检索式)，在文献特定检索部分或全文中查找相关检索结果。检索字段有 Find articles with these terms(查找包含这些术语的文章)、In this journal or book title(本期刊或图书名称中)、Year(s)(年份)、Author(s)(作者)、Author affiliation(机构)、Volume(s)/Issue(s)/Page(s)(卷/期/页)、Title, abstract or author-specified keywords(标题、摘要或作者特定的关键字)、Title(标题)、References(参考文献)、ISBN 或 ISSN，如图 5.3.4 所示。

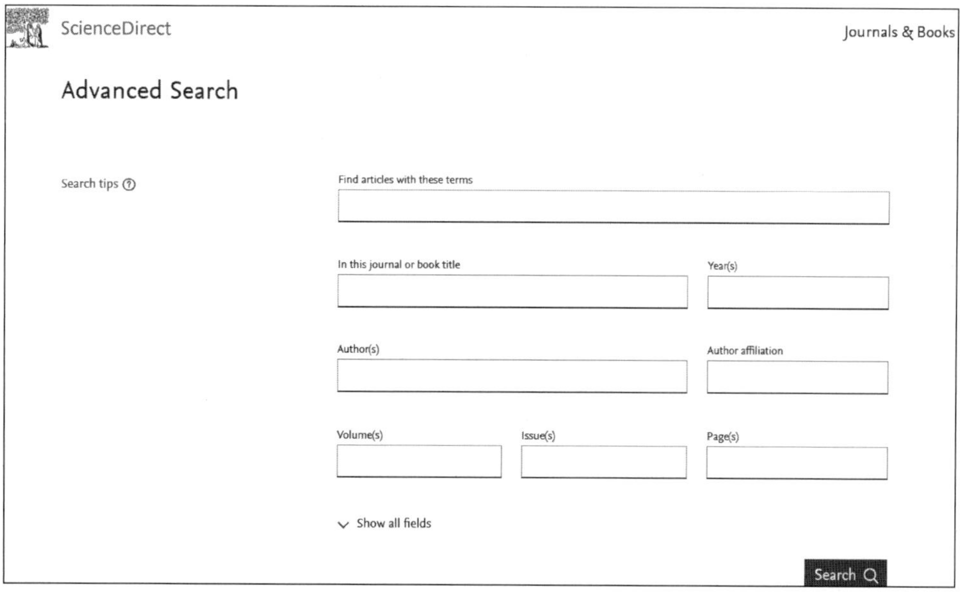

图 5.3.4　高级检索页面

3. 浏览

平台提供了按学科和按出版物两种方式浏览文献，如图 5.3.5 和图 5.3.6 所示。用户可直接在主页中单击学科领域：Physical Sciences and Engineering、Life Sciences、Health Sciences、Social Sciences and Humanities 选项进入学科领域板块，选择学科进行浏览。在主页下方导航栏 Browse by Publication Title 可以按字母顺序浏览数据库中的所有期刊和图书，也包括那些机构没有订购的内容。在浏览页面中，可按出版物名称进行二次检索，快速定位检索目标。通过 Refine publications by 可限定检索结果领域，出版物类型等。

5.3.3 检索规则

(1) 系统支持布尔逻辑算符“AND”“OR”“NOT”。布尔运算符必须全部用大写字母输入，连字符(或减号)被理解为 NOT 运算符。

(2) 词组检索可使用双引号(英文格式)，指定必须彼此相邻的检索词。

Explore scientific, technical, and medical research on ScienceDirect

Physical Sciences and Engineering　Life Sciences　Health Sciences　Social Sciences and Humanities

Physical Sciences and Engineering

Chemical Engineering
Chemistry
Computer Science
Earth and Planetary Sciences
Energy
Engineering
Materials Science
Mathematics
Physics and Astronomy

From foundational science to new and novel research, discover our large collection of Physical Sciences and Engineering publications, covering a range of disciplines, from the theoretical to the applied.

Popular Articles

Nanoparticles: Properties, applications and toxicities
Arabian Journal of Chemistry, Volume 12, Issue 7

An exquisitely preserved in-ovo theropod dinosaur embryo sheds light on avian-like prehatching postures
iScience, Volume 25, Issue 1

Recent Publications

Ceramics International
Volume 48, Issue 6

Journal of Electrostatics
Volume 115

iScience
Volume 25, Issue 2

图 5.3.5　学科浏览页面

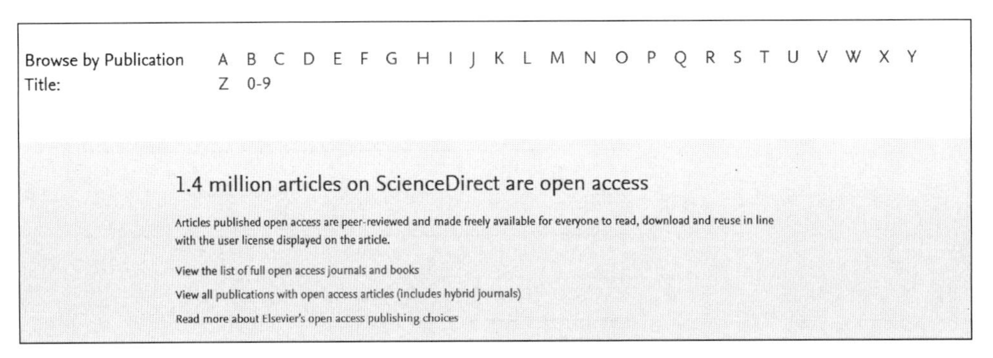

图 5.3.6　出版物浏览页面

(3) 通配符：* 代替单词中的任意多个字母，? 代替单词中的 1 个字母。

(4) 位置算符：W/n 两词用 W 和数字连接，表示两词之间相隔不超过 n 个词，词序不定；PRE/n 两词用 PRE 和数字连接，两词相隔不超过 n 个词，词序一定。

(5) 拼写方式：当英式与美式拼写方式不同时，可使用任何一种形式检索，如 colour 与 color。

(6) 单词复数：使用名词单数形式可同时检索出复数形式，例如，输入检索词 woman，命中的检索结果中同时包含 women 的相关文献。

(7) 支持 UTF-8 字符集：可以直接在搜索表单中输入所有 UTF-8 字符，包括非罗马字符和重音字符，例如，搜索希腊字母 Ω，输入 omega，包含单词 omega、符号 Ω(大写 omega) 和 ω(小写 omega) 的文档均会显示在匹配结果中。

5.3.4　检索结果

1. 显示与标记

平台显示命中的检索结果的题录列表，包含篇名，作者，刊名，出版时间等。对于检索结果，可以按相关度(sorted by relevance)和日期(sorted by date)进行排序。勾选文献篇名前的复选框，可标记文献，对文献进行批量下载（Download selected articles）和导出文献题录信息（Export），SD平台提供一次不多于20篇文章的下载。单击单篇文献篇名进入文献详细信息页面，用户可查看摘要，作者，机构，DOI，图表，引文等相关信息；单击 view PDF 选项浏览并下载全文，通过 Download full issue 选项可批量下载同期发表的其他文献。

2. 精炼检索结果

SD可以对检索结果不断进行精炼检索。在检索结果页面的左侧 refine by 栏下，可选择订阅期刊（Subscribed journals）、文献类型（Article type）、学科领域（Subject areas）、出版物名称（Publication title）、访问类型（Access type）、年份（Years）等精炼检索结果，分析研究动态。

5.3.5 个性化功能

SD为注册用户提供个性化服务。在主页的右上方单击 Register 选项填写个人信息，即可完成注册。个人账号注册成功，可以使用这些个性化服务功能：保存检索策略；个性化推荐，推荐的文章将发送到您的电子邮件账户；阅读历史记录，列出最多100篇最近阅读过的文档，以及阅读这些文档的日期和时间；期刊、丛书和搜索通知，根据用户最近在SD上的活动，每周向用户发送一份推荐文章列表；引文导出；多个PDF下载等。

【案例5.3.1】 在Elsevier SD数据库中精确检索黑洞（black hole）研究课题，2020年发表在期刊 Physics of the Dark Universe 上的研究论文数量，列举最新发表的3篇文章。

1. 分析信息需求，选择检索系统

登录Elsevier SD数据库：https://www.sciencedirect.com/。

2. 选择检索方式和确定检索途径

选择高级检索，在高级检索页面 Find articles with these terms 中输入主检索词 black hole，In this journal or book title 中输入期刊名 Physics of the Dark Universe，Year(s)中输入2020，如图5.3.7所示。

3. 实施检索，显示检索结果

单击 search 按钮，得到检索结果。2020年发表在期刊 Physics of the Dark Universe 上关于黑洞的研究论文共80篇，将检索结果按日期排序，选择 sorted by date，如图5.3.8所示，排在前3位的文章即为最新发表的3篇文章，分别为

[1] SINGH D V，GHOSH S G，MAHARAJ S D. Clouds of strings in 4 D Einstein-Gauss-Bonnet black holes[J]. Physics of the Dark Universe，2020，30(4)：100730.

[2] SHARIF M，RAMZAN A. Anisotropic compact stellar objects in modified Gauss-Bonnet gravity[J]. Physics of the Dark Universe，2020，30.

[3] HANSRAJ S，GABUZA N. Perfect fluid filled universe in odd dimensional pure Lovelock gravity[J]. Physics of the Dark Universe，2020，30.

图 5.3.7　检索页面

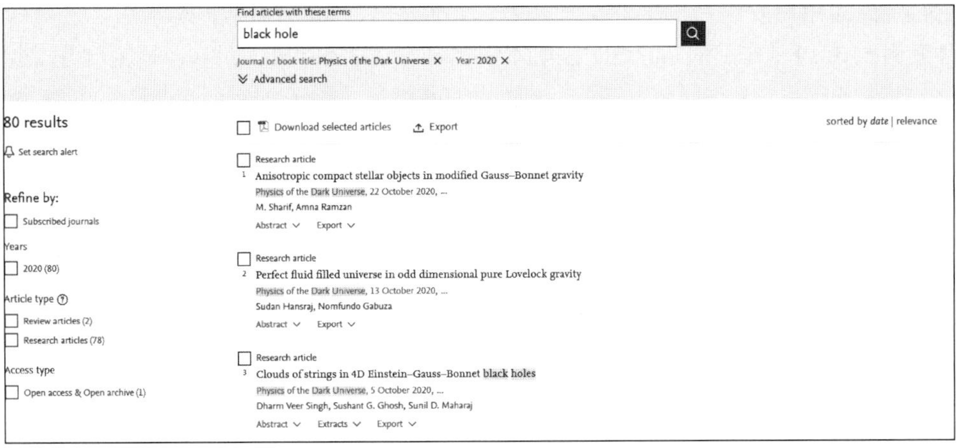

图 5.3.8　检索结果页面

5.4　Springer 电子期刊/图书全文数据库

5.4.1　简介

德国施普林格(Springer-Verlag)是世界上著名的科技出版集团,有超过 175 年的历史,一直竭尽所能地为整个科研共同体提供最佳服务,以促进探索发现。其通过 Springer Link 平台提供学术期刊及电子图书的在线服务,为科研人员及科学家提供强有力的信息中心资源。所有资源划分为 12 个学科：建筑学、设计和艺术；行为科学；生物医学和生命科学；商业和经济；化学和材料科学；计算机科学；地球和环境科学；工程学；人文、社科和法律；

数学和统计学；医学；物理和天文学。

Springer 电子期刊：目前 Springer Link 可访问的期刊有 1900 余种，其中可访问的全文刊为 1300 余种，全文年限最早回溯至创刊。

Springer Nature 电子图书：2015 年由自然出版集团、帕尔格雷夫·麦克米伦、麦克米伦教育、施普林格科学与商业媒体合并而成。出版超过 23 万种专著、丛书及参考工具书等电子图书，并以包括 231 位诺贝尔奖得主、50 余位费尔兹奖得主和历届图灵奖得主在内的，来自世界顶尖学者的研究著作为特色。

Springer Link 平台(https://link.springer.com/)如图 5.4.1 所示，整合了 Springer 电子期刊和 Springer Nature 电子图书资源。用户可通过机构权限访问平台，此时平台首页"活动"(activity)显示为紫色，用户可查看机构订阅资源的全文；也可匿名访问平台，"活动"显示为橙色，不能查看全文。平台适用各种移动终端、智能手机。

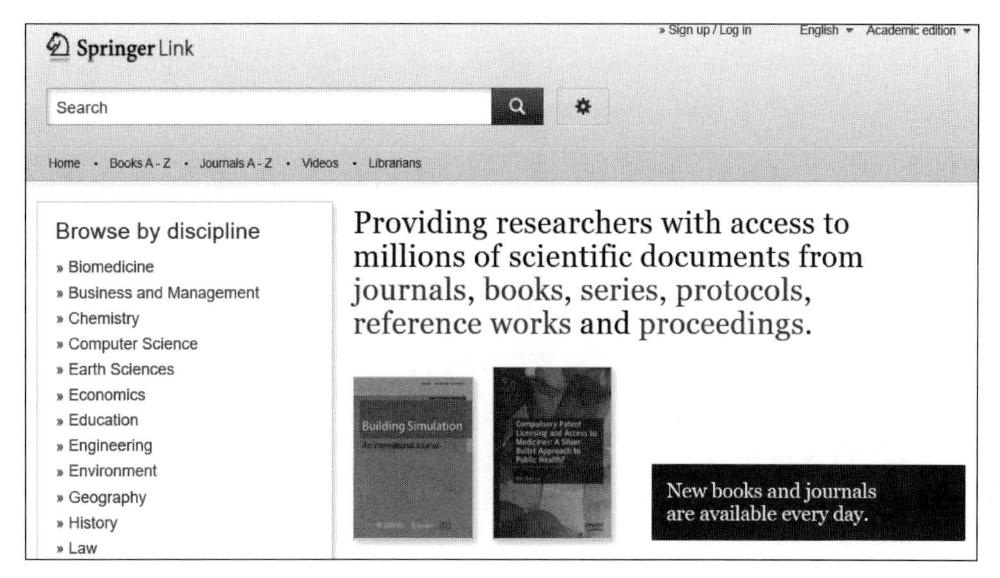

图 5.4.1　Springer Link 平台首页

5.4.2　检索方式

1. 快速检索

打开 Springer Link 平台首页，页面上方有一快速检索框，在检索框中输入任意检索词或组合检索词，单击🔍按钮，即可进行快速检索，平台默认为快速检索。

2. 高级检索

单击平台首页⚙按钮，选择 Advanced Search 选项进入高级检索页面，如图 5.4.2 所示。用户可以通过高级检索进一步缩小检索范围，也可以限定在机构的访问权限内进行检索。高级检索页面设计为列表式检索框，在检索框中输入一个或多个检索条件，单击 Search 按钮进行检索。页面提供 6 个检索输入框，前 4 个检索对话框所对应的指令为所输入检索词之间的逻辑组配关系，分别为 with all of the words（逻辑“与”）、with the exact phrase（词组检索）、with at least one of the words（逻辑“或”）、without the words（逻辑“非”）；后两个检索对话框所对应的指令为检索项，分别为 where the title contains（标题）和 Where the author/editor is（作者/编辑）。检索框下方 show documents published 可限定检索结果出版年，取消勾选 Include Preview-Only content 选项，可检索机构访问权限内容。高级检索页面各检索输入框之间的关系是系统默认的逻辑关系 and。

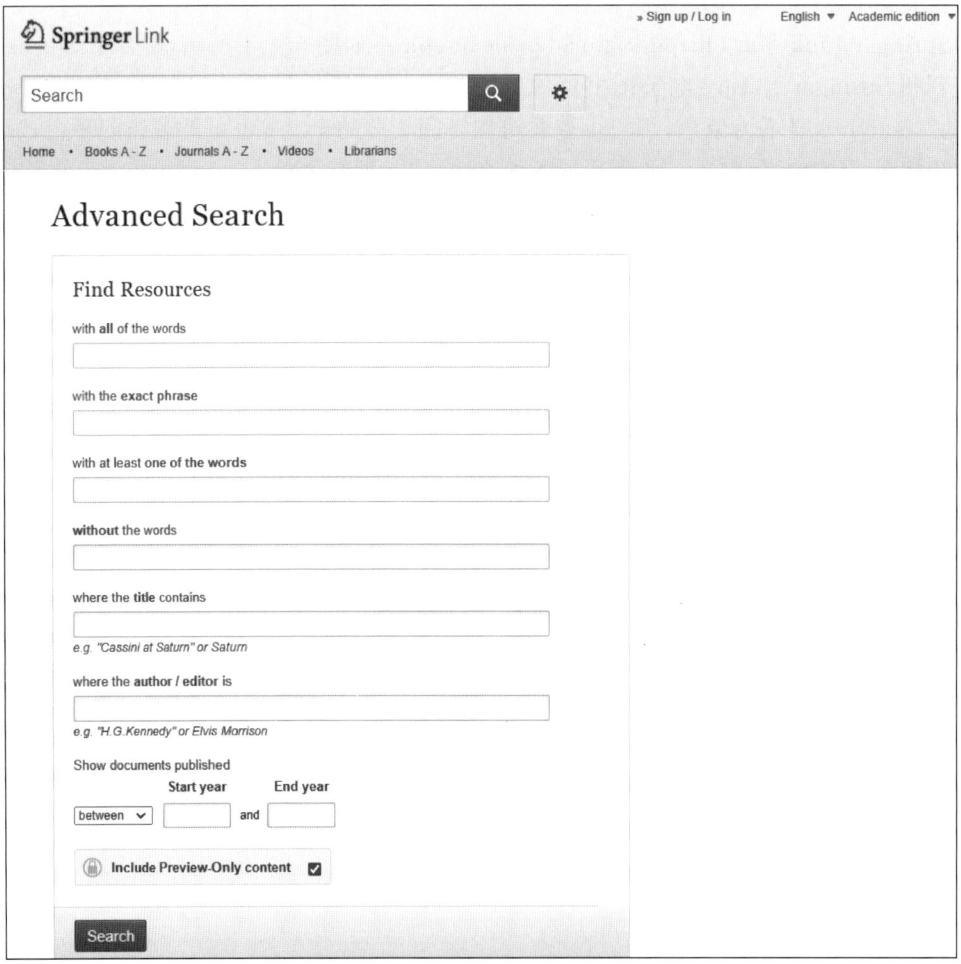

图 5.4.2　高级检索页面

3. 浏览

（1）按学科浏览：在平台主页左侧，用户可根据需求，单击某个学科进入该学科的新页面，浏览相关内容。

（2）按内容类型浏览：在学科导航框的下方，用户可以找到详细的内容类型：期刊（文章）、参考文献、图书（章节）、实验室指南等进行分类浏览检索。

（3）按期刊字母顺序浏览：单击平台主页 Journals A～Z 选项，进入期刊浏览页面。在期刊页面,用户可按期刊字母顺序浏览期刊或在 Search Journals 检索框中输入检索词进行二次检索,快速定位。单击期刊名进入期刊详细页面,提供此本期刊的简介,卷期浏览,最新文章列表,期刊分析和内容范围,随时了解期刊更新内容,刊内检索相关文章等功能,如图 5.4.3 所示。

图 5.4.3　期刊首页

(4) 按图书字母顺序浏览：单击平台主页 Books A～Z 选项进入图书浏览页面。平台在每本图书详细页面提供如下功能：此本图书介绍,内容目录,书内检索,下载 PDF 或 EPUB 格式,Look inside(预览)功能,通过社交媒体图书分享等,如图 5.4.4 所示。

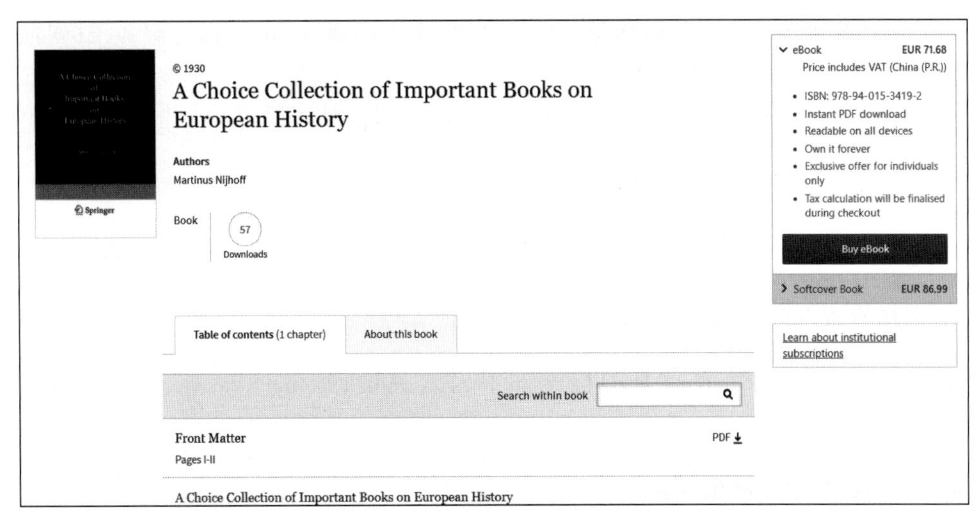

图 5.4.4　图书首页

5.4.3 检索规则

Springer Link 检索平台提供“AND”“OR”“NOT”的逻辑组配功能。平台提供优先算符“()”，截词符“*”，位置算符“NEAR”，如输入 glaz*，检索结果中会出现 glaze、glazes、glazed、glazing 等词，有助于提高查全率。词组检索使用英文输入状态的双引号标记，固定检索词顺序，进行精确检索。

5.4.4 检索结果

1. 显示与浏览

显示命中的检索结果均为文献题录信息，以列表方式呈现。检索结果列表包括文章类型、标题，作者信息，出版时间，卷次、页码（期次），文献来源等。检索结果按照相关性和出版顺序排序，默认为相关性排序。单击⬇按钮以 CSV 格式下载前 1000 个检索结果列表。单击检索结果中各文献的标题，可浏览文献的详细信息。平台提供两种查看全文方式，每篇文献题录下方 Download PDF 和 View Article。

2. 精炼检索结果

平台页面左侧用户可以找到预先设定的筛选选项以帮助优化检索结果，包括内容类型、学科、子学科、语言等。在检索结果页面上方可进行二次检索，在已有检索结果基础上输入新的关键词，进行再次检索，精炼检索结果。

5.4.5 个性化功能

Springer Link 为用户提供了个性化服务功能。用户需要填写注册信息表，设置个人账号和密码，会收到系统发的电子邮件，以确认注册完成，个人账户在 Springer 旗下多个网站可通用。个性化服务功能主要包括保存检索结果、个人收藏夹、电子通告服务、订阅期刊更新提醒，以便第一时间获得出版消息。

【案例 5.4.1】 用 Springer 精确检索“机器视觉”方面可查看全文的电子书。

1. 分析信息需求，选择检索系统

登录 Springer Link 平台：https://link.springer.com/。

2. 选择检索方式和确定检索途径

选择快速检索方式，在首页的检索框中输入关键词“machine vision”，如图 5.4.5 所示。

3. 实施检索，显示检索结果

单击🔍按钮，得到检索结果。Springer 数据库是一个综合类学术数据库，找到的结果

图 5.4.5　检索页面

除了图书，还有期刊论文等其他文献类型。单击页面左侧的筛选区 Content Type 中的 BOOK 选项，过滤掉其他文献类型，只留下图书。如果所在的网络 IP 内有全文访问权限，取消左侧筛选栏中 Include Preview-only content 勾选，结果列表中显示的均是可以查看全文的检索结果，如图 5.4.6 所示。单击任意图书标题，可以进入图书的详情页面。在这个页面中，Springer 数据库提供 PDF 和 EPUB 格式的电子书下载链接，下载后即可阅读全文，如图 5.4.7 所示。

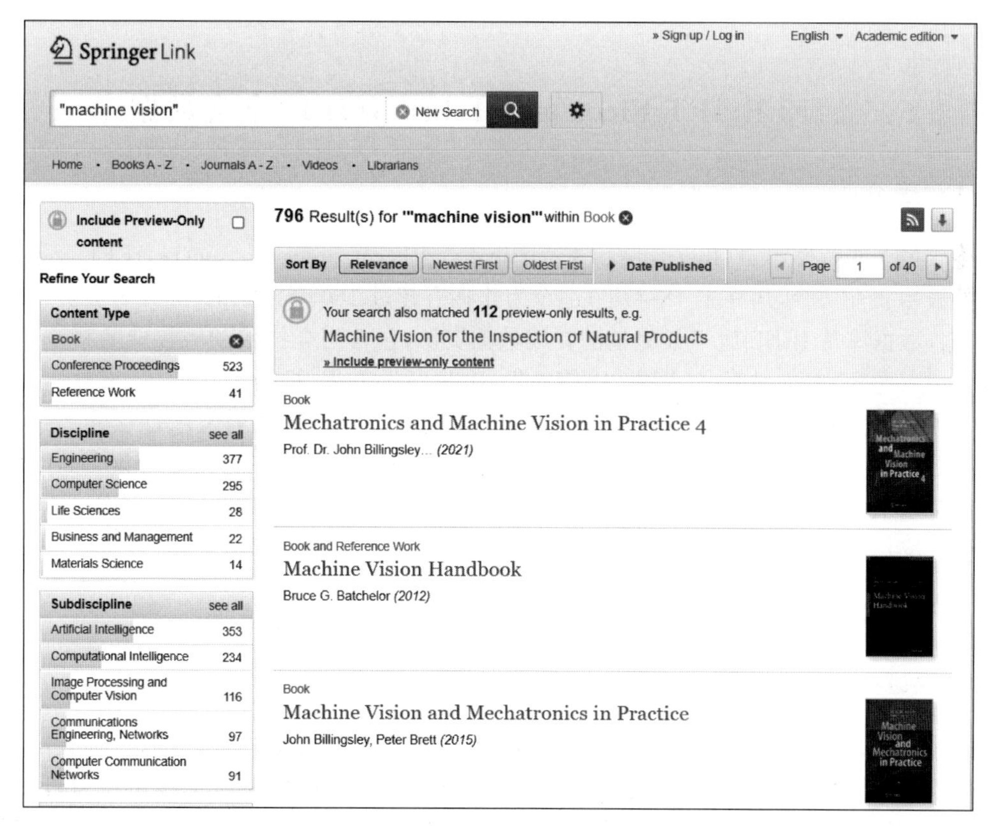

图 5.4.6　检索页面

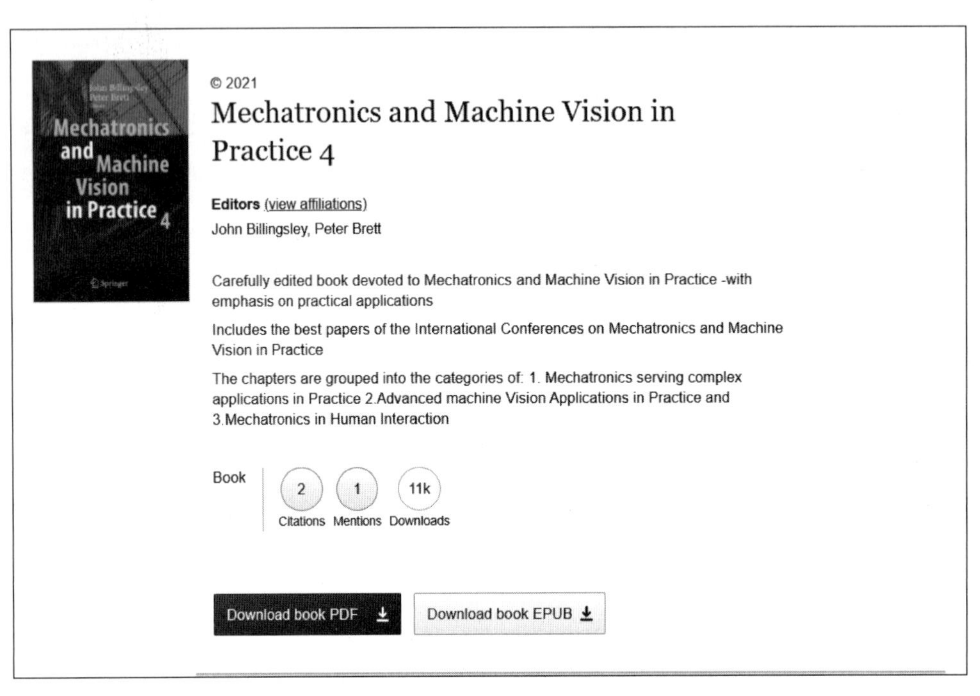

图 5.4.7　下载页面

5.5　IEEE/IET Electronic Library(IEL)全文数据库

5.5.1　简介

电气电子工程师学会(Institute of Electrical and Electronics Engineers,IEEE),是全球最大的技术行业协会,成立于 1884 年,迄今为止拥有超过 160 个国家的 42 万名会员。

IEL 数据库是 IEEE 旗下最完整的在线数据资源,包含当今技术领域权威的科研信息,覆盖了电气电子、航空航天、计算机、通信工程、生物医学工程、机器人自动化、半导体、纳米技术、电力等各种技术领域,提供全球电气电子、通信和计算机科学等领域近三分之一的文献。其收录的期刊、杂志、会议录和标准约 500 万篇。每年在全球举办技术会议 1800 多场,制订国际和行业技术标准 1000 多种。如图 5.5.1 所示,为 IEL 数据库全新的访问平台(https://ieeexplore.ieee.org/)。

5.5.2　检索方式

1. 快速检索

进入 IEEE Xplore 平台,默认快速检索,在检索框中输入关键词或检索式,单击检索按钮 ,即可进行快速检索。关键词检索时,具有 type-ahead 功能,系统会提示在题名、刊物名、主题和检索词中有使用价值的关键词和词组。检索中可自动匹配同一词汇的英式拼写与美式拼写,同时具有词根自动关联功能,可自动匹配名词的单复数形式,与动词的不同时态。

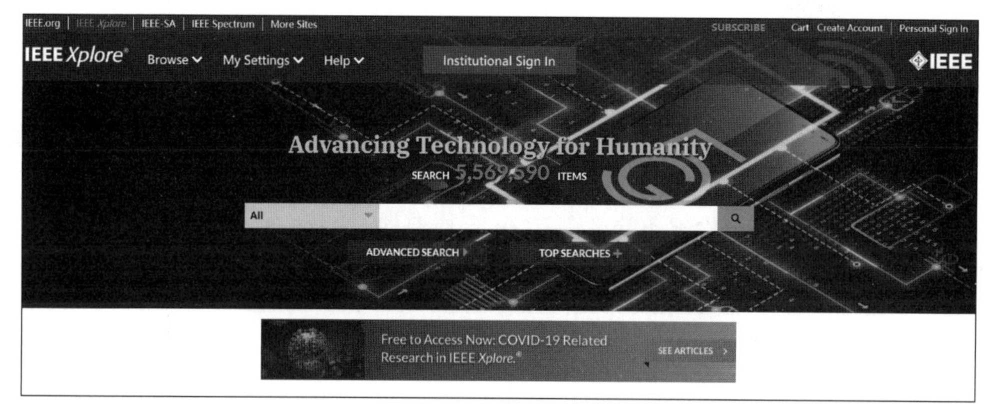

图 5.5.1 数据库主页

2. 高级检索

单击平台主页快速检索框下方的 Advanced Search 按钮，进入高级检索页面，如图 5.5.2 所示。在检索框输入关键词、词组、作者名或查询词条，选择检索字段和运算符，单击 SEARCH 按钮，IEEE Xplore 平台会检索出符合要求的检索结果。高级检索默认提供 3 个检索框，可单击+按钮添加检索框，单击×按钮删除检索框。

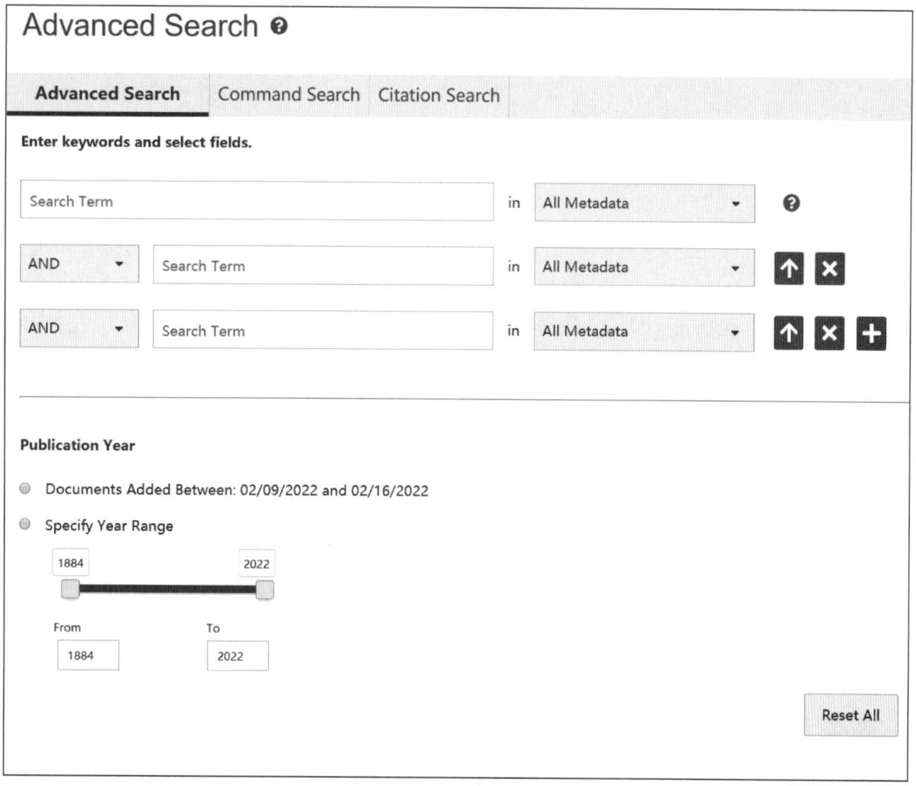

图 5.5.2 高级检索页面

3. 命令检索

在高级检索页面，单击 Command Search 选项进入命令检索页面，如图 5.5.3 所示，也是我们通常所说的专家检索。用户可在输入框中输入构造的检索式进行检索。平台提供检索字段和运算符下拉列表菜单，可根据检索需求选择构建复杂检索式进行精确检索。注意运算符需要全部大写，每个检索条款最多有 20 个检索词，每个检索词前需要包含检索字段名称。

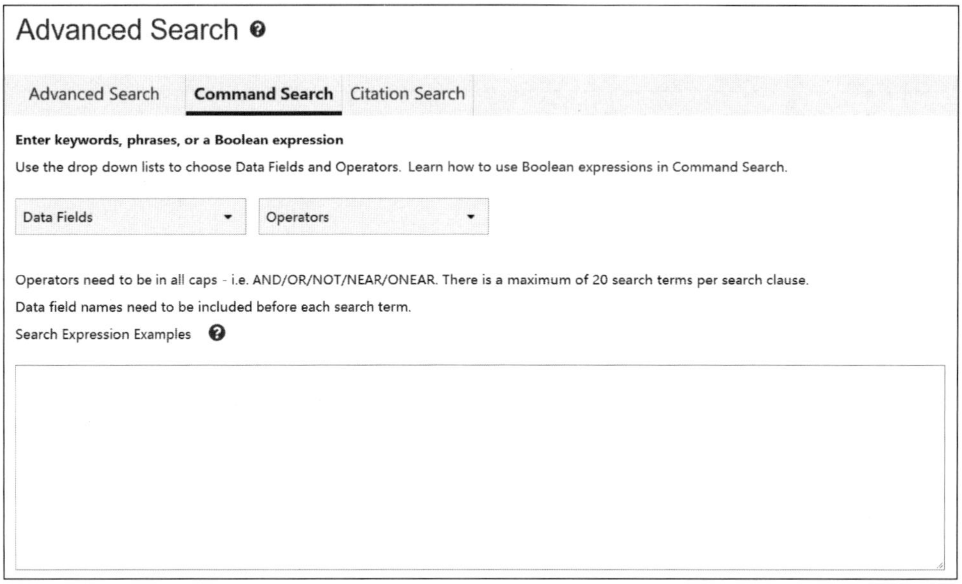

图 5.5.3　命令检索页面

4. 作者检索

平台提供作者检索功能让用户快速检索到特定作者的文献。在快速检索左侧下拉菜单中选择 Authors 选项，在出现的检索框中，输入作者的名(first name/given name)和姓(family name/last name/surname)，单击按钮，平台会检索出含有指定名字的检索结果。

5. 出版物检索

单击平台上方导航栏 Browse 选项，用户可以选择所需检索出版物的类型：书(Books)、会议(Conferences)、课程(Courses)、期刊与杂志(Journals & Magazines)、标准(Standards)等。进入单一出版物类型检索页面，可通过关键词(Search by keywords)快速定位出版物，也可以根据出版物的首字母(By Title)和学科(By Topic)进行分类浏览检索，如图 5.5.4 所示。

5.5.3　检索规则

IEL 数据库快速检索、高级检索和命令检索三种检索方式的检索规则有所不同，具体要求如表 5.5.1 所示。

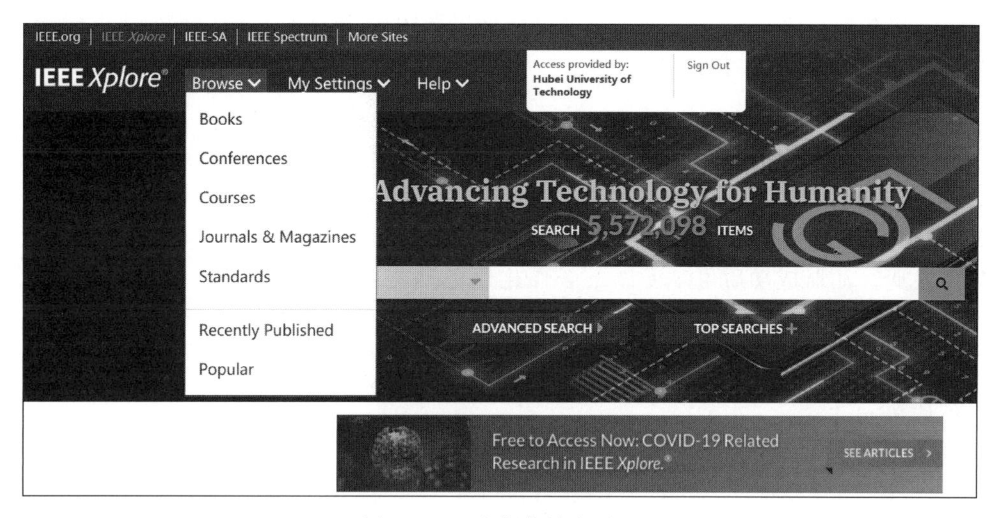

图 5.5.4　出版物检索页面

表 5.5.1　检索规则对比

	快速检索	高级检索	命令检索
是否支持检索字段	支持所有检索字段需手动输入	支持所有检索字段	支持所有检索字段
是否支持检索符	AND/OR/NOT/NEAR/ONEAR	AND/OR/NOT	AND/OR/NOT/NEAR/ONEAR
是否支持括号嵌套	支持( )限定优先顺序	不支持	支持( )限定优先顺序
精确检索(词组)	双引号""	双引号""	双引号""
模糊检索(截词符)	*(多个字母)或?(单个字母)	*(多个字母)或?(单个字母)	*(多个字母)或?(单个字母)

5.5.4　检索结果

1. 显示与输出

检索结果页面以题名及引文信息显示,内容包含文献的题名及作者名,出版物名称、卷、期、出版日期、页码、引用次数及文献类型等,检索结果可选择按相关性、出版物题名首字母等方面排序。单篇文献单击 Abstract 按钮,下拉出此文献的摘要,单击 PDF 按钮可查看全文;在检索结果列表上方单击 Download PDFs 按钮,可批量下载文献 PDF 全文,每次最多选择 10 篇文献;单击 Export 按钮导出全部或选定文献的引文信息。部分信息和功能只有订阅者和 IEEE 会员才可以浏览并使用。

2. 精炼检索结果

在检索结果页面上方可进行二次检索,在已有检索结果基础上输入新的关键词,进行再次检索，优化精简检索结果。在页面左侧可根据出版年份、作者、作者所在机构、出版物名称等聚类分析，快速定位领域的专家、领先的研究机构，追踪最新研究动态。

5.5.5 个性化功能

IEEE Xplore 平台个性化服务功能可以通过注册个人账户来实现。用户进入平台，单击主页右上方 Create account 按钮，即可进入注册页面，输入姓名，邮箱，设置密码和安全问题，提交注册。注册成功后可享受以下个性化服务功能：设置远程访问；设置检索默认信息；保存检索式和检索历史；查看订购文献历史；设置检索式内容更新提醒；设置目录内容更新提醒；设置文献引用提醒等。已成为 IEEE 会员的用户可以直接使用会员账号登录，无须注册。

【案例 5.5.1】 在 IEEE Xplore 平台检索湖北工业大学（Hubei University of Technology）发表的会议论文，该校哪位学者的发文量排行首位。

1. 分析信息需求，选择检索系统

登录 IEL 数据库：https://ieeexplore.ieee.org/。

2. 选择检索方式和确定检索途径

选择高级检索方式，在首页单击 Advanced Search 按钮，进入高级检索页面，选择 Author Affiliations 检索字段，在对应检索框中输入检索词 Hubei univ * of tech *，如图 5.5.5 所示。

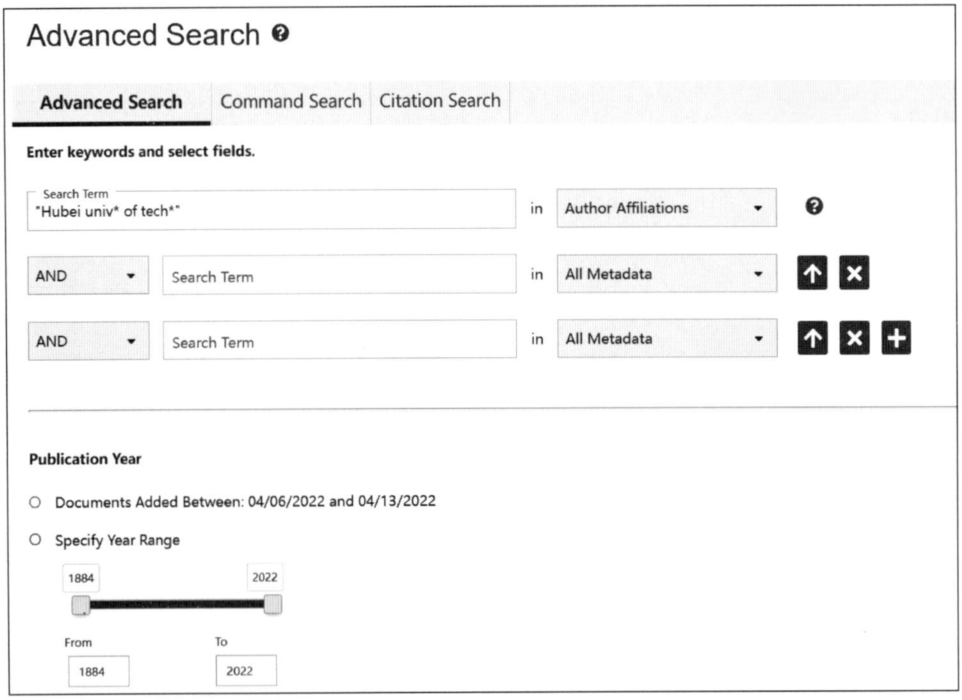

图 5.5.5 检索页面

3. 实施检索，显示检索结果

单击 Search 按钮，得到检索结果。IEL 数据库收录多种类型的文献，找到的结果除了会议，还有期刊论文等其他文献类型。勾选检索结果列表页面上方的文献类型 Conferences 选项，单击 Apply 按钮，检索到湖北工业大学发表的会议论文，如图 5.5.6 所示。在检索结果页面左侧聚类栏中，选择查看作者聚类，单击 ∨ 按钮，可浏览发文量较高的作者，排在第一位的是 Zhiwei Ye，如图 5.5.7 所示，湖北工业大学发表会议论文最多的学者是计算机学院叶志伟教授。

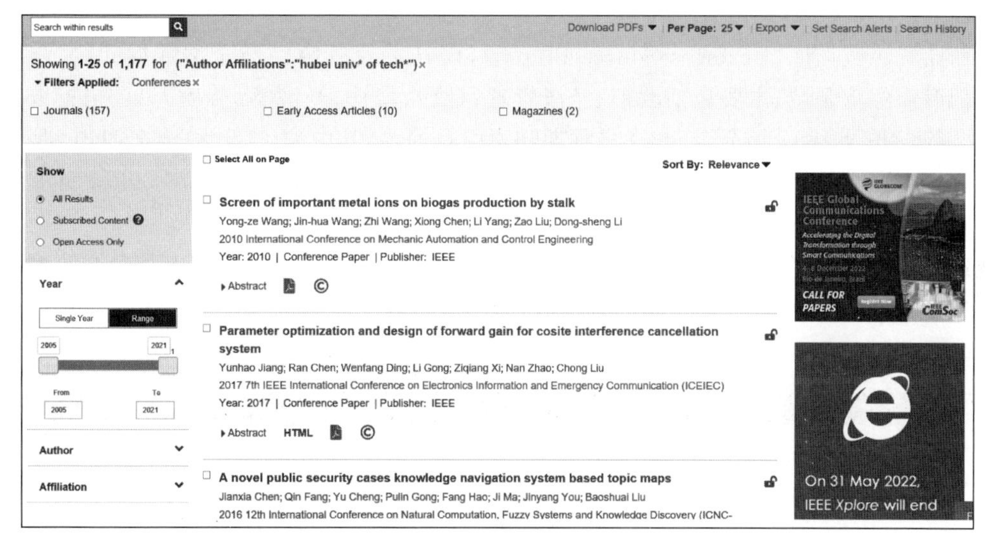

图 5.5.6 检索结果页面

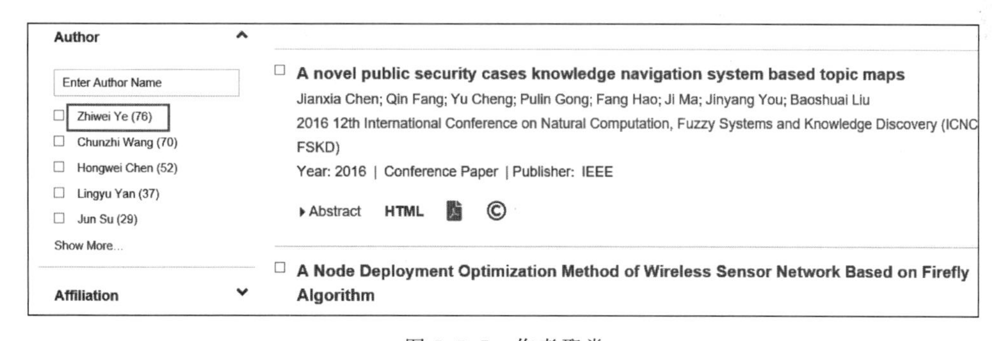

图 5.5.7 作者聚类

5.6 EBSCO 全文数据库

5.6.1 简介

EBSCO 公司于 1944 年由美国人 Elton B. Stephens 创立，公司名称来源于 Elton Bryson Stephens Company 的字母缩写。EBSCO 是目前世界上大型文献服务专业公司之一，提供期刊、文献定购及出版等服务，总部在美国，在19个国家设有分部；开发了100多个在线文献数据库，涉及自然科学、社会科学、人文和艺术等多种学术领域，其中两个主要全文数据库是：学术期刊数据库和商业资源数据库。

学术期刊数据库(Academic Search Premier，ASP)：综合学科参考类全文数据库，涉及的文献主题主要有社会科学、人文、教育、计算机科学、工程、物理、化学、艺术、医学等。收录1887年至今18 000多种刊物的索摘，4600多种全文期刊，其中3800多种为专家评审(peer-reviewed)。还收录370多种非期刊类全文出版物，如书籍、专著、报告和会议论文等。特别是ASP有2200多种全文期刊同时收录在Web of Science，2800多种全文期刊同时收录在SCOPUS。

商业资源数据库(Business Source Premier，BSP)：商管财经类全文数据库，文献涉及所有的商业经济领域，主要包括营销、经济管理、金融、会计、经济学、劳动人事、银行以及国际商务等。收录1886年至今6900多种期刊索引及摘要，其中逾2100种全文期刊(近1100种专家评审期刊)，460多种全文期刊收录在Web of Science，同时收录278 000多种非刊全文出版物(如案例分析，专著，国家及产业报告等)。

EBSCOhost平台(https://search. ebscohost. com/)是EBSCO公司专为全文数据库开发的检索平台，基于该平台可访问EBSCO出版的大多数文献型全文数据库内容，如图5.6.1所示。

图5.6.1 EBSCOhost首页

5.6.2 检索方式

EBSCOhost平台集成了多个EBSCO出版的数据库，进入EBSCOhost平台，用户可以选择单个或多个数据库进行检索，系统默认为全选。在EBSCOhost检索平台下，选择单个数据库和多个数据库的检索方式不同，而选择单个数据库的检索方式最多。这里以选择ASP和BSP为例，详细介绍该平台的检索方式。

1. 基本检索

打开EBSCOhost平台主页，默认为基本检索。平台提供一个独立的检索框，在检索框中输入关键词或词组，也可以输入检索表达式进行检索。检索框下还列出了限制结果选项，包括检索模式和扩展条件、限制结果、特殊限制条件用于 ASP、特殊限制条件用于 BSP 等，供用户选择。

2. 高级检索

单击 EBSCOhost 主页检索框下方高级检索按钮，进入高级检索界面。高级检索界面提供三个检索文本输入框，每个文本输入框后对应一个检索字段下拉列表框。选择检索字段，在检索框中输入相应的检索词，使用布尔逻辑运算组配，如图 5.6.2 所示。同样还可以在"限制结果范围"(Limit yow results)中对检索条件进一步限制，可以选择出版物类型、全文格式等。需要查看文章全文时，要选中"全文"(Full Text)右侧的方框。"学术期刊"(Scholarly Journals)，是指有专家评审的期刊中的文章，检索字段包括作者、标题、主题语、来源、摘要、ISSN 号等。

图 5.6.2 高级检索页面

3. 主题词检索

利用规范化主题词检索，检索效率高，相关性大。主题词不是任意自定，而是要用系统规定的主题词。单击页面顶部的主题词语按钮，进入主题词检索界面，如图 5.6.3 所示。在浏览框中输入主题词，并从该检索框下方的选项中选定一种检索方式：以该主题词开始，主题词中包含或者相关性排序。单击浏览按钮，在检索结果中查看主题词，相关主题词会显示在列表中，可以单击某个主题词查看其词语解释，上位词，下位词或相关词语。要在数据库中进行主题词检索，需选中一个或多个词前面的复选框，然后单击添加按钮，主题词被添加到检索框中；接下来检索另一个主题词，并使用布尔运算符将多个主题词连接起来。

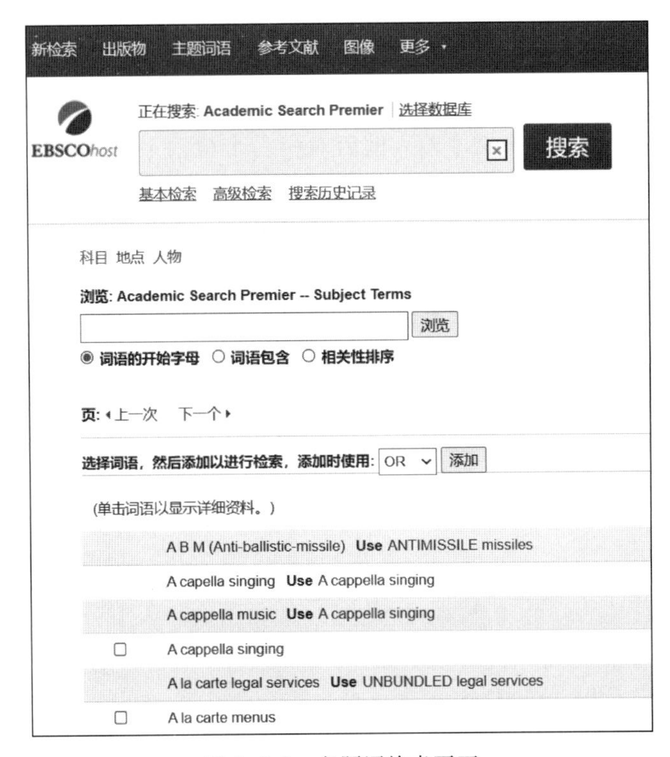

图 5.6.3　主题词检索页面

4. 出版物检索

在平台主页左上角检索方式菜单中选择“出版物”(publications)，进入出版物检索页面。有三种浏览方式：通过字母顺序按刊名浏览期刊、按照学科浏览期刊、输入期刊名进行浏览。单击期刊名，可以看到期刊的详细信息，在页面的右侧可以看到该期刊的所有卷期。单击 search within this publication 按钮可以直接对该期刊进行检索。

5. 图像检索

EBSCO 为用户提供了非常便利的图像检索。检索页面提供一个检索框，用户只需在检索框中输入检索词，单击“搜索”按钮，即可得出检索结果，检索方式与基本检索类似。Image Collection 是系统自带的图片库，包含人物，地点，自然风景，历史等方面的图片，系统收录的文献附图，包括黑白、彩色照片、图形、地图、图表、插图等。图像检索是 EBSCO 特有的功能，可以更直观、清晰地显示出检索结果。

6. 引文检索

EBSCOhost 平台为用户提供引文检索。单击平台主页检索方式“参考文献”，进入引文检索页面，可通过被引著者(Cited Author)、被引题名(Cited Title)、被引文献来源(Cited Source)、被引年份(Cited Year)、所有被引范围(All Citation Fields)等途径检索论文被引用情况。

5.6.3 检索规则

1. 逻辑检索

系统支持布尔逻辑检索算符：AND、OR、NOT。

2. 通配符

? 适用于一个字母，用于检索英美单词拼写差异，organi? ation 可以检索到 organisation、organization；# 适用于多个字母，用于检索英美单词拼写差异，behavi # r 可以检索到 behavior、behaviour。

3. 截词符

* 用于检索变形体，单复数。如 econ* 可以检索到 economy、economic、economically 等。

4. 短语检索

“”用于检索固定短语，位置顺序保持不变。

5. 位置检索

Near Operator (N)：查找包含间隔指定数量字词的两个检索词(任意顺序)的文档，两词顺序可以颠倒，如 deep N3 learning。Within Operator(W)：查找包含间隔指定数量字词的两个检索词(任意顺序)的文档，两词顺序不能改变，如 artificial W2 intelligence。

5.6.4 检索结果

1. 显示

检索命中的文献，系统首先以题录方式显示，如图 5.6.4 所示。在检索结果列表右侧功能按钮中，可以对检索结果按日期，来源，作者或相关性进行排序，默认为相关性排序。“页面选项”(Page Options)按钮下拉菜单中设置结果页面的格式，选择打开或关闭图像快速浏览选项，设置每页结果数量，并选择首选的页面布局。单击共享(Share)，可将检索式链接存到个人文件夹中。单击某一篇文献后，可以看到文摘(如果无全文)或全文链接，平台提供 HTML 和 PDF 两种格式全文显示。

2. 标记

需要标记文献时，单击显示文献后面的图标，添加该篇文献到“文件夹中”，打开文件夹可看到标记过的所有文献记录。

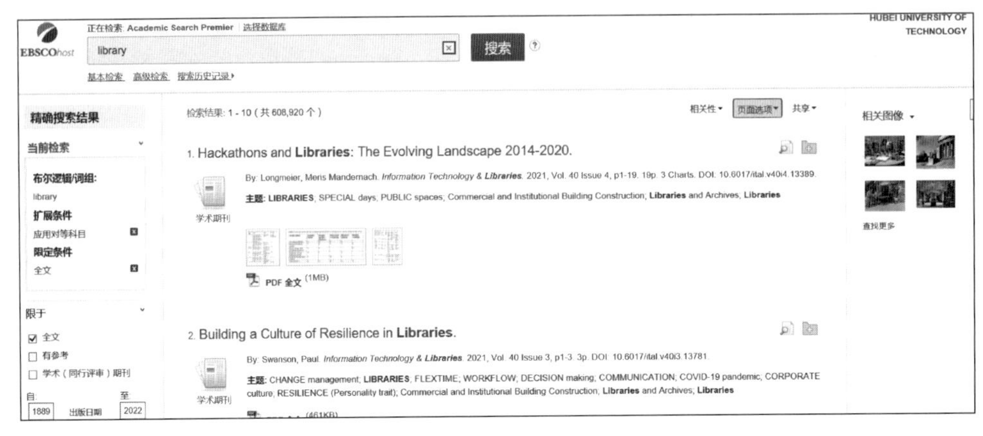

图 5.6.4 检索结果显示页面

3. 保存

对于单篇文献检索,单击题名进入文献详细信息页面,如图 5.6.5 所示。用户可根据需要通过页面右侧工具栏对全文进行保存、导出、打印、电子邮件、添加注释等处理。

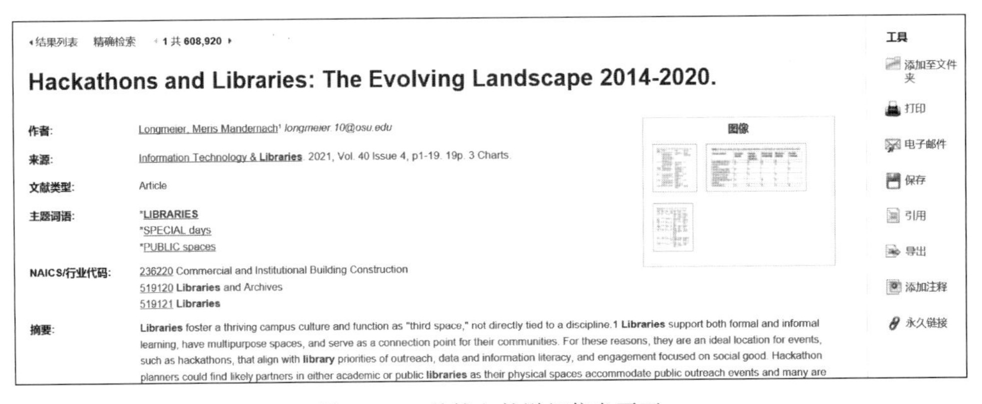

图 5.6.5 单篇文献详细信息页面

4. 翻译

对于具有 HTML 全文格式的文章,该平台提供了智能朗读和翻译功能。文章朗读功能,提供英音、美音和澳大利亚口音,单击播放按钮即可开启文章朗读,音频可下载随时听。文章翻译功能,可在选择语种之后,单击“翻译”按钮,直接查看翻译好的文档。

5. 精确检索结果

在检索结果列表中,使用左侧中的限制条件,资源类型等缩小结果范围,将结果限制为全文/学术期刊或使用日期滑动条更改结果的日期范围。按主题、出版物、出版者等对检索结果聚类,找到与课题相关主题文献,核心出版物等,了解课题整体研究情况。

5.6.5 个性化功能

注册 EBSCO 个人账号,登录 EBSCOhost,可享用 EBSCO 的个性化服务功能。系统中提供的多个个性化功能包括保存首选项、使用文件夹、与其他人共享文件夹、查看其他人的文件夹、保存并检索历史记录、创建电子邮件快讯和进行远程访问保存等。

【案例 5.6.1】 在 EBSCO ASP 数据库中,用高级检索方式查找“信息素养教育”课题相关文献,并创建检索提醒。

1. 分析信息需求,选择检索系统

登录 EBSCO 平台:https://search.ebscohost.com/。

2. 选择检索方式和确定检索途径

选择 ASP(Academic Search Premier)数据库,如图 5.6.6 所示,单击页面高级检索按钮,进入高级检索页面,在检索框中分别输入"information literacy"和 educat *,将检索词 information literacy 用引号固定词组,进行精确检索,用通配符 * 检索 educate 的所有变形体。选择检索限制字段摘要(AB Abstract or Author-Supplied Abstract),使用布尔逻辑运算符 AND 对检索词进行逻辑组配,如图 5.6.7 所示。

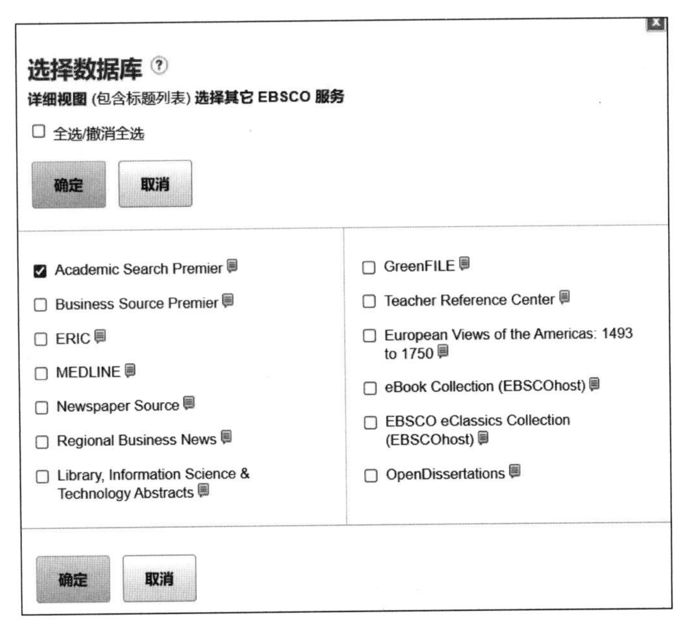

图 5.6.6 数据库选择页面

3. 实施检索,显示检索结果

单击“搜索”按钮,显示检索结果,共检索到 1573 篇检索结果,检索结果按默认相关性进

图 5.6.7 高级检索页面

行排序，如图 5.6.8 所示。可以单击结果列表上方的共享按钮，然后在下拉列表中选择电子邮件快讯，进入创建邮件提醒页面，如图 5.6.9 所示，登录个人账户，限定邮件频率，发文最后期限，结果格式，单击“保存快讯”按钮即完成“信息素养教育”课题邮件提醒创建。

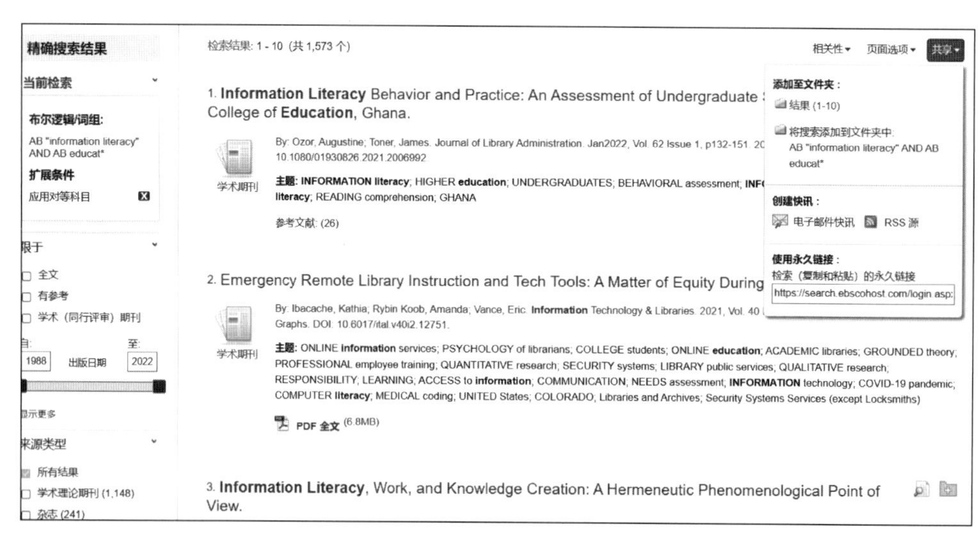

图 5.6.8 检索结果页面

【案例 5.6.2】 用 EBSCO ASP 数据库中主题词检索，查找 cloud computing 这个词的规范主题词，其上位主题词(broader terms)，下位主题词(narrower terms)，相关主题词(related terms)，分别列出 1 个。

创建快讯 ?

搜索快讯: "AB "information literacy" AND AB educat* 应用对等科目 on 2022-02-25 07:54 AM"

电子邮件 (您必须登录才能发送电子邮件快讯。 登录)

常规设置

频率 每天一次

发表文章的最后时限 一年

结果格式 简介

RSS 源

https://rss.ebscohost.com/AlertSyndicationService/Syndication.asmx/GetFeed?guid=8957716

保存快讯 取消快讯

图 5.6.9 创建邮件提醒页面

1. 分析信息需求，选择检索系统

登录 EBSCO 平台：https://search.ebscohost.com/。

2. 选择检索方式和确定检索途径

单击平台首页上方主题词语，进入主题词语检索页面。在浏览框中输入主题词 cloud computing，并从该检索框下方的选项中选择词语的开始字母检索方式：以该主题词开始，主题词中包含或者相关性排序，如图 5.6.10 所示。

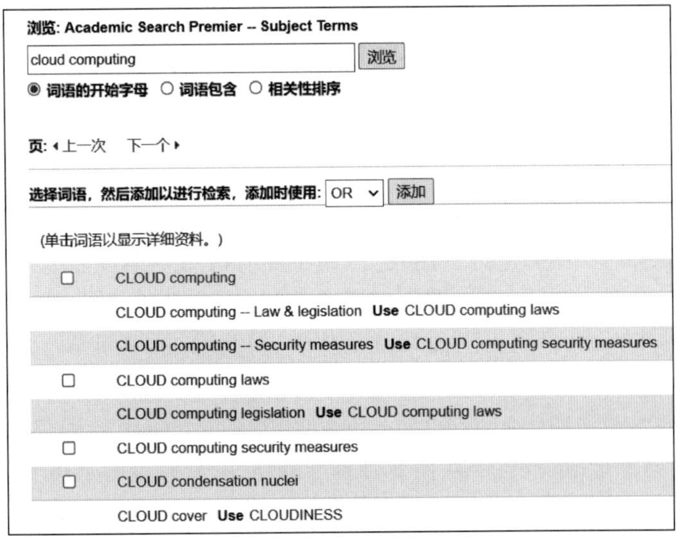

浏览: Academic Search Premier -- Subject Terms

cloud computing 浏览

◉ 词语的开始字母 ○ 词语包含 ○ 相关性排序

页: ◂上一次 下一个▸

选择词语，然后添加以进行检索，添加时使用: OR 添加

(单击词语以显示详细资料。)

☐ CLOUD computing

CLOUD computing -- Law & legislation **Use** CLOUD computing laws

CLOUD computing -- Security measures **Use** CLOUD computing security measures

☐ CLOUD computing laws

CLOUD computing legislation **Use** CLOUD computing laws

☐ CLOUD computing security measures

☐ CLOUD condensation nuclei

CLOUD cover **Use** CLOUDINESS

图 5.6.10 主题词检索页面

3. 实施检索,显示检索结果

单击“浏览”按钮,在检索结果中查看主题词,规范主题词会显示在列表中,如图 5.6.11 所示。cloud computing 的规范主题词有 CLOUD computing,CLOUD computing security measures 等。单击主题词 CLOUD computing 查看其词语解释,如图 5.6.11 所示,上位词有 DISTRIBUTED computing,下位词有 HYBRID cloud computing,相关词有 CLOUD storage。要在数据库中进行主题词检索,可选中一个或多个词前面的复选框,然后单击“添加”按钮。

图 5.6.11　主题词解释

5.7　Emerald 全文数据库

5.7.1　简介

Emerald 于 1967 年由来自世界著名百强商学院之一的布拉德福商学院(Bradford University Management Center)的学者建立。总部位于英国,但其期刊的主编、作者遍布世界各地,并且在世界许多国家建立了代表处,使 Emerald 成为真正意义的国际化出版机构之一。Emerald 一直致力于管理学、图书馆学、工程学专家评审期刊,以及人文社会科学图书的出版,拥有来自 100%世界百强商学院的作者及用户,100%世界 200 强综合性大学的作者及用户,以及近 60%的世界 500 强企业用户。Emerald 公司的产品包括以下两个。

Emerald 管理学全文期刊库(2000 年至今):281 种专家评审的管理学学术期刊。学科覆盖:市场营销、会计金融与经济学、商业管理与战略、公共政策与环境管理、信息与知识管理、人力资源与组织研究、图书馆研究、旅游管理等。

Emerald 全文期刊回溯库(第一卷第一期至 2000 年):近 180 种全文期刊,超过 11 万篇的全文内容,涉及会计、金融与法律;人力资源;管理科学与政策;图书馆情报学;工程学等领域,最早可以回溯到 1898 年。

如图 5.7.1 所示,为 Emerald 数据库主页(https://www.emerald.com/)。

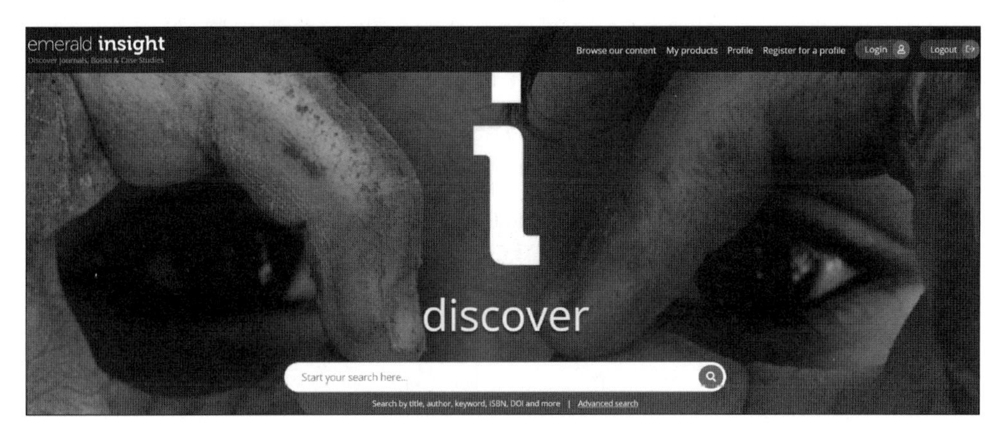

图 5.7.1　数据库主页

5.7.2　检索方式

1. 快速检索

进入 Emerald 数据库,平台默认快速检索,在检索框中输入标题、作者、关键词、ISSN、DOI 等,单击检索按钮,即可进行快速检索。

2. 高级检索

单击数据库主页检索框下方 Advanced Search 进入高级检索页面,如图 5.7.2 所示。高级检索提供一个检索框,单击 Add row 可添加检索框,最多添加 9 个。在多个检索框中输入检索词,选择检索字段和检索词间的逻辑关系(AND、OR、NOT),限定检索条件:文献类型、时间等,单击 Search 按钮即可获得相关检索结果。

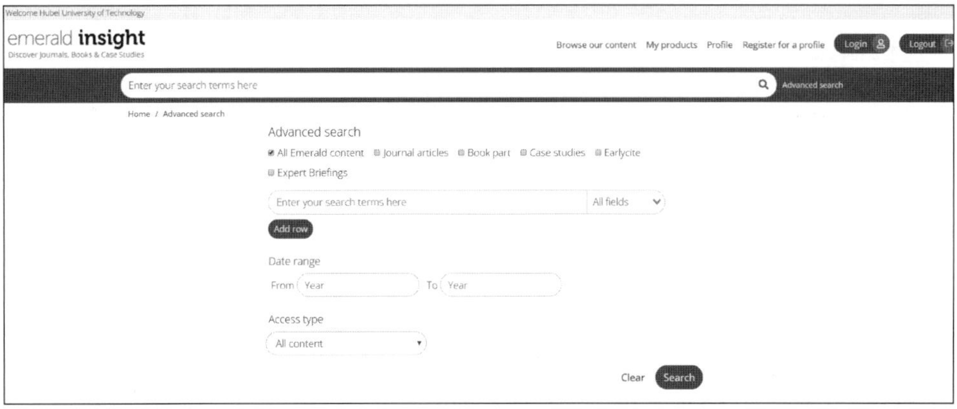

图 5.7.2　高级检索页面

3. 浏览功能

单击数据库主页上方导航菜单中的 Browse our content 按钮，可按资源类型 Books and journals、case studies、Expert Briefings 和 Open Access 进行检索浏览，如图 5.7.3 所示。其中，Books and journals 浏览方式，可选择按字顺（Title）、学科（Subject）和资源类型（Publication type）的浏览方式；case studies 可选择按学科（Subject）、国家（Country）、案例长度（Case length）、案例提供者（Case provider）、语言（Language）的浏览方式。

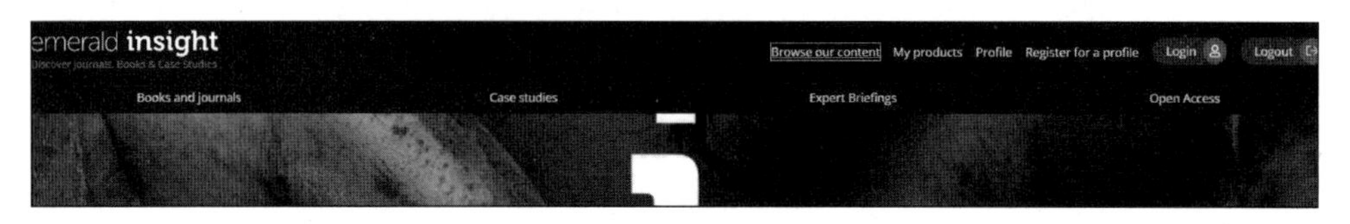

图 5.7.3 浏览页面

5.7.3 检索规则

(1) 系统支持布尔逻辑运算 AND、OR、NOT，需要注意的是布尔逻辑符必须大写。

(2) 短语检索：可以选择检索框下面的选项，进行短语检索；也可以在检索框中使用双引号将检索词锁定。

(3) 完全匹配检索：选择检索框下面的选项，只返回与检索词完全相同的检索结果。例如，检索 marketing，并选择 journal title 字段和完全匹配，则检索结果只返回期刊名参为 marketing 的文章，而不包括期刊名称为 Marketing Intelligence and Planning 等包含 marketing 的文章。

(4) 通配符：使用通配符 * 和？检索变形体，通配符只能出现在检索词的中间和末尾，不能出现在检索词开头。

(5) 权重检索：使用权重符号^，进行权重检索。如检索 work^4 management，则检索结果中 work 的权重是 management 的 4 倍。

5.7.4 检索结果

1. 显示与输出

命中的检索结果以题录方式显示，检索结果可选择按相关性（Sort by relevance），时间（Sort by most/least recent）进行排序。系统提供两种全文格式（HTML 和 PDF），显示每篇下载次数。单击单篇文献标题，进入文献文摘页面，系统提供文献标题、作者、文摘、关键词等信息，用户还可以选择保存自己喜爱的文章。

2. 精确检索结果

在检索结果页面右侧，可选择按获取方式、年份和资源类型对检索结果筛选聚类。

5.7.5 个性化功能

Emerald 数据库为用户提供个性化服务功能。要使用系统的个性化功能，需要进行一次免费注册，设定自己的用户名和密码。进行免费注册，首先单击平台主页左侧的 Register for an Emerald Profile 按钮，就可以进入注册页面。Emerald 数据库平台个性化服务主要功能有：收藏夹，可创建多个收藏夹，并将喜爱或需要引用的文章链接添加其中，并与 Endnote 等引文软件相兼容；文摘和时事通讯，免费获得每周最新出版物的文摘以及感兴趣领域的时事通讯；期刊新增内容提醒，选择感兴趣的期刊，免费获得该期刊新增内容提醒；喜爱的期刊或图书，可在"Your Favorites"版块浏览该期刊或图书最新卷次的文章内容；保存检索条件，免费获得所保存检索条件的最新检索结果内容等。

【案例 5.7.1】 在 Emerald 平台中，题名中包含有 Artificial Intelligence 的文章最早发表于哪一年？发表在哪本期刊上？

1. 分析信息需求，选择检索系统

登录 Emerald 平台：https://www.emerald.com/。

2. 选择检索方式和确定检索途径

选择高级检索方式，在首页单击 Advanced Search 按钮，进入高级检索页面，选择 Title 检索字段，在对应检索框中输入检索词 Artificial Intelligence，如图 5.7.4 所示。

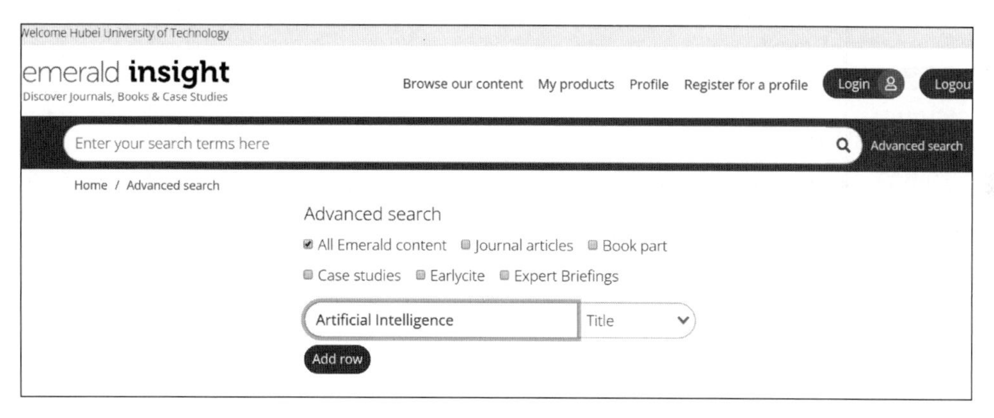

图 5.7.4 检索页面

3. 实施检索，显示检索结果

单击 Search 按钮，显示检索结果，选择检索结果按日期 Oldest to newest 排序，得到题名中包含有 Artificial Intelligence 的发表时间按升序排列的检索结果列表，排在首位的题名为 FUZZY SYSTEMS AND ARTIFICIAL INTELLIGENCE 的文章就是最早发表的文章，在文章题名右上角，可查看到文章的出版日期(Publication date)为 1974 年，如图 5.7.5 所示。单击文章摘要下方 View summary and detail 按钮，在 Details 栏中呈现文章发表期刊名为 Kybernetes，如图 5.7.6 所示。

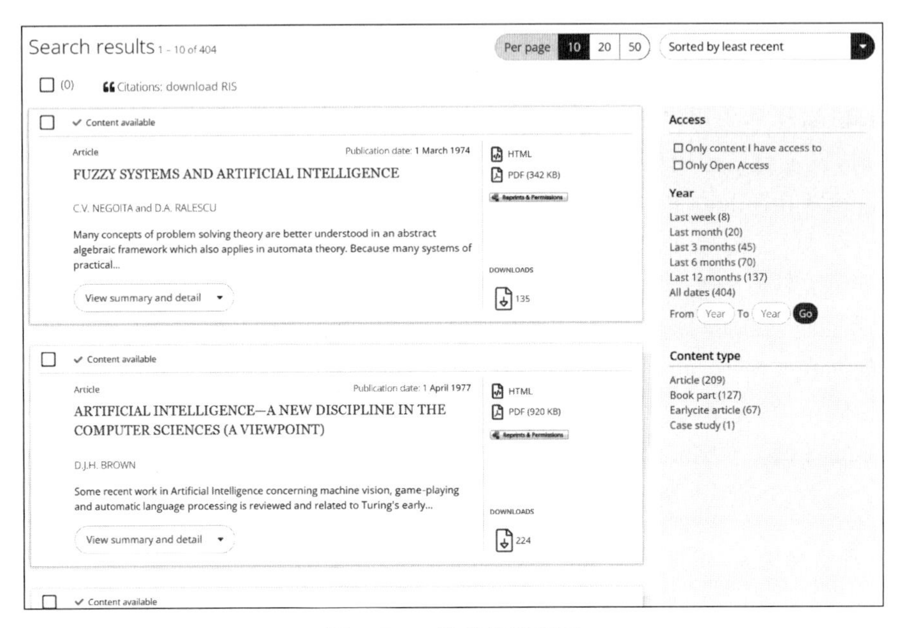

图 5.7.5 检索结果页面

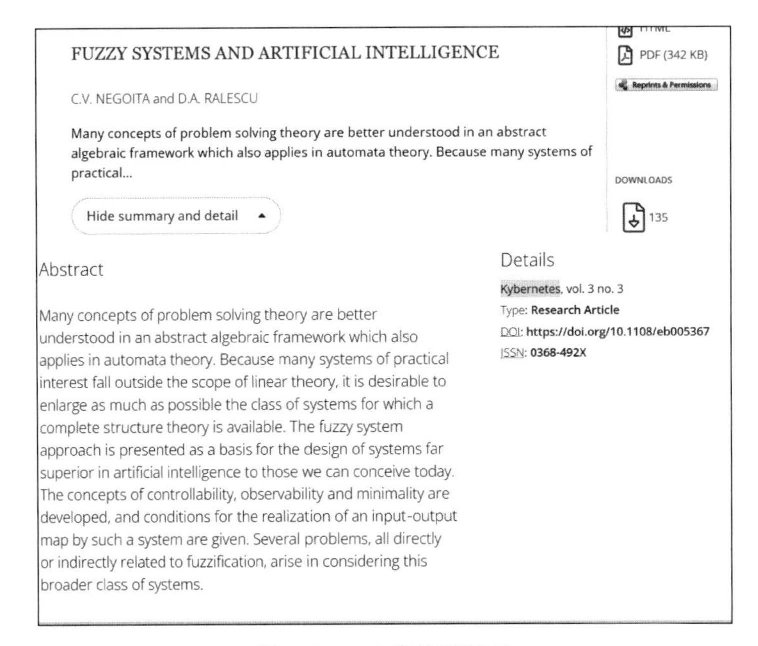

图 5.7.6 文章摘要页面

5.8 ProQuest 博硕士论文数据库

5.8.1 简介

ProQuest 是美国国会图书馆指定的收藏全美国博硕士论文的机构，ProQuest 全球博硕士论文文摘数据库(ProQuest Dissertation & Theses,PQDT)是世界上规模最大、使用最广泛的博硕士论文数据库,收录自 1743 年至今欧美 1700 余所大学的 300 多万篇学位论文的信息,每年新增近 20 万篇,内容覆盖科学、工程学、经济与管理学、健康与医学、历史学、人文及社会科学等各个领域,是目前世界上唯一提供全球高质量学位论文全文的数据库。至 2021 年 11 月止,其中国集团累积的博硕士论文全文有 80 多万篇,涵盖文、理、工、农、医等各个学科领域。如图 5.8.1 所示,为 ProQuest 博硕士论文库首页(http://www.pqdtcn.com/)。

图 5.8.1　ProQuest 博硕士论文库首页

5.8.2　检索方式

1. 基本检索

进入 ProQuest 博硕士论文数据库,首页默认为基本检索。基本检索只提供一个检索框,直接输入检索词或检索式,勾选检索框下方限定条件:精确检索、仅博士论文、可荐购论文、机构有全文等,单击“检索”按钮,即可得到相关检索结果。

2. 高级检索

单击 ProQuest 博硕士论文数据库首页“高级检索”按钮,即可进入高级检索页面。高级检索可以提高文献获取效率,分两种:一种是位于检索页面上方,直接在检索框输入检索词,选择检索字段,进行逻辑组配检索,系统默认提供两个检索框,单击“添加行”按钮可增加检索框,检索字段有标题、摘要、作者、导师、学校/机构、学科、ISBN、FullText、论文编号等;另一种是利用组合输入框构建检索式进行检索,输入框中输入对应的检索词,系统自动匹配检索,如图 5.8.2 所示。

3. 分类导航

单击数据库主页“分类导航”按钮,进入分类导航页面。系统可按主题和学校两种类型对论文进行分类浏览和检索,如图 5.8.3 所示。

基本检索 高级检索 分类导航

请输入关键词 所有字段

AND 请输入关键词 所有字段 +添加行

出版日期: 精确检索

检索 清空

所有字段: 请输入关键词

作者: 请输入关键词

导师: 请输入关键词

大学/机构: 请输入关键词

学科: 请输入关键词

稿件类型: 仅博士论文

论文全文: 全平台有全文 本单位有全文

按下拉顺序排列检索结果: 相关性

每页显示条数: 10

精确检索

检索 清空

图 5.8.2　高级检索页面

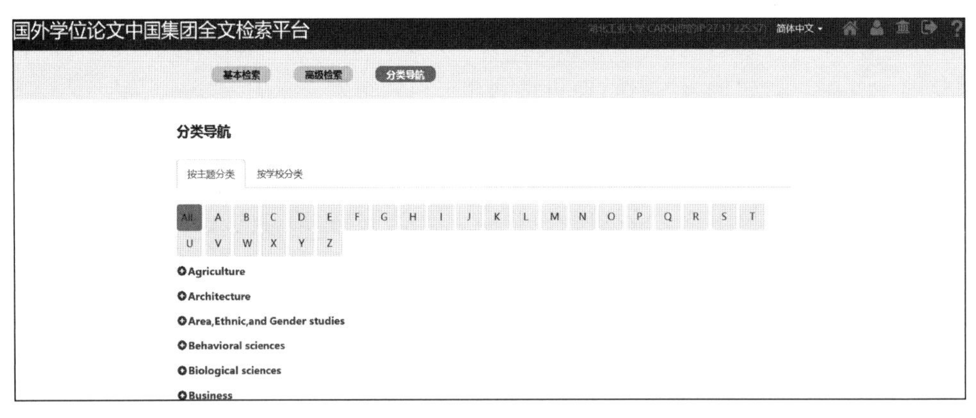

图 5.8.3　分类导航页面

5.8.3　检索规则

（1）系统支持布尔逻辑算符 AND、OR 和 NOT。

（2）词组检索：输入检索词组后，勾选检索框下方的“精确检索”，可以检索到准确的结果。如直接检索 education assessment，默认为 education AND assessment，结果准确性会欠缺。

(3) 位置检索：系统同时支持位置算符 near/n 和 pre/n。near/n 表示算符两边的检索词在命中结果中词序不定，两词间隔不超过 n 个单词；pre/n 表示算符两边的检索词在命中结果中词序固定，二词间隔不超过 n 个单词。

(4) 截词符：使用 * 代替检索词中一个或多个字符的符号，只能用于词中和词尾。如输入 cataly * 可以检索到 catalyst，catalysis，catalyzer 等。

5.8.4 检索结果

1. 显示与浏览

检索到的相关文献，平台以题录方式呈现。检索结果可按每页 10、20、50 条显示；也可按相关性、发表时间、全文上传时间进行排序，分别获得最新文献和相关度高的文献。用户如果需浏览论文更为详细的信息，可单击论文标题或查看 PDF。

2. 精炼检索结果

在检索结果左侧，可通过文献类型(全文、摘要)、发表年度、学科、学校/机构和语言对检索结果筛选。

3. 检索结果输出

对检索结果页面可使用文件菜单进行保存、打印、发送 E-mail 等操作，对 PDF 格式显示的记录也可使用文件菜单进行打印、保存操作，但若要发送 E-mail 必须先保存再通过自己的邮箱发送。

5.8.5 个性化功能

ProQuest 博硕士论文数据库为用户提供个性化服务功能。单击数据库页面上方用户登录图标，可注册和登录个性化账号。用户进入个人账号，可实现个性化功能，例如，订阅检索，跟踪自己荐购论文的订购进展，对自己感兴趣的资源进行收藏等。个性化功能可以为用户节省的时间，提高工作效率。

【案例 5.8.1】 在 ProQuest 博硕士论文数据库中，检索"量子通信"相关的博士论文，授予博士论文最多机构。

1. 分析信息需求，选择检索系统

登录 ProQuest 博硕士论文数据库：http://www.pqdtcn.com/。

2. 选择检索方式和确定检索途径

选择基本检索，在检索框中输入英文检索词 quantum communication，检索词为短语，这里在检索框下方勾选"精确检索"，限定文献类别"仅博士论文"，如图 5.8.4 所示。

图 5.8.4 检索页面

3. 实施检索，显示检索结果

单击“检索”按钮，显示 315 条检索结果，如图 5.8.5 所示。在检索结果列表左侧精炼检索结果栏，查看学校/机构精炼分析，如图 5.8.6 所示，排在首位的是 Stanford University（斯坦福大学），即为授予“量子通信”相关的博士论文最多机构。

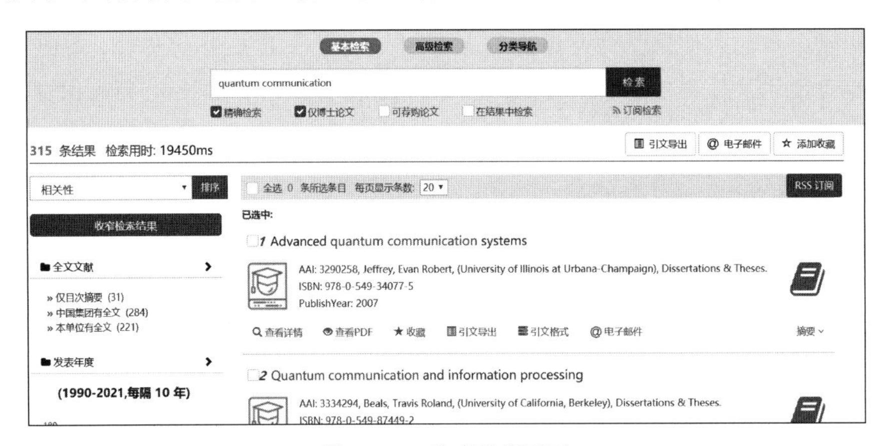

图 5.8.5 检索结果页面

图 5.8.6 按学校/机构精炼页面

思考与练习题

1. 了解本校引进有哪些外文数据库，简述其收录学科范围和文献类型。

2. 简述 Web of Science 核心合集数据库中包含哪几个索引库。

3. 利用 SCI 数据库检索本专业相关研究课题的高影响力文章和核心作者。

4. 查找华中科技大学张智红教授 2017 年发表在期刊 ACS NANO 上的论文被引用情况。

5. 查找近 5 年 SCI 收录的大连理工大学卢一平教授的文章，如何查看排名前 5 的合作者和机构？

6. 查询总被引频次进入全球前 1%的工程学(engineering)学科的机构阈值。

7. 查询你所在学校 ESI 高被引论文数量。

8. 如何查询化学(chemistry)学科进入全球前 1%的所有机构？

9. 用 InCites 数据库查询本单位近十年发文量前 5 的期刊。

10. 利用 EI 数据库检索你感兴趣的老师近 5 年发表的文章。

11. 在 EI 数据库题名字段中，查找 2010—2020 年有关半导体激光器研究方面的文献，查看获得哪些基金支持，并说出哪位作者对这方面研究较多。

12. 举例说明如何使用 EBSCO 数据库查找规范主题词，以及上位词，下位词和相关词。

13. 在 EBSCO 数据库中，检索基于数据挖掘的人力资源配置方面的全文文献，列出检索式，记录检索结果，导出 3 篇文献的题录信息。

14. 利用 Elsevier SD 查找 COVID-19 相关文章，记录检索结果，查看发表最多文章的期刊，列出最新发表一篇文章的题录信息。

15. 在 Elsevier SD 平台上，检索 2017—2021 年期间湖北工业大学发表文章最多的期刊。

16. 在 Springer Link 平台，如何确定 Egyptian Journal of Biological Pest Control 这本期刊为开放获取期刊？

17. 在 Springer Link 平台，使用高级检索查找 2012—2022 年期间环境污染应急处理方面的文献，提供检索式和检索结果。

18. 在 IEEE Xplore 平台，查找本机构的发表会议论文情况，设置更新提醒。

19. 在 IEL 数据库中如何精确检索文章题名中含有 biomedical imaging 的最新发表的论文？请写出检索步骤。

20. 简述 Emerald 个性化服务功能。

21. 在 Emerald 平台，查找题名中包含 Artificial Intelligence 的最早发表的文章，列出题录信息。

22. 利用 ProQuest 博硕士论文数据库查找你感兴趣研究课题的 3 篇全文文献。

第6章　专利、标准与数据检索

本章目标：

1. 了解有关专利、标准与数据的基本知识；
2. 了解专利、标准与数据检索常用的检索工具；
3. 掌握专利、标准与数据检索的方法。

6.1　专利文献检索

6.1.1　专利概述

专利是专利权的简称，是国家按照专利法授予申请人在一定时期内对其发明创造成果享有独占、使用和处理的权力。专利的种类在不同的国家有不同的规定。我国专利法规定专利分三种类型，即发明专利、实用新型专利、外观设计专利。有些国家专利分为发明专利和外观设计专利。

专利文献主要是指各工业产权局（专利局、知识产权局及相关国际或地区组织）在受理、审批、注册专利过程中产生的记述发明创造技术及权力等内容的官方文件及其出版物的总称，主要包括各种专利单行本、专利公报、专利年度索引以及相关电子出版物等公开出版物。

1. 专利文献的特点

(1) 反映最新技术成果。据世界知识产权组织（World Intellectual Property Organization，WIPO）统计，世界上90%以上的发明以专利文献的形式问世。

(2) 内容具体、详尽，技术内容相对可靠。专利说明书对发明创造的揭示内容具体、详尽，有相应的法律制度保障。

(3) 数量巨大、内容广博。专利文献集技术、法律和经济信息于一体，如果按照单一种类统计，专利文献是世界上数量最大的信息源之一，每年新增上百万件，涉及人类社会生产、生活各个领域。

(4) 格式统一规范、高度标准化。专利文献基本都用国际统一格式、代码和分类，便于检索。

(5) 全球性、多语种。专利文献在上百个国家、地区及组织，以数十种官方文字出版，但这也使得大量专利重复报道。

2. 专利文献的类型

专利文献主要划分为专利公报类和专利单行本类。

(1) 专利公报是各国专利机构报道最新发明创造专利的申请公布、授权公告等情况以及专利业务活动和专利著录事项变更等信息的定期连续出版物。

(2) 专利单行本也称专利说明书，是指含有扉页、权力要求书、说明书等组成部分的用以描述发明创造内容和限定专利保护范围的一种官方文件或其出版物。

在实际的检索过程中接触较多的专利文献实际上是专利说明书。不同的专利说明书长度有所不同，但一般都包含扉页、权利要求书、说明书等组成部分。

专利说明书的扉页记录了每件专利的基本信息，例如，专利申请日、申请号、申请人或专利权人、发明人、发明创造的名称、发明创造简要介绍、发明创造所属技术领域分类号、公布或授权时间、文献号、出版专利文献的国家机构等。

说明书和权利要求书是记载发明或实用新型及确定其保护范围的法律文件。说明书是详细记载发明或实用新型的技术方案及其相关内容的文件。这些技术内容有统一的格式要求，一般包括技术领域、背景技术、发明或者实用新型内容、附图说明、具体实施方式等。说明书附图是说明书的一个组成部分，其作用是通过图形补充说明书文字部分的描述，使人能直观地、形象化地理解发明或实用新型的每个技术特征和整体技术方案。权利要求书是用于记载权利要求，说明要求专利保护范围的文件。

3. 专利文献的著录项目

专利文献的著录项目是各国专利机构为了揭示专利文献的技术信息、法律信息和其他特征信息而编制的。它们通常会出现在专利说明书扉页和专利公报中，包括文献识别数据、国内申请提交数据、优先权数据、公布或公告数据和分类数据等。在检索中常用的著录项目如表 6.1.1 所示。

表 6.1.1　专利检索常用著录项目

常用著录项目	英文对照
申请公布号	Publication Number/Pub. No.
申请号	Application Number/Appl. No.
申请日	Date of Filing/Filed
优先权日	Priority/Foreign Application Priority Date
申请公布日	Date of Publication/Pub. Date
授权公告日	Date of Authorized Announcement
申请人	Applicant
发明人	Inventor
专利权人/受让人	Assignee
IPC 分类号	Int. Cl.
发明名称	Invention Title
现有技术文献目录	List of Prior Art Documents
摘要	Abstract

4. 专利分类

1) 专利分类体系

专利分类体系就是各种专利分类号。分类号是专利信息检索的一个十分重要的工具，能大大提高专利信息检索的效率。表6.1.2中列出了全球主要专利分类体系、简称以及示例。分类的主要作用是服务于检索。

表6.1.2 全球主要专利分类体系

分类体系	简称	示例
国际专利分类	IPC	G11B 3/085
欧洲专利分类	ECLA	G11B 3/085B2
美国专利分类	USPC	2/410
日本专利分类	FI	C02F 1/16,101A
	F-Term	4J00/LA01
联合专利分类	CPC	G11B 3/08596
德温特专利分类	DC	X22

2）国际专利分类

国际专利分类(International Patent Classification,IPC)——目前唯一国际通用的专利文献分类和检索工具。该分类法自1968年第一版开始使用到现在，每5年修订一次。IPC是一种等级分类体系，由高到低依次排列的等级为部、大类、小类、大组和小组，每一等级都有相应的类名来表示相应的技术领域。其中部表示的技术领域范围最大，小组表示的技术领域最小，部由大写字母表示(A～H，共8个部)；大类由数字表示；小类由字母表示(大小写均可)；大组、小组均由数字表示，两者之间用斜线“/”隔开。IPC分类的8个部及代表的领域如表6.1.3所示。

表6.1.3 IPC分类的8个部

部	名称	部	名称
A部	生活必需品	E部	永久性建筑
B部	各种操作；运输	F部	机械工程；照明；加热；武器；爆破
C部	化学；冶金	G部	物理学
D部	纺织；造纸	H部	电学

例如，有一件滑动解锁专利，其IPC分类号是G06F 3/048，代表的技术领域如下：

(1) G是部的类号，表示涉及物理的技术领域；

(2) G06是大类的类号，表示涉及计算、推算和计数的技术领域；

(3) G06F是小类的类号，表示电数字数据处理；

(4) G06F 3/00是大组的类号，表示涉及接口装置的技术领域；

(5) G06F 3/048是小组的类号，表示涉及图形用户界面交互技术的技术领域。

由此可见小组表示的技术领域是最具体的。

6.1.2 专利检索工具

目前世界各国或地区的知识产权机构为方便社会公众获取专利文献信息，均提供了相应的专利信息服务。常用的专利局网络平台包括中国国家知识产权局、欧洲专利局、美国专利商标局、日本特许厅、韩国知识产权局等，部分国家或地区的专利局提供了用于专利文献信息检索的网络平台。下面就常用的中国国家知识产权局专利检索及分析系统、欧洲专利局网上检索系统、美国专利商标局网上检索系统进行详细介绍。

1. 国家知识产权局专利检索及分析系统

1）系统简介

国家知识产权局专利检索及分析系统(Patent Search and Analysis，PSS)是国家知识产权局面向公众提供的集专利检索与专利分析于一体的综合性专利服务系统。PSS系统的访问网址：http://pss-system.cnipa.gov.cn/。

国家知识产权局专利检索及分析系统共收集了103个国家、地区和组织的专利数据，同时还收录了引文、同族、法律状态等数据信息。专利检索及分析系统的数据更新周期分别为中国专利数据、国外专利数据、引文、同族以及法律状态等几方面，具体如下：

(1) 中国专利数据：每周二、周五更新，滞后公开日7天；

(2) 国外专利数据：每周三更新；

(3) 引文数据：每月更新；

(4) 同族数据：每周二更新；

(5) 法律状态数据：每周二更新。

系统提供常规检索、高级检索、导航检索、药物检索、热门工具、命令行检索、专利分析等功能。

2）主要功能

(1) 常规检索。PSS系统常规检索主要提供了一种方便、快捷的检索模式，帮助用户快速定位检索对象(如一篇具体的专利文献或一个专利申请人/发明人的专利申请等)。如果用户的检索目的十分明确或初次接触专利检索，可使用常规检索。

PSS系统常规检索数据范围可在中国、主要国家/地区/组织、其他国家/地区/组织之间任意选择；为方便用户操作，系统还提供了智能检索入口，包括自动识别、检索要素、申请号、公开(公告)号，申请(专利权)人、发明人以及发明名称。常规检索页面如图6.1.1所示。

如果在检索中对检索字段的检索规则不了解，可将鼠标移动到检索式输入框中，系统会自动显示这个字段的输入规则。

(2) 高级检索。高级检索根据收录数据范围提供了丰富的检索入口以及智能辅助的检索功能。高级检索页面主要包含4个区域：检索历史、范围筛选、高级检索和检索式编辑区，如图6.1.2所示。

高级检索页面最上方区域为检索历史区域，只有注册用户可用。在该区域中，用户可以查看当前注册用户下所有检索模块的检索式的历史相关信息，单击左右两个箭头可以对检索历史信息进行翻页查看；单击“显示/收起”按钮，可显示/收起检索历史区域内容。

高级检索的范围筛选设置有3个选项：中国、主要国家和地区、其他国家和地区。每个选项内提供若干专利组织和专利国家或地区可供选择。

图 6.1.1　PSS 系统常规检索页面

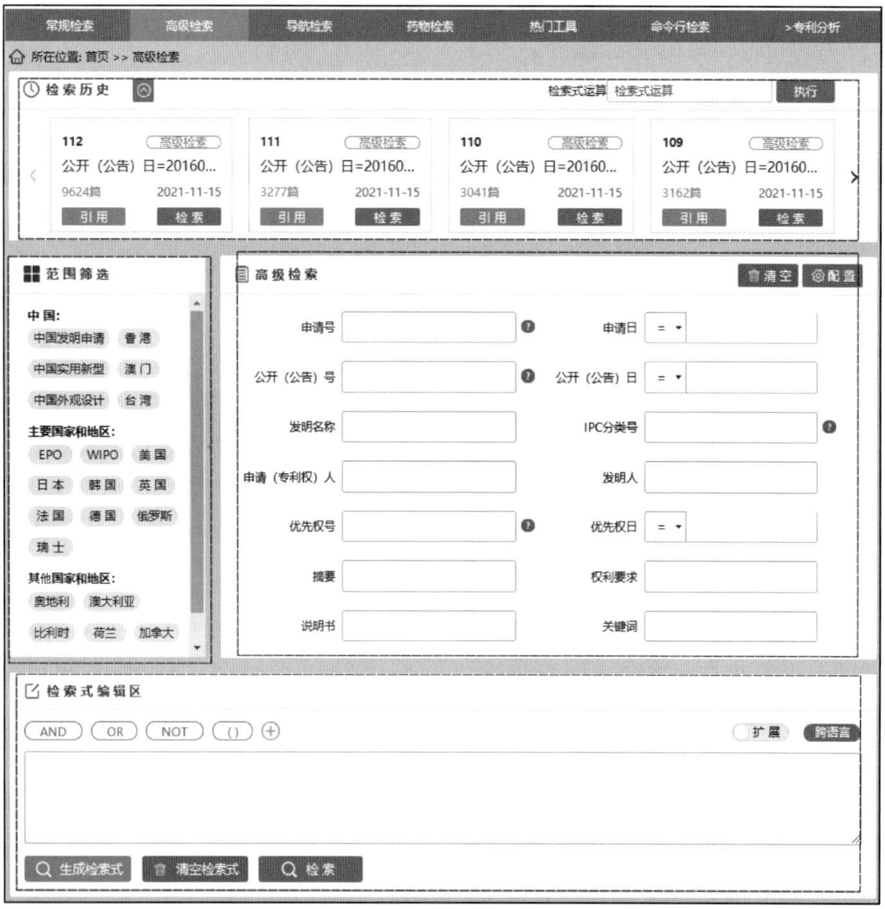

常规检索 高级检索 导航检索 药物检索 热门工具 命令行检索 >专利分析
所在位置: 首页 >> 高级检索
检索历史　检索式运算 检索式运算 执行
112 高级检索 公开（公告）日=20160... 9624篇 2021-11-15 引用 检索
111 高级检索 公开（公告）日=20160... 3277篇 2021-11-15 引用 检索
110 高级检索 公开（公告）日=20160... 3041篇 2021-11-15 引用 检索
109 高级检索 公开（公告）日=20160... 3162篇 2021-11-15 引用 检索
范围筛选
中国: 中国发明申请 香港 中国实用新型 澳门 中国外观设计 台湾
主要国家和地区: EPO WIPO 美国 日本 韩国 英国 法国 德国 俄罗斯 瑞士
其他国家和地区: 奥地利 澳大利亚 比利时 荷兰 加拿大
高级检索 清空 配置
申请号 申请日 =
公开（公告）号 公开（公告）日 =
发明名称 IPC分类号
申请（专利权）人 发明人
优先权号 优先权日 =
摘要 权利要求
说明书 关键词
检索式编辑区
AND OR NOT () 扩展 跨语言
生成检索式 清空检索式 检索

图 6.1.2　PSS 系统高级检索页面

高级检索区提供的检索入口有申请号、公开(公告)号、发明名称、申请(专利权)人、优先权号、申请日、IPC分类号、发明人、关键词等,用户只要在表格项中输入对应的内容,单击“检索”按钮即可。用户通过将鼠标移动到检索表格项区域查看检索字段的应用说明信息。高级检索表格项中,申请号、公开(公告号)、优先权号三项后有操作助手按钮,单击“?”按钮,可以打开国别代码页面;IPC分类号也有操作助手按钮,单击“?”按钮,可以打开IPC分类号查询表。在高级检索区的右上方有配置功能,用户可以根据自己的检索习惯和策略配置自己的常用检索表格项。

高级检索的检索式编辑区,用户可使用运算符在检索式编辑区编辑检索式;对每个检索项内容编辑时,要用英文括号括起来,如关键词=(计算机 AND 手机)OR 摘要=(智能 OR 手持设备);非日期型表格项支持截词符“+”“?”“#”。“+”代表任何长度的字符串;“?”代表一个或没有字符;“#”代表一个强制存在的字符。所有截词符均为半角字符。单击检索项的名称可以在检索式编辑区快速输入检索项名称。

如果用户对要检索专利的信息掌握得不够全面,PSS系统高级检索提供智能扩展功能辅助扩展检索要素信息,以及跨语言功能辅助进行中外文专利文献的检索。该区域中为用户提供了常用的逻辑运算符点选功能,单击绿色“+”按钮,可以显示更多的逻辑运算符;单击“清空检索式”按钮,可清空检索式编辑区中的所有内容。

需要注意的是,如果同时应用跨语言和扩展功能,系统先执行跨语言操作,再执行扩展操作。如果手动输入检索式信息,检索字段名称必须与系统提供的检索表格项名称一致,且所有运算符均为半角符号。支持扩展检索的检索表格项包括申请号、公开(公告)号、发明名称、IPC分类号、申请(专利权)人、发明人、摘要、权利要求、说明书、关键词等。支持跨语言检索的检索表格项包括发明名称、申请(专利权)人、发明人、摘要、权利要求、说明书、关键词等。

【案例6.1.1】 查找华为手机有效专利情况。

步骤1:打开国家知识产权局网站,进入专利检索及分析系统高级检索页面,在“申请/专利权人”字段中输入关键词“华为”,在“发明名称”字段中输入关键词“手机”,单击检索字段名称和运算符AND按钮完成检索式的构建,构建后的检索式显示在检索式编辑区,输入检索词及生成检索式页面如图6.1.3所示。

步骤2:编辑完成检索式后单击“检索”按钮,检索结果显示如图6.1.4所示。

步骤3:在概览功能操作区单击“过滤”按钮,文献类型勾选“有效专利”选项,单击“应用”按钮即可查看华为手机有效专利情况,二次筛选检索结果页面如图6.1.5所示。

(3) 药物检索。药物专题检索是基于药物专题库的检索功能,为从事医药化学领域研究的用户提供检索服务。用户可以使用此功能检索出西药化合物和中药方剂等多种药物专利。系统提供高级检索、方剂检索和结构式检索等多种检索模式,方便用户快速定位文献。

① 药物检索的高级检索。在药物检索专题页面,系统默认显示“高级检索”页面或单击“高级检索”按钮专题项切换。药物检索的高级检索页面如图6.1.6所示。

图 6.1.3 输入检索词及生成检索式页面

图 6.1.4 检索结果页面

图 6.1.5　二次筛选检索结果页面

所在位置: 首页 >> 药物检索

检索历史　　检索式运算 检索式运算　执行

药物检索

高级检索　方剂检索　结构式检索　中药词典　西药词典　清空　配置

申请号:	申请日:	申请人:
发明人:	公开（公告）号:	公开（公告）日:
优先权项:	IPC分类号:	IPC主分类号:
IPC副分类号:	药物范畴分类号:	联合索引:
发明名称:	摘要:	发明主题:
分析方法:	生物方法:	制剂方法:
化学方法:	联合方法:	新用途:
物理方法:	提取方法:	治疗应用:
相似疗效:	治疗作用:	相互作用:
毒副作用:	诊断作用:	方剂味数:
方剂组成:	CN登记号:	CAS登记号:
职能符:	化合物中文名:	化合物英文名:
申请人地址:	国别省市名称:	国别省市代码:

检索式编辑区

AND　OR　NOT　()

生成检索式　清空检索式　检索

图 6.1.6　药物检索的高级检索页面

药物检索的高级检索页面，用户在对应输入框输入查询内容或者在检索式编辑区编辑检索式，单击“检索”按钮执行检索操作并显示检索结果页面。跟普通的高级检索相比，药物检索的高级检索的检索字段更多，且具有很多与药物检索相关的特定字段，如分析方法、化学方法、物理方法、相似疗效、毒副作用、方剂组成、药物范畴分类号、生物方法、提取方法、治疗作用、制剂方法等。

② 药物检索的方剂检索。用户在“药物检索”页面，单击“方剂检索”按钮，进入方剂检索功能，方剂检索页面可以对方剂的味数进行设定，也可以输入方剂中包含的种类来检索，如图 6.1.7 所示。

图 6.1.7　药物检索的方剂检索页面

③ 药物检索的结构式检索。在“药物检索”页面，单击“结构式检索”按钮，进入结构式检索页面，如图 6.1.8 所示。

需要注意的是，药物数据保存在药物专题库中，与原有检索数据库相互独立，所以不能进行分析。

(4) 其他检索核心功能。

导航检索实质是分类号的查询与获取，如果用户想了解指定分类号的含义或者指定技术所属分类体系，可以通过该工具获得最直接的帮助。

命令行检索主要包含两部分功能：命令行检索和批处理管理。命令行检索是面向行业用户提供的专业化的检索模式，该检索模式支持以命令的方式进行检索、浏览等操作功能。批处理管理主要为用户提供存储已有固化思路的工具。在检索过程中，针对某一业务目标

图 6.1.8　药物检索的结构式检索页面

的检索，往往存在相同的检索思路，针对这些固定的检索思路，用户可以通过批处理管理功能统一管理，以便工作时随时使用。

如果用户需要了解更多信息，可在 PSS 系统右上角的"帮助中心"查看详细的操作样例和注意事项，以及与检索相关的其他内容。

2. 欧洲专利局网上检索系统

1）系统简介

欧洲专利局网上检索系统（Espacenet 专利检索系统）是欧洲专利局（European Patent Office，EPO）面向社会公众提供的免费检索平台，检索入口为 https://worldwide.espacenet.com/。该检索平台包括三个数据库，分别为基于 PCT 最低文献量的 Worldwide 数据库、欧洲专利局公布的全部欧洲专利申请全文 EP 数据库、WIPO 公布的全部 PCT 专利申请 WIPO 数据库，提供对全球超过 1.3 亿份专利文献的免费访问，支持英文、德文、法文、日文、韩文、中文等多语种文字检索，包含来自 100 多个专利授权机构的已公布专利申请和已授权专利的信息。

Espacenet 专利检索系统可供初学者和专家使用，能查询专利文献的著录项目、文摘、说明书、法律状态和同族专利等，能进行专利全文说明书的浏览、下载和打印。并且数据每天更新。

2）主要功能

Espacenet 专利检索系统支持智能检索（Smart search）、高级检索（Advanced search）、分类检索（Classification search）三种检索方法。并在每种检索方式的页面上配有快速帮助信息，指导用户完成检索。

（1）智能检索。用户在浏览器中输入网址 https://worldwide.espacenet.com，进入 Espacenet 专利检索系统主页。该平台的智能检索页面如图 6.1.9 所示。

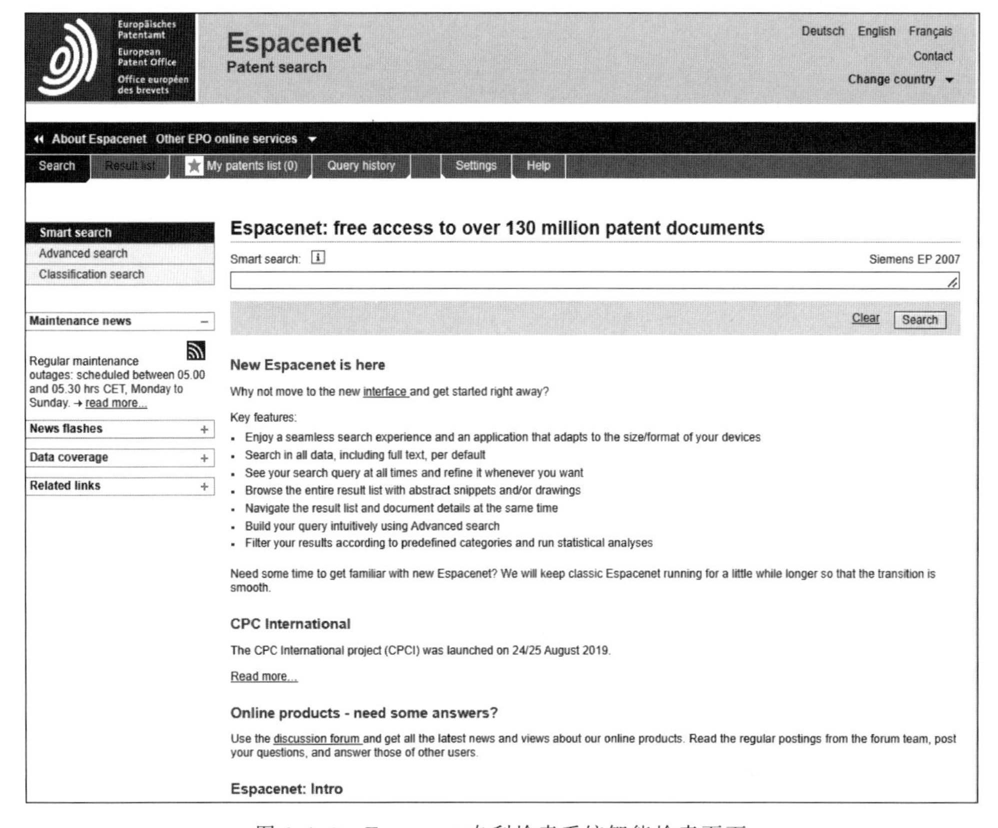

图 6.1.9　Espacenet 专利检索系统智能检索页面

智能检索适合初学者使用。用户在上述检索页面的检索输入框输入相关的分类号、关键词等信息，单击 Search 按钮，就可以获得相应的检索结果。单击智能检索后的 i 按钮即可获得操作提示，更多操作帮助信息可以单击 help 按钮获得。用户在智能检索信息输入框中最多输入 20 个检索词（每个著录项目数据最多 10 个检索词），并以空格或适当运算符分隔，多个检索词可使用布尔逻辑算符，在没有有限算符的情况下，系统默认从左到右运算。

（2）高级检索。单击 Espacenet 专利检索系统主页面 Advanced search 按钮，进入高级检索页面。该检索页面如图 6.1.10 所示。

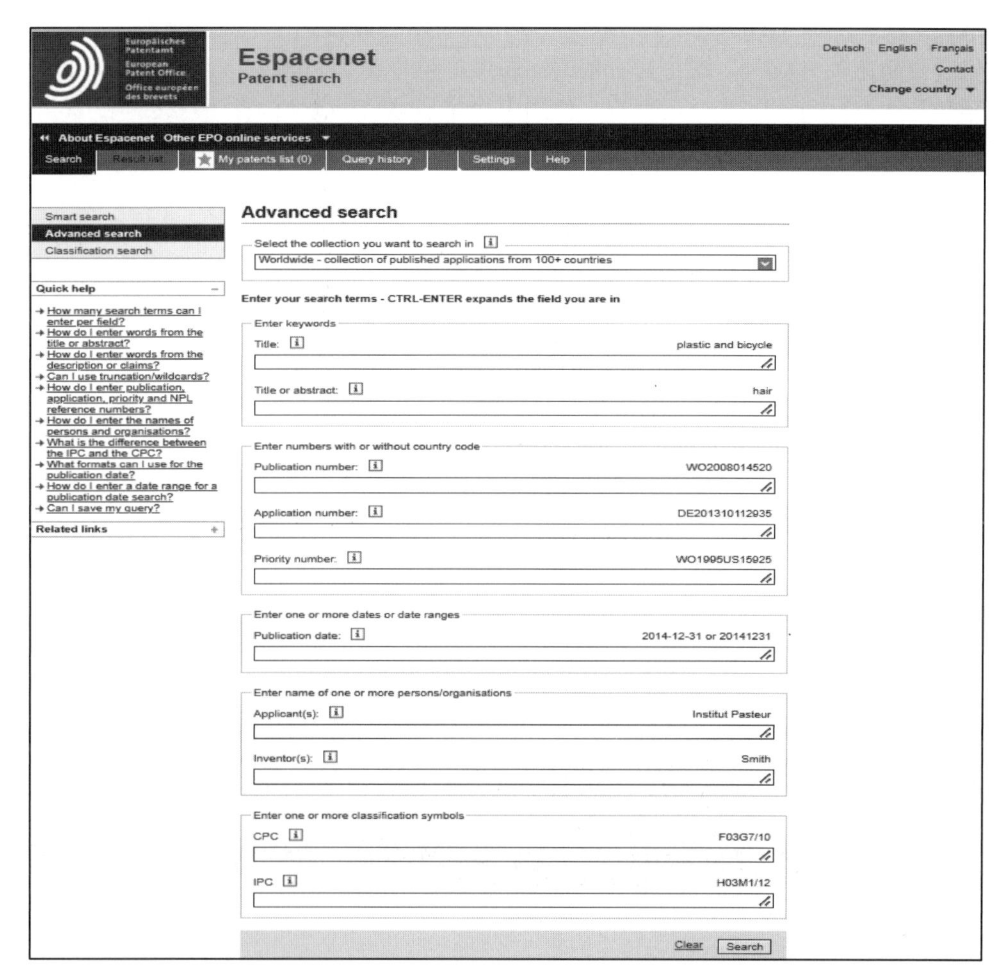

图 6.1.10 Espacenet 专利检索系统高级检索页面

Espacenet 专利检索系统高级检索的使用方法如下。

选择检索语言：在页面右上角 change country 下拉列表中包含 EPO 成员国及部分非成员国家名称，系统为这些国家提供多种检索语言。

选择数据集合：Espacenet 专利检索系统包含 4 个数据集合选项库，每一个数据库都有自己的数据收录范围。在“选择您希望在其中进行检索的集合”下拉列表中选择希望检索的专利数据库。系统默认的数据库为“Worldwide-100 多个国家已公开申请的完整集合”。

选择检索字段：系统提供 10 个检索字段，包括标题中的关键词、标题或摘要中的关键词、公开号、申请号、优先权号、公开日、申请人、发明人、联合专利分类(CPC)、IPC。这 10 个检索字段的释义可以单击查看。

输入检索词：每个检索字段中最多可输入 10 个检索词，并以空格或适当运算符分隔。检索世界数据库时将忽略特殊字符(变音符号、重音符等)。在 EPO 和 Worldwide 数据库中检索说明书和权利要求书全文时，可以用英语、德语和法语输入检索词。检索词的输入方式可以参考左侧的“快速帮助”(Quick Help)提供的内容。

确定逻辑运算或组配关系：检索时，可以使用布尔运算符 AND、OR 或 NOT 对多个检索词进行逻辑组配，以扩大/缩小检索范围。每个字段中最多可输入 3 个运算符，并且在一次检索任务中，最多输入 20 个运算符。使用多个字段联合检索时，各字段之间默认运算符为 AND。对于词组检索，则需要将词组置于双引号中，如“computer control”。使用圆括号改变运算顺序，圆括号内的内容将先被执行。

检索及浏览检索结果：单击“检索”按钮进入检索结果页面，单击某条专利的名称，即可浏览文摘和该件专利的其他内容。此外在文摘浏览页面上，系统还给用户提供了许多其他功能按钮选项，单击不同的功能按钮，可以分别查找著录数据(Bibliographic data)、说明书(Description)、权利要求(Claim)、说明书附图(Mosaics)、原始文献(Original documents)、被引文献(Cited documents)、引用文献(Citing documents)、法律状态(INPADOC legal status)、同族专利(INPADOC patent family)等。

【案例 6.1.2】 在欧洲专利局网上检索系统查找关于无人机传感器方面的专利。

步骤 1：分析检索题目，提取关键词“无人机”和“传感器”，找出对应的英文词并编写检索式 sensor AND (UAVs OR "unmanned aerial vehicles")。

步骤 2：进入欧洲专利局网上检索系统高级检索页面，在题名或摘要栏中输入已编写的检索式 sensor AND (UAVs OR "unmanned aerial vehicles")，输入检索式页面如图 6.1.11 所示。

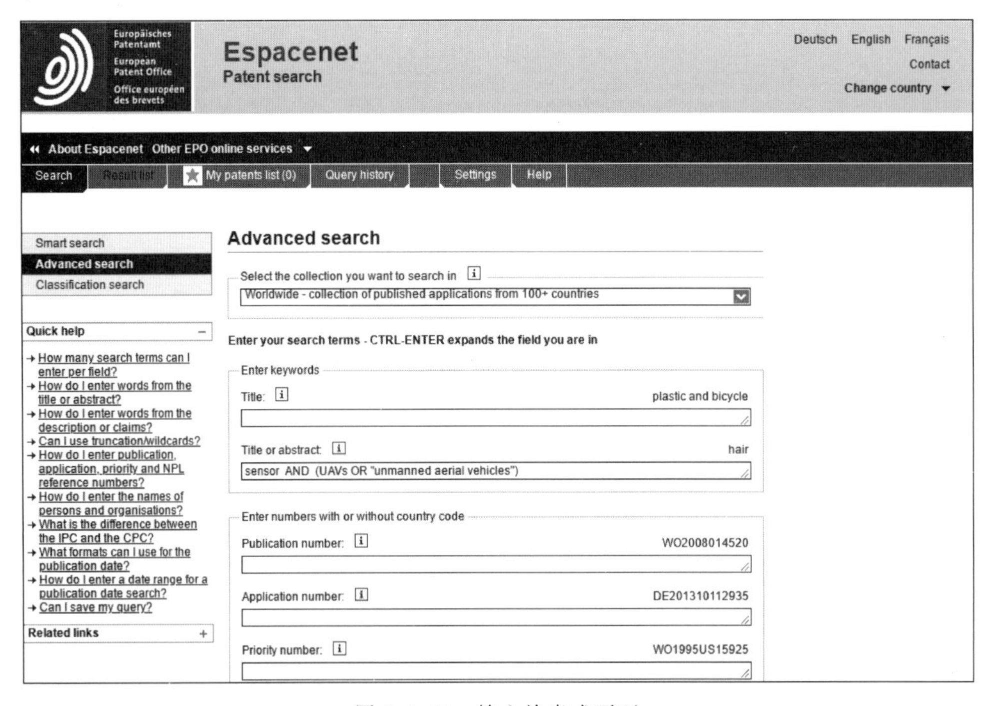

图 6.1.11 输入检索式页面

步骤 3：单击 Search 按钮，进入检索结果页面，可见共检索出 836 条结果，如图 6.1.12 所示。

步骤 4：单击其中某件专利的题名查看详细信息，如图 6.1.13 所示。

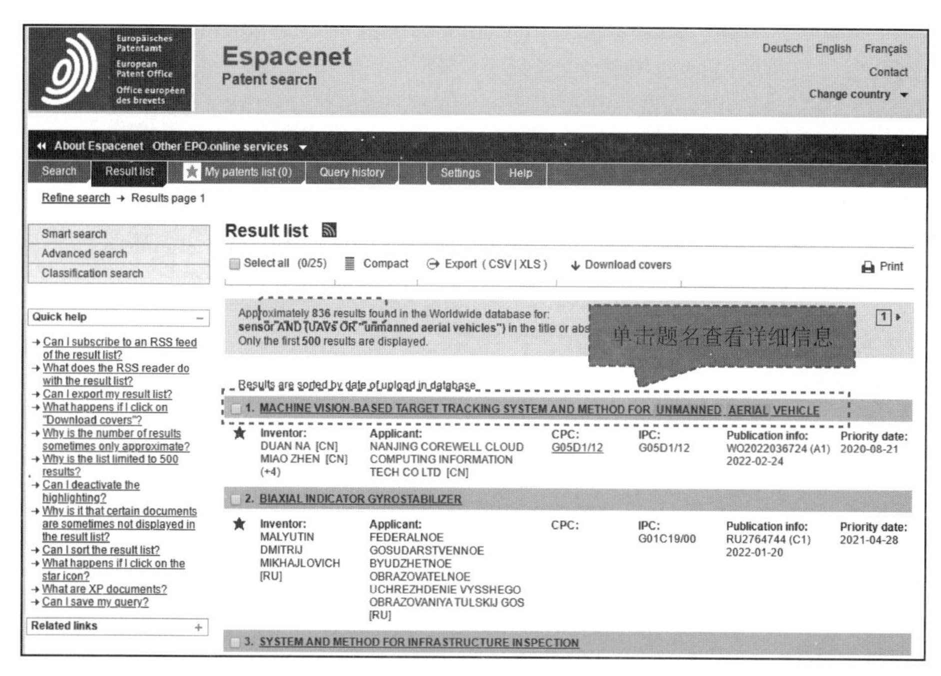

图 6.1.12　检索结果页面

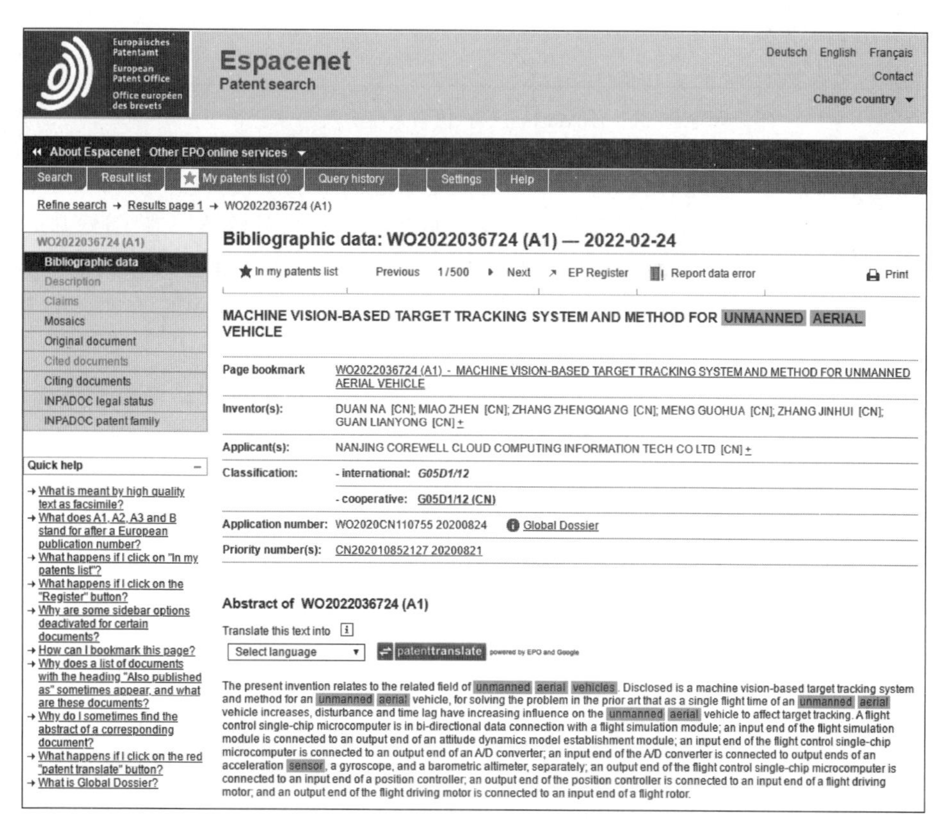

图 6.1.13　专利详细信息页面

(3) 分类检索。单击 Espacenet 专利检索系统主页面 Classification search 选项,进入分类检索页面。该检索页面如图 6.1.14 所示。

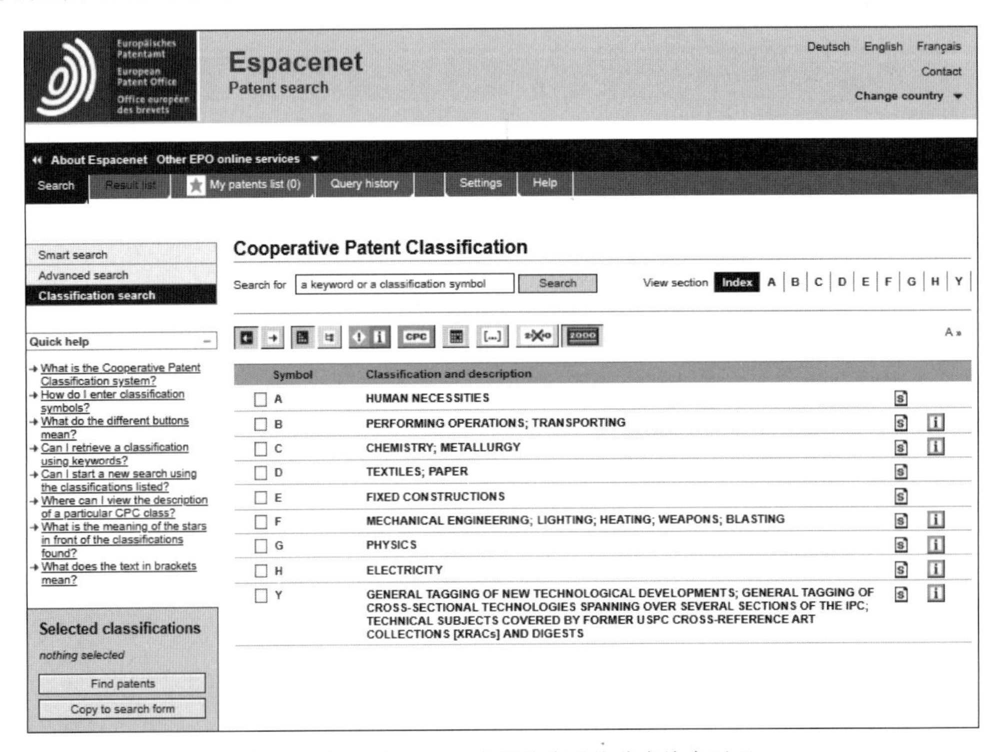

图 6.1.14 Espacenet 专利检索系统分类检索页面

按照技术内容对专利进行分类,可以更有效地管理和检索专利信息。在分类过程中,专利具有分类号,可以使用该分类号对给定技术领域进行更有效的检索。在 CPC 中,如有已知的分类号或根据关键词对文档快速检索得到了某分类号,可在检索区域输入该分类号,单击 Search 按钮,浏览该分类的具体描述。要获知某 CPC 分类是否与 IPC 有映射关系,可单击“注释”按钮或“警告信息”按钮。

通过关键字分类检索并查阅统计相关分类号的描述后,可以利用结果沿此方向继续检索。具体做法是,单击正文或分类号查看细分种类,查看具体细分种类的详细内容。

选择若干分类号,这些分类号将默认由 AND 逻辑运算符连接。单击 Find patent 按钮(查找专利),使用选中的分类号开始检索。要得到最佳检索结果,推荐结合 CPC/IPC 以及文摘中的关键词进行检索。

3. 美国专利商标局网上检索系统

1) 系统简介

美国专利与商标局(United States Patent and Trademark Office,USPTO)是美国负责专利和商标事务的非商业性行政机构,为公众提供全方位的专利和商标信息服务。目前,利用 USPTO 专利数据库可检索和浏览 1790 年以来美国发布的授权专利文献,其中 PatFT 数据库收录了 1790 年 7 月 31 日至今的美国专利,并全部免费提供说明书全文,其中 1975

年前的专利只提供图像格式(TIFF格式)专利说明书,1976年后还提供HTML格式专利全文;AppFT数据库对2000年11月9日起递交的专利申请进行公开,从2001年3月15日开始正式出版专利申请说明书,全部免费提供图像格式和HTML格式全文。收录的专利类型包括实用专利、外观设计专利、植物专利、再公告专利、防卫性公告和法定发明登记等,数据每周更新。

美国专利商标局网上检索系统的检索入口为https://patft.uspto.gov/或者https://appft.uspto.gov/,两者进入的检索界面相同。

2) 主要功能

通过检索入口进入PatFT数据库或AppFT数据库,可进行快速检索、高级检索、号码检索。

(1) 快速检索。单击PatFT页面patent下的Quick Search按钮,进入PatFT数据库的快速检索页面,如图6.1.15所示。

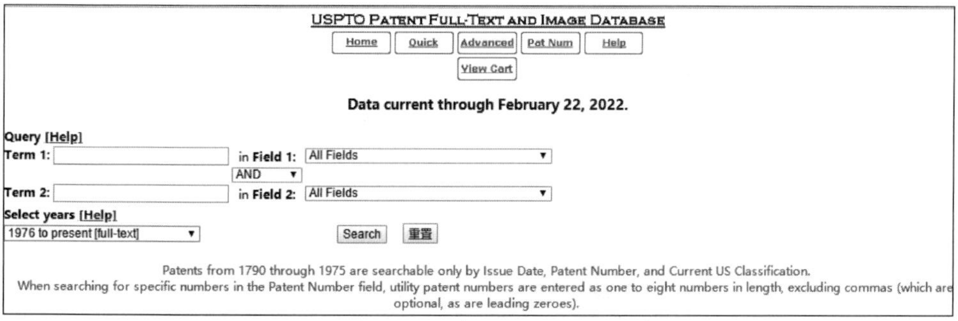

图6.1.15 PatFT数据库快速检索页面

PatFT数据库快速检索页面提供了几十种检索字段,除了基本的著录项目,还提供了美国特有的一些著录项目。快速检索提供两个入口:Term 1和Term 2,对应两个检索字段选项:Field 1和Field 2。在这两个检索字段之间有一个布尔逻辑运算符选项,逻辑运算关系包括AND、OR、NOT。在Term 2下方有一个年限选择项Select years。用户可根据需求进行选择。

AppFT数据库下的快速检索方法与PatFT数据库快速检索相关操作一致,不同之处在于数据库包含的文献有所不同。

(2) 高级检索。单击PatFT按钮,找到patent下的Advance search,进入PatFT数据库的高级检索页面,如图6.1.16所示。

进入PatFT数据库的高级检索页面,该页面有一个供输入检索表达式的文本框Query,下方有一个供选取检索年限范围的选项,下面的字段框内有多个可供检索的字段,包括字段代码和字段名的对照表。单击Field name可以查看该字段的解释及具体信息的输入方式。参考表中的字段代码(filed code),按照示例列出检索式,填在检索框中,单击Search按钮,进行检索。

AppFT数据库下的高级检索方法与PatFT数据库高级检索相关操作一致,区别之处在于数据库包含的文献有所不同。

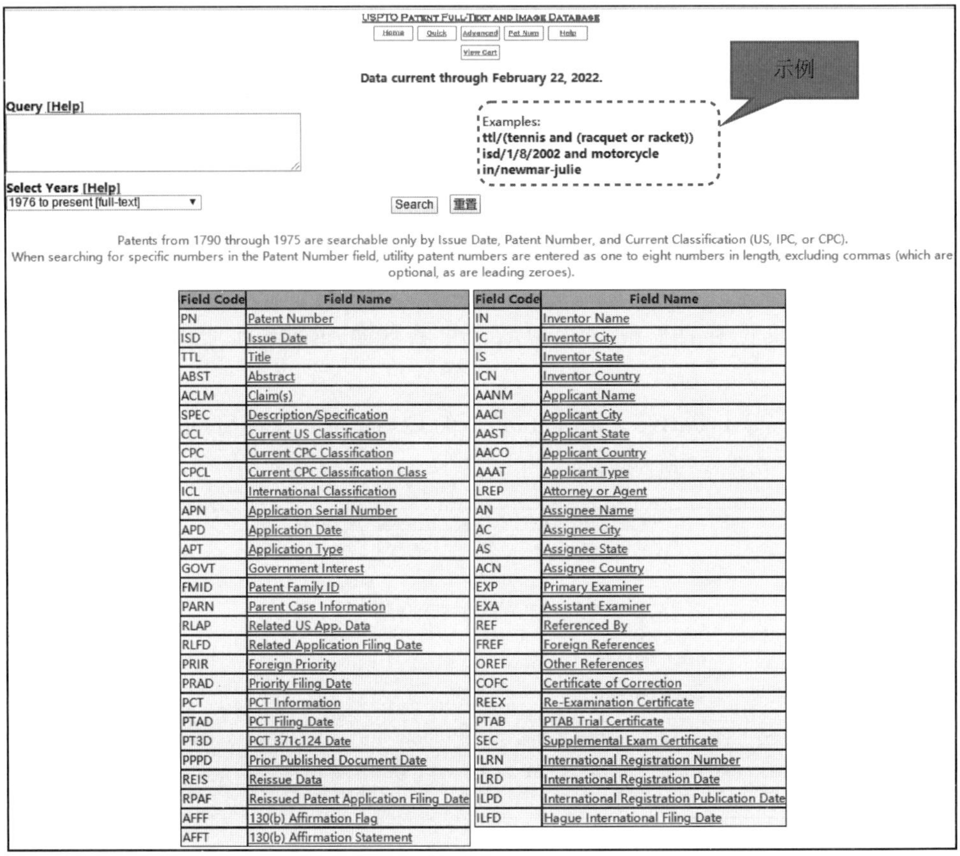

USPTO PATENT FULL-TEXT AND IMAGE DATABASE

Home | Quick | Advanced | Pat Num | Help

View Cart

Data current through February 22, 2022.

示例

Query [Help]

Examples:
ttl/(tennis and (racquet or racket))
isd/1/8/2002 and motorcycle
in/newmar-julie

Select Years [Help]
1976 to present [full-text]

Search 重置

Patents from 1790 through 1975 are searchable only by Issue Date, Patent Number, and Current Classification (US, IPC, or CPC).
When searching for specific numbers in the Patent Number field, utility patent numbers are entered as one to eight numbers in length, excluding commas (which are optional, as are leading zeroes).

Field Code	Field Name	Field Code	Field Name
PN	Patent Number	IN	Inventor Name
ISD	Issue Date	IC	Inventor City
TTL	Title	IS	Inventor State
ABST	Abstract	ICN	Inventor Country
ACLM	Claim(s)	AANM	Applicant Name
SPEC	Description/Specification	AACI	Applicant City
CCL	Current US Classification	AAST	Applicant State
CPC	Current CPC Classification	AACO	Applicant Country
CPCL	Current CPC Classification Class	AAAT	Applicant Type
ICL	International Classification	LREP	Attorney or Agent
APN	Application Serial Number	AN	Assignee Name
APD	Application Date	AC	Assignee City
APT	Application Type	AS	Assignee State
GOVT	Government Interest	ACN	Assignee Country
FMID	Patent Family ID	EXP	Primary Examiner
PARN	Parent Case Information	EXA	Assistant Examiner
RLAP	Related US App. Data	REF	Referenced By
RLFD	Related Application Filing Date	FREF	Foreign References
PRIR	Foreign Priority	OREF	Other References
PRAD	Priority Filing Date	COFC	Certificate of Correction
PCT	PCT Information	REEX	Re-Examination Certificate
PTAD	PCT Filing Date	PTAB	PTAB Trial Certificate
PT3D	PCT 371c124 Date	SEC	Supplemental Exam Certificate
PPPD	Prior Published Document Date	ILRN	International Registration Number
REIS	Reissue Data	ILRD	International Registration Date
RPAF	Reissued Patent Application Filing Date	ILPD	International Registration Publication Date
AFFF	130(b) Affirmation Flag	ILFD	Hague International Filing Date
AFFT	130(b) Affirmation Statement		

图 6.1.16　PatFT 数据库高级检索页面

(3) 号码检索。号码检索主要针对已获得明确专利文献相关号码的特定检索,用户只需要在输入框中输入相关号码即可,具体方法可参见页面下方的检索示例或查看帮助信息。PatFT 数据库号码检索页面如图 6.1.17 所示。

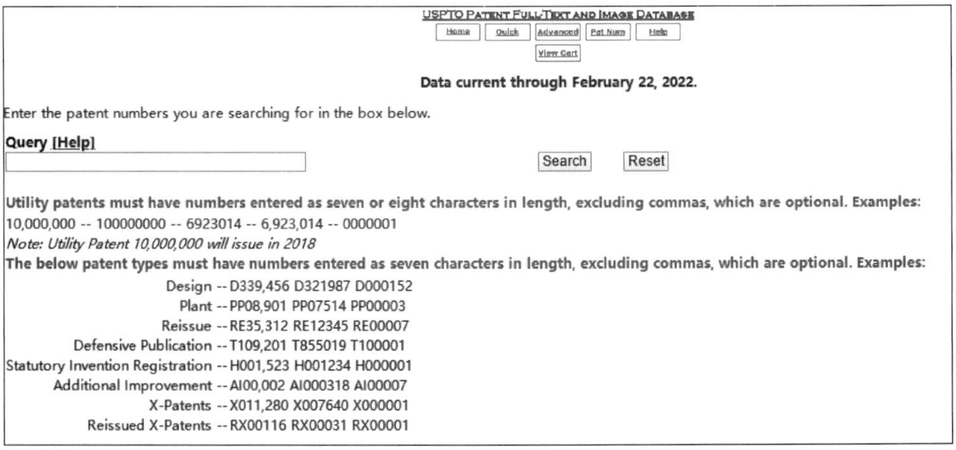

USPTO PATENT FULL-TEXT AND IMAGE DATABASE

Home | Quick | Advanced | Pat Num | Help

View Cart

Data current through February 22, 2022.

Enter the patent numbers you are searching for in the box below.

Query [Help]

Search　Reset

Utility patents must have numbers entered as seven or eight characters in length, excluding commas, which are optional. Examples:
10,000,000 -- 100000000 -- 6923014 -- 6,923,014 -- 0000001
Note: Utility Patent 10,000,000 will issue in 2018
The below patent types must have numbers entered as seven characters in length, excluding commas, which are optional. Examples:
Design -- D339,456 D321987 D000152
Plant -- PP08,901 PP07514 PP00003
Reissue -- RE35,312 RE12345 RE00007
Defensive Publication -- T109,201 T855019 T100001
Statutory Invention Registration -- H001,523 H001234 H000001
Additional Improvement -- AI00,002 AI000318 AI00007
X-Patents -- X011,280 X007640 X000001
Reissued X-Patents -- RX00116 RX00031 RX00001

图 6.1.17　PatFT 数据库号码检索页面

【案例 6.1.3】 在 USPTO 数据库中检索专利号为 US8020211 的专利,并详细浏览该专利全文。

步骤 1: 进入 USPTO 数据库网站号码检索页面,在 Query 检索框中输入"8020211",如图 6.1.18 所示。

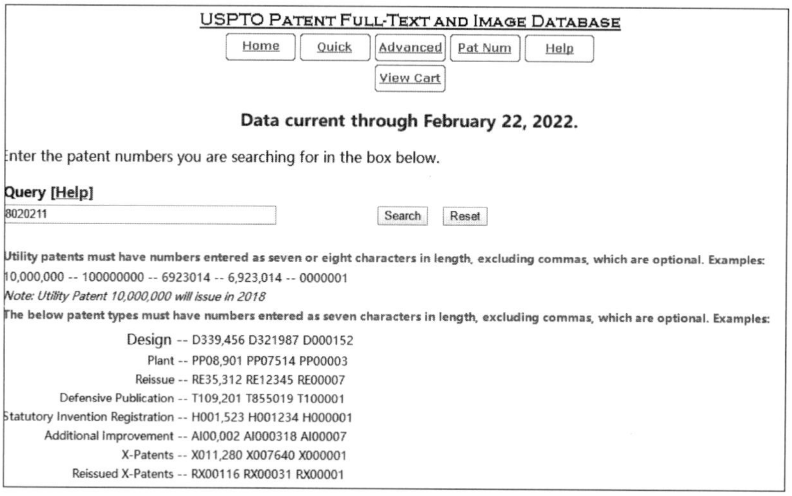

USPTO PATENT FULL-TEXT AND IMAGE DATABASE

Home | Quick | Advanced | Pat Num | Help

View Cart

Data current through February 22, 2022.

Enter the patent numbers you are searching for in the box below.

Query [Help]

8020211 Search Reset

Utility patents must have numbers entered as seven or eight characters in length, excluding commas, which are optional. Examples:
10,000,000 -- 100000000 -- 6923014 -- 6,923,014 -- 0000001
Note: Utility Patent 10,000,000 will issue in 2018
The below patent types must have numbers entered as seven characters in length, excluding commas, which are optional. Examples:

Design -- D339,456 D321987 D000152
Plant -- PP08,901 PP07514 PP00003
Reissue -- RE35,312 RE12345 RE00007
Defensive Publication -- T109,201 T855019 T100001
Statutory Invention Registration -- H001,523 H001234 H000001
Additional Improvement -- AI00,002 AI000318 AI00007
X-Patents -- X011,280 X007640 X000001
Reissued X-Patents -- RX00116 RX00031 RX00001

图 6.1.18 号码检索页面

步骤 2: 单击 Search 按钮进入检索结果页面,如图 6.1.19 所示。

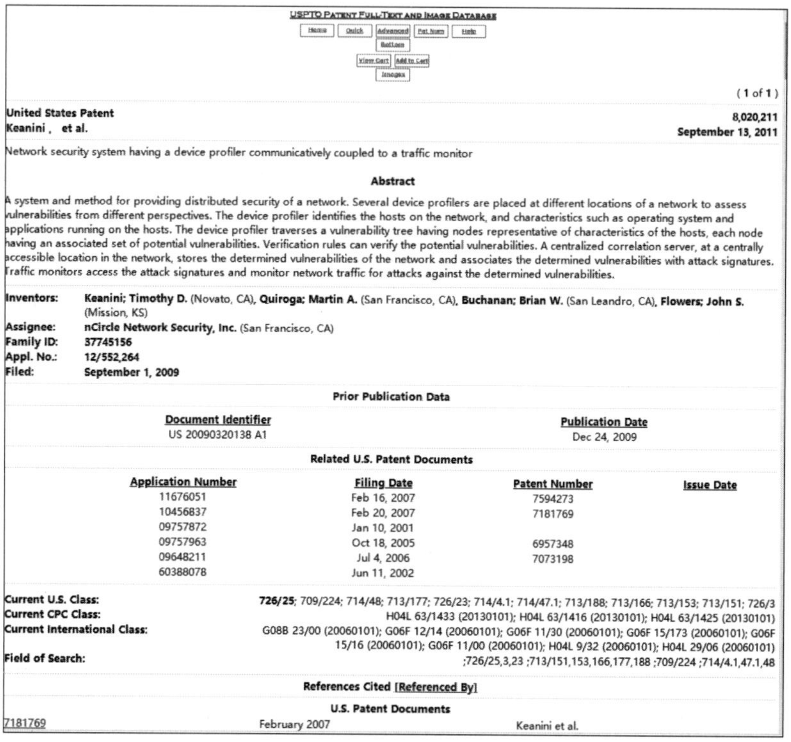

USPTO PATENT FULL-TEXT AND IMAGE DATABASE

Home | Quick | Advanced | Pat Num | Help

Bottom

View Cart | Add to Cart

Images

(1 of 1)

United States Patent **8,020,211**
Keanini , et al. **September 13, 2011**

Network security system having a device profiler communicatively coupled to a traffic monitor

Abstract

A system and method for providing distributed security of a network. Several device profilers are placed at different locations of a network to assess vulnerabilities from different perspectives. The device profiler identifies the hosts on the network, and characteristics such as operating system and applications running on the hosts. The device profiler traverses a vulnerability tree having nodes representative of characteristics of the hosts, each node having an associated set of potential vulnerabilities. Verification rules can verify the potential vulnerabilities. A centralized correlation server, at a centrally accessible location in the network, stores the determined vulnerabilities of the network and associates the determined vulnerabilities with attack signatures. Traffic monitors access the attack signatures and monitor network traffic for attacks against the determined vulnerabilities.

Inventors: **Keanini; Timothy D.** (Novato, CA), **Quiroga; Martin A.** (San Francisco, CA), **Buchanan; Brian W.** (San Leandro, CA), **Flowers; John S.** (Mission, KS)
Assignee: **nCircle Network Security, Inc.** (San Francisco, CA)
Family ID: **37745156**
Appl. No.: **12/552,264**
Filed: **September 1, 2009**

Prior Publication Data

Document Identifier	Publication Date
US 20090320138 A1	Dec 24, 2009

Related U.S. Patent Documents

Application Number	Filing Date	Patent Number	Issue Date
11676051	Feb 16, 2007	7594273	
10456837	Feb 20, 2007	7181769	
09757872	Jan 10, 2001		
09757963	Oct 18, 2005	6957348	
09648211	Jul 4, 2006	7073198	
60388078	Jun 11, 2002		

Current U.S. Class: **726/25**; 709/224; 714/48; 713/177; 726/23; 714/4.1; 714/47.1; 713/188; 713/166; 713/153; 713/151; 726/3
Current CPC Class: H04L 63/1433 (20130101); H04L 63/1416 (20130101); H04L 63/1425 (20130101)
Current International Class: G08B 23/00 (20060101); G06F 12/14 (20060101); G06F 11/30 (20060101); G06F 15/173 (20060101); G06F 15/16 (20060101); G06F 11/00 (20060101); H04L 9/32 (20060101); H04L 29/06 (20060101)
Field of Search: ;726/25,3,23 ;713/151,153,166,177,188 ;709/224 ;714/4.1,47.1,48

References Cited [Referenced By]

U.S. Patent Documents

7181769 February 2007 Keanini et al.

图 6.1.19 检索结果页面

步骤 3：单击检索结果详细页面上方的 images 选项，可以查看专利全文，包括附图、说明书、权利要求书等，专利全文页面如图 6.1.20 所示。

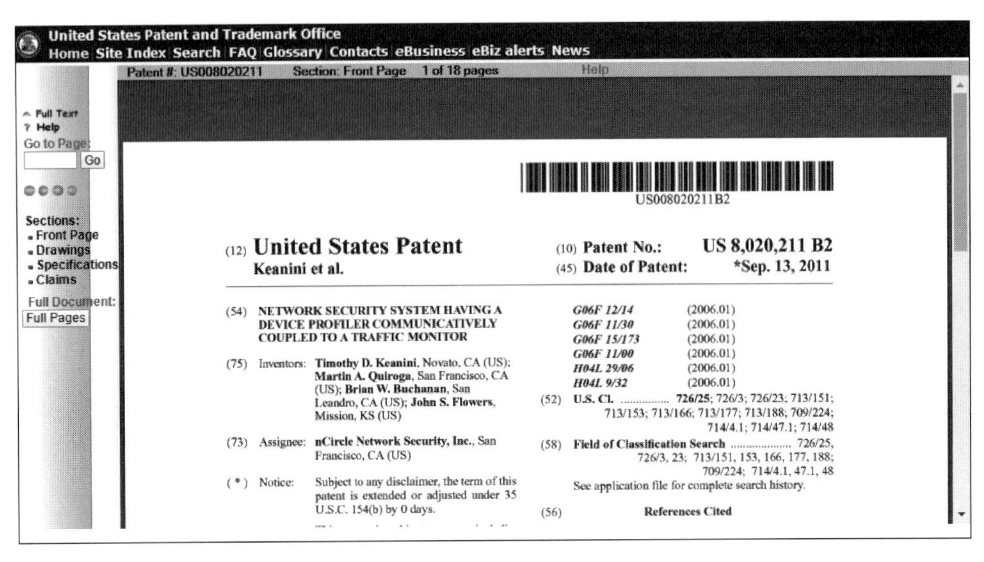

图 6.1.20　专利全文页面

6.2　标准文献检索

6.2.1　概述

1. 标准的概念

标准是对重复性事物和概念所做的统一规定，它以科学、技术和实践经验的总结为基础，经有关方面协商一致，由主管机关批准，以特定形式发布，作为共同遵守的准则和依据。

标准按照使用范围划分有国际标准、区域标准、国家标准、专业标准、地方标准、企业标准；按内容划分有基础标准、产品标准、辅助产品标准、原材料标准、方法标准；按成熟度划分有法定标准、推荐标准、试行标准、标准草案；按标准的约束性划分有强制性标准、推荐性标准。

国际标准由国际标准化组织（International Organization for Standardization，ISO）理事会审查，ISO 理事会接纳国际标准并由中央秘书处颁布；中国国家标准由国务院标准化行政主管部门制订，行业标准由国务院有关行政主管部门制订，企业生产的产品没有国家标准和行业标准的，应当制订企业标准，作为组织生产的依据，并报有关部门备案。

2. 标准文献的概念

广义的标准文献是指与标准化工作相关的一切文献，包括标准形成过程中的各种档案、宣传推广标准的手册及其他出版物、揭示报道标准文献信息的目录、索引等。狭义的标准文献是指按照规定程序制订、经公认权威机构（主管机关）批准的一整套在特定范围（领域）内必须执行的规格、规则、技术要求等规范性文献。

3. 标准文献检索工具

标准文献检索是指应用各种载体形态的检索工具，按照一定的检索方法、步骤，利用各种检索途径，根据标准信息的内外部特征，如标准名称、标准号、关键词、摘要等查找标准摘要信息和标准全文的过程。

1）国内标准文献检索工具

（1）国家标准化管理委员会网站（http://www.sac.gov.cn/）。国家标准化管理委员会网站由国家标准化委员会建设，在网站上发布标准批准公告、标准计划公告、国家标准化修改通知等标准实施、计划、修订和废止的信息，也提供国家标准目录、国家标准计划、废止国家标准目录查询等服务。

（2）全国标准信息公共服务平台（http://std.samr.gov.cn/）。全国标准信息公共服务平台是国家市场监督管理总局国家标准技术审评中心具体承担建设的公益类标准信息公共服务平台，服务对象是政府机构、国内企事业单位和社会公众，目标是成为国家标准、行业标准、地方标准、团体标准、企业标准、国际标准、国外标准等标准化信息资源统一入口，为用户提供"一站式"服务。

（3）中国标准服务网（http://www.cssn.net.cn/）。中国标准服务网（China Standard Service Network，CSSN），创建于1998年，是中国标准化研究院主办的国家级标准信息服务网站。中国标准服务网由中国标准化研究院标准信息研究所负责运营，其标准数据从政府标准化部门或标准组织直接获取。

（4）国家标准频道（http://www.chinagb.org/）。国家标准频道是一家标准专业网站，提供我国国家标准、行业标准、地方标准及国际标准、外国标准的全方位咨询服务，包括标准信息的在线查询、标准有效性的确认、标准文献翻译、标准培训、企业立标等各种相关服务。

（5）万方数据知识服务平台—中外标准数据库（https://c.wanfangdata.com.cn/standard）。中外标准数据库（China Standards Database）收录了所有中国国家标准（GB）、中国行业标准（HB）以及中外标准题录摘要数据，共计200余万条记录，其中中国国家标准全文数据内容来源于中国质检出版社，中国行业标准全文数据收录了机械、建材、地震、通信标准以及由中国质检出版社授权的部分行业标准。

（6）中国知网—标准数据总库（https://cnki-ki.net/）。中国知网标准数据总库收录包括国家标准全文、行业标准全文以及国内外标准题录数据库，共计60余万项。其中国家标准全文数据库收录了由中国标准出版社出版的，国家标准化管理委员会发布的所有国家标准；行业标准全文数据库收录了现行、废止、被代替、即将实施的行业标准；国内外标准题录数据库收录了中国以及世界上先进国家、标准化组织制订与发布的标准题录数据，共计54余万项。

2）国际标准文献信息检索工具

（1）ISO网站（https://www.iso.org）。ISO是标准化领域中的一个国际性非政府组织。ISO现有165个成员（包括国家和地区）。代表我国参加ISO的国家机构是中国国家标准化管理委员会。ISO 负责当今世界上绝大部分领域(包括军工、石油、船舶等垄断行业)的标准化活动。ISO 的任务是促进全球范围内的标准化及其有关活动,以利于国际产品与服务的交流,以及在知识、科学、技术和经济活动中发展国际间的相互合作。

ISO 网站提供有关国际标准化组织标准化活动的背景与最新消息,各技术委员会、分委员会的目录和活动,国际标准目录等多种信息服务。

(2) 世界标准服务网站(http://www.wssn.net/)。世界标准服务网是国际标准化组织推出的国际性标准信息检索网站。该网站提供一个全世界标准信息网络的互联平台,以链接的方式将各级各类标准信息网站连接在一起,形成一个统一的标准信息检索系统,只要进到了世界标准服务网就可以查到全世界各国的标准信息。在世界标准服务网中可检索到 ISO、国际电工委员会(International Electrotechnical Commission,IEC)和国际电信联盟(International Telecommunications Union,ITU)的标准网站;可以查到 64 个国家级成员的 73 个网站,如日本工业标准委员会(Japanese Industrial Standards Committee,JISC)、印度标准局(India Bureau of Standards,BIS)等;可以查到被 ISO、IEC、ITU 认可的 8 个区域性标准化机构的网站,如欧洲标准化委员会(European Committee for Standardization,CEN)、太平洋地区标准大会(Pacific Area Standards Congress,PASC)等;可以查到 41 个国际性从事标准化的组织的网站,如国际铁路联盟(International Union of Railways,UIC)、世界卫生组织(World Health Organization,WHO)等;可以查到 5 个与标准化工作相关的其他国际组织或区域性组织的网站,如世界贸易组织(World Trade Organization,WTO)等。

(3) 国际电工委员会网站(https://www.iec.ch/)。IEC 成立于 1906 年,它是世界上成立最早的国际性电工标准化机构,负责有关电气工程和电子工程领域中的国际标准化工作。IEC 的宗旨是,促进电气、电子工程领域中标准化及有关问题的国际合作,增进国际间的相互了解。IEC 标准的权威性是世界公认的。IEC 每年要在世界各地召开一百多次国际标准会议,世界各国的近 10 万名专家在参与 IEC 的标准制订、修订工作。IEC 已经有技术委员会 100 个;分技术委员会 107 个。IEC 标准在迅速增加,1963 年只有 120 个标准,截至 2018 年 12 月底,IEC 已制订发布了 10 771 个国际标准。

(4) 国际电信联盟网站(https://www.itu.int/)。ITU 成立于 1865 年,是联合国负责信息通信技术(information and communications technology,ICT)事务的专门机构,旨在促进国际上通信网络的互联互通,负责分配和管理全球无线电频谱与卫星轨道资源,制订全球电信标准,向发展中国家提供电信援助,促进全球电信发展。在该网站可按主题浏览相关标准目录,还可以从该网站中及时获得电信相关标准更新和变化的最新信息。

6.2.2 标准文献检索方法

国内外标准文献信息检索系统有很多,用户可根据需要选择合适的检索系统。现以全国标准信息公共服务平台为例,该平台公开了国家市场监督管理总局、国家标准委 2017 年 1 月 1 日前已批准发布的所有强制性国家标准、推荐性国家标准(非采标)。对国家市场监督管理总局、国家标准委自 2017 年 1 月 1 日后新发布的国家标准,在《国家标准批准发布公告》发布后 20 个工作日内公开标准文本,其中涉及采标的推荐性国家标准的公开,在遵守国际版权政策前提下进行。其中食品安全、环境保护、工程建设方面的国家标准没有纳入平台。通过该平台,可以查询国家标准相关信息,例如,制修订中的国家标准过程信息;已经发布的国家标准的全文信息;国家标准意见反馈信息;技术委员会及委员信息;还可以查询国际、行业、地方、企业、团体标准的目录信息和详细信息链接。

全国标准信息公共服务平台首页如图 6.2.1 所示。

图 6.2.1　全国标准信息公共服务平台首页

1. 国家标准查询

1) 简单检索

用户可以通过全国标准信息公共服务平台网站(网址:http://std.samr.gov.cn/)主页,在文本框中直接输入自然语言(或多个检索短语),检索字段选择“国家标准”,即可实施检索,操作便捷。

简单检索可以对检索结果进行筛选,可以在检索结果中进一步对标准性质、计划状态、标准状态、行业、区域/地方、ICS 分类等条件进行筛选。其中,筛选条件可以单选,也可以多选。

【案例 6.2.1】 在全国标准信息公共服务平台查找现行的有关“公共安全”方面的强制性国家标准。

步骤 1:输入网址 http://std.samr.gov.cn/,进入国标准信息公共服务平台网站,在检索框中输入检索词“公共安全”,检索字段选择“国家标准”,单击“检索”按钮,如图 6.2.2 所示。

步骤 2:进入检索结果页面,可见经过初步检索有关“国家安全”方面的国家标准有 24 个,如图 6.2.3 所示。在页面左侧进行二次筛选,根据要求,标准的性质选择“强制性”选项,标准状态选择“现行”选项,进行检索。

步骤 3:经过二次筛选后,检索显示满足条件的检索结果有 2 条,如图 6.2.4 所示。单击其中一条标准的标题,即可查看该标准的详细信息。

2) 高级检索

当遇到某些筛选条件较多的检索,可以利用高级检索方式,这种方式检索结果冗余少,命中率高。

图 6.2.2　检索页面

图 6.2.3　筛选结果页面

打开全国标准信息公共服务平台网站主页，单击“高级检索”按钮，直接进入高级检索页面。高级检索可以对标准类别、标准属性、标准号、标准状态等信息进行精确限定。

例如，按照【案例 6.2.1】中的检索条件，直接把检索词输入到对应的检索框中，如图 6.2.5 所示。

通过高级检索也可以得到与【案例 6.2.1】相同的检索结果。

2. 行业标准和地方标准查询

行业标准和地方标准查询可以按照与国家标准相同的检索方法，不管是简单检索或高级检索，只需要在检索时限定标准类型为“行业标准”或“地方标准”即可。这种方法可以得到检索结果的相关信息，但不能浏览或下载标准全文。

图 6.2.4　二次检索结果页面

国家标准高级检索 收起条件
National Standard Advanced Query

检索类别 Query Type：◉ 国家标准 ○ 国家标准计划 ○ 行业标准 ○ 地方标准

标准属性 Standard Attribute：强制性　标准类别(Standard Sort)

国家标准号 Standard No. of China　　计划编号 Plan No. of China

标准状态 Standard Status：○ 全部 ◉ 现行 ○ 即将实施 ○ 被代替 ○ 废止　　被代替国标号 Replaced Standard No.

主管部门 Governor Code：--请选择--　　归口单位 Technical Committees：--请选择--

中文标准名称 Standard Title in Chinese：公共安全

英文标准名称 Standard Title in English

发布日期 Issuance Date：从(From) ~ 到(To)　　实施日期 Execute Date：从(From) ~ 到(To)

国际标准分类号 ICS　　中国标准分类号 CCS

起草单位 Drafting Committee

采用国际标准 Adopted INT Standard：采标号　采用国际标准类别　采用程度

提交(Submit)　重置(Reset)

图 6.2.5　高级检索页面

对于行业标准和地方标准，也可在全国标准信息公共服务平台首页单击“行业标准”选项进入“行业标准信息服务平台”，单击“地方标准”选项进入“地方标准信息服务平台”检索。可以通过备案号、标准号或标准名称进行查询，同时可以对主管部门、行业领域、省市区及备案日期进行筛选。部分检索结果可以提供 PDF 版的标准下载。行业标准和地方标准查询页面如图 6.2.6 和图 6.2.7 所示。

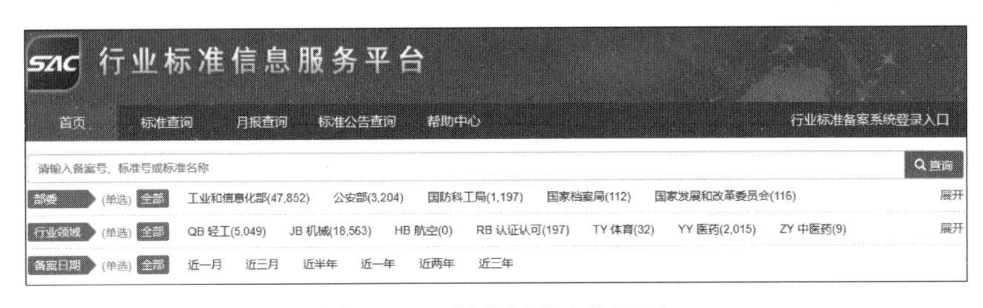

图 6.2.6　行业标准查询页面

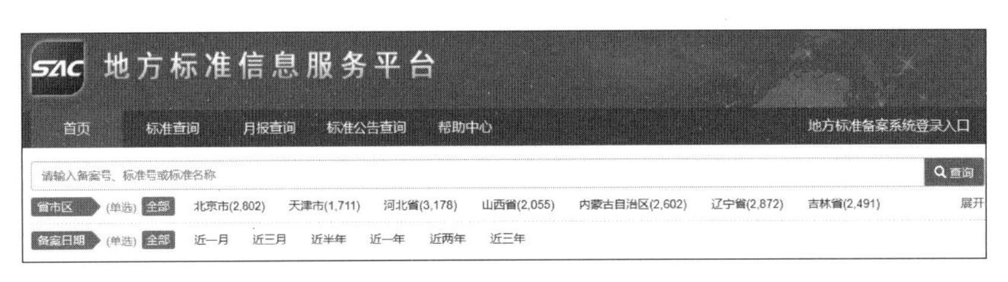

图 6.2.7　地方标准查询页面

3. 团体标准查询

通过全国标准信息公共服务平台进入“全国团体标准信息服务平台”可查询团体标准，检索字段有标准编号、标准名称。团体标准的简单检索页面如图 6.2.8 所示。

图 6.2.8　团体标准的简单检索页面

全国团体标准信息服务平台也提供了高级检索方式，高级检索可以对团体编号、团体名称、标准状态等信息进行精确限定。团体标准的高级检索页面如图 6.2.9 所示。

图 6.2.9　团体标准的高级检索页面

4. 企业标准查询

通过全国标准信息公共服务平台进入“企业标准信息公共服务平台”，单击“信息查询”按钮进入企业标准检索页面，在检索框输入关键词即可检索，可以进一步对标准类型、标准状态、地区等信息进行筛选。企业标准信息查询页面如图 6.2.10 所示。

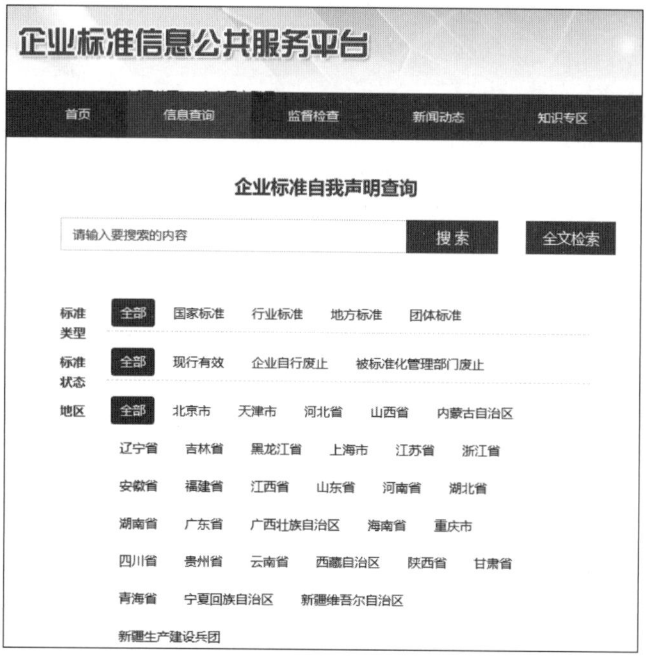

图 6.2.10　企业标准信息查询页面

5. 国际国外标准查询

查询国际国外标准，全国标准信息公共服务平台提供了简单检索方式，提供的检索字段有 ISO、IEC、DIN、AFNOR 等，国际国外标准检索页面如图 6.2.11 所示。

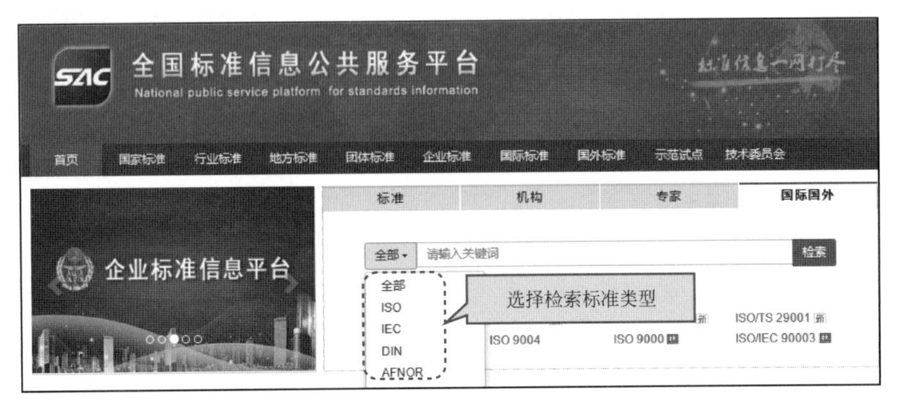

图 6.2.11　国际国外标准检索页面

如果需要缩小检索范围，可以在检索结果中进一步对标准类型、标准状态、ICS 分类等进行二次筛选。其中，筛选条件可以单选，也可以多选，检索结果筛选页面如图 6.2.12 所示。

图 6.2.12　国际国外标准检索结果筛选页面

6.3 数据检索

6.3.1 概述

1. 数据与数据资源的概念

数据是信息的一种表现形式。从广义上理解，数据包括符号、文字、数字、语音、图像、视频等形式的内容；狭义的数据指以数值为核心的数据。

数据存在于科学研究、设计、生产管理及日常生活等各个领域中，用来描述事物的数字、字母、符号、图表、图形或其他模拟量，如实验数据、观测数据与统计数据等。它包含所需要的信息，能够进行计算、统计、传输及处理。

数据资源是指能够被人们利用的数据。世界上海量的数据资源，来源不同、形式多样、用途各异，一般认为只有能用于解决问题的数据才成为数据资源。数据资源的价值与使用主题、使用场景密切相关，有些数据资源具有时效性。

2. 数据的获取渠道

在互联网普及之前，获取数据信息的主要渠道是印刷版的年鉴。年鉴是全面、系统、准确地汇集某一年度或多个年度事物发展状况的资料性工具书，其中统计年鉴主要收录具体领域宏观层面的统计数据。随着信息时代的来临，互联网的普及，为方便用户的获取和使用，有些印刷版的年鉴有了电子版。但统计年鉴提供的数据规模、力度、更新受限，非结构化的数据不利于用户检索和处理，在一定程度上影响了统计数据的推广利用和价值实现。目前一些政府统计部门的数据平台、数据开放平台、统计数据库和互联网企业的指数平台等为用户提供了易于检索和使用的渠道。

1）政府统计部门的数据平台

国内外政府统计部门通过互联网提供数据查询服务，有些平台还具有数据分析、数据可视化等功能。我国政府的统计数据编撰与发布平台主体有国家统计局（http://www.stats.gov.cn/）、各省市统计局、政府各部委统计部门等。

2）数据开放平台

数据开放平台是获取数据资源的一条重要渠道。目前各国政府、国际组织、科研机构、行业组织、企业等都在积极参与并推动数据开放运动，通过数据开放平台向公众开放数据。

（1）政府数据开放平台。我国的政府数据开放平台建设还处于初期探索阶段，目前我国部分省（自治区、直辖市）、市地方政府通过政府数据开放平台向公众开放数据。如北京市公共数据开放平台（https://data.beijing.gov.cn）、上海政府数据服务网（http://www.datashanghai.gov.cn）、浙江政务服务网（http://data.zjzwfw.gov.cn）、深圳市政府数据开放平台（http://opendata.sz.gov.cn/）等。数据开放的范围包括财税金融、工农业生产、交通运输、科技创新、医疗卫生、生活服务、生态环境等诸多方面，涉及绝大多数政府部门。

其他国家政府也有各自的数据开放平台，如美国健康数据平台（https://healthdata.gov）、英国数据开放平台（https://data.gov.uk）、加拿大数据开放平台（http://open.canada.ca）等。

（2）国际组织数据开放平台。一些国际组织也提供开放数据，有专门的数据开放平台向全球用户提供免费的数据服务。如联合国数据开放平台（http://data.un.org）、世界银行公开数据（https://data.worldbank.org.cn）、国际货币基金组织（https://www.imf.org/data）、经济合作与发展组织（https://data.oecd.org）等。

（3）企业数据开放平台。一些大型互联网企业也提供开放数据，如阿里巴巴、腾讯、百度、京东等企业因业务需要和网络安全考量主动提供开放数据调用接口，用户通过企业提供的API接口应用搜索引擎就可获取开放数据。有的企业数据开放是主要业务内容或组成部分，随着企业业务的开放，任何人都可以免费获取这些数据，如地图导航的交通数据、电商网站的价格数据等。

3）统计数据库

统计数据库作为专业化商业性的统计数据平台，在统计数据的规模、质量、相关工具、用户体验方面有很大的优势。常见的统计数据库如CSMAR数据库（http://www.gtarsc.com）、CEIC数据库（https://www.ceicdata.com）、EPS数据库（http://olap.epsnet.com.cn）、中经网统计数据库（http://db.cei.cn）等。

4）互联网企业的指数平台

一些互联网企业在运营过程中积累了大量数据，基于这些大数据资源，向公众推出大数据产品，一般命名为“某某指数”。例如，百度基于用户的搜索行为数据，结合用户注册数据、系统索引数据等其他来源数据推出的百度指数（http://index.baidu.com）、腾讯基于微信大数据推出的微信指数、新浪基于微博用户数据、行为数据、内容数据推出的微指数等。

6.3.2 数据检索平台

数据检索的平台有很多，本节主要介绍三个有代表性的数据检索平台，国务院发展研究中心信息网（国研网）、EPS数据平台、世界银行。

1. 国务院发展研究中心信息网（国研网）

1）资源介绍

国务院发展研究中心信息网（简称“国研网”）创建于1998年3月，国研网是国务院发展研究中心主管、北京国研网信息股份有限公司承办的著名的大型经济类专业网站。

国研网数据库（教育版）网址：http://edu.drcnet.com.cn。

“国研网教育版”是国研网针对高校用户设计的专版，旨在以“专业性、权威性、前瞻性、指导性和包容性”为原则，全面汇集、整合国内外经济、金融和教育领域的前沿信息和研究成果，为全国各高等院校的管理者、师生和研究机构提供高端的决策和研究参考信息。它由专题文献库、研究报告库、统计数据库、专家库四大数据库集群组成。

“专题文献库”是国研网基于与国内外知名研究机构、财经媒体、专家学者合作取得的信息资源，进行数字化管理和开发而形成的内容丰富、检索便捷、功能齐全的大型经济信息数据库集群，致力于从经济、金融、行业、教育等方面多角度、全方位地提供有价值的参考信息。表6.3.1列出了专题文献库包含的子数据库资源。

表6.3.1 国研网专题文献库子数据库资源列表

数据库名称	子数据库资源
专题文献库	《国研视点》《宏观经济》《金融中国》《行业经济》《区域经济》《企业胜经》《世经评论》《教育参考》《国情民生》《领导讲话》《宏观调控》《创新发展》《体制改革》《财政税收》《国际贸易》《跨国投资》《法治中国》《乡村振兴》《资源环境》《智慧城市》《新型城镇化》《市场与物价》《社会保障》《人口与发展》《国内政府管理创新》《国外政府管理借鉴》《关注十四五》《一带一路》《长江经济带》《京津冀协同发展》《经济形势分析报告》《发展规划报告》《政府工作报告》《政府统计公报》等

“统计数据库”是国研网依托自身资源、技术、专业优势，广泛采集国内外政府、权威机构发布的各类经济和社会发展统计数据，通过专业化加工处理，按照科学的指标统计结构体系组织而成的大型数据库集群，是国内最为全面、系统、科学、权威的统计数据库之一，也是投资、决策和学术研究的有力助手。“国研网统计数据库”由宏观经济数据库、区域经济数据库、重点行业数据库、世界经济数据库四大系列组成。表 6.3.2 列出了国研网统计数据库的系列数据库及其子库资源。

表 6.3.2　国研网统计数据库子数据库资源列表

数据库名称	子数据库资源	
统计数据库	宏观经济数据库	宏观经济、对外贸易、金融统计、工业统计、产品产量、国民经济核算、固定资产投资、资源环境、教育统计、人口与就业、居民生活、国有资产管理、价格统计、财政与税收、城乡建设
	区域经济数据库	省级数据、市级数据、县级数据
	重点行业数据库	信息产业、石油化工、医药行业、卫生行业、钢铁行业、有色金属、交通运输、机械工业、汽车工业、轻工行业、科学技术、旅游行业、能源工业、农林牧渔、纺织工业、建材工业、房地产业、建筑行业、批发零售、住宿餐饮、文化产业
	世界经济数据库	IMF、WorldBank、WTO、OECD、ADB、EuroArea、APEC、ASEAN、世界教育、世界科技、世界文化、世界邮政、世界卫生、世界能源、联合国 MBS

“研究报告数据库”通过持续跟踪、分析国内外宏观经济、金融和重点行业基本运行态势、发展趋势，准确解读相关政策趋势和影响，及时研究各领域热点，重点问题，为客户提供经济、金融、行业研究和战略决策需要的高端信息产品，具体涉及宏观综合、金融行业、能源资源、传统制造、服务业、战略新兴六大类 58 个细分领域，其中周评(36 种)、月报(31 种)、季报(25 种)、年报(58 种)、热点报告(33 种)。

“专家库”提供国务院发展研究中心近 200 位专家的介绍、调研报告、学术论文、著作文献信息，并利用大数据、可视化技术展示专家研究领域、学术关系、发文趋势、发文渠道等信息，是用户了解国务院发展研究中心专家团队、研究领域、研究成果的重要窗口。

2）数据检索

国研网(教育版)首页如图 6.3.1 所示。

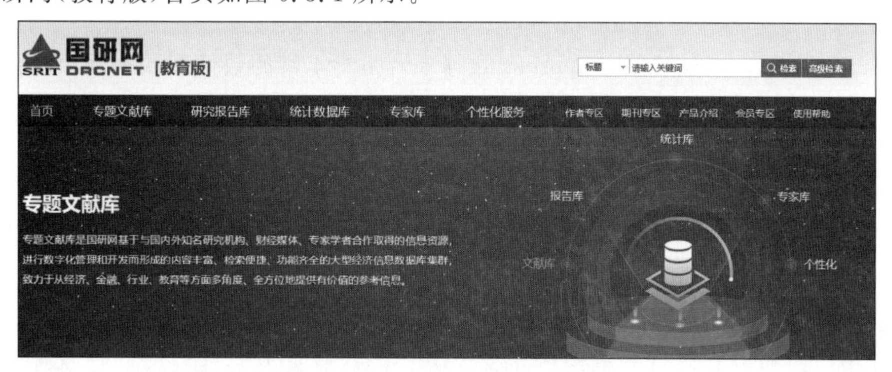

图 6.3.1　国研网(教育版)首页

以国研网(教育版)统计数据库为例。单击首页“统计数据库”选项,进入统计数据库检索页面,如图 6.3.2 所示。

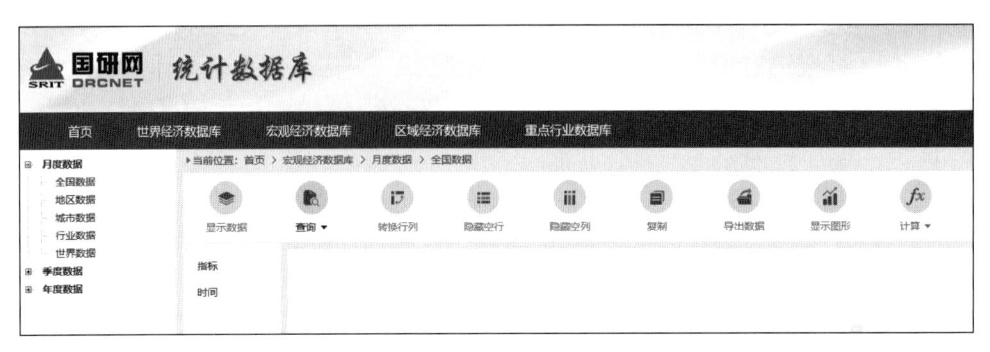

图 6.3.2　国研网统计数据库检索页面

在国研网统计数据库查找数据一般要进行以下步骤。

(1) 选择数据库。选择数据库有两种方式。一种方式是直接选择数据库,如果知道所要查找的数据在哪个数据库,可通过从首页直接进入该数据库的方式进行查询;另一种方式是使用数据检索功能,如果不知道所要查找的数据在哪个数据库,可通过首页的数据检索功能进行检索,选择全部数据库,将遍历所有数据库进行检索。

(2) 查找参数。查找参数也可通过两种方式。一种是直接选择参数:进入数据库后,选择时间、地区、指标等参数,通过单击“显示数据”按钮,可显示查询结果;另一种是使用参数查询功能:通过数据库页的参数查询功能,列出该库中与所查指标相关的指标,选择自己需要的指标,选择完参数后,单击“搜索”按钮,可显示查询结果。

(3) 显示数据表。通过第一步中数据库首页的数据检索功能,以及第二步选择完参数后,单击功能按钮“显示数据”,可得到数据表。

(4) 调整数据表。用户根据需要可对数据表进行转换行列、隐藏空行、隐藏空列等调整。

(5) 导出数据表。单击功能按钮“导出数据”可以将数据表打开或保存到 Excel 中。

2. EPS 数据平台

1) 资源简介

EPS(Express Professional Superior)数据平台是集丰富的数值型数据资源和强大的分析预测系统为一体的覆盖多学科、面向多领域的综合性统计数据与分析平台。

数据库网址:https://www.epsnet.com.cn。

EPS 数据平台拥有 9 个研究系列,包含 93 个数据库,超过 15 亿条时间序列,数据总量超 80 亿条。并集成了数据处理、建模分析、可视化展现等强大系统功能,可为高等院校、科研院所、金融机构、政府部门、企事业单位的教学、科研、投资与决策提供强有力的数据支持。EPS 数据来源于国家统计局、财政部、中国人民银行、中国海关、人力资源和社会保障部、联合国统计司(署)和世界银行等机构。涉及经济、贸易、教育卫生、能源、工业、农业、第三产业、金融、科技、房地产、区域经济、财政、税收等众多领域,可以为教育系统、科研机构、政府部门、金融系统的教学科研、实证投资提供强有力的数据支持。

2）主要功能

EPS 数据平台提供两种检索模式：跨库检索及库内检索。

（1）跨库检索：登录 EPS 数据平台后，在页面的上部有一个快速检索框，如图 6.3.3 所示。用户可根据需求在检索框中输入要检索的指标名称或者关键词。系统会在平台上全部数据库中搜索包含此关键词的指标并同时显示搜索结果。

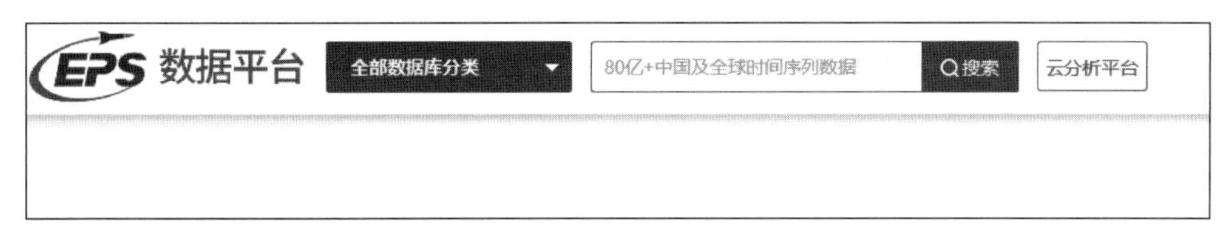

图 6.3.3　EPS 数据平台首页

【案例 6.3.1】　利用 EPS 数据平台查询近年我国普通高校研究生招生数。

步骤 1：登录 EPS 数据平台，在快速检索框中输入检索词“普通高校研究生招生数”，单击“检索”按钮。

步骤 2：进入检索结果页面，可见系统检索出 3 条包含“普通高校研究生招生数”的统计指标，如图 6.3.4 所示。

EPS DATA
普通高校研究生招生数
在线咨询 | English

频度
年度 (3)
最新时间
2020 (1)
2016 (1)
2015 (1)
区域
全国 (3)
数据来源
中国第三产业统计年鉴 (1)
中国统计年鉴 (1)
中国教育统计年鉴 (1)

已选 0 条指标　*注意请选择同一个数据库条目来显示数据　显示数据

指标名称	区域	频度	起止时间	统计部门
中国宏观经济数据库--年度（全国）				
普通高校研究生招生数（人）	全国	年度	2004~2016	中国国家统计局
中国教育数据库--年度（全国）				
普通高校研究生招生数（人）	全国	年度	1987~2020	中国教育部
中国第三产业数据库--年度（全国及港澳台）				
普通高校研究生招生数（人）	全国	年度	2005~2015	中国国家统计局

图 6.3.4　检索结果页面

步骤 3：勾选时间较近的指标名称“中国教育数据库——年度（全国）”，再单击“显示数据”按钮后，系统会自动跳转至“中国教育数据库——年度（全国）数据库”，并显示近年普通高校研究生招生数据，如图 6.3.5 所示。

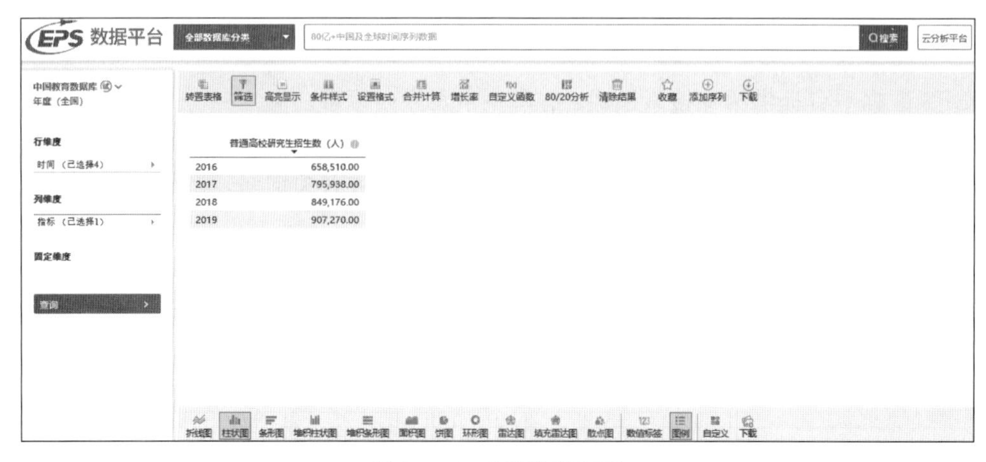

图 6.3.5　显示数据页面

(2) 库内检索：EPS 数据平台已开通 93 个数据库。用户登录平台后，可以在界面的左端进入相应的数据库进行指标检索。

仍以【案例 6.3.1】为例，采用库内检索方式检索。

【检索步骤】

步骤 1：在全部分类数据库下，选择“中国教育数据库”，如图 6.3.6 所示。

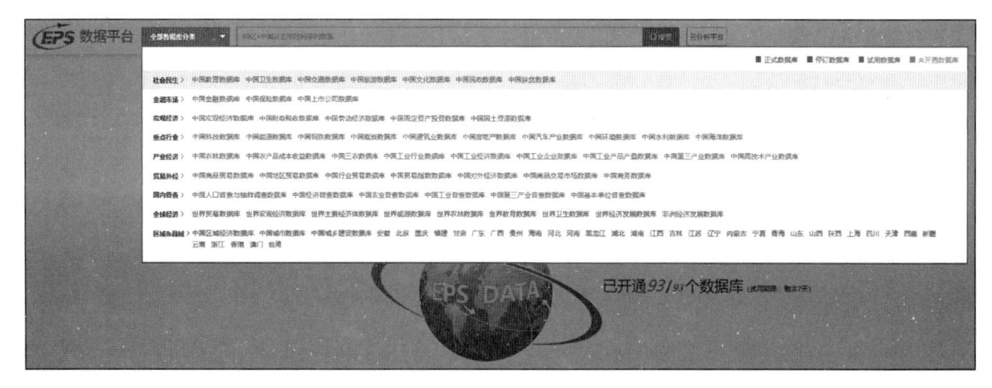

图 6.3.6　EPS 数据平台——中国教育数据库页面

步骤 2：进入“中国教育数据库——年度(全国)”，在“指标”维度框内进行选择。根据检索条件在“行维度”(指标)选择“高等教育—分部门、分计划研究生数(普通高校)—总计—普通高校研究生招生数”选项，单击“确定”按钮；在列维度(时间)勾选“2016/2017/2018/2019”选项，单击“确定”按钮，如图 6.3.7 所示。

步骤 3：单击“查询”按钮，可见近 4 年普通高校研究生招生数据。页面与图 6.3.5 所示相同。

EPS 数据平台显示的数据有多种显示格式，同时有计算、收藏、下载等功能供用户使用。还可根据选取数据的类型有多种统计图形选择，如饼图、柱图、折线图、面积图、雷达图，并通过功能按钮设置添加标注、添加图例，显示图形坐标，输出相应图表。

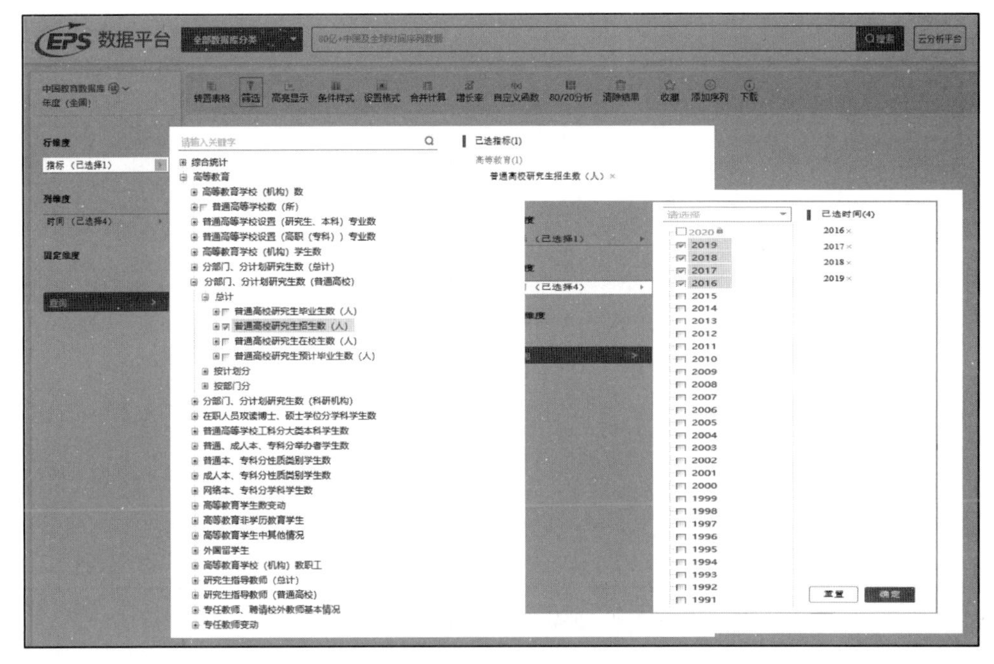

图 6.3.7　EPS 数据平台数据查询与结果显示页面

3. 世界银行

1）资源简介

世界银行(World Bank)由国际复兴开发银行、国际开发协会、国际金融公司、多边投资担保机构和解决投资争端国际中心 5 个成员机构组成，总部设在美国华盛顿。

为了实现知识的免费分享，世界银行免费公开了全球各国有关发展的全面数据，以及在数据目录中列出的其他数据集。通过让更多人掌握这些数据，决策者和团体就可以做出更为明智的决定，更精确地衡量改善情况。这些数据也是记者、学者等研究问题的有力工具，可以增进研究者对全球问题的理解。

世界银行网页提供英语、西班牙语、法语、阿拉伯语和中文的显示支持。用户可以按照国家、专题、指标、数据目录、微数据、博客等类目来进行浏览，也可以通过 API 访问数据。世界用户数据指标包括健康、公共部门、农业与农村发展、城市发展、基础设施、外债、性别、援助效率、教育、气候变化、环境、社会保护与劳动力、社会发展、私营部门、科学技术、经济与增长、能源与矿产、贫困、贸易、金融部门等。世界银行中文版主页如图 6.3.8 所示。

2）主要功能

(1) 数据搜索。搜索数据最简便的方式是使用页面上端的搜索框，如图 6.3.9 所示。

在世界银行数据检索页面，用户可搜索指标名称、国家和主题。输入关键词，搜索框将显示所匹配的结果列表；只需选择其中一项，就会立即显示结果。用户可查看不同指标和

图 6.3.8　世界银行数据库中文版首页

图 6.3.9　世界银行数据检索页面

国家的组合或通过在搜索框中添加项目来查看多个国家的指标，但一次只能显示一个指标。单击搜索框右侧的主页图标即可重新开始。用户还可以在网站菜单栏中浏览国家、主题和指标列表。

（2）数据下载。数据网页允许用户打包下载所有显示的数据。国家页面提供一个国家所有年份的所有数据；主题页面提供该主题所有国家和年份的每个指标；指标页面提供所有国家所有年份的数据。如果用户希望在桌面应用中使用数据，如 Excel，这个选项非常方便。在任何页面主图表右侧或下方可找到“下载”按钮。

3）其他数据资源及功能

世界银行除了公开数据可查询，还包含更多具有特殊功能的数据资源供用户使用。更多资源显示如图 6.3.10 所示。

世界银行的数据银行中包括涵盖大量时间序列的数据。数据银行还具有一些高级功

图 6.3.10　世界银行更多资源显示页面

能，能够选择和细分数据集、进行定制查询和数据下载、创建图表和其他可视化效果。

世界银行微数据图书馆为查阅通过对住户、企业及其他设施的抽样调查收集的微数据提供了便利。这些微数据提供了关于发展中国家的居民及其制度、环境、社区和经济运行方面的信息。其中许多数据集作为公开数据可供查阅，可以查看每个数据集的相关使用条件。

世界银行的数据目录列出了世界银行发布的数据和数据集的完整清单。目录囊括了数据银行中的所有数据集以及许多其他有用的数据集，包括一些调查所得的地方数据和原始数据。下载数据集非常方便，也可以借助数据银行的查询工具或数据集专门的定制工具访问数据集。

除此之外，世界银行数据库还有更多资源可获得数据。

【案例 6.3.2】 在世界银行网站中查询，2020 年中国 0～14 岁的人口（占总人口的百分比）是多少？

步骤 1：进入世界银行数据检索页面，单击“指标”按钮，进入指标选择页面，如图 6.3.11 所示。

图 6.3.11　世界银行数据库指标选择页面

步骤 2：在专题指标栏目下找到“健康”-“卫生健康统计”，选择指标“0～14 岁的人口（占总人口的百分比）”，并单击该指标。

步骤 3：进入数据检索结果页面，如图 6.3.12 所示。可见中国 2020 年“0～14 岁的人口（占总人口的百分比）”为 18%。

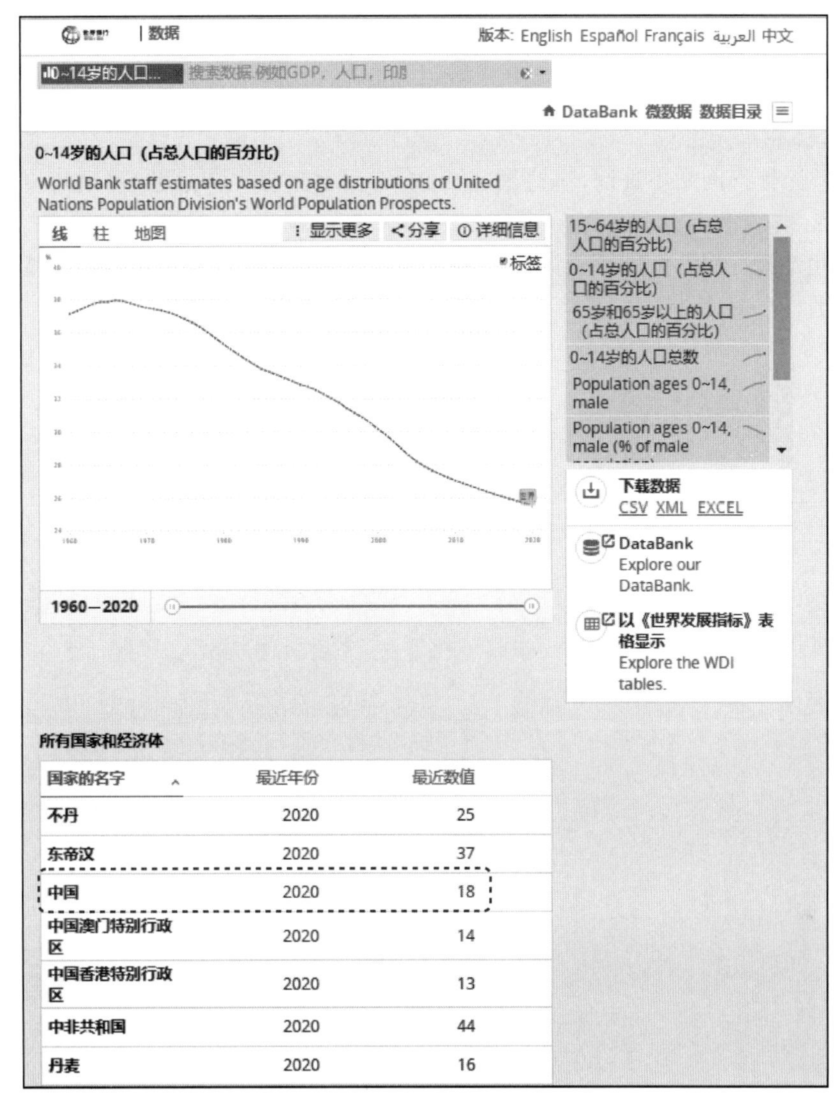

图 6.3.12 检索结果显示页面

思考与练习题

1. 在国家知识产权局专利检索及分析系统检索一项关于“扫地机器人中的感测技术”的专利，并选择其中一条，摘录其专利名称和专利号。

2. 简述在 Espacenet 系统中如何搜索申请人或发明人的国家/地区。

3. 日本从 20 世纪 70 年代起就开始垃圾分类，目前被公认为世界上垃圾分类最成功的国家。请在欧洲专利局网站上检索关于垃圾分类装置的日本专利，并回答检索到的最早公开的专利的优先权日是哪天？

4. 简述中国国家标准化管理委员会网站的全文公开系统提供哪几种检索路径。

5. 在EPS数据平台的第三产业数据库中检索2020年公安机关查处的毒品违法活动案件有多少起。

6. 在EPS数据平台中查找2016—2020年期间国内航线数量(不包含港澳台)同比增长率最低的是哪一年。

7. 在世界银行网站中查询,哪些国家2020年公共教育支持总数(占政府支出的比例)高于10%。

8. 在世界银行网站中进行查询,2020年中国香港特别行政区的人口自然增长率(粗出生率—粗死亡率)是多少。

第7章 搜索引擎

本章目标：

1. 了解搜索引擎的概念和发展历程；
2. 了解搜索引擎的工作原理、分类和评价；
3. 掌握常用搜索引擎的使用方法。

7.1 概　　述

7.1.1 搜索引擎的概念

搜索引擎(search engine)是指根据一定的策略、运用特定的计算机程序从互联网上采集信息，在对信息进行组织和处理后，为用户提供检索服务，将检索的相关信息展示给用户的系统。简单理解，就是网络环境中的信息检索系统，即能够在网上发现新网页并抓取文件的程序。

搜索引擎一般包括信息搜集、信息整理和用户查询三部分。从用户的角度来看，它是一个帮助人们进行信息检索的工具。搜索引擎现已成为信息领域的产业之一，它要用到信息检索、人工智能、数据库、数据挖掘、自然语言理解等领域的理论和技术，具有综合性和挑战性。

7.1.2 搜索引擎的发展历程

搜索引擎发展历史可以追溯到1990年，当时人们主要是通过FTP(File Transfer Protocol，文件传输协议)软件共享信息资源的。但是要共享文件，必须要一个FTP服务器，很多数据都是零散分布在各个不同的地方的，不方便获取。

1990年，加拿大蒙特利尔的麦吉尔大学(McGill University)的三位学生Alan Emtage、Peter Deutsch、Bill Wheelan发明了Archie软件。Archie软件，能在分散的FTP服务器中找到所需要的资源，是目前公认的搜索引擎的鼻祖。Archie是第一个自动索引互联网上匿名FTP网站文件的程序，但它还不是真正的搜索引擎。Archie可以帮助用户在互联网的任意一个匿名FTP服务器上查找文章和目录，并非Web。

1993年，美国麻省理工学院学生Matthew Gray开发了World Wide Web Wander，搜索引擎历史上第一个用于Web网络的搜索引擎出现了，利用HTML网页之间的链接关系来检测万维网规模。一开始，它仅仅用来统计互联网上的服务器数量，后来也能够捕获网址(URL)。但只做收集网址而用。同年，第二个Web搜索引擎ALIWEB诞生，已经可以检索标题标签等信息，但文件主题内容还是无法索引。

1994年4月，Yahoo！诞生。美国斯坦福大学博士生杨致远与David Filo共同创立了

Yahoo!,当时作为人工收录网址而用,随着访问量和收录链接数的增长,Yahoo目录开始支持简单的数据库搜索,当时它只是一个可搜索的目录。随后,Yahoo! 不断发展壮大,成为搜索"巨人"之一。

1994年7月,卡内基·梅隆大学的Michael Mauldin将John Leavitt的Spider程序接入到其索引程序中,创建了Lycos。Lycos是最早具有现代意义的搜索引擎,除了相关性排序外,Lycos还提供了前缀匹配和字符相近限制,Lycos第一个在搜索结果中使用了网页自动摘要,而最大的优势还是它远胜过其他搜索引擎的数据量,是搜索引擎的元老级代表。

1995年,开始出现一种新形式的搜索机制:元搜索引擎。华盛顿大学的学生Erik和教授Oren etzin共同开发研制的Metacrawler,是世界上最早的元搜索。用户只需提交一次搜索请求,由元搜索引擎负责转换处理,提交给多个预先选定的独立搜索引擎,并将从各独立搜索引擎返回的所有查询结果,集中起来处理后再返回给用户。同年12月,第一个支持自然语言搜索的搜索引擎Alta Vista面世,由迪吉多公司(Digital Equipment Corporation)创立,也是第一个实现高级搜索语法的搜索引擎(如AND、OR、NOT等)。

1996年,美国加州大学伯克利分校E. Brewer教授和博士生P. Gauther创立Inktomi公司,著名的HotBot搜索引擎应运而生。HotBot是以网页全文检索为主的搜索引擎,同时也提供分类目录索引、有线新闻(wired news)和有线杂志(wired magazine)等,自称是第一个具有自动跟踪网页变化功能的搜索引擎。

1997年,Northernlight搜索引擎现身。它是第一个支持对搜索结果进行简单自动分类,当时拥有最大数据库的搜索引擎。

1998年,美国斯坦福大学的博士生Larry Page和Sergey Brin创建了Google。它是目前世界上最具影响力的搜索引擎之一。2006年4月,Google宣布其中文名称为"谷歌",这是Google在非英语国家起的第一个名字。

1999年,挪威科技大学学术研究成果FAST公司推出ALLTheWeb搜索引擎。它的网页搜索可利用ODP自动分类,支持Flash和PDF文件搜索,支持多语言搜索,还提供新闻搜索、图像搜索以及视频、MP3和FTP搜索,拥有极其强大的高级搜索功能。强大的功能使它成为一时最流行的搜索引擎之一。

国内对于搜索引擎的研究起步较晚。1997—1999年,四大门户网站中的三个——搜狐、网易、新浪都从做搜索引擎开始。当时,它们的搜索引擎均属于第一代目录式搜索引擎,也就是大家熟知的网址导航,这种搜索方式不能提供给用户任何搜索结果。最终,它们都发展成了门户网站。

1999年9月,雅虎中国网站开通。通过其14类简单易用、手工分类的简体中文网站目录式的搜索及后来推出的强大的搜索引擎,为我国互联网用户提供了强大的搜索功能。

2000年1月,百度公司成立。起初作为搜索技术提供商向其他网站提供中文搜索服务和数据。2001年10月,百度作为搜索引擎正式上线,直接独立提供搜索服务,中文搜索迅速进入"百度时代"。

2000年9月,Google宣布在google. com增加简体及繁体两种中文版本,开始为全球中文用户提供搜索服务。

2004年8月,搜狐公司正式推出全新独立域名专业搜索网站"搜狗",是搜索技术发展史上的重要里程碑。

2006年3月,腾讯发布SOSO(搜搜),起初是由Google提供技术支持,随后改用自主研发的搜索引擎技术。2013年9月,腾讯宣布将搜搜并入搜狗搜索。

2006年4月12日,Google全球CEO在北京宣布Google的中文名字为“谷歌”,Google正式进入中国。同年12月,网易公司推出有道搜索测试版。

2009年5月,微软正式上线原名为kumo的搜索引擎Bing,中文名“必应”。

2012年8月,奇虎360推出360搜索。

2014年4月,UC发布移动搜索引擎品牌:神马搜索。

2019年8月,字节跳动推出头条搜索。

虽然目前搜索引擎在技术和商业上都获得了巨大成功,然而用户需求、信息环境和商业竞争都瞬息万变,随着信息技术的发展和用户信息化需求的提高,搜索引擎将朝着更专业化、个性化和智能化趋势发展,移动无线搜索引擎也将促进搜索引擎产业提升到新的高度。

7.1.3 搜索引擎的工作原理

搜索引擎的工作原理,主要概括为4个过程:从互联网上抓取网页,建立索引数据库,在索引数据库中搜索排序,对搜索结果进行处理和排序。

1. 从互联网上抓取网页

利用能够从互联网上自动收集网页的蜘蛛系统程序,自动访问互联网,并沿着任何网页中的所有URL爬到其他网页,重复这过程,并把爬过的所有网页收集回来。

2. 建立索引数据库

由分析索引系统程序对收集回来的网页进行分析,提取相关网页信息(包括网页所在URL、编码类型、页面内容包含的关键词、关键词位置、生成时间、大小、与其他网页的链接关系等),根据一定的相关度算法进行大量复杂计算,得到每一个网页针对页面内容中及超链中每一个关键词的相关度(或重要性),然后用这些相关信息建立网页索引数据库。

3. 在索引数据库中搜索排序

当用户输入关键词搜索后,由搜索系统程序从网页索引数据库中找到符合该关键词的所有相关网页。因为所有相关网页针对该关键词的相关度早已计算好,所以只需按照现成的相关度数值排序,相关度越高,排名越靠前。最后,由页面生成系统将搜索结果的链接地址和页面内容摘要等内容组织起来返回给用户。

4. 对搜索结果进行处理排序

所有相关网页针对该关键词的相关信息在索引库中都有记录,只需综合相关信息和网页级别形成相关度数值,然后进行排序,相关度越高,排名越靠前。最后由页面生成系统将搜索结果的链接地址和页面内容摘要等内容组织起来返回给用户。

7.1.4 搜索引擎的分类

目前搜索引擎的分类还没有统一的标准。按搜索机制的不同，搜索引擎可分为全文搜索引擎、目录索引类搜索引擎、元搜索引擎、集合式搜索引擎、垂直搜索引擎和智能搜索引擎等。

1. 全文搜索引擎

全文搜索引擎是真正的搜索引擎，是通过从互联网上提取的各个网站的信息（以网页文字为主）而建立的数据库中，检索与用户查询条件匹配的相关记录，然后按一定的排列顺序将结果返回给用户。在国外具有代表性的搜索引擎有 Google、AllTheWeb、AltaVista、Inktomi、Teoma、WiseNut 等，国内著名的有百度、中文搜索、北大天网等。

全文搜索引擎有全文搜索、检索功能强、信息更新速度快等优点。但同时也有其不足之处，提供的信息虽然多而全，但可供选择的信息太多反而降低相应的命中率，并且提供的查询结果重复链接较多，层次结构不清晰，给人一种繁多杂乱的感觉。

2. 目录索引类搜索引擎

目录索引虽然有搜索功能，但在严格意义上算不上是真正的搜索引擎，仅仅是按目录分类的网站链接列表。它是通过人工方式将站点进行了分类，首先将该网站划分到某个分类下，再记录一些摘要信息，对该网站进行概述性的简要介绍，用户提出搜索要求时，搜索引擎只在网站的简介中搜索。用户完全可以不用进行关键词查询，仅靠分类目录也可找到需要的信息。最具代表性的是 Yahoo!，国外其他的还有 Open Directory Project（DMOZ）、LookSmart、About 等，国内的搜狐、新浪、网易搜索也都属于这一类。

目录索引类搜索引擎的主要优点：层次、结构清晰，易于查找；多级类目，便于查询到具体明确的主题；在内容提要、分类目录下有简明扼要的内容，可以使用户一目了然。其缺点是搜索范围较小、更新速度慢、查询交叉类目时容易遗漏。

3. 元搜索引擎

元搜索引擎又称多搜索引擎，通过一个统一的用户界面帮助用户在多个搜索引擎中选择和利用合适的（甚至是同时利用若干个）搜索引擎来实现检索操作，是对分布于网络的多种检索工具的全局控制机制。用户向元搜索引擎发出检索请求，元搜索引擎再根据该请求向多个搜索引擎发出实际检索请求，搜索引擎执行元搜索引擎检索请求后将检索结果以应答形式传送给元搜索引擎，元搜索引擎将从多个搜索引擎获得的检索结果经过整理再以应答形式传送给实际用户。著名的国外元搜索引擎有 InfoSpace、Dogpile、Vivisimo 等，中文元搜索引擎中具代表性的有北斗搜索、360 搜索。

元搜索引擎主要优点是方便简单快捷，可以同时使用多个搜索引擎；缺点是没有自己的数据库。

4. 集合式搜索引擎

集合式搜索引擎是将许多搜索引擎整合在一个单独的页面上，用户可以选择一个或者多个搜索引擎进行检索。当用户选择完搜索引擎之后，多个搜索引擎就同时开始检索，并将结果呈现给用户。集合式搜索引擎不能算作是真正的搜索引擎，它只提供一个有多个搜索引擎检索的界面，方便了用户选择搜索引擎。如 HotBot 在 2002 年年底推出的引擎，该搜索引擎类似于元搜索引擎，但区别在于不是同时调用多个引擎进行搜索，而是由用户从提供的 4 个引擎之中选择。

5. 垂直搜索引擎

垂直搜索引擎又称为专业搜索引擎、专题搜索引擎，是通过对专业特定的领域或行业的内容进行专业和深入的分析挖掘、过滤筛选，信息定位为更精准的专业搜索，实际上是搜索引擎的细分和延伸。垂直搜索引擎只关注某一领域或者某地域的信息，对这些信息存储和索引之后，用户就可以检索只涉及这一领域的信息，如购物、旅游、汽车、工作、房产、交友等行业。

垂直搜索引擎的主要优点：检出结果重复率低、相关性强、查准率高，适合于满足较具体的、针对性强的检索要求。

6. 智能搜索引擎

智能搜索引擎是结合了人工智能技术的新一代搜索引擎。它除了能提供传统的快速检索、相关度排序等功能，还能提供用户角色登记、用户兴趣自动识别、内容的语义理解、智能信息化过滤和推送等功能。用户只要一次性输入搜索关键词就可以通过鼠标单击迅速切换到不同的分类或者引擎，极大地减少了手工输入网址打开搜索引擎，选择分类，再输入关键词搜索的时间。智能搜索过程主要分为三部分：语义理解、知识管理、知识检索。在整个过程中，智能分词技术是最初的一个环节，它将组成语句的核心词提炼出来供语义分析模块使用。最具代表性的是 Ask jeeves、Powerset、搜狗、搜搜等。

智能搜索引擎的主要优点：搜索易用性强，查准率高，搜索范围定位合适，搜索过程交互智能，搜索结果综合性强。

7.1.5 搜索引擎的选择和评价

现在互联网上有上万个搜索引擎站点，而且数量还在不断地增加，但这些搜索引擎良莠不齐，下列 5 方面可以作为选择和评价搜索引擎的依据。

1. 包含信息量的大小

搜索引擎可以看成是一个庞大的网址数据库。数据库包含信息量的大小，是衡量搜索引擎优劣的一个重要指标。数据库容量大，就能给用户提供更多的信息资源；反之则不能提供全面的信息。

2. 速度

一方面是信息的检索速度；另一方面是信息的更新速度。

3. 信息相关性

信息的相关性是指搜索引擎返回的信息与用户所需查找的信息的相关程度。相关性越高，说明搜索引擎的检索准确率越高。

4. 操作性

检索操作的方法是否简便易行、能否改变返回结果的显示方式和数量、用户是否能够对检索的结果进行控制和选择等，这些都是衡量搜索引擎站点操作性好坏的标志。只有操作方便的搜索引擎，才能为大多数人所接受。

5. 服务器的稳定性

服务器的稳定性及安全性是为用户提供安全可靠的信息检索服务的重要保障。

7.2 百　　度

百度域名：https://www.baidu.com/。

百度是全球最大的中文搜索引擎，一直致力于向人们提供“简单、可依赖”的信息获取方式，找到所求。百度公司于2000年1月1日由李彦宏、徐勇两人创立于北京中关村，现已发展为拥有强大互联网基础的领先AI公司。“百度”二字源于中国宋朝词人辛弃疾的《青玉案·元夕》诗句：“众里寻他千百度”，象征着百度对中文信息检索技术的执着追求，百度的名字寄托着百度公司对自身技术的信心。公司创始人李彦宏及技术团队拥有的“超链分析”技术专利，使我国成为美国、俄罗斯和韩国之外，全球仅有的4个拥有搜索引擎核心技术的国家之一。百度主要提供网页、MP3、图片、视频、新闻等搜索服务，以及贴吧、知道、空间等搜索社区产品。基于搜索引擎，百度演化出语音、图像、知识图谱、自然语言处理等人工智能技术，完成了由PC向移动的转型，由连接人与信息扩展到连接人与服务，用户可以在PC、智能手机上访问百度主页，通过文字、语音、图像多种交互方式瞬间找到所需要的信息和服务。

7.2.1 检索方式

百度首页简洁清晰，具有快速检索、高级检索、分类检索等检索方式。

1. 快速检索

百度提供快速检索方式，在浏览器的地址栏中输入百度的网址：https://www.baidu.com/。打开百度的首页，默认为简单检索，在搜索框中输入关键词并按Enter键，或单击“百度一下”按钮即可查询到满足条件的相关资料或网站。如有多个关键词存在，分析检索需求，根据需求利用布尔逻辑关系构造检索式，进行检索。

如果无法确定输入什么关键词才能找到满意的答案，百度相关检索可以提供关键词推荐。先输入一个简单词语搜索，然后百度搜索引擎会根据输入关键词提供“其他相关搜索词”作参考，单击任何一个相关搜索词，都能得到那个相关搜索词的搜索结果，如图7.2.1所示。

图 7.2.1　百度检索方式：快速检索

2. 高级检索

如果需要更精确的搜索结果，可以从百度首页右上角的“设置”下拉菜单中选择“高级搜索”选项，打开百度高级搜索页面，如图 7.2.2 所示。在百度高级搜索页面中，可以对搜索结果进行更多的设定，限制某一检索必须包含或排除某些特定的关键词，还可以限定语言、时间、地区、格式及关键词位置等。用户可通过高级检索来精确检索范围，从而提高检索的查准率。

图 7.2.2　百度检索方式：高级检索

3. 分类检索

百度搜索提供图片、视频、百度地图、百度百科、百度文库、百度知道、百度学术、百度翻译等分类检索方式，如图 7.2.3 所示。用户根据检索需求，选择相应的分类检索途径，进行分类检索，可以简单快速的检索到相关领域信息。

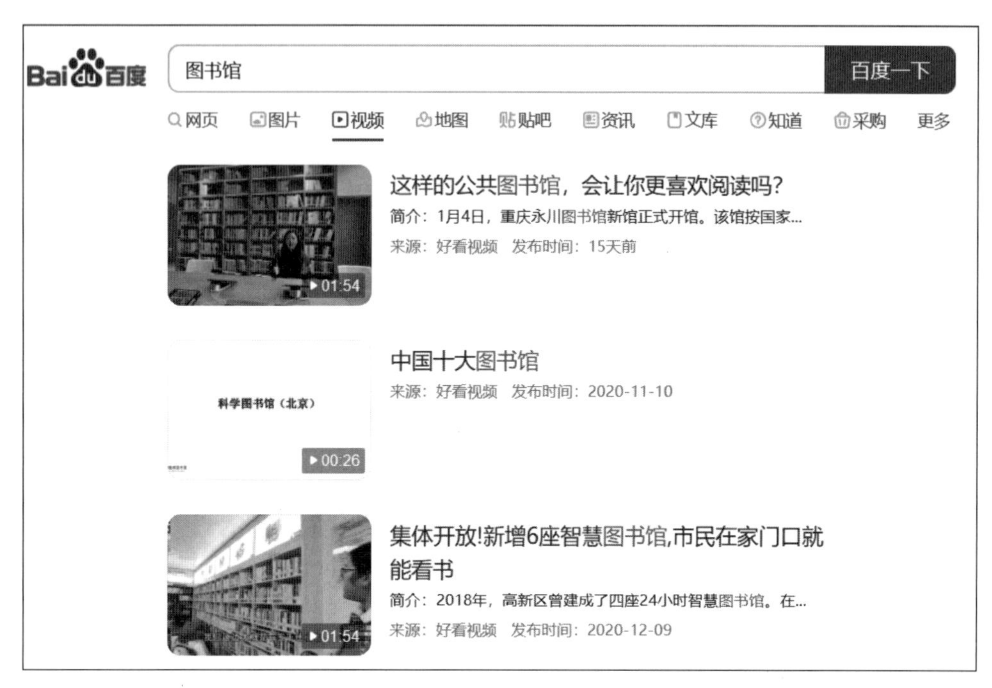

图 7.2.3 百度检索方式：视频分类检索

1）百度文库

百度文库（https://wenku. baidu. com/）是百度发布的在线互动式文档分享平台，于 2009 年 11 月 12 日推出，2010 年 7 月 8 日，百度文库手机版上线。百度文库的文档由百度用户上传，用户通过注册百度账号，上传分享文档，经过百度的审核后发布，百度自身不编辑或修改用户上传的文档内容。文档包括教学资料、考试题库、专业资料、公文写作、法律文件等多个领域的资料。当前平台支持文件格式主要有. doc(. docx)、. ppt(. pptx)、. xls(. xlsx)、. pps、. vsd、. rtf、. wps、. et、. dps、. pdf、. txt 等。百度文库已成为中国优秀的文档与知识服务平台，致力于将知识分享到每一个需要的角落。

2）百度学术

百度学术（https://xueshu. baidu. com/）是百度旗下的免费学术资源搜索平台，于 2014 年 6 月上线，为用户提供海量中英文文献学术资源，涵盖各类学术期刊、学位、会议论文。百度学术致力于将资源检索技术和大数据挖掘分析能力贡献于学术研究，优化学术资源生态，引导学术价值创新，旨在为国内外学者提供最好的科研体验。

3）百度知道

百度知道（https://zhidao. baidu. com/）是全球领先的中文问答互动平台，通过 AI 技术实现了智能检索和智能推荐，让用户的每个疑问都能够快速获得有效解答，于 2005 年 6 月 21 日发布，并于 2005 年 11 月 8 日转为正式版。百度知道的搜索模式是用户自己有针对性地提出问题，通过积分奖励机制发动其他用户来解决该问题。同时，这些问题的答案又会进一步作为搜索结果，提供给其他有类似疑问的用户，达到分享知识的效果。百度知道的最大特点就在于和搜索引擎的完美结合，通过用户和搜索引擎的相互作用，实现搜索引擎的社区化。

4）百度地图

百度地图(https://map.baidu.com/)是为用户提供包括智能路线规划、智能导航、实时路况等出行相关服务的平台。作为"新一代人工智能地图"，百度地图实现了语音交互覆盖用户操控全流程，上线了AR步导、AR导游等实用功能，提供了路线查询功能，如果要去某个地点，百度地图搜索会提示如何换乘公交车，如果想自己驾车去，百度地图搜索同样会推荐最佳行驶路线。

5）百度百科

百度百科(https://baike.baidu.com/)是一部内容开放、自由的网络百科全书，旨在创造一个涵盖所有领域知识，服务所有互联网用户的中文知识性百科全书。用户可以参与词条编辑，分享贡献自己的知识。测试版于2006年4月20日上线，正式版在2008年4月21日发布，截至2020年10月，百度百科已经收录了超2100万个词条，参与词条编辑的网友超过717万人，几乎涵盖了所有已知的知识领域。

6）百度翻译

百度翻译(https://fanyi.baidu.com/)依托互联网数据资源和自然语言处理技术优势，帮助用户跨越语言鸿沟，方便快捷地获取信息和服务。支持全球200多个语言互译，包括中文(简体)、英语、日语等，覆盖4万多个翻译方向。拥有网页、App、百度小程序等多种产品形态。

7.2.2 检索技巧

1. 检索规则

1）拼音的使用

如果只知道某个词的发音，不知道怎么写，可以在检索框中直接输入检索词的汉语拼音，百度会自动提示相关的汉字。如果输入的是拼音和汉字混合的检索词，百度也能做有效转换。

2）不分大小写

百度搜索不区分字母大小写，所有字母都按小写处理，在检索框中输入ENGLISH、english等关键词，得到的检索结果是一样的。

3）布尔逻辑运算符

(1) 空格或"＋"表示逻辑与。百度搜索中需同时满足多个关键词要求的搜索，可以在词间用一个空格隔开，或者在词间用"＋"连接，即可获得相关检索要求的检索结果。

(2) "|"表示逻辑或。百度搜索中需表示多个关键词之间的并列关系，进行并行搜索时，在关键词间用"|"连接，且在连接符前后要有空格，即可获得所需的检索结果。

【案例7.2.1】 查找"信息素养""信息检索""文献检索"相关的资料。

打开百度首页，在百度快速搜索框中输入"信息素养 | 信息检索 | 文献检索"，单击"百度一下"按钮，返回检索结果。在这里使用逻辑或组配检索词后，只需一次检索，就可获得满足检索要求的所有相关检索结果，如图7.2.4所示。

图 7.2.4　逻辑或运算

(3)“-”表示逻辑非。百度搜索结果中想要排除不希望出现的关键词时,可以用运算符“-”执行语法,检索结果就去除所有含有这些特定词的资料。需注意“-”前必须空一格。

4) 特殊符号的使用

“”和《》在百度搜索中用于关键词的精确匹配。

(1) 双引号(“”)的使用。把所有关键词用一个双引号括起来,能保证输入的关键词不被拆开,适合用来查找中英文短语或句子,以及中英文混合、中英文和数字混合的情况。

(2) 书名号(《》)的使用。百度搜索中文书名号是可被查询的,加上书名号的检索词有两层特殊功能:一是书名号会出现在搜索结果中;二是被书名号括起来的内容,不会被拆分。在查询电影书籍时特别有效。

【案例 7.2.2】 查找以“信息检索与利用”为书名的相关书籍。

打开百度首页,在百度快速检索框中输入《信息检索与利用》,就可以快速检索到该类相关书籍,如图 7.2.5 所示。如不加书名号进行精确检索,还会检索到与书籍无关的其他关于信息检索与利用方面的相关信息。

2. 特殊功能

1) site:限定搜索结果在某个具体网站、网站频道或某域名内的网页

在查询内容的后面加上“site:站点域名”,可以在某个特定站点中检索自己所需要的信息,提高检索效率。注意查询的关键词必须与“site:站点域名”之间留一个空格。

图 7.2.5　精确检索：书名号

【案例 7.2.3】 在中国大学 MOOC 的网站中检索所有包含“信息素养”的网页。

打开百度首页，在百度快速搜索框中输入检索式：信息素养 site：icourse163.org，将信息素养限定在中国大学 MOOC 的网站中进行搜索，单击“百度一下”按钮，即可返回相关的搜索结果，如图 7.2.6 所示，从而提高了用户搜索效率。

2）intitle：限定搜索范围在网页标题中

在一个或几个关键词前加“intitle:”，可以限制只搜索网页标题中含有这些关键词的网页。注意，“intitle:”和后面所跟的关键词不要有空格。

【案例 7.2.4】 检索标题中包含“智慧图书馆阅读推广”的网页。

打开百度首页，在百度快速搜索框中输入检索式 intitle：智慧图书馆 阅读推广，通过逻辑与将检索词组配，并限定在标题中，单击“百度一下”按钮，即可方便地找到相关网页，如图 7.2.7 所示。

3）inurl：限定搜索范围在 URL 链接中

把关键词限定在网页 URL 中的部分信息，能够提高搜索结果的准确性。使用方法是在“inurl:”后面跟着 URL 中出现的关键词。

Bai du 百度

信息素养 site：icourse163.org

百度一下

网页 贴贴吧 知道 文库 图片 资讯 地图 采购 视频 更多

时间不限 所有网页和文件 icourse163.org 清除

信息素养:效率提升与终身学习的新引擎_中国大学MOOC(慕课)

1、跳出传统文检课的框架,重新定义信息素养教育的核心和逻辑。从"信息素养"而非"信息检索"这个角度来定义课程的整体逻辑与内容框架,通过内容的安排和案例的设计重点解决...

www.icourse163.org/course/deta... 保障 百度快照

信息素养:开启学术研究之门_华南师范大学_中国大学MOOC(慕...

《信息素养》以提升学习者的学术研究能力为核心目标。通过理论讲授和实践演练,引导学习者学会确定研究选题,灵活利用信息资源、学术搜索引擎和专业数据库搜集文献信息,使用文献管理软件对文献信息...

www.icourse163.org/course/scnu... 保障 百度快照

信息素养:学术研究必修课程_湖北工业大学_中国大学MOOC(慕...

本课程通过理论讲授和实践演练,引导学习者在认识信息素养、信息源选择和检索策略制定等基础上,掌握各类信息资源的检索方法与技巧,利用有效工具搜集整理信息和建立个人知识管理体系,并用于学术论文...

www.icourse163.org/spoc/course... 保障 百度快照

信息素养与实践_湖北工业大学_中国大学MOOC(慕课)

2018年7月25日 信息素养与实践 分享 —— 课程团队 课程概述 本课程以学术研究和科研流程为切入点,采用诺贝尔奖的典型案例及其他科研案例,通过理论讲授和实践演练,引导学习者掌握综合性研究课题的...

www.icourse163.org/spoc/course... 保障 百度快照

图 7.2.6 site 检索

Bai du 百度

intitle:智慧图书馆 阅读推广

百度一下

网页 文库 资讯 贴贴吧 知道 图片 地图 采购 视频 更多

百度为您找到相关结果约39,500个 搜索工具

基于智慧图书馆的阅读推广研究 - 百度文库

★★★★★ 评分:0.5/5 1页

2021年2月5日 本文分析了智慧图书馆相较于当今图书馆的特点，智慧图书馆阅读推广服务开展的策略和实现的路径，旨在为未来高校智慧图书馆阅读推广提供一些参考。页码：81-84...

百度文库 保障 百度快照

高校智慧图书馆阅读推广模式.doc

★★★★★ 0.5分 1页

高校智慧图书馆阅读推广模式 作者：芦晓红[1]作者机构：[1]中国刑事警察学院图书馆...

图书馆的智慧阅读与阅读推广.doc

5页 2020年06月17日

龙源期刊网 http://www.qikan.com.cn 图书馆的智慧阅读与阅读推广 作者:张瑜 黄文 ...

智慧图书馆系统支撑下的阅读推广模式与实践.doc

★★★★★ 0.5分 1页

作者：赵发珍[1];杨新涯[2];张洁[2];潘雨亭[2]作者机构：[1]兰州大学图书馆,兰州73...

更多同站结果>

图书馆智慧阅读推广模式的实践应用

2020年1月7日 引证文献 (1) [1]张贤淑.智慧图书馆阅读推广创新策略研究[J].农业图书情报学报.2020,(6).42~48.doi:10.13998/j.cnki.issn1002-1248.2019.12.24-1121.

图 7.2.7 intitle 检索

【案例 7.2.5】 检索 URL 中含有"信息检索"的网页。

打开百度首页，在百度快速搜索框中输入检索式"inurl：信息检索"，将检索词限定在 URL 链接中，即可搜索到网页 URL 中出现信息检索的相关网页，如图 7.2.8 所示。

图 7.2.8 inurl 检索

4）filetype：限定搜索范围在指定文档格式中

关键词后加"fletype：文件类型"，可以限定关键词出现在指定的文档中，支持文档格式有.pdf，.doc，.xls，.ppt，.txt，.rtf，.all(所有文件格式)。对于查找特定文档资料非常有帮助。如果要禁止某种文件类型的输出，只需要在 filetype 加上"-"即可实现。

【案例 7.2.6】 查找关于信息素养 ppt 格式的文件。

打开百度首页，在百度快速搜索框中输入检索式"信息素养 filetype：ppt"，将检索词限定在 ppt 文档中，单击"百度一下"按钮，可获得信息素养 ppt 相关的文档，如图 7.2.9 所示。

7.2.3 百度特色

百度是世界上规模最大的中文搜索引擎，致力于向人们提供更便捷的信息获取方式，因其显著的特点，深受用户喜爱。

1. 关键核心技术：超链分析

超链分析技术是新一代搜索引擎的关键技术，已被世界各大搜索引擎普遍采用，百度总裁李彦宏就是超链分析专利的唯一持有人。超链分析就是通过分析链接网站的多少来评价被链接的网站质量，这保证了用户在百度搜索时，越受用户欢迎的内容排名越靠前，提高了搜索效率。

图 7.2.9 filetype 检索

2. 搜索速度快,范围广,内容新

百度在中文互联网中,每天响应来自 100 余个国家和地区的数十亿次搜索请求,服务超 10 亿互联网用户;支持搜索数十亿网页,每天新增几十万新网页,对重要中文网页实现每天更新,是用户获取中文信息的最主要入口。

3. 为中文用户量身定制

百度深刻理解中文用户搜索习惯,开发出关键词自动提示:用户输入拼音,就能获得中文关键词正确提示。百度还开发出中文搜索自动纠错:如果用户误输入错别字,可以自动给出正确关键词提示。百度快照是另一个广受用户欢迎的特色功能,解决了用户上网访问经常遇到死链接的问题。

【案例 7.2.7】 在百度学术中,搜索"信息检索 MOOC"的相关文献资源。

1. 分析信息需求,选择检索系统

本课题要求检索"信息检索 MOOC",了解课题的相关专业知识,分析提炼出检索词:信息检索,文献检索,信息素养,MOOC,慕课。登录百度学术:https://xueshu.baidu.com/。

2. 选择检索方式和确定检索途径

选择快速检索方式,用布尔逻辑运算将检索词进行组配,在快速检索输入框中输入检索式(慕课 | MOOC)(信息检索 | 文献检索 | 信息素养)。

3. 实施检索,显示检索结果

单击"百度一下"按钮,显示检索结果,共检索到 947 条相关结果,如图 7.2.10 所示。在

检索结果页面，可以看到与检索词相关的文献资源全部列出，不管检索词出现在标题中，还是出现在文献正文中。用户可以对检索结果按照相关性、被引量和时间降序进行排序，以便快速找到自己需要的文献资源。在检索结果页面左侧可对检索结果按时间、领域、作者、期刊、机构等聚类分析，深入揭示课题研究趋势、核心期刊、领域核心人物和机构等。

图 7.2.10 关于“信息检索 MOOC”检索结果页面

7.3 Microsoft Bing

Microsoft Bing 域名：https://cn.bing.com/，中文名为微软必应。

微软必应，原名必应(Bing)，是微软公司于 2009 年 5 月 28 日推出，用以取代 Live Search 的全新搜索引擎服务，现已成为全球领先的国际搜索引擎。Bing 的名称取自一位百岁老人的姓氏，中文名称必应有“有求必应”的寓意。简体中文版 Bing 于 2009 年 6 月 1 日开放访问，相比其他搜索引擎，界面更加美观，整合信息更加全面，除提供网页搜索外，还有图片搜索、视频搜索、资讯搜索、地图搜索等垂直搜索服务。2020 年 10 月 6 日，微软官方宣布 Bing 改名为 Microsoft Bing。必应不仅致力于为用户提供优质的中文搜索服务，也极力发挥全球搜索的优势，为更符合中国用户的使用习惯，推出了国内版和国际版，如图 7.3.1 所示，努力提供优质的英文搜索结果和搜索体验。目前，微软还推出了 Bing 的移动版本，手机和其他移动设备用户下载 App 即可享受移动搜索服务。

图 7.3.1　Microsoft Bing 首页

7.3.1　检索方式

Microsoft Bing 页面柔和，提供有快速检索，分类检索和语音检索等检索方式。

1. 快速检索

Microsoft Bing 页面默认快速检索方式，只需在输入框内输入检索词或检索式，即可得到相关的网页列表。Microsoft Bing 快速检索具有检索词模糊推荐功能，用户输入一个检索词，Microsoft Bing 会根据输入词推荐其他相关搜索词作参考，单击任何一个相关搜索词，都能得到那个相关词的检索结果，如图 7.3.2 所示。

图 7.3.2　快速检索首页

2. 分类检索

Microsoft Bing 提供网页、图片、视频、词典、地图等全球信息搜索服务。分类检索是

Microsoft Bing 搜索的最大特点，与传统搜索引擎只是列出搜索列表不同，Microsoft Bing 会对搜索结果加以分类。单击 Microsoft Bing 主页上方菜单栏中任意按钮，即可进入分类检索页面，在检索框下方可限定检索信息类型，如图 7.3.3 所示。

图 7.3.3　分类检索页面

1）网页搜索

运用先进的搜索技术进行全球搜索。必应更好地满足了中国用户对全球搜索——特别是英文搜索的刚性需求，实现稳定、愉悦、安全的用户体验。

2）图片搜索

帮助用户找到最适合的精美图片，实现了中文输入全球搜图。用户不需要用英文进行搜索，而只需输入中文，Microsoft Bing 将自动为用户匹配英文，帮助用户发现来自全球的合适图片。

3）视频搜索

必应视频是一个视频搜索服务是 Microsoft Bing 搜索引擎的一部分。搜索服务允许用户搜索和查看各种网站的视频。

4）学术搜索

微软学术，由 Microsoft Bing 团队联合研究院提供了一个更加智能、新颖的搜索平台，旨在为广大研究人员提供海量的学术资源，并提供智能的语义搜索服务，目前已涵盖多学科学术论文、国际会议、权威期刊、知名学者等方面。

5）词典搜索

微软中英文智能词典，不仅可提供中英文单词和短语查询，还拥有词条对比等众多特色功能，能够为英文写作提供帮助。

6）地图搜索

Microsoft Bing 地图，全面支持国内外地图浏览和出行规划，并提供地点搜索，公共交通线站查询，自驾车导航、路况查询和位置定位等功能。

3. 语音检索

微软为 Microsoft Bing 桌面体验也带来了中文语音搜索功能(Bing Vocie Search)，如

图 7.3.4 所示。其全面支持中文语音搜索,能够轻松实现对于中文语音的识别。单击首页检索框中的麦克风按钮🎙,进入语音检索页面,用户直接通过设备麦克风说出待检词语,Microsoft Bing 就会在屏幕上显示该词语,单击检索按钮,返回检索结果页面,Microsoft Bing 会向用户读回结果。语音检索功能为喜欢不在键盘上输入内容的用户大大节省了时间,它也可以在移动设备上的 Microsoft Bing 应用程序中使用。

图 7.3.4　语音检索页面

7.3.2　检索技巧

1. 检索规则

1）支持布尔逻辑运算

在 Microsoft Bing 中,逻辑与用 AND 或“&”表示,不需要写出来,只需在两个关键词中间用空格来表示即可,系统将自动默认逻辑关系为“与”。用 NOT 表示逻辑“非”关系,A NOT B 表示搜索包含 A 但不包含 B 的网页。用大写的 OR 表示逻辑“或”操作,搜索结果至少包含所输入检索关键词中的一个。

2）英文字母不分大小写

Microsoft Bing 中不区分英文字母大小写,所有字母都会视为是小写的。

3）精确匹配

“”和()在 Microsoft Bing 中用于关键词的精确匹配。

2. 特殊功能

Microsoft Bing 检索除了通用的检索规则外,还定义了部分搜索语法,用于缩小检索范围,提高检索精度。

（1）contains ：只检索包含指定文件类型的链接的网站。格式为 contains：文件类型。

（2）filetype：只检索以指定文件类型创建的网页。格式为 filetype：文件类型。

（3）inanchor：定位标记检索,将返回关键字检索数据中包含定位标记。格式为 inanchor：关键词。

(4) inbody：正文检索，返回正文中包含一个或多个关键词检索条件的网页。格式为 inbody：关键词。

(5) intitle：标题检索，得到标题中含有一个或多个检索词的网页。格式为 intitle：关键词。

【案例 7.3.1】 查找正文中包含“双一流学科”，标题中包含“学科建设”相关的网页。

打开 Microsoft Bing 首页，在国内版搜索框中输入 intitle："学科建设" inbody："双一流学科"，单击“搜索”按钮，就可满足检索要求，获得相关检索结果，如图 7.3.5 所示。

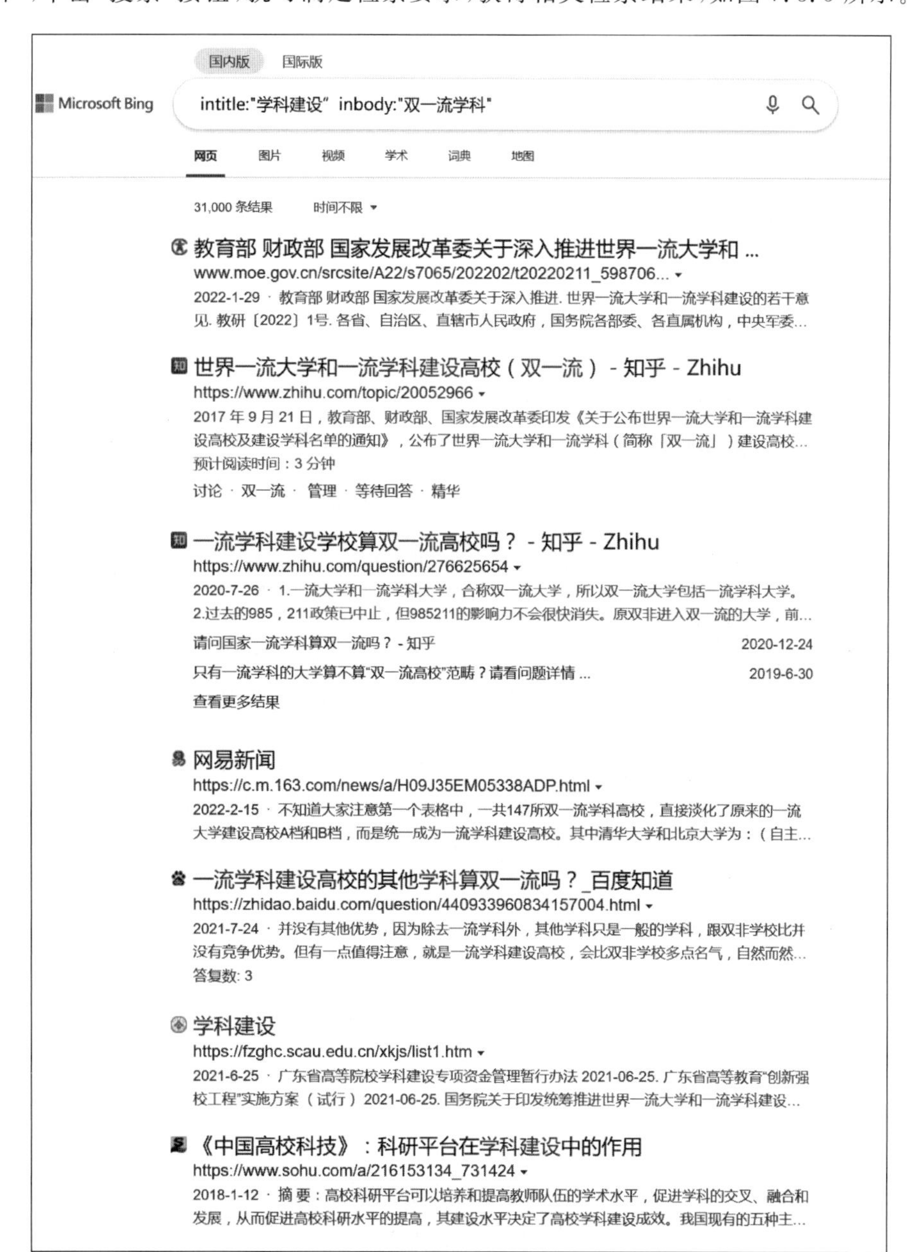

图 7.3.5　学科建设检索结果页面

(6) loc 或 location：返回特定国家或地区的网页。若要检索两种或两种以上语言，可用逻辑运算符 OR 对语言分组。格式：loc/location：国家/地区/语言代码。查看用于 Microsoft Bing 的国家、地区代码列表，可参阅国家、地区和语言代码(https://help.bing.microsoft.com/#apex/bing/zh-chs/10004/-1)。如中国 CN，英国 GB，美国 US，日本 JP，德国 DE 等。

【案例 7.3.2】 查找有关美国或英国的图书馆相关网页。

打开 Microsoft Bing 首页，在国际版搜索框中输入检索式：library(loc:US OR loc:GB)，即可获得所需的检索结果，如图 7.3.6 所示。

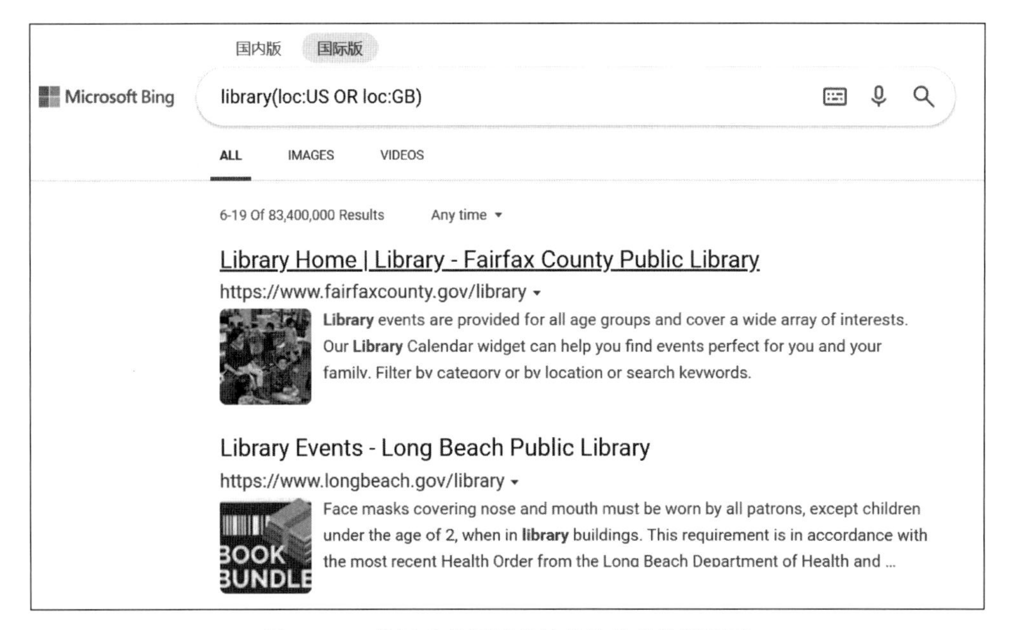

图 7.3.6 美国或英国图书馆相关检索结果页面

(7) prefer：着重强调某个搜索条件或运算符，以限定搜索结果。

【案例 7.3.3】 查找信息服务的相关网页，但搜索内容主要限定在图书馆。

打开 Microsoft Bing 首页，在国内版搜索框中输入检索式：信息服务 prefer：图书馆，获得图书馆信息服务方面的相关网页，如图 7.3.7 所示。

(8) site：检索范围限制在某网站或顶级域名中。如要检索两个或更多域，可使用逻辑 OR 对域进行分组，也可以在一个网站上检索包含特定检索字词的网页。

(9) language：返回指定语言的网页。格式：language：语言代码。用于 Microsoft Bing 的语言代码，可参阅国家、地区和语言代码列表(https://help.bing.microsoft.com/#apex/bing/zh-chs/10004/-1)。如中文(简体)zh-chs，中文(繁体)zh-cht，英语 en，德语 de 等。

【案例 7.3.4】 查找有关的旅游景点的朝鲜语网页。

打开 Microsoft Bing 首页，在国际版搜索框中输入检索式"tourist attractions"language：ko，单击“搜索”按钮，可快速获得有关旅游景点的朝鲜语的网页，如图 7.3.8 所示。

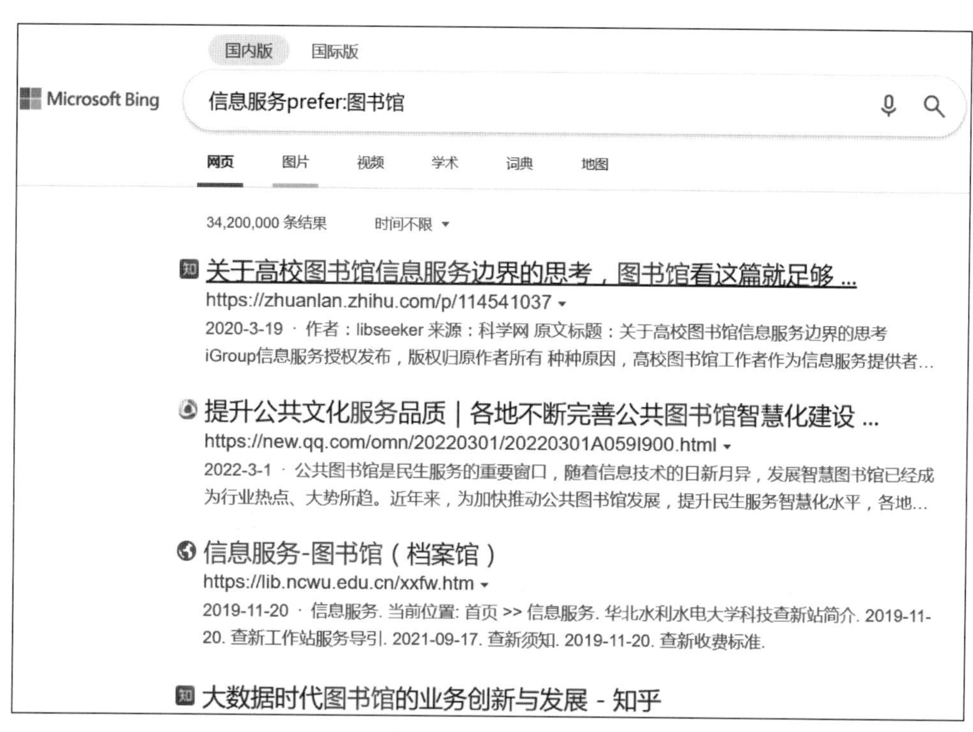

图 7.3.7 图书馆信息服务检索结果页面

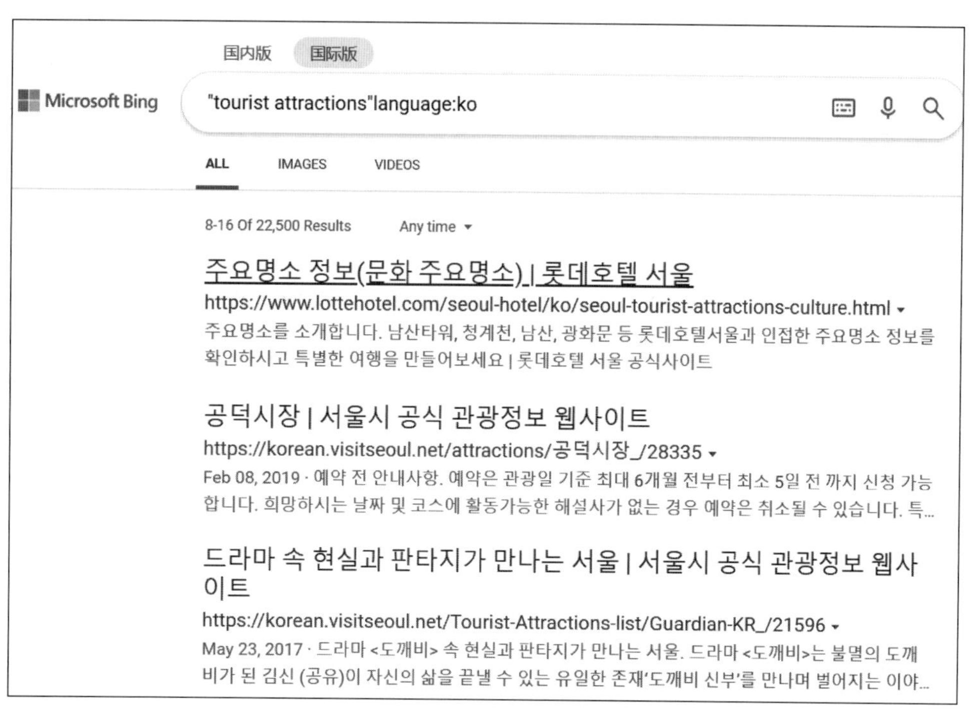

图 7.3.8 有关旅游景点的朝鲜语网页

7.3.3 Microsoft Bing的特色

思考与练习题

1. 简述搜索引擎的含义和分类。

2. 简述如何选择合适的搜索引擎。

3. 利用百度搜索引擎,查找在网页标题中含有“人工智能”的资料,写出2个网页的网址。

4. 以“信息检索”为主题查找.doc、.ppt、.pdf文档各一篇。

5. 利用必应图片搜索方式,查找湖北省图书馆新馆图。

第8章　开放存取资源

本章目标：

1. 了解开放存取的概念、特征和分类；
2. 了解国内外常见的开放存取资源；
3. 掌握开放存取数据库使用方法。

8.1　开放存取的定义

开放存取(open access,OA),又称开放获取,是20世纪90年代末在国际科技界、学术界、出版界、图书情报界和信息传播界兴起,为推动数字化学术文献信息资源和科研成果利用互联网免费自由传播和共享的运动,也是一种在互联网环境下发展起来的全新的、无障碍的学术信息传播模式和机制。

自开放存取兴起以来,国内外对其有不少定义,目前被广泛接受的国际权威定义为布达佩斯开放存取先导计划(Budapest Open Access Initiative,BOAI)中的定义,开放存取是指通过公共网络免费获取所需要的文献,用户可以通过互联网免费阅读、下载、复制、传播、打印和检索作品,实现对作品全文的链接,为作品建立索引,将作品作为数据传递给相应软件,或进行任何其他出于合法目的的使用。而这些使用方式除非网络本身造成数据获取的障碍外,不应受经济、法律和技术的任何限制。对复制和传播的唯一约束是,应该保证作者拥有保护其作品完整性的权利,并要求使用作者作品时以适当的方式表示致谢并注明引用出处。

开放存取是不同于传统学术传播的一种全新机制,其核心特征是在尊重作者权益的前提下,利用互联网为用户免费提供学术信息和研究成果的全文服务。内容并不局限于普通文献,它也适用于数字化的内容,包括学习对象的原材料和半成品的原始数据、音乐、图片、多媒体演示文件、软件等。

8.2　开放存取的特征

从各种会议、宣言、学者对开放存取定义的观点中,可以总结出开放存取的主要特征如下。

1. 信息获取的时效性交互性

首先在获取信息上,开放存取提倡无障碍的获取,用户不付费或者支付少量费用就可以获取所需文献；在交流方式上,开放存取重视提高信息交流的直接性和交互性,可以实现作者、读者、编辑之间的交互模式；在交流效率方面,开放存取可以增强信息处理的自动化程度,缩短文献的评审及出版时滞,能最快反映最新的科技进展、研究成果与思想,这给学术研究带来极大便利，对科研人员及时了解专业动态尤为重要；同一文献还可以通过多种途径被检索、阅览、复制和下载，因此用户是开放存取的最大受益者。

2. 收费模式的独特性

开放存取采取的是“作者付费”模式，即作者从项目或课题经费中抽取部分费用用于出版研究成果。但收取作者出版费用并不意味着增加作者经济负担，而是对已有费用的更为合理的分配和使用。由于大多数科研人员发表研究成果主要是希望作品能得到最大限度的传播和同行的认可，提高其显示度和影响力，且许多科研人员在其课题中有一定的经费支持，所以作者付费模式具有合理性并可以保证开放存取出版的可持续发展。对于发展中国家的作者或没有课题经费的作者，出版费用还可以减免，由于开放存取消除了用户与出版物可获得性之间的经济障碍，因此也淡化了学术信息资本市场，某种意义上更容易实现资源的共享。

3. 作者对版权的保护

与传统的出版模式相比，开放存取是遵守知识产权前提下的学术信息传播模式，版权一般归作者所有，作者可与出版商协商，尝试修改版权转让协议，以允许作者进行自我典藏。例如，目前国际出版商 Elsevier 与 Springer 已经同意其发表的论文可由作者进行自我典藏处理。开放存取使研究人员的研究成果能够得到更广泛的传播，拥有更广泛的读者群，论文的能见度、被引用概率都能随之提高。

4. 学术成果的开放共享性

开放存取运动的目的是促进学术交流，扫除学术障碍，对抗日益严重的学术文献信息资源商业化趋势，在网络环境下实现学术信息的广泛传播和自由共享。开放存取学术资源无须购买使用权，只要与互联网相连，用户就可免费获取到这些学术资源，这样一个更为开放的学术交流平台有利用实现科学信息的公开与共享，提高和加快学术研究的周期及迅速推广科研成果，从而增强科技创新能力。为使互联网的用户能够查找检索开放存取资源的信息，均支持、遵循互操作性协议(如 OAI、PHM、OAJS 等)，以利于被第三方搜索引擎所寻获。

5. 资源内容丰富、形式多样

在开放存取模式下，只对学术信息进行质量上的控制，而没有内容和形式方面的严格限制。开放存取作品形式多样，不仅包括纯文本的电子出版物、电子学术论文、学位论文，还包括视频、音频等各种媒体形式的学术信息，如会议录、会议文献、技术报告、数据集、教学资料、讲座等。

8.3 开放存取的分类

对开放存取的分类目前没有权威标准，主要从开放存取实现途径方面，可以分为如下几类。

1. 开放存取期刊

开放存取期刊(open access journal,OAJ)是20世纪90年代兴起的一种按全新的学术信息共享出版机制出版的期刊。世界上第一个全面倡导和阐述开放存取理念、机制、路径、政策的宣言：BOAI,其认为开放存取期刊是实现开放存取的“金色之路”(Gold Road),从而明确了开放存取期刊的地位与价值。根据瑞典Lund大学的开放存取期刊目录(directory of open access journal,DOAJ)网站的定义,开放存取期刊是指那些无须读者本人或其所属机构支付使用费用的期刊,并且允许读者进行阅读、下载、复制、分发、打印、检索或链接到全文。也就是能在网络环境中自由获取学术性文献的网络期刊。

开放存取期刊主要有两种类型,一种是由传统期刊逐步过渡到开放期刊,作者自己选择论文是否采用开放存取模式；另一种是直接创办的开放期刊。开放存取期刊多由出版商或者学(协)会机构创办,同行评审(peer review),以确保期刊专业质量；同时采用作者付费,对读者免费,使期刊能在更大范围内被利用,扩大期刊的读者范围和影响力。就版权问题而言,开放存取期刊与传统期刊相比,既有相同点也有显著差异。

目前全球范围内最具影响力的几大开放存取期刊目录主要有DOAJ、Open J-Gate、Open Science Directory、J-STAGE、Socolar等。这些平台收录的开放存取期刊数量较大,同行评议期刊所占比例较高,学科范围覆盖广,数据更新较为及时。

2. 开放存取知识库

开放存取知识库(open access archives or repositories),也称开放存取仓储,是一种基于网络的免费在线资源库,收集、存放由研究机构或作者本人将未曾发表或已经在传统期刊中发表过的知识资源和学术信息资源,供用户免费访问和使用。这种开放存取的传播模式被称为开放存取的“绿色之路”(Green road)。开放存取知识库中包括电子文档、实验数据、技术报告、教学资源、多媒体资源、电子演示文稿等任何类型的数字文档。

开放存取知识库主要有两种类型：学科知识库(disciplinary archives)和机构知识库(institutional repositories)。早期的开放存取知识库多为学科知识库,是以某一学科或多学科为主题来搜集整理数字化的学术成果,并提供这些数字资料的全球范围内的开放共享。其中最具代表性的是美国洛斯·阿拉莫斯国家实验室建立的arXiv预印本文献库。机构知识库相对于学科知识库而言,起步比较晚,但发展速度很快,多由大学、大学图书馆、研究机构、政府部门等创建和维护,是利用网络及相关技术,依附于特定机构而建立的数字化学术数据库,收集、整理并长期保存该机构及其社区成员所产生的学术成果。根据对OpenDOAR(The Directory of Open Access Repositories)网站的检索,可了解机构知识库的发展现状,截至2022年1月,全球已创建机构知识库5804个,例如,美国国家实验室建立的arXiv. org,麻省理工学院图书馆创建并扩展到剑桥大学的DSpace,美国加州大学的学位论文知识库eScholarship,英国的SHERPA,荷兰的ARNO及DARE；国内主要有中国科学院机构知识库网格、清华大学机构知识库、北京大学机构知识库、厦门大学学术典藏库、西安交通大学机构知识门户等。

开放存取知识库与开放存取期刊最为主要的区别是：开放存取知识库开放的运行成本

要比开放存取期刊低廉,用户使用方便,是更为严格意义上的开放存取。在存储对象方面,相对于开放存取期刊,开放存取知识库不仅存放学术论文,还存放其他各种学术研究资料,包括实验数据和技术报告等。在资源检索方面,开放存取期刊更多地诉诸传统的文摘索引服务,争取被学科领域的权威文摘索引数据库收取,而开放存取知识库的资源检索主要是通过搜索引擎来实现的。在实施同行评审工作方面,开放存取知识库没有类似开放存取期刊同行评议的质量控制机制,只要求作者提交的论文基于某一特定标准格式,并符合一定的学术规范即可。因此,对于学术数字信息资源来说,只要能解决信息质量问题,开放存取知识库为较好的实现形式。

3. 其他开放存取资源

除上述两种形式外,各种其他形式的开放存取资源也陆续涌现,如个人网站、电子书、博客、维基、邮件列表服务、学术论坛、文档共享网络等。但这些资源的发布较为自由,缺乏严格的质量保障机制,较前两类开放存取出版形式而言,随意性更强,学术价值良莠不齐。

8.4 国内开放存取数据库

8.4.1 国家哲学社会科学学术期刊数据库

国家哲学社会科学学术期刊数据库(National Social Sciences Database,NSSD),简称"国家期刊库",是由中国社会科学院调查与数据信息中心承担和建设的国家社会科学基金特别委托项目。该期刊数据库建设以"公益、开放、协同、权威"为定位,以整合学术期刊数据资源,推进学术资源的公益使用、开放共享,推进学术研究方法和手段创新,推进科研成果普及转化,推动哲学社会科学繁荣发展为目标。是国家级、开放型、公益性哲学社会科学信息平台。图 8.4.1 为国家期刊库首页(http://www.nssd.cn/)。

图 8.4.1 国家期刊库首页

国家期刊库收录有精品学术期刊 2000 多种,论文超过 1000 万篇以及超过 101 万位学者、2.1 万家研究机构的相关信息。国家社科基金重点资助期刊 187 种,中国社会科学院主管主办期刊 80 多种,三大评价体系(中国社会科学院、北京大学、南京大学)收录的 600 多种核心期刊,回溯到创刊号期刊 700 多种,最早回溯到 1920 年。

使用国家期刊库需要注册登录。对于个人用户,注册后在任何地点都可以登录使用。新用户可在数据库首页右上角单击"用户注册"按钮(如图 8.4.2 所示),按提示在输入框内输入注册信息。已注册用户直接输入登录信息即可使用数据库资源。对于机构用户,需签署机构用户授权使用协议,在机构 IP 范围内无须登录,可直接使用。

图 8.4.2 新用户注册

国家期刊库平台提供简单检索、高级检索和期刊分类检索方式。平台默认为简单检索,可对论文和期刊进行分类简单检索,在检索框中输入要检索的关键字即可检索。高级检索中,可按文章和期刊分类检索。在文章检索列表中,提供检索字段有题名、关键词、机构、作者、摘要、刊名、年份、分类号等,平台默认显示 2 个检索框,最多可增加到 4 个检索框;期刊检索列表中检索字段有刊名、出版地、主编、ISSN、主办单位等。用户根据检索需求选择合适的检索字段和逻辑关系实施检索。数据库平台拥有期刊分类检索方式,可按学科分类、核心期刊、社科基金资助期刊、中国社科院期刊、地区等对期刊进行分类检索,快速找到目标期刊,如图 8.4.3 所示。

【案例 8.4.1】 用国家期刊库查找 2021 年作者洪晓楠发表在《大连理工大学学报:社会科学版》的文章及基金支持情况。

1. 分析信息需求,选择检索系统

登录国家哲学社会科学学术期刊数据库:http://www.nssd.cn/。

2. 选择检索方式和确定检索途径

选择高级检索,在文章检索列表中选择作者字段输入检索词"洪晓楠",在刊名字段输入

图 8.4.3　期刊导航页面

检索词"大连理工大学学报：社会科学版"，选择逻辑与组配，时间选择 2021—2021 年，如图 8.4.4 所示。

图 8.4.4　检索页面

3. 实施检索，显示检索结果

单击"确定"按钮，显示检索结果，2021 年作者洪晓楠发表在《大连理工大学学报：社会科学版》的文章篇名为"党的理论创新成果'三进'的历程、经验与启示"，获得教育部哲学社会科学研究重大课题攻关项目"习近平新时代中国特色社会主义思想进教材进课堂进学生头脑研究"(18JZD002)支持，如图 8.4.5 所示。

8.4.2　国家自然科学基金基础研究知识库

国家自然科学基金基础研究知识库(Open Repository of National Natural Science Foundation of China，NSFC-OR)是 2015 年 5 月国家自然科学基金委员会发布，规定受资助

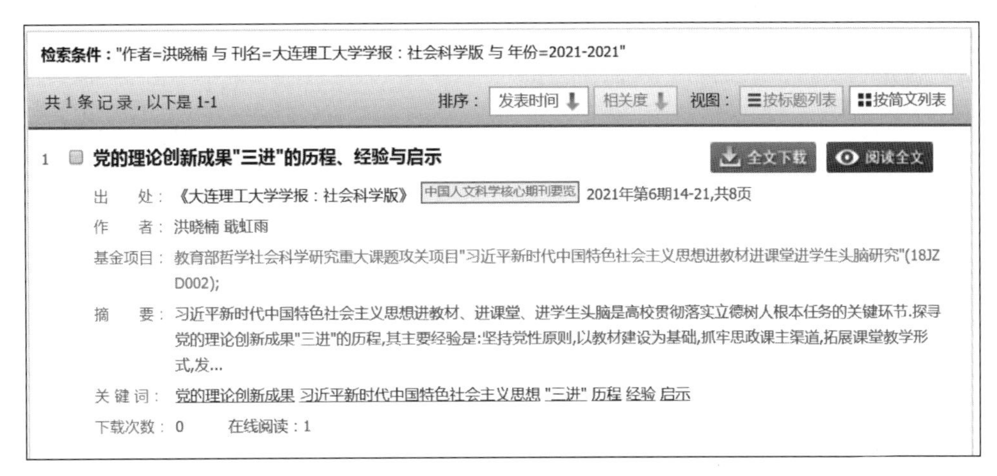

图 8.4.5 检索结果

项目发表的研究论文作者应将已发表论文存储到知识库中，并在论文发表一年内实现免费向公众开放。NSFC-OR 作为我国学术研究的基础平台，收集并保存国家自然科学基金资助项目成果的研究论文的元数据与全文，提供开放存取，传播基础研究领域的前沿科技知识与科技成果。目前，NSFC-OR 已公开自 2000—2021 年度共计超过 83 万篇研究论文全文，涉及 2000 多家研究机构，近 141 万名作者。图 8.4.6 为 NSFC-OR 首页(https://ir.nsfc.gov.cn)。

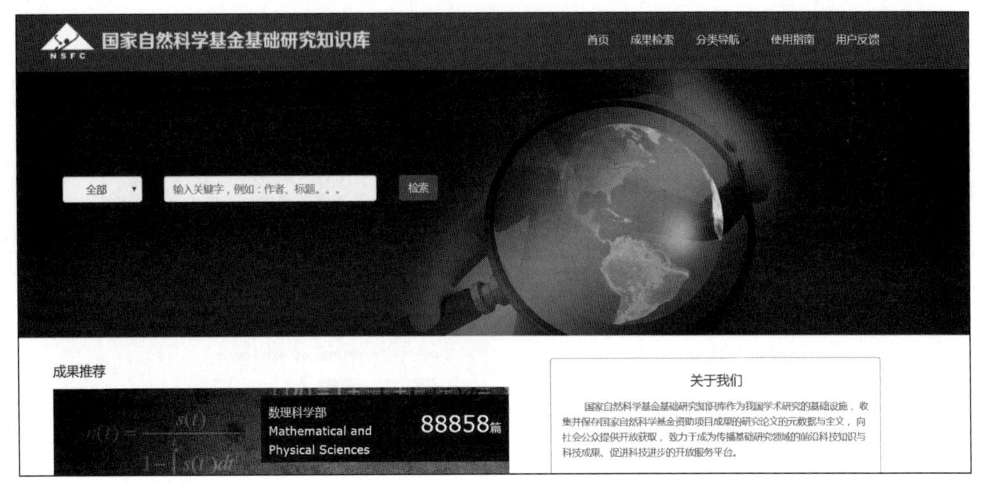

图 8.4.6 NSFC-OR 首页

NSFC-OR 提供了快速检索、成果检索和分类检索三种获取资源的形式。在快速检索中，用户可以在检索框中输入论文标题中的关键字、作者姓名、期刊会议、项目名称等检索词或选择检索字段输入检索词，即可进行检索。在成果检索中，用户首先输入主检索词，然后在筛选条件中，通过输入研究领域、资助类型、研究机构、期刊会议、标题、作者和年份等检索词可进行二次检索，得到所需检索结果，如图 8.4.7 所示。在分类检索中，用户可选择研究领域、发表日期、标题、研究机构、作者这 5 种条件进行分类检索。

图 8.4.7　成果检索页面

NSFC-OR 主页设有成果推荐板块，分别对数理、化学、生命、地球、工程与材料、信息、管理和医学等七大学部相关研究成果进行推荐，如图 8.4.8 所示。用户只需单击学部图标，即可浏览该学部的成果数量和成果推荐，单击推荐成果标题，查看成果详细信息。

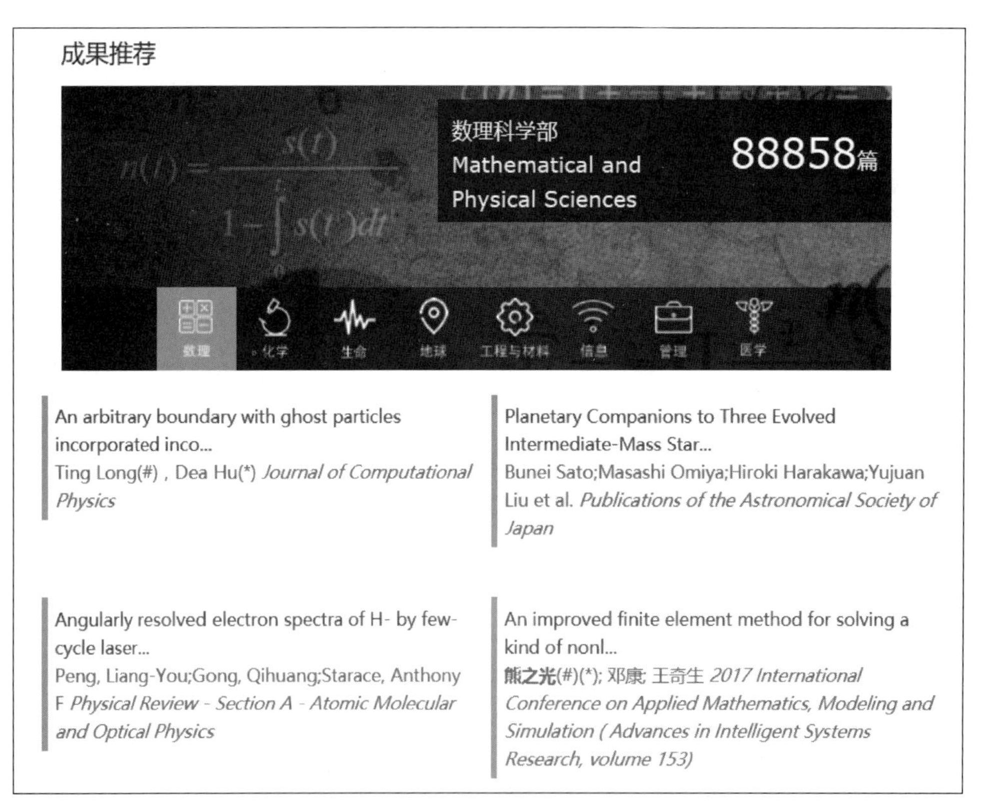

图 8.4.8　成果推荐页面

【案例 8.4.2】 用国家自然科学基金基础研究知识库检索“新冠肺炎”获得国家自然科学基金面上项目资助的最新论文项目名称、研究机构和作者。

1. 分析信息需求,选择检索系统

登录国家自然科学基金基础研究知识库：https://ir.nsfc.gov.cn。

2. 选择检索方式和确定检索途径

选择成果检索,在成果检索页面中输入主检索词新冠肺炎或 covid-19,在筛选框资助类型中限定为面上项目。

3. 实施检索,显示检索结果

单击“确定”按钮,显示检索结果,选择检索结果按年份排序,获得所要求的检索结果。“新冠肺炎”获得国家自然科学基金面上项目资助的最新论文项目名称：环境风险与绿色金融产品定价研究,研究机构为北京航空航天大学,作者为魏晓云和韩立岩,如图 8.4.9 所示。

图 8.4.9 检索结果页面

8.5 国外开放存取数据库

8.5.1 美国国家学术出版社

美国国家学术出版社(National Academies Press,NAP)主要负责出版美国国家科学院(National Academy of Sciences)、美国国家工程学院(National Academy of Engineering)、美国国家医学院(The Institute of Medicine)和美国国家研究委员会(National Research

Council)的相关研究成果。其于 2011 年 6 月 2 日宣布,将其出版的所有 PDF 版图书对所有读者免费开放下载,并且将这些图书去除 DRM 保护。电子书学科包括农业、地球科学、生命科学、工程技术、数学、物理、化学、环境、计算机、医学等。图 8.5.1 为美国国家学术出版社数据库首页(https://www.nap.edu)。

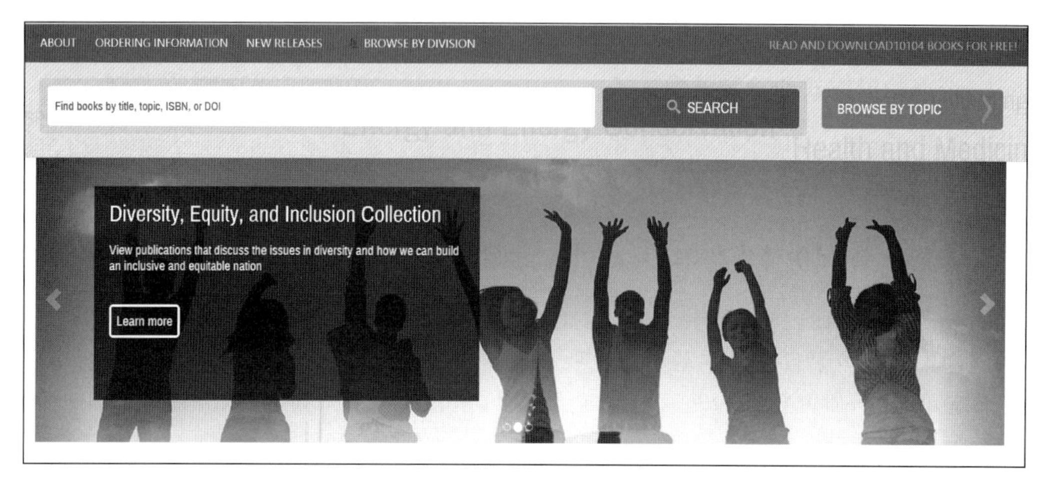

图 8.5.1　美国国家学术出版社数据库首页

美国国家学术出版社数据库通过简单检索和主题检索的方式查找电子书。其中,在简单检索的检索框中可以输入题名、主题、ISBN 和 DOI 等进行检索。在主题检索中,单击 BROWSE BY TOPIC 选项,在页面的左边会弹出主题选择列表,用户可以根据自己的需要在学科主题中选择,检索到的文献资源大部分都可以进行在线阅读或者免费下载。

用户可通过用户注册和访客身份获得免费下载电子书权限,如图 8.5.2 所示,数据库也为用户提供电子书全文和章节选择下载。

【案例 8.5.1】 用美国国家学术出版社网站查找 ISBN 为 978-0-309-48560-9 的图书书名和出版年份。

1. 分析信息需求,选择检索系统

登录美国国家学术出版社网站: https://www.nap.edu。

2. 选择检索方式和确定检索途径

选择简单检索,在简单检索页面检索框中输入检索词 978-0-309-48560-9。

3. 实施检索,显示检索结果

单击"SEARCH"按钮,显示检索结果。ISBN 为 978-0-309-48560-9 的图书书名是 *Understanding the Educational and Career Pathways of Engineers*,出版年份是 2018 年,如图 8.5.3 所示。

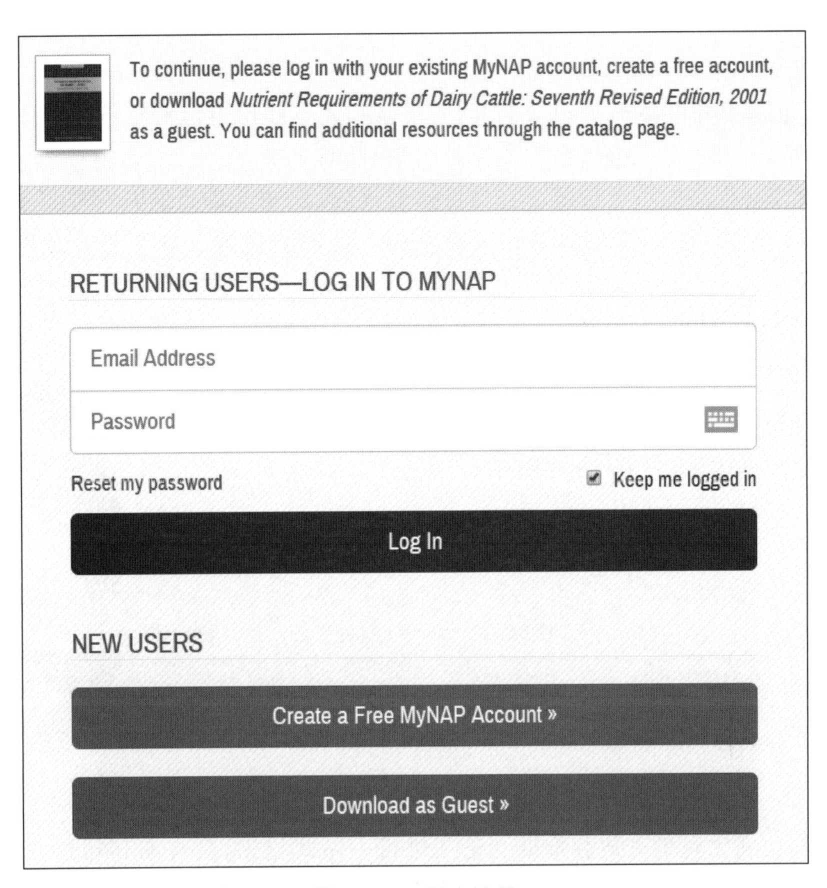

图 8.5.2　用户注册

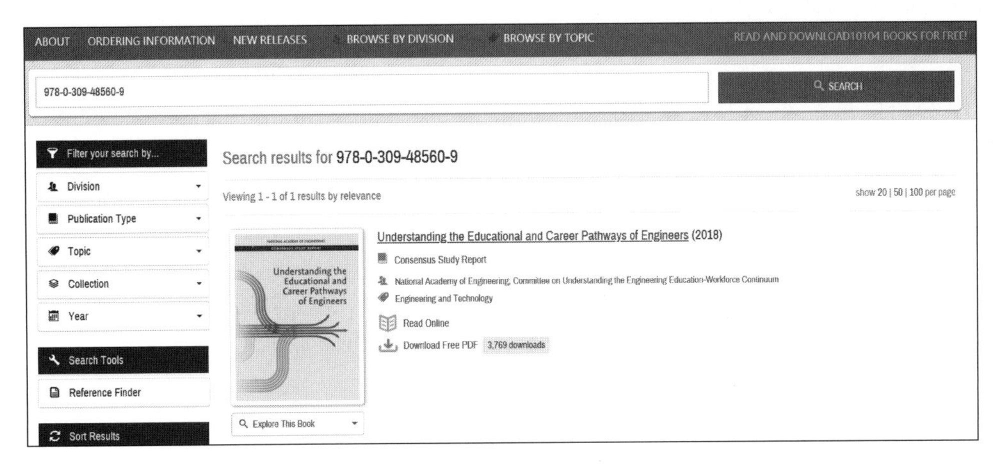

图 8.5.3　检索结果页面

8.5.2 开放存取期刊目录

开放存取期刊目录(Directory of Open Access Journals,DOAJ)是由瑞典隆德大学图书馆于 2003 年创建和维护的开放存取期刊门户网站,收录的均为学术性、研究性期刊,一般都是经过同行评审,或者是有编辑做质量控制的期刊,具有免费、全文、自由存取、高质量的特点,对学术研究有很高的参考价值。它是目前最权威、认知度最高的开存取资源目录,接受所有国家和所有语言的开放存取期刊进行索引。目前收录近 1.8 万种开放存取期刊、近 715 万篇开放存取论文,涵盖科学、技术、医学、社会科学、艺术和人文科学的所有领域。图 8.5.4 为 DOAJ 首页(https://doaj.org/)。

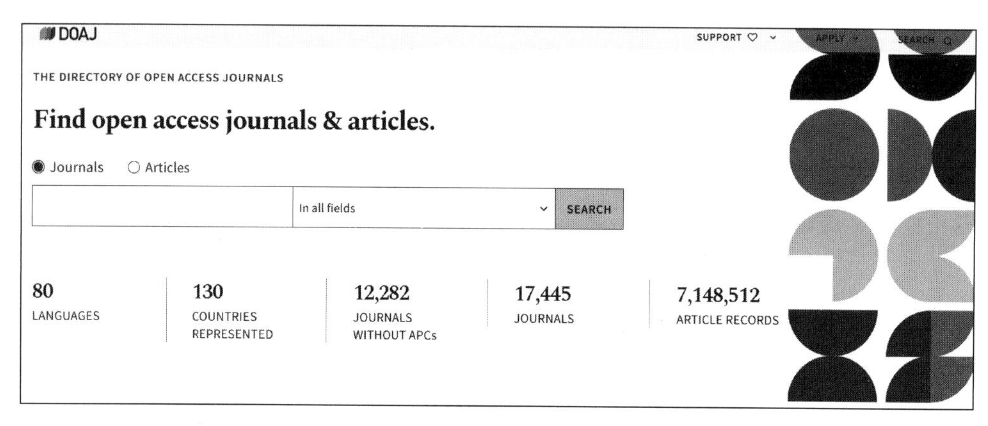

图 8.5.4 DOAJ 首页

DOAJ 提供对大量的开放存取期刊论文进行一站式检索,具有期刊和论文分类检索功能。其中,在期刊检索中,可在检索框中输入期刊名、ISSN、学科、出版商等进行检索。在文章检索中,可对文章的题名、摘要、主题、作者和文章全文进行检索。检索结果可根据系统提供的链接免费下载全文。

【案例 8.5.2】 通过 DOAJ 查找"虚拟环境"方面的学术论文。

1. 分析信息需求,选择检索系统

登录 DOAJ:https://doaj.org/。

2. 选择检索方式和确定检索途径

在首页单击 Articles 一站式检索,选择题名检索字段,在检索框中输入检索词"virtual environment",两个单词加上半角双引号,表示一个短语,精确查找。

3. 实施检索,显示检索结果

单击 SEARCH 按钮,显示检索结果。共检索到 264 条相关期刊文献。通过检索结果页面 Sort by 功能可对检索结果按照相关性、发表时间、添加到 DOAJ 的时间等进行排序。单击检索结果记录右侧 Read online 按钮可进入免费下载全文页面,如图 8.5.5 所示。

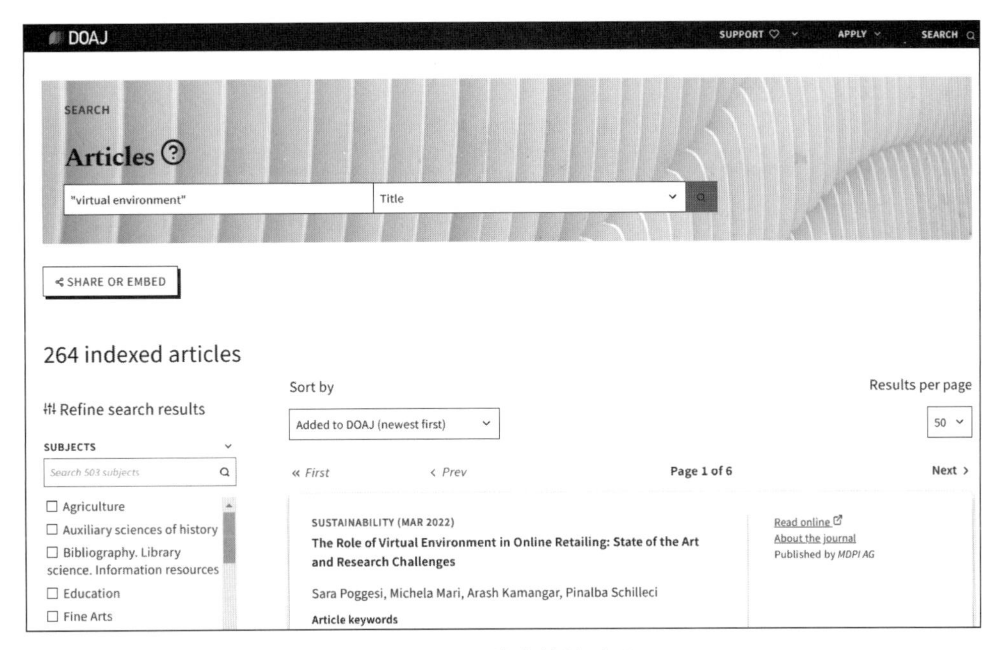

图 8.5.5　检索结果页面

8.5.3　OALIB 开放存取资源图书馆

8.5.4　arXiv

8.5.5　OSF Preprints 预印本集合查询平台

8.5.6　bioRxiv(生命科学)

8.5.7 medRxiv(医学)

思考与练习题

1. 简述什么是开放存取资源。开放存取资源的特征有哪些?

2. 简述开放存取资源的类型。

3. 简述国家自然科学基金基础研究知识库检索方式。

4. 利用国家期刊库,检索北京交通大学李红昌老师受国家社会科学基金重点项目"交通运输支撑引领新型城镇化机制及政策研究"(21AZD019-001)资助的成果,写出检索步骤。

5. 用 DOAJ 数据库查找你所学专业方面的学术文献。

第9章　信息管理利用

本章目标：

1. 学会利用工具来收集和管理文献信息；
2. 熟悉 NoteExpress 的核心功能；
3. 了解论文的撰写规则和投稿技巧；
4. 熟悉并遵守学术规范，避免学术不端。

9.1　文献管理工具

9.1.1　云笔记

1. 概述

1）简介

俗话说“好记性不如烂笔头”，在我们日常的学习、工作和生活中，常常会遇到大量临时性、碎片化的信息，大脑的存储空间有限，时间长了记忆可能模糊不清，不如及时将信息记录下来，既真实准确，还可以反复查看参考，这就是记笔记。记录笔记的历史悠久，从记录在龟甲兽骨上的甲骨文，到记录在青铜器、石头、竹木简、丝帛上的演变，直到纸张成为记录的主要载体。随着现代化信息技术的发展，云笔记应运而生。

云笔记是一款跨平台的个人记事备忘工具，能够实现 PC 端、移动端和云端之间的信息同步，可以快速记录学习笔记、会议记录、日程安排、生活备忘、奇思妙想、快乐趣事以及任何突发灵感等，是为适应当前学习、工作和生活环境的数字化、移动化、多平台、多应用、多终端特征而出现的一种个人信息管理工具。

云笔记以特有的方式聚合了邮件处理、文件共享、文件编辑、任务提醒、知识管理、时间管理、共享协助等功能，能最大限度满足互联网时代个人信息管理的需求。

云笔记有 PC 桌面版、Web 版和移动版三种版本，不同版本之间信息可以实现同步更新，支持用户随时随地不受限制地记录或采集一些碎片化信息，并对碎片化信息进行整合，同步到云端，实现信息在不同终端之间的无缝读取，方便、快捷、安全。

2）功能

常用云笔记有有道云笔记、印象笔记、为知笔记、OneNote 等，它们的基本功能相似。

（1）信息录入。创建笔记内容，支持键盘或手写输入（移动端）、各类型文档附件上传、拍照或语音上传、网页内容保存等。

（2）目录分层。支持 2 层以上目录分类，便于对笔记进行整理和查找。

（3）标签添加。可添加一个或多个标签，按标签对笔记检索和整理。

（4）多平台同步。提供 PC 桌面版、Web 网页版、移动端 App 等，支持跨平台使用，且同步。

(5) 云协作。与同伴分享的笔记在云端同步,支持团队成员对笔记进行协同修改。

(6) 批量导出。将所有笔记批量导出 PDF、HTML 等格式的文件。

(7) 交流分享。可以通过笔记自身 App、生成链接地址、邮件等多种方式快速与同伴分享笔记。

有道云笔记、印象笔记、为知笔记的功能比较,如表 9.1.1 所示。

表 9.1.1 三种云笔记功能比较一览表

功能		有道云笔记	印象笔记	为知笔记
费用	免费	初始 3GB 存储空间,签到可增加,无上传流量限制	每月 60MB 上传量,同步 2 台设备	试用 100 天
	收费	198 元/年,50GB 存储空间	标准账户 98 元/年,每月 1GB 上传量; 高级账户 148 元/年,每月 10GB 上传量	60 元/年, 每月 10GB 上传量
访问	登录	邮箱,手机号,第三方	邮箱,手机号,微信	邮箱,手机号,第三方
	支持平台	Windows、Mac、iPhone、iPad、Android	iOS、Android、Windows、Mac、黑莓 10(BlackBerry 10)	Windows、Mac、iPhone、iPad、Android、Linux
	多终端同步	不限,免费,速度中	免费限 2 台,收费不限,速度较快	收费,速度较慢
编辑	新建笔记	选择文档类型后创建	直接新建,文档内可选择模板	直接新建,长按选择文档类型
	Office 套件	基础套件,支持 Markdown	基础套件,需安装软件支持 Markdown	套件全,支持 Markdown
	语音转文字	支持,较为准确	支持,不太准确	支持,不太准确,不稳定
	扫描文件	支持	支持	只支持名片扫描
	OCR 识别	支持	付费支持	不支持
	加密	账户、文件夹、文件可加密	账户、文件夹、文件可加密	选定文字、手机客户端可加密
	标签功能	有	有	有
	多级目录	有	只有 2 级	有
	复制文字颜色	是	是	是
导入	文件导入	可直接导入单个文件	文件夹导入	文件夹导入
	图片导入	可直接导入图片	文件夹导入文档中	文件夹导入文档中
	批量导入	支持	支持	支持
	平台导入	支持印象笔记导入	支持 OneNote 导入	支持印象笔记导入
	Office、PDF 文件插入	附件形式插入	直接插入正文	附件形式插入
	网页剪藏	支持,手机端自带剪藏	支持,较好剪藏	支持
导出	分享文件	支持	支持印象用户	支持
	分享长图	支持	不支持	支持
	分享方式	Word,PDF,长图,外链接	PDF,长图,外链接	PDF,外链接
	导出格式	Word/PDF	ENEX/HTML/MHT	HTML/MHT/TXT

2. 有道云笔记

1）概况

有道云笔记（原有道笔记）是 2011 年 6 月 28 日北京网易有道计算机系统有限公司推出的个人与团队的线上资料库，支持多种附件格式，拥有 3GB 容量的初始免费存储空间，能够实时增量式同步，并采用“三备份存储”技术。支持 PC、Android、iPhone、iPad、Mac、Wap 和 Web 等平台，实现个人资料和信息跨平台跨地点的管理。历经 10 余年沉淀，现用户量已超过 1 亿。

2）特点

（1）采用了增量式同步技术，即每次只同步修改的内容而不是整个笔记。

（2）“三备份存储”技术将用户的数据在三台服务器上进行备份存储，这样即使有 1～2 台机器发生故障也能有效保障用户数据的安全性和稳定性，该技术还便于未来系统存储规模的扩大和数据处理能力的提高。

（3）为用户提供高达 3GB 的初始免费存储空间。并且随着在线时间的增长，登录账号所对应的储存空间也同步增长。

（4）支持多种附件类型，包括图片、PDF、Word、Excel、PowerPoint 等。

（5）同时上线的还包括网页剪报功能，即通过收藏夹里的一段 JavaScript 代码将网页里的信息一键抓取保存至有道云笔记里，并可对保存的网页进行二次编辑。

3）功能

（1）记录信息。在笔记中输入文字，插入图片、表格、附件，用语音、手写、OCR、Markdown 等多种形式，可以随时随地记录身边信息。

（2）管理文档。直接在有道云笔记内管理、查看和编辑各类 Office、PDF 文档。

（3）实时备份。自动将数据实时同步到云端，永久留存。

（4）多平台同步。通过计算机、手机、网页随时随地查看和编辑文档资料。

（5）团队协作。文档可分享到 QQ、微信、微博、邮件等平台，团队协同处理更高效。

（6）精彩收藏。支持微信、微博、链接收藏和网页剪报等多种形式。

4）主界面

有道云笔记的主界面，由多级目录区、笔记记录编辑区、笔记编辑功能区、文档编辑功能区组成，如图 9.1.1 所示。

5）新建笔记

新建笔记的步骤，如图 9.1.2 所示。

（1）单击“新文档”菜单，选择“新建笔记”命令或者在相应的文件夹下新建笔记；

（2）在笔记记录编辑区输入或者粘贴需要记录的内容；

（3）利用编辑功能键编辑笔记；

（4）单击“保存”按钮或自动保存，即完成一条笔记；

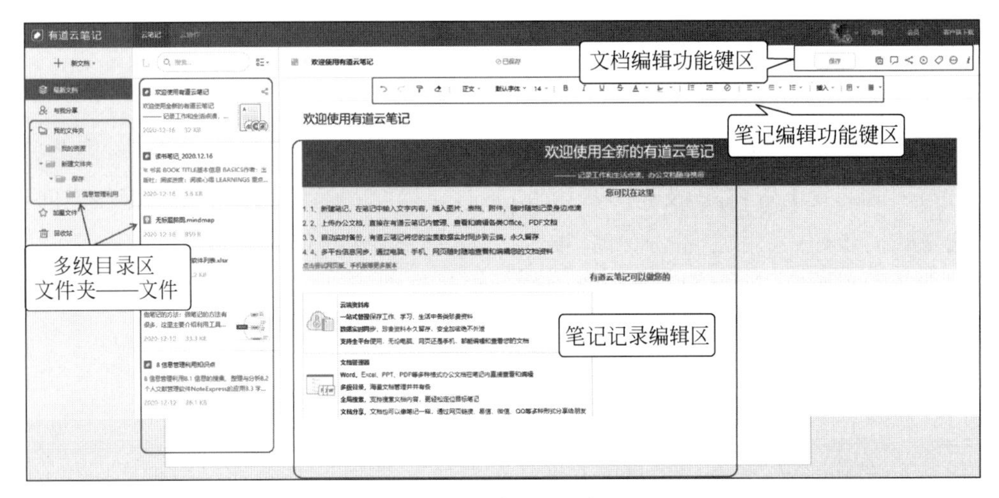

图 9.1.1 有道云笔记主界面

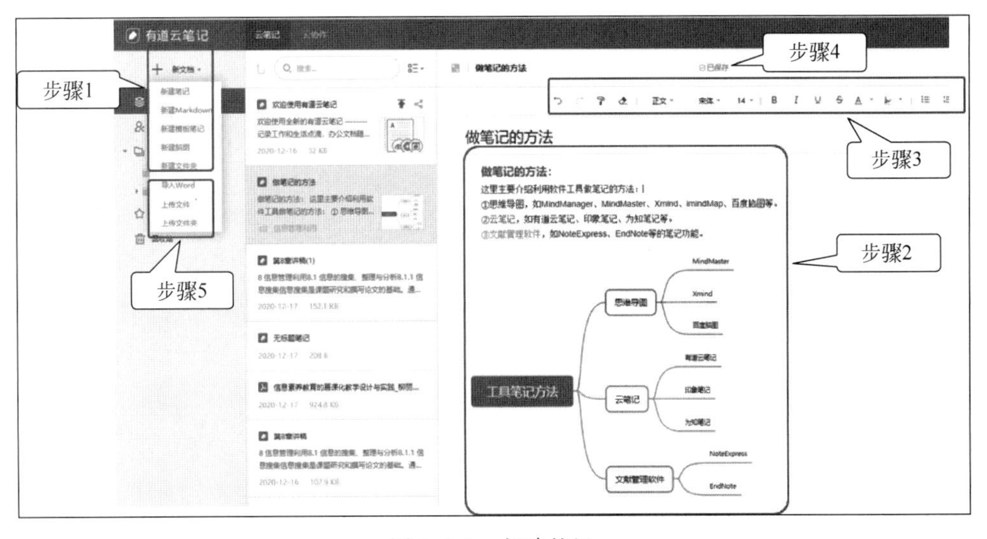

图 9.1.2 新建笔记

(5) 也可以在“新文档”下选择“导入 Word”“上传文件”“上传文件夹”，直接导入 Word 文件、PDF 文档、文件夹等。

6) 导入文件/文件夹

可以直接导入单个文件、图片，支持批量导入，支持 Office、PDF 文件以附件形式插入，支持印象笔记导入等，如图 9.1.3 所示。

7) 导出/分享

导出：选择目标文件，右击选择“导出”命令，选择文件格式，即可导出对应格式文件。

分享：选择目标文件，右击选择“分享”命令，即可分享到微博、微信、QQ 群或好友等，如图 9.1.4 所示。

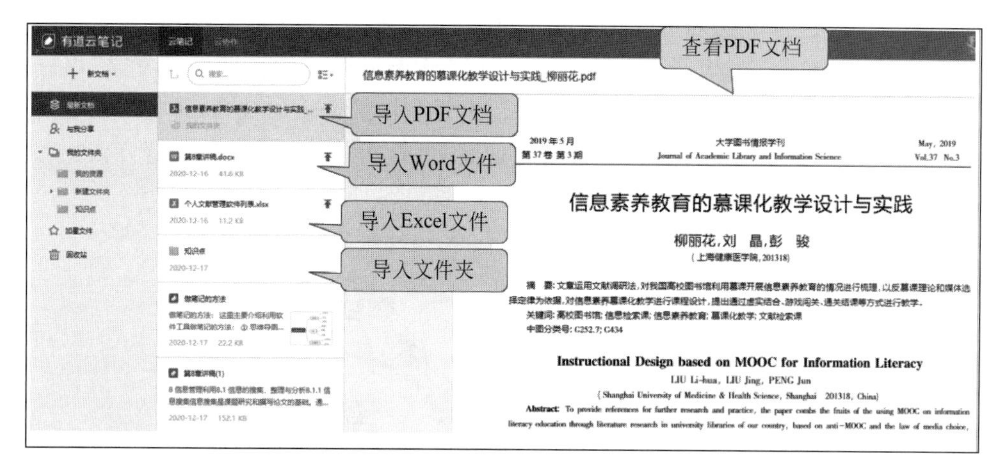

图 9.1.3　导入文件/文件夹

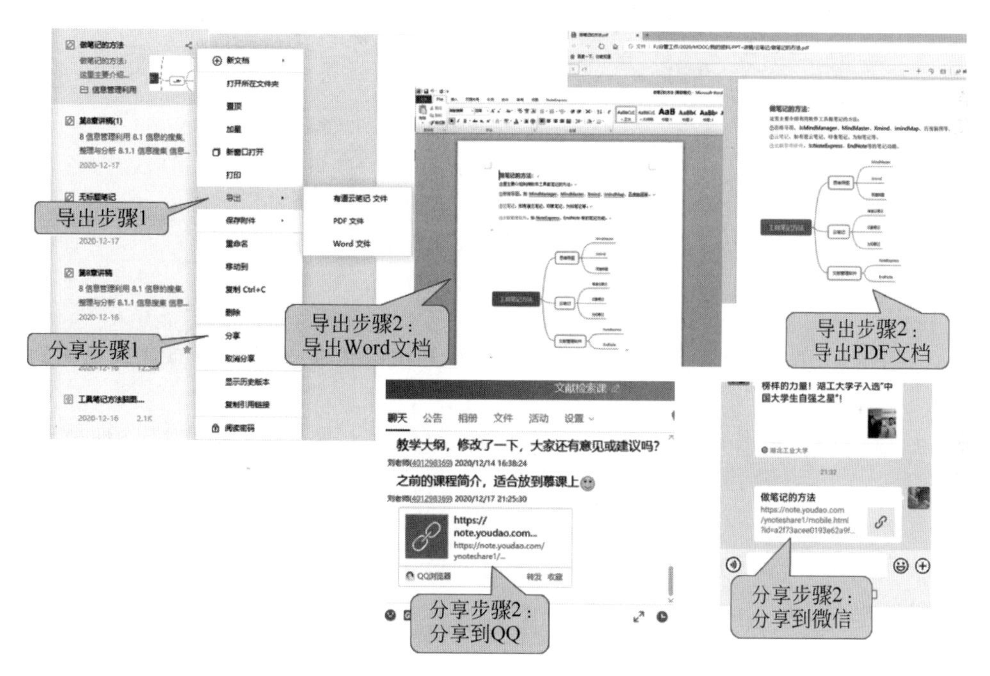

图 9.1.4　导出/分享

9.1.2　思维导图

1. 思维导图概述

1）含义

思维导图(the mind map)，是表达发散性思维的有效图形思维工具，又叫脑图、心智导图、心智地图、概念地图、树状图、思维地图等。思维导图是 20 世纪 70 年代世界著名的英国心理学家、教育学家托尼·博赞(Tony Buzan)在《启动大脑》一书中正式提出的，他曾经因为帮助查尔斯王子提高记忆力而被誉为英国的“记忆力之父”。

思维导图呈现的是一个思维过程。它顺应人类大脑放射性的自然思维方式，用一个中央关键词以辐射线形连接向四周发散的分支主题，运用图文并重的技巧，将各级主题的关系用相互隶属与相关的层级图表现出来，并与图像、颜色等建立记忆链接的图解方式。

例如以托尼·博赞这个人物为中心主题的思维导图，如图 9.1.5 所示。

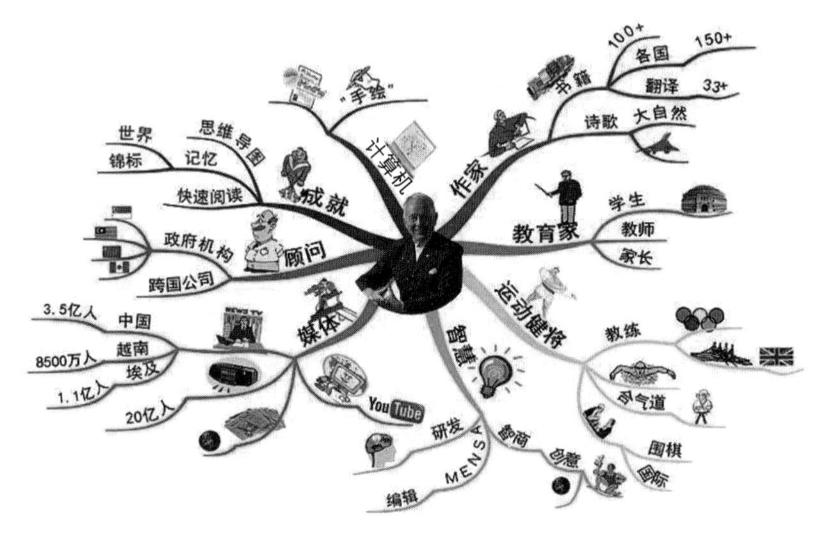

图 9.1.5　以托尼·博赞为中心的思维导图

2）特点

（1）一个中心。即中心主题，图 9.1.5 以思维导图的发明者托尼·博赞这个人物为中心主题。

（2）放射结构。辐射线形连接向四周发散，即分支主题，本图是托尼·博赞的各种身份。

（3）层级隶属。层次分明，本图是托尼·博赞的各种身份方面的情况。

（4）图文并重。图 9.1.5 中除了文字，还有图形、颜色、代码等，图文并重，直观形象，可以增强记忆、激发联想。

3）应用

思维导图被誉为“大脑使用说明书”和“思维工具中的瑞士军刀”，它已经成为风靡全球的革命性思维工具，在全球教育界和商界掀起了一场超强的思维风暴。思维导图充分运用左右脑的机能，协助人们在科学与艺术、逻辑与想象之间平衡发展，从而开启人类大脑的无限潜能。思维导图被广泛应用于学习、工作、生活的各种领域当中，用来制订计划、记录笔记、文献整理、论文写作、项目管理和演讲展示等，主要是帮人们建立结构化思维理顺思路、整理学习内容帮助记忆、激发潜能联想创造。

4）思维导图软件

思维导图诞生时是用笔在纸上画出来的，而如今各种思维导图工具软件层出不穷，基本功能大致相同。常用思维导图软件有 MindMaster、MindManager、Xmind、iMindMap、FreeMind、MindMapper、百度脑图等。这些软件有免费版和收费版，免费版提供基本的功能，收费版功能更多。下面以 MindMaster 为例来学习思维导图的利用。

2. MindMaster 的利用

1）概况

MindMaster 是深圳市亿图软件有限公司推出的一款跨平台思维导图软件，可用于 Windows、Mac 和 Linux 等桌面环境，也可以在线使用，或在 iOS、安卓等移动端上使用。其提供 12 种布局、33 个主题、700 多种剪贴画和丰富的编辑功能，让思维导图制作起来更轻松美观。制作完成的作品可以发布到思维导图社区，也可以导出为其他文件，还可以分享到微信、微博等社交平台。

MindMaster 是一款由国内团队自主研发的软件，拥有比较好的中文支持，操作也更符合国人的使用习惯。其功能如图 9.1.6 所示。

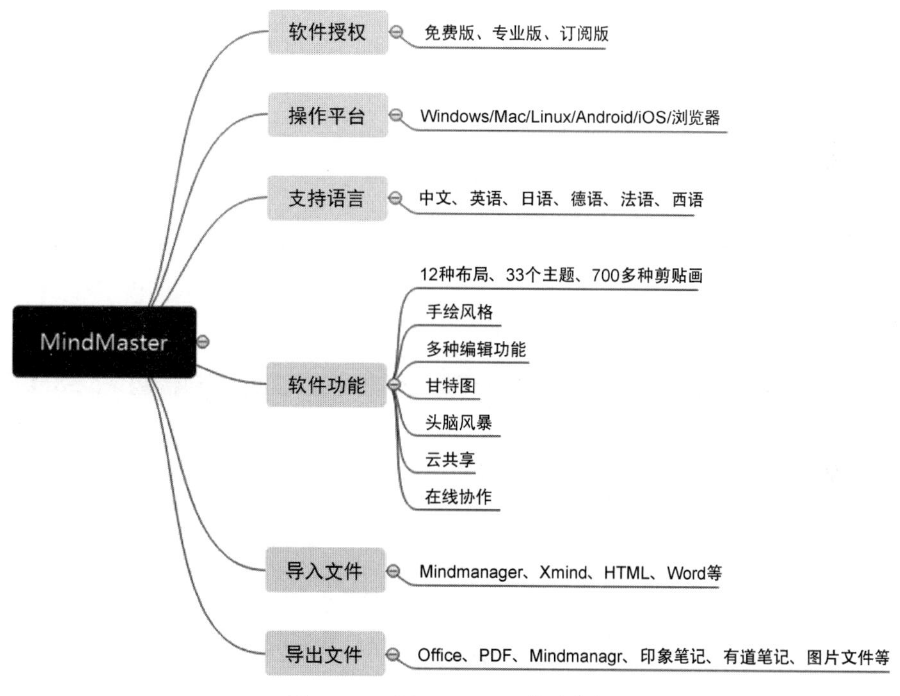

图 9.1.6 MindMaster 的功能图

2）MindMaster 的主界面

MindMaster 的主界面由快速访问工具栏、菜单栏、功能区、功能快捷区、页面/幻灯片缩放区和思维导图编辑区组成，如图 9.1.7 所示。

（1）快速访问工具栏：有撤销、重做、新建、打开、保存、打印、导出等工具，位于左上角。

（2）菜单栏：有文件、开始、页面样式、幻灯片、高级、视图、帮助等菜单，位于左上角。

（3）功能区：菜单下设的各种功能，位于左上角。

（4）功能快捷区：有功能区的常用功能键，不用打开功能区即可快速使用，位于右上角。

（5）页面/幻灯片缩放区：位于右下角。

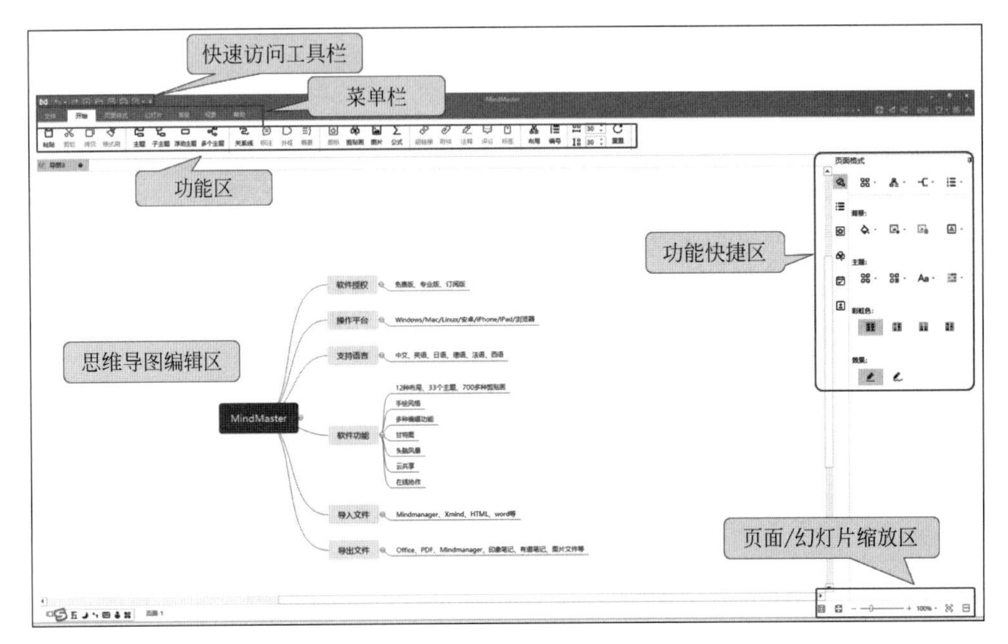

图 9.1.7　MindMaster 的主界面

(6) 思维导图编辑区：位于中心区。

3) 新建思维导图

新建思维导图的步骤，如图 9.1.8 所示。

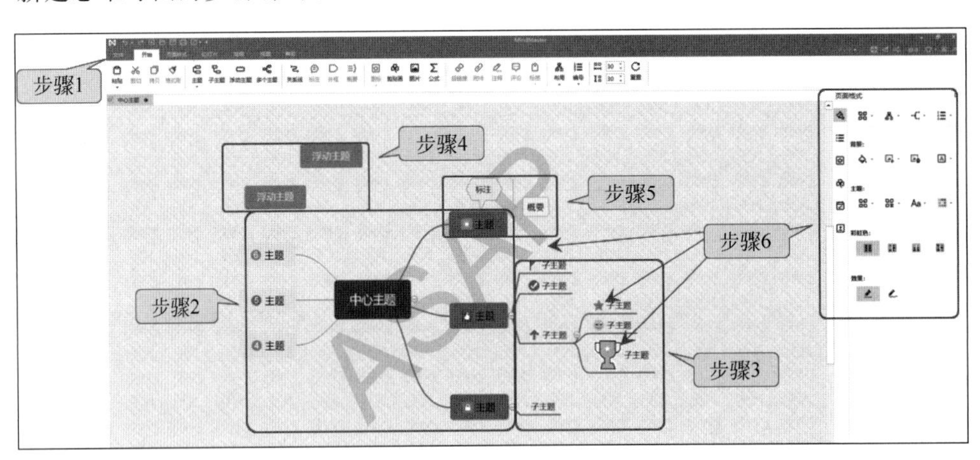

图 9.1.8　新建思维导图

(1) 在“文件”菜单单击“新建”菜单，选择空白模板或使用经典模板或者单击快捷键“＋”图标新建。

(2) 新建空白图，会出现“中心主题”，单击 Enter 键或中心主题右侧“＋”号创建“主题”。

(3) 在“主题”上，单击 Insert 按钮或 Tab 键或“主题”右侧“＋”号创建“子主题”；以同样方法创建下级“子主题”。

(4) 暂时不能确定层级关系的主题可以作为“浮动主题”置于一边，后面可以拖曳到相应主题下面。

(5) 双击主题名称修改主题文本；还可以为某级主题添加标注、概要、注释、评论、附件和超链接等。

(6) 在右侧功能快捷区选择不同功能键，可改变主题、布局、背景、颜色、字体等，还可以添加剪贴画、图标、水印等美化导图。

在新建过程中不需要的内容，可以右击选择“删除”命令或用 Delete 键删除。

4) 思维导图导入/导出

思维导图的导入/导出，如图 9.1.9 所示。

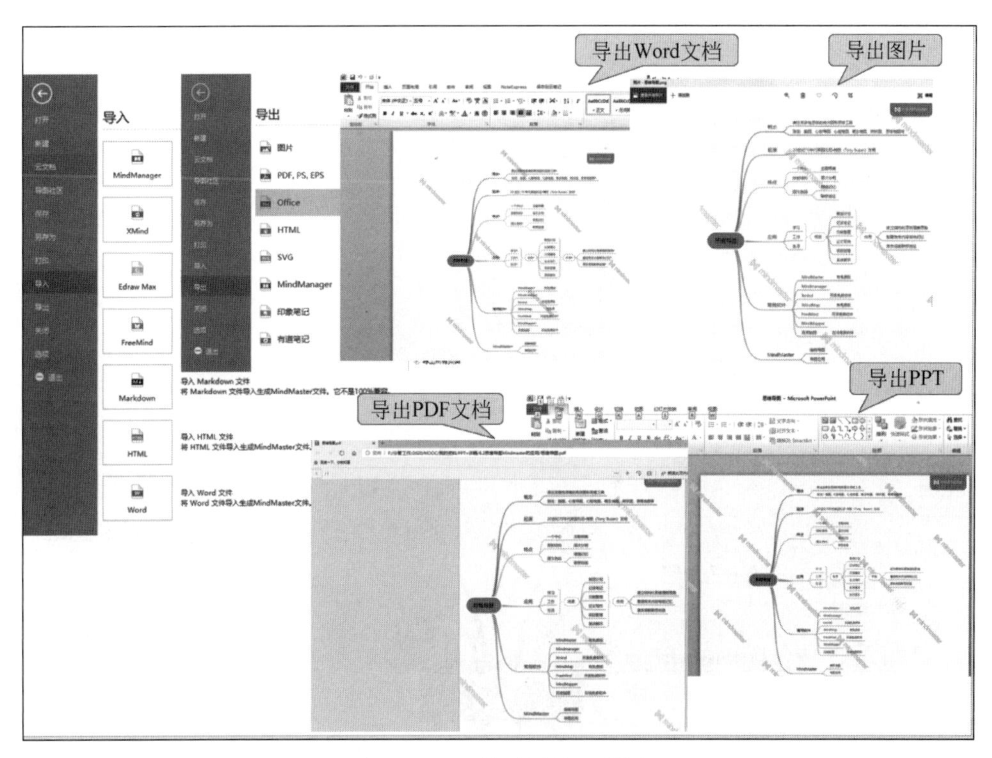

图 9.1.9 思维导图导入/导出

(1) 导入：可以导入 MindManager、Xmind、Edraw Max、FreeMind、Markdown、HTML、Word 文件生成 MindMaster 文件。

(2) 导出：可以将 MindMaster 文件导出为图片、PDF、Office、HTML、MindManager、印象笔记、有道云笔记等格式文件。

5) MindMaster 的应用

下面是利用 MindMaster 制作的各种应用场景的思维导图示例，如图 9.1.10～图 9.1.14 所示。

9.1.3 个人文献管理软件

1. 概述

文献调研是开展科学研究和学术工作的前提和基础，收集、阅读、分析、筛选文献将占用

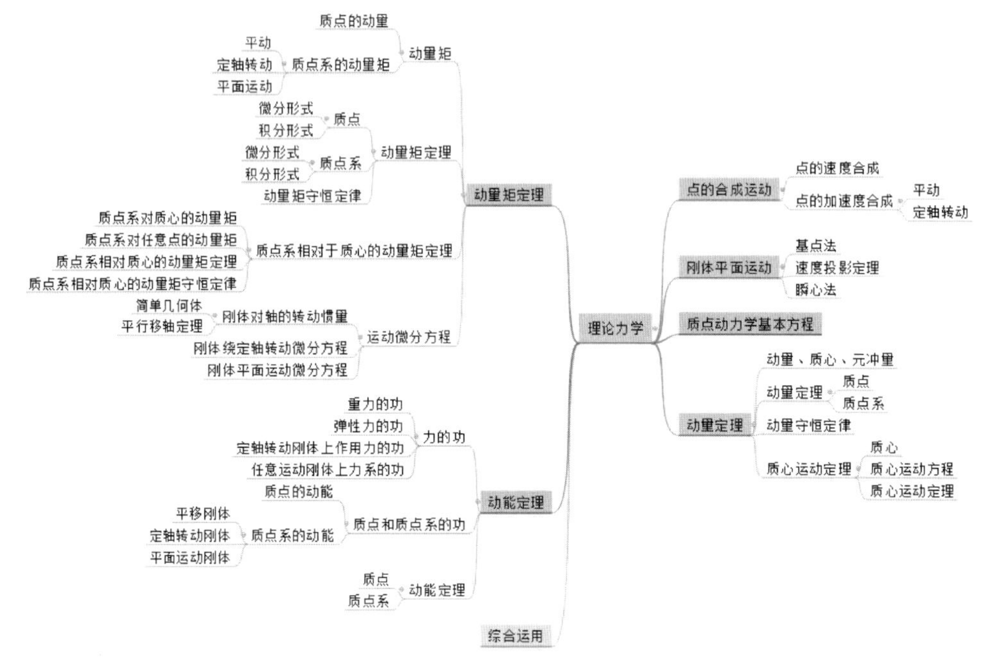

图 9.1.10　学习笔记

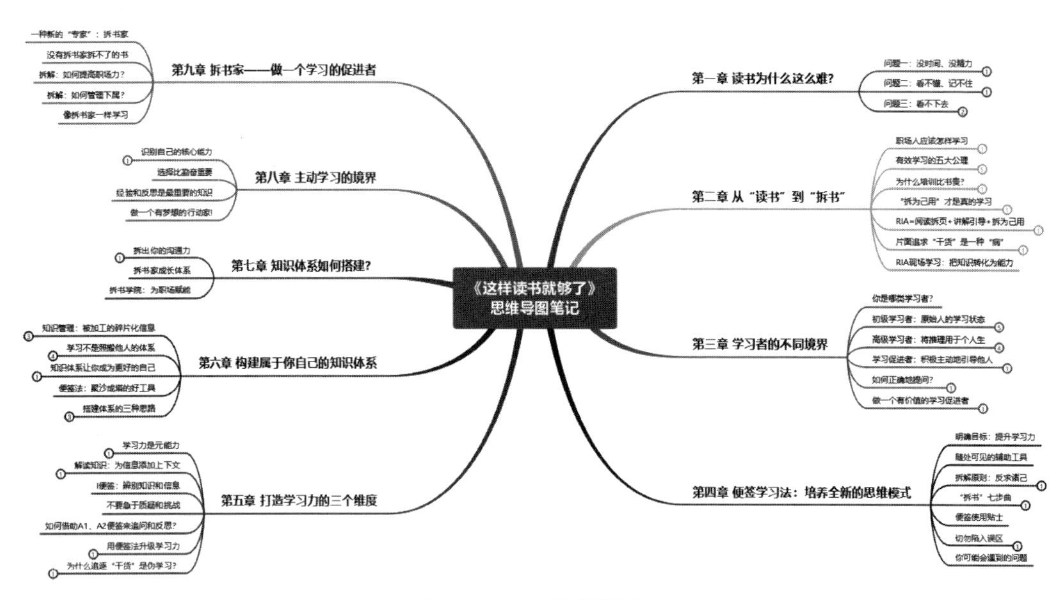

图 9.1.11　读书笔记

大量时间，利用个人文献管理软件可以提高文献管理效率。

个人文献管理软件，是一种用于帮助用户保存、组织、管理引用文献的计算机程序。一旦引用文献被保存，就可以反复多次地生成文献引用目录。如图书、论文中的参考文献目录。

目前，常用国外个人文献管理软件有 EndNote、EndNote Web、Mendeley、ReadCube、

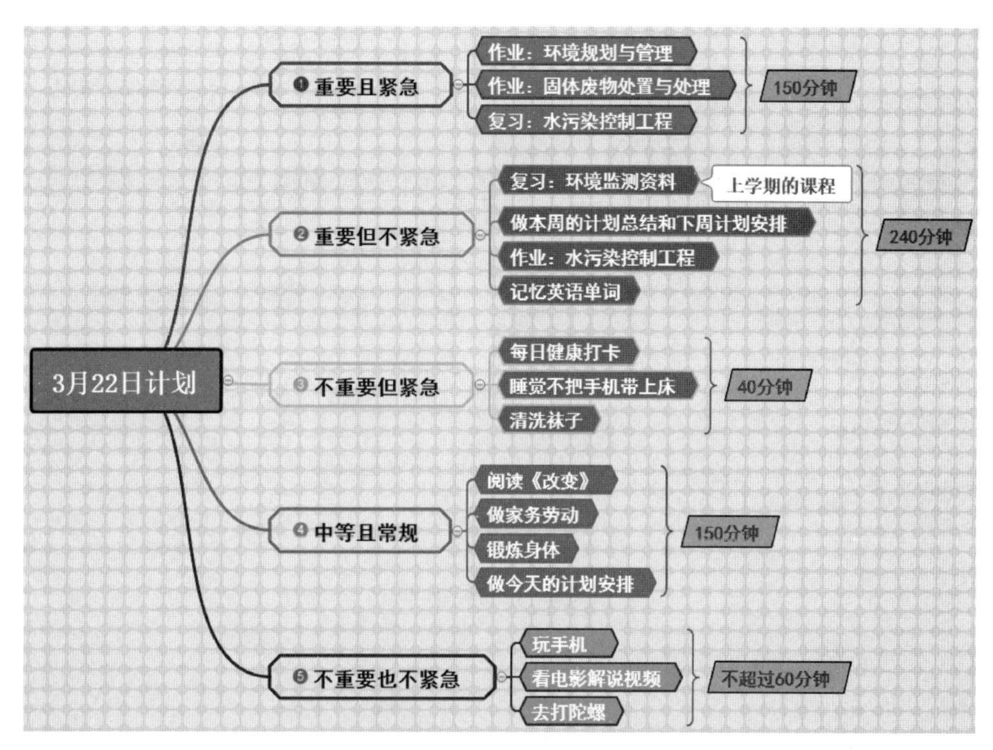

图 9.1.12　时间管理

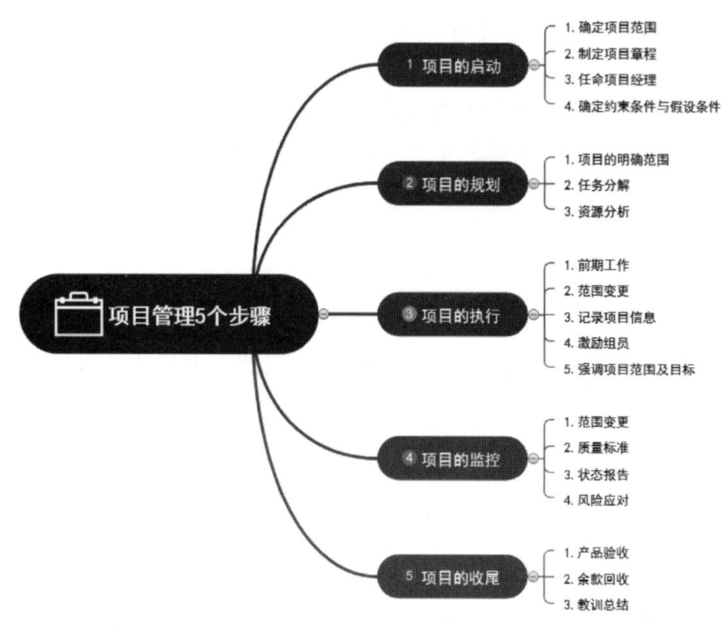

图 9.1.13　项目管理

RefWorks、Zotero 等，国产个人文献管理软件有 NoteExpress、NoteFirst 等。

这些软件的功能大同小异，主要功能是：

(1) 有效管理已获取的文献信息；

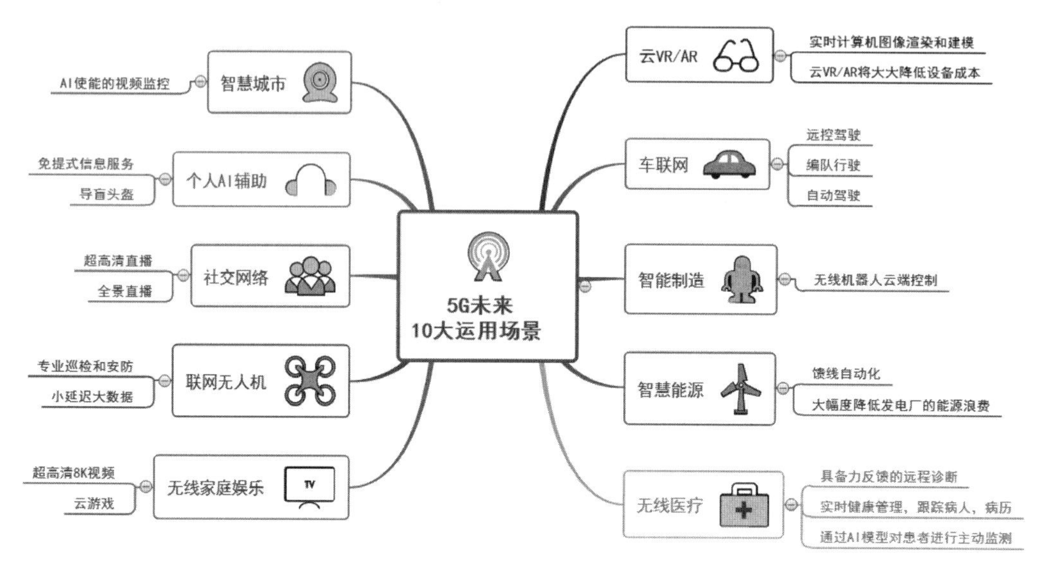

图 9.1.14　知识管理

(2) 方便利用已获取的文献信息来写作。

基本功能有：

(1) 建立个人文献数据库；

(2) 有效组织和管理已获取的文献信息；

(3) 在个人文献数据库中快速检索；

(4) 按特定格式快速插入参考文献(引文)；

(5) 导入/导出、备份/恢复个人文献数据库的内容。

下面以 NoteExpress 为例，来讲解个人文献管理软件的应用。

2. NoteExpress 的应用

1) NoteExpress 简介

(1) 功能。NoteExpress(以下简称 NE)，是北京爱琴海乐之技术有限公司开发的产品，是目前流行的参考文献管理工具系统之一，其核心功能是帮助读者在整个科研流程中高效利用电子资源。

① 检索：支持数以百计的全球图书馆书库和电子数据库，如万方、维普、中国知网、Elsevier ScienceDirect、ACS、OCLC、美国国会图书馆等。一次检索，永久保存。

② 管理：可以分门别类管理百万级的电子文献题录和全文，独创的虚拟文件夹功能更适合多学科交叉的现代科研。

③ 分析：对检索结果进行多种统计分析，从而使研究者更快速地了解某领域里的重要专家、研究机构、研究热点等。

④ 发现：综述阅读方式能快速发现有价值的文献，与文献相互关联的笔记功能，能随时记录阅读文献时的思考，方便以后查看和引用。

⑤ 写作：支持 Word 和 WPS，在论文写作时可以随时引用保存的文献题录，并自动生

成符合要求的参考文献。

(2) 下载安装。在 NE 官方网站：http://www.inoteexpress.com 下载安装程序，集团用户请下载所在机构的集团版，个人用户请下载个人版。安装 NE 时，若提示用户、密码，可以管理员身份运行安装包。集团版，机构用户购买版或试用版（如×××大学图书馆版），对于机构用户版本，授权方式是通过机构提供的 IP 范围进行授权，位于机构 IP 范围内的任何个人可下载、安装和使用，IP 范围之外则不能使用。个人版，NE 提供免费版以及收费版本，免费版可以终身免费使用，收费版则必须通过注册码对软件进行授权注册后或者购买 VIP 账户才能使用。

(3) NE 的主程序界面。由菜单栏、工具栏、数据库目录栏、题录列表栏、题录信息栏、标签云栏组成，如图 9.1.15 所示。

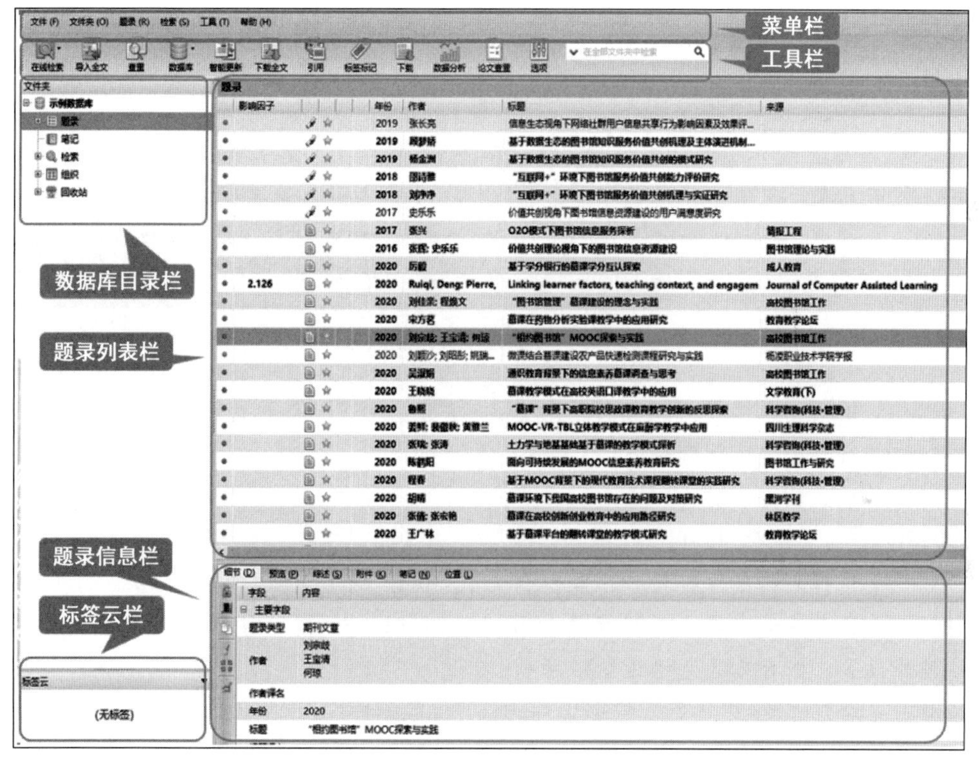

图 9.1.15　NE 的主程序界面

① 菜单栏，设置了文件、文件夹、题录、检索、工具和帮助菜单及多级子菜单。

② 工具栏，汇集了 NE 所有常用的功能按钮以及快速搜索框。

③ 数据库目录栏，展示当前打开数据库的目录结构，NE 支持建立多级文件夹结构，支持同时打开多个数据库。

④ 题录列表栏，展示当前选中文件夹内保存的题录，题录是 NE 管理文献的基本单位。

⑤ 题录信息栏，快速查看和编辑当前选中题录的元数据信息、综述、笔记、附件、预览格式化引文样式和在数据库中的位置。

⑥ 标签云栏，展示当前数据库中题录含有的所有标签，并可以通过标签组合进行快速

筛选。

2）NE 的应用

主要介绍 5 种功能：新建数据库、文献录入、文献管理、统计分析和引文编辑。

（1）新建数据库。包括新建个人文献数据库和建立分类目录。

① 新建个人文献数据库的步骤，如图 9.1.16 所示。

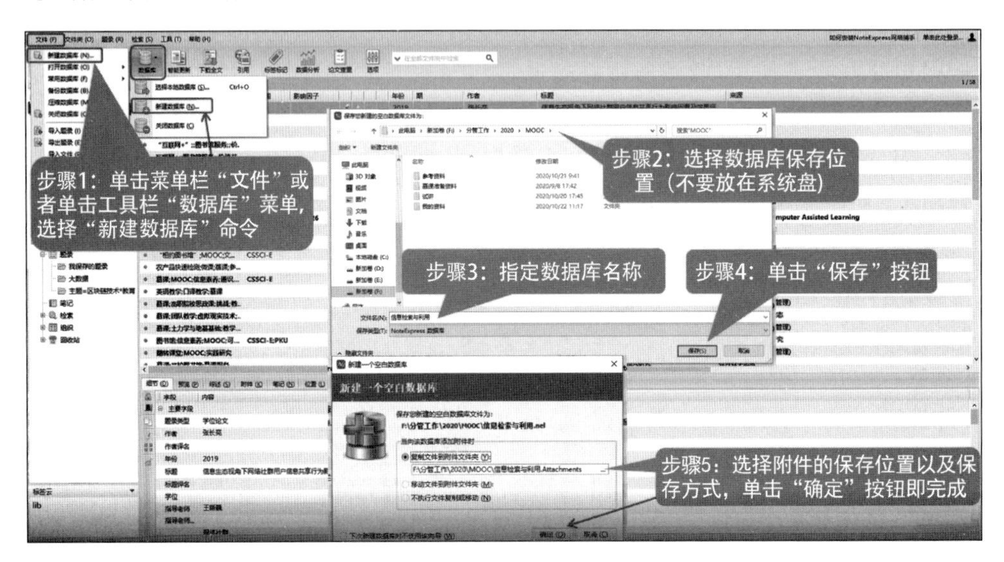

图 9.1.16　新建个人文献数据库

步骤 1：单击菜单栏“文件”或者单击工具栏“数据库”菜单，选择“新建数据库”命令。

步骤 2：选择数据库保存位置（不要放在系统盘）。

步骤 3：输入数据库名称。

步骤 4：单击“保存”按钮。

步骤 5：选择附件的保存位置以及保存方式，单击“确定”按钮即完成。

提示：NE 会默认在建立数据库的位置建立附件文件夹，如需要将附件存放在别的地方，请另外设置。保存方式建议选择前两项。

② 新建分类目录，建立个人数据库后，可以在数据库“题录”分类下建立多级文件夹来分类管理文献，也可以对目录进行增、删、改，以及排序，如图 9.1.17 所示。

（2）文献录入。包括题录录入和全文导入，题录录入有手工录入、批量导入、直接导入 3 种方式。

① 手工录入，一般是在个别没有固定格式导出的题录或者由于其他原因需要手工编辑的题录时使用，作为题录收集的补充方式。

【案例 9.1.1】　手工录入题录到 NE 中。

手工录入张静波发表在 2013 年第 4 期《科学（上海）》上的期刊论文。

录入步骤，如图 9.1.18 所示。

步骤 1：选择目标文件夹，如“信息检索与利用”下的“期刊论文”文件夹。

步骤 2：单击菜单栏“题录”下子菜单“新建题录”，选择文献类型“期刊文章”选项。

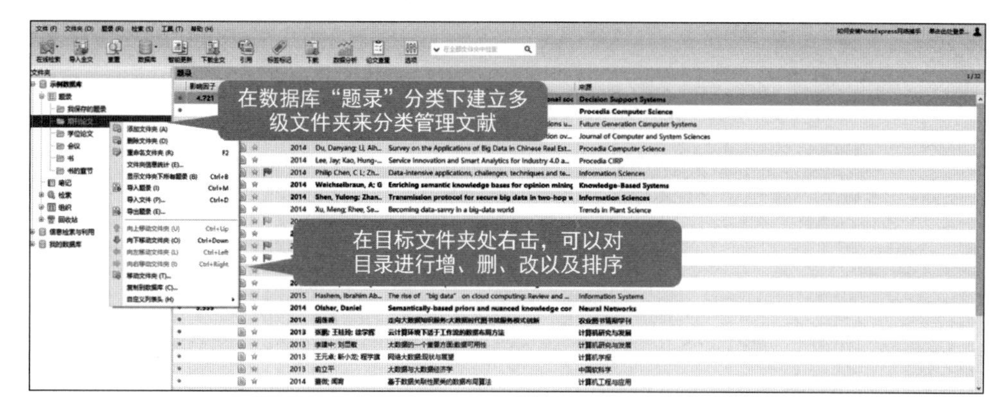

图 9.1.17　新建分类目录

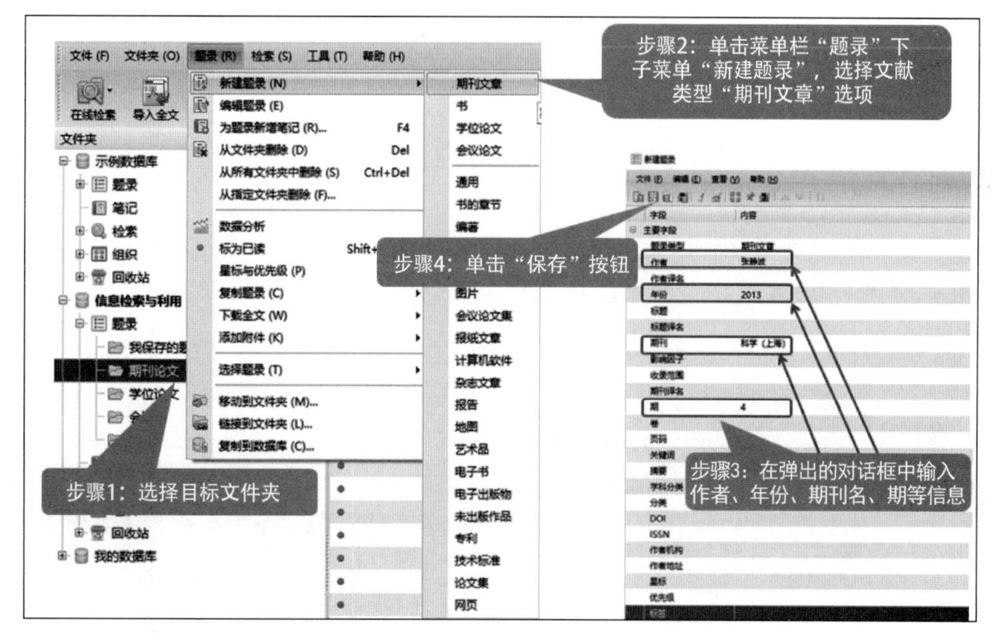

图 9.1.18　手工录入题录

步骤 3：在弹出的对话框中，分别手动输入作者“张静波”、年份“2013”、期刊名“科学(上海)”、期“4”等信息。

步骤 4：单击“保存”按钮即完成。

② 批量导入，就是导入事先保存好的固定格式的题录文件到 NE 中，即过滤器导入。

【案例 9.1.2】 批量导入题录到 NE 中。

在“信息检索慕课”目录中导入相关文献题录。

批量导入步骤，如图 9.1.19 所示。

步骤 1：选择数据库“信息检索与利用”下的目录“信息检索慕课”。

步骤 2：右击选择“导入题录”命令。

步骤 3：选择题录存放的位置，是之前检索保存的固定格式的题录文件。

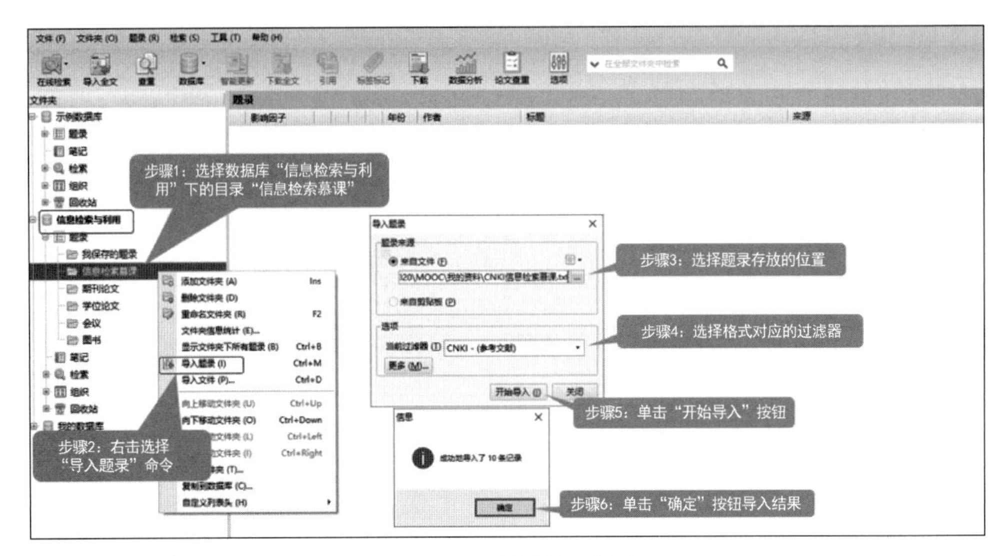

图 9.1.19　批量导入题录

步骤 4：选择格式对应的过滤器，如中国知网-(参考文献)。

步骤 5：单击“开始导入”按钮。

步骤 6：单击“确定”按钮，完成导入结果。

在批量导入中，只能导入题录的标题信息，可用智能更新来完善信息，如图 9.1.20 所示。

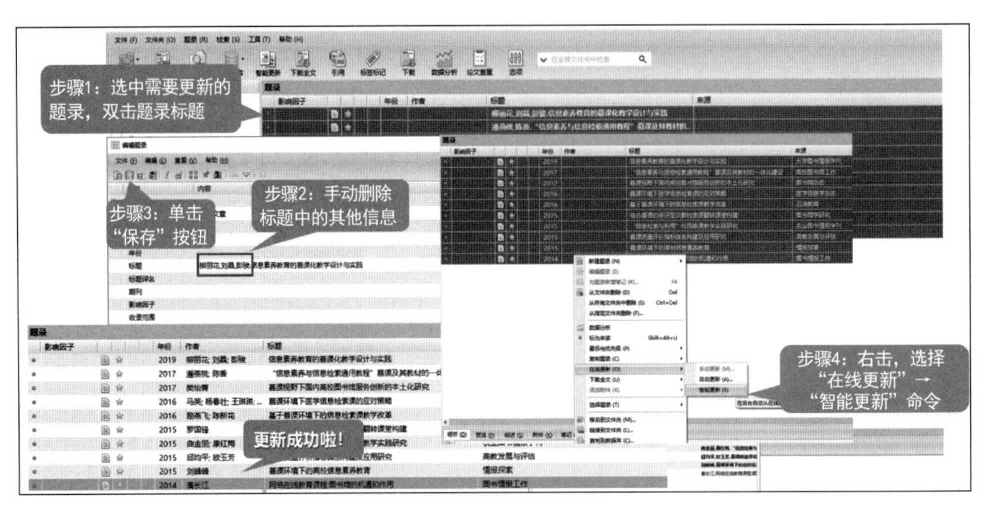

图 9.1.20　智能更新题录

智能更新题录的步骤是：选中需要更新的题录，双击题录标题；手动删除标题中的其他信息，如作者；单击“保存”按钮；右击选择“在线更新”→“智能更新”命令，直至更新成功。也可用在线更新的自动更新、手动更新，但智能更新效率更高。

③ 直接导入，就是直接导入数据库检索结果到 NE 中。它也是格式化文件导入，也是

过滤器导入。

【案例 9.1.3】 直接导入中国知网检索结果到 NE 中。

在中国知网中检索“大数据”相关文献并导入 NE 大数据目录中。

直接导入步骤，如图 9.1.21 所示。

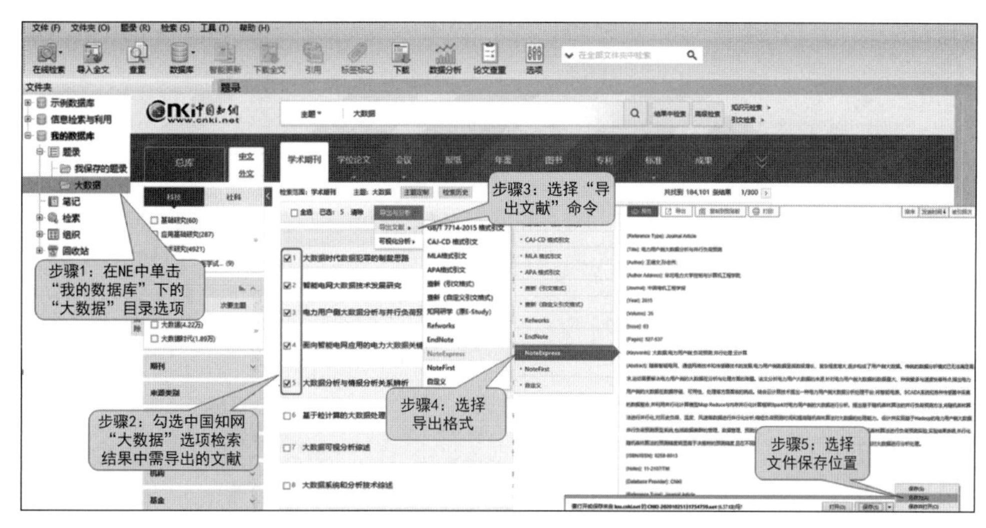

(a) 直接导入中国知网的题录1

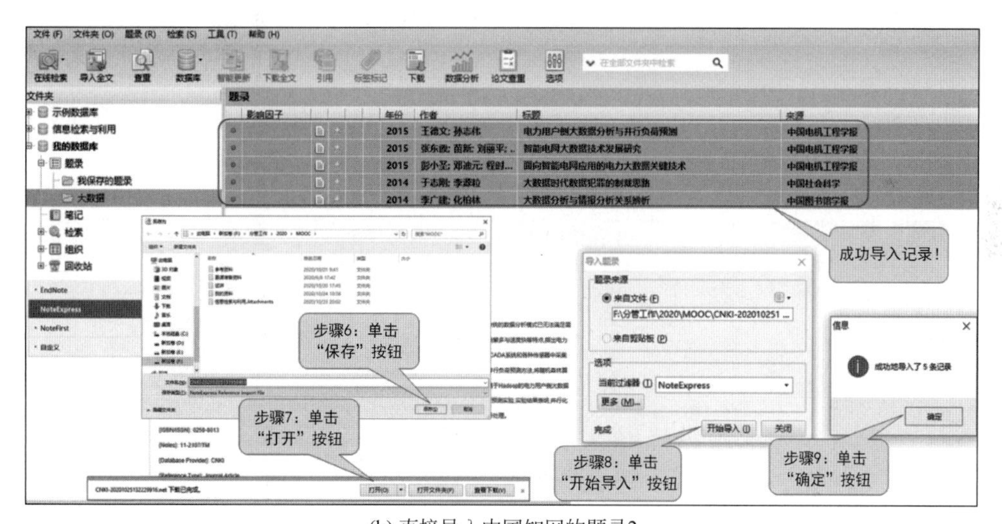

(b) 直接导入中国知网的题录2

图 9.1.21 直接导入中国知网的题录

步骤 1：在 NE 中单击“我的数据库”下的“大数据”目录选项。

步骤 2：在中国知网“大数据”检索结果中勾选需导出的文献。

步骤 3：选择“导出文献”命令。

步骤 4：选择导出格式 NoteExpress。

步骤 5：选择文件保存位置。

步骤 6：单击“保存”按钮。

步骤 7：单击“打开”按钮。

步骤 8：单击“开始导入”按钮。

步骤 9：单击“确定”按钮，成功导入选中题录 NE 中。

【案例 9.1.4】 直接导入 SCI 检索结果到 NE 中。

在 SCI 中检索“大数据”相关文献并导入 NE 大数据目录中。

导入步骤，如图 9.1.22 所示。

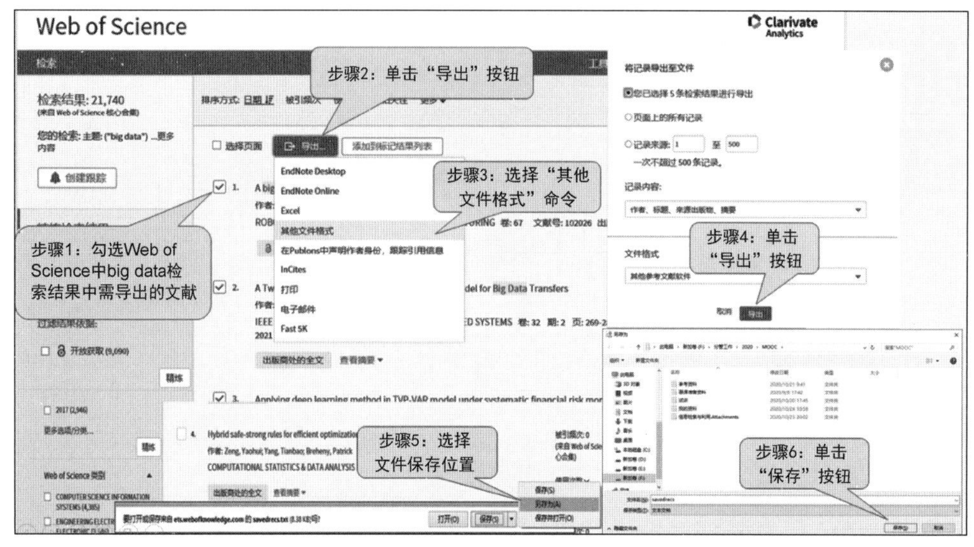

(a) 直接导入SCI的题录1

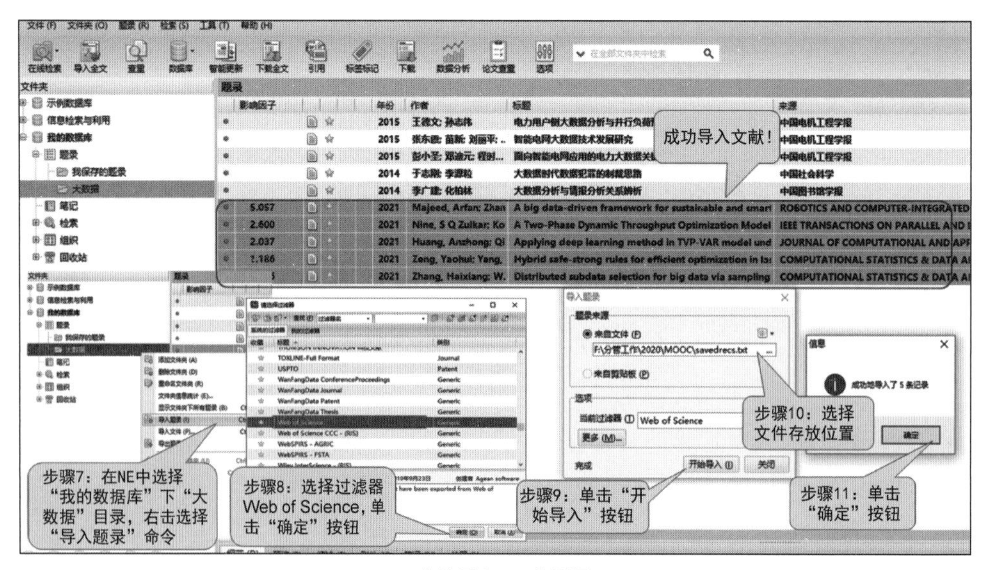

(b) 直接导入SCI的题录2

图 9.1.22 直接导入 SCI 的题录

步骤 1：勾选 Web of Science 中的 big data 检索结果中需导出的文献。

步骤 2：单击“导出”按钮。

步骤 3：选择“其他文件格式”命令。

步骤 4：单击“导出”按钮。

步骤 5：选择文件保存位置。

步骤 6：单击“保存”按钮。

步骤 7：在 NE 中选择“我的数据库”下“大数据”目录，右击选择“导入题录”命令。

步骤 8：选择过滤器 Web of Science，单击“确定”按钮。

步骤 9：单击“开始导入”按钮。

步骤 10：选择文件存放位置。

步骤 11：单击“确定”按钮，成功导入选中文献题录到 NE 中。

④ 全文导入，导入全文到 NE 中有 3 种方法，如图 9.1.23 所示。

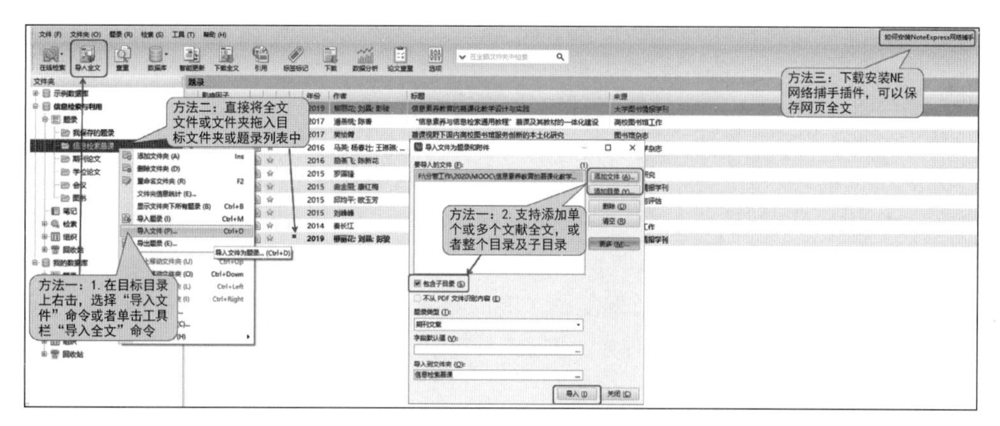

图 9.1.23　全文导入

方法一：在目标目录上右击，选择“导入文件”命令或者单击工具栏“导入全文”命令；支持添加单个或多个文献全文，或者整个目录及子目录。

方法二：直接将全文文件或文件夹拖入目标文件夹或题录列表中。

方法三：下载安装 NE 网络捕手插件，可以保存网页全文。

(3) 文献管理。包括查找重复题录、表头 DIY、虚拟文件夹、附件管理、标签标记、本地检索、综述、笔记、数据备份等。

① 查找重复题录，在不同数据库中用相同的检索条件进行检索，或者数据库由几个小数据库合并而成，都不可避免地出现重复题录。重复题录不仅浪费磁盘空间，也会造成重复阅读等一系列问题，因此，需要进行查重处理。

【案例 9.1.5】 文献查重去重。

查找并删除“信息检索慕课”文件夹中的重复文献。

查重去重步骤，如图 9.1.24 所示。

步骤 1：单击“检索”菜单下的“查找重复题录”，或工具栏的“查重”。

步骤 2：选择文件夹“信息检索慕课”选项。

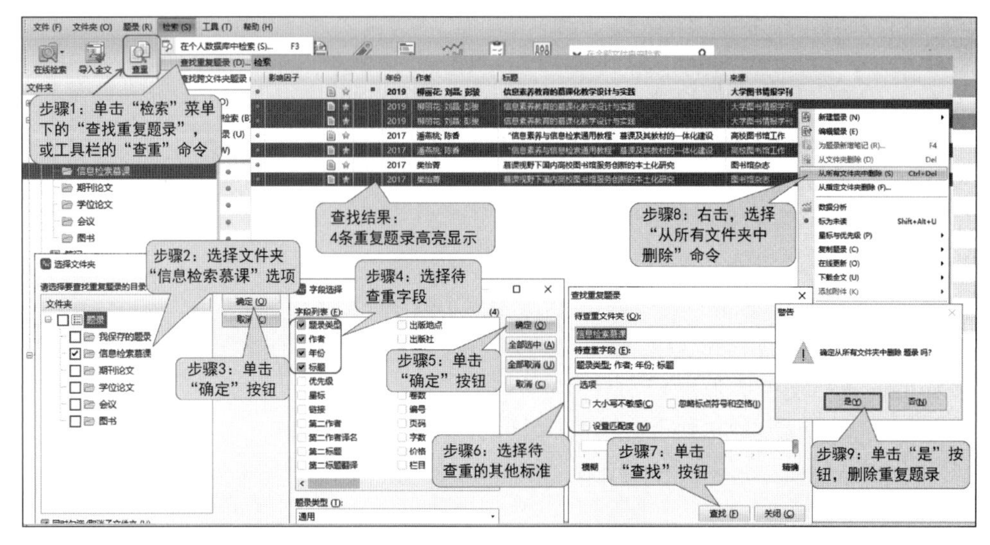

图 9.1.24　查重去重

步骤 3：单击“确定”按钮。

步骤 4：选择待查重字段，如题录类型、作者、年份、标题等。

步骤 5：单击“确定”按钮。

步骤 6：选择待查重的其他标准。

步骤 7：单击“查找”按钮，4 条重复题录高亮显示。

步骤 8：右击选择“从所有文件夹中删除”命令。

步骤 9：单击“是”按钮，删除重复题录。

② 表头 DIY，NE 在安装的时候就建立了默认表头，默认用于所有文件夹，默认表头可以修改，用户可以根据自己需要建立新的表头、添加或者删除字段。不同的文件夹可以使用不同的表头，题录与笔记的表头都可以自定义，如图 9.1.25 所示。

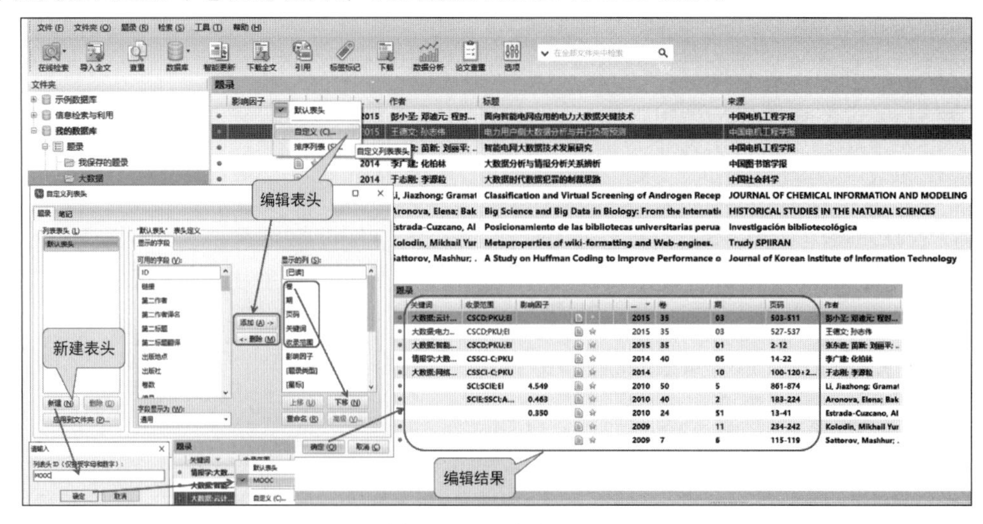

图 9.1.25　表头 DIY

新建表头：在表头右击，选择“自定义”命令，在弹出的对话框“列表表头”中选择“新建”命令，输入表头名称，如 MOOC，单击“确定”按钮后就可以在表头处看到新表头了。

编辑表头：在表头右击，选择“自定义”命令，在弹出的对话框中，在“显示的字段”选项下，从“可用的字段”选择字段添加到“显示的列”或者从“显示的列”删除字段到“可用的字段”，例如，添加卷、期、页码、关键词、收录范围字段，然后将卷、期、页码字段“下移”到年份字段后面，单击“确定”按钮后就可以看到编辑结果了。

③ 虚拟文件夹，虚拟文件夹为多学科交叉的当代科研提供了解决办法，数据库中只保存一条文献但可以属于多个文件夹，修改某文件夹中的该题录，在其他文件夹下会同时修改；删除一个文件夹下的题录，其他文件夹中仍然存在，删除所有文件夹下的这条题录，该题录才会彻底从数据库中消失。

【案例 9.1.6】 将同一题录虚拟到多个文件夹。

将“信息检索慕课”文件夹中的第 1 条题录虚拟到“期刊论文”文件夹中。

虚拟文件夹步骤，如图 9.1.26 所示。

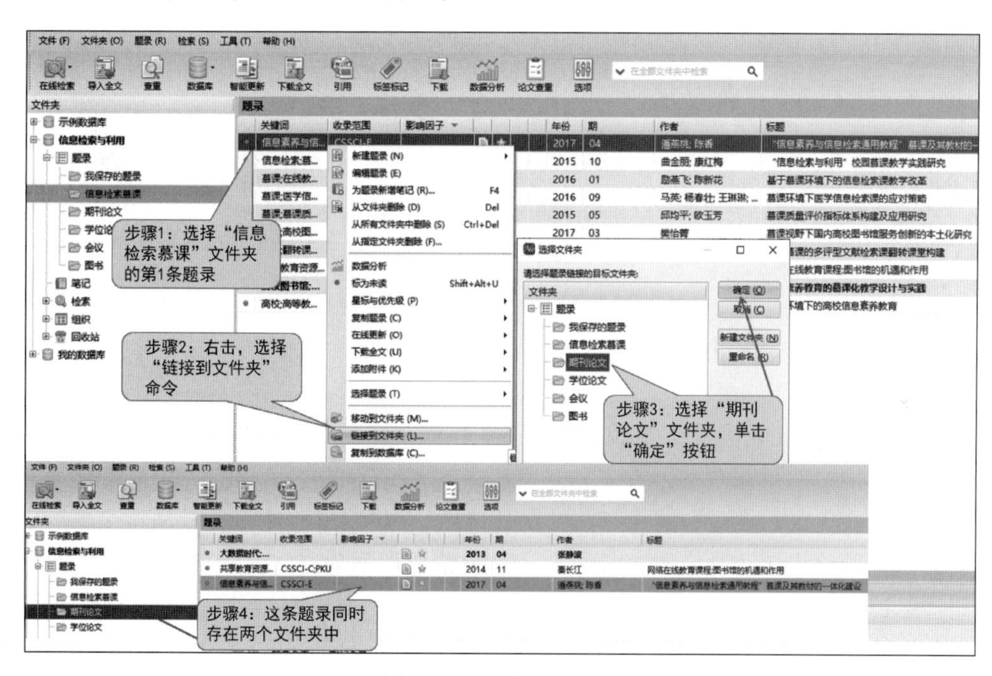

图 9.1.26 虚拟文件夹

步骤 1：选择“信息检索慕课”文件夹的第 1 条题录。

步骤 2：右击，选择“链接到文件夹”命令。

步骤 3：选择“期刊论文”文件夹，单击“确定”按钮。

步骤 4：这条题录同时存在“信息检索慕课”和“期刊论文”两个文件夹中了。

④ 附件管理，NE 提供强大的附件管理功能，支持任意的附件格式（也可添加多个附件），比如常见的 PDF、Word、Excel、视频、音频文档等，当然还有文件夹、URL 等。这样，文献题录信息就会与全文信息关联在一起。添加了全文附件的题录，就可以在“题录相关信息命令”栏看到一个回形针标志，单击回形针，就可以迅速打开附件。

附件文件夹：NE 的题录、笔记等信息存放在 NE 的数据库(扩展名为.nel 的文件)中，而附件等全文文件则存放在附件文件夹中，以方便用户在不能打开数据库的时候也能查看全文，NE 的附件文件夹在新建数据库时自动建立在数据库文件相同目录下，可以根据用户的需要重新设立存放位置。

添加附件：NE 提供添加附件功能，将题录与全文关联起来。可以将各种类型的文件添加为附件，比如 PDF、Word、CAJ、图片、Excel 等类型的文件，支持一条题录添加多个附件，也可以指定附件文件集中存放的文件夹。添加附件的步骤，如图 9.1.27 所示。

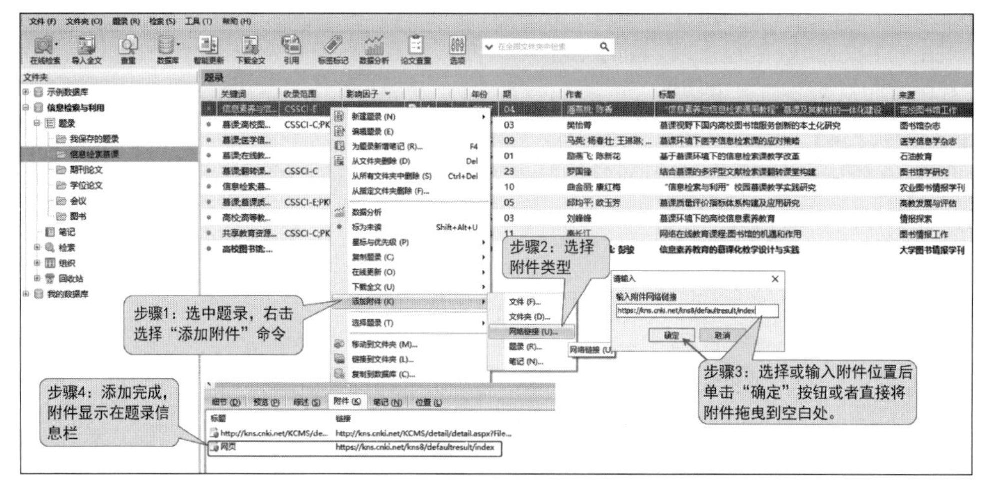

图 9.1.27　添加附件

步骤 1：选中题录，右击选择“添加附件”命令。

步骤 2：选择附件类型。

步骤 3：选择或输入附件位置后单击“确定”按钮或者直接将附件拖曳到空白处。

步骤 4：添加完成，附件显示在题录信息栏。

全文下载：全文下载到本地并与题录自动链接，下载完毕后即可打开阅读全文，注意下载全文的时间间隔为 1 分钟，也避免同一个 IP 频繁请求下载全文。

附件标识：在 NE 的题录列表栏中，第一列的图标显示题录类型，第二列可能有 4 个不同颜色的色块，标示题录关联不同类型的附件。各小方块代表的意义：左上角表示关联文件附件，右上角表示关联笔记，左下角表示关联文件夹，右下角表示关联题录，如图 9.1.28 所示。

		作者	年份	标题	来源
MA		NoteExpress Team,	2003	NoteExpress	
GEN		beta, Xiong	2007		
GEN		elan, Chen	2005		
GEN	■	green Ralph	123	abc	
GEN	■	宾维	2002	hello world	
JNL	■	王倩; 张洁	2005	SARS治疗中应用糖皮质激素…	天津药学
JNL	□	王志国; 王永炎; 曹洪欣; 翁维良; 谢雁鸣	2005	综合评价方法在SARS中西医…	北京中医药大学学报
JNL		李平; 刘保延; 翁维良; 唐旭东; 方继良;…	2005	中西医结合治疗对SARS肺部…	北京中医药大学学报
JNL		杨元平	2005	从SARS看传染病流行和应对…	解放军预防医学杂志
JNL		鲍开; 洪斌	2005	血管紧张素转化酶2的研究进展	医学分子生物学杂志
JNL		丁树荣; 石晶; 王廷林; 王本华	2005	SARS流行期间公众心理状况…	中国公共卫生
JNL		谢炜坚	2005	SARS患者心理干预效果的评价	海南医学院学报

图 9.1.28　附件标识

⑤ 标签标记，NE 提供多种标签标记的方式，可以根据个人喜好和需要进行调整，设置用户最需要的标识，使得管理题录更加高效和个性化，如图 9.1.29 所示。

图 9.1.29　标签标记

未读/已读：题录进入 NE 后，会自动标记为未读状态，题录字体为粗体并前有橙色圆点；一旦查阅过题录，就会标记为已读状态，题录字体为细体并前有灰色圆点。当然，也可以利用右击，手动将题录标记为已读或者未读状态。

星标：单击五角星可点亮星标，再次单击则取消或者高亮选中题录，右击选择“星标与优先级”命令，可“设置星标”/“清除星标”，也可以通过工具栏的“标签标记”来编辑星标。

优先级：为文献加上优先级的小旗子标识符，使文献的重要性一目了然。可通过题录的右击设置，也可以通过工具栏的“标签标记”来编辑优先级。NE 在上一次设置了优先级后，再次在题录列表中优先级列中点中某一条题录，会为该题录默认设置上次的优先级，再次单击优先级小旗，则取消优先级设置。

标签：可高亮选中题录，右击选择“星标与优先级”下的“设置标签”命令来编辑标签，也可通过工具栏的“标签标记”来编辑标签。设置的标签会在标签云栏显示，一条题录可设置多个标签，一个标签也可用于多条题录，可按标签集合多条题录。

⑥ 本地检索，有简单检索和高级检索。

简单检索：在工具栏右边检索框中输入检索条件、选择检索范围，单击检索即可。

高级检索：检索步骤，如图 9.1.30 所示。

步骤 1：选择检索范围。

步骤 2：在“检索”菜单下选择“在个人数据库中检索”命令。

步骤 3：在弹出的对话框中输入检索词、选择检索字段等，单击“检索”按钮。

步骤 4：查看检索结果。

保存检索条件：相当于一个本地订阅或者自动推送的功能。在最近检索中选中需要保存的检索条件，选择保存文件夹，查看保存的检索条件，如图 9.1.31 所示。

⑦ 综述，提供包括标题、作者、来源、摘要、关键词等字段内容，帮助用户快速阅读，了解文献的主要内容，判断文献的价值，并决定是否需要进一步阅读原文。

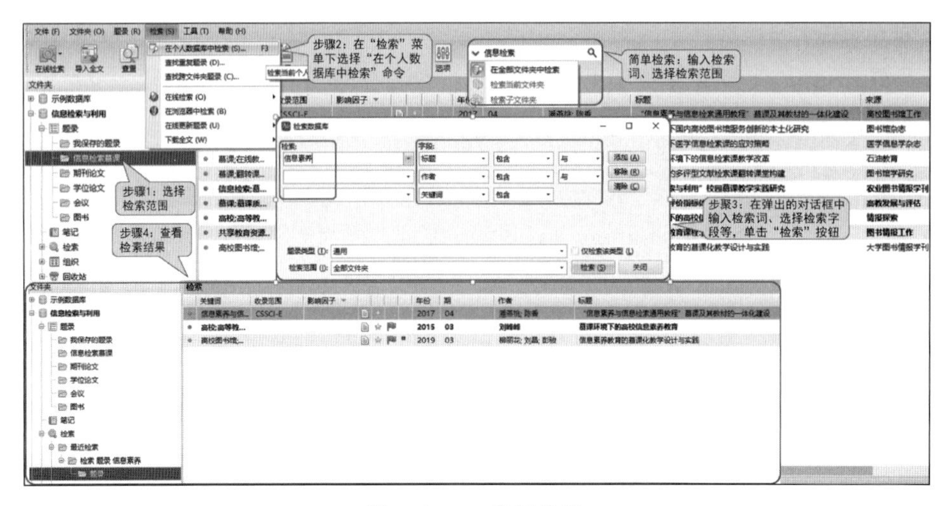

图 9.1.30　高级检索

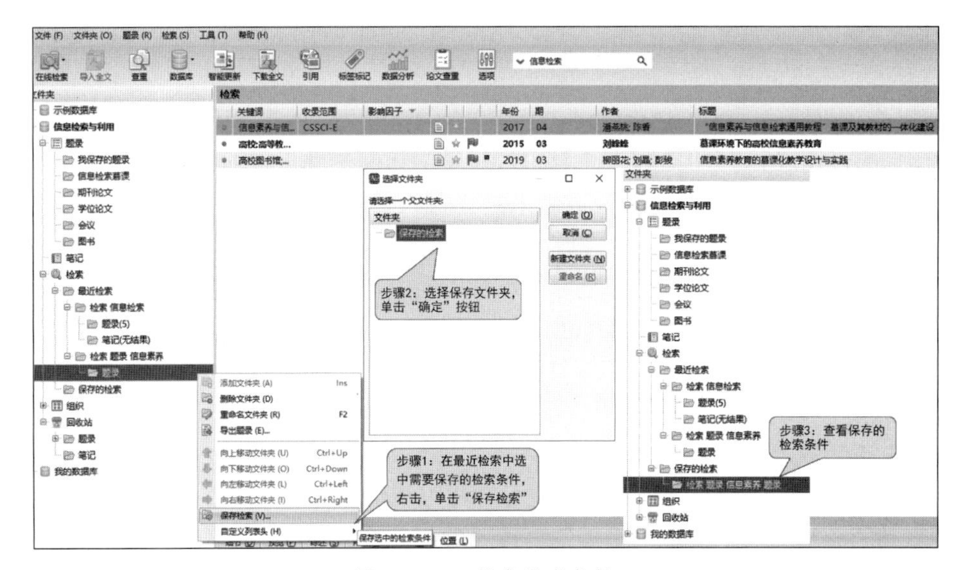

图 9.1.31　保存检索条件

⑧ 笔记，可以随时记录用户阅读文献时的想法和研究设想，这些信息都与文献信息紧密关联在一起，便于日后进一步开展工作。如果在写文章时需要插入所记录的笔记时，在Word 插件中单击即可导入。NE 笔记提供文本编辑，支持图片、表格、公式等，可以检索和导出笔记，支持一条题录多条笔记。

⑨ 数据库备份，NE 的数据库文件是扩展名为.nel 的文件，NE 的数据库包含题录、标签、笔记、附件存放位置等信息，可以在“文件”菜单下自动备份，也可以根据数据库位置手动备份。

附件文件夹备份：由于 NE 的附件是单独保存在附件文件夹中，因此在备份数据时，附件需要单独备份。

NE 自定义设置文件备份：自定义的题录类型及笔记类型、自己制作的 Style、自己制作的过滤器、自定义的表头列表等需要单独备份。

(4) 统计分析。通过 NE,可以对文献信息进行统计分析,快速了解某一领域的情况,例如,年份分布展示了研究趋势,关键词分布展示了研究热点,作者的频次分布展示了该研究领域专家,收录范围分析展示了论文质量等。

① 文件夹信息统计,对单一元数据字段的频次分布,可以使用"文件夹信息统计"功能,如图 9.1.32 所示。

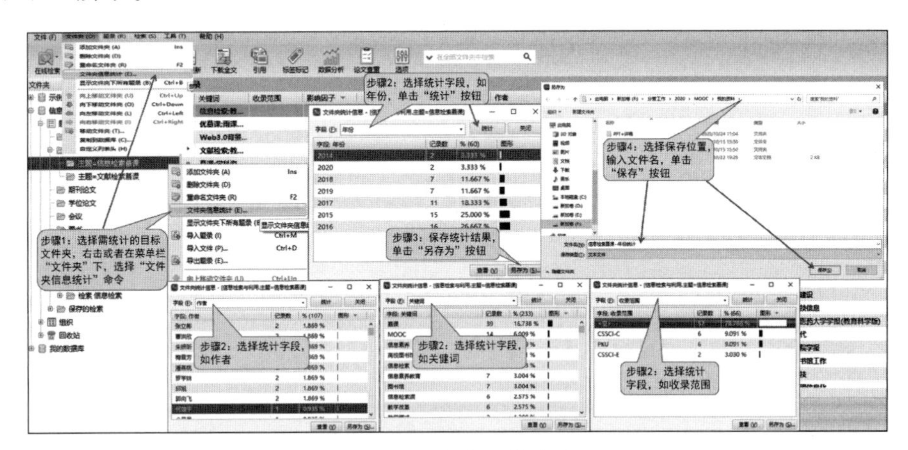

图 9.1.32 文件夹信息统计

步骤 1：选择需统计的目标文件夹,如"主题=信息检索慕课",右击或者在菜单栏"文件夹"下,选择"文件夹信息统计"命令。

步骤 2：选择统计字段,如年份,还可以选择作者、关键词、收录范围等,单击"统计"按钮。

步骤 3：保存统计结果,单击"另存为"按钮。

步骤 4：选择保存位置,输入文件名,单击"保存"按钮。

影响因子统计：在 NE 文件夹信息统计中,可以按影响因子字段统计分析某种期刊,并且提供期刊近 5 年的影响因子趋势图,在图中显示该期刊收录范围,如图 9.1.33 所示。

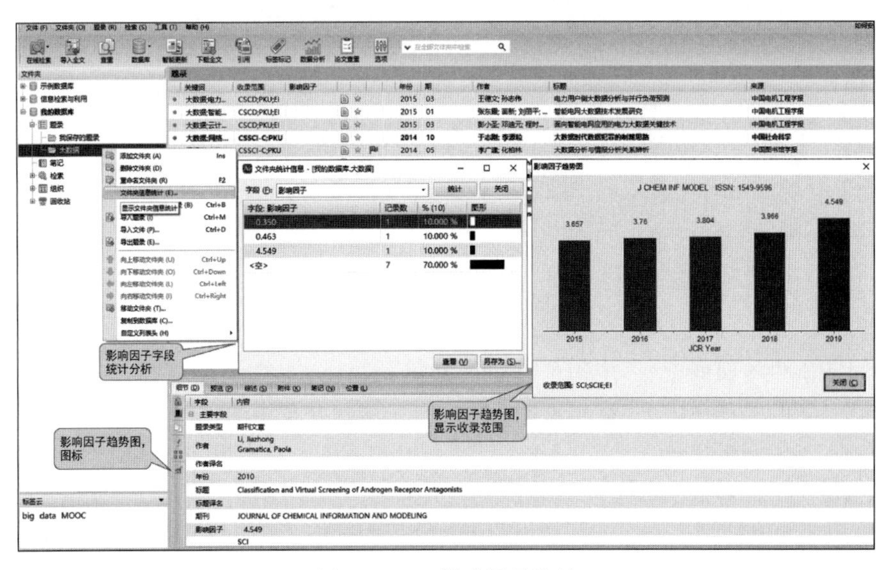

图 9.1.33 影响因子统计

② 数据分析，对多值字段的分析可以使用“数据分析”功能，如图 9.1.34 所示。

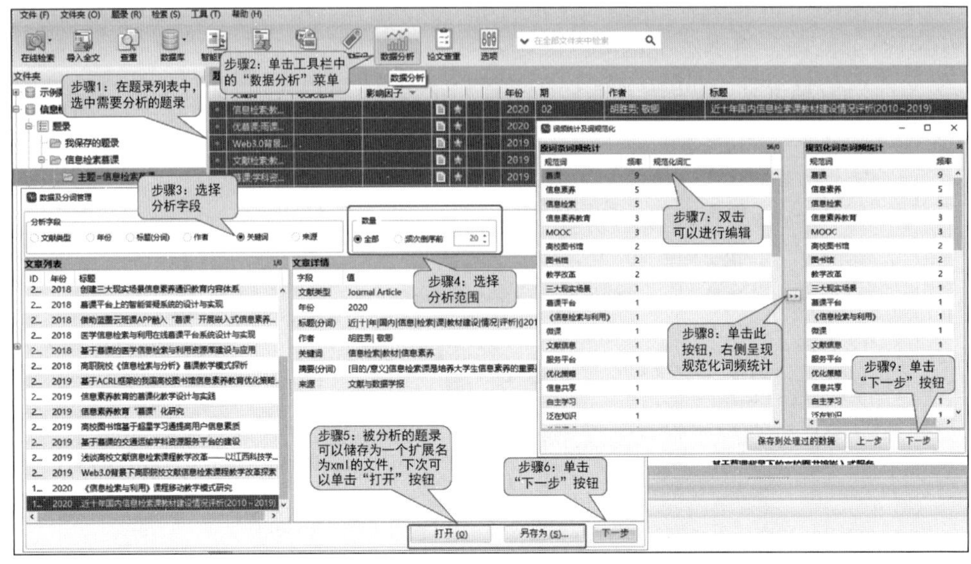

(a) 数据分析1

(b) 数据分析2

图 9.1.34　数据分析

步骤 1：在题录列表中，选中需要分析的题录。

步骤 2：单击工具栏中的“数据分析”菜单。

步骤 3：选择分析字段。

步骤 4：选择分析范围。

步骤 5：被分析的题录可以储存为一个扩展名为 xml 的文件，下次可以单击“打开”按钮。

步骤 6：单击“下一步”按钮。

步骤 7：双击可以进行编辑。

步骤 8：单击此按钮，右侧呈现规范化词频统计。

步骤 9：单击“下一步”按钮。

步骤 10：选择分析方法。

步骤 11：单击“下一步”按钮。

步骤 12：呈现可视化词频云图等分析结果。

(5) 引文编辑。对于 NE 用户来说，使用 NE 管理文献的主要目的便是写作。NE 内置了 4000 多种国内外学术期刊、学位论文和国标的格式规范，支持 Word 和 WPS 格式，通过 NE 的写作插件，可以方便高效地插入引文，并自动生成选定格式的参考文献，也可以一键切换到其他格式。

下面以 Word 中引文编辑为例。

① 安装 Word 插件，在 NE 中安装 Word 插件，如图 9.1.35 所示。

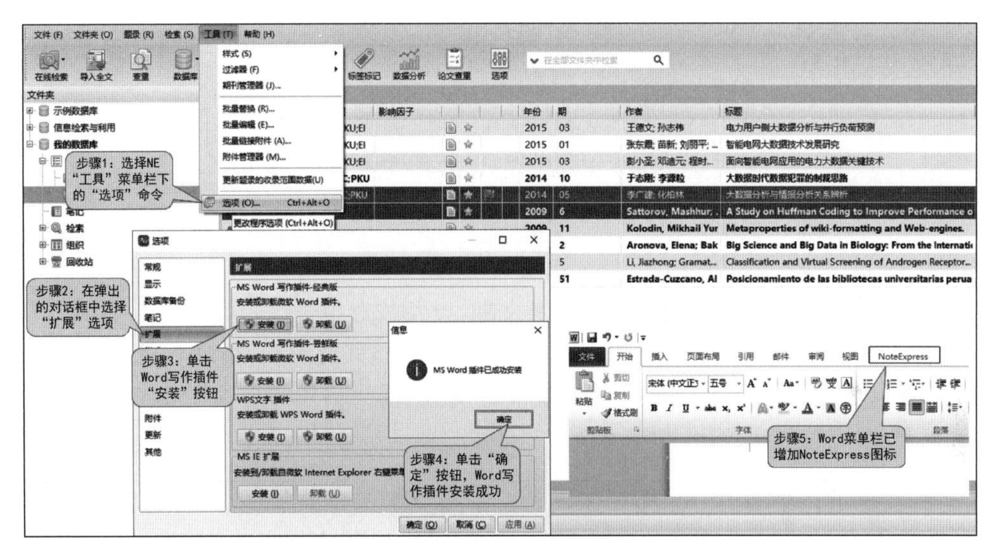

图 9.1.35　安装插件

步骤 1：选择 NE“工具”菜单栏下的“选项”命令。

步骤 2：在弹出的对话框中选择“扩展”选项。

步骤 3：单击 Word 写作插件“安装”按钮。

步骤 4：单击“确定”按钮，Word 写作插件安装成功。

步骤 5：Word 菜单栏已增加 NoteExpress 图标。

② 插入引文，在 Word 文档插入来自 NE 的引文，如图 9.1.36 所示。

步骤 1：将光标放到 Word 文档需插入引文处。

步骤 2：单击 Word 菜单栏的 NoteExpress 菜单。

步骤 3：单击 Word 工具栏的“转到 NE”按钮。

步骤 4：在 NE 中选中待插入题录。

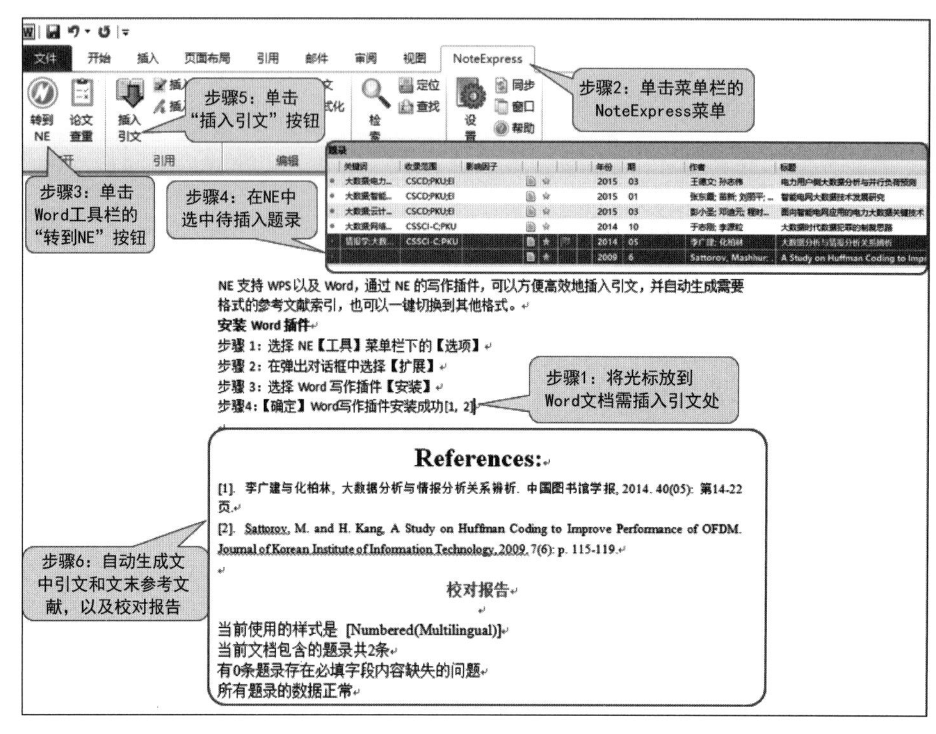

图 9.1.36 插入引文

步骤 5：单击 Word 工具栏的“插入引文”按钮。

步骤 6：自动生成文中引文和文末参考文献，以及校对报告。

③ 格式编辑，如果需要切换到其他格式，可以进行格式化编辑，自动生成所选样式的文中引文以及参考文献。另外，NE 提供校对报告，提示用户引用参考文献信息，校对报告功能默认打开，可以按需求关闭，如图 9.1.37 所示。

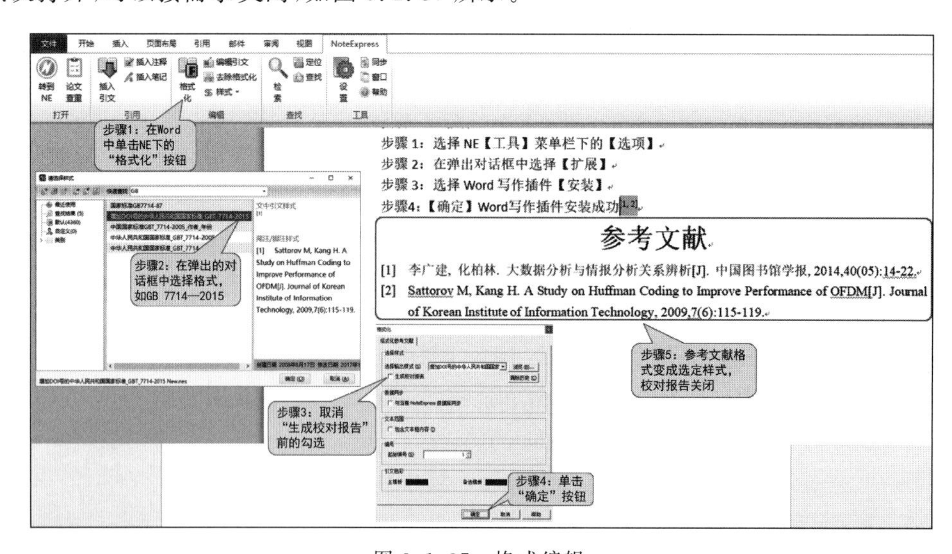

图 9.1.37 格式编辑

步骤 1：在 Word 中单击 NE 菜单下的“格式化”按钮。

步骤 2：在弹出的对话框中选择格式，如 GB 7714—2015。

步骤 3：取消“生成校对报告”前的勾选。

步骤 4：单击“确定”按钮。

步骤 5：参考文献格式变成选定样式，校对报告关闭。

9.2 论文写作与投稿

9.2.1 学术论文的撰写

1. 学术论文概述

1）学术论文的定义

学术论文，也称为科学论文、科研论文或研究论文，我国国家标准《科学技术报告、学位论文和学术论文的编写格式》(GB 7713—1987)对学术论文的定义是：“学术论文是某一学术课题在实验性、理论性或观测上，具有新的科研成果或创新见解和知识的科学记录；或是某种已知原理，应用于实际中取得新的进展的科学总结，用以提供学术会议上宣读、交流或讨论；或在学术刊物上发表，或做其他用途的书面文件。学术论文应提供新的科研信息，其内容应有所发现、有所发明、有所创造、有所前进，而不是重复、模仿、抄袭前人的工作。”因此，学术论文应在理论上有所突破，或者在实践上有所创新，具有学术性、科学性、创新性和规范性的特点。

2）学术论文的特点

(1) 学术性。学术性是学术论文区别于其他文体的本质特征，学术是较为专门、系统的学问，有较深厚的实践基础和一定的理论知识体系。学术论文的学术性，表现在学术论文属于某个学科专业领域，是在进行了系统的学术研究的基础上写作而成的，着重探讨事物的内在联系和客观规律，反映作者对所研究课题的了解、把握程度及专业上的素养，具有一定的深度。

(2) 科学性。科学性是学术论文的前提。学术论文是应用概念、判断、推理、证明和批判等逻辑思维手段来分析、阐明原理、规律和技术方法等各种问题及成果的议论文章，因此，学术论文具有严密的科学性，其论文的观点和研究成果必须有理论和事实根据，内容真实可靠、忠于事实和材料，论证要客观、公正，分析、推理和判断应符合逻辑。

(3) 创新性。科学研究的意义在于不断地发现新领域、探索新现象、提出新见解、解决新问题、取得新进展，因此，科学研究的成果即学术论文，具有创新性。创新性是衡量学术论文是否有价值的根本标准。创新性主要表现在：开拓新的研究领域，提出全新的论点；深化和发展前人的研究成果；从新的角度，以新的论证方式或利用新资料来研究老问题，提出新见解。

(4) 规范性。为了便于交流和应用，学术论文必须按一定格式写作，必须具有良好的规范性。在文字表达上，要求语言准确、简明、通顺，条理清楚，层次分明，论述严谨。在技术表达方面，包括符号的使用、图表的设计、计量单位的作用、文献的著录格式，都要符合规范要求。

3）学术论文的类型

学术论文的主要类型有期刊论文、会议论文、学位论文。

（1）期刊论文。指作者根据某期刊载文的学科特征及专业特色，将自己撰写的学术论文有针对性地投稿，并被所投刊物采用发表的论文。

每个学科都有一定数量的学术期刊，随着学科发展，还会创办新的学术期刊。学术期刊是定期出版的连续性出版物，按出版周期分为周刊、半月刊、月刊、双月刊、季刊、年刊等，每期刊载的文章数量相对稳定。

根据学术影响力的差异，这些期刊被划分为权威期刊、核心期刊和一般期刊，通常情况下，每个一级学科只有一种期刊被定为权威期刊，通常是影响因子最高的那种期刊。例如，我国图书情报与档案管理学科的权威期刊是《中国图书馆学报》，教育学科的权威期刊是《教育研究》，而《中国社会科学》则被认为是人文社会科学领域的顶级期刊。

学术期刊是最常见的发表学术论文的渠道。一般来说，影响力大的期刊通常评审标准比较高，过程管理严格，如三审三校等，最后出版的论文品质也比较高。作者都愿意把论文投稿到这些期刊，因此其稿源比较丰富，选择的余地很大。

期刊论文从投稿到正式发表，通常要经历半年左右的时间，一些国际权威期刊甚至要长达两年之久。为了促进研究成果的快速传播，一些期刊在论文录用并完成修改定稿之后、正式出版之前，会提前在网络上出版，如中国知网上“网络首发”的论文就属于这种情况。

（2）会议论文。指作者根据即将召开的学术会议的研讨主题及相关规定，撰写并被会议主办单位录用的学术论文。这些论文将在会议期间进行交流，或集合出版为会议论文集。

正式出版的会议论文集有 ISBN 号，意味着进入公开传播渠道。一些著名的国际会议的论文集还被会议论文检索工具如 CPCI-S、CPCI-SSH、EI 等收入数据库。非正式出版的论文集主要用于参加会议的人员交流，传播范围较小。

学术会议在正式举办之前，会发布征文通知。作者在截止日期前提交稿件，会议举办方在截止日期之后，将组织专家审稿，通常为每篇论文分配 3～5 位审稿专家。与期刊外审环节类似，审稿专家依据会议制订的评审标准审稿，并给出是否录用的建议，还会给每篇论文的优劣之处给出详细评价和提出修改意见。举办方根据专家对论文的评价意见，做出是否录用的决定，并通知作者。论文被录用的作者根据专家的意见进行修改，在要求的日期之前提交定稿。这样，在会议召开前夕，论文集就出版了。从作者提交论文到论文集出版，通常只有几个月的时间，因此，会议论文出版速度比期刊论文快。同时，论文作者通过在会议期间做学术报告，可与同行当面交流形成合作。

（3）学位论文。是作者为了取得高等学校或科研院所的相应学位撰写的学术论文，有学士学位论文、硕士学位论文及博士学位论文 3 种层次之分。我国国家标准《学位论文编写规则》（GB/T 7713.1—2006）对不同层次学位论文的水平提出了明确要求。

学士学位论文大多是作者所学专业的综合应用，一般只涉及不太复杂的问题，论述的范围较宽，研究层次较浅，表明作者已较好地掌握了本学科的基础理论、专门知识和基本技能，并具有从事科学研究工作或担负专门技术工作的初步能力。

硕士学位论文必须具有一定程度的创新性，强调作者的独立思考能力，硕士论文应能表明作者已在本学科上掌握了坚实的基础理论和系统的专门知识，并对所研究课题有新的见解，有从事科学研究工作或独立担负专门技术工作的能力。

博士学位论文被视为重要的学术文献，是能够体现所在学科领域最前沿的创造性成果，表明作者已具有坚实宽广的基础理论和系统深入的专门知识，掌握了所在学科的科学研究方法，具有独立从事科学研究工作的能力。

学位论文可以整理为期刊论文、会议论文发表，很多博士论文以专著的形式出版。有一个简单的办法衡量学位论文的水平：一篇硕士学位论文应至少整理出一篇期刊论文或会议论文在重点核心期刊或重要国际会议发表，而一篇博士学位论文应该至少整理出 3～5 篇这样的论文。

2. 学术论文的选题

选题是撰写学术论文的第一步，直接关系到学术论文的质量水平。好的选题，是学术论文写作成功的基础与前提。

1）学术论文的选题原则

（1）科学性原则。选题要以科学理论为指导，以客观事实为依据，经过论证分析得到科学的结论，对推动科技进步和社会发展有理论价值或实际意义。例如，对 5G 通信技术研究，是有理论价值的选题；基于区块链技术的身份认证系统设计，是有实际意义的选题等。

（2）创新性原则。选题能开拓新的知识领域或物质领域。可以是前人没有探索过的新领域，可以是已原有理论或方法解决新问题，可以是以新方法或思路解决老问题等。

（3）可行性原则。选题与自己的专业水平、兴趣一致，才会写出高水平论文。选题还应充分考虑完成课题的客观条件，例如，各种资料和实验条件，否则会增加科研的难度或者无法进行。选题还要难易大小适中，与自己的知识水平、材料积累、研究能力等相匹配，可以小题大做，切忌大题小做。

2）学术论文的选题来源

（1）指定选题。从国家、省、市、学术团体或相关单位委托的课题指南中选题，例如，国家自然科学基金等纵向课题指南、企业委托科技攻关等横向课题项目等，也可从期刊或会议征稿指南中选题。

（2）自由选题。在工作或生活实践中，遇到需要解决的问题从而去研究探索；在学术交流中遇到的学术问题需要去探讨；从意外发现的直觉灵感中捕捉选题；从数据库或工具的文献分析的热点领域和学科前沿研究中选题等。

【案例 9.2.1】 从数据库或工具的文献分析中选题。

【子例 1】 从中国知网研究主题可视化分析中选题。例如，通过对量子通信相关主题的文献检索和可视化分析，可了解量子通信相关主要主题的研究发文情况，从中选择自己感兴趣的研究主题，如图 9.2.1 所示。

【子例 2】 从万方关键词词频分析中选题。例如，通过对以绿色经济为关键词的文献检索和可视化分析，可了解绿色经济相关主题的研究发文情况，从中选择自己感兴趣的研究主题，如图 9.2.2 所示。

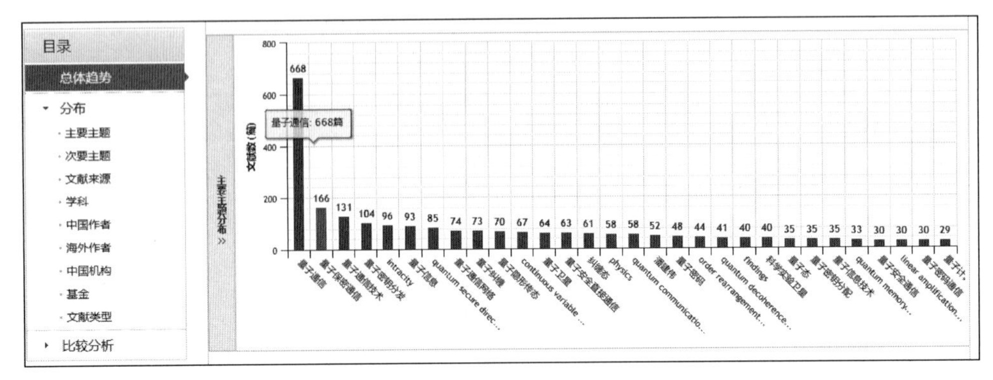

图 9.2.1　中国知网研究主题可视化分析

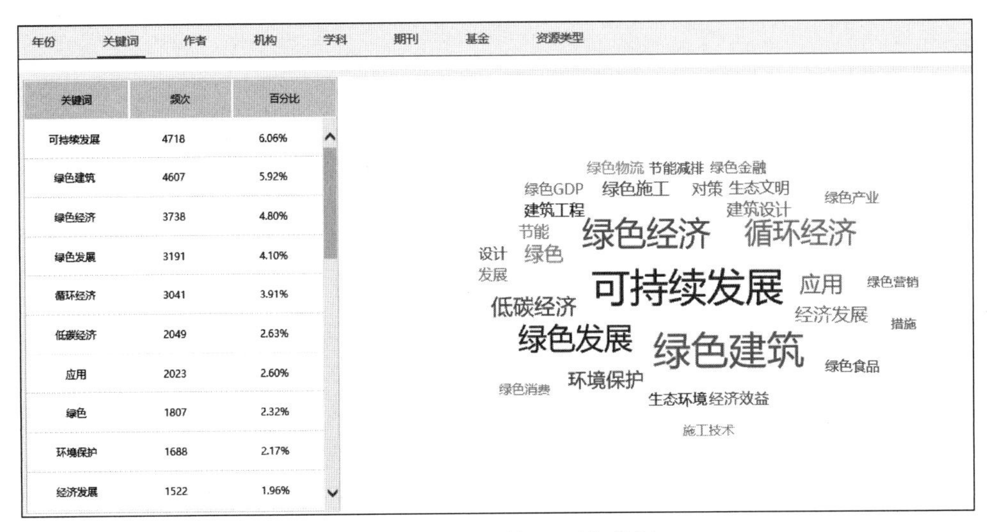

关键词	频次	百分比
可持续发展	4718	6.06%
绿色建筑	4607	5.92%
绿色经济	3738	4.80%
绿色发展	3191	4.10%
循环经济	3041	3.91%
低碳经济	2049	2.63%
应用	2023	2.60%
绿色	1807	2.32%
环境保护	1688	2.17%
经济发展	1522	1.96%

图 9.2.2　万方关键词词频分析

【子例 3】 从 Web of Science 研究方向分析中选题。例如，通过对大数据相关主题的文献检索和可视化分析，可了解大数据相关研究方向的发文情况，从中选择自己感兴趣的研究主题，如图 9.2.3 所示。

【子例 4】 从 NoteExpress 词频统计分析中选题。例如，通过对高校图书馆信息素养慕课的关键词的词频统计分析，可了解相关主题的研究发文情况，从中选择自己感兴趣的研究主题，如图 9.2.4 所示。

3. 学术论文的撰写规范

学术论文一般由前置部分、主体部分、附录部分、结尾部分 4 部分组成。

1）前置部分

前置部分即正文之前的部分，是为了方便学术论文的识别与利用而设置的，包括题名、作者、摘要、关键词、分类号等。学位论文另有封面页、题名页、摘要页、目次页等，如图 9.2.5 所示。

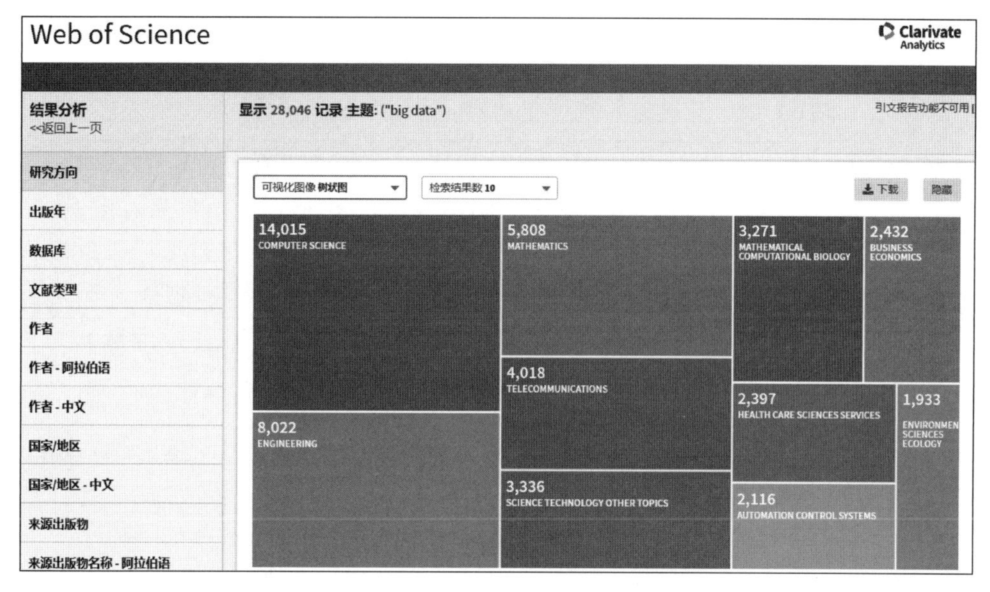

图 9.2.3 Web of Science 研究方向分析

图 9.2.4 NoteExpress 词频统计分析

(1) 题名。题名又称题目、标题,是以最恰当、最简明的词语反映论文中最重要的特定内容的逻辑组合。题名要准确地反映论文的主题,同时要有利于读者的识别、判断与利用。题名表明作者的写作意图,反映论文的学术信息,从题名可以看到论文的精髓,因此,好的题名意味着论文成功了一半。对论文题名的要求是:准确、简明、醒目。

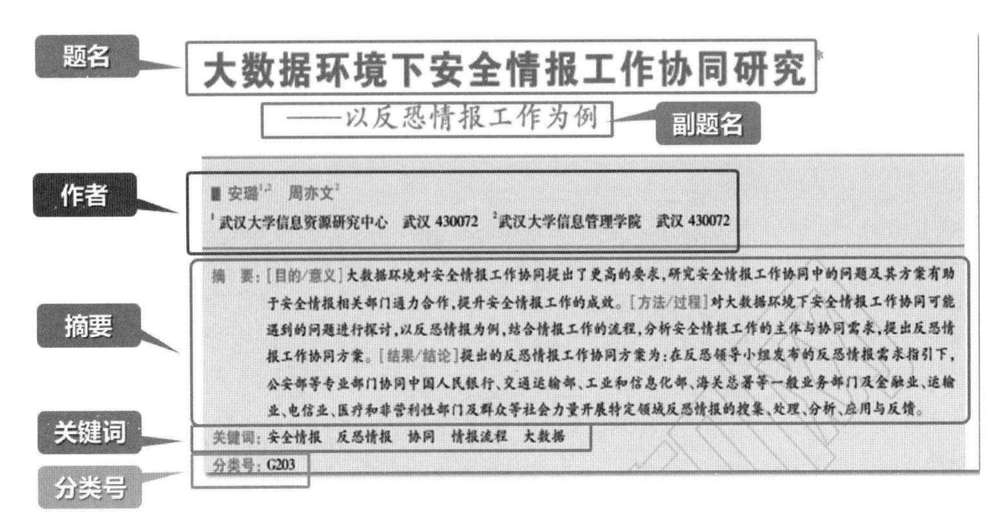

图 9.2.5 学术论文的前置部分

① 准确：就是要求题名准确表达论文内容，恰如其分地反映论文所研究的范围与深度。

② 简明：就是要求题名用最少的字数来表达论文主题。一般来说，题名不宜超过 20 个汉字，外文题名一般不宜超过 10 个实词。当题名不能完全显示论文内容时，可以用副题名来补充说明。

③ 醒目：论文题名的用语要准确，无歧义；题名通常由名词性短语构成，应尽量避免使用不常见的缩略语、代号及公式等。

（2）作者。包括作者姓名、工作单位、地址、邮政编码等信息。作者信息的作用是：记录该项研究成果为作者所拥有，表明作者承担的责任，有助于读者与作者的联系。作者可以是单一作者，也可以是多作者，一般以真实姓名出现，合作者按完成任务时贡献大小排序，贡献大的作者排在前面。所有署名作者对论文都负有学术责任和法律责任，其中第一作者、通信作者的贡献最大，责任也最大。通信作者是负责投稿、与出版方沟通联系、签署版权转让协议、论文修改、缴纳论文版面费的作者。

（3）摘要。摘要是论文的内容提要，是对论文内容不加注释和评论的简短陈述。摘要是学术论文的重要组成部分，是论文原文的浓缩。摘要的内容一般包括研究的背景、目的、意义、方法、过程、结果、结论等，一般以第三人称语气写成。摘要的用语，尽量用规范化术语，避免采用图、表、化学结构式、非公知公用的符号和术语。摘要的字数，中文摘要一般不宜超过 300 字，外文摘要不宜超过 250 个实词。学位论文、会议论文可以按有关单位的要求写摘要，不受此限制。摘要的作用，是使读者在阅读论文全文前，了解论文所涉及的主要内容，从而决定是否继续阅读全文，也可供二次文献采用。所以，摘要可以替代原文独立阅读，同时，摘要又是原文的缩影。

（4）关键词。关键词是从论文中抽取出来的能够准确表达论文主题概念的词语。关键词用词，是能准确表达论文主题概念的有实质意义的名词或名词性词语，避免使用“研究、探讨、分析、应用”等词。关键词选择，是能表达论文主题的词汇，可以在论文题目、摘要中选，也可选自论文内容，这些词汇在整篇论文中有较高出现频率。关键词数量：国家标准规定每篇论文选取 3～8 个关键词，尽量用《汉语主题词表》等词表提供的规范词。为了国际交流，应给出与中文对应的英文关键词。关键词的作用，是简明揭示论文的内容，便于该论文在检索系统中的组织和检索利用。

（5）分类号。一般是从《中国图书馆分类法》中选取，反映论文所属的学科类别。一般由论文作者在投稿时提供。

2）主体部分

主体部分是论文的核心，包括引言、正文、结论、致谢、参考文献。学位论文的致谢、参考文献一般单独成页，如图 9.2.6 所示。

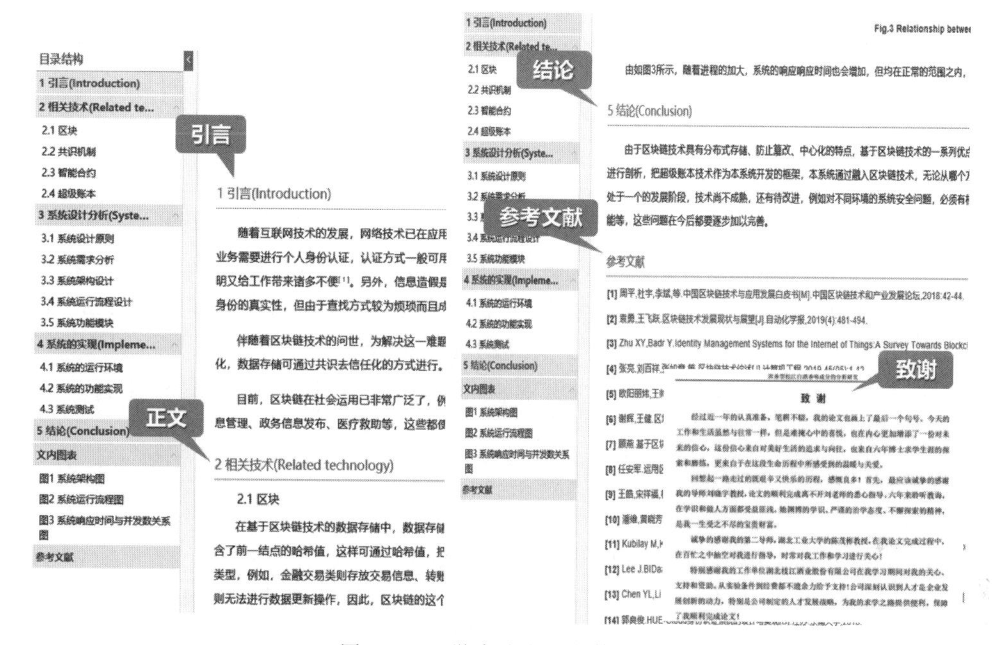

图 9.2.6　学术论文的主体部分

（1）引言。引言又称绪论、前言、导言，是论文的开头部分，是论文的开场白。引言简要说明研究工作的目的、范围、理论价值和现实意义，并提出论文的中心论点。引言应当言简意赅，不重复或注释摘要，不赘述现有知识。引言长度视论文篇幅和内容确定，一般 700～800 字，长的 1000 字，短的 100 字内。

（2）正文。正文是论文的核心，占据论文的主要篇幅。论文所体现的创造性成果或新的研究结果，都在正文得到充分地反映。作者在这一部分对所研究的问题进行分析和论证，阐述自己的观点和主张。文章的质量和价值关键取决于正文，因此，要求正文内容充实，论据充分，论证有力，主题明确。

为了做到层次分明、脉络清晰，常常将正文分成几个大的段落。由于学术论文的选题和内容差别，所涉及的学科、研究方法、实验方法和结果表达方式各不相同，因此，其分段及写法均不作统一规定，但必须实事求是、客观真切、准确完备、合乎逻辑、层次分明、简练可读。

(3) 结论。结论又称结束语，是论题得到充分证明之后得出的结果，是论文最终的总体的结论。结论是对论文的全面概括，而非正文中各段小结的简单重复，是整个研究活动的成果，是全篇论文的精髓，是作者的独到见解。由于研究工作存在复杂性、长期性，如果论文不能得出结论，也可以进行必要的讨论。在结论或讨论中，可以提出建议、研究设想、改进意见、尚待解决的问题等。结论应当准确、完整、明确、精练。

(4) 致谢。致谢是对在论文形成过程中特别需要感谢的组织或个人表示谢意。一般致谢对象有资助研究工作的国家（或省、市）科学基金，资助研究工作的奖励基金，资助或支持开发研究的单位、组织或个人，协助完成研究工作和提供便利条件的组织或个人。致谢内容要适度、客观，用词谦虚诚恳、实事求是，切忌浮夸和庸俗及使用不适当的词句。

(5) 参考文献。参考文献又称为引文，是作者在开展研究过程中阅读过的，并对其产生了明显作用或被作者直接引用的文献，是学术论文的重要组成部分。科学具有继承性，科学研究需要学习和参考他人的研究成果和经验，需要在他人研究工作的基础上发展和延续，所以学术论文要列出参考文献。

参考文献的编排主要有三种方式。

① 夹注，即文中注，在正文中对被引用文句在相应位置标注顺序编号并置于括号内，在参考文献著录部分其编号与正文部分对参考文献的完整记录内容顺序一致。

② 脚注，即页下注，在某页中被引用文句出现的位置加注顺序编号并置于括号内，同时，在当前页正文下方编排相应编号参考文献的完全记录。

③ 尾注，即文末注，将所有需要列出的参考文献顺序编号，统一集中编排在全文的末尾。

3) 附录部分

附录是对论文主体的补充项目，并非必需的内容。《科学技术报告、学位论文和学术论文的编写格式》(GB 7713—1987)对附录内容的规定是：

(1) 为保持论文的完整性，但编入正文后有损于正文的条理性、逻辑性的材料，如比正文更为详尽的信息、研究方法和技术更深入的叙述，以及对了解正文内容有帮助的其他有用信息；

(2) 由于篇幅过大或取材于复制品而不便于编入正文的材料；

(3) 不便于编入正文的罕见珍贵资料；

(4) 对一般读者并非必要阅读，但对本专业同行有参考价值的资料；

(5) 某些重要的原始数据、数学推导、计算程序、框图、结构图、注释、统计表、计算机打印输出件等。

附录与正文连续编页码。每一附录均另页起。

4) 结尾部分

在学术论文的结尾部分，作者为了读者更加方便地在其论文中找到特定的信息，如论文中提到的主题概念、有关的人物及事件等，为了更深入地反映论文所涉及的方方面面，可以为自己的论文编制关键词索引、著者索引或分类索引等。但是作为论文的组成部分，这部分内容并非一定要有，只是作者认为有必要时可以考虑编写这部分内容作为结尾部分。

4. 学术论文的撰写程序

一般来说，学术论文撰写包括论文选题、信息收集、信息分析、拟定提纲、撰写初稿、修改定稿等程序。

（1）确定论文选题。选题是学术论文写作的第一步，无论是撰写哪种学术论文（投稿、参会、答辩），首先都必须明确选题或研究方向及内容。选题是指选定所要研究或讨论的主要问题或方向，选题不等于论文的题目，也不等于论文的论点，选题的内涵和外延一般要比论文题目和论点大。论文选题要遵循科学性、创新性、可行性原则，论文选题可从国家、省、市、学术团体或相关单位委托的课题指南中选题，也可从期刊或会议征稿指南中选题，还可以结合自己工作或生活实践自由选择研究课题。

（2）收集信息资料。现代科学的发展日新月异，必须全面了解前人的研究和及时捕捉最新信息，“站在巨人的肩膀上”，才能进行新的开发研究。信息资料是构成学术论文的一个重要因素，论文的质量如何，取决于信息资料是否充实、准确、可靠。一般来说，信息资料的来源有两方面。一是直接信息，是作者进行科学实验或实地考察得到的第一手材料；二是间接信息，是通过信息检索查找到的他人实践和研究成果的文献信息。间接信息的收集主要依据研究课题的特征来确定。一般而言，基础研究侧重于利用各种专著、科技期刊、科技报告中提供的信息，应用研究侧重于利用各种专利、技术报告、技术标准、会议文献、参考工具书中提供的信息。

（3）综合分析信息。对收集来的信息资料进行综合分析、研究整理、去伪存真、去粗取精，筛选出值得利用的部分，进一步吸收、消化，对于研究活动的深入及学术论文的完成是十分关键的。信息分析包括阅读、鉴别和选择。阅读文献信息有泛读、选读、精读等，根据文献信息的不同可选择不同的阅读方式。鉴别文献信息，就是要对所收集的文献信息进行质量上的评价和核实，鉴别的过程就是对获取的文献信息进行再认识的过程，是分辨其真伪、估量其价值和作用的过程。选择文献信息，要选择有利于课题研究、能充分表达主题的文献信息，要选择真实、准确的文献信息，要选择新颖的文献信息，要选择具有典型性的文献信息，选择的文献信息要充分。可以利用文献管理工具 NoteExpress 等达到事半功倍的效果。

（4）拟定写作提纲。写作提纲是论文写作的纲要，是为论文搭起的一个框架，是对全文进行构思和设计的过程，是对论文的目的和主旨在全文中如何进行贯穿和体现的全盘考虑和有机安排。对论文的结构进行统一的布局规划，显示出论文的层次和条理。大纲的拟定，一般是由大到小，由粗到细，逐层编写。先将论文的大框架设计好，再考虑每一部分的内部层次，然后在各个大小项目下列出一些相关的文献信息材料，以备行文时应用。拟定写作提纲，有利于作者思路的定型，明确论文的论点和论据，有利于论文的谋篇布局，有利于论文写作的整体进程。可以应用思维导图工具来拟定写作提纲，使脉络更清晰，效率会更高。

（5）撰写论文初稿。按照已经拟定的写作提纲，在深入思考、研究、分析的基础上，运用丰富翔实的信息资料，利用适当的语言文字，将论文要表达的主题充分准确地表达出来，即可完成论文初稿的撰写。论文初稿要围绕中心，紧扣主题，可以适时完善提纲，注意内容的连续性，初稿的内容要尽可能充分、丰富。

(6) 修改完善定稿。学术论文的写作是一个复杂的过程，一蹴而就、一气呵成的情况是极少见的，所以论文的修改是一个不可避免的过程。“好的文章都是改出来的”，反复修改是学术论文的一般规律。修改的目的是使学术论文的质量达到尽可能高的学术水平，使论文的表达形式更加完善，使其科学性和可读性更强。因此，初稿完成之后，还需要反复推敲、琢磨，经过多次修改才能定稿。

学术论文的修改方法，有热改法、冷改法、他改法和诵改法。热改法，即在初稿完成以后，趁热打铁，立即修改，对自己写作过程中已经发现但怕中断思路而无暇顾及的缺漏或错误进行补充或修改。冷改法，即初稿完成后，有意识地放置一段时间再动笔修改。他改法，即请他人帮助修改，他人能从旁观者的角度对论文提出更为客观的修改意见。诵改法，即在论文初稿完成后，可通过诵读发现和修改语言文字方面的问题。一篇论文的修改，往往是多种方法综合运用。

论文修改主要考虑的问题包括：论点是否明确；论据是否充分；论证手段是否正确，推理是否严密，分析是否合理；条理层次是否清楚，结构是否完整、紧凑，布局是否得当，前后是否照应，各部分的联系是否连贯自然；题目是否贴切，字、词、句、标点符号是否正确，语言是否准确、鲜明、简洁。另外，内容上修改完善后的论文还应该检查其形式上是否符合有关规范，避免因论文格式方面的问题影响读者或编审人员对论文水准的误会或不良判断。

5. 参考文献的著录

1) 参考文献的作用

参考文献，指著者为撰写或编辑论著而阅读、引用的信息资源。因此，参考文献又称为引文。参考文献的意义和作用：

(1) 体现科学的继承性，尊重知识产权；

(2) 便于编辑和审稿人评价论著水平；

(3) 可与读者达到信息资源共享；

(4) 利于通过引文分析对期刊水平做出客观评价；

(5) 促进科学情报和文献计量学研究发展。

2) 参考文献的著录

以我国国家标准《信息与文献 参考文献著录规则》(GB/T 7714—2015)为例，来介绍参考文献的著录。

(1) 参考文献的代码。参考文献的代码，如表 9.2.1 和表 9.2.2 所示。

表 9.2.1 文献类型和标识代码

参考文献类型	标识代码	参考文献类型	标识代码
普通图书	M	专利	P
会议录	C	数据库	DB
汇编	G	计算机程序	CP
报纸	N	电子公告	EB
期刊	J	档案	A
学位论文	D	舆图	CM
报告	R	数据集	DS
标准	S	其他	Z

表 9.2.2 电子资源载体和标识代码

载体类型	标识代码	载体类型	标识代码
磁带(magnetic tape)	MT	光盘(CD-ROM)	CD
磁盘(disk)	DK	联机网络(online)	OL

(2) 参考文献的著录格式。包括专著、期刊论文、专利文献、电子资源等。

① 专著。专著(包括图书、会议文集、学位论文、标准、报告、汇编等),由主要责任者、题名、文献类型标识、出版地、出版者、出版年等项目组成,并用相应前置符连接,如图 9.2.7 所示。

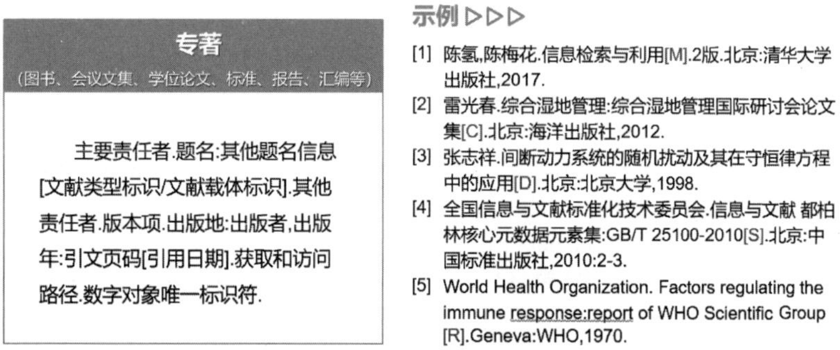

专著
(图书、会议文集、学位论文、标准、报告、汇编等)

主要责任者.题名:其他题名信息[文献类型标识/文献载体标识].其他责任者.版本项.出版地:出版者,出版年:引文页码[引用日期].获取和访问路径.数字对象唯一标识符.

示例▷▷▷

[1] 陈氢,陈梅花.信息检索与利用[M].2版.北京:清华大学出版社,2017.
[2] 雷光春.综合湿地管理:综合湿地管理国际研讨会论文集[C].北京:海洋出版社,2012.
[3] 张志祥.间断动力系统的随机扰动及其在守恒律方程中的应用[D].北京:北京大学,1998.
[4] 全国信息与文献标准化技术委员会.信息与文献 都柏林核心元数据元素集:GB/T 25100-2010[S].北京:中国标准出版社,2010:2-3.
[5] World Health Organization. Factors regulating the immune response:report of WHO Scientific Group [R].Geneva:WHO,1970.

图 9.2.7 专著的著录格式

② 期刊(报纸)文章。期刊(报纸)文章,由主要责任者、文献题名、文献类型标识、期刊(报纸)名、年、卷、期、页码等项目组成,并用相应前置符连接,如图 9.2.8 所示。

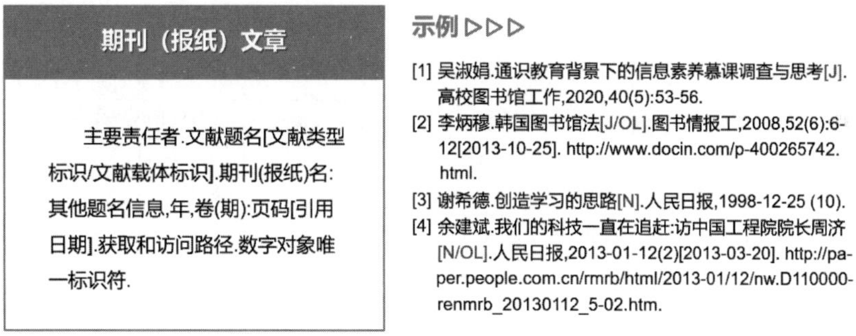

期刊(报纸)文章

主要责任者.文献题名[文献类型标识/文献载体标识].期刊(报纸)名:其他题名信息,年,卷(期):页码[引用日期].获取和访问路径.数字对象唯一标识符.

示例▷▷▷

[1] 吴淑娟.通识教育背景下的信息素养慕课调查与思考[J].高校图书馆工作,2020,40(5):53-56.
[2] 李炳穆.韩国图书馆法[J/OL].图书情报工,2008,52(6):6-12[2013-10-25]. http://www.docin.com/p-400265742.html.
[3] 谢希德.创造学习的思路[N].人民日报,1998-12-25 (10).
[4] 余建斌.我们的科技一直在追赶:访中国工程院院长周济[N/OL].人民日报,2013-01-12(2)[2013-03-20]. http://paper.people.com.cn/rmrb/html/2013-01/12/nw.D110000-renmrb_20130112_5-02.htm.

图 9.2.8 期刊(报纸)文章的著录格式

③ 专利文献。专利文献,由专利申请者或所有者、专利题名、专利号、文献类型标识、公告日期或公开日期等项目组成,并用相应前置符连接,如图 9.2.9 所示。

④ 电子资源。电子资源,由主要责任者、题名、文献类型标识、文献载体标识、出版地、出版者、出版年、引文页码、更新或修改日期、引用日期、获取和访问路径、数字对象唯一标识符等项目组成,并用相应前置符连接,如图 9.2.10 所示。

参考文献著录格式,除了我国的国家标准格式,国外常用的参考文献格式有芝加哥大学出版社的 CMS 格式、美国心理学会的 APA 格式、美国现代语言协会的 MLA 格式等,如表 9.2.3 所示。

专利文献

专利申请者或所有者.专利题名:专利号[文献类型标识/文献载体标识].公告日期或公开日期[引用日期].获取和访问路径.数字对象唯一标识符.

示例▷▷▷

[1] 邓一刚.全智能节电器:200610171314.3[P].2006-12-13.
[2] 西安电子科技大学.光折变自适应光外差探测方法:01128777.2[P/OL].2002-03-06[2002-05-28]. http://211.1.52.9.47/sipoasp/zljs/hyjs-yx-new.asp?recid=01128777.2 &leixin=0.

图 9.2.9　专利文献的著录格式

电子资源

主要责任者.题名:其他题名信息[文献类型标识/文献载体标识].出版地:出版者,出版年:引文页码(更新或修改日期)[引用日期].获取和访问路径.数字对象唯一标识符.

示例▷▷▷

[1] 李强.化解医患矛盾需釜底抽薪[EB/OL].(2012-05-03)[2013-03-25].http://wenku.baidu.com/view/47e4f206b52acfc789ebc92f.html.
[2] Dublin core metadata element set: version 1.1 [EB/OL].(2012-06-14)[2014-06-11].http://dublincore.org/documents/dces/.

图 9.2.10　电子资源的著录格式

表 9.2.3　国外主要参考文献格式

格　　式	机　　构	用　　途
CMS 格式	芝加哥大学出版社,http://press.uchicago.edu	社会学、哲学等学科
APA 格式	美国心理学会,http://apastyle.apa.org	社会科学、教育学、工程学和商学
MLA 格式	美国现代语言协会,http://www.mla.org	文学、历史学(人文学科)
AMS 格式	美国数学学会,http://ams.org	数学和计算机科学
AIP 格式	美国物理联合会,http://www.aip.org	物理学
ACS 格式	美国化学学会,http://www.acs.org	化学

由于 APA 格式具有科学性、有效性和操作性,国内的《全球教育展望》《心理科学》等期刊也要求采用 APA 格式。选用哪种格式将根据需要而定,可参阅目标期刊的投稿指南,或者参考目标期刊上已刊载的论文参考文献。

在写作时,可利用个人文献管理软件自动插入参考文献,例如,个人文献管理软件 NoteExpress 内置四千多种参考文献格式可供选用。

9.2.2　文献综述的撰写

1. 综述概述

1) 综述的概念

综述是对某一时期内有关学科、专业、技术或产品所取得的研究成果、所达到的研究水平以及发展趋势进行的综合叙述。

综述，可以是论文，也可以是论文或报告等的一部分，是学位论文中必不可少的一部分。

2）综述的类型

(1) 按编写目的，可分为某一时期内有关学科或专业的综述和解决某一具体任务的综述。

(2) 按编写周期，可分为定期的综述和一次性综述。

(3) 按用户的需求，可分为供科研人员参考的综述和介绍一般知识的普及性综述。

(4) 按编写方式，可分为描述性综述和评述性综述。描述性综述只以概要方式，描述原始文献的主要观点，述而不评；评述性综述对原始文献进行全面分析和评价，提出自己的观点和相关研究发展趋势，述评结合。例如，《2019年思想政治教育研究热点综述》是描述性综述，《公司内部治理与国际化：综述与展望》是评述性综述。

3）综述的特点

(1) 综合性。综述要综合叙述，既要以某一专题的发展为纵线，反映当前课题的进展；又要对国内外进行横向比较，反映实际研究水平。对大量素材，经过综合分析、归纳整理、精炼概括，进而把握本专题发展规律和预测发展趋势。

(2) 评述性。是指对所综述的内容进行综合、分析、评价，反映作者的观点和见解，并与综述的内容构成整体。

(3) 先进性。综述是搜集最新资料，获取最新内容，将最新的学科信息和科研动向及时传递给读者。

2. 综述的结构

综述由标题、作者、摘要、关键词、正文、参考文献等部分组成。其中，作者、摘要、关键词与学术论文类似，就不再重复。这里主要介绍标题、正文和参考文献。

1）综述的标题

首先，综述有一个重要的文体标志，即标题中含有“综述”“述评”“评述”“进展”“展望”“Review”等字样；其次标题力求简短、准确、具体，一般不使用副标题，如图9.2.11所示。

基于文献计量分析的国内职业价值观研究综述
区块链技术国外研究述评
新产品设计方案择优模型研究评述
中国建筑结构减隔震技术应用研究进展
基于分类趋势下的我国生活垃圾处理技术展望
A review of machine learning for automated planning

图9.2.11 综述的标题

2）综述的正文

综述的正文由前言、主体、结语三部分组成。

(1) 前言部分，或称引言，主要是说明写作目的，介绍有关的概念及定义以及综述的范围，扼要说明有关主题的现状或争论焦点。

(2) 主体部分，是综述的重点，一般按递进的顺序，由该课题研究的“发展历史”回顾，到研究的“发展现状”对比，再到研究的“发展趋势”预测，即由纵向叙述，到横向对比，探求发展主流和方向。归纳比较各种观点，反映作者的见解。

（3）结语部分，包括文献综述研究的结论，研究本课题的意义，或对未来进行预测、展望等。结束语要写得明确、具体，既要与引言或提要相照应，又不能重复引言或提要。

3）参考文献

参考文献是综述的重要组成部分，它不仅表示对被引用文献作者的尊重及引用文献的依据，而且为读者深入探讨有关问题提供了文献查找线索。

参考文献的编排应条目清楚，查找方便，内容准确无误。参考文献的格式，我国一般执行《文献与信息 参考文献著录规则》(GB/T 7714—2015)。

综述的结构，如图 9.2.12 所示。

图 9.2.12　综述的结构

3. 综述的写作步骤

撰写文献综述的步骤，一般包括选题、检索和阅读文献、拟写提纲、成文和修改。

1）选题

撰写文献综述通常是出于某种需要，例如，为某学术会议的专题、从事某项科研、为某方面积累文献资料等。选题新，才具有参考价值，才能引起读者的阅读兴趣。

一般综述的选题，都是与自己科研有关的学科新动态、近 3～5 年来发展较快、进展较大而切合实际的课题。例如，基于 5G 技术、区块链技术近几年的发展和应用，选题：5G 移动通信关键技术综述、区块链行业应用现状综述等。

2）检索和阅读文献

（1）收集文献的方法，有常用法和追溯法。

常用法，即通过各种检索工具，例如，文摘数据库、期刊数据库、学位论文数据库检索含有“综述”“述评”等词的论文，限定时间范围是 3～5 年内。

追溯法，是从综述性文章、专著、教科书等的参考文献中，摘选出有关文献。

（2）筛选文献的方法，有按文献的相关度和质量等方法来筛选。

按文献的相关度，可依据数据库平台上提供的按主题（subject）、相关度（relevance）、时间（date）、文献类型（document types，如综述（review））等排序，来筛选核心文献、经典文献、最新文献。

按文献的质量，可依据数据库平台上提供的被引频次、来源类别（SCI、EI、北大核心、CSSCI、CSCD 等）、影响因子、机构、作者，基金等，来筛选高质量文献、重要刊物文献、权威研究机构/学者的文献等。

【案例 9.2.2】 在数据库平台筛选文献。

【子例 1】 在中国知网中，按主题、来源类别、作者、机构、基金、相关度、发表时间、被引次数等来筛选文献，如图 9.2.13 所示。

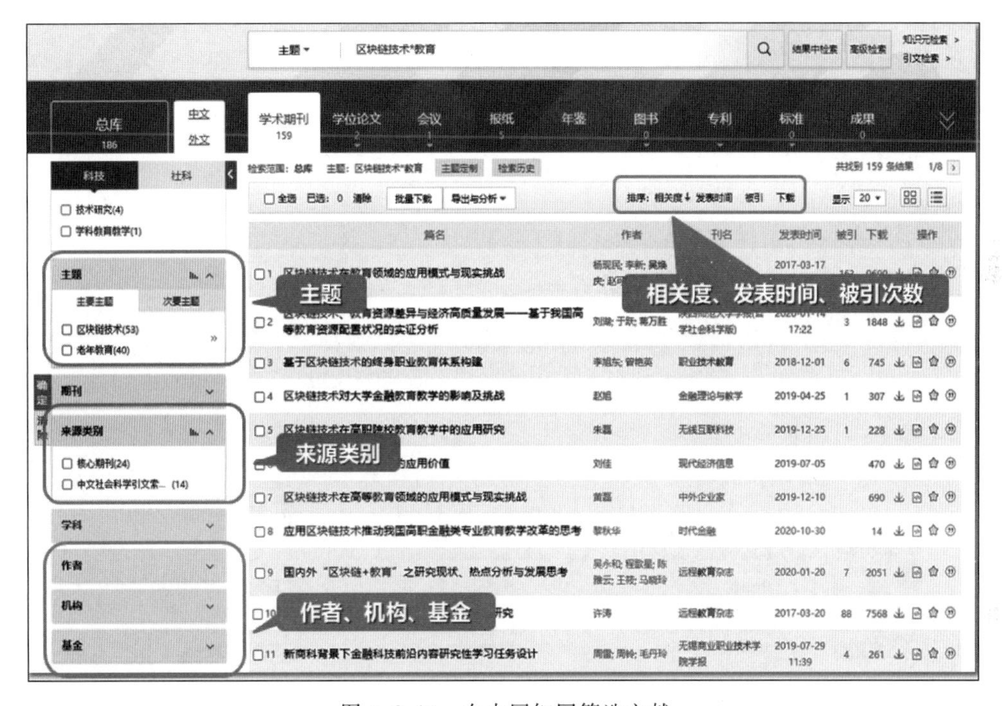

图 9.2.13 在中国知网筛选文献

【子例 2】 在 Web of Science 中，按研究领域、日期、被引频次、相关性等来筛选文献，如图 9.2.14 所示。

【子例 3】 在数据库中查看期刊介绍，按期刊的类别、影响因子、JCR 分区等特征来筛选文献，如图 9.2.15 所示。

【子例 4】 利用个人文献管理软件 NoteExpress 的统计分析功能，按收录范围、影响因子等来筛选文献，如图 9.2.16 所示。

（3）阅读文献的方法。根据哈佛大学教育学家珍妮·查尔“阅读五阶段模型”，大学以后的阅读属于批判性阅读。

① 开始阅读（或培养阅读兴趣）阶段（6～7 岁）；

② 掌握阅读（或流畅阅读）阶段（7～8 岁）；

③ 为了学习新知而阅读（9～14 岁）；

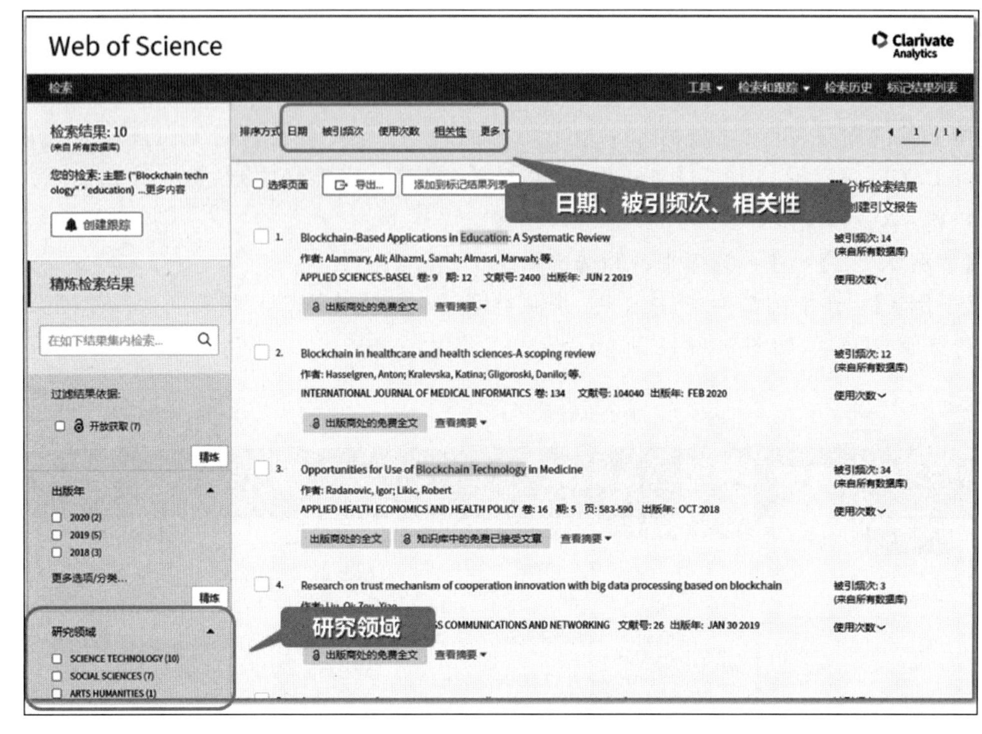

图 9.2.14　在 Web of Science 筛选文献

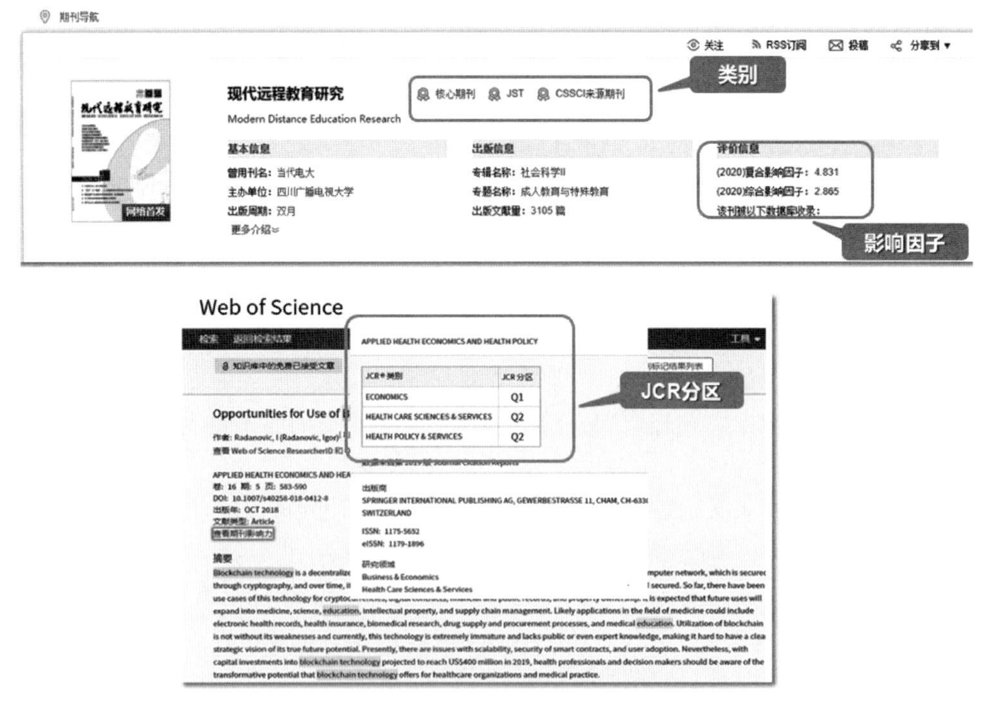

图 9.2.15　按期刊特征筛选文献

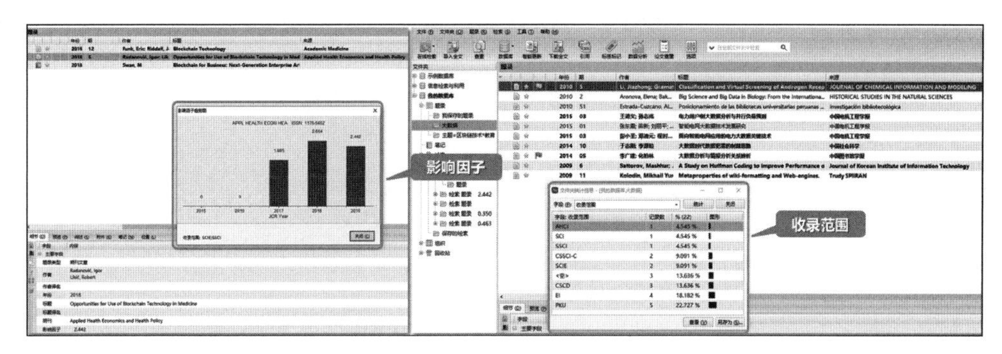

图 9.2.16　利用个人文献管理软件筛选文献

④ 多维观点阶段(14～17 岁);

⑤ 构建与批判、创造与再创造阶段(18 岁以后)。

批判性阅读,就是从研究问题出发,对文献进行理解、联想、比较、质疑、整合和得出个人观点的阅读活动。其关键是对所读的文献观点的合理性给予判断。

多篇文献阅读。对于检索出的多篇文献,先泛读再精读,先对选题相关文献有全面、初步的了解,再选取重要文献进行精读,掌握文献的内容及重点。选读文献时,先读近期综述性论文,可以节省阅读大量原始文献的时间,再读其他研究论文,对选题相关文献进行较为全面的阅读了解。

单篇文献阅读。读一篇文献时,先快读摘要和结论,了解文献的主要内容和参考价值,若无必要不再读下去;若有必要,再继续概读论文引言和图表、略读各级标题和结果或讨论、细读研究过程、回读全文和参考文献。

(4) 做笔记的方法。阅读文献时,对重要内容要做笔记,做笔记的方法很多,这里介绍几种工具笔记法。

① 云笔记,如印象笔记、为知笔记、有道云笔记等。

② 思维导图,如 MindMaster、Xmind、百度脑图等。

③ 文献管理软件,如 NoteExpress、EndNote 等的笔记功能。

【案例 9.2.3】 工具笔记法。

【子例 1】 用有道云笔记做笔记,如图 9.2.17 所示。

【子例 2】 用思维导图 MindMaster、Xmind 做笔记,如图 9.2.18 所示。

【子例 3】 用个人文献管理软件 NoteExpress 的笔记功能做笔记,如图 9.2.19 所示。

3) 综述的写法

(1) 综述的基本内容。一篇完整的综述,应包括以下基本内容。

① 提出问题:简要说明要综述的问题、必要性与重要意义。

② 发展概述:纵向概述某课题的发展情况。

③ 最新动态:横向对比和描述课题的各方面情况。

④ 发展方向:概述课题的发展趋势和未来方向。

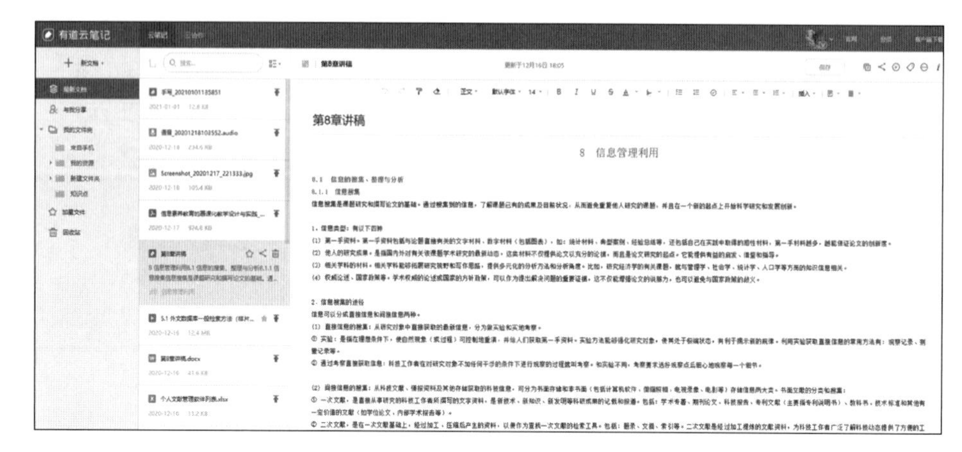

图 9.2.17 用云笔记做笔记

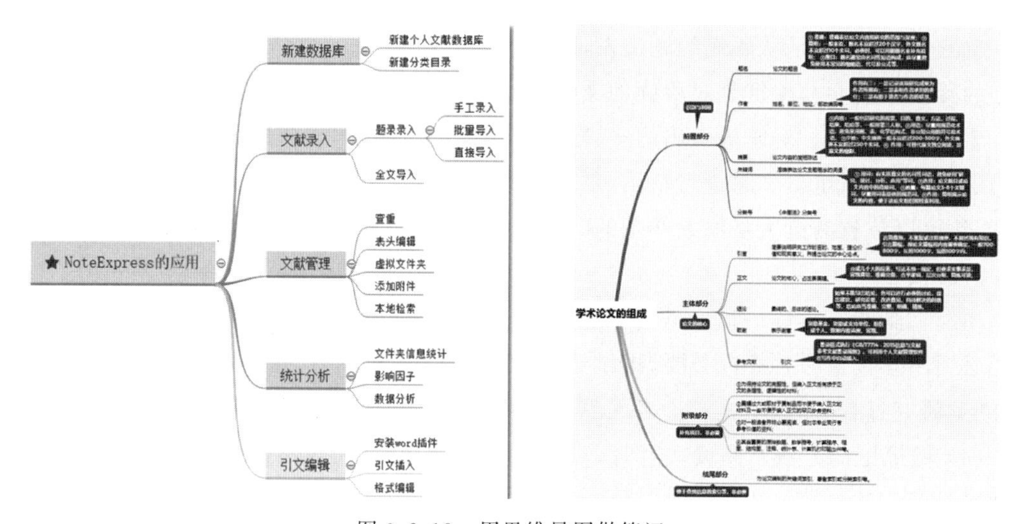

图 9.2.18 用思维导图做笔记

题录

关键词	收录范围	影响因子	年份	期	作者	标题
信息素养与信...	CSSCI-E		2017	04	潘燕桃; 陈香	“信息素养与信息检索通用教程”慕课及其教材的一体化
慕课;高校图...	CSSCI-C;PKU		2017	03	樊怡菁	慕课视野下国内高校图书馆服务创新的本土化研究
慕课;医学信...			2016	09	马英; 杨春壮; 王琳琳; ...	慕课环境下医学信息检索课的应对策略
慕课;在线教...			2016	01	勋燕飞; 陈新花	基于慕课环境下的信息检索课教学改革
慕课;翻转课...	CSSCI-C		2015	23	罗国锋	结合慕课的多评型文献检索课翻转课堂构建
信息检索;慕...			2015	10	曲金丽; 康红梅	“信息检索与利用”校园慕课教学实践研究
慕课;慕课质...	CSSCI-E;PKU		2015	05	邱均平; 欧玉芳	慕课质量评价指标体系构建及应用研究
高校;高等教...			2015	03	刘峰峰	慕课环境下的高校信息素养教育
共享教育资源...	CSSCI-C;PKU		2014	11	秦长江	网络在线教育课程:图书馆的机遇和作用
高校图书馆;...			2019	03	柳丽花; 刘晶; 彭骏	信息素养教育的慕课化教学设计与实践

细节 (D) 预览 (P) 综述 (S) 附件 (K) 笔记 (N) 位置 (L)

笔记

文章运用文献调研法,对我国高校图书馆利用慕课开展信息素养教育的情况进行梳理,以反慕课理论和媒体选择定律为依据,对信息素养慕课化教学进行课程设计,提出通过虚实结合、游戏闯关、通关结课等方式进行教学。

图 9.2.19 用个人文献管理软件做笔记

(2) 综述的写法。综述的写法分为 3 种。

① 纵向写法。主要围绕某一专题,按时间先后顺序或专题本身发展层次,对其历史演变、状况、趋向预测作纵向描述,从而勾画出某一专题的来龙去脉和发展轨迹。但不能孤立地按时间顺序罗列事实,把它写成了大事记或编年体,要突出重点,详略得当。纵向写法适合于动态性综述。这种综述描述专题的发展动向明显,层次清楚。

② 横向写法。是对某一专题在国内外的各方面,如各派观点、各家之言、各种方法、各自成就等加以描述和比较。通过横向对比,既可以分辨出各种观点、见解、方法、成果的优劣利弊,又可以看出国际水平、国内水平和本单位水平,从而找到差距。横向写法适用于成就性综述,这种综述专门介绍某方面或某个项目的新成就,如新理论、新观点、新发明、新方法、新技术、新进展等。因为"新",所以时间跨度短,易引起国内外同行关注。

③ 综合写法。在同一篇综述中,同时采用纵向与横向写法。例如,写历史背景采用纵向写法,状况采用横向写法。通过纵、横描述,广泛地综合文献资料,全面系统地认识某一专题及其发展方向,做出比较可靠的趋向预测,为新的研究工作选择突破口或提供参考依据。

4) 注意事项

撰写综述时要注意的事项:

(1) 保证文献检索的查全率;

(2) 注意引用文献的代表性、可靠性和科学性;

(3) 引用文献要忠于原文;

(4) 不能混淆文献观点和作者个人见解;

(5) 参考文献不能省略。

9.2.3 开题报告的撰写

1. 开题报告概述

开题报告是指开题者对科研课题或者学位论文的一种文字说明材料。开题者把自己所选课题或者拟写学位论文的概况即"开题报告内容",向有关专家、学者、科技人员进行陈述,然后由他们对科研课题或拟写学位论文进行评议,再由管理部门综合评议确定是否批准这一选题。

科研工作者要写开题报告,大学生、研究生在写毕业论文前也要写开题报告,开题报告是毕业论文答辩委员会对学生答辩资格审查的依据材料之一。大学生、研究生在毕业论文选题方向确定后,在调查研究的基础上,要撰写开题报告报请专家委员会。毕业论文的选题是否具有学术价值和新颖性、体量是否恰当、是否能够反映作者的专业科研水平,以及论文论点是否成熟等,均要通过开题报告来审查。

通过开题报告,开题者可以把自己对课题的认识理解程度和准备工作情况加以整理、概括,以便使具体的研究目标、步骤、方法、措施、进度、条件等得到更明确的表达。通过开题报告,开题者可以为评审者提供一种较为确定的开题依据。

2. 开题报告内容

开题报告,一般以表格的形式,将报告的内容用相应的栏目呈现出来。开题报告主要内容，如图 9.2.20 所示。

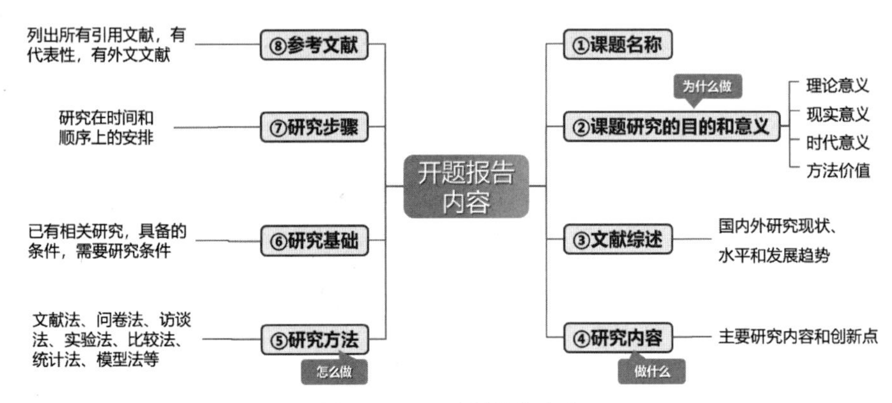

图 9.2.20 开题报告内容

（1）课题名称，是所选课题的题目，要准确、科学、简洁地表达课题所要研究的内容。课题名称中要明确课题研究的问题及研究的对象，课题名称用词科学规范，课题名称不能太长，一般不要超过 20 个字。

（2）课题研究的目的和意义，就是“为什么做”，为什么要研究，这项研究有什么价值，研究背景是什么，包括理论意义，对学科发展或理论完善的贡献；现实意义，对经济发展、社会进步、企业转型等方面的贡献；时代意义，在特定时代解决特定问题的紧迫性和重要性；方法价值，对特定研究方法的发展和完善的贡献。

（3）国内外研究现状、水平和发展趋势，即文献综述，要以查阅文献为前提，所查阅的文献应与研究课题相关，但又不能过于局限。通过文献综述，了解本课题目前的研究状况、达到的水平、存在的不足以及发展方向等，了解该课题领域的空白点或发展机会，确定拟研究的问题或假设。这些内容一方面可以论证本课题研究的地位和价值；另一方面也说明课题研究人员对本课题研究是否有较好的把握。

（4）研究内容，就是“做什么”，根据研究目标来确定课题具体要研究的内容，研究内容要更具体、明确，并且一个目标可能要通过几方面的研究内容来实现。研究内容中，要明确创新点，突出所选课题与同类其他研究的不同之处。

（5）研究方法，就是“怎么做”，研究方法包括文献研究法、问卷调查法、访谈研究法、实验研究法、比较研究法、统计方法、模型法等。一个大的课题往往需要多种方法的结合，才能充分论证论文的观点。小的课题可以主要采用一种方法，同时兼用其他方法。已研究过的课题，采用一种新的方法，也能得出创新性的结论。

（6）研究基础，课题已有相关研究，具备的研究条件，需要的研究条件和经费，是完成课题的基础。

（7）研究步骤，就是课题研究在时间和顺序上的安排。一般情况下都是根据课题研究的步骤，循序渐进，分阶段进行，每个阶段起止时间都要有规定。

（8）参考文献，应列出所有引用文献，证明自己选题是有理论依据、有资料保证的。所列的参考文献不必很多，但要有代表性。其中，要有一定数量的外文文献。

3. 开题报告格式

开题报告的格式,不同机构略有不同,但主要内容类似。下面是某校本科生和硕士研究生的开题报告样式。

本科生的毕业设计(论文)开题报告,如图 9.2.21 所示。

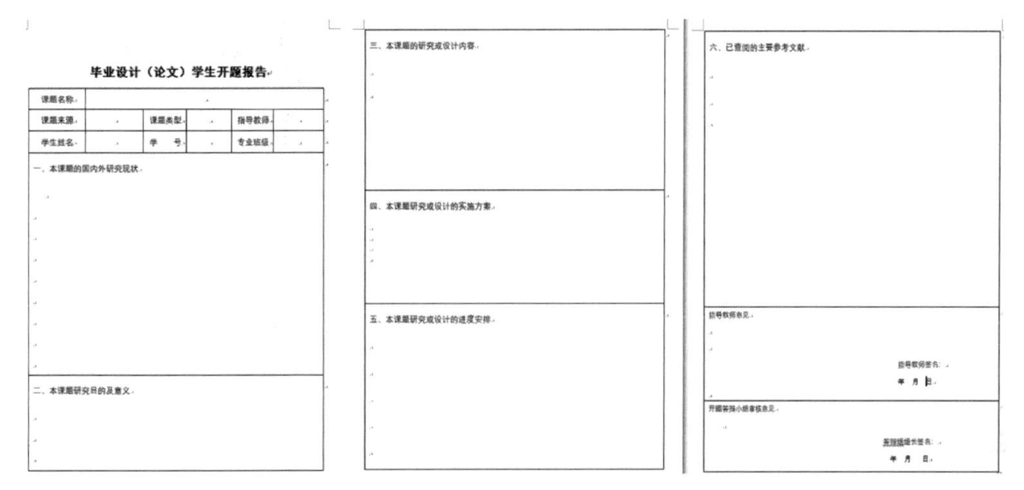

毕业设计(论文)学生开题报告

课题名称					
课题来源		课题类型		指导教师	
学生姓名		学　号		专业班级	

一、本课题的国内外研究现状

二、本课题研究目的及意义

三、本课题的研究或设计内容

四、本课题研究或设计的实施方案

五、本课题研究或设计的进度安排

六、已查阅的主要参考文献

指导教师意见

指导教师签名:

年　月　日

开题答辩小组审核意见

答辩组组长签名:

年　月　日

图 9.2.21　本科生的毕业设计(论文)开题报告

硕士研究生的学位论文选题报告(中间为五张表格叠加),如图 9.2.22 所示。

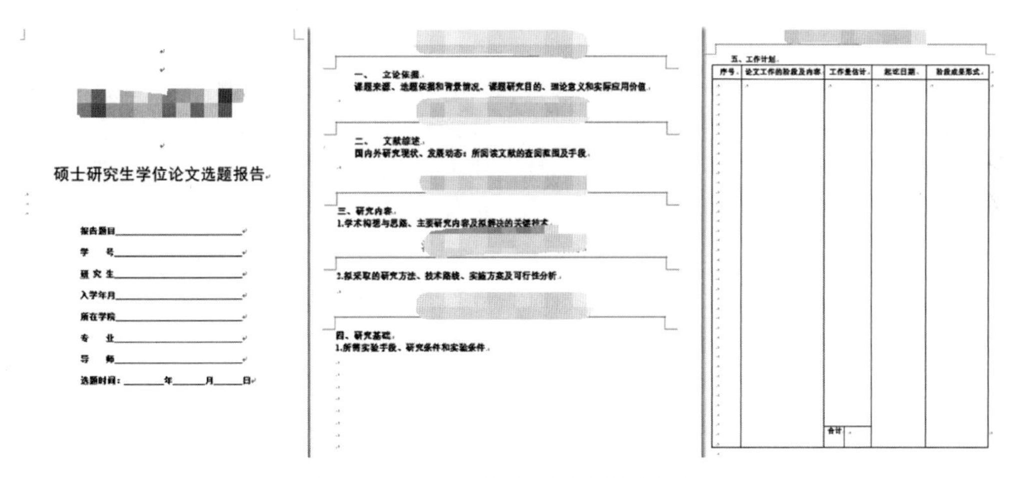

硕士研究生学位论文选题报告

报告题目______

学　号______

研 究 生______

入学年月______

所在学院______

专　业______

导　师______

选题时间:______年____月____日

一、　立论依据

课题来源、选题依据和背景情况、课题研究目的、理论意义和实际应用价值

二、　文献综述

国内外研究现状、发展动态;所阅读文献的查阅范围及手段

三、研究内容

1.学术构想与思路、主要研究内容及拟解决的关键技术

2.拟采取的研究方法、技术路线、实施方案及可行性分析

四、研究基础

1.所需实验手段、研究条件和实验条件

五、工作计划

序号	论文工作的阶段及内容	工作量估计	起讫日期	阶段成果形式
		合计		

图 9.2.22　研究生学位论文选题报告

9.2.4　论文投稿指南

9.3 学术规范与学术不端

9.3.1 学术规范

学术规范是从事学术活动的行为规范，是学术共同体成员必须遵循的准则，是保证学术共同体科学、高效、公正运行的条件，它从学术活动中约定俗成地产生，经过凝练成为相对独立的规范系统。

学术共同体，是一群志同道合的学者，遵守共同的道德规范，相互尊重、相互联系、相互影响，共同推动学术发展从而形成的群体。学术共同体既是学术活动的主体和承担者，也是学术规范的制订者和执行者。

学术活动，包括学术研究、学术写作、学术交流、学术评价（包括学术批评）、学术管理和学术传播等形式。通过学术活动，可以加快学术信息的交流，培养学术新人，对学术贡献者给予肯定，扩大最新学术成果的传播等。

学术规范体现在学术活动全部过程之中，主要表现为学术道德规范、学术法律规范、学术政策规范、学术引文规范、写作技术规范等。

1. 学术道德规范

学术道德规范是学术规范的核心部分，是指对学术共同体从思想修养和职业道德方面提出的要求。教育部《关于加强学术道德建设的若干意见》规定了学术道德规范的主要内容。

（1）增强献身科教、服务社会的历史使命感和社会责任感。广大教师和教育工作者要置身于科教兴国和中华民族伟大复兴的宏图伟业之中，以培养人才、繁荣学术、发展先进文化、推进社会进步为己任，努力攀登科学高峰。要增强事业心、责任感，正确对待学术研究中的名和利，将个人的事业发展与国家、民族的发展需要结合起来，反对沽名钓誉、急功近利、自私自利、损人利己等不良风气。

（2）坚持实事求是的科学精神和严谨的治学态度。要忠于真理、探求真知，自觉维护学术尊严和学者的声誉。要模范遵守学术研究的基本规范，以知识创新和技术创新，作为科学研究的直接目标和动力，把学术价值和创新性作为衡量学术水平的标准。在学术研究工作中要坚持严肃认真、严谨细致、一丝不苟的科学态度，不得虚报教育教学和科研成果，反对投机取巧、粗制滥造、盲目追求数量不顾质量的浮躁作风和行为。

（3）树立法制观念，保护知识产权、尊重他人劳动和权益。要严于律己，依照学术规范，按照有关规定引用和应用他人的研究成果，不得剽窃、抄袭他人成果，不得在未参与工作的研究成果中署名，反对以任何不正当手段谋取利益的行为。

（4）认真履行职责，维护学术评价的客观公正。认真负责地参与学术评价，正确运用学术权力，公正地发表评审意见是评审专家的职责。在参与各种推荐、评审、鉴定、答辩和评奖等活动中，要坚持客观公正的评价标准，坚持按章办事，不徇私情，自觉抵制不良社会风气的影响和干扰。

(5) 为人师表、言传身教,加强对青年学生进行学术道德教育。要向青年学生积极倡导求真务实的学术作风,传播科学方法。要以德修身、率先垂范,用自己高尚的品德和人格力量教育和感染学生,引导学生树立良好的学术道德,帮助学生养成恪守学术规范的习惯。

2. 学术法律规范

学术法律规范,是指以法律法规的形式来规范学术共同体的学术活动。

我国目前尚未制订专门的学术法律规范,与学术活动有关的行为规则分散在民法典、著作权法、专利法、保密法、商标法、合同法、统计法、出版管理条例等法律法规中。主要内容可以概括为以下几方面。

(1) 学术研究不得泄露国家秘密和单位的技术秘密。《中华人民共和国保守国家秘密法》规定,国家秘密是关系国家的安全和利益,依照法定程序确定,在一定时间内只限一定范围的人员知悉的事项。这些事项主要是国家事务的重大决策中的秘密事项、国防建设和武装力量活动中的秘密事项、外交和外事活动中的秘密事项以及对外承担保密义务的事项、国民经济和社会发展中的秘密事项、科学技术中的秘密事项、维护国家安全活动和追查刑事犯罪中的秘密事项、政党的秘密事项以及其他经国家保密工作部门确定应当保守的国家秘密事项等。学术活动中对涉及的国家秘密必须保密,否则将要承担相应的法律责任。另外,根据《中华人民共和国促进科技成果转化法》等法律的规定,企业、事业学位应当建立健全技术秘密保护制度,保护本单位的技术秘密,职工应当遵守本单位的技术秘密保护制度,在学术活动中必须保守单位技术秘密,不得泄露。

(2) 学术活动不得干涉宗教事务。根据《宗教事务条例》的规定,在出版学术著作时,其中不得含有破坏信教公民与不信教公民和睦相处的内容;破坏不同宗教之间和睦以及宗教内部和睦的内容;歧视、侮辱信教公民或者不信教公民的内容;宣扬宗教极端主义和违背宗教的独立自主自办原则的内容,等等。

(3) 学术活动应遵守知识产权法。包括著作权法、专利法、商标法等知识产权方面的法律法规。学术活动涉及最多的就是知识产权问题。因此,著作权法等知识产权方面的法律法规,往往就是学术活动应遵守的行为准则。例如,未参加创作,不可在他人作品上署名;未经合作者许可,不能将与他人合作创作的作品当作自己单独创作的作品发表;不允许剽窃、抄袭他人作品;禁止在法定期限内一稿多投;合理使用他人作品等。

(4) 学术活动应遵守语言文字规范。学术活动中,应使用国家通用的语言文字,方言、繁体字、异体字只有在特殊情况下,即在出版、教学、研究中确需使用时方可使用;汉语文出版物应当符合国家通用语言文字的规范和标准,汉语文出版物中需要使用外国语言文字的,应当用国家通用语言文字做必要的注释。

3. 学术政策规范

学术政策规范,是指以政策文件的形式来规范学术共同体的学术活动。虽然政策文件不是法律,但也是学术共同体必须遵守的。我国部分学术政策规范文件及颁发部门和时间如下:

(1)《关于科技工作者行为准则的若干意见》(科技部等五部门,1999 年);

(2)《关于加强学术道德建设的若干意见》(教育部,2002年);

(3)《高校人文社会科学学术规范指南》(教育部,2009年);

(4)《关于加强我国科研诚信建设的意见》(科技部等九部门,2009年);

(5)《高等学校哲学社会科学学术不端行为处理的意见》(教育部,2009年);

(6)《国务院学位委员会关于在学位授予工作中加强学术道德和学术规范建设的意见》(国务院,2010年);

(7)《高等学校科学技术学术规范指南》(教育部,2010年);

(8)《教育部关于严肃处理高等学校学术不端行为的通知》(教育部,2011年);

(9)《学位论文作假行为处理办法》(教育部,2012);

(10)《高等学校预防与处理学术不端行为办法》(教育部,2016年);

(11)《关于进一步加强科研诚信建设的若干意见》(中共中央、国务院,2018);

(12)《教育部办公厅关于严厉查处高等学校学位论文买卖、代写行为的通知》(教育部,2018年);

(13)《科研诚信案件调查处理规则(试行)》(科技部等二十部门,2019年);

(14)《关于加强和改进新时代师德师风建设的意见》(教育部等七部门,2019年);

(15)《国务院学位委员会 教育部关于进一步严格规范学位与研究生教育质量管理的若干意见》(国务院、教育部,2020年)。

4. 学术引文规范

学术引文规范,是指对学术共同体学术活动中的引用行为进行的规范。《高等学校哲学社会科学研究学术规范》对学术引文规范作如下规定。

(1) 引文应以原始文献和第一手资料为原则。凡引用他人观点、方案、资料、数据等,无论曾否发表,无论是纸质或电子版,均应详加注释;凡转引文献资料,应如实说明。

(2) 学术论著应合理使用引文。对已有学术成果的介绍、评论、引用和注释,应力求客观、公允、准确。伪注,伪造、篡改文献和数据等,均属学术不端行为。

在实际中,要避免引用不当的情形。例如,非引原文,转引而不是引用原文和第一手资料,容易出现错漏;引而不注,引用了原文或者用自己的语言表达原作者的观点,而不注明出处;注而不引,在参考文献中列出实际未参考过的文献;过度他引,过多引用他人的原文或观点;不当自引,进行不必要的自我引用;不当互引,为了提高引用率而不当互引;引而不准,引用不准确或有错误或有意漏引等。

5. 写作技术规范

写作技术规范,是指对学术共同体在学术写作中的技术要求。主要有以下方面。

(1) 学术成果应观点明确,资料充分,论证严密;内容与形式应完美统一,达到观点鲜明,结构严谨,条理分明,文字通畅。

(2) 学术成果的格式应符合要求。各出版机构目前对成果的格式要求并不统一,既有执行国家标准的,也有执行自定标准的。不论执行何种标准,论文中都必须具有以下项目:题名、作者信息、摘要、关键词、分类号、正文、参考文献、作者简介以及英文题名、英文摘要和英文关键词等。另外，基金资助项目论文应对有关项目信息加以注明。

(3) 参考文献的著录应符合要求。我国在1987年就制订了国家标准《文后参考文献著录规则》(GB 7714—1987)，经过2005年、2015年修订，现在执行《信息与文献 参考文献著录规则》(GB/T 7714—2015)。作者在学术活动中应该认真地、自觉地执行已有的国家标准，维护学术规范化建设。

9.3.2 学术不端

学术不端是学术界的一些违反学术规范、弄虚作假、行为不良的现象，败坏学术风气，阻碍学术进步，违背科学精神和道德，给科学和教育事业带来严重的负面影响，极大损害学术形象，污染学术生态。

1. 学术不端的含义

违反学术规范的行为包括学术不端、学术失范、学术腐败。学术不端是指在科学研究和学术活动中伪造、抄袭、剽窃和其他违反学术规范的行为；学术失范是指在学术研究过程中出现的有意或无意违反或偏离学术研究行为规则的现象；学术腐败是指在与学术有关的行为中利用权力、地位和金钱等谋取不正当的利益。三者都是违反基本的学术规范的行为，有时也被统称为"学术不端行为"。

《高等学校预防与处理学术不端行为办法》(以下简称《办法》)指出，学术不端行为是指高等学校及其教学科研人员、管理人员和学生，在科学研究及相关活动中发生的违反公认的学术准则、违背学术诚信的行为。《办法》明确了7条学术不端行为：

(1) 剽窃、抄袭、侵占他人学术成果；

(2) 篡改他人研究成果；

(3) 伪造科研数据、资料、文献、注释，或者捏造事实、编造虚假研究成果；

(4) 未参加研究或创作而在研究成果、学术论文上署名，未经他人许可而不当使用他人署名，虚构合作者共同署名，或者多人共同完成研究而在成果中未注明他人工作、贡献；

(5) 在申报课题、成果、奖励和职务评审评定、申请学位等过程中提供虚假学术信息；

(6) 买卖论文、由他人代写或者为他人代写论文；

(7) 其他根据高等学校或者有关学术组织、相关科研管理机构制订的规则，属于学术不端的行为。

2. 学术不端的相关概念

1) 抄袭和剽窃

抄袭和剽窃是欺骗行为，被界定为虚假声称拥有著作权，即取用他人思想产品，将其作为自己的产品的错误行为。

一般而言，抄袭是指将他人作品的全部或部分，以或多或少改变形式或内容的方式当作自己的作品发表；剽窃是指未经他人同意或授权，将他人的语言文字、图表公式或研究观点，经过编辑、拼凑、修改后加入到自己的论文、著作、项目申请书、项目结题报告、专利文件、数据文件、计算机程序代码等材料中，并当作自己的成果而不加引用地公开发表。

尽管抄袭与剽窃没有本质的区别，在法律上被并列规定为同一性质的侵权行为，其英文表达也同为 plagiarize，但二者在侵权方式和程度上还是有所差别：抄袭是指行为人不适当引用他人作品以自己的名义发表的行为；而剽窃则是行为人通过删节、补充等隐蔽手段将他人作品改头换面而没有改变原有作品的实质性内容或窃取他人的创作（学术）思想或未发表的成果作为自己的作品发表。抄袭是公开的照搬照抄，而剽窃却是暗地里照抄。

抄袭和剽窃的形式。

(1) 抄袭他人受著作权保护的作品中的论点、观点、结论，而不在参考文献中列出，让读者误以为观点是作者自己的。

(2) 窃取他人研究成果中的调研、实验数据、图表，照搬或略加改动就用于自己的论文。

(3) 窃取他人受著作权保护的作品中的独创概念、定义、方法、原理、公式等且据为己有。

(4) 片段抄袭，文中没有明确标注。

(5) 整段照抄或稍改文字叙述，增删句子，实质内容不变，包括段落的拆分合并、段落内句子顺序的改变等，整个段落的主体内容与他人作品中对应的部分基本相似。

(6) 全文抄袭，包括全文照搬（文字不动）、删简（删除或简化，将原文内容概括简化、删除引导性语句或删减原文中的其他内容等）、替换（替换应用或描述的对象）、改头换面（改变原文文章结构、原文顺序或改变文字描述等）、增加（一是指简单的增加，即增加一些基础性概念或常识性知识等；二是指具有一定技术含量的增加，即在全包含原文内容的基础上，有新的分析和论述补充或基于原文内容和分析发挥观点）。

(7) 组合别人的成果，把字句重新排列，加些自己的叙述，字面上有所不同，但实质内容就是别人的成果，并且不引用他人文献，甚至直接作为自己论文的研究成果。

(8) 自己照抄或部分袭用自己已发表文章中的表述，而未列入参考文献，应视作“自我抄袭”。

2) 伪造和篡改

伪造是在科学研究活动中记录或报告无中生有的数据或实验结果的一种行为。伪造是不以实际观察和实验中取得的真实数据为依据，而是按照某种科学假说和理论演绎出的期望值，伪造虚假的观察和实验结果。

篡改是在科学研究活动中，操纵实验材料、设备或步骤，更改或省略数据或部分结果使得研究记录不能真实地反映实际情况的一种行为。科研人员在取得实验数据后，为了使结果支持自己的假设或为了附和某些已有的研究结果，对实验数据进行“修改加工”，按照期望值随意篡改或取含数据，以符合自己期望的研究结论。

伪造和篡改都属于学术造假，其特点是研究成果中提供的材料、方法、数据、推理等不符合实际，无法通过重复实验再次取得，有些原始数据甚至都被删除或丢弃无法查证。这两种做法是科学研究中非常恶劣的行为，因为这直接关系到与某项研究有关的所有人和事的可信性。

科学研究的诚信取决于实验过程和数据记录的真实性，伪造和篡改会引起科学诚信的严重问题，使得科学家们很难向前开展研究，也会导致许多人在一条“死路”上浪费大量时间、精力和资源。

伪造和篡改的形式有以下几类。

(1) 伪造实验样品。

(2) 伪造论文材料与方法,无中生有。

(3) 伪造和篡改实验数据,伪造虚假的观察和实验结果,故意取舍数据和篡改原始数据,以符合自己期望的研究结论。

(4) 虚构发表作品、专利、成果等。

(5) 伪造履历、论文等。

3. 学术不端的案例

【案例 9.3.1】 学术不端的案例。

1) 研究生论文方面的学术不端

【子例 1】 2008 年,华中师范大学研究生贾某因剽窃他人论文,被取消研究生学籍和被开除。贾某是“校园明星”学生,2002 年考入华中师大,本科四年,除学校的诸多奖励外,他还获得全国青年演讲大赛一等奖等 30 多项荣誉,连年获得优秀三好学生奖学金,2006 年,贾某被保送华中师大研究生,同时还担任了本科班的辅导员。贾某 2005 年在《理论月刊》和《大庆师范学院》期刊上发表的论文《鸦片贸易在华泛滥的经济视角思考》《翁通龢“罢退”之原由》,均系原文抄袭自西北大学内部交流年刊《史林新苗》,原标题分别为《1840 年前鸦片在中国泛滥之原由新探》《试析翁同龢“罢退”之原由》,作者分别为王显波和杨华萍。

【子例 2】 2009 年,东北财经大学 2007 年某篇硕士学位论文,与南京财经大学 2006 年一篇硕士学位论文惊人相似,这两篇论文整体框架完全一样,除了把“江苏”两字替换成“山东”,把江苏的统计数据换成山东的统计数据以及一些统计指标的对比排序结果稍微改变之外,从摘要、目录、文献综述、正文分析到后面的对策几乎完全一样,就连参考文献的排列顺序也一模一样。被网友称为“史上最牛硕士论文抄袭事件”。这篇被指“抄袭”的论文题为《山东省 FEEEP 协调度研究》:作者袁某;指导教师杨某;答辩日期 2007 年 11 月;网络出版投稿时间 2008 年 3 月 19 日。而被抄袭对象是南京财经大学 2006 年的一篇硕士学位论文:《江苏省 FEEEP 协调度研究》,作者曾某;指导教师胡某;答辩日期 2006 年 12 月 27 日;网络出版投稿时间 2007 年 7 月 16 日。查实后,学校撤销抄袭者袁某硕士学位,收回已发放的硕士学位证书。

【子例 3】 2020 年,天津大学刘某、厦门大学林某硕士论文雷同。天津大学刘某,2018 年 6 月 26 日获得天津大学的工程硕士学位,硕士学位论文题目为《基于 J2EE 的环保管理系统的设计与实现》。厦门大学林某,2018 年毕业,硕士论文为《基于 J2EE 的环保管理系统的设计与实现》。经调查,两人存在由他人代写、买卖论文的学术作假的行为,均撤销其所获硕士学位,收回、注销硕士学位证书。

2) 学术论文方面的学术不端

【子例 4】 2002 年,舍恩事件是一起大规模学术论文造假丑闻。事件主角扬·舍恩(Jan Hendrik Schön) 1970 年生于德国费尔登,1997 年获康斯坦茨大学物理学博士学位并留校任教,1998 年加入美国贝尔实验室,于贝尔特拉姆·巴特洛格(Bertram Batlogg)教授指导下做材料学研究，2001 年成为正式员工。之后的 4 年里，他与 20 多人合作在许多大型国际期刊上发表了超过 80 篇论文，在《自然》和《科学》上发表的第一作者署名的论文就有 17 篇。2001 年，他获得了德国最重要的科学奖项之一——奥托·克隆-韦伯银行奖。

舍恩最出名的"成就"是 2001 年 11 月发表的单分子场效应管。该"成果"是分子半导体的重大突破，受到广泛的赞赏，并被《科学》杂志评为 2001 年十大科技进展第一位。随后舍恩又发表了高温超导、有机激光等重大发现，成为学术明星，被认为是下一个诺贝尔奖得主。然而，其他科学家在重复他的实验时却遭到失败。普林斯顿大学的莉迪亚·索恩(Lydia Sohn)发现舍恩的两个实验温度差别很大，但噪声却完全相同。康奈尔大学的保罗·麦克尤恩(Paul Mceuen)也发现了类似问题。麦克尤恩于 2002 年 5 月向贝尔实验室举报舍恩学术不端，实验室请外界科学家团队进行独立调查，结果舍恩无法提供原始数据。9 月 24 日，调查小组正式发布报告，确认舍恩的论文数据包含造假。同年 11 月 1 日，舍恩等人在《科学》上发表声明撤回 8 篇论文。之后，他所获奥托·克隆奖被撤销，其博士学位亦被收回。

【子例 5】 2009 年，浙江大学副教授贺海波被爆剽窃论文。经查，贺海波论文剽窃情节严重，多篇论文剽窃造假，盗用其博士生导师的研究结果，一稿两投，擅自署他人名字，擅自署基金支持等，属多重学术不端行为并发。事发后，贺海波被撤销副教授职务和任职资格，浙江大学将其开除出教师队伍。其博士后期间的合作导师、中国工程院院士、浙江大学药学院院长李连达负有监管不力的责任，不再续聘。

【子例 6】 2017 年 4 月，德国施普林格出版集团旗下期刊《肿瘤生物学》一次性撤销我国作者 2012—2016 年发表的 107 篇论文，撤稿原因是同行评议造假，论文作者编造审稿人和同行评审意见，总数有 70 多位相关责任人受到通报批评，取消 50 多位责任人的国家自然科学基金项目申请的资格 1～7 年，撤销 40 多项已经获得资助的国家自然科学基金项目。2020 年 4 月，该集团旗下另一期刊《多媒体工具与应用》批量撤销 33 篇论文，加上该期刊近两年撤下的另 8 篇论文，总共有 41 篇，其中 39 篇论文的主要作者来自我国。撤稿理由包括剽窃他人未发表手稿、操纵作者身份、试图颠覆同行评议发表系统、内容抄袭、图像未经允许不当复制等。此次集体撤稿波及的数十家高校、单位和公司当中，国网浙江省电力公司(包括国网浙江省电力有限公司电力科学研究院、国网浙江省电力公司信息通信分公司等)、常州工学院电气与光电工程学院、合肥工业大学分别被撤下 12 篇、7 篇、4 篇论文，另外还有 3 篇是国网浙江省电力公司与合肥工业大学合作的文章。此次被撤稿的论文中有多篇标注获得了包括国家自然科学基金等项目的资助，作者主要出自浙江大学、北京航空航天大学、合肥工业大学、武汉科技大学、华中师范大学、中国计量大学、国家数字交换系统工程技术研究中心。

3) 科学研究方面的学术不端

【子例 7】 2005 年，韩国首尔大学调查委员会的调查报告书出炉，为"黄禹锡科研组干细胞成果造假事件"画上句号。该报告书认定，黄禹锡科研组 2004 年和 2005 年在《科学》杂志上发表的干细胞论文同属编造数据论文。并且，黄禹锡反复强调的"核心技术"也难以获得认定。黄禹锡被首尔大学解除职务，被政府取消"韩国最高科学家"称号，免去一切公职。

【子例 8】 2006 年，原上海交通大学微电子学院院长陈进"汉芯一号"重大科研造假，骗取了高达上亿元的科研基金。陈进被撤销各项职务和学术头衔，国家有关部委与其解除科研合同，并追缴各项费用。2003 年 2 月，陈进负责的团队推出的“汉芯一号”，不过是从美国一家公司买回的芯片，雇人将芯片表面的原有标志用砂纸磨掉，然后加上“汉芯”标志“研制”而成，却因为其欺骗成功，被鉴定为“完全拥有自主知识产权的高端集成电路”，是“我国芯片技术研究获得的重大突破”。此后，随着“汉芯”二号、三号、四号相继问世，“汉芯”项目成为国家级重点科技攻关项目，有关部门下拨大量课题经费，陈进本人不但当上上海交大微电子学院院长，而且还荣获“全国优秀科技工作者”等一系列称号。2006 年 12 月，上海交大接到对陈进等人涉嫌造假的举报后十分重视，立即对有关情况进行了初步调查，随即请求国家权威部门对事件进行深入全面调查。科技部根据专家调查组的调查结论和国家科技计划管理有关规定，决定终止陈进负责的科研项目的执行，追缴相关经费，取消陈进以后承担国家科技计划课题的资格；教育部决定取消其享受政府特殊津贴的资格，追缴相应拨款；国家发改委决定终止陈进负责的高技术产业化项目的执行，追缴相关经费。上海交大研究决定：撤销陈进上海交大微电子学院院长职务；撤销陈进的教授职务任职资格，解除其教授聘用合同。

【子例 9】 2014 年，日本理化学研究所的小保方晴子于 2014 年 1 月 29 日在国际权威期刊《自然》上发表了一篇关于新型万能细胞“STAP 细胞”的论文，这项划时代的研究成果迅速引起全球关注，年仅 30 岁的小保方晴子也成了日本的学术明星。然而，两周之后就有专家指出，论文中的图像疑似经过人为加工，一些外国同行也宣称实验结果无法重现。日本理化学研究所开展了将近一年的调查，最后宣布 STAP 细胞实验无法再现。小保方晴子本人从日本理化学研究所辞职，事件所涉美国科学家查尔斯·瓦坎蒂(Charles Vacanti)也辞去了哈佛附属医院的职务。更为悲剧的是，小保方晴子的导师笹井芳树因此自缢身亡。早稻田大学认定小保方晴子的博士论文存在盗用图片等问题，修改后的论文未能达到审查要求，故正式撤销其博士学位。

【子例 10】 2016 年，韩春雨事件。河北科技大学副教授韩春雨 2016 年 5 月 2 日以通信作者的身份在国际顶级期刊《自然-生物技术》上发表论文，宣称发明了一种新的基因编辑技术 NgAgo-gDNA，引起国内外广泛关注，荣誉头衔纷至沓来。很快，因为实验无法得到国际同行的重复验证，研究的真实性受到质疑，“科研明星”韩春雨被推进风口浪尖，最后不得不主动提出撤稿请求，《自然-生物技术》在 2017 年 8 月 2 日发表撤稿声明。2018 年 8 月 31 日河北科技大学公布韩春雨团队撤稿论文的调查处理结果称，未发现韩春雨团队有主观造假情况，有关方面按照规定已取消了韩春雨所获得的荣誉称号，终止了韩春雨团队承担的科研项目并收回了科研经费，收回了韩春雨团队所获校科研绩效奖励。

4. 学术不端行为的处理

学术不端行为是一个全球性的社会问题，学术不端行为败坏学术界的声誉，阻碍科学进步。学术不端行为也直接损害了公共利益，科学研究在很大程度上都在使用国家资金，学术造假就是在浪费纳税人的钱。学术不端行为违反学术规范，在科研资源、学术地位方面造成不正当竞争。因此，人人都有责任遵守学术规范，建立科研诚信，培育科学精神，防患于未然。青年学子要加强学术规范的学习，了解学术不端行为及其惩罚，时刻警醒自己，避免在学习、研究过程中发生学术不端行为，保证学术研究能够健康发展。

《高等学校预防与处理学术不端行为办法》规定，对学术不端行为责任人做出如下处理：

(1) 通报批评；

(2) 终止或者撤销相关的科研项目，并在一定期限内取消申请资格；

(3) 撤销学术奖励或者荣誉称号；

(4) 辞退或解聘；

(5) 法律、法规及规章规定的其他处理措施。

同时，可以依照有关规定，给予警告、记过、降低岗位等级或者撤职、开除等处分。

学术不端行为责任人获得有关部门、机构设立的科研项目、学术奖励或者荣誉称号等利益的，学校应当同时向有关主管部门提出处理建议。

学生有学术不端行为的，学校还应当按照学生管理的相关规定，给予相应的学籍处分。

学术不端行为与获得学位有直接关联的，由学位授予单位作暂缓授予学位、不授予学位或者依法撤销学位等处理。

9.3.3 合理使用

合理使用，是指在特定条件下，允许个人和特定组织在未经著作权人许可的情况下，可以无偿使用受著作权保护的作品。

法律在保障著作权人正当权益的同时，也要求著作权人为社会承担一定的义务，防止著作权人对权利的绝对垄断，从而有利于智力成果的广泛传播和使用。

合理使用传统文献和电子文献，是新时代大学生和科研工作者的基本信息素养。文献的使用者需正确掌握合理使用的标准，在继承与创新的矛盾中找到平衡点，使自己个人的需求与整个社会的需求都得到最大的满足。

1. 法律中的合理使用条款

《中华人民共和国著作权法》第二十四条规定了 13 种情形，可以不经著作权人许可，不向其支付报酬，但应当指明作者姓名或者名称、作品名称，并且不得影响该作品的正常使用，也不得不合理地损害著作权人的合法权益：

(1) 为个人学习、研究或者欣赏，使用他人已经发表的作品；

(2) 为介绍、评论某一作品或者说明某一问题，在作品中适当引用他人已经发表的作品；

(3) 为报道新闻，在报纸、期刊、广播电台、电视台等媒体中不可避免地再现或者引用已经发表的作品；

(4) 报纸、期刊、广播电台、电视台等媒体刊登或者播放其他报纸、期刊、广播电台、电视台等媒体已经发表的关于政治、经济、宗教问题的时事性文章，但著作权人声明不许刊登、播放的除外；

(5) 报纸、期刊、广播电台、电视台等媒体刊登或者播放在公众集会上发表的讲话，但作者声明不许刊登、播放的除外；

(6) 为学校课堂教学或者科学研究，翻译、改编、汇编、播放或者少量复制已经发表的作品，供教学或者科研人员使用，但不得出版发行；

(7) 国家机关为执行公务在合理范围内使用已经发表的作品；

(8) 图书馆、档案馆、纪念馆、博物馆、美术馆、文化馆等为陈列或者保存版本的需要，复制本馆收藏的作品；

(9) 免费表演已经发表的作品，该表演未向公众收取费用，也未向表演者支付报酬，且不以营利为目的；

(10) 对设置或者陈列在公共场所的艺术作品进行临摹、绘画、摄影、录像；

(11) 将中国公民、法人或者非法人组织已经发表的以国家通用语言文字创作的作品翻译成少数民族语言文字作品在国内出版发行；

(12) 以阅读障碍者能够感知的无障碍方式向其提供已经发表的作品；

(13) 法律、行政法规规定的其他情形。

2. 数字资源的合理使用规则

在网络环境下，电子文献、数据库等数字化资源传输、下载、复制变得非常容易。许多人认为网上数字资源可以自由复制和发布。事实上，大多数网络数字资源是受法律保护的。数字资源供应商对购买的高校图书馆的一般授权使用原则如下。

(1) 授权给学校的师生员工、访问学者、留学生，通过本校控制的 IP 使用数字资源。学校允许进入的公众随机用户通过本校控制的 IP 地址从指定阅览室或终端进入数据库。

(2) 按照国际惯例，高校图书馆购买的是这些网络数字资源的使用权，通常要求授权用户出于个人的研究和学习目的，对数字资源进行合理使用，一般包括对网络数据库的检索、阅读、打印、下载、发送电子邮件等。

超出合理使用范围的行为，不仅侵犯了数据库商的知识产权，也会极大损害学校声誉。数据库商一旦发现，一般会在第一时间停止违规 IP 的数据库访问权，严重的会影响全校的访问权，更严重的数据库商会直接诉诸法律，追究侵权者的法律责任。

思考与练习题

1. 请用有道云笔记工具新建一条本课程某节课的笔记并分享给你的同学。

2. 请用 MindMaster 思维导图工具整理本课程大纲，其中任选一章到二级子主题，其他章节到一级子主题，以“班级＋学号”作浮动主题置于中心主题下面。

3. 在中国知网中检索有关智慧物联方面的文献，导出近 2 年且相关度较高的文献到 NoteExpress，经过查重后，找出其中的核心期刊文献，并选择一篇阅读其综述和做笔记。

4. 在 Web of Science 中检索有关自动驾驶方面的文献，导出近 1 年且被引频次较高的文献到 NoteExpress，经过查重后，找出其中影响因子较高的前 10 篇文献，通过数据分析，给出其词共现关系图。

5. 请按 GB/T 7714—2015 格式，从 NoteExpress 中选择一篇相关文献插入你的一篇论文中的两处，写出其编辑过程(提示：在 NoteExpress 中重复新建一条题录分别插入)。

6. 从指定选题和自由选题途径各做一个学术论文选题，写出选题主要过程。

7. 选取习题 6 选题之一检索相关中外文文献，并筛选高相关和高质量文献，写出过程。

8. 选取习题 7 文献中的两篇学术论文(有一篇为综述)分析其结构,阅读并用工具做笔记。

9. 如果以上述选题作为你的毕业论文选题,请写一份开题报告。

10. 如果你的论文完成,可以进行投稿,写出你投稿的思路。

11. 可以将自己独立完成的论文署上好朋友的名字吗?为什么?请依据学术规范分析。

12. 在写作中参考别人的成果,将别人的文字换一下说法就不是抄袭。你认为呢?请分析。

13. 在市场经济下“我出钱你办事”,因此常有出钱请人写论文的情况。你认为如何?请分析。

14. 作者将自己的一篇论文同时投向多家期刊社是想节约审稿时间,你的看法呢?请分析。

15. 为了扩大自己研究成果的影响,将自己发表在国内一家中文权威期刊上的论文,翻译成英文投递到国外一家 SCI 收录期刊上。这种行为对吗?请加以分析。

第10章　综合性课题检索案例

本章目标：

1. 熟悉综合性课题的检索步骤；
2. 掌握综合性课题的检索策略及调整方法；
3. 学会文献的筛选和检索结论的撰写方法。

10.1　综合性课题检索策略

这里的综合性课题，是指主要内容有两个及以上具有交叉或限定关系的主题概念的课题。综合性课题检索步骤，一般包括分析检索课题与构建检索式、选择检索系统与实施检索和列出相关文献与撰写检索结论等。分析检索课题与构建检索式，包括分析检索课题、确定检索词、编写检索式；选择检索系统与实施检索，包括选择检索系统、确定检索途径、实施检索过程、调整检索策略；列出相关文献与撰写检索结论，包括列出相关文献、获取原始文献和撰写检索结论。

10.1.1　分析检索课题与构建检索式

1. 分析检索课题

分析检索课题主要是分析课题的研究目的、主要内容、背景知识、概念术语、所属学科范围、需查文献类型、时间范围、文种、数量等。课题的信息需求不同，分析的内容也不同，一般课题要了解其主要内容、所属学科和所需文献类型。

1）分析课题的主要内容

主要了解课题包含的学科专业知识、背景知识、概念术语等，一般可借助词典、数据库的百科知识、搜索引擎类工具来检索，如读秀百科、知网百科、百度百科等。在百度百科中检索“绿色能源”的解释，如图10.1.1所示。

2）分析课题所属学科

大多数据库都有检索结果的学科聚类统计或可视化分析，可以在数据库中试检主要概念，查看学科分析，了解课题所属主要学科。每个数据库的学科名称详略有所不同，如国内三大中文数据库，万方数据的学科名称与《中图法》大类一致，维普资讯的细分一些，中国知网的最细。一般可取与《中图法》大类基本一致的分类，工业技术类取其下位类。

如“绿色能源”在三个数据库中所属学科分类情况，如图10.1.2～图10.1.4所示。

3）分析课题需查文献类型

检索课题的信息需求与需查的文献类型，一般有一定的对应关系，如表10.1.1所示。

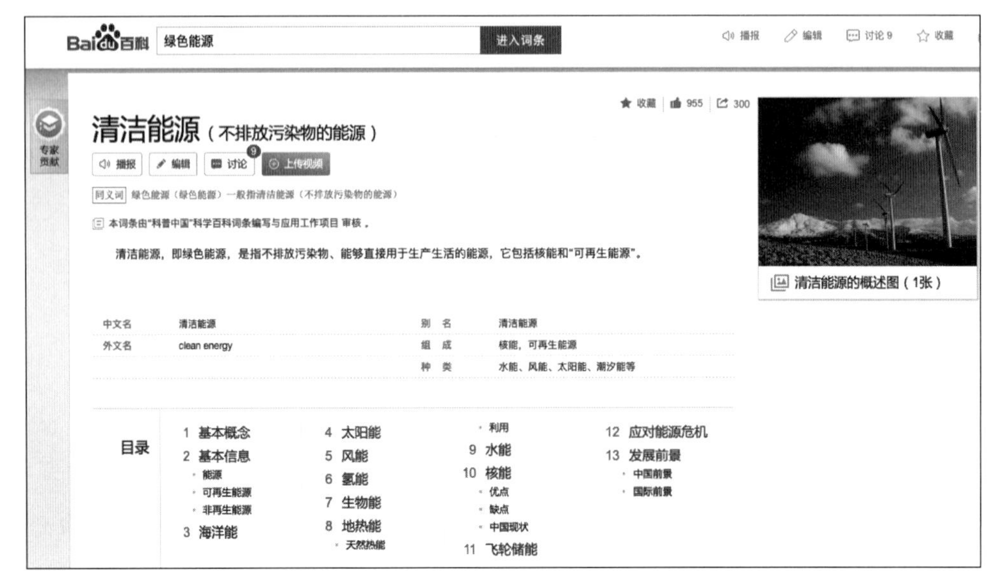

图 10.1.1 检索课题的主要内容

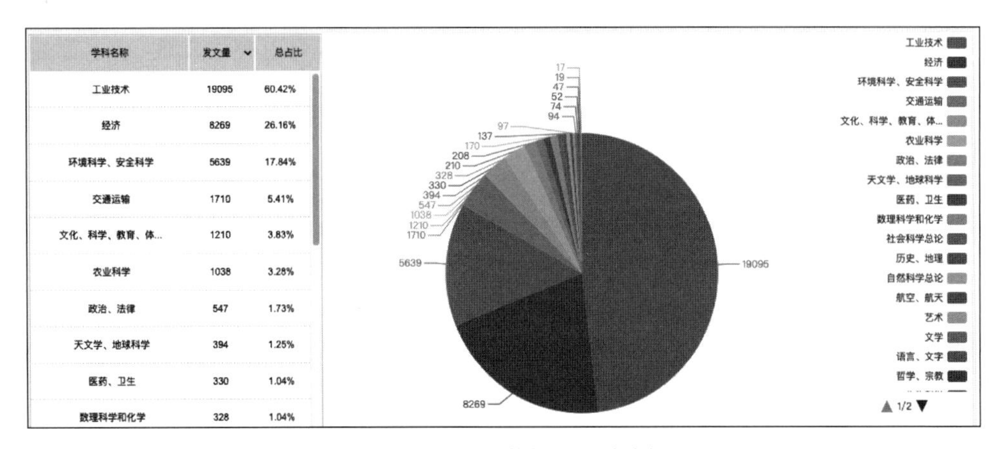

学科名称	发文量	总占比
工业技术	19095	60.42%
经济	8269	26.16%
环境科学、安全科学	5639	17.84%
交通运输	1710	5.41%
文化、科学、教育、体...	1210	3.83%
农业科学	1038	3.28%
政治、法律	547	1.73%
天文学、地球科学	394	1.25%
医药、卫生	330	1.04%
数理科学和化学	328	1.04%

图 10.1.2 万方数据的学科分析

5、文章涉及主要学科统计

序号	领域名称	发文量	主要研究主题
1	经济管理	1460	企业 企业管理 经济发展 财务管理 可持续发展
2	动力工程及工程热物理	754	锅炉 柴油机 节能 汽轮机 数值模拟
3	电气工程	453	电力系统 变电站 变压器 配电网 电网
4	建筑科学	247	建筑工程 施工技术 建筑 混凝土 建筑设计
5	环境科学与工程	239	环境保护 废水处理 可持续发展 安全生产 生态环境

1、概述
2、学术成果产出分析
3、主要发文人物分析
4、主要发文机构统计分析
5、文章涉及主要学科统计
6、主要期刊统计分析
保存检索报告

图 10.1.3 维普资讯的学科分析

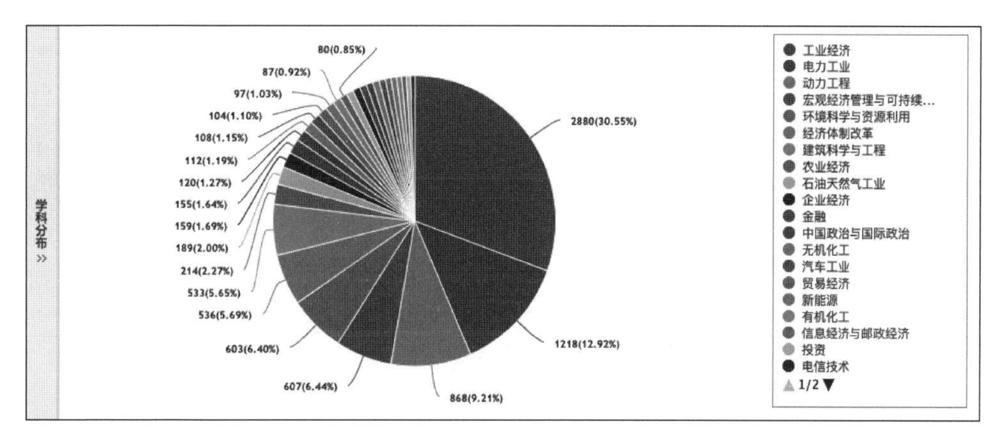

图 10.1.4　中国知网的学科分析

表 10.1.1　信息需求对应的文献类型

信息需求	文献类型
查找新闻报道	报纸、门户网站等
查找概念解释	图书、百科全书、词典等
查找人物史料	人物传记、年鉴、百科全书等
阅读或撰写论文	图书、期刊论文、学位论文、会议论文等
查找书刊的入藏情况	图书馆或信息机构书目查询系统
查找已发表论文被引情况	引文索引数据库
查找统计数据、财务报表等	年鉴、金融统计类数据库、政府出版物、官网等
立项、申请专利	期刊论文、会议论文、专利数据库、成果数据库等
尖端技术、技术革新	科技报告、专利文献
产品设计、生产	标准文献、产品样本

大多数据库都有检索结果的文献类型聚类统计或可视化分析，可以在数据库中试检主要概念，查看文献类型分析，了解课题需要检索的主要文献类型。如“绿色能源”需查的主要文献类型，如图 10.1.5 所示。

2. 确定检索词

确定检索词就是列出课题相关的主题概念。首先找出显性概念，即分析课题名称，对课题名称进行最小单元的切分，去掉无意义的词，找出课题相关的显性概念作为主要检索词；然后扩充检索词，可以从前面分析课题的主要内容中找检索词，也可以借助数据库的主题词表、检索词扩展及分析功能等方法，如 EBSCO、EI 的叙词表，找出隐含概念、上位词、下位词、同义词、近义词、相关词、简称和俗称等检索词；最后确定检索词，对以上所有备选词进行分析，选择与课题最相关的主题概念作为检索词。

如在百度百科对“绿色能源”的解释中找到检索词：清洁能源、可再生能源、水能、风能、太阳能、生物能、地热能、潮汐能、波浪能、海水温差能、盐差能、海流能、核能、氢能、飞轮储能等。

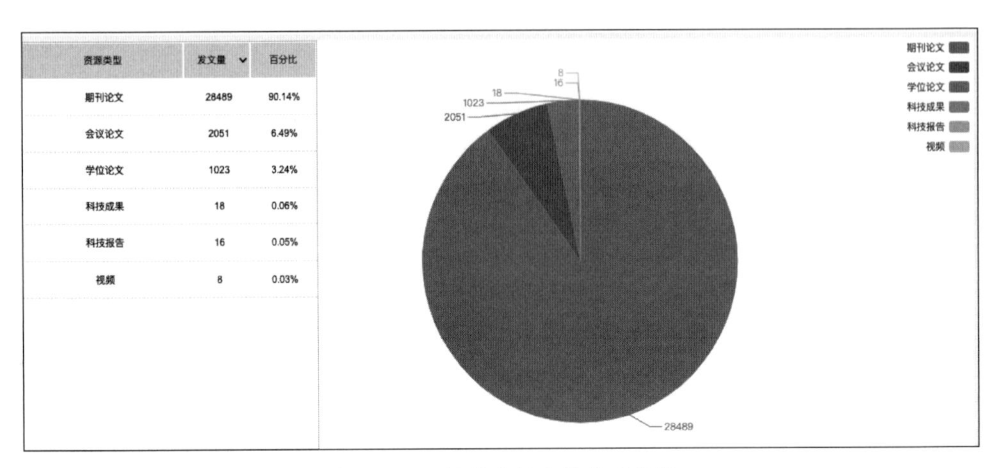

资源类型	发文量	百分比
期刊论文	28489	90.14%
会议论文	2051	6.49%
学位论文	1023	3.24%
科技成果	18	0.06%
科技报告	16	0.05%
视频	8	0.03%

图 10.1.5　数据库的文献类型分析

在数据库检索词分析中找到检索词：可再生能源、太阳能、新能源、清洁能源等，如图 10.1.6 所示。

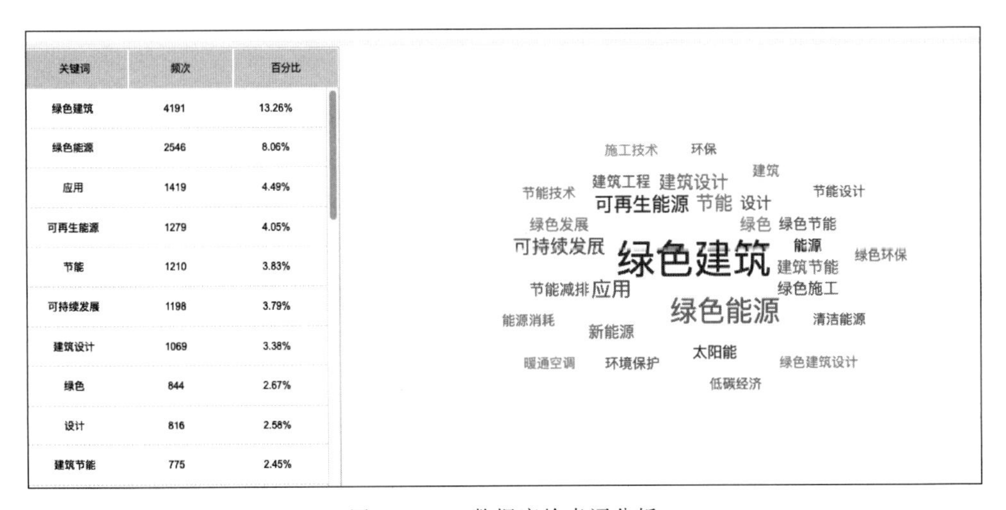

关键词	频次	百分比
绿色建筑	4191	13.26%
绿色能源	2546	8.06%
应用	1419	4.49%
可再生能源	1279	4.05%
节能	1210	3.83%
可持续发展	1198	3.79%
建筑设计	1069	3.38%
绿色	844	2.67%
设计	816	2.58%
建筑节能	775	2.45%

图 10.1.6　数据库检索词分析

在 EBSCO 叙词表中查到“绿色能源”(green energy)有两个正式叙词：CLEAN energy 和 RENEWABLE energy sources。分别查询两个叙词，它们的上位词、下位词、相关词和非叙词的相关关键词，如图 10.1.7 所示。

因此，“绿色能源”扩充检索词后，中文检索词有绿色能源、清洁能源、可再生能源、可持续能源、水能、风能、太阳能、生物能、地热能、潮汐能、波浪能、海水温差能、盐差能、海流能、核能、氢能、飞轮储能等；英文检索词有 green energy、clean energy、renewable energy sources、sustainable energy sources、water power、wind power、solar energy、bioenergy、geothermal energy、tidal energy、wave energy、seawater temperature difference energy、salt difference energy、ocean current energy、nuclear energy、hydrogen energy and flywheel energy storage 等。

图 10.1.7 EBSCO 叙词表

3. 编写检索式

根据选定的检索词及各词之间的关系，利用布尔逻辑算符等运算符连接检索词，编写检索系统能够识别的检索提问表达式。对检索式的要求如下：完整而准确地表达检索课题的主题内容，满足数据库的索引体系和检索用词规范，符合检索系统的功能和限制条件的规定及组配原则，检索式尽量简化。

检索式可用的数据库字段，也就是检索途径，常用的有关键词、主题、篇名、文摘、篇关摘、全文等。根据课题要求及检索词情况，选择合适的检索途径。检索途径逐渐扩大检索范围的顺序，一般如下：题名—关键词—文摘—篇关摘—主题—全文；反之，逐渐缩小检索范围。

如有关“绿色能源”的检索词可编写中英文检索式：KY=(绿色能源 + 清洁能源 + 可再生能源 + 可持续能源 + 水能 + 风能 + 太阳能 + 生物能 + 地热能 + 潮汐能 + 波浪能 + 海水温差能 + 盐差能 + 海流能 + 核能 + 氢能 + 飞轮储能)；SU=("green energy" OR "clean energy" OR "renewable energy sources" OR "sustainable energy sources" OR "water power" OR "wind power" OR "solar energy" OR "bioenergy" OR "geothermal energy" OR "tidal energy" OR "wave energy" OR "seawater temperature difference energy" OR "salt difference energy" OR "ocean current energy" OR "nuclear energy" OR "hydrogen energy" OR "flywheel energy storage")。

10.1.2 选择检索系统与实施检索

1. 选择检索系统

检索系统(包括检索工具和数据库)种类繁多,根据检索课题的需求和检索系统所收录的学科主题、时间范围、文献类型、检索方式、检索途径、支持的检索技术等方面,来准确选用。

可以借助学术搜索、发现系统等的帮助,挑选课题所需信息源及与之对应的检索系统。如利用百度学术、超星发现试检中文"绿色能源",在检出结果中可以发现主要的中文数据库有中国知网、万方数据、维普资讯等,如图 10.1.8 和图 10.1.9 所示。

图 10.1.8 通过百度学术搜索查找中文检索系统

利用百度学术、超星发现试检外文 Green energy,在检出结果中可以发现主要的外文数据库有 SCI、EI、Elsevier、IEL、SpringerLink 等,如图 10.1.10 和图 10.1.11 所示。

综上所述,确定检索系统主要考虑的因素有以下几点。

(1) 检索系统的文种。有中文检索系统,也要有外文检索系统,才可能全面了解课题的中外研究情况。例如检索"绿色能源"可选中国知网、万方数据、维普资讯等中文数据库,还有 SCI、EI、Elsevier、IEL、SpringerLink 等外文数据库。

(2) 检索系统的收录类型。有全文检索系统,也要有文摘检索系统,特别是著名的外文文摘数据库 SCI、EI 等,收录了反映世界上重要研究成果的权威文献,是课题检索的重要工具。

图 10.1.9 通过超星发现系统查找中文检索系统

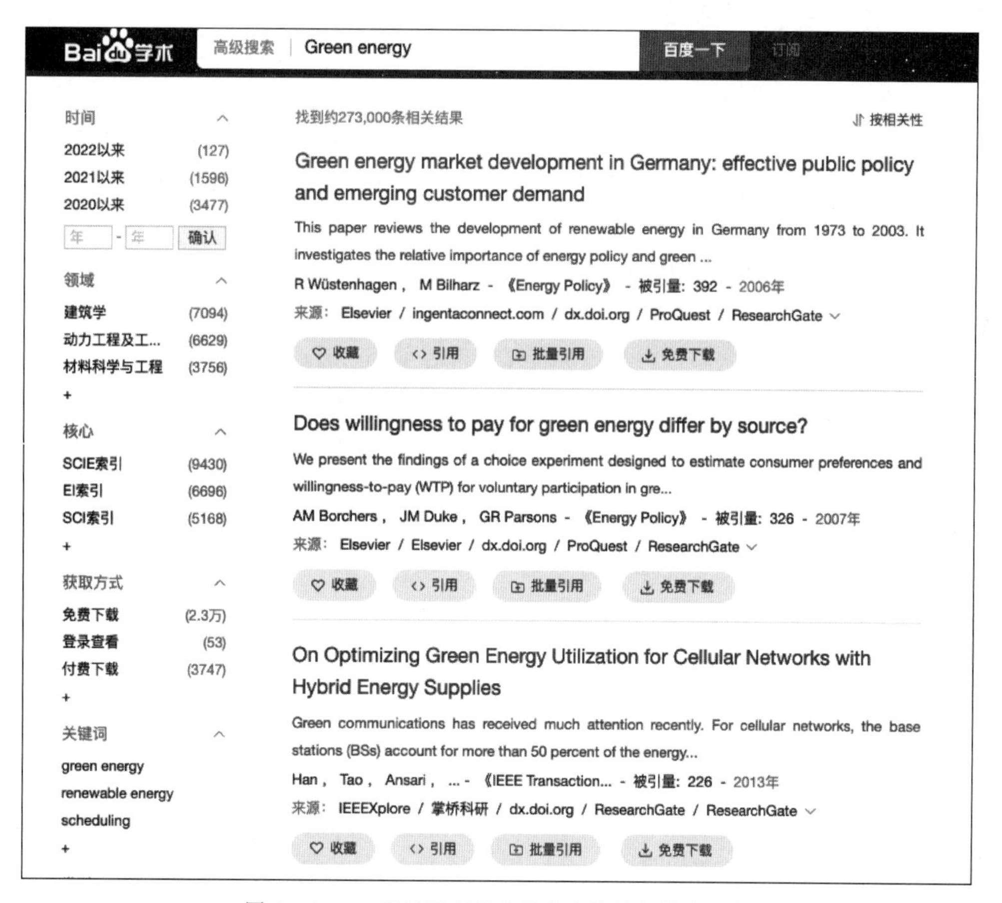

图 10.1.10 通过百度学术搜索查找外文检索系统

图 10.1.11　通过超星发现系统查找外文检索系统

(3) 检索系统的学科范围。依据检索课题所属学科,选择收录该学科范围的检索系统。若有与课题学科符合的专业性检索系统可以优先考虑,若没有就选择包括课题学科的综合性检索系统。如"绿色能源"检索,可选择相对专业性的数据库 IEL 以及综合性的数据库中国知网、万方数据、维普资讯、SCI、EI、Elsevier、SpringerLink 等。

(4) 检索系统的文献类型。依据检索课题需查文献类型,选择收录相应文献类型的检索系统。通过期刊、会议论文可获取最新研究成果和动态；通过图书、学位论文可了解课题相关系统而翔实的研究；通过专利文献、科技成果可了解应用型课题的研究情况等。例如检索"绿色能源",可选择收录期刊、会议论文的相关数据库中国知网、万方数据、维普资讯、SCI、EI、Elsevier、SpringerLink 等,收录图书的相关数据库超星发现、馆藏书目系统等,收录学位论文的 PQDT 等,收录专利文献的国家知识产权局网站、欧洲专利局专利文献数据库、美国专利商标局、incoPat 全球科技分析运营平台、智慧芽等。

(5) 检索系统的可用性。检索系统很多,但受条件限制,有的检索系统收费而没有购买,有的检索系统免费但连接不上等,都无法用来检索,只能在可用的范围内选择检索系统。

2. 确定检索途径

检索系统有基本检索(普通检索、快速检索、一框式检索等)、高级检索、专业检索等多种检索方式,每种检索方式又有多种检索途径(检索字段),因此,在输入检索词或检索式进行检索时,要选择某种检索途径后才能实施检索。检索途径的选择,与课题的需求、检索词、检索式以及检索系统设置的检索途径相关。与课题主要内容相关的检索途径有关键词、主题词、篇名、摘要、篇关摘等，有时选择一种检索途径，有时多种检索途径结合使用；在检索结果较少时，甚至要用到全文检索；在检索结果较多时，可以用检索范围、检索时间、文献类型等来限制检索。在编写检索式时，要根据检索系统的检索途径设置和规则编写正确的检索式，检索系统才能识别并输出检索结果。

例如中国知网的一框式检索方式的检索字段有主题、关键词等 12 种，Elsevier 的快速检索方式的检索字段有关键词、作者等 6 种，如图 10.1.12 和图 10.1.13 所示。

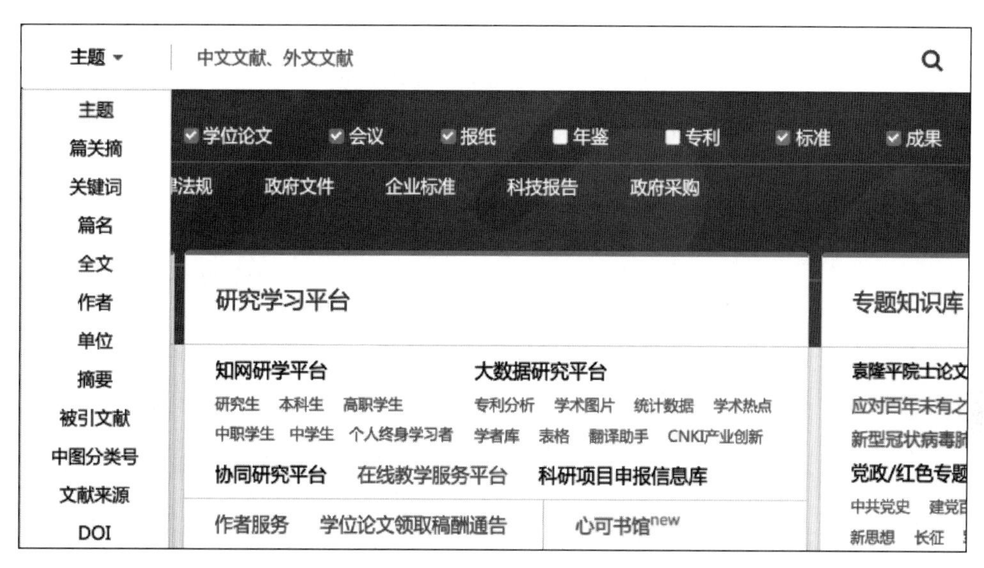

图 10.1.12　中国知网的检索字段

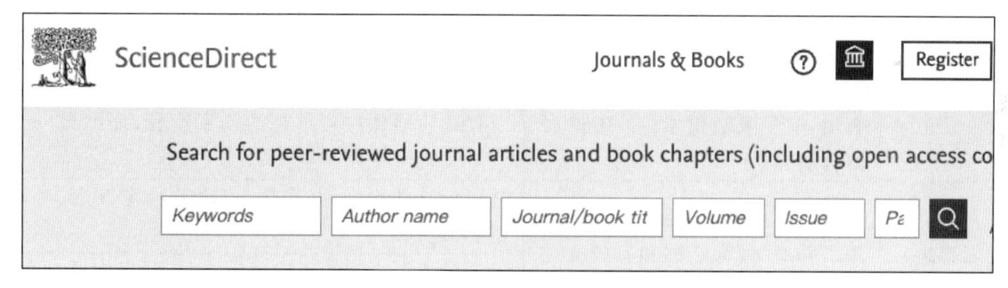

图 10.1.13　Elsevier 的检索字段

3. 实施检索过程

实施检索就是进入具体检索系统，选择检索方式、检索途径后，输入检索词或检索式，进行检索并输出检索结果的过程。如果检索结果能满足课题的需求，就完成检索过程；如果检索结果不满足课题需求，就需要调整检索策略，重新执行检索。

4. 调整检索策略

检索结果不能满足检索课题的信息需求，先要找出原因，才能对应调整策略。可能是课题分析不深入，仅分析课题名称的显性概念，没有挖掘隐含概念；检索词选择不准确，范畴过大或过小，数量过多或过少；检索式编写不正确，没有弄清检索词之间的逻辑关系，没有按系统的规则运用算符等；检索系统选择不准确，不适合用来检索课题需要的文献信息；检索途径选择不合适，关键词、主题、篇名、摘要等要根据需要选用，主题途径要根据词表找出正式主题词来检索，关键词途径用自由词检索但存在选词误差等。

调整检索策略，要与产生问题的原因对应。课题分析的问题，就要从重新分析课题开始，重复检索步骤。检索系统选择的问题，就要了解熟悉检索系统，选择合适的检索系统。下面主要学习检索结果过多、过少或相关性不高的检索策略调整，如表 10.1.2 所示。

表 10.1.2 检索结果调整策略

检索结果	产生原因	调整策略
过多，查准率低	选用了泛指词、上位词，多用了同义词、近义词、相关词；逻辑“或”运用过多，截词过短或过多，没有适当限制检索；检索途径不合适等	提高检索词的专指度，使用下位词及专指性较强的自由词，减少同义词、近义词
		多用逻辑“与”、逻辑“非”算符，少用逻辑“或”算符；少用截词符；多用限制符或限制字段
		多用二次检索、精炼检索、精确检索、加权检索、短语检索等
		增加限制条件，如学科范围、文献类型、语种、时间、作者等
		选择逐步减少检索结果的检索途径，如全文→主题→文摘→关键词→题名
过少，查全率低	检索词概念错误或拼写错误，检索词过于冷僻或专指，用了不规范的主题词或俗称、商品名等，少用了上位词、相关词、同义词、近义词、隐含概念；逻辑“与”、逻辑“非”运用过多，截词过长或没有用，过多限制检索；检索途径不合适等	提高检索词的泛指度，使用上位词和相关词，多选同义词、近义词，多用隐含概念
		少用逻辑 “与”、逻辑“非”算符，多用逻辑“或”算符，多用截词符，取消某些限制符
		在多字段或全文中检索；采用分类检索、模糊检索等
		选择逐步增加检索结果的检索途径，如题名→关键词→文摘→主题→全文
相关度不高，查准率低	检索词不够准确、特指、规范，使用了普通词、宽泛词和有歧义的词；检索词的逻辑关系错误；没有利用短语检索等	选择标准的检索词，多用专指词、特定概念、专业术语、规范词
		确定检索词之间的正确逻辑关系，利用短语检索、加权检索、精确检索
		利用分类号和关键词组合检索

10.1.3 列出相关文献与撰写检索结论

1. 列出相关文献

调整检索策略后继续检索，直到输出满意的检索结果。接着，通过多种方式筛选相关文献，保证重要文献不遗漏。

1）筛选文献

根据检索系统对检索结果的多种统计和分析方式，可按相关度、时间、被引频次、下载量排序，可按主题、文献类型、发表年度、学科分类、作者、机构、基金等分组浏览，可以按这些方式进一步筛选相关文献。

2）列出文献

相关文献按不同方式筛选后，按参考文献标准格式导出。

3）查重排序

将筛选出的文献导入文献管理软件 NoteExpress 中，进行查重去重，按照收录范围和影响因子排序，找到高质量文献。

2. 获取原始文献

若使用全文数据库检索，可直接浏览或下载原文。若使用题录或文摘数据库检索，得到的是文献线索，就要找出识别原文类型的标识。可利用一站式检索平台查找或下载原文，可网上订购或搜索免费原文，可联系出版社或作者获取，可委托图书馆进行文献传递等。

3. 撰写检索结论

首先依据检出文献的相关程度，对文献检出情况进行陈述；然后获取原文阅读文献，优先阅读综述类文献，再阅读其他重要文献，全面了解课题的研究背景、发展周期、发展动态及未来趋势；最后按照文献综述的要求，撰写检索结论。检索结论的要点及撰写方法如下：

(1) 课题研究背景：本课题研究的目的、意义和价值等，可参考相关文献。

(2) 研究发展周期：课题研究的纵向历史回顾，可参照文献检索结果的时间分析和参考相关文献内容等。

(3) 研究发展动态：课题研究的横向发展现状，可参照检索结果的主题、关键词、地区对比分析和参考相关文献内容等。

(4) 结论：课题研究的发展预测或未来展望，可参考检索结果的最新主题分析和相关参考文献内容以及自己的总结等。

按照规范的参考文献格式著录文后参考文献。参考文献是撰写综述的依据，是结论的重要组成部分，必不可少。

10.2 综合性课题检索案例

【案例 10.2.1】 综合性课题检索。

课题：关于汽车高级驾驶辅助系统的研究。

10.2.1 分析检索课题与构建检索式

1. 分析检索课题

1）分析课题的主要内容

本课题的主要概念包括汽车、高级驾驶辅助系统，分别利用读秀百科、知网百科、百度百科来了解相关背景知识和术语解释。

(1) 汽车(英式英语：car；美式英语：automobile；美国口语：auto)，即本身具有动力得以驱动，无须依轨道或电缆，得以动力行驶之车辆。广义来说，具有四轮或以上行驶的车辆，普遍多称为汽车，如图 10.2.1 所示。

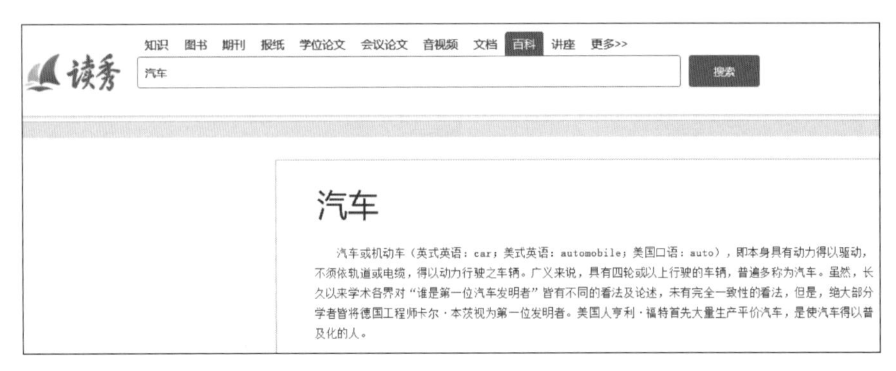

图 10.2.1 汽车——主要概念的解释

(2) 高级驾驶辅助系统(Advanced Driving Assistance System，ADAS)，是利用安装在车上的各式各样传感器(毫米波雷达、激光雷达、单/双目摄像头以及卫星导航)，在汽车行驶过程中随时来感应周围的环境，收集数据，进行静态、动态物体的辨识、侦测与追踪，并结合导航地图数据，进行系统的运算与分析，从而预先让驾驶者察觉到可能发生的危险，有效增加汽车驾驶的舒适性和安全性，如图 10.2.2 和图 10.2.3 所示。

图 10.2.2 高级驾驶辅助系统——主要概念的解释

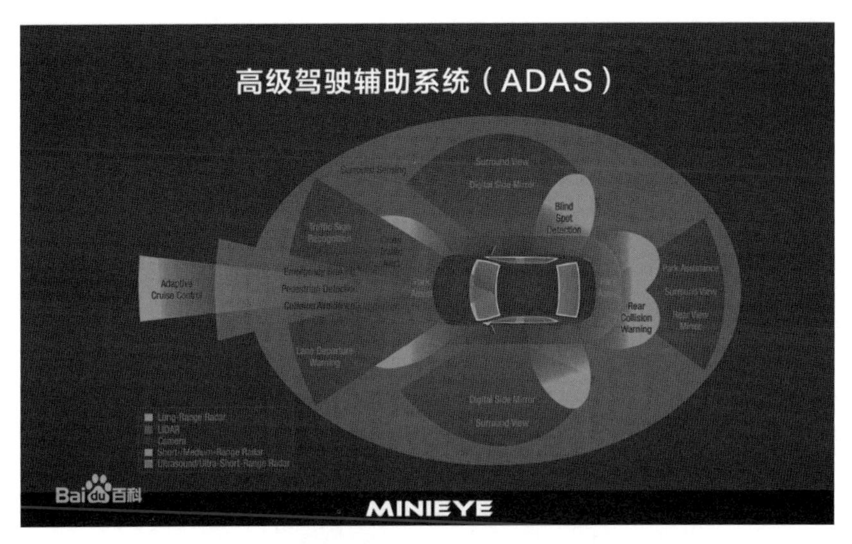

图 10.2.3　高级驾驶辅助系统——主要概念的图片解释

综上所述，本课题的主要内容：高级驾驶辅助系统又称为“先进驾驶辅助系统”，是利用安装在车上的各式各样传感器在汽车行驶过程中随时来感应周围的环境，收集数据，进行静态、动态物体的辨识、侦测与追踪，并结合导航地图数据，进行系统的运算与分析，以实现车道保持、碰撞避免、自适应巡航等功能，从而预先让驾驶者察觉到可能发生的危险，可有效增加汽车驾驶的舒适性和安全性。汽车高级辅助驾驶系统通常包括导航与实时交通系统、电子警察系统、车联网、自适应巡航、车道偏移报警系统、车道保持系统、碰撞避免或预碰撞系统、夜视系统、自适应灯光控制、行人保护系统、自动泊车系统、交通标志识别、盲点探测、驾驶员疲劳探测、下坡控制系统和电动汽车报警系统等。

本课题主要检索国内外学者对高级驾驶辅助系统在汽车应用中的研究成果，包括实践应用和理论研究层面。

2）分析课题所属学科

利用万方数据、维普资讯初检“汽车 and 高级驾驶辅助系统”，通过学科可视化分析或聚类统计功能了解课题所属主要学科，如图 10.2.4 和图 10.2.5 所示。

综上所述，确定本课题所属学科主要是交通运输、机械工程、自动化与计算机技术等。

3）分析课题需查文献类型

利用中国知网、万方数据初检“汽车 and 高级驾驶辅助系统”，通过文献类型聚类统计或可视化分析功能了解课题需查文献类型，如图 10.2.6 和图 10.2.7 所示。

综上所述，确定本课题需查文献类型主要是期刊论文、学位论文、会议论文、专利等。

2. 确定检索词

1）找出显性概念

将课题名称切分如下：关于、汽车、高级、驾驶、辅助系统、的、研究。从课题主要内容分析了解到“高级驾驶辅助系统”是一个专门术语，所以不再切分。删除无意义的词：关于、的、研究。找出课题的主要显性概念：汽车、高级驾驶辅助系统。

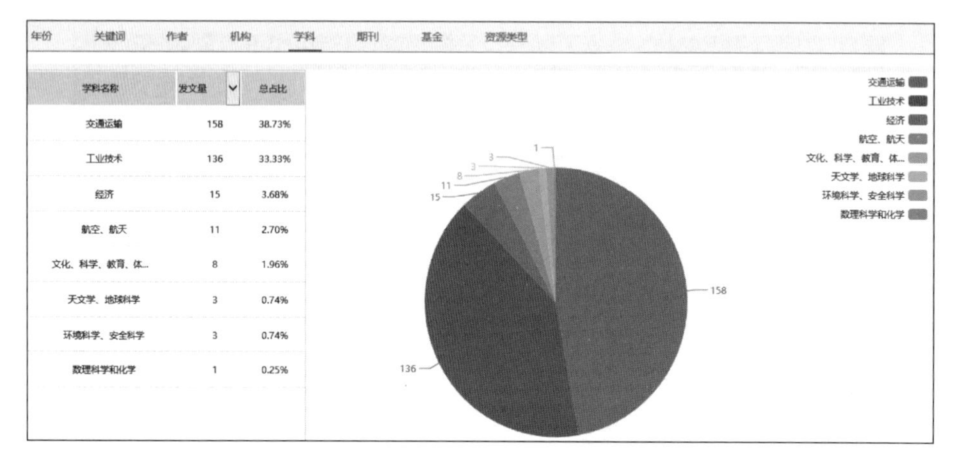

图 10.2.4　学科可视化分析

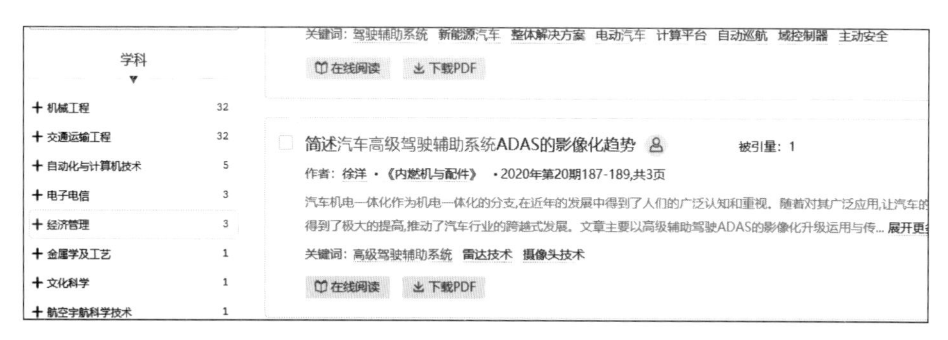

图 10.2.5　学科聚类统计

图 10.2.6　文献类型聚类统计

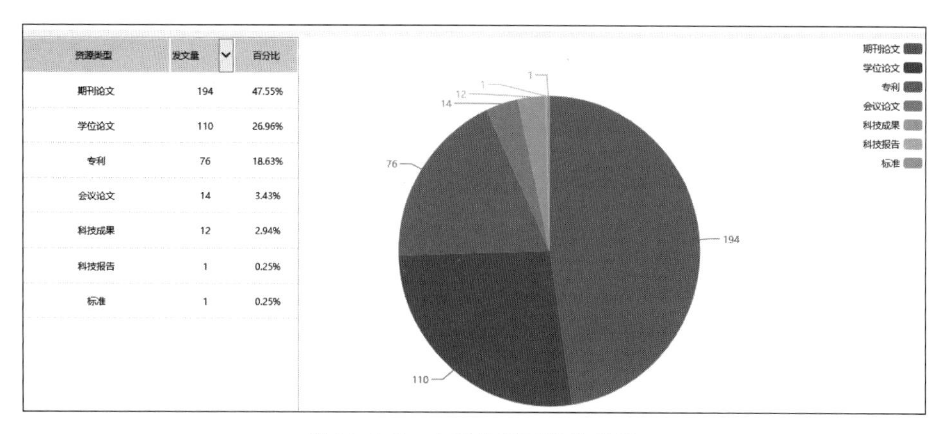

图 10.2.7　文献类型可视化分析

2）扩充检索词

找出隐含概念、上位词、下位词、同义词、近义词、相关词、简称和俗称等检索词。

（1）从课题主要内容分析的背景知识和术语解释中提取检索词：Advanced Driving Assistance System、ADAS、导航与实时交通系统、电子警察系统、车联网、自适应巡航、车道偏移报警系统、车道保持系统、碰撞避免或预碰撞系统、夜视系统、自适应灯光控制、行人保护系统、自动泊车系统、交通标志识别、盲点探测、驾驶员疲劳探测、下坡控制系统、电动汽车报警系统等。

（2）利用数据库如万方数据、中国知网等分别对显性概念进行初检，通过关键词分布和主题分布功能，提炼相关检索词，如图 10.2.8～图 10.2.10 所示。

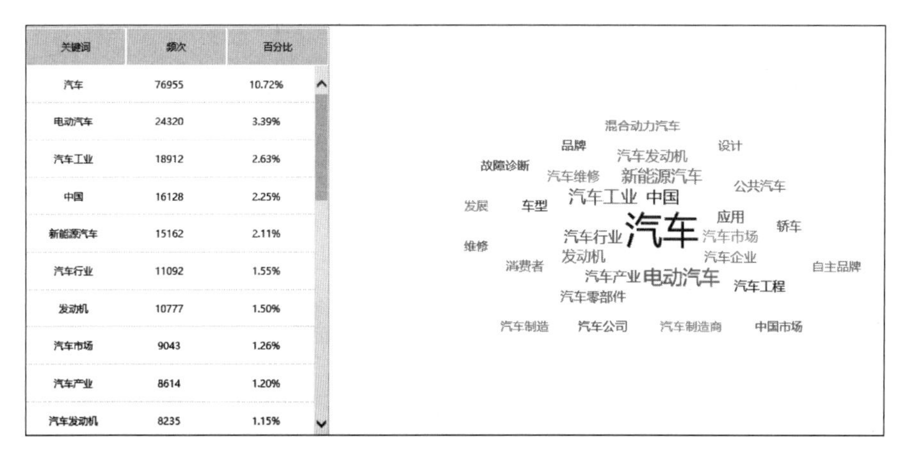

关键词	频次	百分比
汽车	76955	10.72%
电动汽车	24320	3.39%
汽车工业	18912	2.63%
中国	16128	2.25%
新能源汽车	15162	2.11%
汽车行业	11092	1.55%
发动机	10777	1.50%
汽车市场	9043	1.26%
汽车产业	8614	1.20%
汽车发动机	8235	1.15%

图 10.2.8　汽车——主要概念相关关键词分析

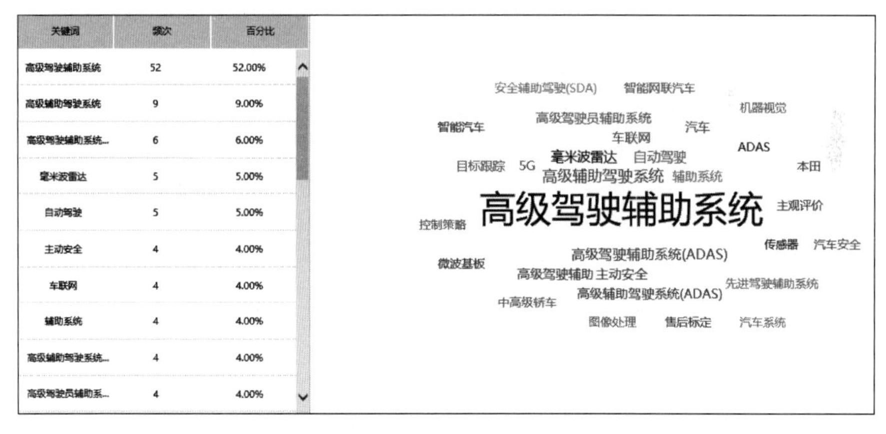

关键词	频次	百分比
高级驾驶辅助系统	52	52.00%
高级辅助驾驶系统	9	9.00%
高级驾驶辅助系统...	6	6.00%
毫米波雷达	5	5.00%
自动驾驶	5	5.00%
主动安全	4	4.00%
车联网	4	4.00%
辅助系统	4	4.00%
高级辅助驾驶系统...	4	4.00%
高级驾驶员辅助系...	4	4.00%

图 10.2.9　高级驾驶辅助系统——主要概念相关关键词分析

汽车：电动汽车、新能源汽车、公共汽车、轿车、混合动力汽车等。

高级驾驶辅助系统：高级辅助驾驶系统、ADAS、先进驾驶辅助系统、高级驾驶辅助、自动驾驶、毫米波雷达、车联网、主动安全、驾驶辅助、交通标志识别、无人驾驶等。

（3）通过 EBSCO 叙词表、EI 叙词表查找主要概念的词族情况。

① Cars 正式叙词为 AUTOMOBILES（CARS（Automobiles）Use AUTOMOBILES）；上位词为 AUTOMOTIVE transportation、LOCOMOTION、MOTOR vehicles；下位词为 A. C.

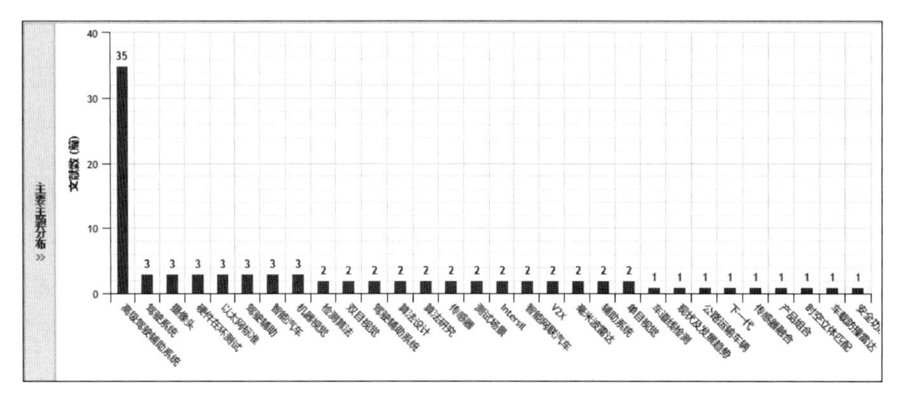

图 10.2.10　主要概念相关主题分布

automobile、ABARTH automobiles、ALFA Romeo automobiles 等；相关词为 AUTOMOBILE auctions、AUTOMOBILE axles、AUTOMOBILE cleaning 等；非正式叙词为 AUTOS (Automobiles)、CARS (Automobiles)、GASOLINE automobiles 等，如图 10.2.11 所示。

图 10.2.11　EBSCO 叙词表中查找主要概念

② Advanced Driving Assistance System 的词族如下：非正式叙词为 Driver support systems；上位词为 Advanced Vehicle Control Systems；相关词为 Adaptive Cruise Control、Automotive Radar、Intelligent Vehicle Highway Systems 等，如图 10.2.12 所示。

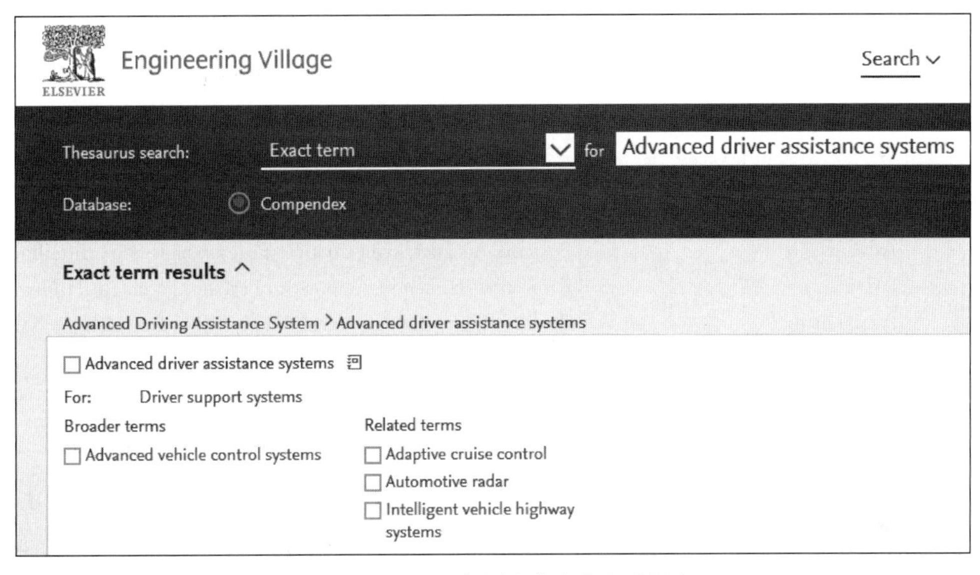

图 10.2.12　EI 叙词表中查找主要概念

3）确定检索词

（1）整理从各种途径获取的检索词，并借助 CNKI 翻译助手进行中文检索词的翻译获取较为专业的外文检索词，如表 10.2.1 所示。

表 10.2.1　备选检索词一览表

显性概念		隐含概念			
		同(近)义词	上位词	下位词	相关词
汽车	中文		机动车	电动汽车、新能源汽车、公共汽车、轿车、混合动力汽车、智能汽车	
	英文	Cars; Automobiles; Vehicles	Motor Vehicles	Electric Vehicles; New Energy Vehicles; Buses; Cars; Hybrid Vehicles; Smart Cars	AUTOMOBILES, Gasoline; AUTOS; CARS; GASOLINE automobiles; MOTOR-cars
高级驾驶辅助系统	中文	ADAS、高级辅助驾驶系统、先进驾驶辅助系统	驾驶辅助、驾驶辅助系统、辅助驾驶系统、先进车辆控制系统	实时交通系统、电子警察系统、车联网、自适应巡航、车道偏移报警系统、车道保持系统、碰撞避免或预碰撞系统、夜视系统、自适应灯光控制、行人保护系统、自动泊车系统、交通标志识别、盲点探测、驾驶员疲劳探测、下坡控制系统、电动汽车报警系统	驾驶员支持系统、自适应巡航控制、汽车雷达、智能车辆公路系统

续表

显性概念		隐含概念			
		同(近)义词	上位词	下位词	相关词
高级驾驶辅助系统	英文	ADAS; Advanced Driving Assistance System; Advanced Driver Assistance System	Driving AIDS; Driving Assistance System; Advanced Vehicle Control System	TMC (Traffic Message Channel); ISA (Intelligent Speed Adaptation or Intelligent Speed Advice); Vehicular Communication Systems; ACC(Adaptive Cruise Control); LDWS(Lane Departure Warning System); Lane Keep Assistance; Collision Avoidance System or Precrash System; Night Vision System; Adaptive Light Control; Pedestrian Protection System; Automatic Parking; Traffic Sign Recognition; Blind Spot Detection; Driver Drowsiness Detection; Hill Descent Control; Electric Vehicle Warning Sounds	Driver Support Systems; Adaptive Cruise Control; Automotive Radar; Intelligent Vehicle Highway Systems

(2) 确定检索词。分析检索词之间的关系以及与课题主要内容的相关性,避免选择概念过于宽泛或者过于窄小的词语,对检索词进行进一步筛选和精简,确定主要检索词,如表 10.2.2 所示。

表 10.2.2 确定检索词一览表

检索词	汽车	高级驾驶辅助系统
中文	汽车	ADAS、高级驾驶辅助系统、高级辅助驾驶系统、先进驾驶辅助系统、实时交通系统、电子警察系统、车联网、自适应巡航、车道偏移报警系统、车道保持系统、碰撞避免或预碰撞系统、夜视系统、自适应灯光控制、行人保护系统、自动泊车系统、交通标志识别、盲点探测、驾驶员疲劳探测、下坡控制系统、电动汽车报警系统
英文	Cars; Automobiles; Vehicles	ADAS; Advanced Driving Assistance System; Advanced Driver Assistance System; TMC (Traffic Message Channel); ISA(Intelligent Speed Adaptation or Intelligent Speed Advice); Vehicular Communication Systems; ACC (Adaptive Cruise Control); LDWS(Lane Departure Warning System); Lane Keep Assistance; Collision Avoidance System or Precrash System; Night Vision System; Adaptive Light Control; Pedestrian Protection System; Automatic Parking; Traffic Sign Recognition; Blind Spot Detection; Driver Drowsiness Detection; Hill Descent Control; Electric Vehicle Warning Sounds

3. 编写检索式

根据选定的检索词及各词之间的关系,利用布尔逻辑算符等运算符连接检索词,编写检索系统能够识别的检索提问表达式。

1) 中文检索式

以中国知网为例:SU=((汽车)*(ADAS + 高级驾驶辅助系统 + 高级辅助驾驶系

统 + 先进驾驶辅助系统 + 实时交通系统 + 电子警察系统 + 车联网 + 自适应巡航 + 车道偏移报警系统 + 车道保持系统 + 碰撞避免系统 + 预碰撞系统 + 夜视系统 + 自适应灯光控制 + 行人保护系统 + 自动泊车系统 + 交通标志识别 + 盲点探测 + 驾驶员疲劳探测 + 下坡控制系统 + 电动汽车报警系统))。

2）英文检索式

以 Elsevier 为例：Title，abstract，keywords：(("Automobile" OR "Car" OR "Vehicle") AND ("ADAS" OR "Advanced Driver Assistance System" OR "TMC" OR "Traffic Message Channel" OR "ISA" OR "Intelligent Speed Adaptation" OR "Intelligent Speed Advice" OR "Vehicular Communication Systems" OR "ACC" OR "Adaptive Cruise Control" OR "LDWS" OR "Lane Departure Warning System" OR "Lane Keep Assistance" OR "Collision Avoidance System" OR "Precrash System" OR "Night Vision System" OR "Adaptive Light Control" OR "Pedestrian Protection System" OR "Automatic Parking" OR "Traffic Sign Recognition" OR "Blind Spot Detection" OR "Driver Drowsiness Detection" OR "Hill Descent Control" OR "Electric Vehicle Warning Sounds"))。

在检索过程中，根据中英文数据库不同的检索规则，将上述检索式进行适当调整。

10.2.2 选择检索系统与实施检索

1. 选择检索系统

现有检索系统，中文有中国知网、万方数据、维普资讯、超星发现、读秀搜索、国家知识产权局网站等，英文有 SCI、EI、Elsevier、Springer、Wiley、IEL、PQDT、欧洲专利局专利文献数据库等。要准确选用，可以借助学术搜索、发现系统等的帮助，挑选课题所需信息源及与之对应的检索系统。

1）选择中文检索系统

利用百度学术、超星发现试检中文主要概念，在检出结果中可以发现主要的中文数据库有中国知网、万方数据、维普资讯等，如图 10.2.13 和图 10.2.14 所示。

2）选择外文检索系统

利用百度学术、超星发现试检外文主要概念，在检出结果中可以发现主要的外文数据库有 SCI、EI、Elsevier、Springer、IEL 等，如图 10.2.15 和图 10.2.16 所示。

3）确定检索系统

综合以上检索系统的特点及课题主要内容、所属学科范围、需查文献类型等因素，以及本课题属工科类课题还需查专利文献，最终确定本课题所用检索系统。

中文：中国知网、万方数据、国家知识产权局网站。

英文：SCI、Elsevier、欧洲专利局专利文献数据库。

2. 确定检索途径

以上检索系统有基本检索(普通检索、快速检索、一框式检索等)、高级检索、专业检索等

图 10.2.13　借助百度学术选择中文检索系统

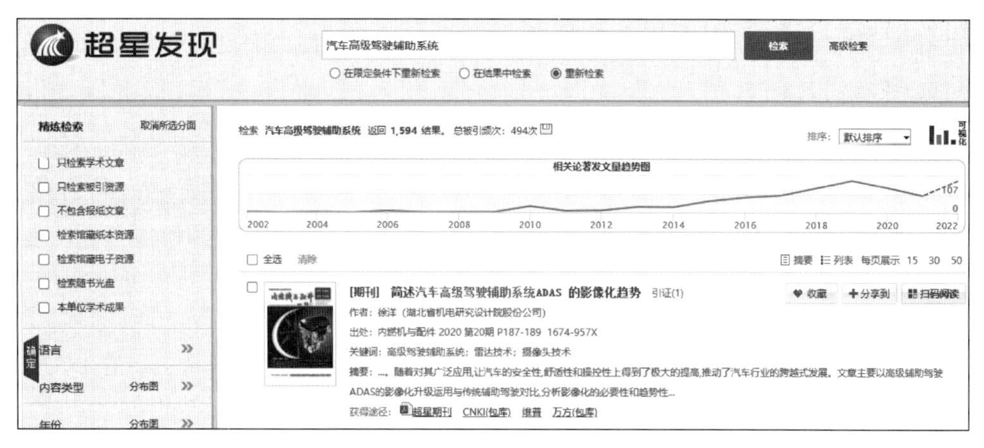

图 10.2.14　借助超星发现选择中文检索系统

多种检索方式,每种检索方式又有多种检索途径(检索字段)。根据对课题的分析和检索式的构建,与课题主要内容相关的检索途径有关键词、主题、篇名、摘要、篇关摘等可选,将根据检索情况来调整。

3. 实施检索过程

1）中国知网

选择专业检索方式,选择主题字段,输入检索式“SU＝((′汽车′) * (′ADAS′ ＋ ′高级驾驶辅助系统′ ＋ ′高级辅助驾驶系统′ ＋ ′先进驾驶辅助系统′ ＋ ′实时交通系统′ ＋ ′电子警察系统′ ＋ ′车联网′ ＋ ′自适应巡航′ ＋ ′车道偏移报警系统′ ＋ ′车道保持系统′ ＋ ′碰撞

图 10.2.15　借助百度学术选择外文检索系统

避免系统'＋'预碰撞系统'＋'夜视系统'＋'自适应灯光控制'＋'行人保护系统'＋'自动泊车系统'＋'交通标志识别'＋'盲点探测'＋'驾驶员疲劳探测'＋'下坡控制系统'＋'电动汽车报警系统'))”检索。检索结果有 4297 条，数量较多，如图 10.2.17 所示。

2）万方数据

选择专业检索方式，选择主题字段，输入检索式“主题：(('汽车') AND ('ADAS' OR '高级驾驶辅助系统' OR '高级辅助驾驶系统' OR '先进驾驶辅助系统' OR '实时交通系统' OR '电子警察系统' OR '车联网' OR '自适应巡航' OR '车道偏移报警系统' OR '车道保持系统' OR '碰撞避免系统' OR '预碰撞系统' OR '夜视系统' OR '自适应灯光控制' OR '行人保护系统' OR '自动泊车系统' OR '交通标志识别' OR '盲点探测' OR '驾驶员疲劳探测' OR '下坡控制系统' OR '电动汽车报警系统'))”检索。检索结果有 210 条，数量适中，如图 10.2.18 所示。

3）国家知识产权局网站

选择检索式检索，输入检索式“关键词＝汽车 AND (ADAS OR 高级驾驶辅助系统 OR 高级辅助驾驶系统 OR 先进驾驶辅助系统 OR 实时交通系统 OR 电子警察系统 OR 车联网

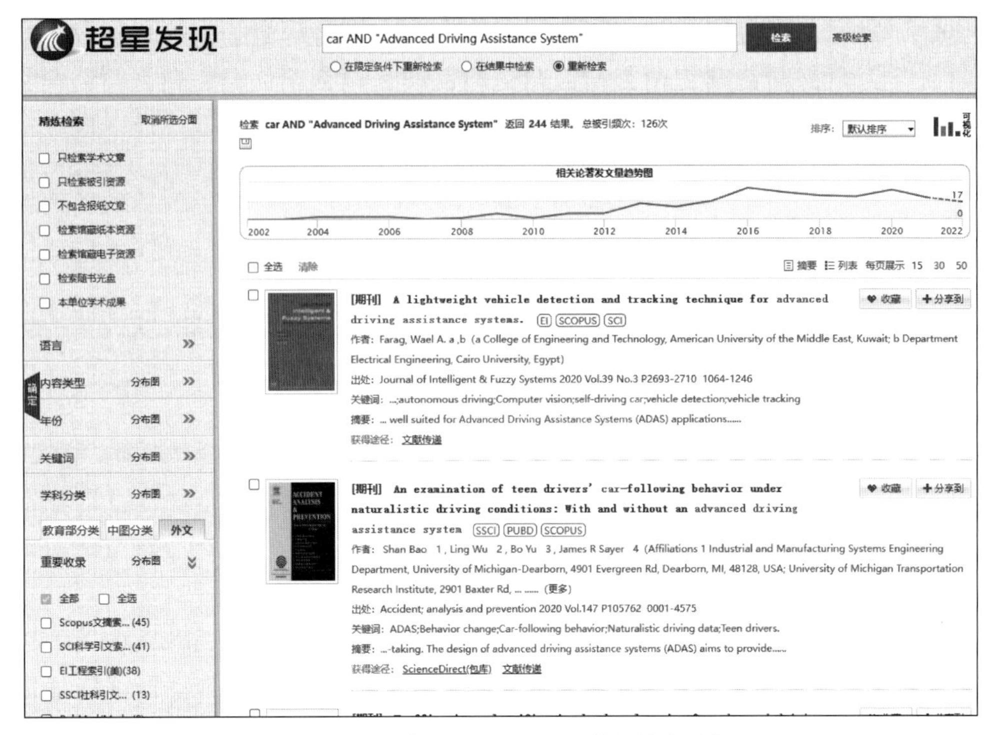

图 10.2.16 借助超星发现选择外文检索系统

图 10.2.17 中国知网检索结果

OR 自适应巡航 OR 车道偏移报警系统 OR 车道保持系统 OR 碰撞避免系统 OR 预碰撞系统 OR 夜视系统 OR 自适应灯光控制 OR 行人保护系统 OR 自动泊车系统 OR 交通标志识别 OR 盲点探测 OR 驾驶员疲劳探测 OR 下坡控制系统 OR 电动汽车报警系统)"检索。检索结果有 3197 条,数量较多,如图 10.2.19 所示。

4) SCI

选择高级检索,选择主题字段,输入检索式 TS=(("Automobile * " OR "Car * " OR

图 10.2.18　万方数据检索结果

图 10.2.19　国家知识产权局网站检索结果

"Vehicle * ") AND (" Advanced Driv * Assistance System" OR " TMC" OR " Traffic Message Channel" OR "ISA" OR "Intelligent Speed Adaptation" OR "Intelligent Speed

Advice" OR "Vehicular Communication Systems" OR "ACC" OR "Adaptive Cruise Control" OR "LDWS" OR "Lane Departure Warning System" OR "Lane Keep Assistance" OR "Collision Avoidance System" OR "Precrash System" OR "Night Vision System" OR "Adaptive Light Control" OR "Pedestrian Protection System" OR "Automatic Parking" OR "Traffic Sign Recognition" OR "Blind Spot Detection" OR "Driver Drowsiness Detection" OR "Hill Descent Control" OR "Electric Vehicle Warning Sounds"))。检索结果有 19 470 条,数量较多,如图 10.2.20 所示。

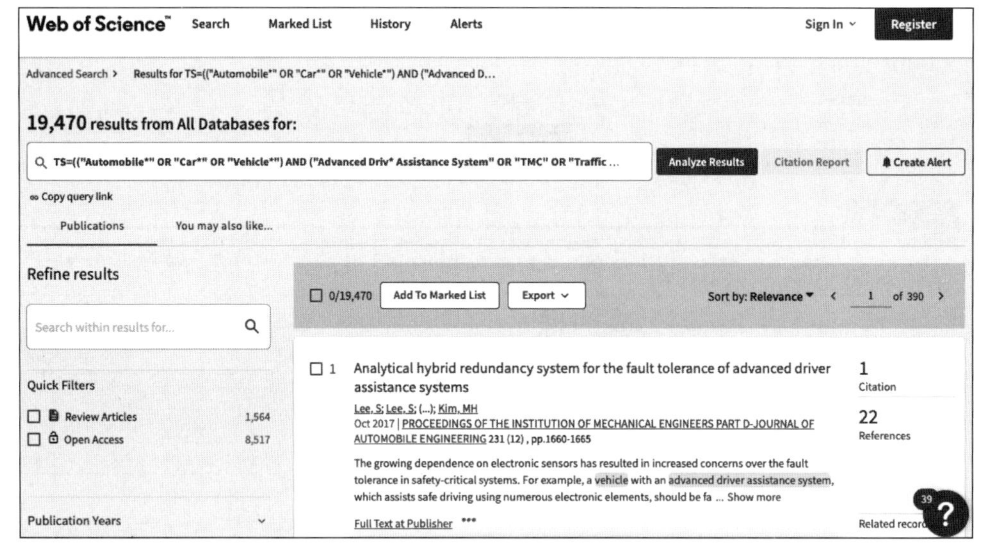

图 10.2.20　SCI 检索结果

5）Elsevier

选择高级检索,选择篇关摘字段,输入检索式 Title,abstract,keywords:(("Automobile" OR "Car" OR "Vehicle") AND ("ADAS" OR "Advanced Driver Assistance System" OR "TMC" OR "Traffic Message Channel" OR "ISA" OR "Intelligent Speed Adaptation" OR "Intelligent Speed Advice" OR "Vehicular Communication Systems" OR "ACC" OR "Adaptive Cruise Control" OR "LDWS" OR "Lane Departure Warning System" OR "Lane Keep Assistance" OR "Collision Avoidance System" OR "Precrash System" OR "Night Vision System" OR "Adaptive Light Control" OR "Pedestrian Protection System" OR "Automatic Parking" OR "Traffic Sign Recognition" OR "Blind Spot Detection" OR "Driver Drowsiness Detection" OR "Hill Descent Control" OR "Electric Vehicle Warning Sounds"))。由于数据库限制一个检索字段最多用 8 个布尔逻辑算符,因此将检索式进行分段检索后,将检索结果合并计算共 1258 条,检索结果适中,如图 10.2.21 所示。

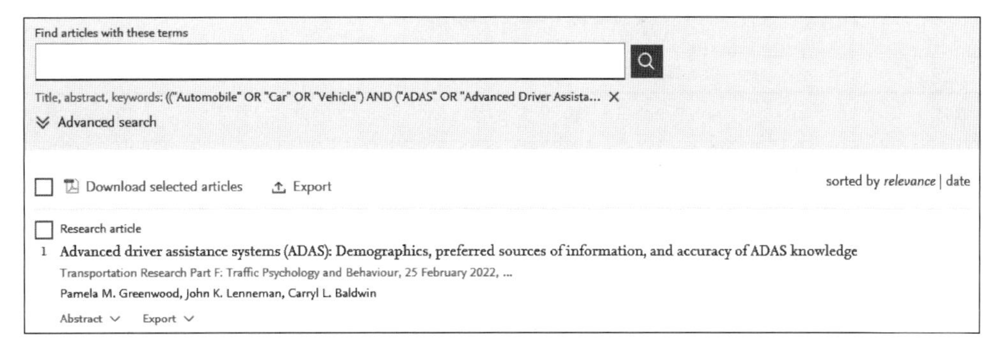

图 10.2.21　Elsevier 检索结果

6）欧洲专利局专利文献数据库

选择一框式检索方式，选择标题字段，输入检索式(ti="Automobile" OR ti="Car" OR ti="Vehicle") AND (ti="ADAS" OR ti="Advanced Driver Assistance System" OR ti= "TMC" OR ti="Traffic Message Channe" OR ti="ISA" OR ti="Intelligent Speed Adaptation" OR ti="Intelligent Speed Advice" OR ti="Vehicular Communication Systems" OR ti="ACC" OR ti="Adaptive Cruise Control" OR ti="LDWS" OR ti="Lane Departure Warning System" OR ti="Lane Keep Assistance" OR ti="Collision Avoidance System" OR ti="Precrash System" OR ti="Night Vision System" OR ti="Adaptive Light Control" OR ti="Pedestrian Protection System" OR ti="Automatic Parking" OR ti="Traffic Sign Recognition" OR ti="Blind Spot Detection" OR ti="Driver Drowsiness Detection" OR ti="Hill Descent Control" OR ti="Electric Vehicle Warning Sounds")。检索结果有 1529 条，数量适中，如图 10.2.22 所示。

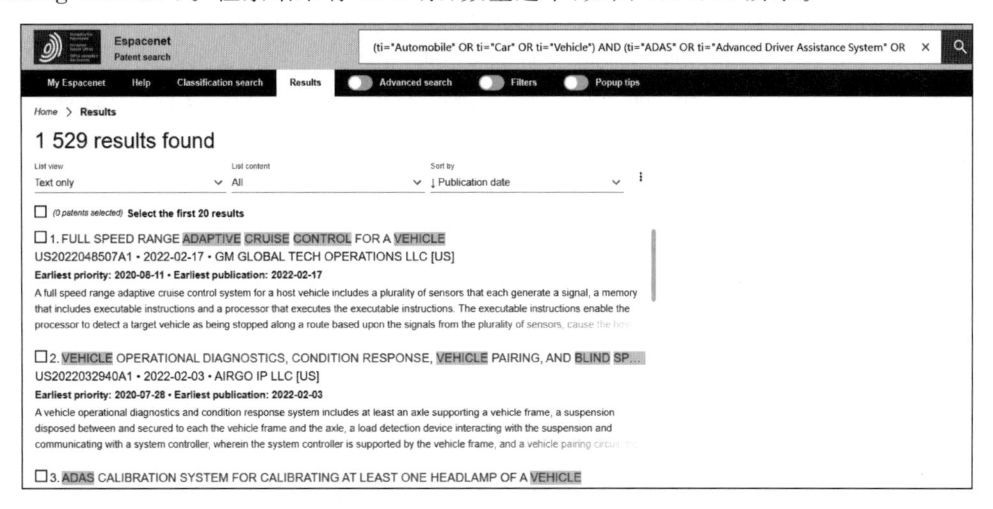

图 10.2.22　欧洲专利局专利文献检索结果

将以上各数据库检索结果整理汇总，如表10.2.3所示。

表10.2.3　检索结果一览表

数据库	检　索　式	检索结果	评价
中国知网	SU=(('汽车') * ('ADAS' + '高级驾驶辅助系统' + '高级辅助驾驶系统' + '先进驾驶辅助系统' + '实时交通系统' + '电子警察系统' + '车联网' + '自适应巡航' + '车道偏移报警系统' + '车道保持系统' + '碰撞避免系统' + '预碰撞系统' + '夜视系统' + '自适应灯光控制' + '行人保护系统' + '自动泊车系统' + '交通标志识别' + '盲点探测' + '驾驶员疲劳探测' + '下坡控制系统' + '电动汽车报警系统'))	4297	较多
万方数据	主题:(('汽车') AND ('ADAS' OR '高级驾驶辅助系统' OR '高级辅助驾驶系统' OR '先进驾驶辅助系统' OR '实时交通系统' OR '电子警察系统' OR '车联网' OR '自适应巡航' OR '车道偏移报警系统' OR '车道保持系统' OR '碰撞避免系统' OR '预碰撞系统' OR '夜视系统' OR '自适应灯光控制' OR '行人保护系统' OR '自动泊车系统' OR '交通标志识别' OR '盲点探测' OR '驾驶员疲劳探测' OR '下坡控制系统' OR '电动汽车报警系统'))	210	适中
国家知识产权局	关键词=汽车 AND (ADAS OR 高级驾驶辅助系统 OR 高级辅助驾驶系统 OR 先进驾驶辅助系统 OR 实时交通系统 OR 电子警察系统 OR 车联网 OR 自适应巡航 OR 车道偏移报警系统 OR 车道保持系统 OR 碰撞避免系统 OR 预碰撞系统 OR 夜视系统 OR 自适应灯光控制 OR 行人保护系统 OR 自动泊车系统 OR 交通标志识别 OR 盲点探测 OR 驾驶员疲劳探测 OR 下坡控制系统 OR 电动汽车报警系统)	3197	较多
SCI	TS=(("Automobile * " OR "Car * " OR "Vehicle * ") AND ("Advanced Driv * Assistance System" OR "TMC" OR "Traffic Message Channel" OR "ISA" OR "Intelligent Speed Adaptation" OR "Intelligent Speed Advice" OR "Vehicular Communication Systems" OR "ACC" OR "Adaptive Cruise Control" OR "LDWS" OR "Lane Departure Warning System" OR "Lane Keep Assistance" OR "Collision Avoidance System" OR "Precrash System" OR "Night Vision System" OR "Adaptive Light Control" OR "Pedestrian Protection System" OR "Automatic Parking" OR "Traffic Sign Recognition" OR "Blind Spot Detection" OR "Driver Drowsiness Detection" OR "Hill Descent Control" OR "Electric Vehicle Warning Sounds"))	19 470	较多
Elsevier	Title,abstract,keywords: (("Automobile" OR "Car" OR "Vehicle") AND ("ADAS" OR "Advanced Driver Assistance System" OR "TMC" OR "Traffic Message Channel" OR "ISA" OR "Intelligent Speed Adaptation" OR "Intelligent Speed Advice" OR "Vehicular Communication Systems" OR "ACC" OR "Adaptive Cruise Control" OR "LDWS" OR "Lane Departure Warning System" OR "Lane Keep Assistance" OR "Collision Avoidance System" OR "Precrash System" OR "Night Vision System" OR "Adaptive Light Control" OR "Pedestrian Protection System" OR "Automatic Parking" OR "Traffic Sign Recognition" OR "Blind Spot Detection" OR "Driver Drowsiness Detection" OR "Hill Descent Control" OR "Electric Vehicle Warning Sounds"))	1258	适中

续表

数据库	检　索　式	检索结果	评价
欧洲专利局	(ti="Automobile" OR ti="Car" OR ti="Vehicle") AND (ti="ADAS" OR ti="Advanced Driver Assistance System" OR ti= "TMC" OR ti= "Traffic Message Channe" OR ti = "ISA" OR ti = "Intelligent Speed Adaptation" OR ti = "Intelligent Speed Advice" OR ti = "Vehicular Communication Systems" OR ti = "ACC" OR ti = "Adaptive Cruise Control" OR ti="LDWS" OR ti="Lane Departure Warning System" OR ti="Lane Keep Assistance" OR ti="Collision Avoidance System" OR ti = "Precrash System" OR ti = "Night Vision System" OR ti = "Adaptive Light Control" OR ti = "Pedestrian Protection System" OR ti="Automatic Parking" OR ti="Traffic Sign Recognition" OR ti= "Blind Spot Detection" OR ti="Driver Drowsiness Detection" OR ti= "Hill Descent Control" OR ti="Electric Vehicle Warning Sounds")	1529	适中

4. 调整检索策略

分析以上检索结果，有 3 个数据库检索结果较多，查准率不高，需要进一步调整检索策略，提高查准率。当然，检索结果数量到底多少合适，需要依据整体检索情况和课题需求，不同课题有不同标准。本课题对 3 个数据库进行检索策略调整后，再次检索。

1）中国知网

选择专业检索方式，将检索字段调整为题名字段，输入检索式：TI=(('汽车')*('ADAS'+'高级驾驶辅助系统'+'高级辅助驾驶系统'+'先进驾驶辅助系统'+'实时交通系统'+'电子警察系统'+'车联网'+'自适应巡航'+'车道偏移报警系统'+'车道保持系统'+'碰撞避免系统'+'预碰撞系统'+'夜视系统'+'自适应灯光控制'+'行人保护系统'+'自动泊车系统'+'交通标志识别'+'盲点探测'+'驾驶员疲劳探测'+'下坡控制系统'+'电动汽车报警系统'))。检索结果 349 条，较为合适，如图 10.2.23 所示。

2）国家知识产权局网站

选择一框式检索，将关键词字段调整为发明名称字段，输入检索式：发明名称=汽车 AND (ADAS OR 高级驾驶辅助系统 OR 高级辅助驾驶系统 OR 先进驾驶辅助系统 OR 实时交通系统 OR 电子警察系统 OR 车联网 OR 自适应巡航 OR 车道偏移报警系统 OR 车道保持系统 OR 碰撞避免系统 OR 预碰撞系统 OR 夜视系统 OR 自适应灯光控制 OR 行人保护系统 OR 自动泊车系统 OR 交通标志识别 OR 盲点探测 OR 驾驶员疲劳探测 OR 下坡控制系统 OR 电动汽车报警系统)。检索结果 1362 条，较为合适，如图 10.2.24 所示。

3）SCI

选择高级检索，将主题字段调整为题名字段，输入检索式：TI=(("Automobile*" OR "Car*" OR "Vehicle*") AND ("Advanced Driver Assistance System" OR "TMC" OR

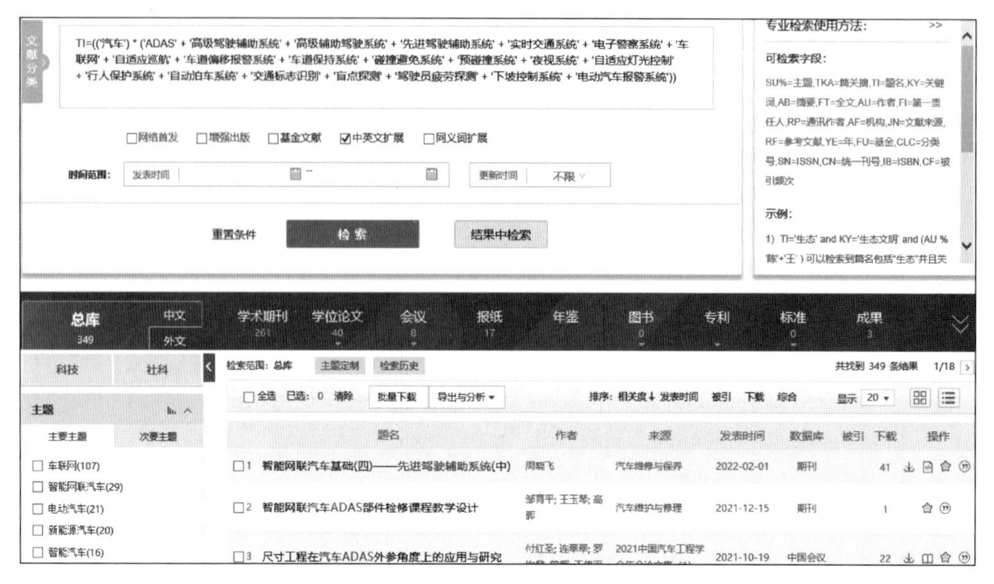

图 10.2.23　中国知网调整后检索结果

图 10.2.24　国家知识产权局网站调整后检索结果

"Traffic Message Channel" OR "ISA" OR "Intelligent Speed Adaptation" OR "Intelligent Speed Advice" OR "Vehicular Communication Systems" OR "ACC" OR "Adaptive Cruise Control" OR "LDWS" OR "Lane Departure Warning System" OR "Lane Keep Assistance" OR "Collision Avoidance System" OR "Precrash System" OR "Night Vision System" OR "Adaptive Light Control" OR "Pedestrian Protection System" OR

"Automatic Parking" OR "Traffic Sign Recognition" OR "Blind Spot Detection" OR "Driver Drowsiness Detection" OR "Hill Descent Control" OR "Electric Vehicle Warning Sounds"))。检索结果 1130 条,较为合适,如图 10.2.25 所示。

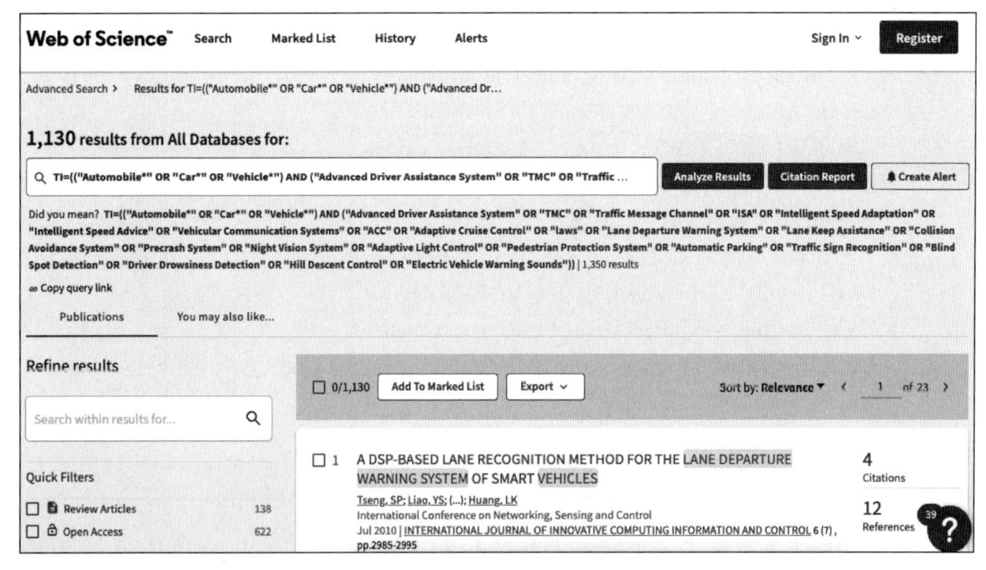

图 10.2.25 SCI 调整后检索结果

调整后的检索结果汇总,如表 10.2.4 所示。

表 10.2.4 调整策略后检索结果一览表

数据库	检 索 式	检索结果	评价	调 整 策 略
中国知网	TI=(('汽车') * ('ADAS'+'高级驾驶辅助系统'+'高级辅助驾驶系统'+'先进驾驶辅助系统'+'实时交通系统'+'电子警察系统'+'车联网'+'自适应巡航'+'车道偏移报警系统'+'车道保持系统'+'碰撞避免系统'+'预碰撞系统'+'夜视系统'+'自适应灯光控制'+'行人保护系统'+'自动泊车系统'+'交通标志识别'+'盲点探测'+'驾驶员疲劳探测'+'下坡控制系统'+'电动汽车报警系统'))	349	合适	将主题字段调整为题名字段
国家知识产权局	发明名称=汽车 AND (ADAS OR 高级驾驶辅助系统 OR 高级辅助驾驶系统 OR 先进驾驶辅助系统 OR 实时交通系统 OR 电子警察系统 OR 车联网 OR 自适应巡航 OR 车道偏移报警系统 OR 车道保持系统 OR 碰撞避免系统 OR 预碰撞系统 OR 夜视系统 OR 自适应灯光控制 OR 行人保护系统 OR 自动泊车系统 OR 交通标志识别 OR 盲点探测 OR 驾驶员疲劳探测 OR 下坡控制系统 OR 电动汽车报警系统)	1362	合适	将关键词字段调整为发明名称字段

续表

数据库	检　索　式	检索结果	评价	调 整 策 略
SCI	TI=(("Automobile * " OR "Car * " OR "Vehicle * ") AND ("Advanced Driver Assistance System" OR "TMC" OR "Traffic Message Channel" OR "ISA" OR "Intelligent Speed Adaptation" OR "Intelligent Speed Advice" OR "Vehicular Communication Systems" OR " ACC" OR " Adaptive Cruise Control" OR "LDWS" OR "Lane Departure Warning System" OR "Lane Keep Assistance" OR " Collision Avoidance System" OR " Precrash System" OR "Night Vision System" OR "Adaptive Light Control" OR "Pedestrian Protection System" OR "Automatic Parking" OR " Traffic Sign Recognition" OR "Blind Spot Detection" OR "Driver Drowsiness Detection" OR "Hill Descent Control" OR "Electric Vehicle Warning Sounds"))	1130	合适	将主题字段调整为题名字段，去掉部分截词符

除了针对检索结果过多进行提高查准率的检索策略调整，有的课题还要针对检索结果过少进行提高查全率的检索策略调整。相关调整策略，请参见 10.1.2 节相关内容。

10.2.3　列出相关文献与撰写检索结论

1. 列出相关文献

1）筛选文献

根据数据库对检索结果的多种统计和分析方式，可按核心期刊、相关度、发表时间、被引频次、下载频次、核心作者、重要机构等来筛选相关文献。

（1）中文文献筛选。以中国知网为例，分别按核心期刊、相关度、发表时间、被引频次、核心作者、重要机构来筛选文献，如图 10.2.26～图 10.2.31 所示。

（2）外文文献筛选。以 SCI 为例，分别按相关度、发表时间、被引频次等来筛选文献，如图 10.2.32～图 10.2.34 所示。

（3）专利文献筛选。以国家知识产权局网站为例筛选中文专利文献，以欧洲专利局网站为例筛选外文专利文献，如图 10.2.35 和图 10.2.36 所示。

2）列出文献

相关文献按不同方式筛选后，导入 NoteExpress，如图 10.2.37 所示。

从 NoteExpress 中按参考文献标准格式导出文献。

（1）中文文献：①核心期刊文献，如图 10.2.38 所示；②密切相关文献，如图 10.2.39 所示；③最新发表文献，如图 10.2.40 所示；④高被引文献，如图 10.2.41 所示；⑤核心作者文献，如图 10.2.42 所示；⑥重要机构文献，如图 10.2.43 所示。

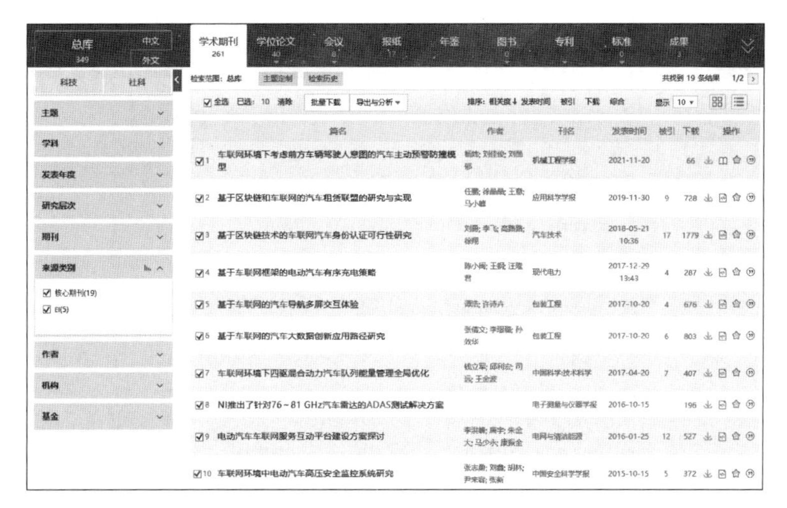

图 10.2.26　核心期刊文献

图 10.2.27　密切相关文献

图 10.2.28　最新发表文献

图 10.2.29　高被引文献

图 10.2.30　核心作者文献

图 10.2.31　重要机构文献

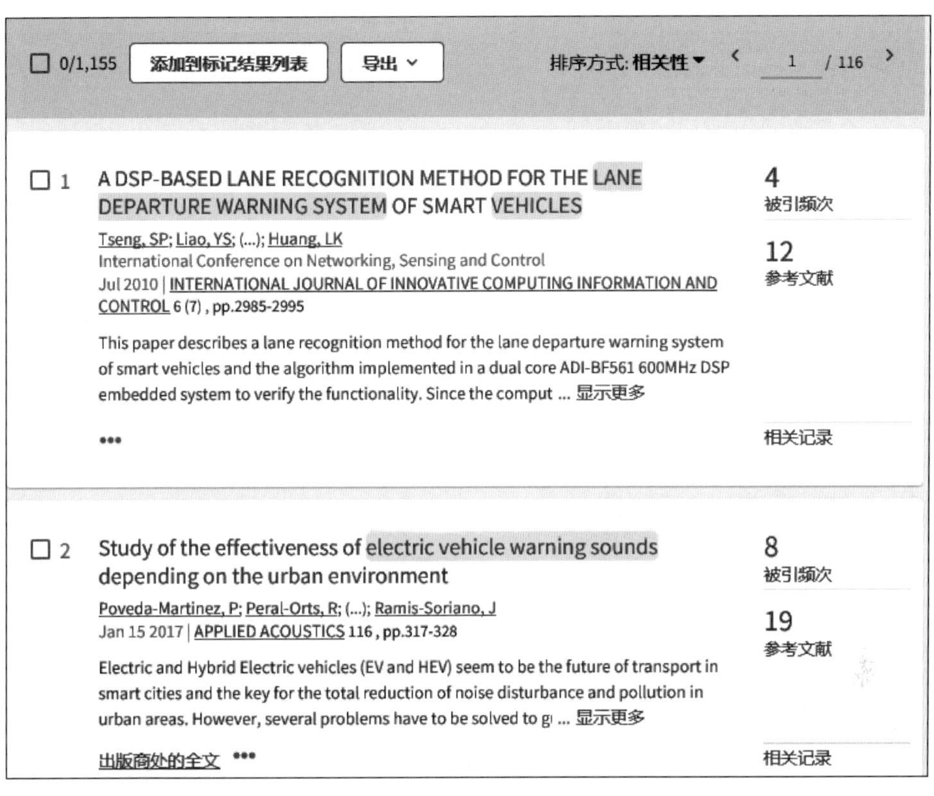

图 10.2.32　密切相关文献

0/1,155　添加到标记结果列表　导出	排序方式: 日期: 降序　1 / 116
1　The Japanese society for cardiovascular surgery, the Japanese association for thoracic surgery and the Japanese association for coronary artery surgery do not endorse Chapter 7.1 in the 2021 ACC/AHA/SCAI Coronary Revascularization Guidelines Yokoyama, H; Sawa, Y and Arai, H Mar 2022 (在线发表) | GENERAL THORACIC AND CARDIOVASCULAR SURGERY 出版商处的免费全文	5 参考文献 相关记录
2　2021 ACC/AHA/SCAI Guideline for Coronary Artery Revascularization: A Report of the American College of Cardiology/American Heart Association Joint Committee on Clinical Practice Guidelines (vol 45, pr e18, 2022) Lawton, JS; Tamis-Holland, JE; (...); Zwischenberger, BA Mar 15 2022 | CIRCULATION 145 (11), pp.E772-E772 出版商处的免费全文	1 参考文献 相关记录

图 10.2.33　最新发表文献

图 10.2.34　高被引文献

搜索式　列表式　多图式　公开日降序　过滤　　第 1 页 共 114 页 1362 条数据

申请号	申请日	公开(公告)号	公开(公告)日	发明名称	申请(专利权)人	操作
CN202110994674.8	2021.08.27	CN114166520A	2022.03.11	汽车ADAS场景识别功...	东风汽车集团股份有...	
CN202111658249.8	2021.12.30	CN114162121A	2022.03.11	车辆自主制动的提示方...	上海洛轲智能科技有...	
CN202010949920.3	2020.09.10	CN114162212A	2022.03.11	一种转向自动回正的方...	长城汽车股份有限公司;	
CN202122749386.4	2021.11.10	CN216002486U	2022.03.11	ADAS域控制器及汽车	大唐高鸿智联科技（...	
CN202111444311.3	2021.11.30	CN114169729A	2022.03.11	一种电动汽车有序充电...	国电南瑞南京控制系...	
CN201810852583.9	2018.07.26	CN110758025B	2022.03.11	胎压调节方法、汽车及...	华为技术有限公司;	
CN202111254715.6	2021.10.27	CN114162119A	2022.03.11	汽车高级驾驶辅助系统...	广州广日电气设备有...	
CN202121279983.9	2021.06.08	CN216002484U	2022.03.11	新能源汽车健康状态监...	奇瑞商用车（安徽）...	
CN202111528698.0	2021.12.14	CN114148195A	2022.03.08	一种低压平台电动汽车...	奇瑞商用车（安徽）...	
CN202111018305.1	2021.09.01	CN114137928A	2022.03.04	一种汽车远程控制功能...	云度新能源汽车有限...	
CN202111397537.2	2021.11.23	CN114115539A	2022.03.01	汽车座舱环境切换方法...	阿波罗智联（北京）...	
CN202111397760.7	2021.11.19	CN114115021A	2022.03.01	一种汽车ADAS系统的...	安徽省爱夫卡电子科...	

图 10.2.35　中文专利文献筛选

List view
Text only

List content
All

Sort by
Relevance

☑ (3 patents selected) **Select the first 20 results**

comprises an automobile instrument desk and the HUD integrated instrument, the HUD integrated instrument is of an integral structure and comprises.... The instrument desk is provided with a light outlet used for projection of the HUD projection device to an automobile

☑ 2. Self-adaption parameter adjustment method for automobile advanced driver assistance system

CN105253145A (B) • 2016-01-20 • SHENZHEN MEIHAO XINGFU LIFE SAFETY SYSTEMS CO LTD

Earliest priority: 2015-08-17 • Earliest publication: 2016-01-20

...The invention discloses a self-adaption parameter adjustment method for an automobile advanced driver assistance system. The self-adaption parameter adjustment method includes the following steps: (1)an ADAS sets an alarm parameter fluctuant range and an initial car following... method for the automobile advanced driver assistance system is simple in principle and is easy to realize, and the

☑ 3. Controlling method for ADAS using speed of car

KR101730348B1 • 2017-04-28 • CAMMSYS CORP [KR]

Earliest priority: 2015-10-26 • Earliest publication: 2017-04-28

A control method of an advanced driver assistance system using the speed of a car is disclosed. A method of controlling an ADAS (Advanced Driver Assistance System) according to an aspect of the present invention includes a step of acquiring information on the moving speed of a car; and a step of controlling operation or processing speed for at least ...

☑ 4. Image display system based on senior driver assistance systems of car

CN204936957U • 2016-01-06 • SHENZHEN MEIHAO XINGFU SHENGHUO SAFETY SYSTEM CO LTD

Earliest priority: 2015-08-17 • Earliest publication: 2016-01-06

...The utility model discloses an image display system based on senior driver assistance systems of car, including former car owner... camera of ADAS system install in vehicle operation platform shell top is through data line and ADAS headtotail. The utility... ADAS system and the former car system effectively has very high practical value

图 10.2.36　外文专利文献筛选

文件夹
- 示例数据库
- 我的数据库
  - 题录
    - 我保存的题录
    - 3D打印
    - 区块链1
    - 区块链2
    - ADAS0-知网
      - 核心期刊
      - 相关文献
      - 最新文献
      - 高被引
      - 核心作者
      - 重要机构
      - 综合

题录

收录范围	影响因子	年份	期	作者	标题
PKU		2013	12		车联网大数据时代汽车保险业的机遇和挑战
CSCD;PKU;EI		2015	01	宋文杰; 付梦印; 杨毅	一种面向无人驾驶汽车的高效交通标志识别方法
CSCD;PKU;EI		2005	03	高振海姜立勇	汽车车道保持系统的BP神经网络控制
CSCD		2013	04	谢伯元; 李克强; 王建强; 赵...	“三网融合”的车联网概念及其在汽车工业中的应用
		2014	08	张翔	2014年汽车ADAS技术的最新进展
		2014		俞倩雯	基于车联网的汽车行驶经济车速控制方法
		2012	06	叶瑞克; 陈秀妙; 朱方思宇; ...	“电动汽车-车联网”商业模式研究
		2012	04		基于中国市场特定需求的汽车先进驾驶辅助系统发展趋势研究
		2012	03		基于中国市场特定需求的汽车先进驾驶辅助系统发展趋势研究
		2010		李建锋	汽车自动泊车系统的控制策略和算法研究

图 10.2.37　导入文献到 NoteExpress

[1] 陈小闽, 王钢, 汪隆君. 基于车联网框架的电动汽车有序充电策略[J]. 现代电力, 2018,35(4):1-7.
[2] 谭浩, 许诗卉. 基于车联网的汽车导航多屏交互体验[J]. 包装工程, 2017,38(20):17-22.
[3] 张倩文, 李璟璐, 孙效华. 基于车联网的汽车大数据创新应用路径研究[J]. 包装工程, 2017,38(20):67-73.
[4] 杨炜, 刘佳俊, 刘晶郁. 车联网环境下考虑前方车辆驾驶人意图的汽车主动预警防撞模型[J]. 机械工程学报, 2021,57(22):284-295.
[5] 任鹏, 徐晶晶, 王意, 等. 基于区块链和车联网的汽车租赁联盟的研究与实现[J]. 应用科学学报, 2019,37(6):851-858.
[6] 刘勇, 李飞, 高路路, 等. 基于区块链技术的车联网汽车身份认证可行性研究[J]. 汽车技术, 2018(6):17-22.
[7] NI推出了针对76～81 GHz汽车雷达的ADAS测试解决方案[J]. 电子测量与仪器学报, 2016,30(10):1567.
[8] 张志勇, 刘鑫, 胡林, 等. 车联网环境中电动汽车高压安全监控系统研究[J]. 中国安全科学学报, 2015,25(10):59-64.
[9] 钱立军, 邱利宏, 司远, 等. 车联网环境下四驱混合动力汽车队列能量管理全局优化[J]. 中国科学:技术科学, 2017,47(4):383-393.
[10] 李洪峰,唐宇,朱金大,马少永,康振全.电动汽车车联网服务互动平台建设方案探讨[J]..电网与清洁能源,2016,32(1):69-74.

图 10.2.38　核心期刊文献(中文)

[1] 孙德生. 基于ADAS的汽车倒车防碰撞系统设计与研究[J]. 电子技术应用, 2021,47(1):28-30.
[2] 周晓飞. 智能网联汽车基础(四)——先进驾驶辅助系统(中)[J]. 汽车维修与保养, 2022(2):68-72.
[3] 邹育平, 王玉琴, 高晖. 智能网联汽车ADAS部件检修课程教学设计[J]. 汽车维护与修理, 2021(24):8-10.
[4] 付红圣, 连翠翠, 罗钧鼎, 等. 尺寸工程在汽车ADAS外参角度上的应用与研究: 2021中国汽车工程学会年会暨展览会, 中国上海, 2021[C].
[5] 李文礼, 李建波, 石晓辉, 等. 用于汽车ADAS系统测试的软目标车研究进展[J]. 汽车工程学报, 2021,11(4):280-288.
[6] 徐洋. 简述汽车高级驾驶辅助系统ADAS的影像化趋势[J]. 内燃机与配件, 2020(20):187-189.
[7] 朱敏杰, 余路, 龚李施, 等. 基于低速碰撞试验方法的汽车ADAS雷达功能完整性研究[J]. 中国汽车, 2020(10):4-8.
[8] 解瀚光. 汽标委智能网联汽车分标委ADAS工作组第九次会议在北京召开[J]. 中国汽车, 2019(10):9-11.
[9] Warren Tsai, Jangho Jeon, Chintan Parikh, 等. 综合平衡ADAS应用中的电源要求——汽车电源管理IC必须具有高精度、高灵活性和小尺寸,满足EMI规范[J]. 电子产品世界, 2019,26(3):24-26.
[10] 董旭阳. 基于ADAS实验平台的汽车AEB系统仿真研究[D]. 辽宁工业大学, 2019.

图 10.2.39　密切相关文献(中文)

[1] 周晓飞. 智能网联汽车基础(四)——先进驾驶辅助系统(中)[J]. 汽车维修与保养, 2022(2):68-72.
[2] 邹育平, 王玉琴, 高晖. 智能网联汽车ADAS部件检修课程教学设计[J]. 汽车维护与修理, 2021(24):8-10.
[3] 周晓飞. 智能网联汽车基础(三)——先进驾驶辅助系统(上)[J]. 汽车维修与保养, 2021(12):78-81.
[4] 杨炜, 刘佳俊, 刘晶郁. 车联网环境下考虑前方车辆驾驶人意图的汽车主动预警防撞模型[J]. 机械工程学报, 2021,57(22):284-295.
[5] 付红圣, 连翠翠, 罗钧鼎, 等. 尺寸工程在汽车ADAS外参角度上的应用与研究: 2021中国汽车工程学会年会暨展览会, 中国上海, 2021[C].
[6] 李晶. 汽车专业车联网技术定位分析[J]. 内燃机与配件, 2021(19):204-205.
[7] 汽车ADC如何帮助设计人员在ADAS中实现功能安全[J]. 世界电子元器件, 2021(9):22-23.
[8] 加快蜂窝车联网通信安全信任体系建设[N]. 中国电子报.
[9] 5G+车联网 智能网联汽车未来可期[J]. 智能网联汽车, 2021(4):94-96.
[10] 李文礼, 李建波, 石晓辉, 等. 用于汽车ADAS系统测试的软目标车研究进展[J]. 汽车工程学报, 2021,11(4):280-288.

图 10.2.40 最新发表文献(中文)

[1] 郁佳敏. 车联网大数据时代汽车保险业的机遇和挑战[J]. 南方金融, 2013(12):89-95.
[2] 宋文杰, 付梦印, 杨毅. 一种面向无人驾驶汽车的高效交通标志识别方法[J]. 机器人, 2015,37(1):102-111.
[3] 高振海,姜立勇. 汽车车道保持系统的BP神经网络控制[J]. 中国机械工程, 2005(3):86-91.
[4] 谢伯元, 李克强, 王建强, 等. "三网融合"的车联网概念及其在汽车工业中的应用[J]. 汽车安全与节能学报, 2013,4(4):348-355.
[5] 张翔. 2014年汽车ADAS技术的最新进展[J]. 汽车电器, 2014(8):4-7.
[6] 俞倩雯. 基于车联网的汽车行驶经济车速控制方法[D]. 清华大学, 2014.
[7] 叶瑞克, 陈秀妙, 朱方思宇, 等. "电动汽车-车联网"商业模式研究[J]. 北京理工大学学报(社会科学版), 2012,14(6):39-44.
[8] 马钧曹静. 基于中国市场特定需求的汽车先进驾驶辅助系统发展趋势研究[J]. 上海汽车, 2012(4):36-40.
[9] 马钧曹静. 基于中国市场特定需求的汽车先进驾驶辅助系统发展趋势研究[J]. 农业装备与车辆工程, 2012,50(3):5-10, 45.
[10] 李建锋. 汽车自动泊车系统的控制策略和算法研究[D]. 西南交通大学, 2010.

图 10.2.41 高被引文献(中文)

[1] 杨炜, 刘佳俊, 刘晶郁. 车联网环境下考虑前方车辆驾驶人意图的汽车主动预警防撞模型[J]. 机械工程学报, 2021,57(22):284-295.
[2] 刘佳俊. 车联网环境下考虑前车驾驶人意图的汽车预警/避撞模型研究[D].长安大学,2021.
[3] 孟新育, 杨炜. 基于车联网的汽车主动防撞预警系统设计[J]. 现代交通技术, 2017,14(4):92-96.

图 10.2.42 核心作者文献(中文)

[1] 张倩文, 李璟璐, 孙效华. 基于车联网的汽车大数据创新应用路径研究[J]. 包装工程, 2017,38(20):67-73.
[2] 任鹏, 徐晶晶, 王意, 等. 基于区块链和车联网的汽车租赁联盟的研究与实现[J]. 应用科学学报, 2019,37(6):851-858.
[3] 徐珺, 涂辉招. "车联网"新机遇下上海智能汽车产业协同发展路径探索[J]. 科学发展, 2020(7):72-76.
[4] 左静. 车联网对电动汽车共享服务的支持[J]. 汽车实用技术, 2016(6):123-127.
[5] 陈思宇, 乌伟民, 童杰, 等. 从ADAS系统产业发展看未来无人驾驶汽车技术前景[J]. 黑龙江交通科技, 2015,38(11):176.
[6] 马钧曹静. 基于中国市场特定需求的汽车先进驾驶辅助系统发展趋势研究[J]. 上海汽车, 2012(4):36-40.
[7] 马钧曹静. 基于中国市场特定需求的汽车先进驾驶辅助系统发展趋势研究[J]. 农业装备与车辆工程, 2012,50(3):5-10, 45.

图 10.2.43 重要机构文献(中文)

(2) 外文文献：①密切相关文献，如图 10.2.44 所示；②最新发表文献，如图 10.2.45 所示；③高被引文献，如图 10.2.46 所示。

(3) 专利文献：①中文专利文献，如图 10.2.47 所示；②外文专利文献，如图 10.2.48 所示。

3) 查重排序

将各种方式筛选出的文献导入文献管理软件 NoteExpress 中，进行查重去重，按照收录范围和影响因子排序，找到高质量文献，如图 10.2.49 和图 10.2.50 所示。

2. 获取原始文献

综合前面按各种方式筛选的文献与课题的相关情况，获取文献原文并阅读文献。先泛读，再精读，用笔记工具记录文献主要内容。

[1] Zhu M, Chen J, Li H, et al. Vehicle driver drowsiness detection method using wearable EEG based on convolution neural network[J]. Neural Computing and Applications, 2021,33(20):13965-13980.
[2] Dahmani H, Chadli M, Rabhi A, et al. Vehicle dynamics and road curvature estimation for lane departure warning system using robust fuzzy observers: experimental validation[J]. Vehicle System Dynamics, 2015,53(8):1135-1149.
[3] Sajadi-Alamdari S A, Voos H, Darouach M. Ecological Advanced Driver Assistance System for Optimal Energy Management in Electric Vehicles [J]. IEEE Intelligent Transportation Systems Magazine, 2020,12(4):92-109.
[4] Park C, Chung S, Lee H. Vehicle-in-the-Loop in Global Coordinates for Advanced Driver Assistance System[J]. Applied Sciences, 2020,10 (8):2645.
[5] Poveda-Martínez P, Peral-Orts R, Campillo-Davo N, et al. Study of the effectiveness of electric vehicle warning sounds depending on the urban environment[J]. Applied Acoustics, 2017,116:317-328.
[6] Armingol J M, Flores M J, de la Escalera A. Driver drowsiness detection system under infrared illumination for an intelligent vehicle[J]. IET intelligent transport systems, 2011,5(4):241-251.
[7] Ellahyani A, El Ansari M, Lahmyed R, et al. Traffic sign recognition method for intelligent vehicles[J]. Journal of the Optical Society of America A, 2018,35(11):1907.
[8] Faizan M, Hussain S, Hayee M I. Design and Development of In-Vehicle Lane Departure Warning System using Standard Global Positioning System Receiver[J]. Transportation Research Record: Journal of the Transportation Research Board, 2019,2673(8):648-656.
[9] Lin H, Chang C, Tran V L, et al. Improved traffic sign recognition for in-car cameras[J]. Journal of the Chinese Institute of Engineers, 2020,43 (3):300-307.
[10] Tseng S P, Liao Y, Lin C, et al. A DSP-BASED LANE RECOGNITION METHOD FOR THE LANE DEPARTURE WARNING SYSTEM OF SMART VEHICLES[J]. INTERNATIONAL JOURNAL OF INNOVATIVE COMPUTING INFORMATION AND CONTROL, 2010,6(7):2985-2995.

图 10.2.44　密切相关文献(外文)

[1] Lawton J S, Tamis-Holland J E, Bangalore S, et al. Correction to: 2021 ACC/AHA/SCAI Guideline for Coronary Artery Revascularization: A Report of the American College of Cardiology/American Heart Association Joint Committee on Clinical Practice Guidelines[J]. Circulation, 2022,145 (11):E772.
[2] Lawton J S, Tamis-Holland J E, Bangalore S, et al. Correction to: 2021 ACC/AHA/SCAI Guideline for Coronary Artery Revascularization: Executive Summary: A Report of the American College of Cardiology/American Heart Association Joint Committee on Clinical Practice Guidelines[J]. Circulation, 2022,145(11):E771.
[3] Hira R S, Gosch K L, Kazi D S, et al. Potential Impact of the 2019 ACC/AHA Guidelines on the Primary Prevention of Cardiovascular Disease Recommendations on the Inappropriate Routine Use of Aspirin and Aspirin Use Without a Recommended Indication for Primary Prevention of Cardiovascular Disease in Cardiology Practices: Insights From the NCDR PINNACLE Registry[J]. Circulation: Cardiovascular Quality and Outcomes, 2022,15(3).
[4] Liu H, Witzigreuter L, Sathiaseelan R, et al. Obesity promotes lipid accumulation in mouse cartilage—A potential role of acetyl-CoA carboxylase (ACC) mediated chondrocyte de novo lipogenesis[J]. Journal of Orthopaedic Research, 2022.
[5] Limjuco L A, Burnea F K. Evaluation of dithiadiamide-based molecular ion imprinted polymer (MIIP) for selective recovery of platinum from acid-digested spent automobile catalytic converter (ACC) solution[J]. MRS Communications, 2022.
[6] Wong C H, Man M S, Lau T K, et al. Adoption of the 2017 American College of Cardiology/American Heart Association (ACC/AHA) Hypertension Guideline in Hong Kong and implications for local practice[J]. Hong Kong Medical Journal, 2022,28(1):88-90.
[7] Raju N, Schakel W, Reddy N, et al. Car-Following Properties of a Commercial Adaptive Cruise Control System: A Pilot Field Test[J]. Transportation Research Record: Journal of the Transportation Research Board, 2022:862748590.
[8] Yokoyama H, Sawa Y, Arai H. The Japanese society for cardiovascular surgery, the Japanese association for thoracic surgery and the Japanese association for coronary artery surgery do not endorse Chapter 7.1 in the 2021 ACC/AHA/SCAI Coronary Revascularization Guidelines[J]. General Thoracic and Cardiovascular Surgery, 2022.
[9] Chen J, Zhou Y, Li J, et al. Modeling of cooperative adaptive cruise control vehicle and its effect on traffic flow[J]. International Journal of Modern Physics C, 2022,33(02).
[10] Garrett E P, Hightower B, Walters C, et al. Quality of reporting among systematic reviews underpinning the ESC/ACC guidelines on ventricular arrhythmias and sudden cardiac death[J]. BMJ Evidence-Based Medicine, 2022:2021-111859.

图 10.2.45　最新发表文献(外文)

[1] Stone N J, Robinson J G, Lichtenstein A H, et al. 2013 ACC/AHA Guideline on the Treatment of Blood Cholesterol to Reduce Atherosclerotic Cardiovascular Risk in Adults[J]. Circulation, 2014,129(25_suppl_2):S1-S45.
[2] Amsterdam E A, Wenger N K, Brindis R G, et al. 2014 AHA/ACC Guideline for the Management of Patients With Non–ST-Elevation Acute Coronary Syndromes[J]. Circulation, 2014,130(25):E344-E426.
[3] January C T, Wann L S, Alpert J S, et al. 2014 AHA/ACC/HRS Guideline for the Management of Patients With Atrial Fibrillation: Executive Summary[J]. Journal of the American College of Cardiology, 2014,64(21):2246-2280.
[4] Nishimura R A, Otto C M, Bonow R O, et al. 2014 AHA/ACC Guideline for the Management of Patients With Valvular Heart Disease: Executive Summary[J]. Journal of the American College of Cardiology, 2014,63(22):2438-2488.
[5] Stone N J, Robinson J G, Lichtenstein A H, et al. 2013 ACC/AHA Guideline on the Treatment of Blood Cholesterol to Reduce Atherosclerotic Cardiovascular Risk in Adults[J]. Journal of the American College of Cardiology, 2014,63(25):2889-2934.
[6] Goff D C, Lloyd-Jones D M, Bennett G, et al. 2013 ACC/AHA Guideline on the Assessment of Cardiovascular Risk[J]. Journal of the American College of Cardiology, 2014,63(25):2935-2959.
[7] Nishimura R A, Otto C M, Bonow R O, et al. 2014 AHA/ACC Guideline for the Management of Patients With Valvular Heart Disease[J]. Journal of the American College of Cardiology, 2014,63(22):e57-e185.
[8] Nishimura R A, Otto C M, Bonow R O, et al. 2017 AHA/ACC Focused Update of the 2014 AHA/ACC Guideline for the Management of Patients With Valvular Heart Disease: A Report of the American College of Cardiology/American Heart Association Task Force on Clinical Practice Guidelines[J]. Circulation, 2017,135(25):E1119-E1159.
[9] Whelton P K, Carey R M, Aronow W S, et al. 2017 ACC/AHA/AAPA/ABC/ACPM/AGS/APhA/ASH/ASPC/NMA/PCNA Guideline for the Prevention, Detection, Evaluation, and Management of High Blood Pressure in Adults: A Report of the American College of Cardiology/American Heart Association Task Force on Clinical Practice Guidelines[J]. Hypertension, 2018,71(6):E13-E115.
[10] Arnett D K, Blumenthal R S, Albert M A, et al. 2019 ACC/AHA Guideline on the Primary Prevention of Cardiovascular Disease: A Report of the American College of Cardiology/American Heart Association Task Force on Clinical Practice Guidelines[J]. Circulation, 2019,140(11):E596-E646.

图 10.2.46　高被引文献(外文)

[1] 安徽光阵光电科技有限公司.一种智能汽车ADAS功能检测装置:202120982342[P].2021-12-14.
[2] 信义汽车玻璃（深圳）有限公司.汽车ADAS功能校准支架:202120982342[P].2021-11-30.
[3] 康莱德自动化测试技术（上海）有限公司.一种基于ADAS的智能汽车辅助驾驶实训平台:202110958055[P].2021-11-26
[4] 知行汽车科技（苏州）有限公司.一种基于环境模型的汽车高级辅助驾驶系统:202110480419[P].2021-07-16.
[5] 杭州电子科技大学.一种基于强化学习的电动汽车生态自适应巡航控制系统:202110171999[P].2021-06-04

图 10.2.47　中文专利文献

[1] SHENZHEN MEIHAO XINGFU LIFE SAFETY SYSTEMS CO LTD.Self-adaption parameter adjustment method for automobile advanced driver assistance system:201510503559·[P].2015-08-17.
[2] CAMMSYS CORP(KR).Controlling method for ADAS using speed of car:KR20150148598A·[P].2015-10-26.
[3] SHENZHEN MEIHAO XINGFU SHENGHUO SAFETY SYSTEM CO LTD.Image display system based on senior driver assistance systems of car:201520618168[P].2015-08-17.
[4] WUHAN JIMU INTELLIGENT TECH CO LTD.ADAS (Advanced Driver Assistance System) based one-key alarm device:201910099570[P].2019-01-31.
[5] VOLKSWAGEN AG(DE).ADVANCED DRIVER ASSISTANCE SYSTEM AND MANIPULATION ASSEMBLY THEREOF: EP3919308A1[P].2021-12-08.

图 10.2.48　外文专利文献

题录

收录范围	影响因子	年份	期	作者	标题	来源
PKU		2018	04	陈小闯; 王钢; 汪隆君	基于车联网框架的电动汽车有序充电策略	现代电力
PKU		2017	20	谭洁; 许诗卉	基于车联网的汽车导航多屏交互体验	包装工程
PKU		2017	20	张倩文; 李瑾略; 孙效华	基于车联网的汽车大数据创新应用路径研究	包装工程
PKU		2016	01	李洪峰; 唐宇; 朱金大; 马少...	电动汽车车联网服务互动平台建设方案探讨	电网与清洁能源
PKU		2021	01	孙德生	基于ADAS的汽车倒车防碰撞系统设计与研究	电子技术应用
PKU		2013	12	郁佳敏	车联网大数据时代汽车保险业的机遇和挑战	南方金融
CSCD;PKU;EI		2021	22	杨炜; 刘佳俊; 刘晶郁	车联网环境下考虑前方车辆驾驶人意图的汽车主动预警防撞模型	机械工程学报
CSCD;PKU;EI		2015	01	宋文杰; 付梦印; 杨毅	一种面向无人驾驶汽车的高效交通标志识别方法	机器人
CSCD;PKU;EI		2005	3	高振海; 姜立勇	汽车车道保持系统的BP神经网络控制	中国机械工程
CSCD;PKU		2019	06	任鹏; 徐晶晶; 王意; 马小峰	基于区块链和车联网的汽车租赁联盟的研究与实现	应用科学学报
CSCD;PKU		2018	06	刘勇; 李飞; 高路路; 徐翔	基于区块链技术的车联网汽车身份认证可行性研究	汽车技术
CSCD;PKU		2016	10		NI推出了针对76～81 GHz汽车雷达的ADAS测试解决方案	电子测量与仪器学报
CSCD;PKU		2015	10	张志勇; 刘鑫; 胡林; 尹来容; ...	车联网环境中电动汽车高压安全监控系统研究	中国安全科学学报
CSCD		2013	04	谢伯元; 李克强; 王建强; 赵...	“三网融合”的车联网概念及其在汽车工业中的应用	汽车安全与节能学报

图 10.2.49　中文高质量文献

题录

收录范围	影响因子	年份	期	作者	标题	来源
SCI;SCIE	29.690	2014	25_s...	Stone, Neil J; Robinson, Jc	2013 ACC/AHA Guideline on the Treatment of Blood Cholesterol to Reduce Ath	Circulation
SCI;SCIE	29.690	2014	25	Amsterdam, Ezra A; Weng	2014 AHA/ACC Guideline for the Management of Patients With Non–ST-Elevatic	Circulation
SCI;SCIE	29.690	2017	25	Nishimura, Rick A; Otto, C	2017 AHA/ACC Focused Update of the 2014 AHA/ACC Guideline for the Manage	Circulation
SCI;SCIE	29.690	2019	11	Arnett, Donna K; Blument.	2019 ACC/AHA Guideline on the Primary Prevention of Cardiovascular Disease:	Circulation
SCI;SCIE	29.690	2022	11	Lawton, J S; Tamis-Hollan	Correction to: 2021 ACC/AHA/SCAI Guideline for Coronary Artery Revasculariz	Circulation
SCI;SCIE	29.690	2022	11	Lawton, J S; Tamis-Hollan	Correction to: 2021 ACC/AHA/SCAI Guideline for Coronary Artery Revasculariz	Circulation
SCI;SCIE	24.093	2014	21	January, Craig T; Wann, L	2014 AHA/ACC/HRS Guideline for the Management of Patients With Atrial Fibril	Journal of the American College of Cardiology
SCI;SCIE	24.093	2014	22	Nishimura, Rick A; Otto, C	2014 AHA/ACC Guideline for the Management of Patients With Valvular Heart I	Journal of the American College of Cardiology
SCI;SCIE	24.093	2014	25	Goff, David C; Lloyd-Jone	2013 ACC/AHA Guideline on the Assessment of Cardiovascular Risk	Journal of the American College of Cardiology
SCI;SCIE	24.093	2014	22	Nishimura, Rick A; Otto, C	2014 AHA/ACC Guideline for the Management of Patients With Valvular Heart I	Journal of the American College of Cardiology
SCI;SCIE	10.190	2018	6	Whelton, Paul K; Carey, R	2017 ACC/AHA/AAPA/ABC/ACPM/AGS/APhA/ASH/ASPC/NMA/PCNA Guideline	Hypertension
SCIE	5.882	2022	3	Hira, Ravi S; Gosch, Kense	Potential Impact of the 2019 ACC/AHA Guidelines on the Primary Prevention of	Circulation: Cardiovascular Quality and Outcomes
SCIE;EI	5.606	2021	20	Zhu, Miankuan; Chen, Jian	Vehicle driver drowsiness detection method using wearable EEG based on conv	Neural Computing and Applications
SCIE;EI	4.665	2015	8	Dahmani, H; Chadli, M; Ra	Vehicle dynamics and road curvature estimation for lane departure warning sys	Vehicle System Dynamics
SCI;SCIE	3.494	2022		Liu, Huanhuan; Witzigreut	Obesity promotes lipid accumulation in mouse cartilage—A potential role of ac	Journal of Orthopaedic Research
SCIE;EI	3.419	2020	4	Sajadi-Alamdari, Seyed A	Ecological Advanced Driver Assistance System for Optimal Energy Management	IEEE Intelligent Transportation Systems Magazine
SCIE	2.679	2020	8	Park, Changwoo; Chung, S	Vehicle-in-the-Loop in Global Coordinates for Advanced Driver Assistance Syst	Applied Sciences
SCIE;EI	2.639	2017		Poveda-Martínez, Pedro;	Study of the effectiveness of electric vehicle warning sounds depending on the	Applied Acoustics
SCIE;EI	2.566	2022		Limjuco, Lawrence A; Burr	Evaluation of dithiadiamide-based molecular ion imprinted polymer (MIIP) for	MRS Communications
SCIE;EI	2.496	2011	4	Armingol, J Ma; Flores, M	Driver drowsiness detection system under infrared illumination for an intelligen	IET intelligent transport systems
SCI;SCIE;EI	2.129	2018	11	Ellahyani, Ayoub; El Ansari	Traffic sign recognition method for intelligent vehicles	Journal of the Optical Society of America A
SCIE	2.070	2022	1	Wong, C H; Man, M S; Lau	Adoption of the 2017 American College of Cardiology/American Heart Associat	Hong Kong Medical Journal

图 10.2.50　外文高质量文献

3. 撰写检索结论

1）陈述检出文献

经过对检索课题的分析、检索词的选择和检索式的构建，在与课题相关的 6 个中外文数据库中检索，第一次获得检索结果：中国知网有期刊论文、学位论文等 4297 篇；万方数据有期刊论文、会议论文等 210 篇；国家知识产权局网站有专利文献 3197 篇；SCI 有论文

19 470 篇；Elsevier 有论文 1258 篇；欧洲专利局网站有专利文献 1529 篇。

以上共有文献 29 961 篇，文献较多，查准率不高。对检索结果过多的数据库中国知网、国家知识产权局网站、SCI 进行检索策略的调整。将中国知网的主题字段调整为题名字段后检出文献 349 篇，将国家知识产权局网站的关键词字段调整为发明名称字段后检出文献 1362 篇，将 SCI 的主题字段调整为题名字段并减少截词符后检出文献 1130 篇，最后共检出中外文文献 5838 篇，文献量大大减少，提高了查准率，也可以节省文献筛选、管理和阅读时间。按核心期刊、相关度、发表时间、被引频次、下载频次、核心作者、重要机构等筛选相关文献，并导入 NoteExpress 查重去重，选出各类相关的高质量文献来阅读，作为撰写检索结论的依据。

2）撰写检索结论

以国内研究为例。

(1) 课题研究背景。高级驾驶辅助系统（ADAS）又称为“先进驾驶辅助系统”，它利用车辆上安装的各种传感器和摄像头收集车辆内外行驶相关的信息，进行静动态物体的辨识、侦测、追踪等技术上的处理，判断对车辆行驶可能存在的影响，利用收集到的信息通过直接或间接方式对驾驶员的驾驶行为提供支持。随着城市化进程的发展和汽车保有量的提高，道路交通安全问题日渐突出，ADAS 可在驾驶过程中为驾驶员提供支持和帮助，减轻驾驶员操作负荷的高级驾驶辅助系统，因而得到了迅猛发展。随着人们对驾驶安全性的要求越来越高，ADAS 涉及范围也越来越广泛。大力研究开发 ADAS，减少驾驶员的负担和判断错误，对于提高交通安全将起到十分重要的作用。

(2) 研究发展周期。经过对中国知网的主题检索和分析，国内汽车高级驾驶辅助系统相关研究可分为两个阶段：①研究起步及缓慢发展阶段（1993—2009 年），1993 年《车用光电技术现状与发展前景浅析》中介绍了夜视系统、防撞报警系统，这一阶段的研究主题还有导航系统、传感器、自适应巡航（ACC）、自动泊车等；②研究多元及快速发展阶段（2010 年至今），多个主题的相关研究呈快速发展趋势，除了前一阶段的研究主题，另有撞车自动报警系统、车胎泄气报警系统、车道保持系统、电子警察系统、交通标志识别、驾驶员行为控制、车联网、智能网联汽车、智能汽车、智能交通等研究主题。研究发展周期如图 10.2.51 所示。

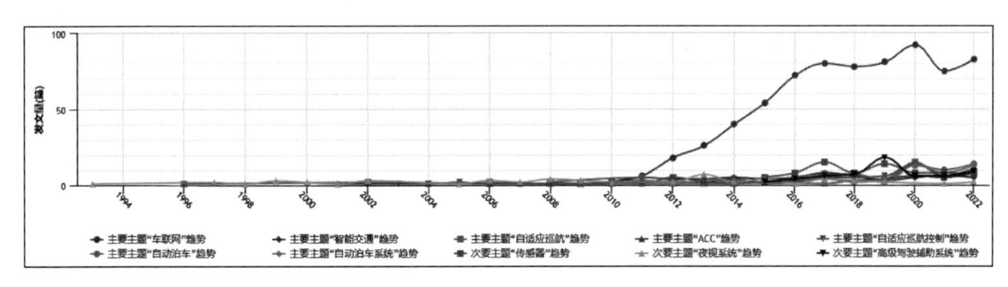

图 10.2.51 研究发展周期

(3) 研究发展现状。经过对近几年汽车高级驾驶辅助系统的研究主题分析，主要研究内容有车联网、智能网联汽车、电动汽车、智能汽车、智能网联、新能源汽车、自动驾驶、自适应巡航、自动泊车、智能交通、智能驾驶等主题，尤其是车联网、智能网联汽车的研究较为热门，如图 10.2.52 所示。

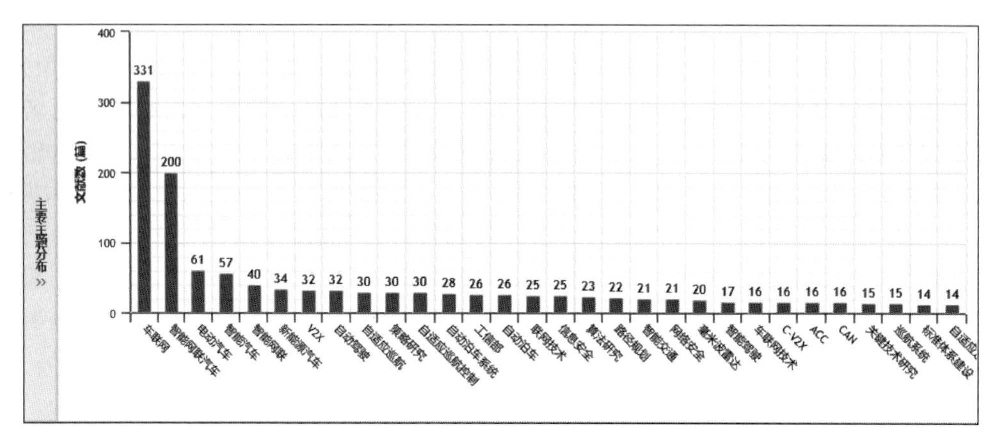

图 10.2.52　近几年热门研究主题

随着汽车保有量的急剧增加和驾驶安全问题的突出，国内外政府和消费者都把减少事故频率、减轻事故伤害作为评价汽车的重要因素，极大地推动 ADAS 技术发展应用。一方面，各国政府出台相关标准法规要求汽车厂商强制安装得到实践验证的 ADAS 系统；另一方面，消费者主观上对行车安全性的高度重视也使得市场需求越来越旺盛。智能传感器、车联网、5G 通信和人工智能算法的不断成熟，为车辆辅助驾驶提供了可能。近年来 ADAS 市场增长迅速，原来这类系统局限于高端市场，而现在正在进入中端市场，与此同时，许多低技术应用在入门级乘用车领域更加常见，经过改进的新型传感器技术也在为系统布署创造新的机会与策略。

ADAS 技术在国内起步较晚，目前正处在快速发展阶段。《中国制造 2025 重点领域发展路线图》强调，制定中国版智能驾驶辅助标准，基于车载传感器，实现智能驾驶辅助，可提醒驾驶员、干预车辆，突出安全性、舒适性和便利性，驾驶员对车辆应保持持续控制；到 2025 年，交通事故数减少 30%，交通死亡数减少 10%，DA 智能化装备率 40%，自主系统装备率 50%。随着人们对辅助驾驶功能认可度的提升，车企顺应市场需要，新车 ADAS 装配率呈大幅走高趋势。从车型价格上看，ADAS 相关配置已经开始由高端豪华向低级别及自主品牌延伸，12 万左右的车型打造 ADAS 部分功能已经很常见。国内 ADAS 的市场渗透得到了较大提升，并逐渐缩小与欧美国家的差距。智能网联汽车作为一项重点发展内容，将自动驾驶技术作为核心攻关目标。国家标准《机动车运行安全技术条件》中规定，车长大于 11 米的客车必须装配牵引碰撞预警系统（FCW）和车道偏离预警系统（LDW）。《汽车产业中长期发展规划》要求到 2020 年，汽车驾驶辅助（DA）、部分自动驾驶（PA）、有条件自动驾驶（CA）系统新车装配率超 50%，智能网联式驾驶辅助系统装配率达到 10%，基本满足智慧交通城市建设需求。

（4）结论（未来展望）。综合国家政策刺激、消费者需求度以及技术成熟度三方面因素，未来几年，中国 ADAS 市场将进入快速扩张期。在 ADAS 的细分功能模块中，碰撞预警和盲区监测系统（BSD）装车量将持续保持最高装车量，但所占比例有所下滑，而诸如自动紧急制动（AEB）、驾驶员疲劳检测、泊车辅助控制系统等功能装车率将有所提升。预计到 2025 年，高级自动驾驶汽车量产后，ADAS 市场会逐渐进入平稳发展期。

随着社会安全意识的不断提升以及国际汽车安全标准的不断提高，ADAS 将成为汽车电子领域的发展热点。表现在以下几方面：

① ADAS 为无人驾驶提供技术积累。无人驾驶汽车依靠 AI 技术、视觉计算、ADAS 系统和雷达技术、通信技术协同合作，实现自主安全驾驶。根据国际自动机械工程师协会（SAE）和美国交通的评定标准，无人驾驶分为六个等级，依次为 L0、L1、L2、L3、L4、L5。而目前市面上汽车所配备主流 ADAS 系统，大多属于 L1 和 L2 级别。实现 L5 级别全自动驾驶必然要经过 ADAS 系统的技术积累和迭代。

② ADAS 视觉应用将会逐渐普及。ADAS 技术路线根据选择雷达和摄像头两种不同种类的传感器分为两种技术方案。精度较高的雷达成本在 50 万左右，而摄像头成本只有数百元，基于视觉的 ADAS 系统市场应用前景广阔。目前主要受视觉处理芯片计算能力和算法开发成本的制约，基于摄像头的 ADAS 系统还没有大规模在汽车上运用。但随着摄像头分辨率的提高和处理器计算能力的增强，以及双目深度摄像机的应用和多传感器融合技术发展，视觉技术在未来 ADAS 和无人驾驶技术的发展中将越来越凸显。

③ ADAS 会与 V2X 协同发展。车联网（V2X）技术是指车与外界的信息交换。V2X 可以帮助车辆实现与周围车辆、道路、设施和行人的通信，通过信息交换形成完善的交互系统，精确感知和预测周边环境状态。ADAS 与 V2X 技术的协同工作，对降低交通事故、提高交通效率和燃油经济性效果明显。实现高层级的完全自动驾驶，必须同时兼顾车载平台技术研发与基础设施建设，将 ADAS、V2X 技术充分融合。但由于 V2X 技术需要的配套基础设施投资大、周期长，在 V2X 技术商业化应用到来之前，ADAS 技术是一个中间过渡方案。

④ ADAS 相关标准和法规将会逐渐配套完善。ADAS 技术的普及，需要市场的推动，也需要相关标准和法规的扶持。发达国家已经将 ADAS 功能纳入新车评分体系。随着国内 ADAS 装车率的提升，我国也亟待推进相关法规标准的实施。根据《中国制造 2025》中国智能网联汽车发展路线图，相关法规标准已在制定和讨论中。待正式法规标准出台之后，ADAS 到无人驾驶的发展将会进一步加速。

3）著录参考文献

[1] 梁伟强，洪福斌. ADAS 技术与市场现状综述[J]. 科技与创新，2021(7)：6-9，13.

[2] 陈天殷，耿殿丽. 5G 推进 ADAS 和自动驾驶发展进程[J]. 客车技术与研究，2020(2)：1-4.

[3] 张志强. ADAS 的发展历程及趋势[J]. 内燃机与配件，2019(1)：80-82.

[4] 宋宁. 高级驾驶辅助系统学习功能的设计与实现[D]. 沈阳：东北大学，2014.

[5] 马钧，曹静. 基于中国市场特定需求的汽车先进驾驶辅助系统发展趋势研究[J]. 上海汽车，2012(4)：36-40.

[6] 张晓舟，杜高社，赵天正. 车用光电技术现状与发展前景浅析[J]. 应用光学，1993(6)：6-9.

本检索案例虽然是工科类研究课题，但其检索步骤和检索策略，同样适用于人文社科类研究课题。不过，人文社科类课题检索，一般不用检索专利文献，可能还会检索图书等文献，但检索原理是相同的。因此，希望本检索案例能触类旁通，举一反三，给各学科专业的学生“授之以渔”。

思考与练习题

1. 从以下课题中选择一个完成主题内容分析、检索词确定、检索式编写。

(1)“一带一路”背景下跨文化交际能力研究。

(2)互联网经济的税收政策研究。

(3)高等职业教育产教融合机制研究。

(4)5G 技术下的物联网研究。

(5)新型冠状病毒核酸检测方法研究。

(6)绿色建筑材料在土木施工中的应用。

(7)基于人工智能的大数据平台构建研究。

(8)机器视觉技术发展及其工业应用。

(9)生物芯片技术在医学领域中的应用。

(10)虚拟现实技术在教育中的应用。

2. 依据选择的课题分析情况,选择检索系统。

3. 在检索系统中实施检索,整理检索结果,拟定调整策略。

4. 检索满意后,用多种方式筛选相关文献,注意用文献管理工具。

5. 从相关文献中找出需要获取的综述和重要的原始文献。

6. 整理上述内容为 PPT,并撰写检索结论,完成综合检索报告。

参考文献

[1] 陈氢,陈梅花.信息检索与利用[M].2版.北京：清华大学出版社,2017.

[2] 张倩苇.信息素养：开启学术研究之门[M].北京：北京理工大学出版社,2020.

[3] 周建芳.信息素养与信息检索[M].3版.北京：科学出版社,2021.

[4] 潘燕桃,肖鹏.信息素养通识教程[M].北京：高等教育出版社,2019.

[5] 樊瑜,吴少杰.信息检索与文献管理[M].武汉：华中科技大学出版社,2021.

[6] 吴建华.信息素养修炼教程[M].北京：科学出版社,2020.

[7] 王敏,仲超生.信息检索教程[M].南京：南京大学出版社,2021.

[8] 中国大百科全书总编辑委员会.中国大百科全书(图书馆学·情报学·档案学)[M].北京：中国大百科全书出版社,1993.

[9] 焦玉英,符绍宏,何绍华.信息检索[M].2版.武汉：武汉大学出版社,2008.

[10] 叶继元.信息检索导论[M].2版.北京：电子工业出版社,2009.

[11] 丘东江.图书馆学情报学大辞典[M].北京：海洋出版社,2013.

[12] 李贵成,刘微,张金刚.信息素养与信息检索教程[M].2版.武汉：华中科技大学出版社,2021.

[13] 樊瑜.现代信息检索与利用[M].武汉：华中科技大学出版社,2018.

[14] 舒炎祥,方胜华.数字文献检索[M].北京：科学出版社,2016.

[15] 胡燕.高校信息检索概论[M].武汉：武汉大学出版社,2018.

[16] 柯平.信息检索与信息素养概论[M].2版.北京：高等教育出版社,2015.

[17] 赵静.信息检索与利用[M].北京：清华大学出版社,2014.

[18] 黄如花.信息检索[M].2版.武汉：武汉大学出版社,2010.

[19] 刘婧.网络信息资源检索与利用[M].北京：电子工业出版社,2018.

[20] 教育部科学技术委员会学风建设委员会.高等学校科学技术学术规范指南[M].北京：中国人民大学出版社,2010.

[21] 《学术诚信与学术规范》编委会.学术诚信与学术规范[M].天津：天津大学出版社,2011.

[22] 叶继元.学术规范通论[M].2版.上海：华东师范大学出版社,2017.

[23] 刘鸿,刘春.信息素养与信息检索[M].北京：科学出版社,2015.

[24] 黄如花,胡永生.信息检索与利用实验教材[M].武汉：武汉大学出版社,2017.

[25] 王裕芳.网络信息检索与综合利用[M].北京：人民邮电出版社,2013.

[26] 庞慧萍,罗惠.信息检索与利用[M].北京：北京理工大学出版社,2017.

[27] 申燕.文献信息检索[M].北京：中国纺织出版社,2016.

[28] 秦声.专利检索策略及实战技巧[M].北京：知识产权出版社,2019.

[29] 国家知识产权局专利局专利审查协作江苏中心.跟着审查员学检索[M].北京：知识产权出版社,2019.

[30] 国家知识产权局专利局专利审查协作江苏中心.跟着审查员学检索(通信领域)[M].北京：知识产权出版社,2020.

[31] 国家知识产权局.专利文献与信息检索[M].北京：知识产权出版社,2013.

[32] 刘晓红,张晓丽,牛继宏.信息资源检索与综合利用[M].沈阳：东北大学出版社,2017.

[33] 聂应高.数字信息检索技术[M].武汉：湖北科学技术出版社,2018.

[34] 蔡丽萍.文献信息检索教程[M].2版.北京：北京邮电大学出版社,2017.

[35] 刘伟成.数字信息资源检索[M].武汉：武汉大学出版社,2018.

[36] 王冲.大学生信息检索素养教程[M].北京：清华大学出版社,2017.

[37] 梁晓涛,汪文斌.搜索[M].武汉：武汉大学出版社,2013.

［38］ 百度百科[DB/OL]. [2021-11-12]. https://baike. baidu. com.
［39］ 湖北工业大学图书馆书目检索系统[DB/OL]. [2021-11-15]. http://opac. hbut. edu. cn:8080/opac/search. php.
［40］ CALIS 联合目录公共检索系统[DB/OL]. [2021-12-15]. http://opac. calis. edu. cn.
［41］ 中国高校人文社会科学文献中心[DB/OL]. [2021-12-16]. http://www. cashl. edu. cn.
［42］ 大学数字图书馆国际合作计划(CADAL)[DB/OL]. [2021-12-17]. http://cadal. edu. cn.
［43］ 国家科技图书文献中心·国家科技数字图书馆[DB/OL]. [2021-12-18]. https://www. nstl. gov. cn.
［44］ 西南石油大学图书馆[DB/OL]. [2021-12-18]. https://lib. swpu. edu. cn.
［45］ 中国国家图书馆·中国国家数字图书馆[DB/OL]. [2021-12-27]. http://www. nlc. cn.
［46］ 上海图书馆·上海科学技术情报研究所[DB/OL]. [2022-01-02]. http://ipac. library. sh. cn.
［47］ 中国知网[DB/OL]. [2021-11-26]. https://www. cnki. net.
［48］ 万方数据知识服务平台[DB/OL]. [2021-12-06]. https://wanfangdata. com. cn.
［49］ 维普中文期刊服务平台[DB/OL]. [2021-12-15]. http://qikan. cqvip. com.
［50］ 超星数字图书馆[DB/OL]. [2021-12-20]. https://www. sslibrary. com.
［51］ 读秀数据库[DB/OL]. [2021-12-26]. https://www. duxiu. com.
［52］ 中科 VIPExam 考试学习资源数据库[DB/OL]. [2021-12-25]. http://lib. vipexam. org.
［53］ 中科 UMajor 专业课学习数据库[DB/OL]. [2021-12-25]. https://www. umajor. net.
［54］ 起点考试网[DB/OL]. [2021-12-26]. https://www. qdexam. com.
［55］ 起点考研网[DB/OL]. [2021-12-26]. https://www. yjsexam. com.
［56］ 中国科学引文数据库(CSCD)[DB/OL]. [2022-01-25]. http://sciencechina. cn.
［57］ 中文社会科学引文索引(CSSCI)[DB/OL]. [2022-01-26]. https://client. casb. nju. edu. cn.
［58］ 人大复印报刊资料[DB/OL]. [2022-01-14]. https://www. rdfybk. com.
［59］ 全球案例发现系统[DB/OL]. [2022-01-11]. http://www. htcases. com.
［60］ Web of Science 核心合集数据库[DB/OL]. [2021-12-15]. https://www. webofscience. com.
［61］ Essential Science Indicators(ESI)[DB/OL]. [2021-12-18]. https://esi. clarivate. com.
［62］ InCites 数据库[DB/OL]. [2021-12-25]. https://incites. clarivate. com.
［63］ EI Compendex 网络数据库[DB/OL]. [2021-12-28]. https://www. engineeringvillage. com.
［64］ Elsevier SD 全文数据库[DB/OL]. [2022-02-05]. https://www. sciencedirect. com.
［65］ Springer 电子期刊/图书全文数据库[DB/OL]. [2022-02-08]. https://link. springer. com.
［66］ IEEE/IET Electronic Library(IEL)全文数据[DB/OL]. [2022-02-15]. https://ieeexplore. ieee. org.
［67］ EBSCO 全文数据库[DB/OL]. [2022-02-15]. https://search. ebscohost. com.
［68］ Emerald 全文数据库[DB/OL]. [2022-02-18]. https://www. emerald. com.
［69］ ProQuest 博硕士论文数据库[DB/OL]. [2022-02-19]. http://www. pqdtcn. com.
［70］ 百度[EB/OL]. [2022-02-05]. https://www. baidu. com.
［71］ Microsoft Bing(微软必应)[EB/OL]. [2022-02-08]. https://cn. bing. com.
［72］ 国家知识产权局专利检索及分析系统[DB/OL]. [2022-02-09]. http://pss-system. cnipa. gov. cn.
［73］ 欧洲专利局网上检索系统[DB/OL]. [2022-02-10]. https://worldwide. espacenet. com.
［74］ 美国专利商标局网上检索系统[DB/OL]. [2022-02-10]. https://patft. uspto. gov.
［75］ 全国标准信息公共服务平台[DB/OL]. [2022-02-11]. http://std. samr. gov. cn.
［76］ 国务院发展研究中心信息网(国研网)[DB/OL]. [2022-02-12]. http://edu. drcnet. com. cn.
［77］ EPS 数据平台[DB/OL]. [2022-02-12]. https://www. epsnet. com. cn.
［78］ 世界银行[DB/OL]. [2022-02-12]. https://www. worldbank. org.
［79］ NoteExpress 北京爱琴海乐之技术有限公司[DB/OL]. [2022-01-22]. http://www. inoteexpress. com.